U0933971

中国简史

童超 主编 上卷

A BRIEF HISTORY OF CHINA

石油工業出版社

图书在版编目（CIP）数据

中国简史：全3册 / 童超主编．— 北京：石油工业出版社，2018.3

ISBN 978-7-5183-2375-3

Ⅰ．①中… Ⅱ．①童… Ⅲ．①中国历史－通俗读物 Ⅳ．①K209

中国版本图书馆 CIP 数据核字（2017）第 319770 号

中国简史

童超 主编

制　　作：日知图书（www.rzbook.com）
出版发行：石油工业出版社
（北京安定门外安华里2区1号楼　100011）
网　址：www.petropub.com
编辑部：（010）64523616　64252031
图书营销中心：（010）64523731　64523633
经　　销：全国新华书店
印　　刷：艺堂印刷（天津）有限公司

2018年3月第1版　2022年3月第5次印刷
880×1280毫米　开本：1/32　印张：27.5
字数：750 千字

定价：128.00元（上中下卷）
（如出现印装质量问题，我社图书营销中心负责调换）

前言

以史为鉴，可以思接千载、视通千里，可以把握中国社会治乱兴替的内在规律，可以洞悉修齐治平的永恒智慧。然而，让人们全面深入地了解中国历史，掌握中国历史中所蕴含的智慧，并不是一件容易的事。上下五千年中，人物事件众多、神话与传说并存、正史与野史交错，头绪繁多，内容庞杂。政治、经济、军事、中外交往、文化、思想、艺术等内容如果未经梳理就堆积在一起，往往会使读者一头雾水。除了典籍、史料所承载的历史之外，文物、古迹、遗址、艺术作品等同样反映着真实的历史。

《中国简史》共分为上、中、下三卷，以历史编年为经，以各个时期中影响社会历史进程的重要人物和事件为纬，经纬交织，全面反映每一朝代治乱兴衰的全过程。每一个故事都蕴含着或高亢激昂或哀婉悲痛的场景，让人们重温那一段历史，不断唤起人们内心尘封已久的记忆。与中国历史再一次进行亲密接触，深入地寻找历史中所蕴藏的民族智慧，感悟民族精神。随机穿插的知识花絮、专题等，与正文紧密结合，知识信息更为密集，营造一种全息的历史镜像。图片与文字相互映衬，立体地反映中国历史，展示中国历史文化的源远流长、博大精深。通过这种结合，文字信息更为生动多彩，使读者深刻感受中国文化底蕴，从而产生阅读上的震撼体验。

尽管我们希望用白描的方式来展现中国历史的真实，但谁也无法奢望用一套书道尽中国历史的兴衰成败、人文风流和典章制度，毕竟煌煌五千年的历史积淀是书籍所无法承载的。我们只是希望在书中让你可以“看到”北朝的石窟艺韵、南朝的舞榭风流、盛唐的国力恢宏。除了使你在图文间梦回前朝外，我们还希望将厚重的历史变得简明，让历史中的智慧辅助今天的生活。正如英国人把《资治通鉴》的书名翻译为“用以资助于行政的一面完全的镜子”，历史是先贤们遗落的钥匙，可以带领我们开启一道通过历史展望未来之门。

青铜器·西周

1 西周青铜器较商代而言，减少了酒器铸造，增加了炊饮器具，并出现了新品种，如食具、水器、乐器、兵器等。此外，西周青铜器礼器上的铭文日渐增多，有的多达数百字，而且内容极为丰富，包括祭祀祖先、征伐、纪功、册命和赏赐等社会生活的方方面面。

漆木盖豆·战国

漆器是一种用生漆涂在器物胎体表面作为保护膜制成的工艺品或生活用品。豆既是食器，也可以充当祭祀时的礼器；既可以用来盛放干食，如煮好的肉类，也可盛放调好的汤汁肉羹。在祭祀场合，豆是向神灵供奉食品的最后一道器具。

3

四牛骑士贮贝器 · 西汉

贮贝器是古代为贮存作为流通货币的贝壳而设计的一种器皿，流行于秦汉时期的云南滇族地区。这件四牛骑士贮贝器的盖上中间立着一柱，柱上有一个骑士跨马伫立；柱的周围有四牛，牛的动态各异，绕中心的立柱逆时针而行，秩序井然。骑士立马远眺，坐姿端庄，腰佩长剑，显得华贵威武。

银椁·唐

这件银椁出土于陕西西安临潼庆山寺地宫。银椁内放置金棺，金棺内放有两个玻璃瓶，玻璃瓶内放置舍利。银椁盖上镶嵌鎏金宝幢莲花，花蕊托着玛瑙珠，上以银丝盘成塔状，象征火焰，棺椁下部是鎏金的须弥座，四周镶嵌珍珠，显示了盛唐金银工艺的时代风貌。

5

千里江山图 · 北宋 · 王希孟

在中国古代十大传世名画中，《千里江山图》的知名度相对较低，然而作为北宋山水画的代表之作，《千里江山图》在近12米的长卷中勾勒出了气

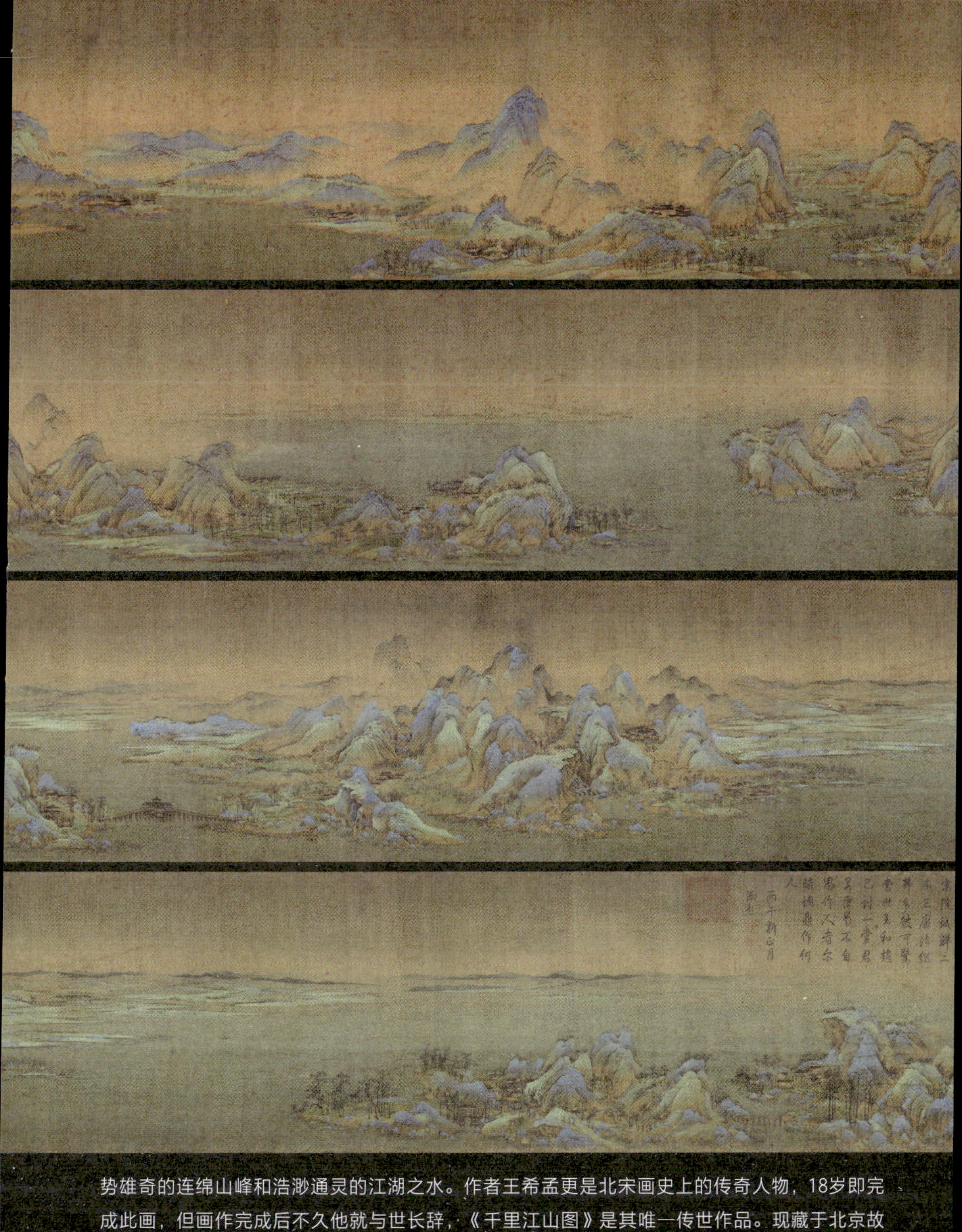

势雄奇的连绵山峰和浩渺通灵的江湖之水。作者王希孟更是北宋画史上的传奇人物，18岁即完成此画，但画作完成后不久他就与世长辞，《千里江山图》是其唯一传世作品。现藏于北京故宫博物院。

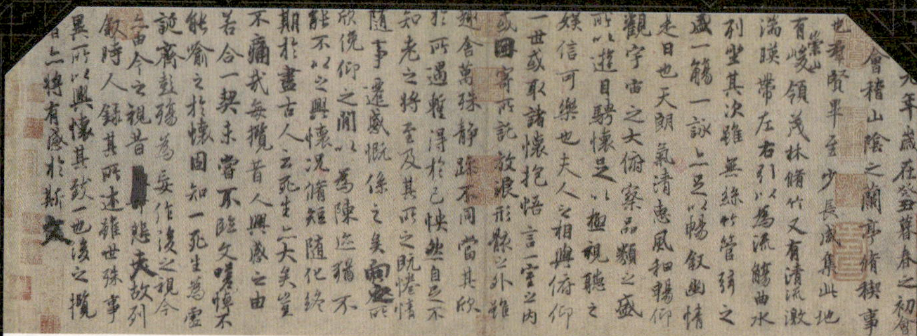

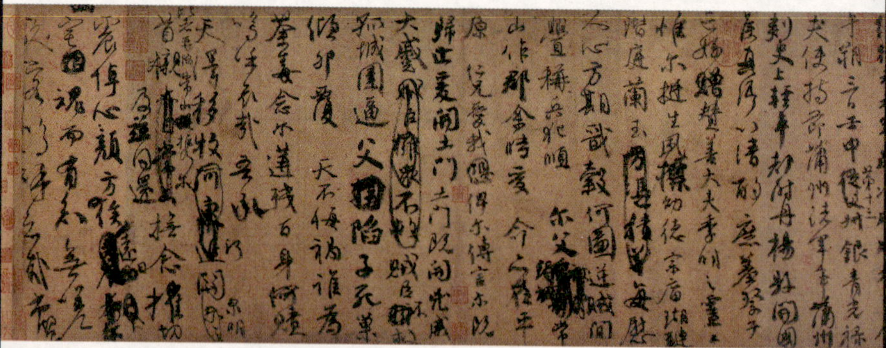

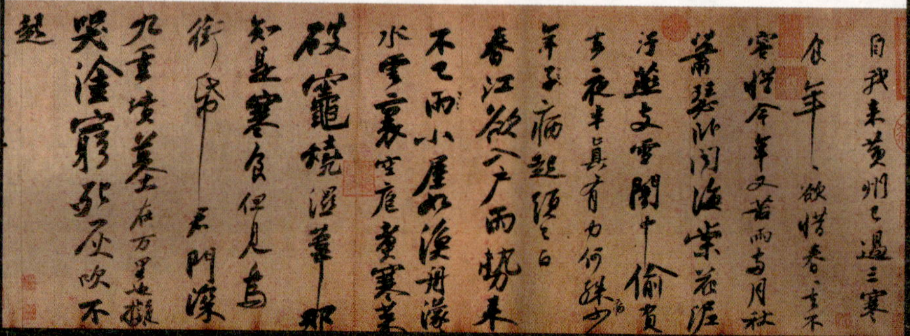

6

天下三大行书

行书是一种介于楷书和草书之间的书法字体，是楷书的草化或草书的楷化。在众多的书法作品中，东晋王羲之的《兰亭序》（上图）被奉为“天下行书第一”，唐代颜真卿的《祭侄文稿》（中图）被奉为“天下行书第二”，北宋苏轼创作的《寒食帖》（下图）被奉为“天下行书第三”。

影青釉白衣观音像·南宋

7 观音面目慈祥，头戴宝冠，披衣端坐，双手合握于袖中。整器釉色光洁，造像端庄，堪称南宋瓷器精品。现藏于首都博物馆。

8

白玉组佩·辽

这件玉佩出土于辽国太后萧燕燕的孙女陈国公主的墓中。清白色镂雕玉佩配以五块用细金链连缀的玉佩，五块玉佩分别雕成鱼龙、双鱼、双凤、双龙和鱼形。辽代玉器受唐代影响，具有造型不拘一格、写实性强的特点。现藏于内蒙古自治区文物考古研究所。

青花龙纹象耳瓶 · 元

9 这件青花瓶颈部蕉叶纹之间书有纪年铭文：“信州路玉山县顺城乡德教里荆塘社奉圣弟子张文进喜舍香炉花瓶一副祈保合家清吉子女平安。至正十一年（1351）四月良辰谨记。星源祖殿胡净一元帅打供。”证明此瓶原为寺庙供器。此瓶是现存最为重要的、有确切纪年的典型元代青花瓷器。现藏于英国大维德基金会。

10

斗彩鸡缸杯·明

斗彩鸡缸杯为明代成化皇帝的御用酒杯。烧造时因帝王之家的高要求，成品率不高，上品供奉宫廷，次品则被销毁，因而流传到民间的数量极少。杯敞口微撇，口下渐敛，平底，卧足。杯外壁饰子母鸡两群，间以湖石、月季与幽兰，一派初春景象。足底边一周无釉。底心青花双方栏内楷书“大明成化年制”双行六字款。现藏于英国不列颠博物馆。

11

《百骏图》·清·郎世宁

《百骏图》是清代宫廷画家郎世宁的画作，也是中国古代十大传世名画中唯一一幅外国画家的作品。郎世宁（1688—1766），康熙五十四年（1715）来中国传教，后进入宫廷供职，成为宫廷画家。他非常善于绘

画人物肖像、犬马、花鸟及山水画，画法兼容中西技巧，造型准确，笔法工细。《百骏图》描绘了姿态各异的百匹骏马，游走于草原的场面，马匹或卧或立，或嬉戏，或觅食，自由舒闲，聚散不一。全幅色彩浓丽，构图繁复，形象逼真。现藏于台北故宫博物院。

中外历史大事件时间表

公元前2100年～公元前771年

中国

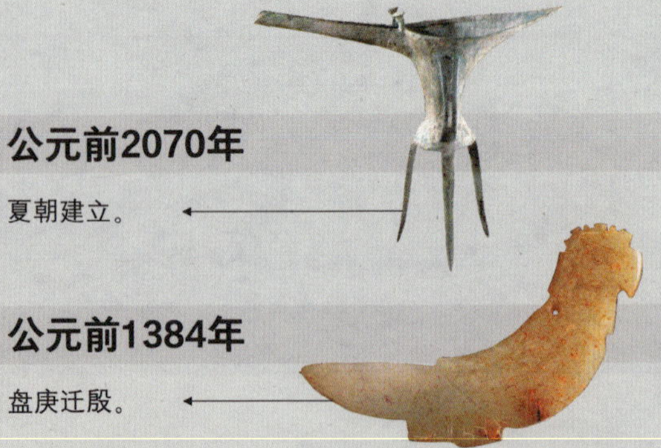

公元前2070年

夏朝建立。

公元前1384年

盘庚迁殷。

公元前1046年

牧野之战，商朝灭亡。

公元前841年

国人暴动，中国历史开始有确切纪年。

世界

公元前2100年

埃及奴隶起义。

公元前1894年

古巴比伦王国建立。

公元前1000年

努比亚建立奴隶制国家。

约公元前800年

罗马建城。

公元前770年～

中国

公元前681年

齐桓公会诸侯，奠定霸主地位，是春秋时期第一位称霸的诸侯。

公元前475年

战国开始。

世界

公元前590年

麦罗埃文明开始。

公元前508年

雅典的克利斯提尼改革，标志着雅典民主政治的最终确立。

公元前451年

罗马十二铜表法颁布。

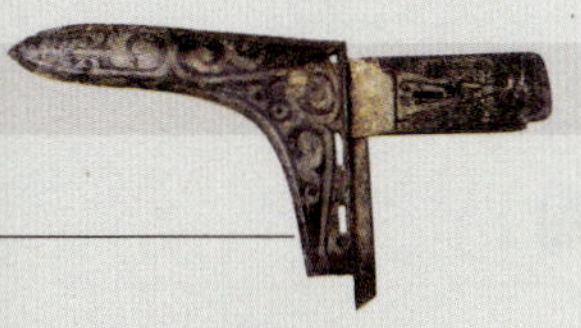

公元前359年

商鞅赴秦，开始变法。

公元前221年

秦王嬴政统一天下，建立秦朝，自称“始皇帝”。

公元前206年

秦王子婴出降，秦朝灭亡。

公元前154年

吴楚七国之乱。

公元8年

王莽称帝，西汉灭亡。

公元25年

刘秀建立东汉。

公元前221年

公元前220年～公元208年

公元前30年

屋大维夺取国家最高权力。

公元初年前后

东非阿克苏姆王国兴起。

公元1世纪前后

基督教形成。

公元前6世纪

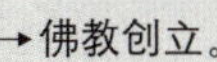

佛教创立。

目录

Contents

第一章

传说时代夏商西周 / 1

第二章

春秋战国 / 85

第三章

第一章

传说时代夏商西周

从距今200万年巫山人在中国大地上出现，在岁月的沧桑中，历经旧石器时代和新石器时代之后，华夏文明的曙光已经璀璨地照耀在东方。三皇五帝的传说，就是这历史变迁中对于远古文明的深刻记忆。而从夏、商、西周开始，中国历史则全面进入光辉灿烂的青铜时代，文字、科技、军事、政治、经济和文化都进入了一个前所未有的发展时期，是中华文明发展史上的高峰之一。

▷ 后母戊鼎历险记

关键词：开天辟地／造人

开天辟地和女娲造人

■ 传说时代

虽然往昔许多学者都尝试复原中国神话传说中上古社会的历史面目，但他们大多局限于从文献和一些殷商青铜器上的铭文来推断已经失落的年代，使得神话传说和古史的分界相当模糊混乱。直到近代，考古学家在安阳殷墟的发现才真正确定了商朝的存在；之后的“夏商周断代工程”又经过多学科的合作攻关，为夏商周断代确定了比较确切有据的历史纪年。但夏朝以前的历史，除考古发现所展示的上古社会图景外，基本上还只能归之于神话传说的范畴，其中人们耳熟能详的就是开天辟地和女娲造人的传说。

开天辟地

“自从盘古开天地，三皇五帝到而今”，这是一句大家耳熟能详的俗语。那么，“盘古开天地”到底是多少年前的事呢？古人曾经留下过这样的记载：在两百七十七万八千四百八十年以前，天地还是混沌一片，宇宙就如同一个非常巨大的卵一样，悬浮在什么也没有的虚空中。在卵的内部，逐渐孕育出一个名叫盘古的巨人，盘古用一把斧头不停地开凿，经过了一万八千年的努力，终于将混沌的宇宙从中分开，清者上升成为天空，浊者下沉变成大地。

盘古开辟了天地，但是很害怕天地又会像从前那样合二为一，于是就用双手托天，双脚撑地。盘古每天长高一丈，天也就随之增高一丈，大地也就每天变厚一丈。就这样又过了一万八千年，天变得极高，地变得极厚……

天地稳定下来之后，盘古终于完成了他的使命，倒下来死去了。可是他的死并不是结束，虽然区分了天地，但那时的世界仍然是漆黑一片。盘古的死改变了这个状况，他的右眼变成了太阳，左眼变成了月亮，头发变成了树木和花草，肌肉和骨头变成了高山，血液变成了江河湖海，呼吸变成风，而声音则变成雷鸣……盘古将自己的身体化作了天地中的万物。

玉猪龙·红山文化

这件出土于辽宁建平牛河梁的玉佩，带有鲜明的新石器时代红山文化的特征。由青绿色玉料制成，造型为蜷曲的兽形，中央为圆孔，背脊有圆穿孔。这件玉器是中国新石器时代文明的重要见证。现藏于中国国家博物馆。

《山海经》中记载的另一个神话传说《夸父逐日》，也有类似的描写：在遥远的北方有一座大山叫作“成都载天”，山上有一个名为夸父的巨人。他的形貌古怪，耳朵上挂着两条黄蛇，手里还握着两条黄蛇，非常神勇无畏。某一天，夸父突然想到，每天这样日升日落，白天的光阴太过于短暂了，如果把太阳捉住的话，那寒冷漆黑的夜晚就再也不会到来。于是他就迈开大步，朝着向西方倾斜的太阳追去。

夸父离太阳越来越近的时候，受到阳光的炙烤，感到非常口渴，于是就到黄河、渭河边喝水。夸父把两条河都喝干了，仍口渴难耐，便又向北方跑去，想要喝大泽“瀚海”里的水，可是他还没跑

^ 盘古像·南宋

这幅创作于南宋时期的《盘古像》，描绘了开天辟地的华夏始祖盘古的形象。其构想之奇特、画风之古朴、气势之宏大，在中国众多人物画中也是极为罕见的。

到目的地就在半路上渴死了，手中的拐杖掉落在地上，化为一片桃林，他的躯干也化作一座大山。

盘古与夸父的故事虽然成型较晚，所描述的却是最为古远的神话。有趣的是，欧洲、两河流域和印度的古神话中也有类似故事。北欧神话曾经提到过，虚无的太空中有一个巨大的无底洞，洞中不断吹出寒冷的风，在那股风里长出一个巨大的冰巨人，名字叫作伊来尔。神与巨人展开激战，巨人战死，神就把巨人的尸体堵在无底洞上。巨人的肌肉形成了大地，血和汗水形成海洋，骨头变成山，牙齿变成岩石，毛发化为植物。巴比伦的神话中则说，天神马杜克杀死了狮身龙首女怪，用它的尸体造成大地。而在印度神话中也有诸神以湿婆神的身体造成世界的描述。

巨人的身体化作万物，几乎是全世界通行的先民对世界形成的构想。盘古传说的形成，最早在东汉时代。考其来源，大约是产生于西南少数民族地区“盘瓠”的故事。据说古代有位国王（后世附会为高辛氏）养了一条爱犬，取名为盘瓠。一次国家遭到敌国或者叛军进攻，危如累卵，国王遂以千金和公主来悬赏，招募勇士刺杀敌方大将。结果立功的竟然是盘瓠，它夜入敌营，咬死敌将，衔着首级回来报功。国王遵守承诺，把公主下嫁于它，盘瓠

> 伏羲女娲图·唐

伏羲、女娲为中国神话中人类的始祖。图中伏羲、女娲分别呈男女形象侧身相对。伏羲持矩，女娲执规，另一手各抱对方腰部，下半身做蛇形交绕。周围日月星宿的布置显示了伏羲、女娲作为人类始祖的崇高意味。

就和公主成婚，生下三男三女，成为一个民族的祖先。

女娲造人

盘古开辟天地以后，最著名的神话就是女娲造人。据说有一个名叫女娲的大神，人首蛇身，她在空旷的大地上四处游荡，觉得十分寂寞。一天，女娲来到黄河岸边，看到河水映出自己的容貌，突然想到一个办法。她找到一种五色土，掺以黄河之水，和成泥，仿照自己的容貌捏制成一个娃娃样的土偶。她对着这个土偶吹了一口气，土偶就活了起来。女娲用泥巴捏了许多土偶，她把这些土偶起名叫做“人”。

女娲不停地捏呀捏，觉得很麻烦，就找来了一些草，编成一根根绳子，放在五色土的泥浆里，把绳子四处甩动，然后再往那些溅起的泥块上吹气，这些泥块就变成了更多的人。因为原料是五色土，所以人的身上仍旧带有五种颜色：黄色的是皮肤，红色的是血，紫色的是肌肉，黑色的是眼珠，白色的是牙齿。此后，女娲还想出了婚配的办法，让人类可以自己繁衍后代。类似的神话也在世界许多地区流传：希腊神话中是由大神普罗米修斯用泥土造人，女神雅典娜往人像的鼻孔中吹气，给予灵魂。在《圣经》中，上帝也是用泥土造人并赋予他们生命。

女娲造人神话的起源相当晚，古代西南地区流传的则是伏羲、女娲兄妹结合的传说。据说天降暴雨，洪水泛滥，所有人类全都被怒涛卷走，只有伏羲、女娲兄妹因为救过雷神，被指点躲在一个巨大的葫芦中，幸免于难。洪水退去以后，女娲绕着一棵大树追逐伏羲，兄妹于是婚配，生下一个肉球。女娲将肉球剁碎，捧着想爬上天去奉献给天神，爬到一半，肉块脱手落下，撒得满地都是，迎风而长，变成许多小人，也就是伏羲、女娲兄妹的儿女，人类的祖先。

这段神话传说明显出于母系氏族社会，女子占有主导地位，因此兄妹婚配的过程中女娲占有主导权，是男跑女追。此外，先民并不清楚近亲通婚会对后代产生不良影响，很长一段时间内兄妹、姐弟，甚至母子、父女杂交的古老习俗也在神话中得以体现。

不管何种传说，都使得后世把女娲尊为人祖和婚姻之神。

历史断面

巫山人遗址

1985年10月13日下午1时，中国著名古人类学家黄万波在重庆市的巫山县龙骨坡发现了距今200万年的“巫山人”化石——考古学家发掘出一颗人类门齿和一段人类下颌骨，颌骨上带有两个牙齿。1997年，考古学家经过第二次发掘，发现了一批距今200万年、“有清楚的人工打击痕迹”的石器。经过著名古人类学家贾兰坡等权威学者的鉴定，这些石器都带有人工打击的痕迹，是古人类所使用的工具。这一结果，再次有力地证实了距今200万年“巫山人”的存在。巫山人遗址是目前中国境内最早的远古人类遗址，它的发现，不仅宣告中国最早期的人类活动在距今200万年就已经开始，更重要的是证明了中国的人类是从自己的三峡中走出来的，中国是世界人类起源地之一。

关键词：三皇五帝

三皇的传说

▪ 传说时代

开天辟地和女娲造人以后的神话传说，更是来源繁杂，异说纷呈。被后世普遍接受的是“三皇五帝”说，即有数位伟大的天神或者人类领袖，领导先民度过漫长的蒙昧时代。关于“三皇”有许多不同的说法，现采纳唐代史学家司马贞《补史记·三皇纪》中的说法，即伏羲、女娲、神农为领导先民的三位领袖。

三皇为谁

天皇是一个长有12个脑袋的大神，后世曲解为天皇氏兄弟12人，教化风俗，各统治了一万八千年。地皇是一个长有11个脑袋的大神，后世曲解为地皇氏兄弟11人或9人，面貌如同女子，蛇身兽足，也各统治了一万八千年。泰皇就是后世尊奉的天帝，是天神中最尊贵的一位。

^ 北京人头盖骨

该头盖骨经鉴定为旧石器时代早期（距今约71万年～23万年），于北京市房山区周口店地区出土。

关于“三皇”有许多不同的说法，现采纳唐史学家司马贞《补史记·三皇纪》中的说法，即伏羲、女娲、神农为领导先民的三位领袖。此外《世本》、孔安国《尚书》序、皇甫谧《帝王世纪》以伏羲、神农、黄帝为三皇；《白虎通义·号》以伏羲、神农、祝融为三皇，同时又有伏羲、神农、燧人为三皇的记载；《风俗通义·皇霸》、司马贞《补史记·三皇纪》以伏羲、女娲、神农为三皇；《艺文类聚·十一·春秋纬》以天皇、地皇、人皇为三皇；《通鉴外纪》以伏羲、神农、共工为三皇。

天皇、地皇和泰皇的说法，几乎都是纯粹的神灵，明显脱离了先民人神混淆的神话构造方法，同时也很难从中折射出真实的上古历史。其他几种三皇的说法，牵涉到燧人等诸氏，他们的传说却与此不同，深入挖掘，可以管窥到华夏先民们的生活和奋斗历程。

燧，是指取火的器具。据说西方极遥远处生长着一株神树，名叫燧木，燧木的木质极为干燥，很容易燃烧起火。有位圣人看到一种好像猫头鹰似的鸟以喙啄打燧木，冒出火星，受到启发，就发明了钻木取火。此后人们可以利用钻木之火烧烤肉类、鱼蚌，不再吃生冷的食物，因而减少了得病的可能性。于是人们就推举这位圣人为首领，称他为“燧人氏”。

据说伏羲和燧人氏是同族，人们也称他为宓牺、宓羲、庖牺、伏戏、包牺、包羲、伏牺、炮牺等，这些都是古代的同音异体字。除了前面提到过的伏羲、女娲兄妹相配的神话外，还另有一个有趣的故事：据说伏羲之母为华胥氏之女，在一个叫作“雷泽”的地方散步，发现地上有一行非常巨大的足迹，她觉得很好奇，就用脚踩着那足迹向前走去，没想到回家后竟然怀了孕，生下的孩子就是伏羲。受雷神的指点躲进葫芦中去，与在“雷泽”踩到巨人的脚印，都和雷有关，或许可以证明这两则神话具有共同的源头。

各有所长

传说中伏羲的功绩很多，除了我们都知道的创制八卦以外，他还受到蜘蛛结网的启发，发明了渔网和捕兽陷阱，教导先民从事渔猎；他创建婚姻制度，将族内婚转为族外婚，定嫁娶之礼；他发明了乐器“瑟”，还钻研烹饪技巧，同时设立官员治理国家等。因为传说中伏羲、女娲兄妹都是

<《历代帝王像》之伏羲像·清·姚文瀚

这张《伏羲像》是清代宫廷画家姚文瀚所绘《历代帝王像》中的第一幅。现藏于美国纽约大都会艺术博物馆。

人首蛇身，后世也猜测是他最先把许多动物的特征都集中到蛇的身上，创造了神话生物“龙”作为部族的图腾。

伏羲的妹妹或者妻子女娲，也曾被列入三皇之中，除了造人的业绩外，她还有补天的大功劳。传说水神共工和火神祝融曾在不周山展开一场争做天帝的大战，战争极其惨烈，最后共工吃了败仗，一气之下把头撞向不周山，把山撞为两截。这一下可不得了了，不周山是天与地之间的支柱，不周山一断，顿时天塌东南，火雨炎炎，地陷西北，洪水滔天。人们奔走呼号，受到惊吓的野兽禽鸟，开始四处伤人。女娲看到这种情景，非常焦急，于是采集了一些五色的石头，用火熔炼后补好了天上的裂缝。此外她还杀死一只巨大的神龟，用神龟的四足来代替不周山撑住天空；又除掉在冀州作乱的黑龙，断绝了洪水的源头；最后用芦草灰把淤积在大地上的洪水全都吸尽。在传说中，现今千里沃土的华北平原正是由这些芦草灰堆积而成的。

大洪水虽然因为女娲的努力退去了，但大地上的野兽和果实都减少了很多。人们死伤惨重，大规模的瘟疫开始暴发，人民的生活非常艰辛。这时候神农氏出现了，他发明了耒耜等农具，教导人们在土地上耕种谷物，华夏先民自此从游猎社会转化为农耕社会。传说中神农的头上长着一对牛角，这或许说明牛耕也已经普遍出现了。

为了医治人们的疾病，神农到处寻找草药，甚至不惜“尝百草”，用自己的身体来做试验。在传说中，神农的身体异于常人，他的肚子是透明的，所以可以看到吃下去的草药是不是毒药，并且能够看到这些草药是如何在腹中产生作用的。据说他曾经因为做这样的试验而在一天之内中毒七十多次。

在某些传说中，神农还发现了茶叶具有清热解毒的功效，但凡吃到对身体有害的草药，他就服食茶叶来排解。

和燧人、伏羲、神农等并称的还有有巢氏。有巢氏的出现应该比前面几位大神或人类领袖的出现还早一些。《韩非子·五蠹》中说：上古之世，野外的禽兽要比人多，人们时常受到禽兽侵扰，非常痛苦。这时候有一位圣人出现了，教会人们在树上筑巢以逃避禽兽的侵害，大家都很高兴，就推举他为首领，掌管天下，称其为“有巢氏”。

有巢—燧人—伏羲—女娲—神农，仔细想来，这种顺序正好符合人类进化与上古社会发展的规律。首先人们从依山而居、以洞为巢发展到可以自己修盖遮风挡雨的居所，而后是对于火的运用，接下来是工具的使用（伏羲发明渔网和捕兽陷阱），最后是从狩猎、采集转为农业生产。女娲补天的神话，据某些专家考证，可能在那个时候确实发生过一次极为重大的自然灾害，甚至考证出这次灾害是在新石器时代晚期发生在河北的白洋淀地区。

氏，就是氏族、部落，以上几个传说中所提到的三皇，往往在其后加个“氏”字，或许说明他们并非单独的个体，而是某个古代氏族的总体称号。

> 安徽巢湖巢父生态园之有巢氏雕像

关键词：涿鹿之战

炎帝和黄帝

▪ 传说时代

在中国的古代典籍中，“五帝”的说法有很多版本。《世本》《大戴礼》《史记·五帝本纪》以黄帝、颛顼、帝喾、帝尧、帝舜为五帝；《易·系辞下》以伏羲（太昊）、神农（炎帝）、黄帝、帝尧、帝舜为五帝……上古神话经过后世的加工，逐渐向完全相反的两个方向演化：一个方向是彻底神化，把原本半人半神的英雄人物描绘成无所不能的天神；另一个方向是尽量向自以为真实的历史靠拢，将野蛮时代的英雄们变为仁德兼备的楷模君主。然而无论是哪一个版本更接近真实的历史，炎帝和黄帝都是中华民族尊崇的先祖。

神话与史实

炎帝不仅是南方天帝，同时也是太阳神，火神祝融和水神共工都是他的子孙。此外，他还生了几个女儿，其中最小的名叫女娃。女娃某一次前往东海游玩，不幸被风浪卷走，葬身海底，灵魂化为一只小鸟，名叫精卫。为了报仇，精卫不辞辛劳地衔来西山的石子、树枝，想要填平东海——这就是“精卫填海”的故事。大诗人陶渊明曾经赞叹说：“精卫衔微木，将以填东海，刑天舞干戚，猛志固长在！”在诗中和精卫并称的刑天，据说是一位英勇的战士，因为反抗天帝的统治而被砍下脑袋。但他丝毫不肯退缩，没有了头颅，就以双乳为眼，以肚脐为口，依旧手持盾牌（干）和斧子（戚），高呼酣战。

再拉回来说统治南方的天帝炎帝，炎帝曾一度遭到恶神蚩尤的进攻，节节败退，被迫向中央天帝黄帝求救。黄帝也写作“皇帝”，就是皇天上帝的意思，是最尊贵的天神。据说他长着四张面孔，可以同时看到四方万里以外。他居住在昆仑山上华丽的宫殿中，有各种相貌奇特的神灵或者神兽做他的护卫。在得到炎帝求援的信息后，黄帝就召集麾下各方神灵，前往讨伐蚩尤，双方在涿鹿展开了大战。

《太平御览》上说，蚩尤有兄弟81人，全都是兽身人语，铜头铁额，吃的是泥沙，善于打造兵器。《述异记》上说，蚩尤本人是人身牛蹄，四目六手。但这还不算可怕，可怕的是他统率了大批猛兽和魑魅魍魉等善于蛊惑人心的妖魔鬼怪。身为南方天帝的炎帝就是在这些鬼怪面前战败而逃的，中央天帝黄帝一开始也因为轻敌，吃了一个大败仗。

蚩尤造了一场大雾，把黄帝的军队全都笼罩进去，三天三夜都找不到出来的道路。幸亏黄帝手下有个臣子名叫风后，足智多谋，他临时造了一辆指南车，不管朝什么方向前进，车上的小木人永远手指南方，这才把大军从迷雾中引领出来。这种传说中的指南车，后世有许多学者都复制或重新创造过，它和今天的指南针不同，并非利用磁力，而只靠齿轮传动，充分体现了华夏先民的伟大智慧。

黄帝领兵杀出浓雾以后，就唤来神兽应龙（有翼的神龙），兴起大风雨，赶跑了魑魅魍魉。可是蚩尤随即请来主管风雨的大神风伯和雨师，应龙小巫见大巫，黄帝又吃了一个大败仗。黄帝没有办法，只得叫来他的女儿“魃”助战。魃是干旱之神，所过之处云收雨散，土地干裂，风伯、雨师不敌败走。

黄帝为了鼓舞士气，剥下一足怪兽“夔”的皮，并抽出隐居在雷泽中雷神的骨头，做成巨大的战鼓和鼓槌。鼓声隆隆，士气振奋，黄帝大军漫山遍野地掩杀过去，蚩尤终于败下阵来，只得去请巨人夸父一族助战。危急时刻，天上突然降下一位名叫“玄女”的天神，传授给黄帝兵法，帮助他最终击败了蚩尤。战后，一种说法是，黄帝立刻砍下了蚩尤的头，把沾染血迹的镣铐抛在原野上，镣铐就变成了一片枫林。另外一种说法是，蚩尤战败逃到冀州，又和黄帝打了一仗才被擒获，黄帝将其斩为两段，所以当地就被称作“解”（今山西解州附近），解就是分解的意思。

然而黄帝和蚩尤的战争，按照后世圣王化的神话体系来描述，却又是另外一种面貌。在这种神话中，黄帝被称为有熊氏或轩辕氏（因为传说他发明了车辆），是统治黄河流域西部的圣王。炎帝是神农氏的后裔，被称为烈山氏（或许说明那是个刀耕火种的氏族），是统治黄河中下游的圣王。蚩尤是炎帝南方的氏族首领，曾一度臣服于炎帝（另一种说法是他本身就是炎帝的侄子），但后来联络了更南方的九黎氏族，向年老体衰的炎帝发起猛烈进攻。

^ 蚩尤像

此像位于山东省阳谷县的蚩尤陵。纯铜制作，蚩尤头饰牛角，手持大圭，腰挂火镰石，高大威猛，棱角分明，展现了五千年前部落首领的风采。

所谓“兽身人语”，或许说明蚩尤的士兵都身穿皮甲；“铜头铁额”，或许说明他们头戴金属头盔；“食沙”，或许是指农业较为发达，都吃粟米。面对拥有如此精良的装备和后勤补给的蚩尤部族，还处于玉兵时代（“玉兵”是指玉制的工具，有学者认为中国在石器时代到铜器时代之间曾有过一段玉兵时代）的炎帝氏族当然不是对手。《逸周书·尝麦篇》说：“蚩尤乃逐帝，争于涿鹿之阿。”这是第一次涿鹿之战，结果炎帝大败，“九隅无遗”，连一寸土地都没有了，被迫逃到西方，向黄帝氏族求救。

黄帝氏族和炎帝氏族联合起来，费了好大的力气，终于在涿鹿打败了蚩尤。古史记载说这场仗打得非常惨烈，“血流漂橹”。关于蚩尤的下场，在这一神话体系中也有很多种说法。最常见的说法是蚩尤被杀，九黎氏族的残余向南逃入深山，逐渐繁衍成为现今西南少数民族。另外也有说法认为蚩尤并没有被杀死，而是归顺了黄帝，成为黄帝手下掌管军队的重臣。而最能体现蚩尤武力与威望的说法是：蚩尤兵败被杀之后，原先归附他的小部族纷起

轩辕问道图·明·石锐

石锐，字以明，明宣德年间的宫廷画家。此图描绘黄帝轩辕氏至崆峒山向广成子问道的故事。在古松掩映下，黄帝与广成子对坐论道。二人身后侍者十八人，或持杖而立，或端茶相侍，或为小吃而忙，场面紧张宏大，气氛肃穆，构图疏朗。

造反。黄帝就命人画了蚩尤的画像，让人拿着巡游天下，告诉那些小部族的人，说蚩尤没有死，结果那些造反的部族马上就乖乖降伏，再也不敢造反了。

黄帝打败蚩尤而入主中原以后，就留下不走了，最终和炎帝产生矛盾，双方又打了一场大仗，就是第三次涿鹿大战。但是也有一种说法，说当初蚩尤赶走炎帝，就篡夺了炎帝的称号，所以黄炎之战其实就是第二次涿鹿大战。总之，最终黄、炎两个氏族通过战争终于联合起来，成为中华民族的祖先。

黄帝的传闻

黄帝在历史上的地位非常尊贵，许许多多的发明创造都被认为是他一个人完成的。在黄帝之前，人们只能在树上或者山洞中作巢，黄帝发明了房屋，让人们有了温暖舒适的居住地。他还发明了衣裳、车船、陶器等。此外在军事上，黄帝还创制了兵器和阵法。

黄帝的妻子和由他任命的臣子们也对文明的发展作出了巨大的贡献。他的正妻嫘祖发明了养蚕和缫丝，并将蚕丝织成绸缎。大臣仓颉发明文字以代替结绳记事；雍父制造臼杵用来舂米；大挠（或说为容成）制定干支

历法以利农时；伶伦发明乐器，制定音律；共鼓、货狄发明造船术；挥、牟发明弓箭；隶首发明算术……神话体系中许多天神，在圣王化以后，也都被称为黄帝的后裔，最著名的有少昊、颛顼、帝喾等。

少昊又称穷桑氏或金天氏，据说曾在东方海外建国，以百鸟为官，比如凤凰是总管，鹁鸪掌管教育，鸷鸟掌管军事，布谷鸟掌管建筑，老鹰掌管刑法，斑鸠掌管言论，等等。后来少昊回到中原，代替伏羲（某些神话体系中称为太昊氏）出任东方天帝，或说就任西方天帝。从穷桑氏的名称和崇拜凤凰的习俗来看，专家普遍认为少昊所指代的应该是古代居住在山东半岛一带的东夷族。圣王化的神话体系中，少昊是黄帝之子，或者是伏羲的外甥。

颛顼又称高阳氏，原本为北方天帝，后来继承黄帝的中央天帝之位，派了大臣重和黎测量大地的宽度，并且隔断天与地的通途，使天神和人类不再互相往来。在圣王化的神话体系中，颛顼被认为是黄帝的孙子。《史记·五帝本纪》说他是个沉静、博识、有谋略的人，能够根据不同地域条件发展生产，又能够观测天象，按日月运行而定历法，称《颛顼历》。此外，他还制定出各种祭祀和礼仪制度来教化人民。

颛顼像·清

颛顼在位时期最重要的一件事就是“绝地天通”——将巫师手中进行占卜的权力禁断，杜绝民间占卜以通人神的活动，而将祭祀上天的活动收归帝王所有，这样一来，政教归一，是文明史上的重大进步。

因为传说中颛顼也曾担任过

火神，所以某些神话把他和火神祝融混同起来，说他和水神共工在不周山前展开了那场几乎毁灭世界的大战，那样一来，女娲补天就变成黄帝和蚩尤大战以后的事情了。

帝喾又称高辛氏，是黄帝的曾孙，颛顼是他的伯父。据说他也生于穷桑，少小聪明好学，15岁起辅佐颛顼，30岁得到帝位，迁都亳邑（今河南偃师西），是炎黄联盟的重要首领。传说他能操纵星辰，掌握观察时间和节气的方法，以指导生产。帝喾有4个妻子，分别是姜嫄、简狄、庆节和常仪。姜嫄生了弃（即后稷），是周朝的祖先；简狄吞下燕卵而怀孕，生了契，是商朝的祖先；庆节生下尧；常仪生下挚。有专家认为，常仪就是古代传说中的月神，和嫦娥是同音异体字。

历史断面

河姆渡文化和大汶口文化

河姆渡文化遗址是在浙江余姚河姆渡发现的一个完整的新石器时代中期文化遗址。根据碳14测定，河姆渡文化年代大约为公元前5000年到公元前3300年左右，最具特色的发现是当时已经有水稻种植。大汶口文化遗址是中国山东地区一个著名的旱作物文化遗址，最早发现于20世纪50年代，属于新石器时代晚期。经过多年的发掘与整理，人们共发现大汶口文化类型的遗址达百余处，生活年代大约为公元前4300年至公元前2500年。属于典型的农业文明遗址，主要的农作物是耐旱植物——粟，饲养家畜，同时渔猎经济也是重要的生产部门。在距今大约4500年以后，中原地区开始呈现出汇聚南北区域文化的先进因素并领先发展的态势，以中原地区为中心的一体多元化格局也逐渐孕育与形成。

关键词：禅让 / 大禹治水

尧舜禹的禅让

■ 传说时代

按照历史与考古学家们的看法，尧、舜、禹三代是从原始社会向奴隶制社会的过渡期，也就是中国的早期文明时代，其时已形成具有早期国家性质的邦国与邦国联盟。有关这一时代的传说，绝大多数见于先秦诸子的论述，不管是儒家、道家还是墨家，都将三代君主圣人化，“禅让”之说就此盛行开来。也正是从这三位传奇人物开始，上古人神合一的英雄开始转化为真实的人，有了更多人类的七情六欲。

禅让初现

在帝喾之后许多年，继任炎黄联盟首领的是帝尧，也被称为陶唐氏。帝尧不但是后世尊崇的圣王，也具备很大的神性。据说当时天上十日并出，使得禾苗干枯，田地荒芜，百姓苦不堪言，帝尧亲手射下了九个太阳，使世界恢复到先前的秩序。

更著名的说法是射日的并非帝尧，而是勇士，或者说是天帝派来下界的天神后羿。《淮南子》上说，后羿左臂比右臂要长，是天生的神射手，他不但射落了九个太阳，还帮助帝尧杀死了危害百姓的九婴、凿齿、修蛇等怪兽。据说后羿的妻子名叫娥或称嫦娥，娥偷吃了丈夫从昆仑女神西王母那里求来的不死药，结果飞往月亮，就一直居住在那里。嫦娥奔月的传说，在中国可谓家喻户晓。妻子离开以后，后羿伤心不振，最后被弟子逢蒙所杀。

世界各民族神话中都有关于大洪水的记载，比如犹太"诺亚方舟"的故事、印度摩奴的故事等，中国古代也与此相似，只不过大洪水不是仅仅发生一次，而是先后有过两次。第二次洪水泛滥，是在帝尧的时代，虽然没有女娲补天的那一次规模大，却也漫延数千里，黄河流域都变成泽国，水患长达二十二年之久。

帝尧派大臣鲧前往治水，鲧用堵塞的传统方法，结果东堵西漏，西塞东决，整整九年徒劳无功。帝尧大为恼怒，就派人把鲧杀死在羽山（另说是摄政的帝舜所杀），然后起用鲧的儿子禹继承其父的事业。

另外一种说法，杀鲧的不是帝尧、帝舜等人间君主，而是天帝。因为鲧盗窃了天上的宝物息壤（据说是女娲补天残留的芦草灰），用以堵塞洪水。息壤遇水则长，水高一尺，土高一丈，颇见成效。但是偷窃之事终于败露，天帝就夺回息壤，杀死鲧并且剖开他的肚子。鲧的儿子禹原型是条虬龙，就是于此刻从父亲肚子里钻出来的，因此继承了鲧要消灭洪水灾害的宏图大志。

禹也是一位具有神格的上古圣

> 大禹铜像

王，据说他率领应龙等神兽打败了肆虐的水神共工，然后花了13年的时间，用挖渠疏导的办法，终于把洪水治平。他四处奔波，多次经过家门口不肯进入，累得形销骨立，连小腿上的毛都被磨光了。传说禹曾娶涂山氏之女为妻，一次禹治水来到轘山（今河南偃师东南），因为山壁太厚，难以开凿，他就化身为一头大熊，以爪开山，不巧被前来送饭的妻子看到了。涂山氏之女以为丈夫被大熊吃了，仓皇逃走，变成一块石头。因为她已经有了身孕，禹就抱着石头大叫："你离开了不要紧，把儿子还给我呀！"石头应声而裂，一个婴儿从石头里蹦了出来，就是后来开创家天下王朝的夏后（"后"是上古君主的一种称号），启。

禹不仅平定了洪水之祸，还骑着神马"飞菟"巡行各地，杀死了很多怪物猛兽。他收集各地贡献的金属，在荆山脚下铸造了九个巨大的宝鼎，以对应中国最早的行政区划"九州"。宝鼎上刻着各处猛兽鬼怪的图形，以警示旅行的人们。后来这九鼎就成为天子权威的象征。因为禹的功绩很大，所以后世习惯称他为"大禹"，当时的人君帝舜也任命他为摄政官，并且最后把君位传给了他，儒家学者称这种和平传位为"禅让"。禅让即指传位于贤能之人而非传位于自己的儿子，是传说中上古圣王君主之位承袭的最普遍也最体现道德高尚的方法。传说帝尧禅位于帝舜，帝舜又禅位于大禹。

存疑的真相

当年帝尧年老以后，想到继承人问题，就询问大臣"四岳"（"岳"指山，四岳就是主管四方的诸侯），说自己儿子丹朱能力不足，必须另选贤能之人。四岳先推荐了鲧，但鲧因为治水失败而失去了机会，于是他们又推荐了平民出身的舜，说舜父母愚顽、兄弟不贤，他却能坚持孝道，是个不可多得的人才。

于是帝尧就把自己的两个女儿娥皇和女英嫁给舜，让她们考察舜的所

^《帝鉴图说》之孝德升闻·明

作所为。舜的兄弟象嫉妒兄长，就和父母密谋，多次想要加害舜，比如让舜去掘井却从井上扔石头，让舜去整理仓库却在屋外放火等。但舜运用他的智慧，在井下先挖出一个横洞来藏身，躲过了石头的砸击，又手持两个斗笠从着火的仓库顶上飞身而下（另说是化身为龙和大鸟躲过连番大难）。虽然多次遭到陷害，舜却一点也不责怪他的父母和兄弟，还发明了一种棋类游戏以教化兄弟——因为棋是为象而制的，所以称为“象棋”。最终，父母和象都被他感动了，帝尧也因此看清了舜确实拥有崇高的品德，于是任命他为摄政官，不久后把君主之位也禅让给他。帝舜也被称为有虞氏。

古籍上说，帝尧在位整整一百年，帝舜在位49年（不包括他摄政的许多年），若非具有神格，普通人是不可能这样长寿的。帝舜继位后，把天下治理得井井有条。他喜爱音乐，因此把伏羲发明的瑟增添到23弦。晚年时，帝舜舍弃了自己不贤的儿子商均，而把君主之位禅让给治水有功的大禹。大禹在位八年去世，临终前想要把君主之位禅让给辅佐官伯益，但是伯益的威信和实力不如启，又得不到夏后氏族众与诸邦君的拥戴，最终启成为炎黄集团的首领，开创了新的家天下的王朝——夏朝。

现在的考古发掘已经大致可对应传说中的尧、舜、禹时代，形成了邦国与邦国联盟即早期国家。尧、舜、禹既是邦国之君，又是邦国联盟的盟主。那时很可能已迈入阶级社会，就算仍处于原始社会，禅让的传说实在

温文尔雅，太过理想化。对此，历代也存在着截然不同的另外一些传说。《韩非子·外储说右上》中提到，帝尧想把君主之位让给舜，鲧和共工反对说："怎能把天下传给一个平民？"帝尧不但不听取他们的意见，还发兵将鲧杀死在羽山，把共工流放到幽州之都。《韩非子·忠孝》中说，舜因为父母和兄弟象不肯悔改，最终流放了父母，杀死了象。《竹书纪年》中说，因为帝尧年老德衰，舜就将他囚禁在平阳，还派人拦阻其子丹朱，不让父子相见，最终篡夺了帝尧的君主之位。《史记·五帝本纪》说，帝舜因为儿

< 大禹像·南宋·马麟

这幅《大禹像》长249厘米，宽113厘米，是南宋画家马麟的代表作。现藏于台北故宫博物院。

子商均不贤，就向上天推荐大禹作为他的继承人。舜去世后，大禹坚持丧礼三年，然后想请商均继位，但遭到诸侯和百姓们的一致反对，于是才勉强成为君主。传说帝舜是巡游到南方的苍梧之野时突然去世的，就安葬在九嶷山。但还有另外一种截然不同的说法，是说帝舜并非巡游南方，而是被大禹流放到那里去的，大禹趁机篡夺了他的君主宝座。至于启之开创夏朝，也和前述的情况类似，只不过他是儿子继承君位的胜利者，打败伯益而登上宝座。

总之，尧、舜、禹三代君位相传，与其说是被儒、墨等学派美化了的“禅让”，不如说是邦君盟主的在位者与继位者之间地位、权力之争。这个从所谓“公天下”到“家天下”的转化，实际上是从古代邦国联盟即早期国家到奴隶制王国的转化。大禹以前的传说纷繁复杂，众说各异，进入夏朝以后，华夏各区域之间联系日益密切，并形成了共同的信仰与共同的祖先认同，世系的传承、相关的故事则相对定型，中国历史从传说时代迈入了半信史时代。

历史断面

陶寺遗址

陶寺遗址是黄河中游地区中原龙山文化的代表，位于山西省襄汾县陶寺村南，占地面积约三百万平方米。根据碳14断代，该处遗址年代约为公元前2300～公元前1900年，遗址中存有规模空前的城市遗址、世界上最早的天文观象台、气势恢宏的王室宫殿、独立的手工业区和大量的陶窑、水井等。一些考古学家认为，陶寺遗址很可能就是帝尧的都城所在，它的发现，对于探索中国古代文明的起源和尧舜时代的社会历史具有重要意义。

关键词：家天下 / 少康中兴 / 夏桀亡国

首创家天下的夏朝

▪ 公元前2070年～公元前1600年

由夏启开创的父死子继的世袭制王朝，历史上称为夏朝，这是中国历史上第一个以“天下共主”为最高统治者的王朝。其实，夏禹在位时离夏王朝诞生只有一步之遥了，所以从司马迁开始，史学家们大多将夏朝的开始从夏禹算起，自禹至履癸（桀），共十四世、十七王，前后经过了四百余年。夏朝的建立，标志着漫长的原始社会被私有制社会所替代，这是一个历史的进步。

夏启建夏

禹去世后，他的辅佐官伯益在政治斗争中输给了禹的儿子启，只得前往箕山脚下隐居（一说伯益被启杀害）。尽管启顺利地得到了王位，但他得位的方式却遭到了有扈氏部落的质疑，后者认为启继承王位是玩弄权谋的结果，违反了禅让制度，也违背了通行的道德标准，于是打出了反对启的旗帜。启率领军队讨伐有扈氏，在甘（今陕西户县南）地发生了大战。经过几番激战，启攻灭了有扈氏，王者的地位得到了巩固。平定叛乱之后，为了让天下人都看到有扈氏的下场，起到杀一儆百的作用，同时也为了进一步笼络诸侯、树立自己的威信，启便学父亲的样子，在钧台（今河南禹州）召开了一次规模空前的诸侯大会，这就是历史上著名的“钧台之享”。通过平定有扈氏的叛乱和举行“钧台之享”，启进一步巩固了自己的统治地位。此后，他又采取了许多巩固统治的措施，如将天下分为九州，派遣官员去治理；建立了专门的国家军队，以维护统治；宣布取消禅让制，而以世袭制代替。这种种措施表明，中国历史上的第一个以“天下共主”为最高统治者的王朝——夏朝诞生了。夏启去世后，传位给儿子太康。太康继位后，将都城由阳翟（今河南禹州）迁往斟寻（今河南偃师二里头附近）。太康有个嗜好，就是打猎，常常数月离开都城去洛水北岸田猎游玩，弄得国家百事废弛，民怨沸腾。

^ 陶盉·二里头文化

二里头文化遗址出土。高25厘米，浅灰色，泥质陶。下有三个袋状空足，一侧有一柄，也是二里头文化典型的陶器形制。整个器物造型均衡，表面光滑，制作精良。

少康中兴

当时夏的诸侯中，有穷国国君后羿很得太康的宠幸，他看到太康坐在王位上却干着捕猎队头领的活儿，野心开始膨胀，趁着太康外出狩猎，后羿率军攻占了夏王朝的都城。有国不能归的太康只好在洛水北岸过起了流亡生活，漂泊到阳夏（今河南太康），终老于此，史称“太康失国”。为了寻求名义上的正统性，后羿扶持太康的弟弟仲康为王，这应该是中国历史上第一个傀儡政权。之后，后羿挟君主以令诸侯，诸侯莫敢不从。不久，仲康忧郁而死，其子相立，是为帝相。当时诸侯朝拜时，都先拜后羿再拜帝相，后羿见时机成熟，便代夏自立。这时的后羿被胜利冲昏了头脑，他没有吸取教训，励精图治，反而与当年的太康一样，整日外出游猎，把国家政务全部交给了宠臣寒浞。野心极大、心狠手辣的寒浞勾结后羿的学生逢蒙发动政变，谋杀了后羿，然后寒浞又清除了盟友逢蒙，自立为王。

得位不正的寒浞对权力的渴求更加偏执，他认为被后羿废掉的相是潜在的威胁，派出大军进攻收留相的斟灌氏和斟寻氏，最终杀掉了相。相被杀之后，他的妻子后缗忍着悲痛从墙洞中爬出来，逃到了娘家有仍氏部落，次年生下相的遗腹子，取名少康。少康长大后，从母亲那里得知了祖上失国的惨痛经历，就有了矢志复国的强烈念头。当时虞国的君主姚思得知了少康的身份，就将自己的两个女儿许配给少康，把纶邑赠予少康作为封地，同时赠予少康一些奴隶。在少康的治理下，纶邑内百姓安居乐业，士兵勇敢善战。少康因此得到百姓的称颂。之后，少康又得到了贤人崇开的帮助，学习治乱兴亡之道、抚士安民之术。数年后，寒浞家族因为继承权的问题产生了严重的内部矛盾，寒浞的儿子浇和豷发生了争斗。少康趁机发兵，毫不费力地杀入王宫中，杀死寒浞，终于夺回天下，光复夏朝。少康执政后，勤于政事，体恤子民，在他的治理下，夏朝国泰民安，出现了繁荣安定的盛世局面，史称“少康中兴”。

^ 乳钉纹青铜爵 · 二里头文化

这件铜爵高22.5厘米，形体轻薄，束腰，平底，长流尖尾，三足细长。该器1975年出土于河南偃师二里头，是二里头文化的典型代表。现藏于洛阳博物馆。

^《帝鉴图说》之脯林酒池·明

夏桀无道，不修德政，又嗜酒放纵，不但在自家酣饮，而且将各样禽兽的肉堆积成山，烹熟之后，悬挂起来；凿个大池子，将酒注入其中，池中可以行船，此即为"脯林酒池"。现藏于法国国家图书馆。

夏桀亡国

少康之后，夏朝又经历了十余位统治者，最终王位落到了最后一代君主桀的手中。作为亡国之君中的代表人物，桀具备了昏庸君主的所有特征，比如重用佞臣、排斥忠良、对内残暴、对外滥施征伐，等等。其中最具代表性的事例就是宠爱妺喜和杀害关龙逢。

桀即位后的第三十三年，发兵征伐有施氏部落，有施氏抵挡不住，进贡给他一个美女，名叫妺喜，为有施氏首领之妹。桀十分宠爱妺喜，特地为她造了富丽堂皇的琼室、象廊、瑶台和玉床，供其享乐。这一切的负担都落在百姓的身上，人民痛苦异常，敢怒不敢言。桀有个叫关龙逢的臣子，听到老百姓愤怒的声音，向桀进谏说："天子谦恭而讲究信义，节俭又爱护贤才，天下才能安定。陛下奢侈无度，嗜杀成性，弄得百姓怨声载道，长此以往，天下就危险了。"桀听了大怒，将关龙逢处死，还说："天上有太阳，我就是国家的太阳，太阳灭亡，我才会灭亡。"

这时候，商部落在首领汤的领导下日益兴旺了起来。桀担心汤势力壮大而威胁自己，便将汤召入夏都，囚禁在夏台。商族送桀以重金，并贿赂桀的亲信，使汤获释回商。

囚禁生活让汤看清了夏朝外强中干的本质，他任用贤臣伊尹，收揽人心，逐步壮大商族的实力，先后灭掉了葛（今河南宁陵北）、韦（今河南滑县东南）、顾（今山东鄄城东北）等夏的属国，以剪除桀的羽翼。时机成熟后，汤和伊尹召集部众，出兵伐夏，在夏的重镇鸣条（今河南封丘东，一说在今山西运城安邑镇北）和桀的部队展开决战。双方刚一开战，天降大雨，桀居然脱离军阵，入城避雨，士气全无的夏军不战自溃，夏桀和妺喜也被商军俘虏，最终被流放边疆，冻饿而死，夏朝宣告灭亡。

桀是中国历史上记载的第一个暴君，他荒淫无度，还认为自己是“太阳”，最终丢掉了国家，也丢掉了性命。

历史断面

《夏小正》

《夏小正》是一篇按月份记载物候、农事、气象、天文、田猎等活动的文献，是夏代留下的一份宝贵文化遗产。《夏小正》现保存于西汉人戴德编的《大戴礼记》中，分经文和传文两部分。经文记载了夏代的历法和生活情况；传文即注文，其注释部分是后代学者加进去的。《夏小正》记载的物候和人的活动情况生动而有趣，如正月大雁北飞、田鼠出洞、桃李开花，农夫开始治理田亩；二月农夫种黍、昆虫蠕动、黄鹂鸣叫，芸豆结实……这是当时人们长期经验的积累。值得注意的是，夏代把一年的正月放在冬至后的第三个月，称“建寅”。因为这时万物复苏，大地更新，农民开始劳作，把这个月作为新年的正月既受百姓欢迎，又便于管理农业。直到现在我们所用的农历，冬至通常在十一月，新年在冬至后的第三个月，也是沿用夏历。

专题

二里头遗址和夏文化

⊙寻夏之旅 ⊙建筑奇迹 ⊙夏代国家的形成 ⊙房基和墓葬

在中国早期国家的文明探源中，夏代扮演着一个极为重要的角色。殷墟发掘后，商代的史实被确立为信史，论证夏代的真实性自然被提上议事日程。早在20世纪中叶，著名史学家范文澜根据《竹书纪年》中的传说和《史记》的记载，将夏代列为中国历史上的第一个朝代。然而，单靠文献资料研究夏代历史，许多问题很难解决，甚至不可能得到解决。而考古发现无疑对认识夏代历史有着重要的意义。二里头遗址的发现，为研究夏文化提供了极其重要的线索。

寻夏之旅

二里头遗址位于河南偃师境内洛水南岸的二里头村南。遗址以二里头村为中心，其范围包括洛水以南的四角楼村、北许村和喂羊庄，总面积约4

▸嵌绿松石饕餮纹铜牌饰·二里头文化

这件纹牌高16.5厘米，两头宽中间窄，圆角束腰，整体呈盾牌状。两侧各有圆鼻一对，正面用绿松石片镶嵌出动物纹饰。这件纹牌形象似兽面，是目前发现的最早、最精美的镶嵌铜器。现藏于河南博物院。

▲玉刀·二里头文化

此玉刀为青玉质，玉色温润，在造型上保持了二里头文化玉刀的传统模式。虽然深埋地下数千年，但是依然能够看出当时琢玉工艺的精湛和成熟。可以说，在夏朝，中国的工艺美术已经发展到了一个全新的高度。玉文化的成熟和进步，是夏朝文明的重要标志之一。

平方千米，重要文化遗存分布面积约5～6万平方千米。遗址依山临水，东阻成皋，西挡崤函，自然条件优越，地势十分险要。

二里头遗址的发现，著名历史学家徐旭生功不可没。他首先从文献资料估计夏氏族活动的主要区域，认为有两个地区应该特别注意：第一是河南中部的洛阳平原及附近地区，尤其是颍水上游的登封和商丘地带；第二是山西西南部汾河下游一带。1959年，徐旭生亲自率人赴河南进行考古调查，经过一个月的活动，果然在河南偃师发现了遗址。同年，中国科学院考古所开始进行发掘工作。从1960年至1964年，洛阳考古队在二里头先后进行了8次发掘，先后发现了作坊遗址、陶窑、窑穴、水井、墓葬、铜器、玉器、陶器等。根据这些发

▶青白玉鸟纹坠·二里头文化

玉坠高9厘米，由青白玉制成，玉质细腻，具有典型的二里头玉柄形器的特征，鸟的造型生动形象，嘴、眼、羽毛栩栩如生。现藏于纽约大都会艺术博物馆。

现，考古学家断定这是一座早期城市遗址。考古学家根据发现的不同时期的陶器断定二里头遗址的文化特征大约介于河南龙山文化与郑州二里岗商代前期文化之间，在考古学上通常称为二里头文化。而二里头遗址可大致推定为夏朝中晚期的王都。

建筑奇迹

进入20世纪70年代后，二里头遗址发掘又取得新进展。该遗址的主要宫殿基址重见天日。1974年，二里头发掘队发现一号宫殿遗址。1977年，又发现了二号宫殿遗址。一号殿遗址夯土台基略呈正方形，东西长108米，南北宽100米，高0.8米。基址上面保留有排列整齐的柱子洞和木骨架墙基，柱子洞垫有卵石作为柱基。在基址中部偏北方是正殿，下面是长方形基座，厚3米多，底部平铺3层卵石，基础坚固。在基座上面有22根廊柱，每根廊柱外侧有2根擎檐柱，用以支撑屋檐。这样大的宫殿建筑，应是当时王权的象征。二号殿位于一号殿东北150米左右处，形状

▼青玉刀·二里头文化

玉色墨绿，体长呈扁梯形，近背上方有圆孔四个，通体抛光。二里头文化玉刀来源于新石器时代玉刀，但是已经从当时的实用器变为了礼仪器，是二里头文化礼仪器的代表之一。

▲二里头遗址三号基址考古发掘现场

二里头遗址中现编为三号的建筑基址，属于二里头文化早期，它结构复杂，规模庞大，是迄今为止可确认的二里头文化最早的大型夯土基址。它南北窄长，已探明的长度达150余米，主体部分至少由三重庭院组成。

与一号殿基本相同，呈长方形，南北长约73米，东西宽约58米，面积较小，不过保存得较好。在基址北部中间也有一座殿堂，建在一个正方形的平台上。沿基址的东西边是走廊，在南边也有一条走廊，南大门是庑式建筑。由殿堂和廊庑形成了庭院。在庭院下有一个由陶管构成的排水管道。从这两座宫殿基址的出土文物来看，还未发现使用瓦的痕迹，只有少量的木柱灰烬和草拌泥块。据此可推断，宫殿的建筑材料应是以木头、草泥为主。

迄今为止，二里头遗址的发掘仍在进行，所以还不能得出一张比较完整的遗址布局图。不过，二里头的宫殿遗址肯定远不如后世宫殿豪华壮观，但它坐北朝南和封闭式的布局，以及高基台、木架结构等特点，都为后世宫殿所沿用。二里头的宫殿形制，开创了中国古代宫殿建筑的先河。

社会经济的发展

▼青铜斝·二里头文化

斝是古代的一种酒器，用来盛放酒水或者饮用酒水时使用。这件青铜斝高30厘米，是二里头文化晚期的器物。现藏于中国社会科学院考古研究所。

国家的出现及发展，从来都不能脱离社会经济的发展。从二里头遗址的发掘物来看，二里头的社会经济较以前已有了显著的进步。在农业经济方面，有扁平石铲、蚌铲、木耒、石刀、石镰、石斧等，而且这些工具数量众多，制作精致。人们使用这些生产工具耕地和收割，劳动效率较龙山文化时期已有了明显提高，表明了农业生产的发达程度。在手工业制作方面也出现了细致的分工，有铸铜、制玉、制陶等不同工种。在遗址中，发现有铸铜作坊及铜器，如爵、刀、鱼钩等。有些铜器做工比较粗糙，铸造比较原始，而有些铜器器型非常规整，制作较为精致，说明这一时期已处于铸铜的初级阶段了。又如制玉，不但种类繁多，如有玉制的管、琮、圭等，而且工艺水平很高，雕琢精细，线条流畅，抛光讲究，甚至看不出被雕琢过的痕迹，如果没有专门的匠师是制作不出来的。从这里也可以看出，制玉已成为当时一种专门的手工业。这些珍贵的玉器，数量虽少但质量上乘，应是专门为奴隶主贵族制作的。再如在遗址中发现了酒器，其制造工艺也相当高超，同时也表明当时已有较多的剩余农产品，否则酿酒是不可能实现的。随着农业和手工业的发展，便出现了以交换为目的的生产活动，即商品生产和交换。二里头遗址三期出土的文物说明当时商品交换和贸易也发展起来了。在遗址中发现了一种贝。这种贝有两种职能：一是装饰品，二是货币。海贝产在沿海地区，离中原地区较远，说明当时各地之间的联系和交往已很广泛，贸易和交换已有了较大的发展。

从对二里头出土物的简单分析来看，当时不但出现了农业和手工业的分工，而且手工业本身也有了细致的分工，已经出现了商品流通，这些特征应是属于阶级社会的。

房基和墓葬

私有制的出现和阶级的分化在二里头遗址的房基和墓葬中表现得更为明显。房基有的长达9米至10米，宽5米左右，地面坚硬，铺有薄层石面；有的屋址还发现了四边磨光的石柱基和柱子洞，已与原始公社时期的地穴式或半地穴式房屋完全不同。这些屋址应是当时奴隶主贵族的。

墓葬也很能说明贫富和阶级分化的出现。墓葬分大、中、小三型。大型墓只发现一座，墓口呈正方形，面积达25平方米，可惜曾被盗过，具体随葬品的情况不得而知。中型墓皆为长方形，长约2米，宽约1米，随葬品一般有10件左右，最多达20件，有玉铲、铜戈、绿松石饰等，很可能是奴隶主贵族的墓。小型墓数量较多，长约2米，宽约0.7米，随葬品数量在4件至10件之间，很可能是平民的墓。此外，还有一部分墓没有随葬品，而且墓主有的是捆绑埋葬的，有的身首异处，有的四肢被分解，这些墓很可能是奴隶的。

总之，从房址和墓葬来看，当时已有不同等级的划分，随葬品的数量悬殊，也说明当时已经进入阶级社会，有可能就是奴隶制国家了。

关键词：鸣条之战 / 贤相伊尹

成汤建商

▪ 公元前1600年

在《诗经》中有“天命玄鸟，降而生商”的叙述，一个带有神话传奇色彩的故事为人们讲述了一个族群——商族的诞生。在经历了商先祖的八次迁移之后，商部落在首领汤的带领下逐渐登上历史舞台，最终取代夏朝建立商朝，成为中国历史上第二个奴隶制国家。商汤立国后，吸取夏王朝灭亡的教训，在伊尹等贤臣的辅佐下，商朝的政治局面趋于稳定，国力也日渐强盛起来。兄终弟及、父死子继的继承制度贯穿于商朝的始终。商朝在汤之后的几代君王的治理下，政治、经济得到了极大的发展。

天命生商

商族是黄河下游一个古老的族群。关于它的起源，《诗经·玄鸟》中用“天命玄鸟，降而生商”寥寥八个字，为人们讲述了一段神话故事。关于这个故事，《史记·殷本纪》记载道：“三人行浴，见玄鸟坠其卵，简狄取吞之，因孕生契。”可见，商人的祖先契是由于他母亲简狄吃了玄鸟的卵而怀孕生下的。这个故事今天听来似乎有点儿荒唐，可古人却深信不疑。古文字专家已通过甲骨文证实，商人十分崇信玄鸟，并将玄鸟作为自己部落的图腾，因而商代的青铜器上铸有很多变幻无穷的凤纹图案。

商人称“商”，是因为契被“封于商，赐姓子氏”，所以以“商”作为宗族的名号。而商又被称为“殷”，“殷”字在《说文解字》中被这样解释道：“作乐之盛称殷，……《易》曰，殷荐之上帝。”从这段解释，我们可以知道殷人是一个祭祀天地祖考、崇尚乐教的族群。另外“殷”“夷”阴阳对转，在东南地区的古音中读音相同，所以“殷”是“夷”的一支。《说文解字》中说，“夷，东方之人也”，东夷各部落多以鸟为图腾，《玄鸟生商》的故事更证实了商人和东夷族有着历史渊源。《史记》中记载，“殷契，母曰简狄，有娀氏之女”，又表明了殷商文明承袭了早先的戎夏文明。商族只是从有娀氏分出的一个宗族，契是这个宗族的第一代始祖，这也表明了商族当时已经从母系氏族社会过渡到了父系氏族社会。

契的子孙后代生活在他的封地——商，大约在今天河南商丘一带。由于种种原因，在先商时

^ 王亥像

王亥是商国的第7任君主，阏伯的六世孙、冥的长子。王亥不仅帮助父亲冥在治水中立了大功，而且还在商丘服牛驯马发展生产，发明了牛车，用牛车拉着货物，到外部落去搞交易，开始促使农牧业迅速发展，使商部落得以强大。

代，共有过八次迁移。这八次具体迁移的地点现在还不能完全确定，不过大体不出今天河南、河北、山东三省的范围，而河北南部和河南北部一带则是商人活动的中心地区。

在先商时代，商族的农业、畜牧业都获得了极大的发展，交换日益频繁，加速了私有制的产生和阶级的分化。部落首领的地位越来越突出，从上甲微以后，商族的首领逐步向国王转化，部落组织也逐渐变成了国家政权。于是，一个新兴的族群正在东方崛起，而此时的夏王朝却在下坡路上越走越远。

成汤建商

夏王朝统治了四百多年，到了公元前16世纪，夏朝最后的一个王夏桀在位。夏桀是个出名的暴君，他大兴土木，建造宫殿，过着荒淫奢侈的生活。此时，契的第十四代孙成汤执掌商国事。成汤看到夏桀十分腐败，决心消灭夏朝。他表面上对桀服从，暗地里不断扩大自己的势力。为了更好地进行军事行动，成汤率领部众迁徙到亳（今河南偃师西）。迁亳之后，成汤对内注意宽以待民，与民谋利，从而获得国内民众的拥护和支持，在商族内部形成了百姓亲附、安居乐业的局面。对外关系上，成汤尽力扩大自己的影响，力图取得各方国和部落的拥护，团结外部力量。

成汤的一系列活动自然引起了夏桀的注意。夏桀将成汤骗到夏，软禁在夏台（位于今河南禹州）。商国的右相伊尹设计将成汤救出，并为汤正确分析形势，表面上仍向夏桀表示臣服。由于夏桀的苛暴，他的同盟者九夷中的一些部落忍受不了夏的压榨勒索，逐渐叛离夏朝，力量对比逐渐向

< 商汤王像（局部）·南宋·马麟

此像为马麟《道统五祖图》中的一幅，所绘商汤王像衮服冕旒，意态娴雅。其上原有宋理宗楷书赞云："顺天应人，本乎仁义。以质继忠，匪曰求异。盘铭一德，桑林六事。人纪肇修，垂千万世。"

有利于成汤的方面转化。《说苑·权谋篇》中对此有详细的描述：伊尹给成汤献计，不给夏朝进贡，来观察夏朝的反映。夏桀见成汤不来进贡，便召集九夷之师伐商。成汤赶紧谢罪请服，复入贡职。次年，又不进贡。夏桀再召九夷之师伐商，九夷之师却不响应桀的号令了。这样，夏桀已处于孤立无援的境地，成汤灭夏的时机成熟了。

成汤决定大举进攻，他召集将士，借上天的旨意来动员将士，有功者将给予奖赏，不从者会受到惩罚。这就是保存至今的《尚书·汤誓篇》。成汤从亳起兵，矛头直指夏都。夏桀对商汤的进攻并未做认真准备，只得调集兵力仓促应战。成汤的将士们恨不得夏桀早早灭亡，作战非常勇敢，刚一交战，夏军就大败而逃。在鸣条之战中，夏军被彻底击溃。夏桀逃到南巢（今安徽巢湖），被商军俘获。夏朝灭亡了。

伊尹像·清

伊尹历事商朝商汤、外丙、仲壬、太甲、沃丁五代君主五十余年，为商朝强盛立下汗马功劳。沃丁八年，伊尹逝世，终年100岁。沃丁以天子之礼将伊尹安葬于都城亳附近，以表彰他对商朝做出的伟大贡献。伊尹被后人奉祀为“商元圣”。

成汤回师亳都，即位为王，三千诸侯前来朝贺。成汤也因此被称为商汤。他把夏禹所铸的九鼎移到亳都，从此商王朝取代了夏王朝，成为中国历史上第二个奴隶制国家。

一代贤相

商汤灭亡夏朝，建立商朝，右相伊尹是他的得力助手。伊尹名挚，原是商汤的岳父有莘氏家里的奴隶。有莘氏嫁女儿的时候，伊尹作为陪嫁奴隶到了商汤家里。伊尹善烹饪，到商后为商汤掌厨，他利用侍奉商汤进食的机会，给商汤分析天下形势，历数夏桀暴政，进献灭夏建国的大计。后来，他得到商汤的信任，并被任命为“尹”，即右相。商汤励精图治，反抗夏桀暴政，并最终一举灭亡了夏朝，建立商朝，这其中伊尹起到了举足轻重的作用。商朝建立初期，伊尹又帮助商汤制定各种典章制度，使政局得以迅速稳定，经济得到恢复和发展，商朝逐渐繁荣起来。

商汤死后，他的两个儿子相继继位，但不久都死了。后来，伊尹作主，让商汤的孙子太甲继位。太甲做了王之后，由着自己的性子办事，把祖宗留下来的法律制度全给破坏了。此时的商朝虽已历经三王，但建国不过二十年，商政权尚需进一步稳固。伊尹为了解除危机，挽救商政权，先是一再规劝太甲；后来看到太甲屡教不改，伊尹就把他放逐到桐（今山西万荣县境内），自己摄政，代行国君之职。

为了劝诫太甲，伊尹一连写了《伊训》《肆命》《徂后》等训词给太甲阅读，教他怎样做一个好的君主，如何分清是非，什么样的事情不应当做，什么样的事情应当做，劝告他不能背弃祖训，为所欲为。太甲读了这些文章，反思自己的所作所为，决心改正错误。过了三年，伊尹觉得太甲确实悔过自新了，就亲自带着文武大臣把太甲接回亳都，严肃而郑重地把政权交还给太甲，自己由主政回归辅政之位。太甲复位后，兢兢业业，在伊尹等人的辅佐下，把国家治理得井井有条，商朝进入了一个稳定发展的时期。《史记·殷本纪》中记载，那个时期“诸侯归殷，百姓以宁”，于是伊尹作《太甲训》三篇，褒扬太甲，太甲因此在死后被尊为“太宗”。而伊尹则恪尽职守地辅助王室，一直活到太甲之子沃丁在位时才去世。通过殷墟卜辞可知，伊尹受到了后世商人的隆重祭祀。

商汤和伊尹更是中国历史上第一对被并称的圣君贤相，为后世君臣所效仿。

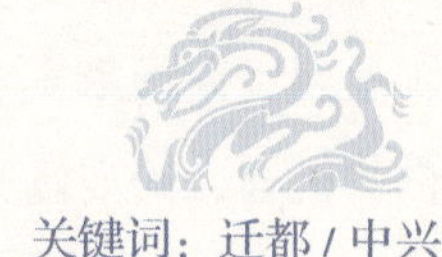

关键词：迁都 / 中兴

盘庚迁殷和武丁中兴

▪ 公元前1300年～公元前1192年

商朝从建国到灭亡，长达五百多年，最后的二百七十多年定都于殷（今河南省安阳），所以商朝又叫殷朝，有时候也称为殷商或者商殷。商朝定都于殷是从盘庚开始的。盘庚的侄子武丁继承王位后，励精图治，将商王朝的统治又推向了一个新的高度，史称“武丁中兴”。

迁都于殷

商朝的社会秩序在成汤时期已经稳固了，但是在他死后，王室内部争权夺利的斗争愈演愈烈。尤其是对王位的争夺，叔侄之间、兄弟之间，甚至斗得你死我活，国家被他们搞得混乱不堪。太甲以后的君主和奴隶主贵族们，生活越来越腐化，对奴隶的剥削非常残酷，奴隶主和奴隶之间的矛盾也越来越尖锐。有些方国部落也趁机起来反叛。这种内忧外患的局面，致使商朝的国力日渐减弱，再加上水涝、干旱等自然灾害，使得商朝到了崩溃的边缘。

盘庚是商汤的第九代孙、商朝的第二十个王。他是个有远见的人，觉得国家不能再照老样子维持下去了，就想出一个办法来缓和各种矛盾冲突，挽救商朝的衰亡，那就是将都城迁到殷。因为殷这个地方西依太行山，西高东低，像一个簸箕一样，前边面对一片大平原，土地肥沃。洹水自西北向东南穿过，用水方便，便于农业生产。另外，殷正处于簸箕口处，地势险要。这对有效管理全国，以及出兵打仗，都比较方便。从政治上考虑，迁都以后，一切都得从头做起，王室贵族就会受到抑制，还可以避开那些叛乱势力的攻击，都城比较安全，外部的干扰少了，统治就可以稳定很多。

虽然迁都有诸多的好处，可是并不是所有人都支持迁都这个决定，一些守旧的奴隶主贵族极力反对迁都。可盘庚是个办事十分坚决的人，他把奴隶主贵族召集起来，对他们公开说明迁都的理由。他在讲话中时而动之以情、晓之以理，时而用严刑峻法威胁他们，有时又用先公先王的神灵恐吓他们。《尚书·盘庚》三篇记录了盘庚的这些训话。第一篇是劝告，告诉大家搬家到殷去的好处；第二篇是威胁，他用强硬的口气，警告大家一定要老老实实地服从迁都的命令，否则就要接受严厉的制裁；最后他号召民众说：“去吧！去寻求安乐的生活吧！现在我要把你们迁过去了，在那边，永远安定你们的家。”

^ 四羊方尊·商

方尊是一种礼器，主要用于祭祀祖先。四羊方尊是目前发现的商代青铜方尊中最大的一件。现藏于中国国家博物馆。

盘庚用了软硬兼施的手段，终于把都城迁到了殷，可是斗争并没有结束。老百姓到了一个新地方，生活不习惯，吵嚷着要回老家。奴隶主贵族们就乘机起哄，煽动大家要求搬回老家去。《盘庚》第三篇可能就是这个时候对官员贵族们讲的。他用强硬的语气制止住了奴隶主贵族们的反对。他告诫官员贵族们不要贪图享乐、聚敛财宝，而要谋政立功，施恩惠于人民，与人民同心，治理好国家。

过了几年，局面才安定下来。盘庚迁殷摆脱了长期以来旧势力的影响，加上殷都附近土地肥沃，物产丰富，人们辛勤劳作，终于在较短的时间里出现了“百姓由宁，殷道复兴，诸侯来朝”的局面。殷都被建设成了一个十分繁荣的都市，衰落的商朝出现了复兴的局面。从此，商朝的都城就固定在了殷。

^ 侧身羽人玉饰·商

羽人呈现蹲踞的姿态，双手前拱，头上戴有羽冠，冠后雕有三个活环，环环相扣，这种连环的透雕技艺在商代极为罕见。此件器物在1989年出土于江西新干大洋洲商墓。现藏于江西省博物馆。

武丁中兴

盘庚将国都迁到殷以后，商的政治、经济和文化都有了很大的发展。到武丁时期，商王朝的国势达到最强盛的阶段。武丁是盘庚的弟弟小乙的儿子。他从小和平民的孩子一块儿玩耍，一块儿干活，学会了一套生产劳动的本领，也养成了简朴的生活习惯，同时对奴隶的艰苦生活也有所体会。盘庚去世以后，他的大弟弟小辛继承了王位。过了三年，小辛死了，这就轮到了武丁的父亲小乙。小乙在位十年，他死后，王位就传给了武丁。

武丁做了王以后，没有改变当年简朴的生活习惯，也没有忘掉民众的疾苦。他一心想要复兴商朝，做一个像商汤那样的贤王。因为武丁的继位不合乎商的继承制度，违反了祖制——兄终弟及，最后还位于长兄之子——本来，小乙死后是应该把王位传给盘庚的儿子的。这就要求武丁首先要平复诸位叔伯兄弟的不满。史载，武丁继位后“三年不言，政事决于冢宰，以观国风”。一来武丁以沉默的方式来观察形势，巩固王位。二来因为他“未得其佐”，他这样做也是在寻找自己的贤才。

后来，在一个叫傅岩的地方，武丁发现了一个叫“说”的奴隶。武丁与他交谈，发现他有大贤之才，于是赐说姓傅，并且果断地提拔他为相，委以国政。由于傅说出身低微，武丁就假借做梦，将他引入宫中，以便堵住一些闲言碎语。《史记·殷本

∨ 龙虎尊·商

1957年出土于安徽阜南。这件商代晚期的龙虎尊高50厘米，口径为45厘米，龙首伸出尊体之外，尊腹浮雕有龙纹。今安徽阜南在商代是淮夷部落的聚居地，此青铜器在制作上明显受到了中原商文化的影响。现藏于中国国家博物馆。

《帝鉴图说》之梦赉良弼·明

纪》中这样描写：“武丁夜梦得圣人，名曰说。以梦所见视群臣百吏，皆非也。于是乃使百工营求于野，得说于傅险中……举以为相，殷国大治。”在当时的历史条件下，能够重用傅说这样的人，本身就是一件了不起的事情。从中可以看出武丁不但具备与众不同的眼光，而且知人善任。正是在傅说等一帮贤臣的辅助下，商朝日益强盛起来。

国力强盛使得商王朝有能力与骚扰边庭、叛服无常的一些方国、部落进行战争。武丁开始不断征战四方，先后发起一系列战争，从周边族群那里获得了大量人口和财富。与此同时，商也与周边族群进行经济和文化的交流，诸侯各国纷纷融入商王朝，使商王朝的版图和政治影响空前扩大。现今出土的武丁时期的甲骨卜辞中有“中师”之名，应该是军队以“师”为最高建制单位的开始，也有人认为右、中、左三师的创立就是从武丁时期开始的。

武丁对外战争的目标主要是鬼方、舌方、土方、荆楚等。鬼方是殷商时期北方草原地区的一个游牧部落，曾频频骚扰殷人统治区，武丁亲自率军征讨三年，方才平定。舌方是殷商北方另一游牧部落，在盘庚迁殷前，舌方利用王室“九世之乱”的机会，迅速扩展势力。为了掠夺更多的生活资料，舌方逐渐向南游移，经常骚扰商朝属国，并屡屡深入商王畿（国都附近的地方）西郊进行抢劫，严重威胁商王朝的统治。经过十几年征讨，舌方也被武丁平定。土方是殷商北方距离商王畿较近的又一族群，经常侵扰商地居民。武丁用三年时间消灭了土方，土方的土地也成为商朝领土。当时商朝南方地区也有很多方国、部落，江汉流域的荆楚是其中最强大的方国之一。武丁曾率商族武士，深入荆楚险阻的地方，打败荆楚，掳获了许多奴隶，江汉流域也成了商朝的一部分。商的诸侯国大彭和豕韦不愿听命于商，拒绝纳贡，于是，武丁消灭了他们。

随着战争的不断胜利，商王朝的势力在西、北、东、南四面迅速扩张，达到商代的最高峰。这些战争客观上促进了中原地区与周边族群的经济、文化交流，使商朝成为西起甘肃、东至海滨、北及大漠、南逾江汉流域的泱泱大国。武丁在位五十多年，他统治期间是商王朝最为强盛的时期，历史上把这段时期称为“武丁中兴”。

历史断面

全民嗜酒的商代

商代的酒精饮料有酒、醴和鬯。用蘖法酿醴，在远古时期是中国的酿造技术之一。商代甲骨文中对醴和蘖都有记载。除了“酒”“醴”之外，殷商的酒类中还有“鬯”。鬯是以黑黍为原料，加入郁金香草（也是一种中药）酿制而成的一种酒，它是最早有文字记载的药酒。商人嗜好喝酒，以至于饮酒之风弥漫在社会的每一个角落。商王祭祀先祖，一定用酒食美味作为享礼。关于商纣王的嗜酒，史料记载极多。事实上商人嗜酒是当时社会的一种普遍现象，是一种社会风气。商人嗜酒所体现的是一种精神状态，这种风气不只在贵族统治阶层中恣意蔓延，还逐渐泛滥于一般平民阶层之中，从而影响当时的社会风气。

关键词：妇好墓

巾帼女将妇好

▪ 公元前1250年前后

妇好是中国历史乃至世界历史上有史记载最早的女性军事统帅，堪称是中国女性的杰出代表。她的相关事迹多见于甲骨卜辞之中，但她真正为世人所关注，还是从1976年殷商考古专家郑振香、陈志达主持发掘了她的陵墓而开始的。

妇好其人

妇好是商王武丁的妻子，商代著名女将。其名好，“妇”为亲属称谓，铭文中又称其为“母辛”。妇好的

> 玉虎・商

这两件玉虎均出自河南安阳殷墟妇好墓。玉虎四肢伏地，头部下伏，张口露齿，如同作势欲扑，是寓动于静的玉雕佳作。现藏于中国国家博物馆。

名字在甲骨文中频繁出现，不只因为她是商王的妻子，更重要的是，她曾是活跃在武丁时期一名杰出的政治活动家和军事家。妇好武艺超群，力大过人。现在出土的大量甲骨卜辞表明，在武丁对周边方国、部落的一系列战争中，妇好多次受命代商王征集兵员，屡任军将征战沙场，协助武丁南征北战，建立丰功伟业，使武丁时期的商王朝处于极盛状态。她曾统兵一万三千人攻羌方，俘获大批羌人，成为武丁时一次征战率兵最多的将领。她还曾参加并指挥对土方、巴方、夷方等的多次作战。

妇好作为女统帅，每次出征，都带着成千上万的人马。有一卜辞写着“登妇好三千，登旅万，呼伐羌”，意思就是商王征集妇好所属三千人和其他士兵一万人，命妇好率领他们去征伐羌国。一万三千人的队伍在当时来说，可谓规模巨大，而妇好不仅自己握有重兵、亲临战阵，在某些时候她还指挥其他军事将领，起到军事统帅的作用，可以说，当时妇好在军事方面有着至高无上的权威，这一点可以从她的墓室文物中得到佐证。妇好墓中曾出土了四把铜钺，两大两小，上面都刻有“妇好”二字的铭文。两把大铜钺，每把都重达八九千克。这两把巨大厚重的铜钺象征着商王朝极

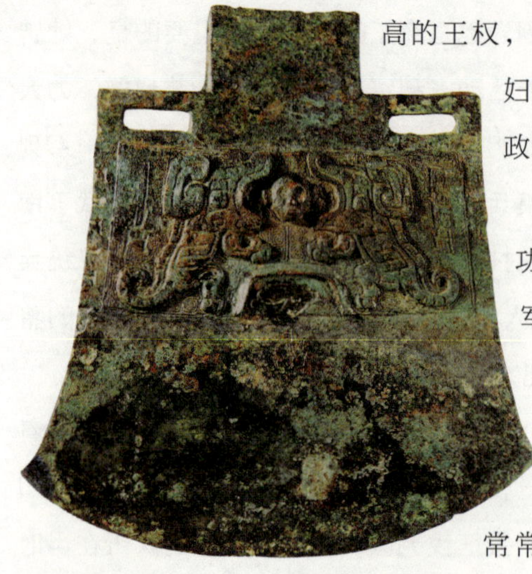

^ 妇好钺·商

1979年于河南安阳妇好墓出土。钺身略呈斧形，弧形刃，平肩，长方形内，肩上有一对长方形穿，肩下两侧有小槽六对。钺身两面靠肩处均饰双虎噬人头纹，以云雷纹为地。有铭文“妇好”二字。钺作为兵器，象征着军事指挥权。妇好出土的青铜钺共有两件，说明妇好对军队有着不一般的指挥权。

高的王权，这样的象征物被当作殉葬品随同妇好下葬，可见妇好在当时的军事政治地位。

妇好的权威应该是在一次次成功的军事征伐中得以确立的，她的军事征伐也为商王朝政权的巩固作出了重要贡献。在武丁之前，距商朝都城（今河南安阳小屯村附近）正北数百千米的土方常常侵扰商朝边境，这是个强悍的族群，他们一进入商朝所属的田猎区即肆无忌惮，随意掠虏人口财物。商王曾多次对土方部族发动战争，都未能制服敌人，土方仍连年不断地南下侵扰，这种情况一直持续到武丁时期。武丁即位后，命妇好率兵讨伐土方，妇好率领军队彻底挫败了土方军队。土方从此再也不敢侵扰商地，其势力也从此衰落下去。当时位于商朝东南方的夷国虽然国力并不强盛，但是为了生存，他们也偶尔突发奇兵侵入商朝疆土杀人掠物。妇好受武丁之命再次带兵迎敌。她来到前线后却按兵不动，而是暗中窥探敌军动态，等待出击时机。当时机成熟，妇好带军猛然全线出击，夷国军队一败涂地。只此一仗，就让夷国人领略到了妇好的厉害，此后再也不敢滋扰生事了。

商朝对巴方的军事胜利也是妇好的战绩之一。巴方位于商朝的西南方，这个族群可以说是商朝的宿敌，与商朝时常发生战争。为了摧毁巴方，武丁曾亲自出兵杀敌。这次战斗打响前，武丁与妇好议定计谋：武丁带领精锐部队去偷袭巴军军营，妇好则率兵在巴军退路方向预先埋伏，准备痛击巴方退兵。武丁带领的商兵突然出现，令巴军惊慌失措，巴军不及应战即纷纷溃逃，正好落入商军所设的埋伏圈内。妇好指挥伏兵迎头截杀，全歼了巴方的这支军队。这是中国战争史上记载的最早的伏击战。

地位显赫

除了以上几次成功的征战，妇好还打退了西北方羌国的入侵。她的勇武善战和雄才大略令商朝周围的那些方国部落不敢轻举妄动。她的威名甚至一直延续到她死后。

武丁对妇好可谓敬爱有加，在妇好生前就时常占卜她的起居、健康、生育等方面的情况；在妇好去世后，武丁为祭祀她，在她的墓圹上修建了宗庙建筑，墓上建有享堂。在武丁之后的历代商王心目中，妇好一直享有崇高的地位。武丁死后，他的后人没有把妇好作为依附于武丁的妻子，将其尸体移入大墓与武丁合葬，而是单独保留了妇好的墓穴；祭祀祖先时单独为妇好举行祭祀。这可以看作是母系氏族社会的一种遗风，处于奴隶社会阶段的商朝，宗法制度尚未健全，妇女在社会中占有一定地位。至于妇好这样的贵族妇女，则更能在一定程度上发挥她的聪明才智，甚至在沙场上立下显赫战功。

随葬瑰宝

由于武丁极其宠爱妇好，在妇好去世后，武丁在其墓葬内放置了大量的随葬品，使妇好在死后也能享受她生前所享有的一切特权。在妇好墓出土的1928件随葬品中，包括青铜器、玉石器、骨牙器等，还有近七千枚的海贝。其中铸造有“妇好”“好”字铭文的铜器有109件。这些铜器都是武丁时期青铜器中的精品，而妇好三联甗、妇好偶方彝、妇好鸮尊和司母辛四足觥更是其中罕见的珍品。

^ 妇好偶方彝·商

1976年出土于河南省安阳市殷墟妇好墓，是一件特殊的酒器，系商晚期器物。

妇好偶方彝，高60厘米，长88.2厘米，重71千克，主要用于盛载食物。此器物较为独特，为长方形，从外观上看像由两个方彝联合而成，每个侧面皆有一个象头形装饰物，器身都用兽面纹装饰。其盖似屋顶形，顶两端置钮。器内有铸铭“妇好”二字，其造型凝重雄伟，纹饰精美富丽，铸造工艺高超，形制独特，宛如一座殿堂，是殷墟青铜器中的珍品。

v 妇好鸮尊·商

1976年出土于河南省安阳市殷墟妇好墓，系商朝晚期器物。现藏于中国国家博物馆。

妇好鸮尊，高45.9厘米，口径16.4厘米，重16.7千克。形体呈鸮状，头部微微向上昂起，宽大的尾部和粗壮有力的双足，共同支撑躯体。鸮的神态端庄，有王者之气，不是一般自然界中的猛禽可比。鸮周身纹饰精细，面中部及胸前中部各有一道扉棱，冠面外侧有羽纹，内侧饰倒夔纹。在鸮的背部还铸有一只呈飞翔状的鸟和一条小巧的夔龙，整个器形透着雄健苍劲的气势。商代超绝的青铜工艺和工匠高雅的审美情趣及浪漫气质，在此得到了充分体现。

司母辛四足觥，高36厘米，重8.5千克，是一件样子很奇特的盛酒器。从整体形状看，应是四足奇兽。若再仔细观看，前部似牛呈立兽状，头上有卷曲的犄角，中脊至尾为卷龙纹，后部呈鸟状，足为两蹄两爪，究竟是何神兽，有待考古学家进一步

司母辛四足觥·商

司母辛四足觥是一件商代晚期的宫廷盛酒器具。1976年出土于河南安阳殷墟妇好墓。现藏于河南博物院。

考证。该器从嘴至尾为器盖，通体饰细腻精致的纹饰，盖内与器身内均有“司母辛”三字铭文。其丰富的想象力、巧夺天工的工艺让我们不得不叹服商代艺术家的巧思。

另外，墓中的四面铜镜，表明至少在商王武丁时期中国已使用铜镜。随葬玉石器中，多为商代玉器中的精品。十余件玉石人物雕像，是研究当时衣冠发式的珍贵资料。另有三件带把象牙杯，也是罕见的古代艺术瑰宝。妇好墓中出土的玉龙，龙身短小，并出现单一的云雷纹、重环纹、菱形纹等装饰，龙尾似刃，薄而锋利，有一定的实用价值。

妇好墓的发现为我们研究商代武丁时期的历史、社会风貌提供了丰富的史料，从奢华的墓葬反观历史，妇好这位女中豪杰，同时又是一个残暴的奴隶主贵族，让人不得不感慨“一将功成万骨枯”，千秋功过又有谁能说得清楚。

关键词：牧野之战

纣王亡国

▪ 公元前1046年

武丁以后，商王朝的社会矛盾越来越尖锐，其后的统治者也越来越腐化，到了商末帝辛时，情况更为严重。商汤没有想到自己的后代重蹈夏桀的覆辙，在他的十七世孙帝辛手上，他所创立的千秋基业毁于一旦。

失德君主

帝辛就是中国历史上著名的商纣王，他是商朝第二十九位王帝乙的小儿子，因为是帝乙正妻所生，所以被立为太子。帝乙死后，帝辛继位，后世称其为商纣王。纣王不仅勇力过人，而且能言善辩，很有才干。但他喜好酒色，广建苑囿台榭，宠爱美女妲己，高筑鹿台，命乐师作“北里之舞”“靡靡之乐”，又“以酒为池，悬肉为林”，通宵达旦地饮酒作乐，不理朝政。

不仅如此，纣王还非常残暴，为镇压各方面的反抗，他制定了严酷的刑法，制造了许多骇人听闻的刑罚。如“炮烙之刑”，就是用青铜制成空心铜柱，中间燃以木炭，将铜柱烧红，凡有敢于议论纣王是非的人，纣王就令他赤脚在铜柱上走，受刑者忍受不了烫烙，就掉下去被火活活地烧

> 大禾方鼎·商

1959年于湖南宁乡黄材镇胜溪村出土。方立耳，折沿方唇，直腹柱足，立耳阴刻龙纹，腹四壁浮雕人面，浓眉大眼，阔鼻宽嘴，凸颧骨，两侧有角和爪，腹内壁刻有铭文“大禾”二字。此种形制的鼎迄今为止仅见此一件，颇为特别。现藏于湖南省博物馆。

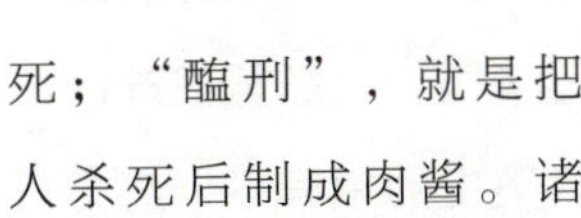

死；“醢刑”，就是把人杀死后制成肉酱。诸侯梅伯曾劝谏纣王废除“炮烙”酷刑，纣王将他剁成肉酱，强迫其他诸侯吃掉，杀一儆百。此外，还有“脯刑”，就是把人杀死后切成块，然后晒成肉干。朝臣对纣王的暴政敢怒不敢言，鄂侯仗着自己是王朝三公的身份，与纣王争辩，指责纣王无道，被纣王处死，并制成肉干示众。西伯侯姬昌（即后来的周文王）听到这些事后在背地里叹息，被人告发后也被纣王关进监狱，后来纣王又把姬昌的大儿子伯邑考杀死，做成肉羹送给姬昌吃。

商朝灭亡

纣王的淫乱日甚一日，他的兄弟微子不忍坐视国家灭亡，苦劝纣王，但纣王根本不听，微子只好逃离都城，隐居民间。纣王的另一个兄弟箕子对纣王的暴政早已不满，他装成疯子，混在奴隶之中。纣王发现后，命武士将他囚禁起来。纣王的叔父比干亲眼看见微子逃隐、箕子佯狂为奴，非常伤感。他以死相争，接连三日向纣王苦苦劝谏，提出尖锐的意见，纣王很生气，说道：“我听说圣人的心有七窍，比干有圣人的名声，我倒要看

《帝鉴图说》之妲己害政·明

现藏于法国国家图书馆。

看比干的心是不是这样。”于是下令杀死比干，开膛破肚，取出他的心看看到底长成什么样子。朝中一些大臣看到纣王这样残暴，纷纷逃到日益强大的周国去了。

在内部矛盾激化的同时，商王朝与周边各族的矛盾也日益尖锐，长期的征战耗尽了国力，颓势已难以扭转。商国西边的附属周国，在周文王、周武王两代英主的领导下，势力日益强大。特别是武王继位以后，知人善用，延揽了一批有才能的人，如太公望、周公旦、散宜生等。在他们的辅佐之下，国家日益兴盛起来。武王也一直在寻找机会，灭掉商朝。他不断地派人调查商朝的情况，当他得知商朝的老百姓连话都不敢说时，断定灭商的时机已到，于是就联合西方和南方的部落，向商纣王发起进攻，于商都郊外的牧野开战。那时候，商朝的军队正在同东夷作战，来不及调回，纣王只好临时把大批奴隶武装起来，开赴前线。谁知奴隶早就恨透了纣王，便在阵前倒戈起义，引导周武王的军队攻入商朝别都朝歌（今河南淇县）。

鹿台遗恨

到了这个地步，纣王只好狼狈地逃回了宫中。眼看着大势已去，纣王悔恨不已。想到周军马上就要攻入，如果沦为阶下囚是绝没有好下场的。他把心一横，换上最华贵的服饰，挂了满身珠玉，登上最豪华的宫殿——鹿台，以袖掩面，表示愧对列祖列宗，然后便举火自焚了。等武王率军赶到时，纣王已经死了。武王于是命人斩下纣王的头颅，与一面大白旗一起高高挂起来，以昭示他的罪恶。商朝就这样灭亡了，周武王成为新的天子，中国历史上第三个王朝——周朝建立了。帝辛的失道，使他被后世贬黜了“帝”的称号，而改称为“王”，这也是“纣王”这个称呼的来历。

^ 十字孔铜方卣·商

此卣出土于江西新干大洋洲商墓。卣是一种祭祀时盛放香酒的器具，形状类似于后世的酒壶，顶部一般有盖，也有提梁。这件十字孔方卣的腹部中心各有一个长方形孔，四孔两两相对，器形又为正方形，因此得名。现藏于江西省博物馆。

关键词：周族西迁 / 西伯称霸

小邦周的崛起

▪ 公元前11世纪初

周族是活动在中国黄土高原的一个古老族群，具有悠久的历史。夏商鼎革时，周族被迫西迁，与西部的戎狄杂处混居。公刘时期，周族得到较大发展，社会形态也由氏族部落进入了国家阶段。亶父时期，周族在亶父的带领下迁徙到今陕西岐山之下的周原。此后，周人经王季、文王、武王三代人的努力，推翻商朝，建立了“赫赫宗周”。相较于夏、商而言，周是后起的僻远小国，故史书有“大国商”“小邦周”之称。然而正是这个蕞尔小国却代商而起，开创了八百年基业，奠定了华夏文化的主体，成就了令后人传颂的惊世伟业。

后稷播百谷

相传周的始祖为弃，是轩辕氏黄帝的后裔。其母为有邰氏女，名姜嫄，传说为黄帝曾孙帝喾高辛氏的元妃。据《诗经·大雅·生民》记载，周族始祖弃出生的情况大致是：弃的母亲姜嫄在野外偶然踩在了一个巨人足迹的大脚趾上，感而有孕，生下了始祖弃。之所以名弃，是因为他曾三次被其母抛弃。从姜嫄生弃的传说当中，仍可窥见周族起源的蛛丝马迹——弃诞生的过程，正好反映了周人从母系氏族向父系氏族过渡的历史。周人之所以奉弃为始祖，大概是从他开始，周族才建立起独立的父系氏族部落。弃的外家有邰氏，是一个从事农业生产的族群。由于受到有邰氏农业生活的影响，弃从小就喜欢玩种麻植豆的游戏，长大后便成为耕种庄稼的能手。他不仅掌握了除草、选种等先进的耕作技术，还会根据不同的土质选种适宜的庄稼。在弃的带领之下，有邰氏很快成为著名的农耕部落，弃自己曾被尧任命为农司，后来又被舜任命为后稷，专门主管农事。他的后代也世享恩泽，累居后稷之官。后人为了纪念弃对农业的贡献和他勤于农事而死的精神，尊奉他为农神。

v 后稷像

后稷善于种植各种粮食作物，曾在尧舜时代当农官，教民耕种，被认为是开始种稷和麦的人。

公刘与亶父

根据司马迁《史记·周本纪》所列周族的世系，从后稷到武王克商的先公时期，共有十五位先公。“十五”不是一个确切的数字，因为从周族兴起的虞夏之际到周文王，历经夏、商两个王朝，共一千二百多年历史，绝非十五代人能经历完成的。在这十五个有史可查的先公里，公刘和古公亶父是周人的两个著名先公。公刘时期，周族逐渐强大起来，并进行了一次重大的迁徙——周人从邰迁到了豳（今陕西旬邑县西南）。公刘不仅有计划地选定和营建了新的国都，创建了国家机器，还带领周族恢复并发展了农业生产，周族的社会形态也由氏族部落进入了国家阶段。所以，公刘是第一个被尊称为“公”的周人先祖，是著名的先公之一。

周族的另外一位著名先公——古公亶父被周人尊称为“大王”，周族先公也是自亶父时才开始称王。古公亶父之所以赢得后人如此尊重，主要源于他的两项功绩：一是带领周族从豳地迁到了岐山之下的沃野周原，二是开创了剪商的霸业。由于豳地处于戎狄等游牧氏族部落的包围之中，经年战乱，古公亶父就率领族众沿着渭河西行，从今天的晋西南迁到了岐山之下的周原，在那里奠定了周人迅速崛起的基础。自从亶父迁岐、营治周原之后，仅经过季历和文王两代人的努力，就使原来的“小邦周”变成了“三分天下有其二”的强大国家。到武王时，则旌旗一挥，天下诸侯响应，一举灭商。所以亶父在周人中享有很高的威望，被尊为“大王”，其位在“烈祖”之首，史书也称自大王时，“实始剪商”。

季历被杀

古公亶父在岐山下建国，开创了剪商霸业。他有三个儿子，分别为长子太伯、次子仲雍（即《史记》所称“虞仲”）及幼子

< 公刘像

公刘，生卒年不详，姬姓，名刘，“公”为尊称，是古代周部族的杰出首领，周文王的祖先。

^ 泰伯墓

泰伯即太伯，墓位于江苏无锡鸿山。鸿山又名古皇山，故此墓也称吴王墩、皇陵。墓在山南麓，依山建造。上面是坟冢，平面圆形，直径约三米余，周围筑青石块护墙，顶部用土覆盖，高约两米多。

季历。相传亶父看到季历的儿子昌有“圣德”的兆象，决定把王位传给季历，而太伯和仲雍为了让位给季历而逃亡到“荆蛮”之地，断发文身，建立了后来的吴国。后世史学家认为，太伯、仲雍与季历之间的权位谦让之事可能发生过，但肯定不是单纯的退让避嫌之举。事实上，在亶父率族众西迁之时，就对周族的力量进行了部署：一是让太伯继续留守豳地以抵抗戎狄，保持周族原有的影响。后来，出于形势变化和战略考虑，太伯率部分族人从豳地南下，来到今江苏苏州一带建立吴国；二是让次子仲雍西迁之后在岐山西北面的地区开疆拓土；三是让幼子季历和亶父一起营建周原，作为周人的大本营。季历在父兄的帮助之下，使周国的势力得以迅速发展。其后，文王的经营又为武王的一举灭商进一步做好了准备。

^ 史墙盘 · 西周

1976年出土于陕西扶风。盘型巨大，底部铸有铭文284字，腹和圈足分别饰凤纹和兽体卷曲纹，雷纹填地，圈足有折边。铭文前段颂扬西周文、武、成、康、昭、穆、共（恭）七代周王的功绩，后段记叙微氏家族高祖、烈祖、乙祖、亚祖、文考和做本盘者自身六代的事迹。墙盘所记述的周王政绩与司马迁的《史记 · 周本纪》中的内容非常吻合，关于微氏家族发展史部分的内容则并不曾见于现在已知的文献，填补了西周国史微子家族的一段空白，属于重要的历史资料。现藏于宝鸡青铜器博物院。

大王死后，三子季历称王，也称王季。古公亶父时期，基本解决了周边夷狄的威胁，而季历在太伯的帮助之下，四处开疆拓土，先后为商王朝征讨了鬼方、燕京之戎、余无之戎和始乎之戎 。鬼方是殷周之际居于中国西北方的一个方国，他们经常骚扰中原，对商王朝边疆构成威胁。商王武乙统治时期，季历奉商王命令讨伐鬼方，力战三年，俘虏了鬼方二十多个部落首领。继征服鬼方之后，季历又于商王文丁时期进一步征讨山西地区的燕京之戎。燕京之戎是一个逐水草而居的游牧族群，今山西静乐周围、汾水两岸直到祁县以西、介休以北，方圆一百多千米都是他们的活动范围。燕京之戎比较强大，季历曾被打得大败而归。由于征伐燕京之戎受挫，季历转而征伐山西地区的余无之戎，大获全胜。在这之后，季历又分别征伐位于滹沱河流域的始乎之戎和翳徒之戎，都取得了不俗战绩。

在季历继位的初期，由于商王朝必须联合周人对付进犯中原的戎狄，所以商王对周人很倚重。在季历对鬼方用兵取得初步胜利时，商王武乙曾赐给他土地、玉器以及马匹，以示奖励；后来，商王文丁为了嘉奖季历攻克余无之戎的功劳，又命他为诸侯的方伯首领。但是，因伐戎而强大起来的周族也就逐渐成为商王的心头之患，季历因其势力的不断扩大招致商王的猜忌，最终被文丁杀死了。

文王即位

季历被商王文丁囚杀之后，其长子昌继位。昌就是被后人尊奉的周文王。文王继位时已届中年，他当时接管的领土范围不过百里，远不是商王朝的对手。鉴于父亲季历的悲惨结局，文王一方面小心谨慎地侍奉宗主国——商王朝，以减少商王的顾忌和猜疑，另一方面则暗中壮大实力，积极谋划剪商大业。

文王在位的时间很长，据说有五十年之久。他内修政事，建立了一套卿士制度，健全了政权机构；并积极选贤任能，广罗人才，如后世熟知的军师姜子牙、弃商纣而事周的大臣辛甲以及众多方国首领如散宜生、鬻子、闳夭、太颠等都被文王所用。此外，文王还勤于政事，发展农业生产，关怀小民、照顾鳏寡孤独，使万民咸和。在文王的贤明统治下，周的国势蒸蒸日上，在方国、部落中的威望也越来越高，河东小国纷纷归附到周王旗下。

文王在对外团结诸侯的同时，一直殷勤、恭顺地侍奉商王，终于博取了商纣王的信任。纣王册封文王为西伯侯，让他负责征讨叛国事宜。文王正好利用这个时机，有计划地用兵西方，解除戎狄对周的威胁。文王先后灭了周以北的犬戎和以西的密须，为东进灭商消除了后顾之忧。犬戎是古公亶父迁岐之时就为患不宁的混夷，密须则是居于今甘肃灵台周围的姞姓之国，势力颇为强大，经常骚扰周民，所以文王首先征伐这两地。为了达到东进灭商的目的，文王在打败密须之后，把都邑迁到了位于岐山之南、渭水北岸的程，即《逸周书》所说的“周王宅程”，以图向东发展。

文王宅程之后，积极向东推进。他先东渡黄河，进入河内地区，攻伐黎、邘等国；接着沿渭水东进，拔掉商朝在渭水流域的重要据点崇国。黎又称耆，地处晋东，其地迫近商朝的本土。在灭掉密须的第二年，文王伐黎，《尚书·西伯勘黎》记载了此事。邘国在黎的南面，位于黄河北岸，应在今天河南沁阳周围，属于商王的田猎范围。黎、邘两国距离商都朝歌已非常接近，且在山西高地的东边，可俯瞰商朝王畿的平原，直扣商朝的大门，因此具有非常重要的战略意义。

周人在攻克黎、邘两国之后，又于第二年攻伐崇。崇位于今陕西户县附近，在殷商末年属于崇虎侯的封地。崇国是周人东进的一个重要障碍，

^ 羑里演易坊

位于今河南汤阴北部，这里曾囚禁过周文王。相传周文王在被囚禁的七年中写成了《周易》一书，于是有了演易坊的遗迹。《周易》是一部探求宇宙奥秘与人世变迁的书。

文王雕像

因为崇虎侯是商纣王的亲信，负责在关东监视周人。文王就曾由于此人告密被商纣王囚禁于羑里，最后在周大臣闳夭进献了美女、良马和奇物之后才被释放回周。但是崇国地势险要，易守难攻，经过了一场持久的攻坚战之后，周人才征服了崇。伐崇的胜利不仅拔掉了商王朝楔在渭水流域的一颗钉子，扫除了周人东进的一大障碍，同时还让周人拥有了关中的膏腴之地，大大增强了他们的经济实力。《诗经·文王有声》记述，在征服崇之后，文王把都城从渭水北岸的程迁到了渭水南岸的丰邑（今陕西户县）。丰邑在地理形势上更适合做国都，从这里出发，调动灭商的大军将更加便捷。史书称文王在这里建有灵台和灵囿，据后世考古发现，这里建有城墙及与其相匹配的城沟，遗址总面积约12平方千米。

文王于迁都丰邑后不久就去世了。他虽然没有完成剪商大业，但是为武王伐商做好了准备：在当时的中国版图上，周人已经占据了渭水流域和黄河中游一半的土地，还有晋南和江汉地区；而商王只剩下黄河下游以及东边的东夷之地，可以说周已是“三分天下有其二”。所以在武王继位后不久，就一举灭掉了商王朝。

关键词：盟津观兵 / 武王伐纣

武王灭商

■ 公元前1046年

兴起于西方的小邦周在经过历代首领，尤其是古公亶父以至季历、文王的开拓之后，已由最初的蕞尔小国变为能够与殷商分庭抗礼的大国。文王去世后，武王继志，通过牧野一战灭掉商朝，定都镐京，建立了赫赫的周王朝。

盟津观兵

历史记载，周文王长寿而多子。长子伯邑考在文王生前已经亡故，故文王去世后由次子姬发继位，是为武王。武王继位之时，商王朝内部矛盾日益尖锐，残暴的纣王不仅设炮烙之刑，还重用一些谄媚阿谀的佞臣，导致国势江河日下。但瘦死的骆驼比马大，“大国商”在军事力量对比上仍占有一定优势，所以继位之后的武王延续文王韬光养晦的政策，等待灭商时机的完全成熟。武王一方面重用文王时期的旧臣以及召公、毕公、毛叔郑等一批贤臣大修内政；另一方面在离丰邑东边不远的丰水东岸营建了镐京（今陕西西安西南），为进一步东进灭商做准备。

精明的武王没有立刻竖起伐商的旗帜，而是一步步地谨慎试探，其中最有代表性的就是在黄河北岸盟津（今河南孟津西北）进行的“盟津观兵”，实际上也就是一次大规模的军事演习。《史记·周本纪》记载：武王延续文王克殷的天命，先祭祀天神，然后载着文王的牌位率师东进，与各路诸侯会师于盟津。据说不期而会的诸侯有八百之众，他们都认为可以讨伐商纣王了，但是武王认为时机并未完全成熟，于是暂时退兵西守。盟津观兵是一次对商朝武力的刺探和实战的预演，既达到了与诸侯结盟期会的目的，又熟悉了北上伐纣的地形和路线，为伐纣预先做好了准备。与此同时，商纣王的统治更加岌岌可危。殷商贵族中的有识之士为了挽狂澜于既倒，纷纷向纣王谏言，但是残暴的纣王不但没有觉醒，反而将谏言的王叔比干杀掉，把箕子囚禁起来。这时，商王朝的统治已经分崩离析，商纣王在众叛亲离之后成了真正的孤家寡人，武王灭商的时机已完全成熟。

^ 周武王像·南宋·马麟

牧野之战

武王十一年（前1046）十二月，武王率戎车三百乘、虎贲三千人、甲士四万五千人，以及庸、蜀、羌髳、微、卢、彭、濮等方国、部落武装向东讨伐纣王。这支讨伐队伍在渡过了盟津之后，举行了规模盛大的盟会誓师，武王历数了纣王的罪状，勉励各路诸侯与周师官兵一道像虎、熊一样英勇前进，以达到一举灭商的目的。盟津誓师之后，伐纣大军一路急行，仅用了四天时间便赶到了朝歌郊外的牧野。他们连夜布阵，于第二天早晨便与纣师决战于牧野。

对于牧野之战的过程，后世有很多记述。《逸周书·克殷解》记述牧野之战的经过是：周师率三百五十乘戎车布阵在牧野，商纣王也率军队前来抵抗。武王亲率虎贲、戎车等精锐部队冲击商朝的军队，商军大溃而逃。商纣王在败兵之后逃回都城，登上鹿台自焚而死。《诗经·大明》说，商朝军队的旌旗如林，布满牧野。但是，在人数上占优的商朝军队并没有取得战役的胜利，反而在战场上“前徒倒戈”，成为武王的先锋，所以牧野之战在一日内便结束，以武王大获全胜而告终。

牧野之战是一场以少胜多的经典战役，对于商朝军队一触而溃的原因，后世史家认为大致有二：一是商纣王的暴虐失去民心，得不到臣民的拥戴，最终导致士卒在战场上倒戈相向；二是商纣王陷入四面楚歌之中，得不到有效的援助。由于长期对四夷的掠夺，商朝与四方夷戎部落的关系紧张；同时与东夷的连年征战使其军事力量大为削弱。相对而言，周师能够以少胜多，则在于周武王领导集团的同心同德，姬、姜两姓贵族的联盟以及西方诸侯的合作，当然还有武王选定的克商时机、战略部署的正确和周师的昂扬斗志。

商朝灭亡

牧野之战后，周师直接进入京畿，在这里遭到了比较顽强的抵抗。《诗经·武成》篇记载，双方在京畿附近展开了惨烈的激战，以至鲜血汇流成河，连战斗用的木棒都漂了起来。商纣王自焚死后，武王用黄钺斩下他的头颅，悬挂在大白旗上。牧野之战次日，武王在商王的宫殿举行了隆重的革殷授命仪式，正式宣告商朝的灭亡。

武王在膺受大命之后，施行了几件大事。一是安抚殷商遗民：封商纣王的儿子武庚于殷，继续统率商的遗民；下令释放被纣王囚禁的箕子和百姓；表彰商朝的贤人商容和比干，并为比干修葺了坟墓；将商王囤积在鹿台和仓廪的钱物发放给民众。二是将传国的九鼎和宝玉带回周，以象征殷周政权的嬗递。三是在军中举行祀典，告慰先祖，祭祀神灵，然后继续剪灭殷商贵族的残余势力。

武王克商之后，在商都朝歌只停留了七日，便班师回周，然后“燎于宗庙”，祭祀祖先。据《诗经·武成》篇记载，武王从十二月发兵至三月班师，只用了短短两个多月就完成了灭商大业，不得不说是一个奇迹。然而诚如《大盂鼎铭》所载：“武王嗣文王作邦，辟厥匿，匍有四方。”这个奇迹不是凭空掉下来的，而是周族几代人奋斗不息的结果。

^ 康侯簋·西周

康侯簋是西周初年卫康叔初封卫地时所制青铜器，底部铭文中“王来伐商邑”的内容，证明了武王伐纣这一历史事件的真实性。现藏于英国不列颠博物馆。

关键词：营建洛邑 / 成康之治

周公摄政

■ 公元前11世纪中叶

周建国不久，武王去世，尚在襁褓之中的成王继位，于是周公旦居摄国政，辅佐成王。周公摄政七年，东征顽殷，营建成周，分封诸侯，制礼作乐，使成康之际出现了“天下安宁，刑措四十余年不用”的安定局面。武王至成康之际的周王朝，国势蒸蒸，典章制度、礼乐刑政都日臻完善，中国进入了奴隶制的鼎盛时期。

东征平叛

武王在灭商四年后病逝，其子成王继位。此时的成王还是一个尚在襁褓中的孩子，不能料理政事。此时，商王朝的残余势力以及还未臣服的方国、部落都在蠢蠢欲动，于是武王的弟弟周公旦开始摄政，辅佐年幼的成王。周公旦是文王的儿子、武王的弟弟，曾跟随武王伐纣，在灭商之后又与召公一起勤勉地辅助武王，是武王诸弟中最通情达理和堪予重任的一个。武王在临死之前考虑到周王朝初建尚未稳固，只有周公旦可托大任，曾想以兄终弟及的方式传位给他。当时周公惶恐，泪流满面，拱手辞让。武王去世之后，周王朝的形势更加严峻，为了完成武王未竟的事业，周公

< 周公东征方鼎·西周

周公东征方鼎一称丰白鼎。此鼎形制和花纹特异，四壁均饰相背的大鸟纹，相邻的两鸟纹会于四隅，鸟喙突出器外，形成扉棱，四足为立鸟形。刻有铭文五行35字，合文一。铭文一半刻在器壁，一半刻在器底，除第四行最后三个字在器底外，其他各行均最后两个字在器底。记述了周公东征四国获胜回归后在周庙进行的祭祀活动。方鼎的铭文为后人论证周公东征这段历史提供了有力的史料，具有重要的文献价值。现藏于美国旧金山亚洲艺术博物馆。

毅然摄政当国。

周公的摄政在周王朝的统治内部果然引起波澜：贵族们对周公摄政的动机产生了怀疑，连召公也怀疑周公旦，认为他想乘成王年幼，取而代之；留在殷都监视武庚的管叔和蔡叔则由怀疑发展至不满，终于发起了叛乱。管叔是周公旦的兄长，如果按照兄终弟及的原则，那么摄政的理应是管叔而不是周公旦，所以管叔怀恨在心，于是唆使蔡叔，勾结武庚公然叛乱。面对三监的叛乱，周公显示了自己的过人才干和果敢决断。他首先稳定统治集团的内部，反复向召公和姜太公表明心迹，消弭了误会，取得了他们的鼎力支持；然后向王室百官及盟友宣讲形势的严峻以及平叛的决心和希望。在“内弭父兄，外抚诸侯”之后，周公亲率大军东征。东征战事历时三年，《尚书大传》说周公第一年制止叛乱，第二年平定了三监之乱，杀掉武庚和管叔，流放蔡叔，第三年则相继削平参与叛乱的东方小国。周公在平定三监之乱后继续东进，征服了殷商在东方的残余势力。当时的东征战事非常激烈，据《诗经·破斧》所载，这次的征伐把斧、斨都用得残破了，可见战事的惨烈程度。

巩固统治

历时三年的东征以周的胜利而告终，它既解决了因周公摄政引起的王位之争，又沉重打击了殷商的残余势力，可以说是第二次灭商。东征之后，周王朝的势力和影响达到了东海之滨，大大加强了对殷遗贵族的控制力度，同时还将东夷纳入周朝的直辖领地，真正完成了统一大业，奠定了西周统治的版图。在东征结束之后，为了进一步巩固胜利果实，加强对东部地区的控制，周公便着手营建东都洛邑。洛邑的地理位置十分重要，在此建都可坐镇中原，西守周的根据地，东扼殷顽势力，控制东边的新国土。但是由于战事不断，营建东都的计划一度搁浅，直到周公东征结束之后，才腾出手来实施这一计划。

洛邑的营建始于周公摄政的第五年，这一年的二月乙未日，成王派召公前往洛邑考察，选址兴建新都。三月戊申日，周公亲自前往洛邑视察，举行祭典。在营建东都的同时，周公陆续把平叛后的殷商遗民迁往洛邑和

《周公辅成王图》画像砖拓片·东汉

镐京一带，这样既可以利用这批劳动力修筑城池居邑，又可以使他们失去根基而直接处于周王朝的监视之下，可谓是一举两得。洛邑由两部分组成，在瀍水以西的是以宗庙宫室为主的王城，瀍水以东则为安置殷遗民之所，统称“洛邑”，又称“新大邑”或“成周”。因洛邑在西都镐京以东，故又称为“东都”。与之相应，西都镐京称为“宗周”，即为天下宗族宗庙的所在。《汉书·地理志》称：东都洛邑建成之后，东西两都的京畿连成一片，“京畿千里”，成为统治全国的枢纽。

洛邑建成之后，周公便还政于成王。成王命令周公留守洛邑，继续平定叛乱，稳定天下局势。成王时期，宗周镐京与成周洛邑都是周王朝发布命令的重要场所，周公与成王也往来于宗周和成周之间处理政务。成周也建有宫室和宗庙，与宗周六师一样驻扎有八师，作为周朝戡乱戍卫的重要力量。相对于西都宗周而言，东都成周的任务更侧重于接受四方的贡赋和监视诸侯群臣的举动。周公还政于成王后，仍兢兢业业地辅佐成王，最后

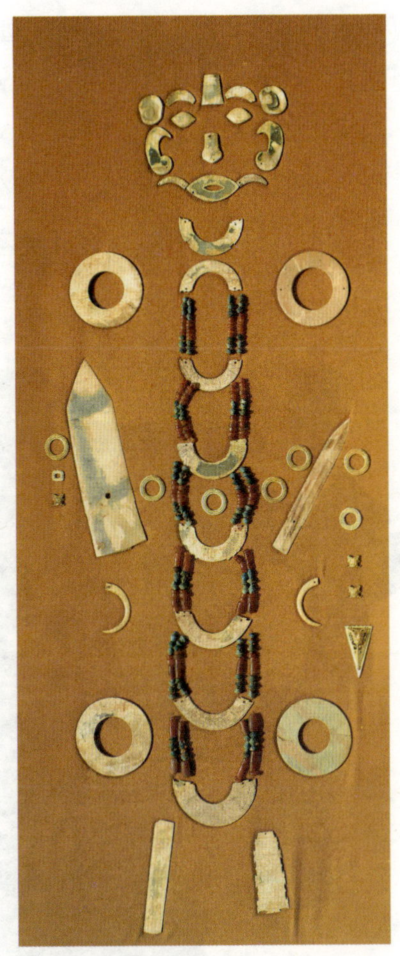

^ 玉覆面和组玉佩·西周

西周时期，王侯等重要贵族入殓时，都要将一整套玉器覆盖在死者脸上，称为玉覆面；而且死者身上还要佩戴整套的玉佩，称为组玉佩。图中为河南三门峡市虢国墓地出土的玉覆面，共有14件玉器组成，仿照人面五官形状制作，有前额、双眉、双目、鼻、双耳、口、双胡须、双颊和下颌。

病逝于丰邑。周公临死前留下遗言说：“必葬我成周，以明吾不敢离成王。”可见周公辅佐成王是忠诚谨慎、尽心竭力的。周公的大公无私也成为辅政贤臣的典范流芳百世。从平定叛乱到营建成周，从分封诸侯以藩屏周，到制礼作乐以化成天下，周公在西周的建国过程中起着非常重要的作用。可以说周公摄政，前承文武之续，后启成康之治。

^ 大保簋·西周

大保簋，“梁山七器”之一，是西周早期与召公有关的重器。相传于道光或咸丰年间在山东省寿张县梁山下出土。侈口沿外折，深腹微鼓，高圈足沿下折成边圈，四个兽首耳，兽角宽大高出器口，鼻上卷，下有长方形垂珥。俯视兽面纹，兽面的双目为器耳相隔，圈足饰夔纹。器内的铭文：“王伐录子，圣揸厥，反。王降征令于大保。大保克敬亡遣。王迎大保，赐休余土，用兹彝对令。”现藏于美国弗利尔塞克勒美术馆。

成康之治

在周公东征、营建成周之后，成王开始正式统治西周王朝。成王和其子康王时期，周王朝得到进一步的巩固和发展。成王以勤于政事而著称，他勤勉地执行周公制定的政策，并亲耕籍田，为世典范。康王则注重从历史中吸取教训，他认为殷之所以亡国，殷人的酗酒是一个重要原因，故戒酒抑奢，告诫诸侯勿骄奢。《古本竹书纪年》记载：“晋侯筑宫而美，康王使让之。”就是说晋侯因宫室修筑得过于华美而遭到康王的责备。

成康之际，西周的国力昌盛，对外战事也取得了不少胜利，《大保簋铭》记载成王伐录，获胜后封录国国君为子爵；《小盂鼎铭》记载康王伐鬼方，大有斩获，第一次就生擒鬼方首领三人，斩杀四千三百多人，俘获一万三千多人以及战车三十辆，牛三百多头。成康之际，周王多次会盟诸侯，成王有“岐阳之狩”，康王有“酆宫之朝”。故成康之际，社会安定，百姓休息，以至“刑措四十年不用”，出现了天下安宁、社会繁荣的局面。

历史断面

周公制礼乐

礼乐源自先民的祭祀活动，礼为祭神的供奉，乐为娱神的歌舞，所以周公之前，礼乐的主要功用是敬神。而周公着手制礼作乐，则是对礼乐进行了新的定义和规范，使之更符合西周政权统治的需要。比如，周礼严格规范了周人日常生活的冠礼、丧礼、聘礼和规范君臣上下之制的觐礼、朝礼以及军队的出军礼，等等，周乐则用规定的乐舞使礼制深入人心，教化万民。所以说西周以分封建国，以宗法立家，以礼乐化成天下，奠定了中国礼乐文化的基调，对西周以及整个后世的中国文化都起到了不可估量的作用。

关键词：共和 / 宣王中兴

共和行政

■ 公元前841年

周厉王治国时期，一味奉行高压政策，国人怨声载道，甚至发动了声势浩大的起义将厉王赶出镐京，西周出现了十四年没有国君，而由贵族和大臣们统治天下的奇特时期，也就是西周历史上著名的“共和行政”。

要命的厉王

成康之治后，周人享太平之世四十余载，周朝的国力也达到了顶峰。康王之后为昭王，昭王南巡渡汉水时溺水而亡。昭王之后为穆王，穆王好远征，曾西征得四白狼四白鹿而归，北逐犬戎至太原，东南平徐戎，南伐荆越，是继成康之后再度取得扩张胜利的君主。穆王之后，传子共王，共王传子懿王，懿王传位于叔父孝王，孝王之后复传位于懿王之子夷王。夷王时期，北边的戎狄侵入中原，进入京畿镐京附近，西周的国力开始衰落。

夷王去世之后由其子胡继位，是为厉王。周厉王贪财，即位之后任命同样好利的荣夷公为卿士，实行“专利”，即专天地百物之利为王所有，将山林川泽的渔猎之利统统收归于王室，不准百姓樵采渔猎。这个“专

> 刖刑奴隶守门方鼎·西周

这件器物的上部为四足方鼎，下部一侧设有可以开合的两扇门扉，右侧门扉上雕有一个受过刖刑的守门奴隶，因此而得名。现藏于陕西省周原博物馆。

利”制度既侵犯了贵族们的利益，也让本已不堪赋税之重的“国人”断绝了渔猎薪樵之源。这里的国人是指居住在城市里的平民阶层，他们居住在王畿内，有自己的土地，平时为农，战时为兵。他们还享有参与国家大事决策的权利。到了西周后期，由于对外战事和赋敛有增无减，国人与奴隶主贵族的矛盾日益尖锐。而厉王的贪婪好利更恶化了国人的生存条件，因此他们对厉王的不满更加强烈。

为了镇压国人的不满，厉王从卫国请来巫师，专门监督国人的言论，一旦发现有人“诽谤”，就把他抓起来杀掉。厉王的恐怖政策使得国人惶恐，不敢言论，路上相遇只匆匆递个眼色就算打招呼了。看到国人不再诽谤帝王，厉王很满意，为自己弭谤有方扬扬自得。有识之士召公曾向厉王谏言说，“防民之口，甚于防川”，应该让国人说话，广开言路，才能长治久安。但是刚愎自用的厉王一意孤行，继续执行高压统治。

公元前841年，不堪忍受暴政的国人终于爆发了声势浩大的武装起义，他们像决堤的洪水一样冲向王宫。厉王仓皇出逃到了彘（今山西霍

^ 毛公鼎・西周

毛公鼎为西周晚期的重器，鼎内壁铸有铭文32行，近500字，是现存青铜器铭文中最长的一篇，堪称西周青铜器中铭文之最。铭文的内容可分成7段，大意为周宣王即位之初，亟思振兴朝政，乃请叔父毛公为其治理国家内外的大小政务，并饬勤公无私，最后颁赠命服厚赐，毛公因而铸鼎传示子孙永宝。现藏于台北故宫博物院。

州），厉王的太子静则躲在召公家中。国人将召公的住所团团围住，要召公交出太子静，召公只好用自己的孩子代替静，才使得太子幸免一死。国人暴动是中国历史上第一次大规模的群众性武装起义。它成为西周历史的一个转折点，从此赫赫宗周江河日下，周王朝的统治日益衰微。厉王逃到彘后一直不敢回都城，于是人们推举有威信而好仁义的共伯和来主理政事（一说由周公、召公二人共同行政），史称“共和行政”。从共和元年即公元前841年起，中国历史开始有了确切的纪年。

宣王中兴

共和十四年（前828），厉王死于彘。共伯和联合诸侯尊太子静为王，是为宣王，共伯和则回到他原来的属国共国（今河南辉县）。宣王在位共46年，由于他亲历了国人暴动的风波，所以能以史为鉴，在执政期间，锐意革新，任贤使能，使周王朝得到复兴，史称“宣王中兴”。

宣王继位后施政的重点是改变厉王的高压政策，以缓解阶级矛盾。宣王还任用召公为相辅佐朝政，又重用尹吉甫、仲山甫等贤臣，取得了诸侯的信任，周王室的威望也逐渐恢复。

宣王在国势振兴之后，便着力驱除王室衰微以来进入中原的夷狄，于是北伐猃允，南征淮夷、荆楚。宣王的北伐取得了较大胜利。《诗经·六月》称，“薄发猃狁，至于太原”，即宣王一直打到今甘肃平凉一带，解除了猃狁在北方对周的威胁。北伐猃狁之后，宣王又南征荆楚和淮夷，并封他的大舅于申为南方诸侯的首领，保卫周室的南疆。宣王的南征恢复了周对南方的影响。南征之后，宣王还派秦仲率领七千援兵讨伐西戎。这些征伐的胜利，使得一时出现了四方平定、诸侯朝周的中兴景象。

但是，连年的征伐也消耗了周的国力，到了宣王后期，战事连连失利，故宣王的中兴如昙花一现，转眼即逝。宣王时，西周的井田制进一步遭到破坏，出现了奴隶集体逃亡、田地荒芜的现象，甚至连宣王都不修籍田之礼。随着王室的衰微，诸侯的离心力越来越大，周王室对诸侯的控制越来越弱，中兴气象在宣王死后便成了过眼云烟。

^ 虢季子白盘·西周

虢季子白盘造型奇伟，酷似一个大浴缸，作长方形，直口，方唇，腹壁斜下内收，微鼓，四壁各置一对兽首衔环耳，四足作矩形，器口缘下部周饰穷曲纹，腹部环饰波曲纹。盘口呈圆角长方形，四面各有两个兽首，口中衔环。盘底部刻有铭文111字，记述了周宣王十二年（前816）虢季子白在洛河北岸大胜猃狁，杀死五百名敌人，活捉五十名俘虏，宣王举行隆重的庆典表彰他的功绩，赏赐了马匹、斧钺、彤弓、彤矢。虢季子白专门制造此盘来纪念这件事情。现藏于中国国家博物馆。

关键词：烽火戏诸侯 / 西周灭亡

犬戎灭西周

■ 公元前771年

宣王四十六年（前782），宣王去世，其子幽王继位。幽王是西周最后一个君主，他即位后亲小人，远贤臣，沉溺女色，正是他的荒淫和一意孤行，直接导致了西周被犬戎所灭。

天灾与无道

宣王四十六年（前781），宣王去世，其子幽王继位。幽王是西周的最后一个王，他继位之后，并没能挽救宣王晚年的颓败之势，反而加速了西周的灭亡。幽王二年（前780），周朝王畿周围的渭、泾、雒三川地区发生强烈地震，出现三川断流、岐山崩陷的重大自然灾害，造成了巨大的损失，加剧了社会的动乱和不安。这种严重的自然灾害与夏、商二代灭亡前的景象相似，故被视作西周灭亡的征兆。

面对巨大的自然灾害，幽王不但没有及时采取措施安民抚众，反而加重了对人民的剥削。此外，幽王在位时任用的人多是谄佞暗昧之徒，使得“小人在位，君子在野”，周王室的统治更加黯淡。当时幽王有一个宠妃叫褒姒，“褒”为国名，“褒姒”即为从褒国嫁入周王室的女子。

据说褒姒不爱笑，自从进宫之后就没有人见过她的笑容。幽王便下了悬赏令，谁能使褒姒一笑，就赏千金。一个叫虢石父的人给幽王出了个“烽火戏诸侯”的馊主意。原来，周王朝为了防备西边犬戎的进攻，在镐京附近的骊山（今陕西临潼东南）一带修筑了二十多座烽火台。一旦有犬戎来犯，守关的兵士便依次燃起烽火报警，附近诸侯见到信号就会发兵救援。周幽王为博美人一笑，真的下令燃起了烽火。诸侯们匆匆率兵赶来，不见犬戎，才知被愚弄了，于是愤然离去。看到诸侯们乱哄哄地一阵奔忙，褒姒不禁嫣然一笑。这一笑笑得幽王心花怒放，哪还管诸侯们的感受。当时的诸侯、贵族以及国人都对幽王宠爱褒姒表示不满，并把周的灭亡归咎于褒姒。《诗经·瞻卬》中“妇有长舌，维厉之阶，乱匪降自天，生自妇人”的诗句即反映了国人对褒姒的不满。与此同时，幽王还随意征发赋役，夺取人民的财物土地，使得民怨更深。

^《帝鉴图说》之戏举烽火·明

身死国灭

幽王的昏庸无道所导致的天怒人怨，使得统治阶级内部的贵族都感到形势危殆，纷纷另谋出路：大臣皇父在东部另建自己的城邑，司徒郑桓公也到东部寻找立足之地以避祸。

周幽王一意孤行，甚至废申后和太子宜臼，立褒姒为后，以其所生的王子伯服为太子，试图以此来博取美人的欢心。幽王这不计后果的一

^ 象首耳兽面纹铜罍·西周

这件罍出土于四川彭州。罍器身的肩部、腹部之间装饰有两个立体的长鼻象头耳（即把手），两耳之间和一面腹下各铸一立体象首，故此得名。其纹饰之繁缛，制作之精美，甚为罕见。现藏于四川省博物馆。

废一立，终于招来了灭国之灾。申后为申侯的女儿，申后被废之后，太子宜臼也逃回舅家——申国避难。幽王十年（前772），幽王与诸侯会盟于中岳嵩山，为了除掉宜臼而兴兵讨伐申国。于是，申侯于幽王十一年（前771），联合缯国和西方的犬戎举兵攻周。幽王率兵与之战于骊山，大败而归。幽王被杀于戏（今陕西临潼），而褒姒则被犬戎虏获而去。在周被攻打，甚至幽王被杀的过程中，各地的诸侯都没有派兵前往营救，除了是“烽火戏诸侯”的恶果之外，更在于周天子已失去了对诸侯的控制，因此诸侯才敢按兵不动，坐山观虎斗。

幽王被杀之后，伯服逃到晋国，晋有立伯服之意。而申侯则联络了一些诸侯拥护前太子宜臼即位。因为申侯方面的势力较为强大，所以晋侯最终杀了伯服，倒向了宜臼一方。宜臼继位，是为平王。由于犬戎破坏，西周京畿所在的镐京已残败不堪，平王继位（前770）后，在晋文公、郑武公、卫武公、秦襄公等人的护送下迁都洛邑，建立了东周，历时二百八十多年的西周正式宣告灭亡。

历史断面

分封制

周代的分封是以“封建亲戚”为原则，将宗亲、贵戚按照血缘关系的远近与功臣的功劳大小而分封在离周朝王畿远近不同的地方上，这种分封以宗法制为保障，同姓宗亲为主、异姓功臣为辅，自上而下，层层分封。周王室与诸侯之间通过分封与受封的形式形成主从关系，受封的诸侯对周天子承担捍卫王室、镇守疆土、定期朝觐纳贡以及奉命征伐等义务。除了周天子分封诸侯外，在诸侯内部，诸侯也可以将本封国内的土地和人民分封给卿大夫，卿大夫也可以继续分封给子弟和家臣。周通过分封，形成天子与诸侯的上下君臣关系。

第二章

春秋战国

公元前770年，周平王东迁洛邑，开启了东周时期。东周包括春秋、战国两大阶段，所以东周时期又被称为春秋战国时期。

春秋时期，周天子地位沦落，诸侯坐大，不断挑战周天子的权威。诸侯之间也是“实力为王”，弱肉强食，史有“春秋五霸”之说。

战国时期，燕、赵、韩、魏、齐、楚、秦七国并立争锋。各国先后变法图强，推动了全国范围分裂向统一的历史性转型。

▷ 越剑为何出于楚墓

关键词：尊王攘夷 / 践土会盟 / 问鼎中原

春秋五霸

■ 公元前770年～公元前476年

西周末年，由于受到战争、灾荒和内乱的破坏，建都于关中地区的周王室的势力遭到严重削弱，周平王依靠晋、郑两国诸侯的帮助，东迁洛邑（今河南洛阳），开始了中国历史的东周时期。周东迁后，所能控制的范围仅限于洛邑周围，失去了号令诸侯的权力，昔日的王者尊严和威望荡然无存。由于周王室的衰弱，四方诸侯凭借武力展开了激烈的竞争，以各种形式夺取霸主的地位。“春秋五霸”就是五位取代周天子发号施令的君主。由于取舍标准的差别，“春秋五霸”所指的是哪五位国君也有不同的说法，较为主流的是以齐桓公、晋文公、楚庄王、吴王阖闾、越王勾践为五霸。

> 齐桓公铜像

齐桓公任管仲为相，推行改革，实行军政合一、兵民合一的制度，齐国逐渐强盛。公元前681年，齐桓公在齐国北杏（今山东东阿西北）召集宋、陈、蔡、邾四国国君会盟，是历史上第一个代替周天子充当盟主的诸侯。

^ 齐侯子行匜·春秋

1977年10月出土于山东临朐嵩山公社泉头村。前有长流，后有龙形卷尾鋬，曲口圜底，下有四个兽头蛇身扁足。口沿饰窃曲纹，腹饰瓦纹。内底铸铭文14字："齐侯子行作其宝匜，子子孙孙，永宝用享。"

齐桓公首霸

齐国地处黄河下游，大致在今山东省境内。周武王伐纣灭商后，太公姜尚受封于齐，建国于营丘（今山东昌乐东南），后来迁都到临淄（今山东临淄）。早年间齐国"少五谷而人民寡"，从太公开始，齐国重视发展鱼盐工商，使得齐地"人物辐辏"。至春秋初年，齐国已经成为最强大的诸侯国，傲然屹立于崤山以东。

公元前685年，齐桓公（前685—前643在位）即位，任用管仲进行改革。管仲（？—前645），名夷吾，是中国古代社会杰出的政治家。他先前辅佐公子纠，桓公与公子纠争夺国君之位时，管仲曾用箭射伤桓公。桓公取得君位后，不计前嫌，拜管仲为相，执掌国政。管仲政治上推行国、野分治的制度，即由君主、二世卿分管齐国，国中设立各级军事组织，规定士农工商各行其业、各居其所；经济上采取"无夺其时""相地衰征"

^ 鲶镈·春秋

器高大，呈上小下大的合瓦状。镂空扁钮做变龙吞噬翼兽状，翼兽上半身已被吞入口中，仅留长尾、后肢及生于股际的两短翼在外；器身两面有微凸螺状枚36个，篆间、鼓部均饰云雷纹。器身铸铭文18行，记载了制器者的祖先鲍叔有功于齐国，齐桓公赏赐鲍叔采邑的史实。制器者为了勉励自己，铸此乐器，以祭祀其亡母仲姜，并祝愿自己的子孙后代幸福。

等许多有利于农业和手工业生产的措施，使齐迅速国富兵强，为以后开创霸业积聚起雄厚的经济和军事力量，历史也由此揭开春秋五霸争雄的壮阔画卷。

为配合称霸的需要，管仲根据当时的形势提出“尊王攘夷”的口号。“尊王”就是安定周王室；“攘夷”就是北阻戎狄、南却强楚，保卫中原较弱的诸侯国。首先，周王室虽日益衰微，但仍然具有相当的政治号召力，打“尊王”的旗号能减少争霸的阻力；其次，当时被称为蛮、夷、戎、狄的周边族群经常向中原较弱诸侯国发动进攻，谁能帮助这些诸侯国维护和平自然就能受到拥戴。所以举起“尊王攘夷”的旗帜，既可以减少争霸的阻力，又能够增加争霸的政治资本。公元前664年，北方的山戎进攻燕国（全盛时期疆域范围大致为今北京、天津、河北、辽宁、山西一带），燕庄公向齐国求救，齐桓公亲自率军北征，击败山戎，解救燕国。公元前661年，北狄进攻邢国（今河北邢台），齐国率军救邢。公元前660年，北狄伐卫（今河南淇县），卫仅剩遗民五千余人。接着，北狄于公元前659年再举攻打邢国，齐、宋、曹三国军队救邢。齐桓公“救邢存卫”，迁邢于夷仪（今山东聊城西南），迁卫于楚丘（今河南滑县），史称“邢迁如归，卫国忘亡”。齐桓公因而名声大振，各诸侯国云集响应，竞相归附，与齐结盟。

齐桓公崛起后，原本附属楚国的许多诸侯国都转向齐，这使楚国颇为气恼，于是连年进攻郑国，作为报复。公元前656年，齐桓公率鲁、宋、陈、卫等国军队击溃追随楚的蔡国，遂进而伐楚，指责楚国不向周王室纳贡，迫使楚国承认错误。最后两国于召陵（今河南郾城东）会盟。这次讨伐，齐虽未胜，但使楚的北进计划受到阻挠。公元前651年，齐桓公召集诸侯在葵丘（今河南兰考、民权县境内）会盟，周王室派代表参加，对齐桓公极力表彰，这标志着齐桓公的霸业达到顶峰。齐桓公在位期间多次召集诸侯会盟，先后灭掉三十多个小国，成为春秋时期的第一位霸主。

晋文公的霸业

晋是周成王之弟唐叔虞的封国，叔虞之子燮改国号为晋，建都于翼（今山西翼城）。《左传》说，“晋居深山，戎狄之与邻”，由于晋国是“表里山河”，虽有易守难攻的优势，但对晋和中原的交往不利。春秋初年的晋国实力较弱，其疆域仅包括今晋南和汾、浍地区。至献公时，晋国发展成为北方的强国，开始与中原诸侯会盟，已经初步积累起向外争霸的潜在实力。

春秋争霸中，真正接替齐桓公霸主地位的是晋文公。晋文公名重耳（前636～前628在位）素有贤名，曾因内乱而在外流亡十九年，先后流落齐、宋和楚地，备尝艰难险阻，最后与秦结好，登上君位，时年已六十二岁。他重用赵衰、狐偃等人，改革政治，发展经济，整军经武，取信于民，安定王室，为称霸打下坚实的基础。

文公称霸主要是由两件事奠定的：一是“勤王”。文公即位初年，周王室发生内乱，周襄王被其庶弟王子带赶出都城，流亡逃难。次年，文公出兵平乱，护送襄王归国。通过这次兴兵勤王，晋文公除得到四座城池作为赏赐外，还提升了晋在中原诸侯中的威望。二是“城濮之战”。公元前633年，楚围攻宋国，宋向晋告急。晋文公率军救宋。晋军为避开楚军的锋芒，未开战前，主动“退避三舍”（古制三十里为一舍）。最后晋联合秦、齐、宋，出兵车七百乘，在城濮（今山东范县临濮镇）重创楚军。战后，晋文公会诸侯于践土（今河南原阳县西南），与会的有鲁、齐、宋、蔡、郑、卫、莒等国，盟约规定：“皆奖王室，无相害也。”周襄王也被招来参加，并册命晋文公为“侯伯”。晋国正式成为中原的新任霸主。

孟子说《春秋》是“其事则齐桓、晋文”。桓公死后，齐国霸主地位紧随着就宣告结束，晋文公和他的后继者将晋国的霸业时断时续地维持到春秋末期。

秦穆公霸西戎

秦本嬴姓，原是东方部落，周初西迁，最后到达今甘肃天水附近。直到东周时秦才被周王室认可为诸侯国，原因是秦襄王护送周平王东迁有功。秦原来居于今陇东，后占据岐西，德公始迁至雍（今陕西凤翔），到穆公时逐渐强大，开始向晋文公的霸业提出挑战，展开争霸活动。秦、晋通过联姻，关系密切，但因两国接壤也常有矛盾。晋文公死后，秦穆公乘晋丧派兵东向袭郑，但被商人弦高所骗，误以为郑有备而退兵，行经崤（今河南洛宁）遭晋伏击，全军覆没，主帅孟明视、西乞术、白乙丙被俘。其后数年间，秦、晋时有战事，由于实力不如晋，秦屡与晋战都难以占到便宜。同时，晋国占领着秦国东进要塞——桃林塞，即后来的函谷关，于是秦穆公转而向西，吞并戎狄，壮大实力。史称穆公“兼国十二，开地千里”，称霸西戎。

^ 子犯和钟·春秋

子犯和钟是一组编钟，成组八件，各有刻铭，连读共132字，记载晋文公重耳流亡19年后返晋掌权，及晋楚城濮之战等重要史实。制器者子犯，即晋文公（重耳）之舅父狐偃。据第一钟的铭首："惟王五月初吉丁未"，唯知这套和钟记事的重要年代是周襄王二十年（前632），晋文公五年的纪时，而全铭意述晋文公一直蒙受舅父的佑助，在外流亡19年后返晋匡复其邦国，后又与楚有"城濮之战"，大败楚军，从而有"践土会盟"之称霸，是春秋乱世继齐桓公而起的新霸主，使得周王赖以巩固王位；除了周王对子犯的厚赐，诸侯也送给子犯大量美铜，因而子犯铸制这套和钟，并铭记勋绩传颂子孙，永宝用乐。现藏于台北故宫博物院。

当然，秦穆公并未真正成为春秋时期的霸主，他的霸主效力仅限于西戎地区。与东方各国相比，秦国社会要落后和野蛮得多，秦穆公死时就用177人为他殉葬，就连号称子车氏“三良”的奄息、仲行和针虎都在殉葬之列。终春秋之世，穆公以后至商鞅变法前的秦国再也没有在政治舞台上有过上佳的表现。

^秦公镈·春秋

高75.1厘米，镈身高53厘米，重62.5千克，对研究秦代先祖的历史极为重要。1978年于陕西省宝鸡市太公庙出土。现藏于宝鸡青铜器博物院。

楚庄王问鼎中原

楚是长江、汉水流域的蛮族国家，传说是帝颛顼高阳的后裔，西周时主要活动在丹阳（今湖北秭归）地区，公元前689年，始建都于郢（今湖北江陵北），后来经过半个世纪的发展，逐渐强盛起来。

公元前638年，宋襄公出兵伐郑，当时郑为楚的仆从国，楚出兵救郑与宋军战于泓水（今河南柘城县北）。宋军本可以乘楚军渡河和阵列混乱的时候击败楚军，但宋襄公不知乱世尚力，拘泥“古道”，硬是要楚军渡过河摆好阵势后才开战，结果贻误战机，宋军惨败，宋襄公迂腐的“仁义”争霸成为千古笑柄。这时的楚国已能与北方的强国相抗衡。到楚庄王（前613～前591在位）时，任用孙叔敖为宰相，整饬内政，兴修水利，国势尤为强盛，开始北进称霸。公元前606年，楚庄王率军攻打姜戎，兵至洛水，观兵于周疆，周定王被迫派人前去慰劳，庄王竟询问起象征王权九鼎的大小和轻重，俨然有灭周的野心和架势。从中也可以看出，齐桓公、晋文公“尊王”和“勤王”的旗帜已经倒下，取代它的将是弱肉强食的法则和名正言顺的杀伐。

公元前597年，楚围攻郑，晋出兵救郑。次年，晋、楚军战于邲（今河南荥阳北），结果晋军惨败，狼狈逃走。楚庄王饮马黄河，雄视北方。公元前595年，楚围宋，宋向晋告急，晋畏楚而不敢出兵。从此，中原各国背晋向楚，楚庄王成为中原的霸主。公元前575年，楚攻郑、卫，晋以郑附于楚为借口而伐郑。郑向楚求援，楚共王率军救郑，晋、楚两军在鄢陵（今河南鄢陵县）展开战斗，结果楚军败退。公元前571年，晋悼公在虎牢（今河南汜水）筑城逼郑，使郑背楚向晋。这时晋的势力略胜于楚，晋悼公复霸成功，但晋也已开始走下坡路，中原争霸接近尾声。

吴越争霸

面对战争给人民和弱国带来的灾难，公元前546年，宋国大夫向戌提出“弭兵”的建议，即建议各诸侯国间停止战争。晋、楚、齐、秦四强国表示同意，霸业由晋、楚两强平分，齐秦两国地位超然。接下来的四十年，中原各国间军事冲突较以往明显减少，争霸的战场转移到东南吴、越地区。吴、越地处长江下游的江浙地区，春秋初期和中原地区交往较少。当中原诸侯争霸接近尾声时，两国逐渐发展，开始复制中原诸侯争霸的历史镜头。

公元前515年，阖闾登上吴国王位，重用逃亡到吴国的原楚国贵族伍员（即伍子胥）和齐国的孙武，改革内政，立城郭，设守备，实仓廪，治兵库，扩充军队，加强战备，制定“西破强楚，北威齐晋，南服越人”的战略方针。楚国为联合越国挟制吴国，积极扶植越王允常。公元前510年，吴国进攻越国，两国就此展开长期的争霸拉锯战。公元前506年，吴王阖闾率军攻进楚都郢（今湖北荆州北）。次年春天，越王允常乘吴国国内空虚，出兵袭击吴都姑苏（今江苏苏州），阖闾急忙抽兵

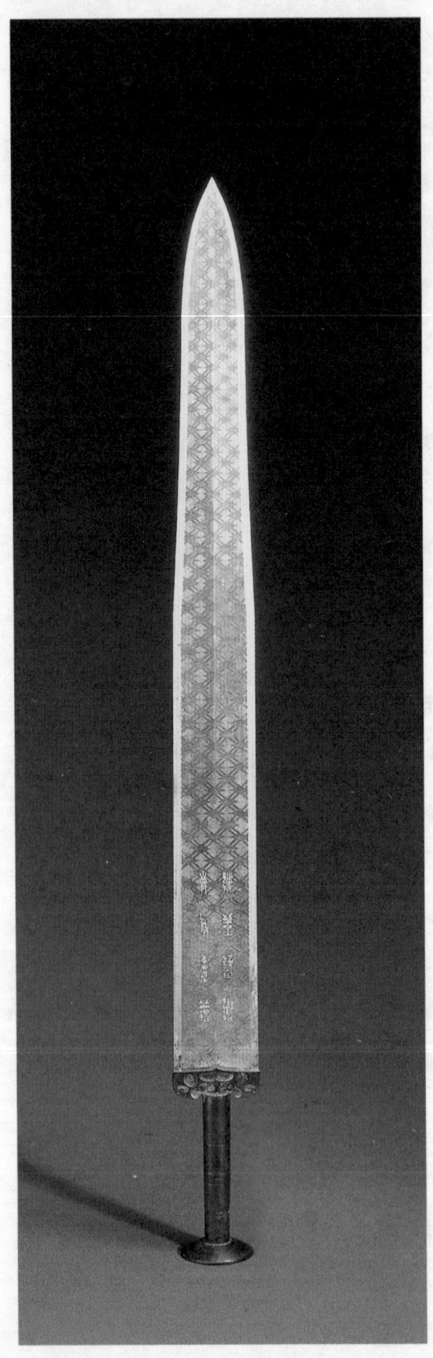

回救，迫使允常撤兵。公元前497年，越王允常病逝，吴王遂乘勾践新立的机会，挥师南进伐越。越王勾践率兵迎战，吴军惨败，阖闾伤重不治而亡，其子夫差即位后立志复仇。

公元前494年，吴王夫差兴兵败越，占领越都。勾践采纳范蠡提出屈辱求全的建议，表示愿意臣服吴国，并用珍宝和美女贿赂吴大夫伯嚭，要他从中斡旋。在成功麻痹吴王后，勾践带着范蠡等人给夫差当奴仆，甚至亲自为夫差牵马，终于骗得夫差的信任，于三年后被释放回国。勾践归国后，卧薪尝胆，选贤纳谏，改革内政，发展生产，训练军队，为灭吴积累力量。为了让夫差放松警惕，勾践向夫差进献美女西施、郑旦，同时用重金收买

< 越王勾践剑・春秋

青铜剑剑体表面平整光滑，侧刃呈两度弧曲的曲线，最后弧曲内收形成锐利的尖锋。剑格正面嵌饰蓝色琉璃，剑体满布菱形纹，并在近剑格处有鸟篆铭文八字，为“越王勾践自作用剑”。现藏于湖北省博物馆。

吴国大臣。公元前482年，夫差率领三万精兵北上会盟，勾践趁机挥师进入吴国都城姑苏。这时夫差正在黄池（今河南封丘西南）与晋定公争当霸主，听说越军袭击姑苏，连杀七名来报告军情的使者以封锁这个不利消息，勉强当上霸主，然后急忙回国向越求和。

公元前473年，勾践大举伐吴，围困姑苏时达三年，最终灭掉吴国，迫使夫差自杀。之后，越国挟灭吴的余威，渡淮北上，与诸侯会盟，勾践成为春秋末年的最后一位霸主。

《孟子·尽心下》说“春秋无义战”。的确，据史书记载，春秋近三百年的时间内，被灭掉的诸侯国达五十多个，战事近五百起，诸侯的朝聘和盟会四百五十余次。诸侯争霸使得整个国家兵连祸结，给百姓的生产和生活带来深重的灾难，也引起众多弱国的厌倦。从这个意义上说，“春秋无义战”是有道理的。但同时也应该看到，这些战争客观上有利于促进各地区社会经济的发展和不同族群间的接触与融合，对统一的多民族国家的形成起到了重要的推动作用。历史就是经常有这样的战争，它不可避免地要带来暴行和灾难，但仍然具有进步的意义。

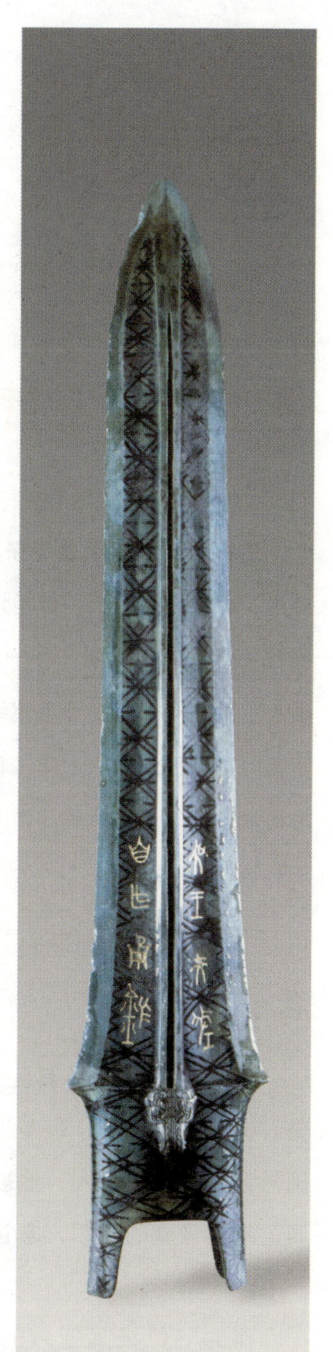

> 吴王夫差矛·春秋

关键词：道家

老子与道家哲学

■ 春秋时期

道家学派的始祖是老子。老子，姓李名耳，字伯阳，楚国苦县（今河南鹿邑）厉乡曲仁里人，曾担任周王室守藏室的官职，掌管国家图书，晚年西出函谷关退隐，著《老子》一书。《老子》亦称《道德经》，成书略晚于《论语》，共八十一章。《道德经》是道家学派的经典著作。书中以“道”来说明宇宙万物演变生息的规律，包含着朴素的辩证法思想，主张“绝圣弃智”“无为而治”的政治观点和忘情寡欲的修身方式，这些哲学思想对后世产生了深远的影响。

老子之道

关于老子其人及其生平、生活年代，历来都有争议，有说他是太史儋，有说是老莱子，较多学者认为是李耳。李耳，字伯阳，又称老聃，楚国苦县厉乡曲仁里人，他被尊为道家学派的始祖。老子年轻的时候曾担任周王室守藏室的官职，掌管国家图籍，晚年西出函谷关退隐，著《老子》一书。

作为一位极具智慧的古代哲学家，老子深入观察自然万物变化的情况，以及古往今来社会发展的关系与因果，发现事物的矛盾性比任何古代哲学家都更为广泛和深刻。老子提出“道”是万物的本源，它先于天地而生，最终归于静止，无声无形无味，是不可认识的精神性的存在，“道可道，非常道；名可名，非常名”。他还将“道”说成是“无”。“天下万物生于有，有生于无。”这是客观唯心主义观点。但是同时也要注意到，老子认为“道”是混沌原始未分化的物质，有物、有象、有精，还循环往复地运动着，这就包含有朴素的唯物主义因素。老子的哲学本体论是矛盾的，所以对唯物主义和唯心主义思想家都有影响。

认识与政见

老子的认识论基本属于先验论的范畴。他说“不出户，知天下；不窥牖，见天道”，相反“其出弥远，其知弥少”。所以他主张“塞其兑，闭其门”，完全与实践脱离，只要“致虚极，守静笃”，就能获得认识，并且“为学日益，为道日损”。老子的这种思想是其愚民政策的依据。

牺尊·春秋

尊是商周时代的一种酒器，这件兽纹牺尊的尊体为牛形，腹部中空，背部有三个孔洞，正好用来注入酒水。现藏于上海博物馆。

老子已经认识矛盾的辩证性，特别是正反两面互相转化的法则成为老子学说的精髓。他认为有无、难易、长短、美丑、刚柔、强弱、福祸、生死、智愚等都是互相依存的，“有无相生，难易相成，长短相较，高下相倾，声音相和，前后相随”。同时这些矛盾在条件成熟的情况下可以相互转化。“祸兮福之所倚，福兮祸之所伏。”他认为“物极必反”，提出“反者道之动”的著名命题，这是对《易经》辩证思想的继承和发展。但是作为没落贵族的代表，老子学说的精神不是解决矛盾，向前推进，而是要阻止发展，保持原状甚至向后倒退。他消极地防止事物的充分发展，保持柔弱的地位，避免转化到反面去。“坚强者死之徒，柔弱者生之徒”，这就是老子以柔弱胜刚强的理论，也反映出他所代表阶级的日趋没落和畏惧斗争的心理。

老子主张“无为而治”和小国寡民的政治理想。他认为“民之难治，以其上之有为”，因此要采取“无为”的策略来治理国民。其具体内容包括：反对“法治”，反对“尚贤”，反对“礼治”，反对战争，反对多征地税。春秋战国时期社会动荡剧烈，人民迫切希望安静休息，老子的“无为”“清虚”和“静止”思想，反映出人民渴望和平的愿望。为达到“无为而治”，老子提出“小国寡民”的设想。他要“使民无知无欲”“复归于婴儿”状态，企图回复到“小国寡民”的远古时代去。有器械不用，有舟车不乘，有甲兵不战，废除文字，结绳记事，“邻国相望，鸡犬之声相闻，民至老死不相往来”。

> 老子骑牛图·明·张路

张路（1464—1538），字天驰，明代画家。此图绘老子坐于青牛背上，手持《道德经》卷，正抬眼注视着一只飞蝠。人物的面部刻画得非常传神，衣纹的穿插也灵活巧妙，整幅画给人一气呵成之感，形象生动而富有情致。

关键词：儒家

儒学宗师孔子

■ 公元前551年～公元前479年

孔子创造的儒学，形成了中国封建时代的文化核心，在中国文化史上享有崇高的地位。从西汉开始，孔子学说适应统治阶级的需要，随时调整变化，但总是处于显学独尊的地位。孔子在世的时候，就有人尊奉他为“圣人”，死后更是为人所景仰，被视为万世师表。他是封建社会集大成的“圣人”，是中国古代文化的伟大代表。

早年孔子

孔子（前551—前479），名丘，字仲尼，鲁国人，周灵王二十一年（前551）生于鲁国昌平乡陬邑（今山东曲阜东南），生父叔梁纥。孔子三岁时，父亲病逝，被母亲带回娘家，迁居阙里。孔子十六岁时，母亲去世，他受到当地贵族社会的排挤。困苦的境遇激励孔子奋发向上，他一面谋生，一面刻苦自学。他困知勉行，不耻下问，谦恭知礼，处世深沉。于是，很快在社会上，包括在贵族中间获得了声誉。二十岁左右，他曾经当过季氏的“季吏”，负责管理仓库，又当过“乘田”，负责管理牛羊，干得都很出色。

^ 孔子像·清

根据史书的记载，“孔子身高九尺六寸，生得牛唇狮鼻，海口辅喉，虎掌龟脊”，而在这幅清代的《孔子像》中，孔子一身布衣，长袍柔和圆润的线条和轻轻飘起的衣襟都彰显出这位先师“温良恭俭让”的儒家特点。

鲁昭公二十五年（前517），孔子赴齐国，成为大夫高昭子的家臣，并拜见齐景公。孔子与齐太师谈论乐，学《韶乐》，欣赏音乐后，三月不知肉味。齐景公向孔子询问政道，孔子回答说：“君君、臣臣、父父、子子。”景公称善。后来，景公又问这一问题，孔子说“政在节财”，景公大悦。孔子的出现是时代的象征，他将以同族结合为基础的礼乐转换为具有普遍社会性的礼乐——社会制度，进而提出“仁”，作为礼乐实现之目标。“仁”一方面是指个人的人格，个人人格没有贫富贵贱之别；另一方面则指人际关系，人际关系以彼此承认对方的人格为关键。要实现“仁”，必须靠教育和教养；而礼乐则是实现“仁”的手段，因此要从礼乐的学习与研究着手。孔子以身作则，从事教育工作，所收学生不限阶级，可谓“有教无类”，其精神是值得敬佩的。春秋战国时代中国的音乐发展到了一个高峰，孔子“闻韶不知肉味”的故事体现了当时文人和士大夫把音乐修养作为教养的一部分，孔子还由此引申出礼乐精神，成为战国儒家的一个核心观念。

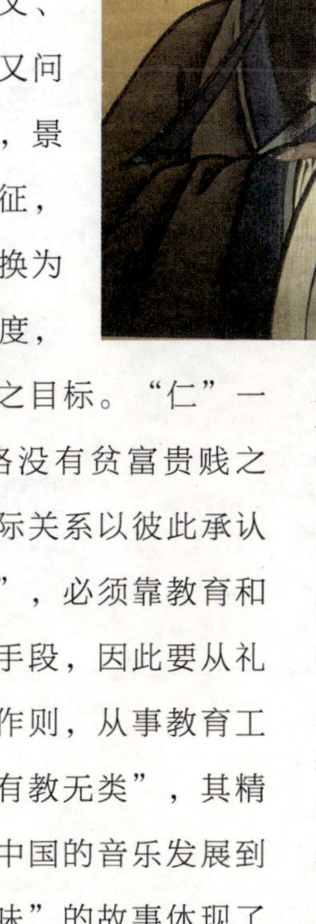

周游与著书

鲁定公八年（前502），季氏家臣公山不狃在费（今山东费县西北）反叛季氏，派人召孔子，孔子准备应召，然而弟子子路劝阻了孔子。不久之后，名声在外的孔子终被鲁定公所用，先任孔子为中都宰，为时不过一年，政绩显著，四方效仿，孔子遂被升迁为司空，后又升迁为大司寇。孔子前半生用心于政治，力图复礼，在为鲁国任用的一段时间里曾全力施展其抱负和才能，在司法、教育和打击三桓势力上做

曲阜孔庙内景

孔庙位于山东曲阜，是为了纪念儒家学派的创始人而修建的。公元前478年，也就是孔子去世后的一年，鲁哀公下令祭祀孔子，并将孔子居住过的房屋改造为庙宇，开始了孔庙的修建。千百年来，孔庙屡毁屡建，到今天已经发展为超过100座殿堂的建筑。

过不少努力，虽然见效不大，但也显示了他的政治能力。后因与鲁国君臣政见不合，孔子于五十五岁时离开鲁国，开始了他周游列国的阶段。孔子周游了十四年，先后到了卫、陈、曹、宋、郑、蔡六个诸侯国，始终没有找到一个可以任用他推行“仁政德治”主张的理想国君。

鲁哀公十一年（前484），孔子应鲁大夫季康之召，返回鲁国。孔子虽满怀复兴周礼的政治抱负，然而终不获见用。孔子初归鲁时，鲁哀公、季康曾先后问政于孔子，但都没有重新起用他。孔子眼见自己的政治理想无以施展，转而致力于讲学与著述，以求得自己的思想、学识流播于后世。孔子有感于当时周室衰微，礼乐皆废，说“不学礼，无以立”。这里的“礼”指周礼，包括奴隶制的等级世袭制度、道德标准。孔子又强调“礼”必须以“仁”的思想感情为基础，“仁”与“礼”相辅相成。孔子又相当重视“乐”的陶冶情感作用，孔子主张“礼”以修外，“乐”以修内，以为“移风易俗，莫善于乐；安上治民，莫善于礼”（《孝经·广要道》）。从西周开始至春秋中期，传下古诗三千多篇，孔子去其重复，取可施于礼义者，删定为305篇，并分为“风”“雅”“颂”三类，即流传下来的《诗经》。孔子说“诗”的作用有四：激发道德情感；观察风俗盛衰；增进相互情谊；批评政治得失。

孔子逝世

周敬王四十一年（前479）四月十一日，孔子逝世，享年七十三岁。鲁哀公作诔文悼念孔子，开后世诔文之先河。孔子的门徒服丧三年，而子贡则在孔子墓冢旁建房而居，六年之后才离去。因为孔子弟子及鲁国人在孔子墓附近聚居，所以墓地一带就叫孔里。孔子晚年自称“不怨天，不尤人，下学而上达”，闭门治学，潜心研究礼义。他与弟子整理古籍，评论时事人物。传说他作《书传》《礼传》，为《易》作《彖辞》《象辞》《系辞》《序卦》《说卦》《杂卦》《文言》，人称《十翼》；删减

^《孔子圣迹图册》之子贡庐墓·明

《诗》三千多篇为305篇；整理《春秋》，使文辞简约而内寓褒贬。孔子的主张虽然不被当时的君主所采用，影响却很深远。孔子是中国传统文化的巨人，他以道德作为政治、行为的规范，从个人角度规范了仁、义、忠、信，完善了春秋道德思想，他的大同精神、日新精神与和而不同、但求进取的精神成为战国文明的主导精神。

儒家思想

关于儒的含义，东汉郑玄注释《周礼·太宰》时指出："儒，诸侯保民有六艺以教民者。"可见，儒就是用六艺（即诗、书、易、礼、乐、春秋）教育贵族子弟的王官。春秋时期学术下移，官学变为私学，便将从事教育的人也称为儒。鲁国是

^《孔子圣迹图册》之孔子见鲁哀公·清·焦秉贞

周公的旧封，长期保留着丰富的商周文化传统。“周礼尽在鲁矣”，因此，鲁国的孔子创立儒家学派绝非偶然。孔子的学说就是士阶层思想的结晶。孔子生活的时代，社会正酝酿着巨变，当时“士”处在社会的中间，是统治阶级的最下层。但士阶层是军事上的作战骨干、政治上的下级官吏、文化上的知识群体，士的社会作用非常重要，但地位不高，必须依附把持国政的世卿贵族。当“士”们想求仕闻达时，便表现出迎合上层贵族利益的保守思想，在穷困不得志的情况下，就表现出同情庶民的进步观念。

孔子的政治观和伦理观是互相交融的。孔子政治主张的主要内容是

“礼乐”。“道之以德，齐之以礼”是孔子最高的政治思想。“德”指仁义，“礼”指统治阶级规定的秩序。“乐”是从感情上求得人与人相互间的妥协中和。“礼”用以辨异，分别贵贱的等级；“乐”用以求同，缓和上下的矛盾。礼乐的基础是“仁”。“仁”是孔子伦理思想的核心。“仁者爱人”“克己复礼为仁”就是他给“仁”所下的两个最主要的定义。孔子主张仁政，反对横征暴敛，认为“苛政猛于虎”。《论语·先进》载，弟子冉求替季氏聚敛，孔子愤怒将其逐出师门。他主张举贤才、慎刑罚、薄赋敛、重教化，认为“天下有道，则礼乐征伐自天子出；天下无道，则礼乐征伐自诸侯出”，这里反映出孔子的统一思想。尽管孔子的思想并不符合春秋末期的历史实际，但只要统一的政权出现后，这种思想就能迎合统治者的心理，所以受到后世的提倡。从西汉“罢黜百家，独尊儒术”开始，各个王朝都积极利用孔子的这种思想，维护现行政权的稳固。

历史断面

《论语》

《论语》是孔子思想和言行的集中反映，共20篇。它是中国语录体散文的滥觞，其中多半是简短的谈话和问答，语言简洁隽永，内敛含蓄，用意深远。由于孔子对现实社会生活有深刻的认识，《论语》中颇多言简意赅、富于哲理性和启发性的语句。比如“学而不思则罔，思而不学则殆”“三人行必有我师焉”。《论语》语言虽简短，但感情丰富，通过简单的对话和行动来显示人物的性格。例如《先进》篇中，弟子们各言其志时，子路的直率、冉有的谦逊、公西华的善辩、曾皙的洒脱，以及《微子》篇长沮、桀溺遗世傲慢的隐逸形象，都写得生动传神。

关键词：风／雅／颂

诗经中的世界

▪ 春秋时期

作为中国最早的诗歌总集，《诗经》共收入自西周初年至春秋中叶大约五百多年的诗歌305篇，分成风、雅、颂三类。其中“风”包括周南、召南、邶、鄘、卫、王、郑、齐、魏、唐、秦、陈、桧、曹、豳等15国风，共160篇。“雅” 基本上是贵族的作品，包括小雅和大雅，共105篇。“颂”是宫廷用于宗庙祭祀的乐歌，共40篇。总体说来，《诗经》中的诗篇反映了上自西周、下迄春秋中叶，以黄河流域为主的社会生活，是中国诗歌宝库中瑰丽的奇葩。

风、雅、颂

《诗经》是周初至春秋中叶社会生活面貌的形象描绘，其中有先祖创业的颂歌、祭祀鬼神的乐章，也有贵族间宴饮交往的记录，更有反映劳动、打猎、恋爱、婚姻和社会习俗方面的动人篇章。雅诗和颂诗都是统治阶级在特定场合所用的乐歌。31篇《周颂》是西周初年周王朝祭祀宗庙的歌曲，具有浓厚的宗教气氛。其中也有些春夏祈谷、秋冬庆丰这类答谢神佑的祭歌，涉及当时农业生产的情况和规模，是今人探讨西周初年农业生产和人民生活的重要史料。《小雅》的绝大部分和《大雅》的少数篇章是

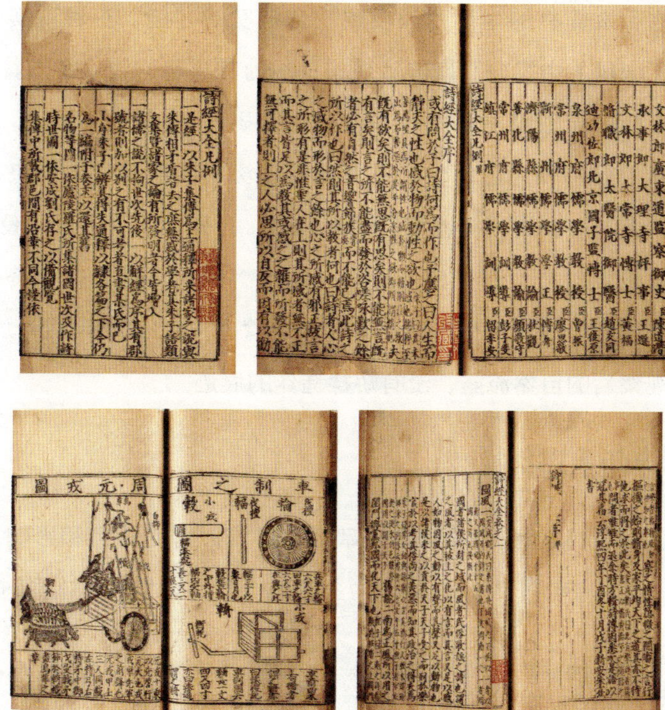

>《诗经大全》书影

在周室衰微到平王东迁的历史背景下产生的。这些雅诗的作者对现实有清醒的认识，批判当权者的昏庸腐朽，表现出诗人对国家前途和人民命运的关心，其创作也因此具有较为深刻的社会内容。这时期的雅诗较周初的颂诗和雅诗篇幅有所增长，句法整齐，语气通畅，没有周初颂诗的板滞沉重和雅诗的宗教神秘色彩，叙事单纯，比喻生动，偏重于抒情，有强烈的形象性和感染力。

《国风》是《诗经》中的精华，是中国古代文艺宝库中晶莹的珠宝。《国风》中的周代民歌以鲜明的画面反映着劳动人民的生活处境，表达出平民百姓对剥削压迫的控诉和追求婚姻幸福、争取美好生活的信念，是中国最早的现实主义诗篇。古代劳动人民长期参加生产劳动和社会斗争，逐渐养成敏锐的观察力，积累下丰富的知识。他们具有以质朴的语言描摹事物和以简朴的生活画面反映社会现实的才能。这种现实主义创作方法在《国风》中得到高度的体现，并成为其显著的艺术特点。比如《七月》以素描的手法把贫苦农民被压迫、被剥削的处境生动地呈现给读者；《黄鸟》以殉葬为题材，通过对殉葬者深切的同情和惋惜来抗议这种暴行；《氓》以女主人被遗弃的可怜遭遇、万分悔恨的倾诉和毅然决绝的态度，道出当时社会制度的罪恶。《国风》的语言准确、优美，富于形象性。《诗经》的这种语言特点并非苦心营造出来的，而是劳动人民对事物细致观察后的自然流露，没有矫揉造作的痕迹。

特色和影响

《诗经》是中国诗史辉煌的起点，它的特色和影响主要表现为：第一，《诗经》是以抒情诗为主流的。与《诗经》基本同时代的古希腊荷马

小雅·南有嘉鱼之什图卷（局部）·南宋·马和之

图卷取材于《诗经·小雅》中《南有嘉鱼》等十首诗，现仅存六首。宋高宗赵构书诗文，马和之画。全卷笔墨简练，线条流畅多变，构思精妙，是一件难得的以古典文学作品为题材的绘画杰作。

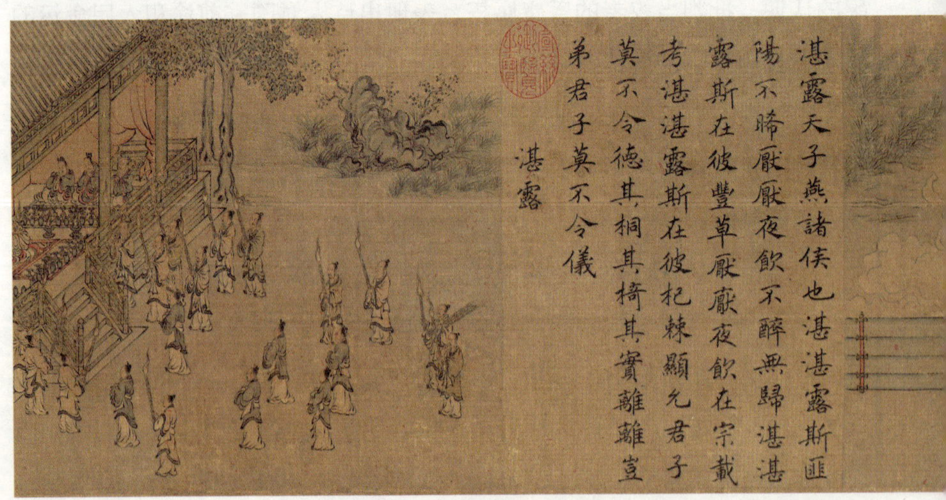

史诗，则完全是叙事诗。正如荷马史诗奠定西方文学以叙事传统为主的发展方向，《诗经》开启了中国文学以抒情传统为主的发展方向。以后以抒情诗为主的诗歌，成为中国文学的主要样式。第二，《诗经》除极少数篇章外，完全是反映现实的人间世界和日常生活，几乎没有虚构出超越人间的神话世界，所讲的是关于政治风波、春耕秋获、男女情爱的悲欢哀乐，这是整个中国古代文化重现实性的体现。第三，《诗经》在表现个人感情时，显得较为克制与平和，由此使得抒情常带忧伤、隽永和细腻的特点。这个特点深刻地影响到中国后来的诗歌。第四，《诗经》的基本句式是四言，间或杂有二言直至九言，音律平稳。同时，《诗经》常采用叠章的形式以及双声、叠韵的词语，借以强化感情的抒发和声韵上的美感。第五，《诗经》运用许多赋、比、兴的表现手法，加强作品的形象性。按朱熹《诗集传》的解释，“赋”是“敷陈其事而直言之”，即陈述；“比”是“以彼物比此物”，即比喻；“兴”是“先言他物以引起所咏之辞”，即借助其他事物为所咏的内容做铺垫。赋、比、兴被称作《诗经》的三纬，并与风、雅、颂合称为《诗经》的六艺，这种谋篇方法的成熟运用是诗经最突出的艺术特色。《诗经》是中国韵文的源头，是中国诗史的光辉起点。

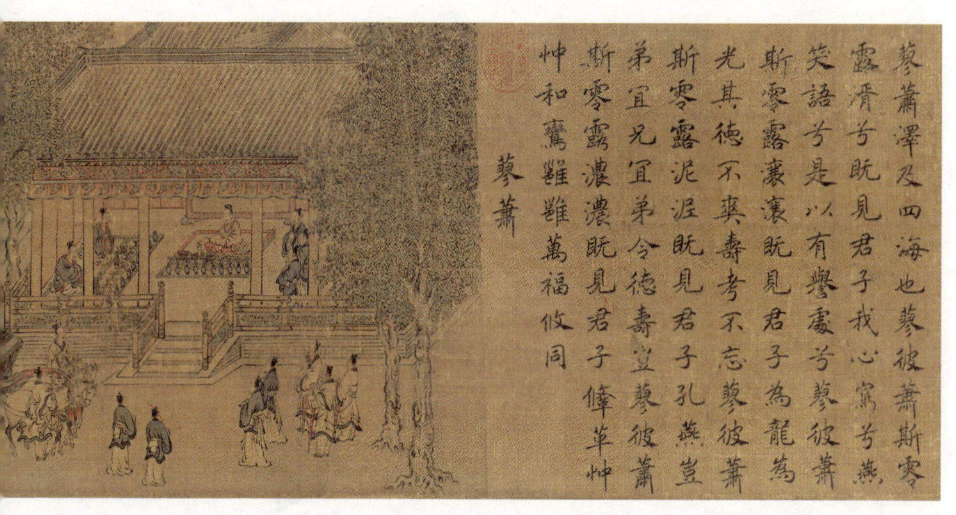

关键词：孙子兵法

兵圣孙武

■ 春秋时期

先秦时期，“国之大事，在祀与戎”。春秋战国四百余年间，战乱四起，出现许多名将，例如乐毅、赵奢、白起、王翦、廉颇、李牧，创造出许多新的战术和军事思想，且被总结写成兵书。例如吴起的《吴子》、司马穰苴的《司马法》、尉缭的《尉缭子》、托名姜尚的《六韬》等，其中最著名的兵学家和兵学著作就是孙武和他的《孙子兵法》。

孙武其人

孙武，字长卿，齐国乐安（今山东惠民，一说山东广饶）人。孙武出身于齐国贵族，因齐国内乱随父亲流亡到吴国，隐居郊外躬耕，潜心钻研兵书。

> 铜胄·春秋

铜胄是中国古代将士防护头部的装具，又称兜鍪、头鍪、头盔等。由于它常与护体的铠甲配套使用，所以“甲胄”一词成为中国古代防护装具的统称。

吴王阖闾即位后，注重搜求各种人才，孙武经伍子胥推荐，把自己撰写的兵法十三篇呈献给吴王。

根据《史记·孙子吴起列传》的记载，孙武和阖闾的初次见面并不愉快，阖闾抱着游戏的态度让孙武训练一百八十名宫女。孙武慨然应诺，他将宫女们分为两队，让阖闾最宠爱的两名妃子为队长，发给这些宫女长戟，然后三令五申地说明前进后退、向左向右的命令和如何执行。可到了实际演练的时候，孙武击鼓下令，宫女们却哈哈大笑，没有按照命令行事。孙武又三令五申地重复命令，直到宫女们表示已经记清。可当孙武第二次击鼓下令时，宫女们依然大笑不止，没有执行命令。孙武认为这是军令不严、队长没有执行主将命令的原因，于是下令将左右队长斩首。正看得高兴的阖闾没想到孙武如此执法无情，急忙向孙武求情，可孙武却硬邦邦地回了一句让君王们郁闷的名言——“将在军，君命有所不受”。最终，孙武斩杀了两个队长，用其他宫女替代了她们的职位。在接下来的演练中，宫女们动作整齐划一，犹如经过严格训练的战士，阖闾这才意识到名将的价值，开始重视孙武。公元前506年，阖闾以伍子胥为谋臣，孙武为主将，以三万吴军大举伐楚。孙武将他的军事天才展露无遗，五战五胜，将二十万楚军玩弄于股掌之中，最终顺利攻入楚国郢都。一时间，吴国兵锋“西破强楚，北威齐晋，显名诸侯”。破楚之战后不久，孙武就辞官归隐，再无事迹载入史册。

兵法名篇

《孙子兵法》内容丰富，其核心是对战略战术的论述。全书结构严谨，具有极强的逻辑性，形成完整的军事理论体系，是中国古代军事思想成熟的标志。作为一名职业军事家，孙武对战争保持着一种慎重的态度。他说：“兵者，国之大事。死生之地，存亡之道，不可不察也。”君王和将领不能轻易兴兵，要做到“非利不动，非得不用，非危不战”。他认为

> 孙武像·清

孙武的《孙子兵法》一书在公元7世纪左右传入日本。18世纪后，陆续传入欧洲，有了英、法、德、俄等文译本，成为世界军事文化宝库中的明珠。

解决敌对势力的最好办法并不是战争，“不战而屈人之兵”才是最好的选择。

在战略思想方面，孙子的见解主要有三个方面：一是战争与政治环境息息相关；二是将帅的军事素质对战争胜负有重要影响；三是对敌我军事情报的掌握至关重要。

孙子认为良好的政治大环境和战争息息相关，他将其称为“道”。有道的战争是可以得到百姓拥护，从而达到“可以与之死，可以与之生，而不畏死”，也就是上下一心，同心协力，《谋攻篇》称其为“上下同语者胜”。战争的胜负与将帅的指挥有密切的关系。对于将帅的主要素质，孙武在《计篇》中提出了“智、信、仁、勇、严”是将帅的“五德”。智是指智力的运用；信是功必赏、过必罚，与将士们守约、守信；勇是指将领勇敢果决，敢于承担责任；仁和严则是治军的态度，讲究对将士体恤和对军纪的严格执行。孙子还非常重视军事情报，也就是敌我军情的掌握。他认为“知己知彼，百战不殆；不知彼而知己，一胜一负；不知彼，不知己，每战必殆。”这里的知己知彼，知道的不只是简单的敌我情况，还包括交战区域的地理环境、气候特点等军事情况。

在具体的战术方面，孙武的军事哲学含有朴素的唯物主义和丰富的辩证法思想。他认为战争要充分利用自然条件，“顺天行诛，因阴阳四时之制”；驻军要选择避免背阳潮湿的地方，防止疾病；同时要善于利用水、火等形式进攻敌人。战争绝不能依赖任何迷信，只能相信众人的力量。“成功出于众者，先知也。先知者，不可取于鬼神，不可象于事，不可验于度。”他认为世界上任何事物都是发展变化的，所谓“兵无常势，水无常形”，优秀的将帅要能够“因敌变化而取胜”，因此将在外可“君命有所不受”。治乱、勇怯、强弱的矛盾对立都是可以转化的，“乱生于治，怯生于勇，弱生于强”。他提出许多带有辩证色彩的作战原则和方法。如“因利而制权”“与敌变化”“智者之虑，必杂于利害”，等等。

春秋战国时期，作战重信义、讲礼节的传统已被破坏，“诡诈”或者说“智谋”成为用兵的核心。孙武说，“兵者，诡道也”“兵以诈立”。他的这种思想集中体现在所谓的“诡道十二法”中，即“能而示之不能、用而示之不用，近而示之远、远而示之近，利而诱之，乱而取之，实而备之，强而避之，怒而挠之，卑而骄之，佚而劳之，亲而离之，攻其无备，出其不意。”这是对春秋战国军事谋略史的深刻总结。

孙子之后，历代军事学家大多将《孙子兵法》奉为经典，战国时期的吴起、孙膑等人都受到孙武的影响。三国两晋南北朝时期，曹操等军事家争先为《孙子兵法》作注释，以表示对这部千古奇书的重视。宋代编纂军学巨著《武经七书》时，更是将孙子兵法居首，号称《兵经》……千百年来，引用、采纳孙子兵法中的论断行兵作战、获取胜利的事例更是举不胜举，这都说明了这本兵书在军事学术领域的价值。

^ 青铜矛・春秋

矛是中国古代常见的长兵器。图中的青铜矛的后端是中空的，将木柄安装其上，才能作为一柄完整的长矛使用。

专题

车战与战车

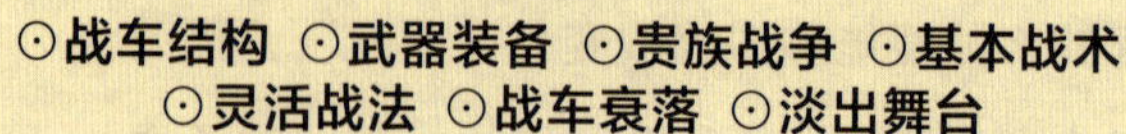

⊙战车结构 ⊙武器装备 ⊙贵族战争 ⊙基本战术
⊙灵活战法 ⊙战车衰落 ⊙淡出舞台

在人类战争史上，步兵是最古老的兵种。步兵对军队装备要求不高，易于组建和维持。相应的，人类战争的形式最初也主要是步战。在中国历史上，原始社会的战争也以步战为主，这种状况一直延续到商代前期。但是到了商代晚期，这种步战方式开始逐渐让位于新崛起的车战。到春秋时期，车战已是当时重要的作战方式。

▲铜“山”字形器·战国

器体呈山字形，因此得名。该器雄伟庄重，既是王权的象征，又是中山国之徽标。现藏于河北博物院。

战车结构

在安阳殷墟已发掘出殷商时的战车18辆，可以知道商代的战车用木制作，其形制是独辕、两轮、长毂。车厢内可容纳甲士三人和他们携带的兵器、马鞭、修理车的工具等。这种基本形制，西周和东周的战车承袭下来，但在结构上有所改进。一是车辕的曲度加大，辕端抬高，减少了服马的压力，马的拉力由此增加；二是车厢加宽，甲士完全可以在车上自由挥动兵器，有利于甲士在战车行进时灵活刺杀。为了使战车更加牢固、耐冲撞，一些关键部位的青铜加固件有所增加。此外，西周的兵车种类也增多了：除了供进攻用的轻车外，还有供防御用的广车，有以皮革遮蔽矢石的苹车，有指挥用的戎车，有用于填补空缺的阙车（被称为王车），此外还有攻城用的临车、冲车；有装器物用的辇。

武器装备

战车上的进攻性武器包括戈、酋矛、夷矛、戟、殳等长兵器，用于近距离肉搏、随身防卫的短兵器刀、剑等，还有用于远距离攻击的弓矢。战车上甲士的护卫装备有盾、甲胄等。车战时，近距离的格斗发生在两乘战车交错时，所以具有钩割功能的戈是一种比较有效的杀伤性武器。戈装有长柄，主要适于在战车上抡动作战。矛是尖形的刺杀性武器，也是西周、春秋战车上常见的兵器。从商周到春秋战国，矛的形状不断改进，矛身逐渐加长，两翼则变得窄小，这样能刺得更深，增强了杀伤力。戟是戈和矛的复合体，兼有二者啄、刺、勾三种功能。春秋时期戟的形制也在不断变化，战国时期更是出现了钢铁制造的戟。殳是一种打击兵器，由棱形的金属头和竹、木杆构成。战国时殳的金属头往往带刺或棱。用于防卫的盾有木、竹、藤、金属等各种质地；甲形如衣服，披在身上；胄形如帽子，戴在头上，就是头盔。

▲ 铜驭手俑 · 战国

俑呈站立状，头挽发髻，目视前方，身着长袍，双手前伸如执辔。身上衣物以勾云纹为装饰。整体造型反映了战国时期的人物形象。现藏于美国纽约大都会艺术博物馆。

▲楚王酓璋戈·战国

戈长援（戈的长条形锋刃部分），有“胡（指由援向下转折延长的弧形部分）”，胡残，援及胡饰嵌金鸟篆铭文16字：“楚王酓璋严南越，用作戈，以邵扬文武之。”记楚王酓璋进攻南越，作此车战用戈，用以宣扬先王之武功。

贵族战争

春秋时期是车战的鼎盛时期，当时的大国，动辄拥有万乘战车，小国也拥有千辆战车，各国的军事实力，也以战车数量来衡量。其时的战争，绝大部分都是车战。总体而言，当时的车战尤其是春秋早期的车战是贵族式战争，崇尚礼节，本应是残酷的战斗却弥漫着艺术化的气息。两国发生大规模冲突时，作战军队相会，首先安营扎寨驻军，称为“次”或“军”“舍”。例如公元前632年晋楚城濮之战时，晋军“次于城濮，楚师背而舍”。然后双方约定战斗时间和地点。战斗在约定的日期开始，双方要排列好阵势，这是车战最主要的步骤，春秋车战无一例外地遵循预先列阵、先阵后战的原则。如城濮之战时，“晋师陈于莘北”。宋襄公意欲争霸，与楚军交战时等到楚军过河摆好阵势再进行决战，被后世讥笑为不知变通，其实这也表现了春秋及以前战争尚礼、先阵后战的风气。此外，春秋的车战基本都在白天进行，若有少数白天不见胜负的战争，则夜晚休战，双方清理死伤，重组部伍，以待明日再战。

基本战术

春秋时期列国之间战争频仍，在战争中车战战术也取得了显著进步。首先是车战阵形有了很大发展，比较普遍地采用了中军和左翼、右翼三部分相配合的宽正面横向阵形。随着车战规模扩大、参战车辆增加，战车编队也扩大了。其次，出现了初级的野战防御方法——营垒，能够阻碍战车的冲击。另外，春秋时尤其是春秋晚期的战争中诈术开始使用，信义在战争胜负的比照下显得微不足道，比如趁对方阵形尚未列好就发起攻击。如鲁僖公三十三年（前627），晋、楚军队隔河对峙，因为渡河的一方在渡河时很容易被对方攻击而溃败，所以双方相持不下。这时晋国内部发生动乱，晋军急切回撤，于是晋军将领写信给楚帅，提出了一个建议：或者晋军后退三十里，楚军过河，然后双方列阵决战；或者楚军后退，让晋军过河。楚帅接受了后一种办法，他没想到等楚军撤退后，晋军乘机也撤回国了，追之不及。

▾ 春秋战车复原图

春秋列国军队典型的编制一般有军、师、旅、卒、两、伍六级制，一伍由五名战士组成，一两由五个伍和一乘战车组成，战车是战斗核心。四两是一卒，五卒组成一旅，五旅成一师，五师成一军。

▲秦始皇陵二号铜车马·秦

这辆铜车马属于驷马单辕车，比例约为真实车辆的二分之一，重量约为1.2吨，是世界考古史上发现时代最早，驾具最全的铜车马之一。

灵活战法

春秋时期的战车阵战灵活运用了多种作战方法，比如迂回侧后、攻其不备，佯退侧击和设伏合围等。在城濮之战中，晋楚双方各自都有左、中、右三军。晋军首先击溃了薄弱的楚军右翼陈、蔡联军，接着上军和下军同时向后佯退，楚左师孤军追击晋上军，结果造成侧翼暴露，晋中军趁机从旁侧击，晋上军也回师夹攻，楚左师大败。这是佯退侧击的著名战例。公元前684年齐鲁长勺之战，当齐军败退时，曹刿阻止鲁庄公匆忙追击。他观察齐军败退时的旗帜和车辙，确认齐军是真的溃败后才下令追击，就是因为害怕齐军佯退设伏。

车战衰落

商周时期，军事角逐的中心区域在关中和中原地区，这里地势开阔平坦，是适合战车驰骋的平原地带，马拉战车的巨大冲击力是早期步兵无法抗拒的。春秋中期以后，由于争霸战争不断发生，作战区域扩大，地形也变得复杂，其中不乏山川沼泽，战车无法在这些地方列阵冲锋，也就没有了用武之地。于是一些国家又组织了适应能力更强的步兵，或将车兵改编为步兵。这些现象预示了车战的衰落和步战的复兴。

淡出舞台

到战国时期，战争规模进一步扩大，残酷性增强，伤亡也随之增多，必须征召大量军队。战国群雄军队数量较之春秋时期十倍几十倍地增长，秦国有带甲百万，齐国有带甲数十万，楚国也有带甲百万。这些军队都来自农民，平时没有经过车战必要的长期系统的训练，而以各国的实力，也根本没有可能将这样庞大的军队装备成车兵，以农民为主体的大规模军队必然是步兵。另外，车战也有其固有弱点，除了对地形依赖较大外，它作战方式呆板，主要是速战速决的野战，不适于攻城，缺乏有效的攻击手段。战国时期，经济发展，城市作为商品贸易和政治中心的战略地位不断上升，攻城灭国成为大国兼并的直接目标，城市的防御功能也显得突出。车战既然不能担任起攻城的重任，其地位也必然下降。战国时期步兵的战术有了很大突破，在野战方面，广泛采用了先进的密集阵形和更加坚固的布障设垒等防御方法，能够与战车抗衡；步兵的武器装备也有了很大改进，特别是大量使用了威力巨大的远射兵器——弩，能够在宽大的正面上有效遏制战车的冲击。战国时期作战区域进一步扩大，地形更加复杂，正是在这些因素的作用下，车战风光不再，步战取而代之。

关键词：变法

战国七雄的变法图强

■ 战国中前期

战国初年，韩、魏、赵三家将中原传统强国晋国瓜分，正式成为中原诸侯，再加上取代姜氏的田氏齐国和仍旧活跃着的老牌强国秦、楚和燕三国，战国七雄并立的局势正式形成。当时的列国形势是齐在东，楚位南，秦偏西，燕靠东北，韩、魏、赵居中。为了巩固政权、富国强兵，各国都进行了一定程度的变法改革活动，其中较著名的有魏国李悝变法、韩国申不害改革、楚国吴起变法和秦国商鞅变法。其中以秦国的变法最为彻底，这为秦国后来统一六国打下了基础。

> 十五连盏铜灯·战国

这件灯具如同一株枝繁叶茂的大树，由长短不同的八节枝干接插而成，伸出的枝条上托有15个圆盘灯盏，枝干上还铸有一群嬉戏的猴子，构思极为巧妙。现藏于河北博物院。

∧青铜嵌绿松石带钩·战国

带钩长16.5厘米，于河北平山出土，为战国时期贵族佩戴饰物。

李悝变法

公元前445年，魏文侯即位，开启战国时期招贤养士的风气。他任用李悝变法。李悝变法主要是“尽地力”，就是最高限度地提高土地的使用效率，内容包括改进生产技术、提高农民的生产积极性等。其次是控制物价方面，实行平籴法：把好年分成上中下三等，坏年也分成上中下三等，好年由政府按等出钱购入一定数量的粮食，坏年由政府按坏年的等级平价沽出。此法的目的在于使百姓不太受物价影响，提高农民生产兴趣。李悝变法最具影响的是撰成《法经》，这是中国第一部比较系统的封建成文法典，是春秋以来各国立法的集中体现。《法经》有《盗法》《贼法》《囚法》《捕法》《杂法》《具法》共六篇，这部曾为“商君受之以相秦”的法典，是秦汉以来封建立法的滥觞，成为以后历朝制定法律的蓝本。李悝的改革不仅使魏国

“强匡天下，威行四邻”，成为战国前期最强盛的国家，还是战国各国改革的开端，使战国时代政治、法律、军事、文化、经济等方面的革新进入新的阶段。

楚韩变法

公元前389年，楚悼王任命军政双优的卫国人吴起为令尹，主持楚国变法改革大计。当时楚国旧贵族势力猖狂，吴起的改革便先从改变世袭的分封制着手，限制旧贵族，规定“封君之子孙三世而收爵禄”，将这些旧贵族迁徙到边远地区开发荒地；整顿官场歪风，裁减无能的官员。楚经吴起变法，逐渐强盛起来。吴起曾“南收扬越，北并陈蔡”“却三晋，西伐秦”。

然而吴起的改革只得到了楚悼王个人的支持，并没有得到楚国统治阶层的认同。相反，因为改革触及了很多贵族的实际利益，吴起反而被他们视为眼中钉、肉中刺。公元前381年，楚悼王去世，吴起在郢遭到楚国贵族的谋杀，变法基本失败。

公元前354年，韩昭侯任用申不害为相，进行变法。申不害的变法和其他诸侯变法不同，他讲究君王统治之术，以巩固君王的统治地位。由于申不害没有把改革政治、经济旧制度的“法”放在主要地位，只讲究术，也就是任用、监督、考核臣下的方法，这种变法只能暂时性地加强了中央集权的统治，对韩国提高国家实力帮助不大。

商鞅变法

魏国开启各国变法的先河，而秦国的商鞅变法无疑是最为彻底和成功的典型。春秋时期，尽管秦霸西戎，但与晋、楚相比，秦的政治、经济、文化要落后得多。秦孝公时，秦国内部宗族经常发生械斗，外部受到楚、魏两国的侵迫。东方各国都视秦为戎狄，拒绝与秦会盟，面对这种耻辱和

^ 双兽三轮盘·战国

这件轮盘高15.8厘米，口径26厘米，1958年出土于江苏武进。轮盘器形别致，在一侧由底盘上伸出两只龙首，在盘底呈鼎足状安排有3个六辐圆轮，具备了江南地区东周青铜器的显著特征。现藏于南京博物院。

难堪，好强的孝公甚至作出以半壁江山相谢的承诺，只求有人能够助他变法图强。商鞅闻讯后，便匆忙离开故土魏国，赶到秦国，辅佐孝公变法。

公元前356年（一说前359）、公元前350年，商鞅两次下变法令，变法的内容主要有："开阡陌封疆""废井田""民得买卖"，以法律形式承认土地私有的合法性；废除"世卿世禄"制度，按军功大小授予爵位，打破世袭贵族的特权，确定新的等级制度，发展和壮大新兴地主阶级

^ 商鞅方升·战国

此器是秦孝公十八年（前344）商鞅变法时所规定的标准量器。秦统一六国后，又在其底部加刻了秦始皇二十六年（前221）诏书，命令丞相隗状和王绾把商鞅既定的制度推行到全国。

的政治势力；废除分封制、建立县制、编制户口、“什伍连坐”，实行中央集权，加强对劳动人民的统治；“重农抑商”、奖励耕织，发展社会经济；“平斗桶、权衡、丈尺”，颁布标准度量衡器，方便税收和货物交换，加强集权制度；“燔诗书而明法令”，加强思想统治。

秦推行新法十八年，国家日益富强。司马迁说，商鞅变法后，“秦人富强，天子致胙于孝公，诸侯毕贺”。曾经忍辱负重的孝公因商鞅变法有功，便封他十五邑，号为商君。商鞅变法带给秦国的除了有政权的巩固和经济发展外，还有那支虎狼般勇猛和残忍的军队，因为杀敌立功、斩敌首级就意味着能够得到奖赏和晋爵，对普通百姓来说，至少也应该可以摆脱贫困。公元前354年，秦夺取了魏的少梁（今陕西韩城）；公元前352年，商鞅率兵攻取安邑（今山西夏县）；公元前340年，商鞅俘虏魏将公子卬而战胜魏军。但商鞅的新法令和旧贵族的利益是有抵触的，公元前338年，秦孝公死，子惠文王即位，商鞅被杀。但商鞅变法的成果仍沿袭下来，为以后秦统一六国打下坚实的物质基础。

胡服骑射

战国后期，秦国自商鞅变法以来国力迅速提升，以至于构成了对山东（指崤山以东）六国的严重威胁。其中六国中的赵国西北有匈奴，西有林胡、楼烦，西南与强大的秦国接壤，这使得赵国的周边环境非常险恶。在这样严峻的形势面前，刚刚即位的赵武灵王决心改革图强，振兴赵国。他客观地分析了当时赵国的实际情况和所处的环境，认真研究了壮大赵国力量的办法，以超凡的才略和气魄，毅然抛弃了中原传统的衣冠制度和作战形式，大胆学习北方游牧民族军事上的优点，下令在全国推行“胡服骑射”。

春秋时代，各国都以战车和与之配合的步兵作为军队主力，车战是主要的作战方式。但是笨重的战车只宜在较为平坦的地方作战，在复杂的地形中运转十分不便。到了战国时代，战场遍及中原大地任何一个地方，作战地区的地形地貌多种多样，这就更使得战车不再适合战争的发展。赵国由于长期与胡人作战，逐渐发现车步协同的作战方式远不如胡人的骑兵战术机动灵活，赵武灵王决定建立一支强大的骑兵部队。同时武灵王也认识到为了适应骑战的需要，必须改中原地区的宽袖长袍为短衣紧袖、皮带束身、脚穿皮靴的胡服。在普遍以中原正统和华夏礼乐文化自傲的氛围中，武灵王敢于改革传统的舆服制度，取法胡人的服饰习俗，足见他的确是一位雄才大略、气魄宏大的军事家和政治家。

“胡服骑射”没有仅仅停留在军事和服饰层面，还逐步渗入到政治层面。为了推行自己的改革，赵武灵王罢免了一些贵族的官职，起用了一些来自民间和其他国家的人才，这些措施使得赵国的政治面貌发生了一些改变。经过赵武灵王的努力，赵国成为北方唯一一个有实力与秦国一争高下的国家。然而赵武灵王的改革激起了国内保守贵族的不满，赵惠文王四年（前295），赵国发生沙丘宫之变，已经退位的赵武灵王被围于沙丘行宫，最终饿死其中。赵武灵王死后，赵国把持朝政的仍旧是那些传统的贵族势力，这样赵国在天下的争霸中败给秦国，最终亡国也就不足为奇了。但是“胡服”的习惯依旧被保留下来，由“骑射”而强大起来的赵国军队也得到不断加强，直到长平之战后才损失殆尽。

曾侯乙尊盘·战国

此盘出土于湖北省随州曾侯乙墓，盘高24厘米，口径为57.6厘米。现藏于湖北省博物馆。

关键词：孙庞斗智 / 长平之战

升级的争霸战争：从桂陵到长平

▪ 公元前354～公元前259

战国时期，中国境内的诸侯国并不止战国七雄这七个国家，但实力强大、有资格争雄一时的还是秦、齐、楚、魏、赵、韩、燕这七个大国。为了争夺天下，这七大强国征战不休，战争的规模也越来越大，战争的激烈程度和破坏性也越来越高。在公元前353年的桂陵之战中，魏齐两国动用的军队不过十数万，而在近百年之后的长平之战中，秦、赵两国动员了百万大军进行一场决定双方国运的大决战。长期而残酷的争霸战争一方面给各国百姓带来了深重的灾难，另一方面也让政治上的统一成为人民的渴望和历史的趋势。

桂陵、马陵之战

战国前六十年，三晋中的魏国是当之无愧的第一霸主。由于魏国所处的中原地区开发较早，生产力先进、人口众多、土地肥沃，同时由于路网纵横、交通便利，所以天下物产云集，从而使商业繁荣、制造业发达。此外，魏国还是战国第一个实施变法图强的诸侯国，魏文侯重用法家李悝、西门豹，制定《法经》，废井田、开阡陌，确立了封建土地所有制，极大地激活了生产力。在军事方面，魏国较早地进行了军事变革，建立了以精锐武卒为核心的常备军，魏军内部等级森然、分工明确，且数量庞大。魏襄王时期，魏有武卒（重装步兵）二十万；奋击（轻锐步兵）二十万；苍头（裹头巾的待选新兵）二十万；厮徒（军工、勤务兵、辎重兵）二十万，车六百乘、骑五千匹，军事实力堪称战国第一。在名将吴起的带领下，魏军南征北战，屡次击败齐、楚、秦、赵等强国的军队，创下了“大战七十二，全胜六十四，其余均解（不分胜负）”的恐怖战绩。其中受伤最深的就是魏国的西邻秦国，不但被魏国夺走了黄河西岸五百多里的肥沃土地，连函谷关都一度被魏军攻下，差点被逼到了灭国的边缘。

然而魏文侯的继承者魏惠王缺乏战略眼光，四处树敌，同赵、齐、韩、秦、楚等国家轮番开战，最终国运中衰、一蹶不振。以至于后来魏惠王凄凉地哀叹说：“东败于齐，长子死焉；西丧地于秦七百里；南辱于楚，失八邑，寡人耻之。”这里的东败于齐指的就是战国初年两场惊天动地的大战——桂陵之战和马陵之战。公元前354年，赵国和魏国的附庸国卫国发生了战争，魏惠王率领属国联军围攻赵国都城邯郸。这时的赵国还不是后来胡服骑射后的骑兵强国，无力抵抗魏国的强势进攻，于公元前353年向东方大国齐国求救。当时的齐国是齐威王执政，正处于国家实力的上升期，齐威王派出王室将领田忌为主将，以兵法大家孙膑为军师，出兵救援。孙膑判断魏国大军在赵，国内兵力空虚，与其远征赵国，不如直接围攻魏国都城大梁（今河南开封），这也就是三十六计中第二计“围魏救赵”的来源。结果孙膑计谋得逞，齐军在桂陵（今河南长垣西南）成功伏击回援的魏军，擒获魏军主帅庞涓，打破了魏军难以战胜的神话。公元前342年，魏军再次进攻韩国，后者也向齐国求救。齐威王坐山观虎斗，于次年才派出田忌、孙膑率军援韩。这次孙膑采用“示敌以弱，减灶诱敌”的战术，将一心报仇雪恨的庞涓和魏军引到了齐国马陵（今山东莘县西南，一说今河南范县西南）一带，然后伏兵四出，万弩齐发，全歼了魏军主力，庞涓兵败自杀。经过这两次大败，魏国多年精锐一朝丧尽，再也无力争霸天下。

长平之战

^ 云纹金盏和漏匕·战国

这两件金器出土于湖北随州曾侯乙墓。现藏于湖北省博物馆。

魏国衰落后，秦国东线压力锐减，再加上变法对秦国国力的促进，这个西方国家跃升为和楚、齐并称的一流大国。为了避免楚、齐联手，秦国在外交中迷惑楚国，诱使楚怀王与齐国断交，然后再通过丹阳、蓝田两次大战，重创楚国，使后者的国家实力急剧下降，无力与秦国争雄。楚国衰落后，齐国成为唯一和秦国并称的一流大国，秦昭襄王和齐湣王一度并称为西东二帝，彰显了两国的特殊地位。然而齐湣王却犯下了和魏惠王一样的错误——四面树敌，齐国先后和宋、鲁、燕、赵、韩、魏等国交恶，战略形势极其恶劣。公元前284年，燕国大将乐毅率领六国联军大举攻齐，一度攻占了齐国七十多座城池，齐湣王也流亡国外，为人所杀，齐国几乎到了灭国的边缘。虽然后来齐国宗室田单守住即墨城，并利用燕国临阵换将的机会重创燕军，成功光复齐国，但五年的战争让齐国国力大衰，在军政两方面都不再是秦国的最大威胁。

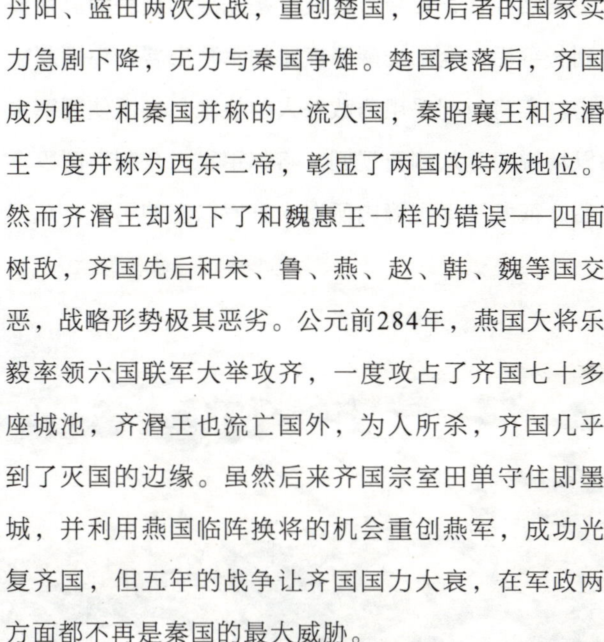

楚、齐两国衰落后，山东六国中只有经过“胡服骑射”的赵国保持着强大的军事实力，因此也成了秦国的重点打击对象。公元前270年，秦军进攻韩国上党（今山西长治），和援韩的赵国在阏与（今山西和顺县）展开激战，结果秦军大败。公元前262年，秦军再次进攻韩国的上党，无力抵挡的韩国把上党献给了赵国。然而等到赵国主将廉颇率领大军到达上党时，秦军已经攻陷了上党全部17座城池，廉颇只好率军驻守地形险要的长平（今山西高平西北），与秦军展开相持战。廉颇的战略意图很清楚，长平地区远离秦国而靠近赵国，因此秦军的后勤补给线要比赵军长，只要守住阵地就能拖垮秦军。

就这样，两国在长平展开了长期相持。对廉颇无可奈何的秦国君臣只得实行反间计，在赵国散布谣言说廉颇老朽无能，胆怯畏战，秦国只害怕赵国年轻将领赵括。赵王果然中计，用夸夸其谈、毫无战场经验的赵括替代了老将廉颇。赵括来到长平后，全部推翻了廉颇的军事部署，率领赵军向秦军阵地发动猛烈攻击。秦将白起采用诱敌深入的战术，先诱使赵军主力深入本方阵地，然后以精锐骑兵从侧翼迂回，将赵军主力分割为两段。秦昭襄王得知前线战局后，征发了秦国境内所有十五岁以上的男丁，从秦

国的河内郡直插长平身后，彻底将邯郸和长平的联系切断，堵截赵军的援兵和后方接济的粮草。经过46天的围困，赵军吃光了所有粮草，只好向优势的秦军发动自杀式的攻击，结果赵括在战斗中中箭而死，四十万赵军成为俘虏。在解除了赵军的武装后，白起下令将二百四十余名未满十五岁的赵人放归邯郸，其余的赵国降卒全部坑杀于长平。

长平一战，秦国以巨大的代价摧毁了东方头号军事强国——赵国（齐、楚虽兵力多于赵国，但士卒的训练和尚武之风逊于赵国），天下进入了战国时代最后的二十年，秦人一统天下的时刻即将来临。

^ 虎噬鹿器座·战国

v 长平之战图

关键词：非攻 / 尚贤 / 兼爱

墨子与墨家

▪ 约公元前468年～公元前376年

墨子是战国时期著名的思想家、哲学家和科学家，是墨家学派的创始人。墨子去世后，其弟子将其生前的语录进行整理，汇集在《墨子》一书中。墨子一生提倡“兼爱”“非攻”“尚贤”“尚同”“天志”“明鬼”“非命”“非乐”“节葬”“节用”等观点，创立了墨家学派，墨学在百家争鸣的战国时代与儒学并称“显学”，对中华文明的发展作出了一定贡献。

墨子与墨家

墨子（约前468—前376，一说为约前480—前420），名翟，宋国人，后长期住在鲁国，年代略后于孔子。关于墨翟的生平，司马迁《史记》并未作专门记叙，仅在《孟子荀卿列传》末尾简单提及。可见到尊儒的汉代后，墨家学派已被冷落。墨子出身贫贱，自称“贱人”。他生活相当俭朴，“量腹而食，度身而衣”，与孔子“食不厌精，脍不厌细”的生活态度明显不同。为实行自己的主张，他四处奔走。墨子曾经为阻止楚国攻宋，从齐国出发，步行十个昼夜赶到楚都，和儒士驾马驱车、冠冕堂皇地游历的情况形成鲜明的对比。

信奉墨子学说的人称为墨者，墨者集团是个带有宗教色彩、组织严密的集团，其最高领袖称为巨（钜）子。前任的巨子传位给他所认可的贤者。墨者集团有严明的纪律，“墨者之法，杀人者死，伤人者刑”，所有的墨者都必须服从巨子的指挥。据说墨者非常勇敢，并且善于防御战，富有“赴火蹈刃，死不旋踵”的死士精神。

墨子的主张

墨子的政治主张既企图解决人民的生活问题，又想符合当时“王公大人”的政治要求。墨子认为当时人民最大的问题是“饥者不得食”“寒者不得衣”“劳者不得息”，称为“三患”。他同时认为当时“王公大人”的政治要求是“国家之富”“人民之众”“刑政之治”，称为“三务”。墨子想通过上说下教找出解决“三患”和“三务”的途径，以解决当时社会上统治与被统治阶级间尖锐对立的矛盾。墨子的政治思想和行动，都是以此为出发点的。

^ 墨子雕像

首先，墨子从小生产者的利益出发，针对战国初年“国相攻”“家相篡”“人相贼”的祸乱现实，提出“兼爱”和“非攻”的思想，主张“兼相

铜匕首·战国

匕首类似短剑或狭长的短刀，其首形状类匕（古人取食的器具），因而得名。据传尧、舜时已有匕首。匕首短小锋利，携带方便，是近距离搏斗的有效武器，“图穷匕见”就是一个和匕首有关的著名成语。

爱，交相利”，有相应能力的人要用力助人，用财分人，用道教人，使“饥者得食，寒者得衣，劳者得息，乱者得治”，表达出人民的要求和渴望。但这只是从主观愿望出发，是不可能实现的。

其次，墨子提出三项促进生产和限制消费的原则：一是“使各从事其所能”，要求各尽所能；二是“凡足以奉给民用则止”，主张所有生活资料只供给到够用为止；三是“诸加费不加利于民者弗为”，建议凡是对于人民物质生活没有好处的事情都应禁止。基于这样的原则，墨子还提出节用、节葬、非乐、非攻的主张。只有这样，才能解决人民的“三患”，实现“三务”。

再次，墨子主张选贤来管理政治，即“尚贤”政治。墨子反对贵族的世袭特权，认为“官无常贵，而民无终贱”。他甚至觉得应该选举天下最贤的人立为天子，按次选三公、国君、卿、宰、乡长、里长，所有的臣民都得无条件服从上级统治，各级长官对下层臣民具有绝对的统治权。另外，墨子非常重视劳动生产，强调人类必须从事耕织才能取得衣食财物，“赖其力者生，不赖其力者不生”，严厉批判“不与其劳，获其实”的行为。

墨子熟悉原来出身的阶层，注重解决人民的生活问题，能反映人民群众的要求，并能对当时统治集团的奢侈荒唐行为进行尖锐的抨击，这是其思想的进步性。但他过分强调节约，忽视精神生活，过于要求“非乐”，这有违人民的愿望和历史发展的要求。

儒墨之争

继孔子创建儒家后，墨家也在鲁国建立起来。两家形成“显学”，互相论争，揭开春秋战国百家争鸣的序幕。墨子最初师从儒者，但后来他发现儒家的礼节太过烦琐，便背离儒家，另创墨派。墨家兴起后，发展迅速，人数众多，有极大的活动能力。据《吕氏春秋·当染》载，孔子、墨子死后，“从属弥众，弟子弥丰，充满天下”。由于所代表的社会阶层不同，以及由此形成的学术观点的差异，儒墨两家经常互相诘难指责。

儒墨两家的争论主要体现在以下几个方面。其一，“仁爱”和“兼爱”分别是儒、墨两家的代表性理论和核心范畴。儒家的“仁爱”是有差等的爱，即要求以对父母兄弟的爱为圆心，逐层外推到对宗族、国家和社会的爱。而墨家的兼爱则是无差等的爱，要求人们抛却血缘和等级差别的观念，爱人如己。其二，儒家“罕言利”，把重利者视为“小人”，所谓“小人喻于利”。墨家则认为义和利是密切联系的，“兼相爱”的同时也要“交相利”。这显然是两种对立的义利观。其三，孔子讲“天命”，认为自然界和人的命运都是由天命决定的，所谓“死生由命，富贵在天”，人顺天命而行。但他也认为要尽力去做该做的事，无论成败，“知其不可而为之，尽人事然后听其自然”。墨子主张“非命”，否认儒家的天命论。但也认为天是有意志的，即“天志”。“天志”能根据人的行为赏善罚恶，它已不再是神秘莫测的东西，而变为实现理想的理论工具，其实就

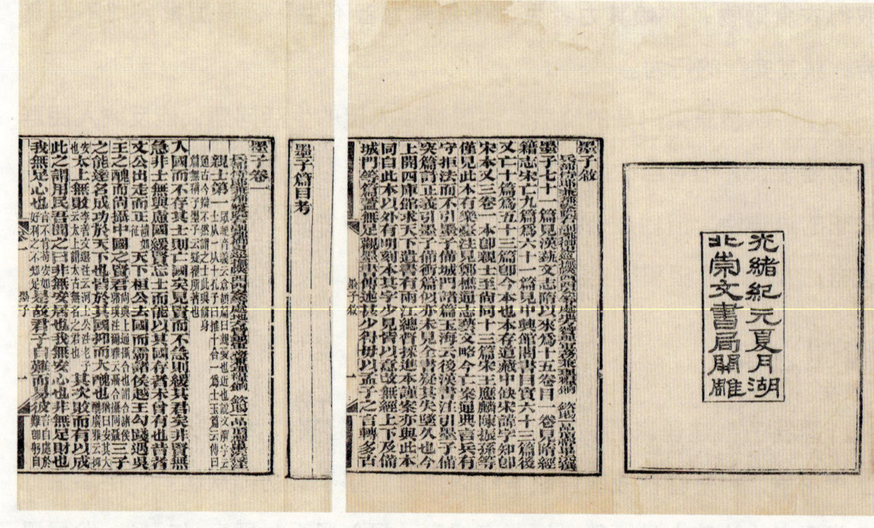

^《墨子》书影

《墨子》内容广博，包括了政治、军事、哲学、伦理、逻辑、科技等方面，是研究墨子及其后学的重要史料。西晋鲁胜、乐壹都为《墨子》一书作过注释，可惜已经散失。如今的通行本有孙诒让的《墨子闲诂》，以及《诸子集成》所收录的版本。

是借天言志。这种从“天上”到“人间”的转化是明显高于前人的地方。因此，墨子比孔子更重视发挥人的主观能动性。其四，孔子对鬼神既没有明确肯定，也没有明确否定。他说：“未能事人，焉能事鬼”“未知生，焉知死。”基本是采取存而不论、敬而远之的态度。墨子主张“明鬼”，肯定鬼神的存在。但是应该指出的是，墨子所明的鬼也具有赏善罚恶的能力，其性质与“天志”雷同。墨子这种借鬼言志的行为，反映出当时社会小生产者力量的薄弱，难免会有借助超自然的力量的空想。其五，儒家讲究礼仪，重视“厚葬”“久丧（三年）”。墨家认为“厚葬”“久丧”劳民伤财，提倡“薄葬”，不能因丧葬影响社会生产。其六，儒家维护和提倡礼乐制度，前文已经提到，墨子主张“非乐”，反对物质享受，生活只要求能吃饱穿暖，礼仪、艺术等精神生活都没有存在的必要。

关键词：性善论 / 性恶论

孟子和荀子

▪ 约公元前372年 ~ 公元前238年

孟子是传统儒家的主要继承人，地位仅次于孔子，因其在中国思想史上的杰出贡献，对儒学的继承和发展，被人尊为“亚圣”“中国之柏拉图”。荀子是孟子之后、战国末期儒家的代表人物，他提倡“性恶论”，其学说常被后人拿来跟孟子的“性善论”进行比较，对儒家思想体系的发展有所贡献。

孟子其人

孟子（约前372—前289），名轲，邹（今山东邹城市）人。孟子是鲁国贵族孟孙氏的后裔，他受业于孔子的嫡孙子思，在思想上与孔子一脉相承。孟子一生的经

> 孟子墓碑

孟子墓位于山东邹城东北的四基山西麓，墓前有螭首龟趺巨碑，上书“亚圣孟子墓”，为清道光十四年（1834）重建。

孟子像・现代・吴承砚

孟子，伟大的思想家、教育家，儒家学派的代表人物，与孔子并称“孔孟”。

历和孔子有些类似，少年求学，壮年怀揣政治理想，带着学生游历齐、宋、滕、鲁等国，前后长达二十多年。然而孟子到了任何一国，都在宣传他“效法先王、施行仁政”的主张，被梁惠王、齐宣王等急于“富国强兵”的君主视为空谈家，一生都未得到重用。晚年，孟子回到老家著书立说，教育子弟。孟子的核心思想都记录在《孟子》一书中，书中还包括他多年的政治活动、政治理想和唯心主义哲学思想，等等。

在政治上，孟子主张效法先王，实行“仁政”和“王道”，反对当时部分国君的虐政和霸道，提出“民为贵，社稷次之，君为轻”的思想。他竭力鼓吹尧舜，说：“尧舜之道，不以仁政不能平治天下。”他把政治体制分为“霸道”和“王道”两种，“以力假仁者霸”“以德行仁者王”。所谓的“王道”，实质就是他的政治理想，即“尊贤使能，俊杰在位”“为民制产”“施仁政于民，省刑罚，薄税敛，深耕易耨”。这样就能使人民归心，“无敌于天下”。“民为本”“民贵君轻”，这就是孟子的仁政学说的核心所在，也可以说是孟子人本精神的集中体现。

在个人修养方面，孟子主张人性本善，这是他“仁政”思想的理论依据。他认为人的性情本来是善的，都有“恻隐之心”“羞恶之心”“恭敬之心”“是非之心”四端，这是天生的仁、义、礼、智的萌芽，只要不为物欲所累而满心向善，“人皆可以为尧舜”。孟子的修养论并不局限于内心的自省自律，他更提倡力行，激励人们于忧患之中锤炼自己，由此而引出了“天将降大任于斯人也”的著名论断。他认为，只有通过苦、劳、饿、乏、乱等磨难来锤炼意志，强健筋骨和体肤，增强思维水平和办事能力，人才能担当重大使命。孟子从先贤的人生经历中感悟到：险恶的不幸往往更易激发人，使人不断地完善自己；而安逸的生活却会磨灭人的意志，使人颓废，正所谓“生于忧患，死于安乐”。

客观地说，孟子的思想仍然带有历史唯心主义世界观的局限性，但他痛恨暴政、重视人民生活的思想又具有古代民主的特征，对之后的中国历史产生了很大的影响。

荀子其人

荀子（约前313—前238，另一说约前298—前238），名况，被尊称为荀卿，赵国人，是战国后期儒家学派杰出的代表人物。荀子的一生和孔子、孟子非常相似，他为了实现自己的政治抱负，曾经到齐国、赵国、秦国、楚国等国游历，参与了很多的政治活动。在齐威王、宣王时期，荀子游学齐国著名的稷下学宫，曾三次担任祭酒的职务。后来因为遭到齐国人的妒忌，荀子前往楚国游历，楚国重臣春申君任命他为兰陵令。春申君死后，荀子隐居著书，教导子弟，其中最出名的两个学生，一个是法家学派的代表人物韩非子，另一个是为秦国统一天下立有汗马功劳的重臣李斯，他们都是中国历史上鼎鼎大名的人物。荀子的著作《荀子》现今仅存32篇，主要有《天论》《非相》《正名》《议兵》《非十二子》《劝学》等篇。

^ 荀子像·清

作为战国时期著名的思想家和政治家，韩非、李斯都是荀子的弟子。因为这两位学生都是法家的代表人物，因此历代有部分学者怀疑荀子是否属于儒家学者，认为其近于法家，或者称其为“外儒内法”更加合适。

就学派而言，荀子属于儒家，但他政治思想与孔孟有许多不同，甚至有许多截然相反的地方。比如说荀子主张尊王道，举贤能，与孟子相同；而兼称霸力，法后王，则与孟子相反。荀子以儒家思想为出发点，批判地吸收春秋战国时期各家的理论，建立自己的思想体系。荀子否定天命论，宣传朴素的自然观。荀子认为自然界有其规律的存在，不以人的意志为转移，社会的治乱兴衰与“天命”没有关系，人事才是决定性的力量。此外，荀子还认为人对自然不是无能为力的，可以通过人的主观努力去改变自然，这种人定胜天的思想在当时是非常进步的。

荀子主张“法后王”，以“礼”“法”“术”实行有效统治，崇尚君权集中和思想统一，也就是所谓的“尊无上”“一天下”。荀子更强调学习后王，从实际出发，解决社会问题。荀子认为国家和家庭一样，只有树立一个权威，才能彻底安定。他主张“天下为一”，在追求政治上统一的同时，思想上也必须统一，应该是“天下无二道，圣人无二心”。这些思想都维护了新兴地主阶级的利益。

此外，荀子反对孟子的“性善论”，主张“性恶论”。孟子认为人的道德观念是先天的，因此启发人的“良知”就可以使人为善，成为圣人。而荀子则认为人的道德观念和社会环境教育有密切的关系，也就是“蓬生麻中，不扶而直；白沙在涅，与之俱黑”。这种环境决定人道德品质高下的思想，具有朴素的唯物主义思想。荀子还强调后天教育和隆礼重法的作用，认为礼与法并举才能做到“无功不赏、无罪不罚”。

历史断面

孟母教子

孟母就是孟子的母亲，也是中国历史和教育史上最善于教导子女的女性之一。据说孟子幼年丧父，全靠母亲含辛茹苦地把他养育成人。最初，孟子家住在墓地附近，孟子耳濡目染下以埋死人作为嬉戏。孟母怕环境对孟子影响不好，就将家搬到市集附近，结果孟子又开始学商贩叫卖。孟母再次搬家，迁徙到学宫附近，孟子在游戏时开始模仿各种礼仪，孟母认为找到了潜移默化教育孩子的好地方，这才将家安定下来。在后来的学习中，孟子不肯用功，孟母非常生气，用刀把正在织的布割断了，以此教育孟子做事不要半途而废。这两个故事就是历史上著名的“孟母三迁”和“孟母断织”。毫无疑问，孟子后来能成为一代宗师，母亲的教育起到了不小的作用。

关键词：合纵 / 连横

纵横之术动天下

▪ 战国中后期

在战国中后期，魏、楚、齐相继衰落，秦国成了唯一的“超级大国”。面对这一形势，那些在各国间奔走的纵横家们，纷纷提出了自己的外交政治主张，其中最著名的就是“合纵”和“连横”。合纵，是指东方各国联合起来共同对付秦国，因为其国家态势为东方各国间南北向的联合，所以称为“合纵”；连横是指东方各国分别与秦国交好，国家态势为东方各国与秦进行东西向的联合，所以称为“连横”。为了争取盟友，孤立敌国，战国诸强们本着“没有永恒的朋友，也没有永恒的敌人，只有永恒的利益”的原则进行了错综复杂的纵横结约活动，战国时代也成为中国古代“伐交”谋略运用最频繁的时期。

苏秦佩六国相印

在战国时期的纵横家中，推行合纵政策最为得力的是燕国的苏秦（？—约前284）。苏秦是东周洛阳人，相传他曾到齐国跟随鬼谷子先生学习，和张仪（？—约前309）是同窗关系。最初，苏秦在外游说诸侯，没有人理睬他，他的盘缠耗尽，只好返回家乡，遭到亲人和乡里的

^ 猿形银带钩·战国

这件带钩为猿猴造型，伸出左侧长臂，以蜷曲的猿爪为钩，背后设置安在带上的圆钮，构思极为精巧。

冷遇和嘲讽，于是更加发愤读书，“头悬梁，锥刺股”，终于学业大进。公元前314年，燕国发生内乱，齐国乘机大举攻燕，几乎灭掉了燕国。公元前311年，燕昭王即位，他不忘亡国之耻，广纳贤才，力图报仇。这时苏秦来到燕国，他受命出使齐国，劝说齐宣王归还了燕国土地，因此受到燕王器重。他一生主要谋求燕国的强大，在齐国从事反间活动，同时奔波于齐、赵、韩、魏等国之间，组织合纵攻齐和合纵攻秦。

公元前288年，秦昭襄和齐湣王相约称帝，秦为西帝，齐为东帝。秦、齐联合对其他国家更加不利，燕昭王于是再次派苏秦到齐国，劝说齐王进攻宋国。宋处在齐国南面，齐若攻宋，必然就减弱北面对燕的防守；宋与楚、魏接壤，而且还和秦国交好，齐国进攻宋国，肯定与这三个国家产生矛盾，处于四面树敌的境地。苏秦又劝齐湣王放弃帝号，孤立秦国，拉拢各国反秦，以便乘机灭宋，齐湣王采纳了他的主张。于是苏秦于公元前287年分别游说韩、赵、魏、燕四国国君，各自出军兵粮草，进攻秦国。这次合纵声势很大，联军与秦国军队对峙在荥阳（今属河南）、成皋（今属河南）一带。然而，各国表面上联合起来了，其实都有自己的打算。齐国乘各国无暇东顾之机，同时出兵攻打宋国，引起各方不满。秦国乘机对五国联盟进行分化瓦解。齐国并不卖力，其他各国自然也都互相推让，逡巡不前，联军始终未与秦发生大规模的战争。尽管如此，这次合纵还是取得了一些成果，秦昭襄王放弃了帝号，退还了过去所占魏国、赵国的一些土地。

> 中山王方壶·战国

壶是古代盛酒或盛水的器皿，这件方壶出土于河北平山中山王墓，在壶体上刻有448字，壶体的四棱也附有四条头上尾下的龙，显示了中山地区古拙浑厚的艺术特征。

公元前286年，齐国灭掉了宋国，土地和人口大大扩张，各国感到了齐的强大压力。公元前285年，秦昭襄王趁机约韩、赵、魏、燕攻齐，在济西（今属山东）大败齐军。公元前284年，燕昭王趁机派乐毅率军南下攻入齐国。由于齐湣王对苏秦十分信任，所以对燕军毫无防备，齐军大败，几乎亡国。但苏秦身在齐国、心在燕国的间谍身份完全暴露，被处以车裂之刑。从此以后，东方巨人齐国一蹶不振，秦国独霸的局面形成。

此外，战国时期还有一批纵横家，如李兑、公孙衍等人，他们也曾发起和组织合纵，但是无论从规模上还是影响上都比不上以前。

张仪替秦奔走

张仪像

张仪，魏国安邑（今山西万荣）人，魏国贵族后裔，战国时期著名的纵横家、外交家和谋略家，被秦王封为武信君。

如果说苏秦是合纵政策的第一推行人，那么组织连横最有成效、最著名的就是秦国的张仪。张仪是魏国贵族的后代，据说他曾经到楚国游说，和楚相饮酒。不久楚相发现自己的一块玉璧不见了，他的手下都怀疑是张仪偷的，于是抓住并鞭打他，张仪不肯承认，只好释放了事。张仪的妻子埋怨他说：“要是你不去读书游说，怎么会受到这样的羞辱呢？”

张仪对妻子说："你看看我的舌头还在不在？"他的妻子笑着说："还在。"张仪说："这就够了。"

公元前329年，张仪进入秦国，公孙衍离秦赴魏。张仪入秦后，被秦惠文王拜为客卿，直接参与谋划讨伐诸侯的大事。不久之后，秦国就发兵进攻魏国，夺取河东的汾阴（今山西万荣西南）、皮氏（今山西河津西）、焦（今河南三门峡西）、曲沃（今河南漯河东）。公元前328年，张仪建议秦王把刚刚攻占的蒲阳归还魏国，向魏国示好，游说魏王结盟秦国。结果魏王被张仪说动，割地与秦，两国结好。张仪的连横政策首战告捷。公元前323年，纵横家公孙衍趁机发起魏、赵、韩、燕、中山"五国相王"，就是五国国君都宣布称王，互相承认，联合抗秦，借以增强魏国的防御力量。但是，楚国就在当年发兵攻魏，大败魏军，占领了八个城邑，魏与楚结下了深仇。张仪再次出使，讨好和拉拢魏国，魏惠王果然放弃公孙衍的合纵政策，接受了张仪的联合秦、韩以对付齐、楚的政策。公元前319年，张仪为秦国谋利的内情暴露，被赶出了魏国，公孙衍在齐、燕、赵、韩、楚五国的支持下做了魏相。公元前318年，公孙衍发起合纵，联合魏、赵、韩、燕、楚五国，联合伐秦。但由于各国的利害关系不同，楚、燕两国对合纵不热心，没有出兵，在公元前317年的修鱼（今河南原阳西南）之战中，三晋联军大败于秦军，被斩首八万，这次合纵以失败告终。

眼见秦国越发强盛，齐国和楚国开始接近，互相结盟，加强了与秦国争雄的力量。因此，齐楚联盟成了秦国的心腹之患，而离间齐楚联盟，削弱齐楚力量就成了张仪推行连横的关键。公元前313年，张仪来到楚国见楚怀王，宣称只要楚国断绝与齐国的关系，秦惠文王就献出商於（今河南淅川、内乡一带）六百里的土地给楚国。目光短浅的楚怀王中计了，决定和齐国断交，派人去秦国接管土地。张仪假装坠车受伤，三个月不上朝。楚王以为张仪嫌他与齐国断交的意念不诚，于是派人骂了齐王一顿。齐王盛怒之下，和秦国联合起来，要进攻楚国。这时张仪却翻脸不认账，对楚国使者说："秦国的土地怎么可能随便送人的呢？我答应让给楚国的是我的六里封地，不是什么六百里。"楚王得到使者的回报后勃然大怒，于公元前312年调集大军进攻秦国，结果在丹阳（今河南淅川北）一战中被秦军打得大败，楚国的汉中（今陕西西南部）也被秦国夺去。失败的消息传到楚国，怀王恼羞成怒，倾全国之力进攻秦国。同年，秦楚又战于蓝田（今陕西蓝田县），楚军再次大败。这时，韩、魏两国趁火打劫，攻击楚国，楚军两面受敌，只好割城与秦国，草草撤兵。公元前311年，秦惠文王派使者知会楚怀王，说愿意以秦国武关以外的地方换取楚国的黔中地。怀王对张仪痛恨未已，说："只要得到张仪，就愿意献上黔中地。"张仪听说后请求到楚国去，秦惠文王认为危险，张仪却认为在秦强而楚弱的大环境下，楚王不敢对自己下手。果然，张仪到楚国后被关押起来，张仪买通了楚怀王的宠臣靳尚和爱妃郑袖。郑袖对楚王说，杀掉张仪于事无补，而且势必破坏与秦国的关系，不如放掉张仪，与秦国和好。怀王果然听从了她的意见，放了张仪。之后，张仪又游说齐国、赵国、燕国与秦国连横，都取得了成功，受封武信君。不久，秦惠文王病死，秦武王继位。武王自幼讨厌张仪，群臣中忌妒张仪的人又趁机向武王进谗言，张仪害怕大祸迟早降临，因而辞掉相位，去了魏国，于公元前309年病死。从公元前328年开始，张仪游说于魏、楚、韩等国之间，利用各国之间的矛盾，或组织连横，或拆散合纵，为秦国利益谋划。尽管他不讲信义，在外交场上运用欺骗伎俩，为人所不齿，但在整个秦惠文王时期，他使秦国在外交上连连取得胜利，为秦国日后统一六国立下了汗马功劳。

战国时期的纵横家心怀机诈权谋，巧舌如簧，活动于政治舞台，一旦他们的主张被采纳，各国关系就可能面临调整，关系到一国兴衰，所以《孟子》上说："公孙衍、张仪岂不诚大丈夫哉！一怒而诸侯惧，安居而天下息。"足见他们的影响力之大。

关键词：以法为教 / 以吏为师

韩非和法家

■ 约公元前280年～公元前333年

法家产生自春秋前期，其代表人物有管仲、子产、商鞅、申不害、慎到等人，他们主张“法治”，严明律令，使民“畏威如疾”。李悝、商鞅、申不害、慎到相继提出和发展“法”（政令）、“术”（策略）、“势”（权势）的思想。战国末期，思想家韩非进行了总结概括，形成了完备的法家理论体系。作为法家思想的集大成者，韩非积极倡导君主集权，提出重赏罚，重农战，反对儒、墨“法先王”等观点，主张变法改革，为秦统一六国提供了理论基础，也深刻影响了中国两千多年封建社会的政治生活。

韩非其人

韩非（约前280年—前233），战国时期法家学派的代表人物。韩非是韩国贵族后裔，和李斯一起拜在荀况的门下。虽然有口吃的缺陷，但他的思辨能力和文笔很好，文章写得入情入理，逻辑性很强。青年时代的韩非见韩国日渐衰落，几乎沦为战国七雄中最弱小的国家，就上书韩王，主张进行变法，强盛韩国，却遭到了韩王的无视。一个偶然的机会，秦王政看到了韩非写的《孤愤》《五蠹》等文章，大加赞赏，对韩非有了一种恨不

虎狼搏斗纹金牌饰·战国

这件金牌出土于内蒙古东胜，是一件具有草原文化特征的艺术品，造型为虎狼搏斗状。现藏于鄂尔多斯博物馆。

相逢的感觉。不久，秦国出兵攻打韩国，韩非作为求和使者被派往秦国。秦王政见到了仰慕已久的韩非，非常高兴，向其询问治国称霸的意见。韩非的同窗李斯这时已经在秦国位居显官，他担心韩非受到秦王政的重用，影响到自己的地位，就和大臣姚贾等人一起向秦王政进谗言，说韩非心怀故国，导致韩非被关入监狱。后来，李斯又派人送毒药给韩非，迫使后者自杀于狱中。

韩非的著作收集在《韩非子》一书中，现存55篇，10万余字。全书风格犀利，文字简练，保存了大量的寓言故事，比如自相矛盾、守株待兔、讳疾忌医、滥竽充数、老马识途，等等。这些寓言故事蕴含着深隽的哲理，凭借思想性和艺术性的完美结合，给人们以智慧的启迪，具有较高的文学价值，也通俗易懂地宣传了韩非的法治思想，风格在先秦诸子散文中堪称独树一帜。

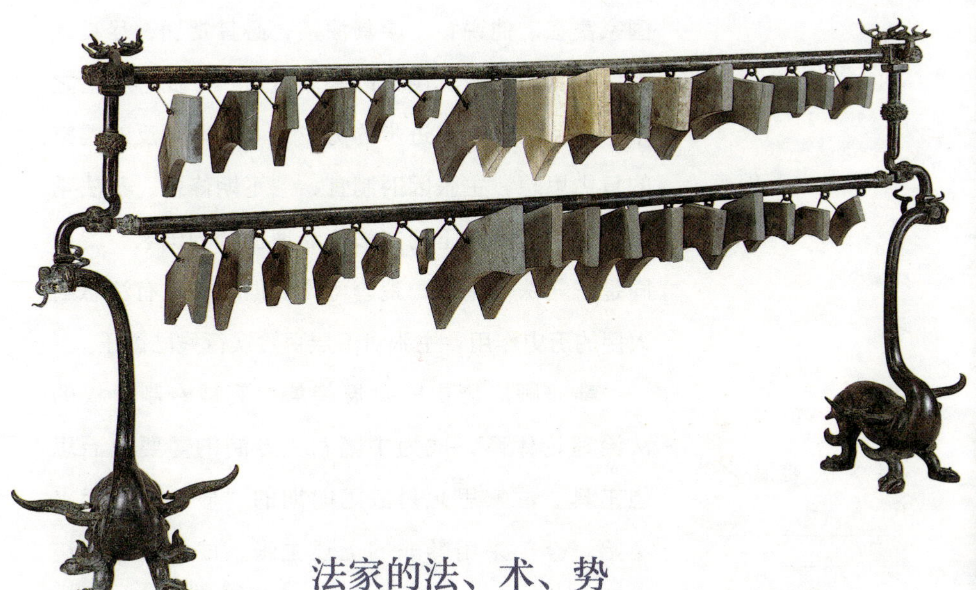

^ 编磬·战国

磬为古代乐器中的重要礼器。磬架由青铜怪兽和横梁构成。磬块由石灰石或大理石磨制，共32块，刻有编号和乐律铭文。根据复原研究，它的音域跨三个八度，音色明亮。

法家的法、术、势

在韩非之前，法家内部分为任法、用术、重势三个思想派别。其中任法派讲究法律条文的制定和赏罚的执行，代表人物为秦国的商鞅；用术派注重对官吏的选拔任用、监督考核、奖赏处罚和驾驭的方法和手段，代表人物为韩国的申不害；重势派强调保持和运用国君的权势地位，代表人物为赵国的慎到。韩非观往者得失变化，认为必须综合“法”“术”“势”三派的精华，才能完成帝王霸业。他提出要剪除私人势力，加强君主专制，建立中央集权制度，做到“事在四方，要在中央。圣人执要，四方来效”。韩非的这种君主专制理论是受墨家“尚同”思想的启示。同时，韩非主张禁止私学，百姓要“以法为教、以吏为师”，实行文化专制政策。另外他还要求厉行赏罚，奖励耕战，谋求国家富强。他说，“明其法禁，必其赏罚，尽其地力以多其积，致其民死以坚其城守”“此必不亡之术也”。韩非具有进步的历史观。他坚决反对儒家的复古思想，主张因时制宜，“不期修古，不法常可”，认为用先王的方法来治理当今的国家，就如同是“守株待兔”，荒唐可笑。但韩非没有注意到人民的历史作用，主张对下层百姓实行残酷镇压。

韩非顺应历史的发展趋势，完成专制集权的法治理论体系，成为中国君主专制的重要政治思想工具。法家思想是战国时期的“显学”，后来秦始皇全部采用韩非的上述主张，成为秦王朝统治天下的政治理论。韩非的学说对整个中国古代统治和传统文化有着深远而复杂的影响。其历史进化论观念、严刑峻法的主张，成为历代君主励精图治、改革变法的思想武器，具有进步意义，但他的理论重暴力而轻怀柔，任法术而尚功利，信赏必罚，排斥仁爱，容易激化社会矛盾。西汉以后，儒学独尊，成为正统思想，但法家学说始终被历代统治者或隐或显地重用着。“儒法并用”或者说“阳儒阴法”是中国传统的政治统治方术。

法家人物像·现代·徐燕孙

此图从左至右依次为管仲、子产和商鞅。管仲治齐，开源节流，在诸侯中提出“尊王攘夷”的口号，击败落后部族的侵略，保卫了中原文化。子产在郑国铸鼎，把法律向人民公布，限制豪强的掠夺。商鞅治理秦国，变法图强，为后来秦统一六国奠定了基础。

关键词：囤积居奇 / 《吕氏春秋》

吕不韦囤积帝王

▪ 战国后期

从春秋末期到战国时代，商业活动空前发展，商人成为独立的社会群体，他们经营商品的种类繁多，活动范围极广，涉及各个生产部门，获利丰厚。《史记 · 货殖列传》中列出十余名私人富豪，比如孔子的弟子子贡、陶朱公范蠡、大商人白圭都是出则为豪商巨富，入则为臣为相，甚至可以与一国之君分庭抗礼，对当时的政治产生过重要影响。其中人们耳熟能详的要算独具慧眼的吕不韦，他凭借自己的商业头脑，囤积居奇，把一个落魄的王孙扶植成一国之君，自己也随之飞黄腾达，权威显赫，算得上中国历史中商人从政的典范了。

> 牺背立人擎盘 · 战国

该盘底座为牛犊形，牛背上立有一个小铜人，双手前伸，握有擎盘的盘柄。现藏于山西博物院。

囤积“奇货”

吕不韦（？—前235），濮阳（今河南濮阳）人，他往来各地经商积累起千金家产。秦昭襄王四十二年（前265），秦昭襄王立次子安国君为太子。安国君有二十多个儿子，其中一子名叫子楚（原名异人，于公元前257年改名子楚），因为不受宠爱，被秦国派到赵国做人质。秦、赵两国连年征战，国家关系非常不好，子楚在赵国为质期间过得非常不得意。当时吕不韦正在赵国做生意，无意间在街头看见子楚路过，就认为“奇货可居”。于是吕不韦就去拜访子楚，游说子楚说：“我能光大你的门庭。”子楚笑着说：“你姑且先光大自己的门庭，再来光大我的门庭吧！”吕不韦说：“我的门庭要等待你的门庭光大了才能光大。”就这样，二人开始了交往，手腕灵活的吕不韦很快成为子楚的莫逆之交，开始为后者回国掌权搭桥铺路。

吕不韦打听到安国君最宠爱华阳夫人，而华阳夫人没有子嗣，却对安国君确立嫡嗣有建议权，就拿出五百金送给子楚，作为日常生活和交结宾客的费用；又拿出五百金买珍奇玩物，自己带着东西去秦国游说。吕不韦先拜见华阳夫人的姐姐，请她把带来的东西献给华阳夫人，顺便谈及子楚聪明贤能，所结交的诸侯宾客遍及天下，并让她对华阳夫人说子楚“以夫人为天，日夜泣思太子及夫人”。华阳夫人听了这些话非常高兴。吕不韦乘机又让华阳夫人的姐姐劝说华阳夫人道：“我听说用美色事人，一旦色衰，宠爱也就随之消失。现在您侍奉太子，虽被宠爱，却没有儿子，不如趁早在太子的儿子中结交一个有才能

< 方柱形透雕楼观 · 战国

这件器物是在正方形的器体上承托了一个方形房屋，屋中有一坐姿的人像，人像前有一鼎，鼎旁跪有一个侍者和两名乐伎。这件器物是了解战国时期建筑风格的珍贵文物。现藏于河北博物院。

且孝顺的立为继承人。这样，丈夫在世时您受到尊重；丈夫死后，您立的儿子继位为王，最终也不会失势。现在子楚贤能，又主动依附于夫人，夫人若真能在此时提拔他为继承人，那么您一生在秦国都要受到荣宠啦。”华阳夫人听完这一席话，真是如梦初醒，开始在安国君面前称赞子楚的贤能。慢慢地，安国君对子楚就有了好感。见时机已成熟，华阳夫人决定向安国君摊牌了。一天，华阳夫人先将安国君哄得心花怒放，接着她就珠泪滚滚地哭着说：“我有幸能进入后宫，但非常遗憾的是没有儿子，我希望能立子楚为继承人，以便我日后有个依靠。”一番枕边风吹得安国君立刻答应了，就和夫人刻下玉符，决定立子楚为继承人。安国君和华阳夫人还送了丰厚的礼物给子楚，并请吕不韦当子楚的老师。

苦心经营

吕不韦通过金钱和智谋帮助子楚成为王位继承人后，又绞尽脑汁构思着下一步计划。吕不韦到处寻觅美女，凑巧赵国都城邯郸有一个叫赵姬的歌妓，能歌善舞，姿色艳丽。吕不韦不惜花重金买下了这个歌妓，纳为小妾，不久赵姬就怀孕了。吕不韦将赵姬赠送给子楚，但有意隐瞒了赵姬已怀孕在身的实情。后来赵姬在农历正月生下一个儿子，取名“正”，后来又改为“政”，因为生在赵国，寄姓赵氏，所以就叫赵政，这就是后来历史上威名赫赫的秦始皇。

秦昭王四十九年（前258），秦军围攻邯郸，情况非常紧急，赵国想杀死子楚这个人质。公元前257年，子楚和吕不韦密谋，拿出六百金送给守城官吏，才得以脱身，逃到秦军大营。子楚顺利回国后，立即去拜见华阳夫人。华阳夫人非常高兴。赵国为了报复，想要杀掉子楚的妻子赵姬和儿子赵政，经过一番颠沛流离的羁旅生涯，母子二人东躲西藏，竟然奇迹般地活了下来。

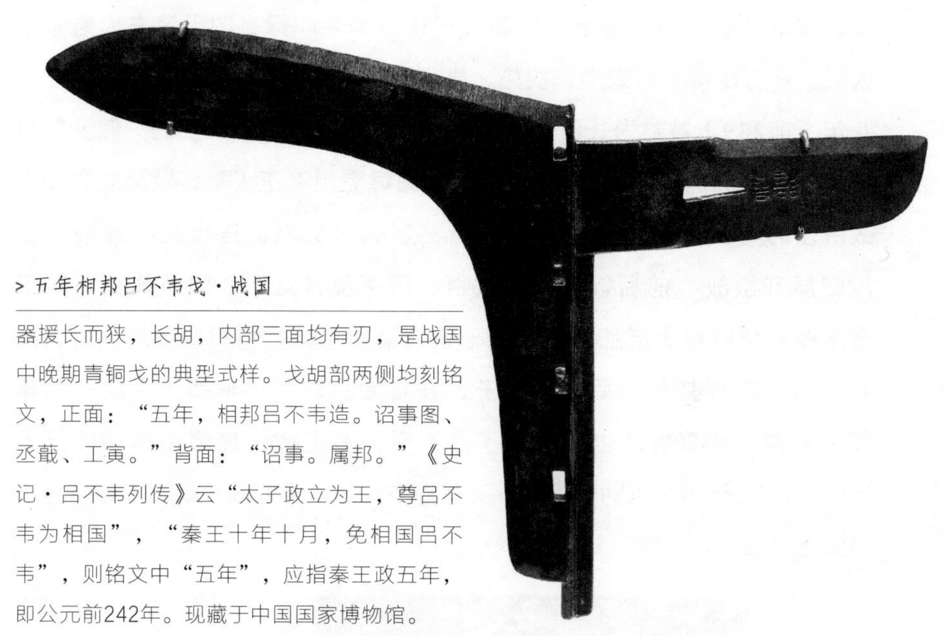

> 五年相邦吕不韦戈·战国

器援长而狭，长胡，内部三面均有刃，是战国中晚期青铜戈的典型式样。戈胡部两侧均刻铭文，正面："五年，相邦吕不韦造。诏事图、丞蕺、工寅。"背面："诏事。属邦。"《史记·吕不韦列传》云"太子政立为王，尊吕不韦为相国"，"秦王十年十月，免相国吕不韦"，则铭文中"五年"，应指秦王政五年，即公元前242年。现藏于中国国家博物馆。

秦昭襄王五十六年（前251），秦昭襄王去世了，太子安国君继位，华阳夫人为王后，子楚为太子。可惜安国君没有福气，一年之后就去世了。子楚即位，即秦庄襄王。庄襄王即位后，尊华阳夫人为华阳太后，任命吕不韦为丞相，封为文信侯，食河南洛阳十万户。大商人吕不韦囤积居奇，苦心经营，至此算是名、权、利兼收了。庄襄王在位三年就去世了，太子政继位为王。初登王位的时候，秦王政年仅十三岁，朝廷大权操纵在相国吕不韦手上，秦王政尊吕不韦为"仲父"。这时的吕不韦家有奴仆上万，门客三千，权倾朝野，无人能比。从庄襄王元年到秦王政十年，吕不韦掌握秦国军政大权十三年，秦国许多重大的军事、政治活动都是由吕不韦替秦王政完成的，在这一期间，秦国对六国的战争中取得了多次胜利，为统一六国奠定了基础。

然而，随着秦王政长大成人，吕不韦害怕自己与太后私通的事情败露，灾祸降临在自己头上，就暗地寻得一个名叫嫪毐的人冒充太监献给太后。嫪毐深得太后宠幸，权势之显几乎可与吕不韦分庭抗礼，于秦王政八年（前239）被封为长信侯，还与太后私生二子，以秦王的“假父”自居。公元前238年，秦王政主持国政，嫪毐盗用秦王玉玺，发兵攻打秦王政所住的内宫。秦王政急令相国昌平君、昌文君镇压叛乱，与叛军在咸阳展开激战，前后斩杀叛军数百，嫪毐及其党羽全部被擒获。秦王政下令将协同嫪毐叛乱的官吏二十余人枭首示众，将嫪毐当众车裂，灭其三族，杀死其与太后所生二子，并将太后软禁于雍都（今陕西凤翔南）别宫。嫪毐叛乱也牵涉到了吕不韦，秦王政一度想杀掉相国吕不韦，但因其侍奉先王功劳极大，又有许多宾客辩士为他求情，不好将吕不韦绳之以法。

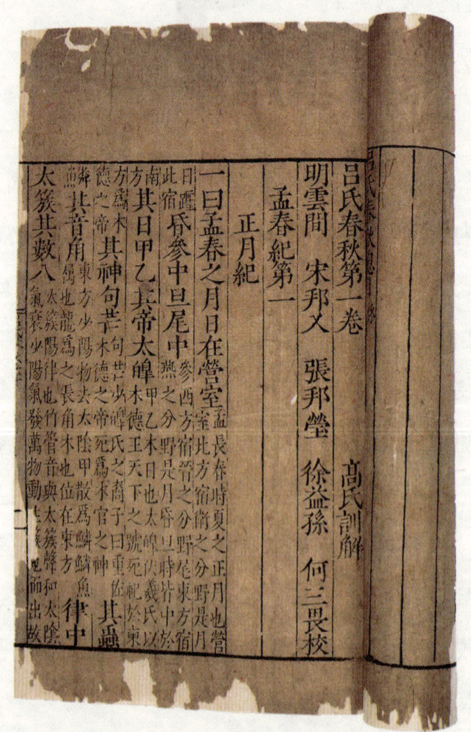

呂氏春秋第一卷　　高氏訓解
明雲間　宋邦乂　張邦瑩　徐益孫　何三畏校
孟春紀第一
正月紀
一曰孟春之月日在營室（孟長春時夏之正月也營室北方宿衛之分野是月日躔此宿）昏參中（參西方宿晉之分野是月昏時參星中於南方）旦尾中（尾東方宿燕之分野是月旦時尾星中於南方）其日甲乙（甲乙木日也）其帝太皞（太皞伏羲氏以木德王天下之號死祀於東方為木德之帝）其神句芒（句芒少皞氏之裔子曰重佐木德之帝死為木官之神）其蟲鱗（東方少陽物去太陰甲散為鱗鱗魚屬也龍為之長）其音角（角木也位在東方）律中太蔟（太蔟陽律也竹管音與太蔟聲和太陰氣衰少陽氣發萬物動生蔟地而出故）其數八

《吕氏春秋》书影

公元前237年，秦王政免去了吕不韦的相国职务，遣出京城，发往河南的封地。又过了一年多，各诸侯国的宾客使者络绎不绝，都去问候吕不韦。秦王政看到一个被罢官的吕不韦居然还有这么高的威望，就写信谴责吕不韦与各国使者来往密切，令他举家迁居到偏远的蜀郡去。吕不韦意识到自己已经不能被秦王政所容，为了免遭更大的羞辱，吕不韦在公元前235年喝下鸩酒自杀。

吕不韦作为一个身份平凡的商人，却凭借自己的头脑，平步青云，他的眼光和政治手腕是非常令人钦佩的。但最终他遇到秦王政这样更加强势的对手，还是输掉了这场政治博弈。

《吕氏春秋》

秦王政八年（前239），吕不韦招揽宾客三千人作为智囊团，使“人人著其所闻”，并加以选择和综合，编成了一本“兼容”诸子百家各派学说的著作——《吕氏春秋》。该书主要选取儒家、法家、阴阳家的部分学说，加以综合，构成一套政治主张，今存十二纪、八览、六论，共二十六篇，二十余万字。《吕氏春秋》对儒、道、阴阳等各家学说是有选择地接受，其中以儒、道为主。比如，赞同儒家的修身、齐家、治国、平天下的理论，反对家天下，讴歌上古的禅让制度；主张分封诸侯，主张君王要无为而无不为，有势有威，才能使臣下服从；反对法家严刑峻法，主张采用德义来治理……《吕氏春秋》综合各家学说，并非进一步地批判、继承和总结，继而提出全新的思想，而是将各家学说杂糅拼凑起来，其主要思想和秦国历来采用“严刑峻法”的法家思想相矛盾，因此并未得到秦国统治者的重视。但《吕氏春秋》保存了大量的古代遗闻逸事，具有一定的史料价值，特别是保存了不少农业技术方面的记载，是宝贵的文献资料。

第三章

秦汉

公元前221年，秦始皇灭六国，建立起统一的多民族国家。公元前206年，子婴出降刘邦，秦朝仅传二世而亡。

公元前202年，刘邦建汉，定都长安。西汉初期，吸收秦亡的教训，“文景之治”增强了国家实力。汉武帝尊崇儒术，开通西域。公元8年，王莽任意改制，赤眉绿林揭竿起义。

公元25年，刘秀建立东汉。中后期外戚跋扈，宦官嚣张，迫害朝野精英。184年，黄巾大起义爆发，各地军阀、豪强纷纷乘机割据一方。220年，献帝让位于曹丕，东汉灭亡。

▷ 金缕玉衣惊世再现

关键词：秦人崛起 / 大一统

秦王扫六合

▪ 公元前230年～公元前221年

唐代大诗人李白曾写过这样一首颂扬秦始皇的诗："秦王扫六合，虎视何雄哉！挥剑决浮云，诸侯尽西来。"这首诗描绘了千古一帝秦始皇威震六国、一统天下的雄姿和气概。但实际上，秦国论地不过千里，且偏居一隅；论习近戎俗，远不比文明日久的中原诸国。然而，"吞二周而亡诸侯，履至尊而制六合"的盖世奇举却最终由虎狼之秦来完成。史学家司马迁就认为此非天意而难为，历代学者对此也众说纷纭，莫衷一是。

崛起于蛮荒之地

秦，嬴姓，是众多嬴姓族群的一支，嬴姓族群声称其始祖是"帝颛顼之苗裔"，同出于黄帝一脉。几乎与世界上所有的族群一样，嬴姓族群也有一个英雄始祖的神奇传说。据《史记·秦本纪》载，颛顼孙女

> 高足云纹玉杯·秦

这件玉杯出土于陕西省西安市阿房宫遗址，因其外壁中下部布满勾连云纹而得名。现藏于西安市文物管理委员会。

名女修，“女修织，玄鸟陨卵，女修吞之，生子大业”。大业之子大费（即伯翳，一说伯益）曾经辅佐大禹治水有功，又曾为帝舜主管畜禽，因而被帝舜“赐姓嬴氏”。周孝王在位时，西迁秦陇的一支嬴氏首领非子养马有功，受封邑于秦地汧渭二水交汇之区，并让他“续祀嬴氏”，该族群由此得名嬴秦，这是见于史籍的秦人祖先嬴姓及族名为秦的由来。

平王东迁以后，周王室困守一隅，天子权威一落千丈。与此相应，社会正进入大分裂、大动荡、大变革的重要时期。秦襄公应对得体，亲率大兵护送平王东迁，功勋卓著。平王封襄公位列诸侯，“赐之岐以西之地”。到秦穆公时，穆公任贤使能，重用蹇叔，巧收百里奚和由余，在他们的谋断辅佐下，秦国坐拥关中，东向结成“秦晋之好”，西向讨伐戎狄，“益国十二，开地千里，遂霸西戎”。战国之初，僻居边陲的秦国因立国较晚，内部动荡，经济落后，屡遭邻国欺凌。之后，秦人痛定思痛，决

^ 铜矛·秦

秦始皇兵马俑一号坑出土的铜矛制作精良，在地下埋藏了两千多年后依然锋利如初，显示了秦代高超的青铜器制作水平。

秦俑像·秦

秦始皇陵中的兵马俑造型逼真，栩栩如生，每个士兵俑都能看出其年龄、身份，有的眉清目秀，嘴唇紧闭，明显是刚入伍的新兵；有的粗眉大眼，胡须微张，应为多次出生入死的老兵。

心变法图强。秦孝公任用商鞅变法。在政治上，推行县制，加强中央集权，清明吏治，提高行政效率。在经济上，奖励耕织，重本抑末，统一度量衡，以法令的形式确认土地私有，扶植小农经济。在军事上，实行“军功爵”制，打压世袭贵族，扶植新兴军功地主，极大地提高了秦军的积极性和战斗力。在法律上，编制户口，加强刑罚，赏罚分明。商鞅变法的成功为秦国打下了富强之基。秦自商鞅变法图强以来，就逐渐形成“囊括四海之意，并吞八荒之心”，不断发动兼并战争，蚕食东方六国。秦军把矛头主要对准两个方向：东方三晋之地及西南的蜀汉和楚地。在三晋方向，秦军挥师关外，直逼中原：公元前331年、公元前329年和公元前328年，秦三次攻魏，魏国先后献河西地及上郡十五县；公元前307年，秦攻占韩宜阳，秦国领土扩展到中原；公元前289年，秦再度攻魏，取六十一城。在西南方向，秦先夺取巴蜀，尔后进逼楚地汉中。公元前316年，秦灭巴、蜀。此战可以称得上是以秦国国运相赌，收到了秦将司马错所预见到的功效：“得蜀，则得楚。楚亡，则天下并矣。”果然，在此以后，秦军取得对楚的一系列关键胜利，为日后称雄六国、兼并天下打下坚实基础：公元前312年，秦攻占楚汉中地六百里，置汉中郡；公元前298年，秦攻楚，取十六城；公元前278年，秦取楚都郢，置南郡；公元前277年，秦取楚巫、江南，置黔中郡；公元前272年，秦置南阳郡。公元前256年，秦灭周，取九鼎。此后，山东列国争先“朝”秦，秦昭襄王俨然像是“天下共主”，他留给子孙的是日益明朗的天下。

剪灭群雄，天下归一

公元前246年，嬴政即秦王位，年仅十三岁。当时秦国的大权由其母后宠幸的假宦官嫪毐和相国吕不韦掌握，他们争权夺利的斗争日趋白热化。少年嬴政忍气吞声，主动示弱，待他二十二岁亲政后，即刻诛杀起兵作乱的长信侯嫪毐，随后又免“仲父”吕不韦相国职，并逼迫其服毒自杀。嬴政解决两大政敌，集中王权，扫清了棘手的障碍，开始着手进行统一天下的大业。在公元前230—前221年，秦王政先后兼并韩、赵、魏、楚、燕、齐六国，建立了中国历史上第一个多民族的中央集权国家。这一进程主要分为前后两个重要阶段。

前一阶段，即公元前230—前225年，主要对距秦较近的三晋之地及疲弱之燕国用兵。三晋之中韩最弱，故攻韩一役拉开了秦国大规模兼并战争的序幕。公元前230年，秦派内史腾取韩，俘虏韩王安，韩国灭亡。公元前229年，秦大将王翦等人领兵攻赵国，不到一年就大破赵军，克赵都邯郸，俘虏赵王迁，赵亡。赵公子嘉逃至代（今河北蔚县），自立为代王。秦国的举动引起了赵国北端之燕国的极大恐慌，公元前227年，燕太子丹遂派壮士荆轲以献图之名行刺秦王政，妄图打乱秦国野心勃勃的吞并计划。不料，图穷匕见，行刺败露，荆轲不仅没有刺及嬴政，反而喋血秦宫。秦下令攻燕。于公元前226年，破燕都蓟（今北京），燕王喜迁都辽东。报完这一箭之仇以后，秦国按照既定计划向三晋余敌魏国用兵。公元前225年，秦派王贲攻魏，围魏都大梁，决水灌大梁城，魏王假降，魏亡。

后一阶段，即公元前225年—前221年，主要对南方和东方的大国楚国及齐国用兵，并以摧枯拉朽之势歼灭前一阶段遗留余敌。公元前225年，秦将李信年轻气盛，扬言率兵二十万即能灭楚，秦王政被胜利冲昏头脑，不顾老将王翦等人劝谏，轻率出兵，不克反败。公元前224年，秦王政遂改派王翦率六十万大军攻楚。楚国举国皆兵，王翦则坚壁清野，任楚人一再挑战，均置之不理。楚军不得战，引而向东，王翦乘机追击，大破楚军，诛杀项燕（一说项燕自杀）。次年，虏楚王负刍，楚遂亡。剪灭强楚，兼并战争大局已定，了无悬念。公元前222年，王贲率秦军如秋风扫落叶般先后攻取辽东和代，虏燕王喜和代王嘉，燕、赵遂亡。次年，王贲自燕南攻齐国。秦兵长驱直入齐都临淄，齐王建降，齐亡。十年兼并战争就这样谢幕了。在短短十年的时间里，秦王政在尉缭、李斯、王翦等文臣武将的辅佐下，以迅雷不及掩耳之势，闪电般剪灭六国，完成了波澜壮阔的统一进程，揭开了中国古代历史崭新的一页。秦的统一，既是大

> 斗兽纹镜·秦

这件秦代的铜镜出土于湖北云梦睡虎地。铜镜在商代是用来祭祀的礼器，在战国至秦期间一般都是王公贵族才能享用，到汉代铜镜逐渐走向民间，成为人们不可缺少的生活用具。现藏于湖北省云梦博物馆。

势所趋、人心所向，也是秦与东方六国实力对比逐步扩大的必然结果，同时还与秦王政个人的雄才大略分不开。秦的统一，将中国历史推进到一个崭新的阶段。

封建政治金字塔

秦王嬴政横扫六国，缔造秦朝，结束春秋战国“天下共主”名存实亡的局面；而作为始皇帝的嬴政，则摒弃王制，开创帝制，推行专制主义中央集权制度，构建起庞大的封建政治金字塔，可谓“定一制而传千古”。

秦代以前，商、周最高统治者均称“王”。战国时期，王室式微，群雄并起，称“王”称“帝”引为风尚。秦灭六国，秦王政以为不改名号，“无以称成功，传后世”，他提出用“皇帝”的称号。这是秦王政的第一个历史性创造。此后，“皇帝”这一称号为历代最高封建统治者所沿用。为显示皇帝的独尊地位，秦王政采纳李斯等人的建议，制定了一套制度。如皇帝的命为“制”，令为“诏”，自称为“朕”，皇帝所用玉印称“玺”，文字要避皇帝“讳名”，等等。此外，为了巩固统治，他还设立了三公九卿制度。三公即丞相、太尉、御史大夫。丞相，三公之首，金印，紫绶，秩万石，“掌丞天子，助理万机”，有左、右之分，是直接听命于皇帝的文官之首。太尉，金印，紫绶，秩万石，“掌武事”“主五兵”，为武官之长。御史大夫，银印，青绶，“掌副丞相”，承转诏令制书，负责监察百官。御史大夫多为皇帝心腹，由位微职低的御史改置擢升，以平抑相权。三公之下有诸卿，号九卿，实际不只九位，多数为秦国原有，主要有：掌宗庙礼仪的奉常、负责皇室宗族和外戚事务的宗正、掌守卫宫殿门户的郎中令等，三公九卿均由皇帝任免，概不世袭。

三公和诸卿的设立，行政、军事、司法、监察、财政的分设以及博士议政，既分工，又相互制衡，皇帝操大权于股掌，驭群臣如牛马，体现出高超的政治手腕，强化了家国一体的政治“大一统”格局。以三公诸卿为主组成的封建朝廷，绝对听命于皇帝，受命代行政务，是秦代专制主义中央集权政治的核心。围绕这个核心，秦王朝还组建了以郡、县、乡、里为主遍布全国的地方权力网络。除首都、京畿要地设立内史直辖中央以外，秦朝地方政权多设置郡。对于秦郡设置，学界素有争议。始皇二十六年（前221）刚统一，秦朝“分天下为卅六郡”，以后随着边远地区的开拓及郡治的调整，总郡数最多可能达到46个（一说为54个）。各郡一律置“守、尉、监”。郡守，“掌治其郡，秩二千石”，是最高地方行政长官，统摄辖区政治、军事、财政、民政、司法、监察等要务。郡守之下设有郡丞、佐守，秩六百石。郡尉，“掌佐太守，典其武职”，亦秩二千石，可见其在军事帝国中的地位。

郡下设县，县级机构都由郡统辖。县万户以上置县令，秩六百石至一千石；不满万户设县长，秩三百石至五百石。县令或县长统领一县赋役征发、审判、治安等政务。县令、尉分工与郡守、尉类似。县下设乡，乡下有里，里下有十户编成的什和五户编成的伍。户是个体小农家庭，而什和伍则是秦王朝最基层的单位。

^ 秦始皇像

秦始皇（前259—前210），公元前221年统一六国，建立了中国第一个中央集权的封建王朝。秦统一全国后，废除分封制，改用郡县制，统一法律、货币、文字、度量衡、车轨，修驰道、筑长城。这些措施对巩固国家统一，推动经济、文化发展和民族融合起到了重要的作用。

秦朝特别重视监察郡县官吏与巡行地方。御史大夫之下置监御史，负责监郡。通过上述系列行政建制，秦始皇构筑起从中央到地方，从三公九卿到乡里什伍的金字塔般的统治机构。皇权高高在上，雄踞塔尖，劳动群众则被压在塔底。这样奇异的金字塔，标志着秦帝国君主专制、中央集权、官僚制度三位一体政治体制文明的确立。

秦始皇作为中华帝制的创建者确立了政治“大一统”文明，他还施行车同轨、书同文、统一货币与度量衡等社会生活、经济制度，促成中华社会经济共同体的基本形成，奠定了“大一统”文化的基本格局，在当时乃至以后的历史发展进程中都产生了巨大的影响。

历史断面

秦修灵渠

灵渠位于今广西北部，又称零渠，是始皇三十三年（前214）修成的人工运河，它与陕西的郑国渠、四川的都江堰并称为秦代的三大水利工程。始皇三十三年，秦国军尉屠睢指挥五十万秦军，分五路南下，对居住在今两广地区的南越和西瓯进行大规模的战争。为了支援征服南越和西瓯的战争，解决进攻南越秦军的供应问题，秦始皇派监禄在今广西兴安县北开凿一条连接湘水和漓水的运河，以“通粮道”，这就是著名的灵渠。灵渠选择湘水和漓水最近的地方开凿，全长34千米，沟通了江南的长江水系和珠江水系。灵渠的修成，保障了秦军作战的需要，为秦军取得统一南越的胜利创造了重要条件。灵渠的建成，对中原地区同南方、西南的经济文化交流起到了重要作用。直到明、清时代，灵渠还被称为“三楚两粤之咽喉”。

关键词：指鹿为马

沙丘之变

■ 公元前210年

沙丘位于今天河北广宗西北的大平台，它始建于商朝，至今已有三千多年的历史。它的名字与中国好几个显赫的帝王紧紧相连——商纣王曾在这里放纵淫乱，酒池肉林；“胡服骑射”的赵武灵王因为没有安排好立嗣大事，引起骨肉相残，最后竟活活饿死于沙丘宫中……始皇第五次出巡途中，暴死于酷暑时节的沙丘。宰相李斯秘不发丧，从而为内侍赵高矫诏发动政变提供了良机，一场有关秦帝国最高权力争夺的阴谋得逞了，历史上把这场政变称作“沙丘之变”。

风云突变

始皇三十七年（前210），气势豪华而庄重的庞大车驾又从咸阳出发了，这是始皇

> 鹿纹瓦当·秦

瓦当是指悬挂于屋檐最前端的瓦片，用于中国古代建筑的屋面，主要功用是防水、排水，保护木结构的屋架部分。因为瓦当表面多饰有图案、文字等，因此在实用的同时也具有艺术与文化价值。

一生中第五次大规模巡行，也是他生命历程中最后一次巡行。此次出巡，始皇让右丞相冯去疾留守朝中，让左丞相李斯护驾，中车府令兼行符玺令事的内侍赵高和始皇少子胡亥也奉命随行。当巡行的车队渡河行至平原津（今山东平原县东南）时，人们发现皇帝已经病得很重了。

跪射俑·秦

跪射俑出土于秦始皇陵兵马俑二号坑，位于弩兵方阵之中。

据《史记·秦始皇本纪》载，始皇在最后弥留之际命令中车府令赵高代写玺书一封，这是他给长子扶苏的遗命。遗书极其简单："以兵属蒙恬，与丧会咸阳而葬。"很明显，这是传位扶苏的遗诏。此时的公子扶苏远在北部边郡上郡，两年前父子因焚书坑儒而反目，扶苏被命令离开咸阳，名义上是监督蒙恬军队，实际是被流放边疆。

然而没等遗诏公布天下，七月丙寅日，始皇在沙丘平台悄然去世。始皇病死沙丘，知道的只有几个亲信。丞相李斯当机立断，决定"秘不发丧"。因为皇帝在外驾崩，生前又未正式册封太子，眼下胡亥随行，长子扶苏远在上郡，众公子尚在咸阳。如果贸然宣布皇帝驾崩，恐怕诸大臣及皇子会陡生变乱，甚至引起天下大乱。为了掩人耳目，李斯决定把始皇的尸体放在一辆能调节冷暖的车中，照常安排太监陪侍，按时献上吃喝，胡亥等还指示随行官员在车上装载鲍鱼，企图借鱼的腥臭味混淆腐尸的气味，百官上奏则由车中太监代批。这样的处置虽无可厚非，却为赵高提供了策划政治阴谋的绝好机会。始皇临终前让赵高代笔写遗诏给长子扶苏，意图是十分明显的，那就是秦帝国的皇帝宝座即将由公子扶苏来坐。然而始皇却忽略了一个细节——赵高与扶苏亲近的蒙氏家族不睦，却和公子胡亥的关系极为亲近，野心勃勃的赵高没有放过这个“投注”的机会。他将遗诏扣住不发，然后鼓动唇舌，挑唆胡亥产生了弑兄夺位的念头。

李斯入彀

然而仅仅说动胡亥是不够的，赵高要想政治投机成功，还必须得到一个人的大力支持，那就是丞相李斯。李斯原是楚国上蔡（今河南上蔡）的布衣之士，年轻时投到战国后期集各家学派之大成的思想家荀子门下。几年后，李斯学有所成，决定离楚事秦。他在拜别老师时说：“最大的耻辱莫过于卑贱，最大的悲哀莫过于贫穷。”他敏锐地觉察到秦国正在图谋吞并列国，一统天下，这正是有理想、有抱负的布衣游说之士奔走四方、施展才华的大好时机。这一时期正是少年李斯人生观、价值观的形成期，这些观念既是他日后建功立业、名垂青史的精神动力；也是他曲意阿附、助纣为虐的思想基础。

李斯入秦以后，以三寸不烂之舌游说秦王定下合纵连横、收买离间之计；写就著名的《谏逐客书》，以坚持秦重用客卿的传统；用计置自己的同门韩非于死地。他也先后从长史、客卿升至廷尉、左相，儿女与皇帝联姻，官运亨通，位极人臣，满门富贵。一次李斯的长子、三川郡守李由回咸阳探亲，家中大摆宴席，满朝文武都来捧场，车水马龙，盛况空前。李斯见此情景，感慨万千，得意之中颇生忧虑。他做不到范蠡式功成身退的潇酒，可又如何才能保住这“富贵极矣”的时刻呢？

赵高找到李斯，说：“丞相，始皇驾崩前赐长子扶苏诏书，命他到咸阳服丧。现在诏书和御玺都在胡亥手里，立谁为太子，只在你我的一句话了，如何定夺？”李斯大吃一惊，不禁怒斥赵高：“你怎么敢说出这种亡国的话，这根本不是我们做人臣所应当议论的事！”赵高看了看李斯，仍旧慢条斯理地往下说：“丞相，你想想，论能力、功劳、谋略；论与扶苏的亲疏关系，你哪一点比得上蒙恬？”李斯顿了一下，说：“不错，你说的这些方面我的确都不如蒙恬。”赵高暗暗得意，说道：“扶苏即位之后，无疑要用蒙恬任丞相；到那时，你会落得什么下场呢？怕是连怀揣通侯之印退职还乡的机会都没有了。”接着，赵高又力陈拥立胡亥的好处，言下之意是李斯只要拥立胡亥，就能保住丞相之位。经过一番天人交战的考虑，自身的利害压过了国家的稳定和始皇的托付，李斯终于与赵高沆瀣一气，共同毁掉了始皇封赐扶苏的诏书。他们伪造了始皇的遗诏，立胡亥为太子；接着，又伪造了一封始皇给扶苏的信。

身后之事

当时扶苏和蒙恬正率领三十万大军驻扎在咸阳以北三百千米的上郡。扶苏身为长子，手握重兵，只要应对得当，完全能击碎这场阴谋。可是扶苏生性善良，就在他热切期盼回到朝堂一展宏图之时，始皇的诏书传到上郡，竟是责备他办事不力，赐他与将军蒙恬自尽。看了这份假诏书，扶苏悲愤交加，转身进内室要自刎。老将蒙恬却认为来信蹊跷，恐有内情，应该向始皇请示或证实一下，再作决断。无奈扶苏当时心烦意乱，不能自已，在使者的一再催促下，拔剑自刎，蒙恬也被囚禁起来。赵高这才松了一口气。他们一行抵达咸阳，为始皇发丧。胡亥以太子名义袭帝位，为秦二世。

胡亥登上皇位后，先以“叛乱”之罪逼迫蒙恬自杀，然后大肆屠杀

^ 秦始皇陵兵马俑一号坑

秦始皇陵中共有兵马俑坑三个（四号坑为废弃的空坑），其中一号坑东西长230米，南北宽62米，现已发掘出土武士俑580件，陶马24匹，这些兵马俑构成了一个宏大的军阵，再现了当年秦军横扫六国、驰骋沙场的壮烈场景。

嬴氏皇族，先后有十二位公子在咸阳街头被斩首示众，六位公子和十位公主在杜县（在今陕西西安市长安区）被车裂而亡，连坐者不可胜数。之后，胡亥常居深宫，很少上朝，只单独会见赵高决断朝事。赵高凭借手中的权柄大肆排斥异己，陷害朝中重臣，于二世二年（前208）七月，将沙丘之变的同谋李斯以“谋反之罪”夷三族，腰斩于咸阳。然而因为陈胜、吴广首倡起义，轰轰烈烈的秦末大起义已经不可阻挡，秦军镇压不力，胡亥与赵高之间也产生了矛盾。为了保住权位，赵高命咸阳令阎乐逼杀了胡亥，另立宗室公子子婴为秦王。子婴深知赵高不除，秦乱不已，于是诱杀赵高于斋宫，灭其三族。赵高终于玩火自焚，自食其果。子婴即王位仅仅四十六天，刘邦便破武关（今陕西丹凤县武关河北岸），进军灞上（今陕西西安市东南），催促子婴投降。子婴即“系颈以组，白马素车，奉天子玺符，降轵道旁”。又过月余，项羽率军入咸阳，自封西楚霸王，“杀子婴及秦诸公子宗族，遂屠咸阳”。秦朝，一个泱泱帝国，裹挟着它的光荣与耻辱，就这样消失在冲天大火之中。

历史断面

焚书坑儒

始皇三十四年（前213），为了以专制的方式统一六国百姓的思想，秦始皇下令除秦国史书以外的史书，民间收藏的《诗》《书》“百家语”都要烧掉，只准留下医药、卜筮、种树之书。凡有再谈论诗书者“弃市”。诏令下达不到一月，民间大部分“违禁”书籍化为灰烬，史称“焚书”。焚书后的第二年，为始皇寻找长生不老药的方士侯生与卢生带着钱财密谋出逃，声称拒绝为暴虐的始皇效劳，还有一些儒生和术士引用儒家经典，借用古代圣贤的言论批评时政，从人格、政策、制度和施政方式等多个层面，全面否定秦皇、秦政、秦制。暴跳如雷的始皇指派御史审讯身在咸阳的全部方士与儒生，诸生互相告发，始皇亲自圈定四百六十余名犯禁者，全部挖坑活埋，史称“坑儒”。

关键词：揭竿而起

大泽乡的吼声

▪ 公元前209年

秦始皇去世之前，已是民怨沸腾，反者四起，秦帝国已是风雨飘摇。“秦始皇起罪恶，胡亥极”，秦帝国统治极端黑暗，整个社会剧烈震荡，就像一个巨大的火药桶，只要有一颗火星，就会引爆。时势呼唤英雄，时势也造就英雄，陈胜、吴广在大泽乡振臂一呼，便拉开了风起云涌的秦末农民起义的序幕。

揭竿而起

秦二世元年（前209）七月，一支九百余人的疲惫不堪的队伍，在两名将尉的押送下，拖着沉重的步伐，踏着泥泞的道路，向泗水郡蕲县的大泽乡（今属安徽宿州）走去。他们是

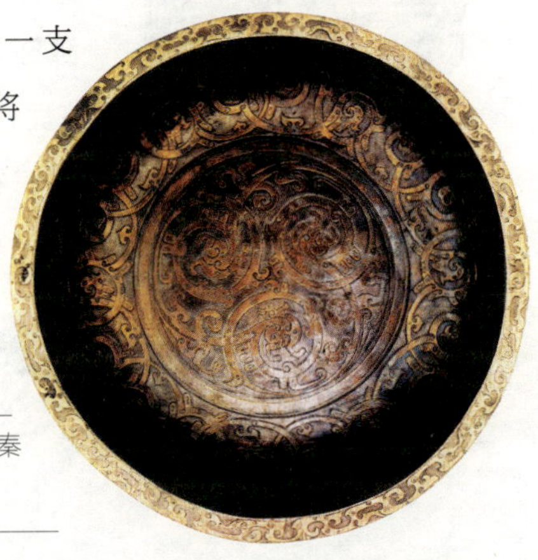

> 咸阳宫银盆·秦

银盘直径12.7厘米，出土于陕西咸阳，应为秦代宫廷器物。

奉二世之命到遥远的渔阳（今北京密云西南）戍守的“闾左”，队伍行至大泽乡后被迫停住。大雨阻途，眼看行期遥遥，按秦律，如果无法按时到达，延误期限，一律斩首。正当众人万般无奈之时，队伍中的两个屯长——阳城（今河南登封东南）人陈胜和阳夏（今河南太康）人吴广正在密谋策划一场惊天动地的大事。

第二天，陈胜、吴广将写有“陈胜王”的帛书塞入鱼腹，再让戍卒买鱼烹食。戍卒见鱼腹中的帛书，惊诧不已。当晚，陈胜又密令吴广潜入附近荒野丛林中的神祠，燃起若明若暗的篝火，学着狐狸的嚎叫声，高呼“大楚兴，陈胜王”。戍卒们更是惊恐不已。平素就迷信的农民对此深信不疑，以为这一切完全是“天意”，在他们心目中，陈胜俨然就是真命天子了。经过此番准备，陈胜、吴广认为是时机发动起义了。两个将尉见天雨难行，忧郁难解，只好借酒浇愁，聊以消遣。这时，吴广故意扬言自己打算逃亡，激怒将尉。果然，将尉勃然大怒，当众鞭笞吴广。吴广仍不住口，将尉正欲拔剑砍杀，早有准备的吴广奋起夺剑，陈胜也上来帮忙，杀死了两个将尉。

陈胜当即召集众人，慷慨陈词：“公等遇雨，皆已失期，失期当斩。藉第令毋斩，而戍死者固十六七。且壮士不

陈胜像

陈胜与吴广领导了中国历史上第一次大规模的农民起义。在反秦斗争中，起义军内部的矛盾不断暴露，并最终失败。

死即已，死即举大名耳，王侯将相宁有种乎！”陈胜这番鼓动性极强的讲演，让戍卒泪流满面，群情激昂，众人同声响应，振臂高呼：“敬受命！”陈胜、吴广于是假借受公子扶苏、楚将项燕之名，以顺乎民心，他们袒露右臂，约为盟誓。于是，在一片反秦的怒吼声中，九百名戍卒“斩木为兵，揭竿为旗”，打出“大楚”旗号。陈胜自封将军，吴广为都尉。中国历史上第一次农民起义的熊熊烈火便首先在大泽乡的雨夜燃烧起来。

大泽乡的星星之火转眼间已成燎原之势。这支不足千人的义军，在陈胜、吴广的指挥下，首战告捷，攻下大泽乡，军队迅速壮大起来，接着又拿下蕲县（今安徽宿州）。然后兵分两路，一路由部下葛婴率兵东进，一路由陈胜亲率西向。不到一个月的时间，起义军先后攻下今安徽和河南两省数地。起义军声威大振，当义军逼近陈（今河南淮阳）地时，已经拥有战车六七百辆，骑兵千余，步卒数万。陈地处南北交通要冲，历来是兵家必争之地。秦统一战争时，这里曾是主要战场，见证了狼烟四起的戎马年月。秦统一以后，这里又是秦所置陈郡的首府要冲，因此陈胜决定集中兵力攻陈。当数万大军兵临城下的时候，郡守、县令早已逃之夭夭。陈胜大军在丽谯门下杀死出城迎战的郡丞，歼灭顽抗的秦军，浩浩荡荡地开进这座历史名城。

攻下陈地后，陈胜邀集三老、豪杰等“皆来会计事”，协商成立政权的大计。经过一番讨论，三老、豪杰一致认为陈胜功勋卓著，宜立为王。于是，陈胜乃自立为“楚王”，定国号为“张楚”。“张楚”政权建立以后，各地农民纷纷投入义军行列，当时，较为著名的农民起义有：沛县丰邑（今江苏丰县东）人刘邦在县吏萧何、曹参等支持下，杀沛县县令起义；楚国贵族后代项梁、项羽叔侄杀秦会稽郡守响应陈胜。此外，在反秦浪潮中，一些六国旧贵族、游士和儒生也乘机而起，妄图复辟旧政权，较著名的有赵王武臣、魏王魏咎、齐王田儋等。此外，还有韩国名士张良、魏国名士张耳和陈馀等。陈胜称王后，故鲁一带许多儒生也“持孔氏之礼器往归陈王”“委质为臣”。连孔子八世孙孔鲋也曾“为陈涉博士，卒与涉俱死”。他们的加入，扩大了反秦的社会基础。

功败垂成

随着反秦斗争的风起云涌和农民武装的迅速壮大，陈胜称王后，迅速组织起义军和各地反秦势力，分途出击，向秦朝发起猛烈攻势，其中陈胜坐镇陈城，主力西征讨秦。西征军主要战略目标是关中之地，兵分三路：一路以吴广为假（暂且、代理之意）王，西进荥阳；一路命宋留偏师西南进发，以取南阳，叩武关以为策应，配合吴广西进；一路命周文为将军，经颍川，过函谷关，直捣咸阳。面对起义军的强大攻势，秦军全线溃败，关东大部被起义军拿下，吴广所部顺利进抵丞相李斯之子李由驻守的三川郡，围困战略要地荥阳。而另一路的周文率军迅速绕过颍川、三川两郡，越过崤塞天险，打进了函谷关，直指秦朝老巢咸阳。当周文突破函谷关时，其所部已经是战车千乘、兵卒数十万浩浩荡荡的大军了。秦二世元年（前209）九月，周文大军一度打到始皇骊山墓附近的戏（今陕西临潼境内），这里距咸阳只有百里了。

对于声势浩大的农民起义，秦朝统治者开始不以为意，可当起义军的战鼓把咸阳宫殿震得摇摇欲坠之时，秦二世才如梦初醒，急忙组织疯狂反扑。周文大军攻克戏以后，没有立即进军咸阳，而是就地休整，这给了秦军以喘息之机。二世一方面采纳少府章邯之策，悉发几十万骊山刑徒，由章邯带领以反击周文；另一方面命令戍守北边、修筑长城的三十万大军，由王离、苏角带领，急速南下，从侧翼夹击义军。凶狠狡诈的章邯首先发重兵攻打周文。周文所部远来疲惫，又是孤军深入，缺乏后援，被迫退出函谷关，固守曹阳（今河南灵宝东北）。而吴广主力进退维谷，其部下武臣、周市等人羽翼丰满，拥兵自重，不听调遣，陈

> 秦始皇兵马俑坑中的箭镞

秦军使用的兵器，主要以青铜兵器为主，铁兵器虽始于燕、赵，但仍处在发轫阶段，没有广泛使用。兵马俑中的剑、刀、矛、戈等几乎全为青铜制成，注重实用而少华丽，长短结合以便相互救助。

胜手中已无兵可调。周文坚守两个多月之后，被迫退至渑池（今河南渑池西）。秦二世二年（前208），周文在渑池浴血奋战十余天，终因寡不敌众，自杀殉难。

周文西征军的溃败，使得吴广军腹背受敌，军中震恐。二世增派长史司马欣、董翳率两支人马，出关协助章邯，与固守荥阳的三川郡守李由一起对吴广形成内外夹击之势。不久，吴广被部下杀死，西征军主力被秦军绞杀殆尽，这也成为陈胜吴广起义由胜而败的转折点。

转入低潮

随着农民起义形势的迅速逆转和西征的失利，整个反秦阵营出现严重分裂。尤其是在起义高潮中卷入斗争的一些六国旧贵族，在天下方乱之时，加紧政治投机。他们或互相倾轧，或雄踞一方，或公开与陈胜政权分庭抗礼，甚至坐山观虎斗，这给反秦形势蒙上了阴影。张耳、陈馀接受

^ 大泽乡

大泽乡，今安徽宿州东南刘村集。这里曾是陈胜、吴广起义的发端地。

陈胜委派，北略赵地，不仅不去救援败退的周文，反而劝诱武臣速立为王。于是武臣自立赵王，以陈馀为大将军，张耳为右丞相，召骚为左丞相。为减少反秦阻力，避免“又生一秦”，陈胜隐忍派遣使者前往祝贺，令其去救周文。武臣不仅拒不发兵，而且急于扩大地盘，派燕上谷卒使韩广将兵北徇燕地，又使李良略恒山（郡治东垣，今河北石家庄市东北）。但是韩广北至蓟后，也在故燕贵族怂恿下，自立为燕王。而李良也于不久举兵反赵，袭邯郸，杀武臣、召骚，驱陈馀、张耳。此外，周市立故魏后宁陵君咎为魏王，田儋自立为齐王。陈胜起义就是在这些六国旧贵离心割据、见死不救的困境中走向失败的。

陈胜称王之后，终日处于旧贵包围之中，渐渐腐化堕落，骄横自大。他在“殿屋帷幄”之中贪图富贵，养尊处优，逐渐失去本色。一次，家乡故旧前来探望，见宫门紧锁，于是直呼陈涉（陈胜的字），被门卫缉拿绑缚起来。故旧诉说当年情形，门卫才放开他们，但拒不通报。后来陈胜驱驾出宫，他们拦住道中高呼："陈涉！"陈胜不好怠慢，只得同车载回宫中。入宫以后，这些故旧看到高大的宫殿、豪华的帏帐，不禁眼花缭乱，惊喜地感叹："陈涉的家当真多啊！"这些故旧闲住宫中，不小心说漏了嘴，向身边宫人讲述起陈胜贫贱时的往事，传到陈胜耳中以后，他竟下令把这几个旧时穷朋友一并杀掉。自此以后，他与农民间的距离越拉越远。即使是见了自己的妻父和妻兄，都摆起王者架子来。陈胜重用那些阿谀奉承的近侍，有功者不赏，有罪者不罚，诸将不再亲附，逐渐成为孤家寡人，这为农民起义的失败埋下了祸根。

^ 金当卢·秦

金当卢是秦始皇陵铜马车马头部饰件，中部有两条蟠虺纹组成蝉状纹样，纹样凸起呈浅浮雕形。当卢背面印刻"十二"，钮上有"上"铭文。现藏于秦始皇帝陵博物馆。

章邯乘胜扫清陈城外围，直接进犯陈胜起义军的政治中心。守城的上柱国蔡赐血染疆场，张贺即使在陈胜亲自督战的情形下也终因寡不敌众而捐躯城西。陈胜只好带领义军回城固守，以待后援。坚守月余，内无粮草，外无救兵，二世二年（前208）腊月，陈胜走汝阳（今安徽阜阳）。不久又转战下城父（今安徽涡阳）。这时，本想且战且走、坚持战斗的陈胜，却不幸被其车夫庄贾杀害。起义不到半年，鸿鹄之志未遂，陈胜却出师未捷身先死。秦末农民起义虽就此转入低潮，但陈胜"一呼而天下应"，刘邦、项羽等后继者正踏着他的足迹，完成他未竟的反秦事业。

关键词：楚河汉界

楚汉之争

■ 公元前206年～公元前202年

秦二世元年（前209），各地英雄紧随陈胜、吴广之后纷纷举起了反抗暴秦的起义大旗。各路起义军尊原楚怀王的孙子熊心（仍号楚怀王，以便号召）为共同的领袖，在其名下兵分多路，讨伐暴秦。刘邦和项羽分别率领的起义队伍是抗秦的两大主力。秦朝在义军的汹涌气势中灭亡后，项羽和刘邦分别率领“楚”与“汉”两大义军势力又卷入了争夺天下的战火之中，最终项羽自刎乌江，刘邦登基称帝。

刘邦入关

秦二世二年（前208），楚怀王熊心派刘邦率领大军西征伐秦，并与诸将约定，谁先入函谷关亡秦就封谁为王。公元前206年，刘邦在谋士张良、儒生郦食其的帮助下，再加上义军将士拼死苦战，连续攻下武关、峣关等战略要地，大军顺利地开入了咸阳城。刚一入城，将士们被咸阳宫殿的豪华奢侈惊呆了，如饿虎扑食般扑向珍宝异器。刘邦看到数不清的宫女、犬马和一大堆的奇珍异宝，便想留下来安享富贵。部将樊哙劝谏，他毫不理会。最后，谋士张良对刘邦说道：“秦朝暴虐无度，你才会兴兵伐秦来到这里。你是为民除害，就不应该在这里享受暴秦的声色犬马。你如果真要这么做，和暴秦有什么不同呢？”刘邦这才打消享乐的念头，封秦府库，还军灞上。不久，刘邦把百姓召集在一起，宣布约法三章：杀人者死，伤人及盗抵罪。其余凡是秦的酷法一律废除。秦地百姓惊喜异常，他们争相犒劳刘邦的军队，希望刘邦能在关中长期称王。

刘邦入关后大获人心，就派兵守住函谷关，不让诸侯军队进入，企图将关中据为己有，长期称王于此。项羽于公元前207年在巨鹿（今河北巨鹿）破釜沉舟，大败秦军主力，迫降了秦将章邯及二十万秦军。公元前206年，项羽率兵直奔函谷关而来，结果遭到刘邦部下的阻击。项羽勃然大怒，下令强行入关，急行至咸阳郊外，驻军鸿门（今陕西临潼东北），与屯兵灞上的刘邦相距仅四十里。楚汉对立由此开始，也可以说是楚汉相争的前奏。当时项羽拥兵四十万，号称百万，而且他在巨鹿大败秦军，

《历代帝王像》之汉高祖像·清·姚文瀚

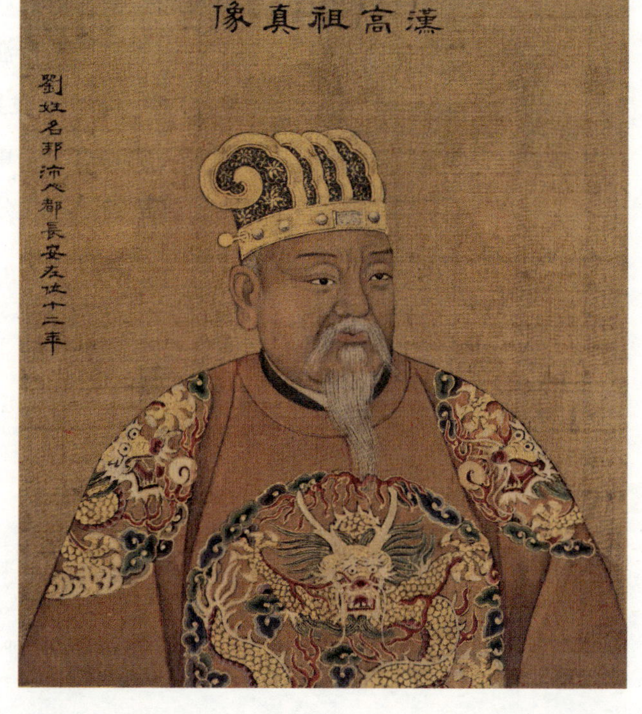

不少诸侯依附于他，而刘邦只有十万军队，孰强孰弱，不言而喻。刘邦自知不是项羽的对手，于是在鸿门宴上对项羽低声下气，一再强调没有称王关中的野心。项羽自恃功高，骄傲自大，没有采纳亚父范增除掉刘邦的建议。

鸿门宴后，项羽的军队进入咸阳。项羽命人杀掉秦王子婴，捣毁骊山陵墓，洗劫秦宫，令秦地的百姓对他大失所望。火烧秦宫后，项羽将楚怀王尊为义帝，随后又指使人将怀王害死。项羽鼓动诸侯分封天下，并立刘邦为汉王，定都南郑（今陕西汉中）。刘邦梦寐以求的关中地区被一分为三，分别封给秦的三个降将：雍王章邯、塞王司马欣和翟王董翳。项羽则自立为西楚霸王，定都彭城（今江苏徐州）。刘邦没有当上关中王，便欲发兵攻打项羽，但他的部下萧何劝告他忍辱负重，先立足汉中，招贤纳士，储备物资，充分准备之后再挥师东进，力平三秦（关中），夺取天下。刘邦这才没有赌一时之气，率领部下前往南郑。

驭手俑·秦

此俑身穿长襦，外穿盔甲，胫着护腿，头戴长冠，面目栩栩如生。双手前举作牵拉缰绳和驾车状，是秦代驭手的典型形象。

^ 石铠甲·秦

石质铠甲的规格、形制和编缀方法与实用铠甲一样，它比秦俑身上模拟的铠甲更为形象，使人们对秦甲的形制和编缀方法有了更清楚的认识。把它与秦俑身上的铠甲雕塑结合起来，就可以看出秦代已经有一套较为完备的系列铠甲形制。

^ 汉高祖入咸阳图（局部）·明

此图以青绿山水和界画的手法描绘了汉高祖率义军进入咸阳的情景，以艺术的手法再现了楚汉相争期间的历史事件。

落败彭城

进入南郑后，刘邦立即开始整编军队，招纳贤才，储备物资，扩充实力。在这一时期他起用了一个重要人物——韩信，此人是日后楚汉战争中关系双方胜负举足轻重的人物。起初刘邦也没有发现他的才能，不肯重用，后来萧何对刘邦说："你欲称霸天下，非用此人不可！"经萧何几次推荐，刘邦才拜韩信为大将军。从此韩信卓越的军事才能便如涌泉般展现。他向刘邦分析天下大势，指出平定三秦是东进攻打项羽的前提，并为进军三秦作了详细而具体的部署。刘邦此时对韩信已佩服得五体投地，委以重任。

汉高祖刘邦元年（前206）七月，田荣、彭越起兵反叛项羽，刘邦趁此机会，采用韩信"明修栈道，暗度陈仓"的计策，大张旗鼓地修复栈道，以

吸引三秦的注意力，迷惑对方。八月，刘邦秘密组织汉军迅速开往陈仓（今陕西宝鸡），对陈仓发起突然袭击。雍王章邯调集军队仓皇迎战。无奈刘邦、韩信是经过周密部署有备而来的，全军密切配合、势如破竹。塞王司马欣、翟王董翳、河南王申阳先后投降刘邦。雍王章邯顽固死守，最后也被汉军攻下。刘邦为收买人心，以分封为条件诱降，同时下令在攻下的属地为百姓修整河道，恢复生产，并开放秦朝时的皇家苑囿供百姓耕种和渔猎采集。刘邦以武力开道，继以安抚人心为保证，牢牢控制了关中地区。

项羽听说刘邦攻占三秦，急忙发兵前来讨伐，但被汉军拒于关外。此时又传来齐国、赵国联合反叛的消息，项羽大怒，不知是该留在此地攻打刘邦，还是班师向东问罪于齐、赵。这时张良给项羽写了一封信，信中说："刘邦不满于做汉王，出兵三秦只是想称王关中而已。此时他的目的达到了，不会再东进。"项羽轻信了张良的话，兵锋由西转东直扑齐、赵而去。支走项羽，刘邦于公元前205年初出关东进，一直打到洛阳。在洛阳，他采纳洛阳三老董公的计策，为义帝发丧，号召诸侯共同讨伐项羽，以使自己的东征计划师出有名。自项羽在函谷关消灭

^ 泗水亭

刘邦曾在泗水任亭长，据沛县县志记载“沛县有泗水亭，亭有高祖碑，班固为文”。1984年，沛县人民重建泗水亭，并将新制的高祖碑立于亭内。

刘邦的军队以来，楚汉对立虽已开始，但未正式反目。此次刘邦为义帝发丧，将项羽置于万众之矢的靶子上，是对项羽的正式宣战，楚汉战争随即进入高潮。

汉高祖二年（前205）四月，刘邦趁项羽平定齐、赵叛乱的空子，一举攻入项羽的都城——彭城（今江苏徐州）。刘邦见胜利来得容易，以为天下之势就此而定，于是忘乎所以起来，只顾饮酒作乐。待项羽率军杀回，刘邦落败而逃，惶惶如丧家之犬。此次汉军因刘邦的一时糊涂遭受重挫，许多诸侯又纷纷倒向项羽。

成皋之战

汉高祖二年（前205）年五月，刘邦到达荥阳，诸路兵败的队伍也汇集于此。刘邦整编军队，补充兵力，同时不拘一格起用人才，挫败了项羽欲攻下荥阳以图西进的打算。此时大将韩信率领的部分汉军轻取魏国，挥兵北上攻打赵国，经过井陉关一战后，韩信灭掉了赵国。尔后采用原赵国谋士李左车的计策，不费一兵一卒即降服了燕国。韩信先后平魏灭赵，劝降燕国，使汉军的势力得到加强，彭城一战所造成的颓势正逐渐扭转，形势开始有利于刘邦了。

驻军荥阳后，刘邦的大军与项羽展开了拉锯战。汉军的军需用品大部分是通过河道运输的，项羽屡次率兵抢夺物资，导致汉军粮草匮乏。韩信又在远地无法支援，公元前204年，刘邦无奈之下想和项羽讲和，平分天下。项羽听从范增的建议断然拒绝，加紧攻打荥阳，想一举歼灭汉军。正面无力和项羽交锋，刘邦的部下陈平建议刘邦离间项羽和范增二人的关系，以除掉项羽身边的得力谋士。项羽有勇无谋，全靠范增在一旁指点辅佐，此次范增让他拒绝讲和正是点中了汉军的死穴，不除范增，汉军难以获胜。汉军的离间计划很成功，范增果然被项羽逼走，暴病死于途中。范增走后，项羽更加疯狂地进攻荥阳，刘邦抵挡不住，只好在部将的掩护下，轻骑逃出荥阳，进入关中地区，为再次东进攻打项羽做准备。

公元前203年，刘邦第二次出关，出兵宛、叶（今河南南阳、叶县）一带。项羽听说，便率军南下，而刘邦却只守不战，任凭楚军在城外叫嚣。此时郦食其提醒刘邦应攻打齐国，以扰乱楚军后方，把楚军的兵力分散。刘邦于是派郦食其到齐国劝降。正当郦食其的劝降计划即将成功之时，韩信征服燕国渡黄河直扑齐国而来。齐王以为郦食其劝降是假，便将其烹杀了。汉军在齐国频频告捷，于公元前203年全部平定齐国全境。韩信一连帮刘邦攻下魏、赵、燕、齐四国，一跃成为叱咤风云、威震四海的大将军，天下无人不知。项羽意识到韩信在他和刘邦之间的微妙作用：韩信在楚则项羽胜，韩信在汉则刘邦胜。于是项羽派谋人武涉劝韩信反叛刘邦。韩信感念刘邦的知遇之恩，谢绝了武涉的劝说。但他也自恃功高，向刘邦邀功请赏，刘邦不得已封他为齐王。

此时，项羽在与刘邦的正面对峙上仍略占上风，汉军无法正面抗击楚军，刘邦派兵袭击项羽后方，以调走项羽的大部兵力。轻敌的项羽留下楚军大司马曹咎留守成皋，自己率军平定后方去了。待到项羽归来，成皋又已被刘邦攻下了。汉军听说项羽到来，派部分人马留守成皋，其余则撤退到离广武不远的险要之地。项羽见成皋已在汉军手中，便率兵返回，在广武（今河南荥阳东北）驻扎下来，与汉军对峙。项羽久攻汉军未克，粮食短缺，走投无路，以烹杀刘邦父亲为要挟。

霸王别姬

公元前203年，刘邦见楚军处于弱势，自己的父亲、妻子还在项羽手中，于是派人和楚军议和平分天下。粮草不足的项羽最终答应了刘邦的议和要求，并放回刘邦的父亲刘太公和妻子吕雉。项羽退回自己的地盘，刘邦也准备率兵西归。正当此时，谋士张良和陈平提醒他说："大王不趁楚军疲惫之时消灭他们，难道要等他们来消灭你吗？现在放走他们，是养虎遗患啊！"刘邦觉得有理，便采纳了这一建议。公元前202年，刘邦集中了韩信、彭越等部下的军队与楚军在固陵（今河南太康南）会战，在汉军的三面攻击之下，疲惫不堪、缺乏补给的项羽军队全线崩溃，退至垓下（今属安徽灵璧），被汉军团团围住。

项羽几次突围均未成功，士兵折损不少，军粮已所剩无几，境况十分凄惨。刘邦料定项羽已是强弩之末，无须强攻，便派人在楚营四周唱起楚歌。伤感的楚歌传遍楚军军营，那些跟随项羽渡江北上，欲轰轰烈烈干一番事业的江东子弟们，一听到家乡的歌谣，不禁思家念母，纷纷落泪，不多久楚营上下一片啜泣之声。项羽在帐营中也听到了楚歌，他回想这几年自己东征西战，威震天下，眼看霸业将成，竟被刘邦逼上绝路。感慨之下，项羽拔剑而歌："力拔山兮气盖世，时不利兮骓不逝。骓不逝兮可奈何，虞姬虞姬奈若何！"骓是项羽最心爱的一匹良驹，虞姬是项羽最宠爱的美人。歌罢，虞姬拔剑自刎，项羽则率领八百多名部下趁夜色突围。项羽在重围之中杀出一条血路，逃到了乌江边，但数百骑士也只有二十六人仍然跟随在他左右。当时江边已有楚地的小舟在接应，船夫劝项羽赶快登舟过江，回到江东再图大业。项羽自觉昔日带着八千江东子弟出来建功立业，现在只剩下他一个人，无脸再见江东父老。最终，在与追击而来的汉军将士一番血战之后，项羽拔剑自刎于乌江江畔。

项羽一死，天下无人能和刘邦匹敌，刘邦很快平定各路诸侯，统一中国，建立大汉王朝，定都长安，史称西汉。汉高祖刘邦吸取秦朝二世灭亡的教训，实行轻徭薄赋、与民休息的政策，无为而治，因而经济得以迅速恢复，历史翻开了新的一页。

^《霸王别姬》扇面・现代・刘奎龄

专题

尘封地下的军团

⊙始皇陵寝 ⊙第八大奇迹 ⊙各有分工 ⊙等级森严 ⊙车马俑 ⊙军事强国

秦始皇统治下的秦王朝是显赫一时的帝国。北伐匈奴，南征百越，共动用80万大军；修灵渠，建阿房宫，征夫无数。无论是横扫六合并天下，还是中央集权治天下，始皇都离不开强大的军事做后盾，在那样一个“胜者王、败者寇”尤甚的年代，没有强大的军队，始皇打不下江山，没有强大的军队，始皇更坐不稳江山。

始皇陵寝

公元前246年，年仅十三岁的嬴政即秦国王位，随后不久就开始为自己修建陵墓。公元前221年，秦统一六国后，从全国征调七十万人到骊山继续修建陵墓，还任命了丞相李斯为总设计，大将章

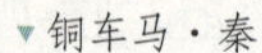

▼铜车马·秦

秦始皇陵兵马俑二号坑中出土的车马全长317厘米、高106.2厘米，车上跽坐一御官俑。

邯为总监工，至嬴政50岁去世，历时36年的秦始皇陵才修筑完成。

秦始皇陵坐西朝东。陵内有内外两重夯土城墙，象征着都城中的皇城与宫城。内城南北长1300米，东西宽578米；外城为长方形，南北长2513米，东西宽974米。内垣墙基宽10米，外垣墙基宽6～7米。秦始皇陵的陵冢最初高二百多米，可历经两千多年的风吹雨打，现在降低到76米。秦始皇陵的内部更加复杂华丽。据历史记载，秦始皇死后被安葬在陵墓的地宫中，地宫挖土已经到了地下水的位置，所以石料加工非常精细，石块之间还用铜、锡熔液灌注。地宫中还用水银做成长江大河，墓顶有夜明珠镶成的天文景象，还用油脂做成长明灯，象征秦始皇万寿无疆。毫不夸张地说，秦始皇陵就是一个地下王国。

第八大奇迹

秦始皇陵中最宝贵的历史文物，莫过于被称为世界第八大奇迹的兵马俑，它们生动地再现了秦军的风貌。其实从汉代到近代，秦俑都断断续续地出土，因为兵马俑一般埋在距离地面5米的地方，打井挖墓都极容易挖到，但是一直以来都没有引起人们的注意，直到1974年7月正式的挖掘才开始。到目前为止，已经挖掘出的始皇陵俑葬坑，虽然还仅是整个从葬坑的一部分，但是其规模已经令世界震惊。其中一号、二号、三号坑都陈列有相当数量的俑葬品，俑坑均为地下巷道式土木结构建筑，坐西向东，呈品字形。三个俑坑布局严整，结构奇特。在深约5米～7米的坑底，每隔3米筑起一道东西相向的重墙，墙间空档为“过洞”，坑底墁以青砖，兵马俑陈列在过洞中。墙两侧约1.5米的地方栽以稠密的弦柱，柱头连接木梁，隔墙和顺梁上横铺密桁，上边覆以芦席、细泥和填土。

各有分工

一号坑是由兵车、步兵混合编成的矩形方阵，以步兵为主，称右军。东有210个弓弩手，成三列横排组成先锋部队，中间为6000名铠甲俑的主体部队，后置35乘驷马战车，车两侧各一排驭手（古代驾驭马车的人称为驭手，在战车的编制中，一般每辆配两名“车士”，一名“驭手”），组成进可攻退可守的“临战军阵”。整个军阵又可分为若干单元，每个单元配置一名指挥官，若干战车和步兵。这些临阵待发的将士已经到位，弓弩手剑拔弩张，战马服驾，呈现随时待命即发的场景。

二号坑的面积约6000平方米，平面为曲尺形，是以战车、骑兵、步兵组成的攻防结合、车步协调、互相掩护的混合编阵，称为左军，是个象征性的行营，即军中的临时驻地。二号坑共有大型陶俑、陶马1400余件，其中鞍马骑兵俑160件，是目前考古史上发现时代最早的大批骑兵俑群，说明秦代骑兵已经形成一支装备齐全的独立兵种。

三号坑呈凹字形，战车在阵前方待命，卫士在后方排成两列，手持仪仗等候将军的到来，据情形可以推断，这显然是战区指挥部。三个坑构成完整的军阵编制体系，生动地再现了秦军“带甲（步兵）百余万，车千乘，骑万匹”，兵强马壮、气势磅礴的阵容。三个坑的葬品以数量多、体型大、技艺精巧、内涵丰富被喻为世界第八大奇迹，并且对探究军事情形、陵寝制度、雕塑艺术、冶金技术等方面都有重要价值。

等级森严

秦始皇陵中兵马俑每个的体重都有300多千克，身高平均在1.8米左右，仿真人大小，按照秦时的将士形象塑造，体格魁梧，服饰逼真，神态生动。

▲秦始皇陵兵马俑二号坑

二号坑总面积约为6000平方米，其中前锋为步兵武士俑，左翼为骑兵武士俑，右翼为战车。二号坑目前已发掘出战车、武士俑、马俑1400余件。

可以从他们的装束、体态、神情、手势以及细微的发须，对其职务、兵种、性格等辨明一二。一号坑中最前横3排204名武士俑，除3个将军俑外，其余的都身穿战袍、足蹬浅履、精梳各种发髻，无一人戴攻坚作战的头盔和护

▲灰陶跪射武士俑·秦

陕西临潼秦始皇兵马俑一号坑出土。俑高130厘米，武士屈右膝挺身跪姿，双手作持弩的姿态，目视前方，似正准备随时张弩发箭。人体和衣物都塑制得与真人实物完全相同，连武士所穿鞋的鞋底上的线纹，都一丝不苟地塑得仔仔细细。

身铠甲。按照史料记载，秦自商鞅变法以来崇尚军功，战士临战皆不戴头盔，甲衣也简便，以骁勇著称。至始皇时，士兵根据不同的官阶、兵种、任务性质配备不同的戎装。军官和直接对敌交锋的战士，多配备铠甲。铠甲的防护程度，又因以上标准而不同。一般较低级或担任远距离攻击的士兵只备战袍。一号坑所显示的正是一般士兵的着装。

另经细心辨别，还可以发现，这些陶俑着装五颜六色，鲜明艳丽。一般骑兵驭手着青铜质铠甲，将军着皮质铠甲，并配以黑、白、紫、红、绿等彩绘花纹，形成四方连续的菱形图案，显示出南方楚国的风格。这表明秦人在征服六国的过程中，粗犷剽悍、争强好斗的民族个性得到了最大程度的发挥，然而同时也受到了其他六国文化的浸润，在衣着、冠帽各方面都有很大的变化。但是秦军的发髻仍坚持了特有的传统，并以之区分各种身份等级。我们也由此可以想见，秦国军队以及整个王朝的等级都是非常森严的。

车马俑

不单是制作人俑的技艺如此，各种车马俑亦是技艺超凡。始皇陵中的青铜车马，是考古史上时代最早、体型最大、保存最完好的车马。青铜车身装饰华丽，绘有流云和几何图案的彩色花纹，骏马为

▸武士俑背部图案·秦

这是秦始皇陵中彩绘将军俑背部的图案，刻画精细，是秦代军官服饰特征的真实写照。

乳白色。它们结构复杂，制作工艺高超。如二号坑中的青铜车马由2462个零部件组装而成，零部件均是铸造成型，组装方法采用了铸接、焊接、子母扣连接、活铰连接等多种工艺，是古代青铜制品中的瑰宝。又如二号坑中的一把青铜剑，经检测，其表面含有氧化膜，含铬2%。这种镀铬技术，在近代最先是由德国用一整套复杂的工艺流程才得以实现，秦人是如何操作这门技术的至今没人知道。此外，这些制品韧性好、色泽纯、密度大、防腐性能好，既坚硬又锐利，今人实验制造了无数回都以失败告终，可以说秦人的冶金技术已到了“炉火纯青”的地步。

军事强国

始皇陵兵马俑正如一个巨大的军事博物馆，记录下了秦军的历史风貌，显示出秦王朝的浩大军威。历史上的秦军以横扫六合之势被称为百万雄师，在战场上，秦军英勇善战、威猛强悍，有时甚至可以用野蛮肆虐来形容，大秦王朝正是凭借这样一支劲旅成就了千秋伟业。

兵马俑中出土的兵器包括了当时流行的全部武器种类，而且各种武器皆制作精良。在兵种上，秦时有步兵、骑兵、车兵三大兵种，有陆军和水军两大部分。始皇时陆军以步兵为主，骑兵也成为独立兵种，并在秦国的兼并战争中作为主力。弩兵是步兵中的一种，杀伤力最强，与战车和一般步兵混编。水军主要是在兼并楚国和进攻百越时发挥了重要作用。兵马俑坑出土的跪射俑，记录了秦军射手射击的瞬间。

关键词：临朝称制

吕后称制

▪ 公元前195年～公元前180年

上下五千年，中国的男性最高统治者数不胜数，而女性主宰者却寥寥无几。正因为如此，才凸显了吕后的不寻常。在汉高祖刘邦去世后，吕后先后掌权达16年，拥立了惠帝、少帝，是中国历史上三大女性统治者中的第一位。正是她的统治时期，上承高祖立国之初的动荡和休养，下接文景之治，为西汉政权的兴盛起到了承上启下的作用。

吕氏掌权

公元前202年，作为楚汉争霸的最终胜利者，刘邦正式建立了西汉政权，他本人成了开国之君汉高祖。刘邦能登上天子宝座，一个重要原因就是他团结和任用了一批杰出的谋臣武将，为了让这些武将拼死作战，刘邦甚至不惜裂土封王。到了西汉初年，刘邦册封的异姓王共有七个：楚王韩信、梁王彭越、淮南王黥布、赵王张耳、燕王臧荼、韩王信、衡山王（后改称长沙王）吴芮。天下一平定，刘邦就有些后悔，觉得当初给将军们开的价码太高，这些手握重兵的异姓王简直就是自己江山上的毒瘤，得想个法子除掉他们。在接下来的数年中，这些功臣被刘邦一个个加以剪除，韩信、彭越、黥布成了刀下之鬼，韩王信远逃匈奴。最后，刘邦宰杀白马，和群臣歃血为盟，宣布非刘姓者不能为王。这下，刘邦终于可以安心地传位给子孙后世了。

^ 汉殿论功图·明·刘俊

此图长165厘米，宽106.5厘米，取材于“汉殿论功”的典故。汉高祖刘邦初立，功臣在殿上争功邀赏，以致拔剑砍殿柱。大臣叔孙通说服汉高祖召集鲁地的儒生，规定朝仪，高祖大喜，以为如此始知皇帝之尊。现藏于美国大都会博物馆。

高祖十二年（前195），刘邦逝于长安长乐宫，太子刘盈继位，即汉惠帝。然而刘邦没想到的是，外戚吕氏却成了刘氏政权的头等大患。汉惠帝的母亲吕后，名雉，是高祖刘邦的妻子，她为人刚强坚毅，政治手段狠辣，和刘邦曾同生死、共患难，在辅佐刘邦夺取天下和建汉后诛杀韩信等大臣时都发挥了重要作用。现在丈夫去世，儿子登基，吕后总算是可以大权独揽了。她先派人毒杀了曾和惠帝争夺太子位置的赵王如意，然后又将如意的生母、曾被刘邦无限宠爱过的戚夫人做成了“人彘”。惠帝看到人被残害成这样，吓得心惊胆战，得知这是昔日沉鱼落雁的戚夫人后，当场大哭起来。惠帝受了这场惊吓，得了一场大病，不愿再见母亲，就派人对吕后说：“这不是人干的事情，我作为太

^ 金缕玉衣·西汉

这件金缕玉衣是西汉中山靖王刘胜的妻子窦绾的殓服，由2160片岫岩玉片以金丝编缀而成。玉衣由头罩、上衣、手套、裤筒和鞋组成，头下枕有鎏金镶玉铜枕。现藏于河北博物院。

后的儿子，再也没有脸面治理天下了。”惠帝从此每天饮酒作乐，放纵无度，不问朝政，以此作为对母亲的反抗。

吕氏封王

惠帝七年（前188）八月，满心怨愤的惠帝去世。吕后立张皇后的养

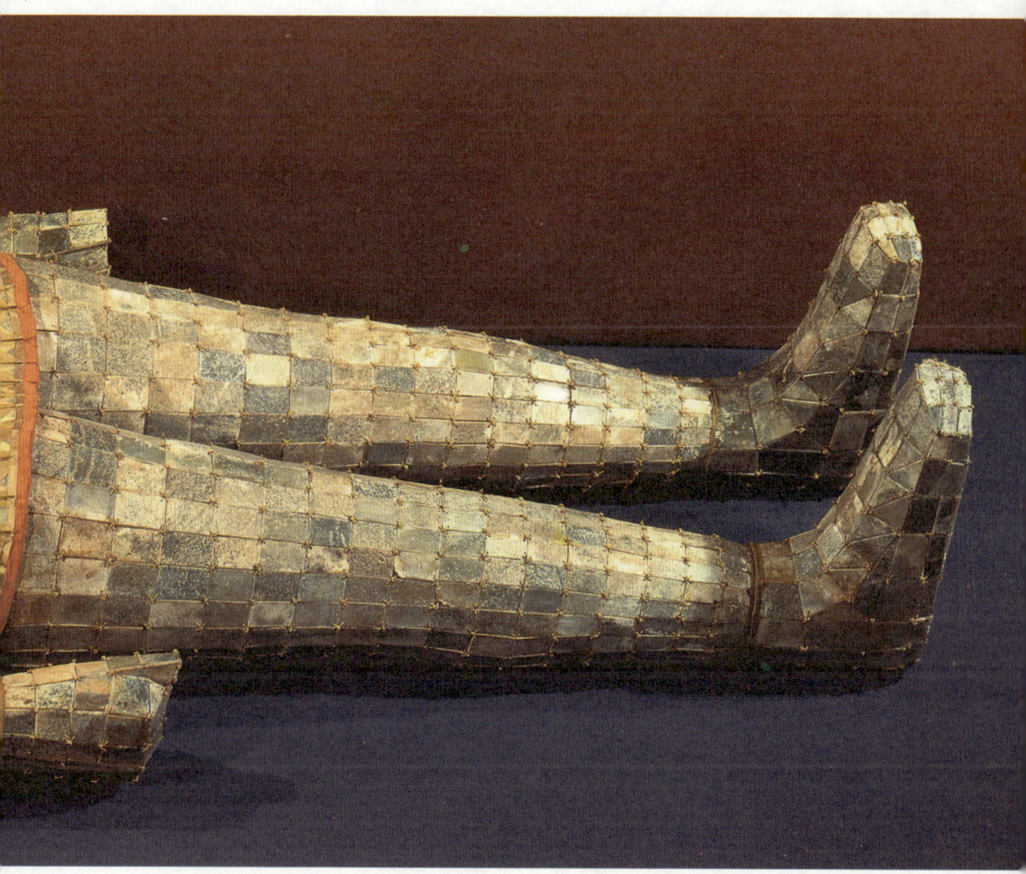

子为帝，称为少帝，吕后自己临朝称制。张皇后是惠帝姐姐鲁元公主的女儿，这位嫁给自己亲舅舅的皇后没有儿子，吕后便让她抱来后宫妃子生的孩子说成是自己所生，并杀了孩子的母亲。

吕后大权在握之后，立即召集大臣商议立吕家的人为王。吕后先问左丞相王陵。王陵高声回答说："高帝曾杀白马，和大臣们立下誓约，'非刘氏而王，天下共击之'。现在如果封吕氏为王，是违背誓约的。"吕后很不高兴，又问右丞相陈平和绛侯周勃。陈平、周勃都是智谋百出、精于政治斗争的人物，他们异口同声地回答："高帝平定天下，封刘氏子弟为王；如今太后代行天子之职，封吕氏诸兄弟为王，没有什么不可以的。"

吕后大喜，于是宣布退朝。

下了朝堂，王陵就揪着陈平、周勃的衣袖，责备说："当初跟高帝歃血盟誓时，你们难道不在吗？如今高帝去世，太后是临朝执政的女主，却要封吕氏子弟为王。你们竟然纵容她的私欲，迎合她的心愿，违背与高帝立下的誓约，将来还有什么脸面见高帝于黄泉之下呢？"陈平、周勃则笑着说："如今在朝廷上当面反驳，据理力争，我们比不上你；而要保全大汉天下，安定刘氏后代，你又比不上我们。"王陵想想也是，就没再争辩。

不久，吕后让"绊脚石"王陵回家养老，以亲信审食其为左丞相，由他控制朝政。之后，吕后先选择刘家功勋卓著和有影响的人封为王侯，以缓和刘氏家族对吕氏的对立情绪。然后就大封吕氏家族，吕台、吕产、吕禄、吕通都被封为王爵。同时，吕后还陆续害死了刘氏诸王中的赵王刘友、燕灵王刘建，刘氏和吕氏从此结下深仇。

毒杀少帝

经过吕后一段时间的苦心经营，吕氏的势力已经盘根错节，从中央延伸到地方，牢牢地控制了国家的命脉。在地方上，吕家的男子占据了各级官吏的位置；吕氏的女子通过联姻，也监视并控制着她们的丈夫；在中央，全国最重要的两支军队——南军、北军都被吕家掌握在手中。

这时汉少帝慢慢懂事了，偶然听人说起自己的身世，童言无忌的少帝便跟人说："皇后怎么能杀死我的母亲，却把我说成是自己的儿子呢？等我长大后，她怎么对待我母亲，我就怎么对待她。"吕后听说这件事以后害怕少帝将来报复，就把他囚禁在永巷宫中，声称皇帝得了重病，不让左右大臣见到。吕后还以小皇帝神志昏乱，不能治理天下为名义，要立新君。群臣不敢有异议，只能叩头听命。汉高后四年（前184），吕后就派人杀了少帝，另立常山王刘义为皇帝，改名为刘弘。

杀了少帝后，吕后觉得靠得住的还是自己家族里的人，就封侄子吕产为梁王，把原来的梁王刘恢改封为赵王。当时无论是人口、土地还是财富，梁国都远远好过一片凋零的赵国，梁王刘恢对吕后这种霸道的做法十分不满，可又不敢反抗，只得含恨把家搬到了赵国。吕后为了缓和矛盾，把吕产的女儿嫁给了刘恢做赵王妃。这位新任赵王妃很有吕后的风采，不但带着一帮家奴把刘恢欺负得很惨，还任意虐杀刘恢的姬妾。老实巴交的刘恢一看自己连心爱的女人都保护不了，就写了几首诗歌，谱曲之后让乐工试唱。不知道是歌词写得太惨，还是乐工唱得太哀怨，听着听着，被老婆逼急了的刘恢就拔剑自杀了。吕后知道这件事后非常生气，觉得刘恢因为女人自杀太没出息，就夺了刘恢子孙的王爵。

吕后病死

汉高后八年（前180）三月，吕后到长安城外举行祭天仪式，祈求国泰民安，吕氏永享富贵。吕后从祭坛回宫的路上，不知道是疲劳过度，还

> “皇后之玺”玉玺·西汉

1968年于陕西咸阳韩家湾公社狼家沟汉高祖陵墓附近出土。“皇后之玺”，玉料呈白色，为新疆和田玉，印体为正方形，上饰凸雕的螭虎纽，四侧阴刻云纹，印文为阴刻篆书“皇后之玺”四字，是迄今所知汉代帝后用玉玺仅有的一件出土遗物。因其发现地为长陵陵园，故而被认为是吕后之玺。现藏于陕西历史博物馆。

是视力衰退，朦胧中好像看到一条黑狗撞到了自己的腋下，转眼就不见了。遇到这种超自然问题，强悍的吕后，也只好找人占卜，看看吉凶祸福。可能卦师也对吕后不满，就说这是赵王如意的鬼魂在作祟。这场惊吓之后，吕后就得了重病。七月中旬，吕后的病情越来越重。为了保住吕氏家族的荣华富贵，病中的吕后还任命赵王吕禄为上将军，掌控北军；吕产掌握南军。吕后在病床上喘息着告诉二吕说："我死了之后，皇帝还小，你们一定要带着兵马守卫皇宫，不要为我送葬，以免大臣们作乱。"说完话没多久，吕后就病死在宫中。

^ 薰炉·西汉

将香药置于薰炉中燃烧，所发出的香气可净化空气，杀灭空气中的细菌，有一定的预防疾病作用。

汉高祖死后，吕后执掌朝政十六年，其中临朝称制八年。为了加强吕氏统治，她不惜残害高祖后代，打击开国功臣，酿成了诸吕之乱，几乎断送刘氏天下。但不可否定的是，吕后在社会经济方面仍奉行黄老无为的指导思想，与民休养生息，鼓励耕织。因此在这一时期，社会比较安定，经济生产也得到了恢复。吕后在世时，无人敢与之抗衡，也无人能与之抗衡。可她刚死，周勃、陈平等人就起兵诛杀诸吕，吕氏被彻底灭族，这恐怕是吕后生前始料不及的。

关键词：轻徭薄赋

文景之治

▪ 公元前179年～公元前141年

汉朝立国之初，就确立了休养生息的政策。经过十数年的发展，汉朝建立初期凋敝的经济，在吕后执政期间逐渐恢复起来。到汉文帝、景帝在位时，西汉朝廷又推行了一系列轻徭薄赋、奖励生产的政策，整个社会经济开始走向繁荣，百姓出现了安居乐业的局面，史称“文景之治”。

经济恢复

秦朝十五年的残酷统治和秦末战争的巨大破坏，造成了整个社会经济的瘫痪，汉朝建立之初面临的是一个内外交困的局面：全国人口死亡大半；农民大量逃离乡里成为流民或者奴婢，土地多数抛荒；粮食供应短缺，每石粮食要卖到四五千钱，一些地方甚至出现了“人食人”的惨景；社会财富极其缺乏，连天子出行的马车，都配不齐四匹颜色一样的马。汉高祖刘邦建立汉朝之初，就定下十五税一的轻税率，大力发展农业生产。刘邦死后吕后执政，虽然高层斗争激烈，但普通百姓并没受到影响，在黄老无为之治思想的指导下，天下安然无事，社会经济继续恢复。到公元前179年文帝即位时，整个社会经济已经基本从秦末战乱中恢复过来，这一

双层九子漆奁·西汉

奁是中国古代妇女用来梳妆的镜匣，这件双层漆奁上层用来放置手套等物，下层有九件小奁，用来放置化妆品和梳子、篦子等物。现藏于湖南省博物馆。

切为文景时代经济的繁荣打下了良好基础。

文帝是汉高祖的庶子，因为不受父亲宠爱被安排到北方偏远的代地（今河北西北部、山西东北部）边境为王。汉高祖死后，吕后不断找借口诛杀刘氏诸侯王，以便把刘氏诸侯王的封国封给吕氏亲属，代国因为偏远荒凉，没有受到吕氏觊觎，文帝也得以保全了自己的性命和封地。吕后死后，大臣陈平、周勃起兵诛灭吕氏，废掉吕氏所立的少帝，迎立文帝即位。在偏远荒凉的代国当了十六年国王，文帝才得以回到长安，他深知皇位得之不易，因此即位之后一直兢兢业业，力行仁政，不敢有丝毫懈怠。

> 汉景帝像·清

汉景帝在西汉历史上占有重要地位，他继承和发展了其父汉文帝的事业，与父亲一起开创了“文景之治”；又为儿子汉武帝的“汉武盛世”奠定了基础，完成了从文帝到武帝的过渡。

从汉文帝前元年（前179）三月起，文帝连续下诏督促地方官员劝课农桑，告诫他们减轻农民负担。公元前178年春耕时节，文帝又亲自到京城的籍田上举行耕田仪式，向天下表示发展农业的决心。在朝廷的大力鼓励下，粮食问题逐渐解决了，粮价大大降低，最低的时候一石只需要十余钱，仅是西汉开国时候的几百分之一。粮食生产的发展也带来了财政收入的大增，在公家仓库存满粮食的情况下，汉文帝于公元前168年下诏减免全国田赋。

文帝一生俭约，他在位二十三年间，全国物质财富不断增加，唯一不变的是文帝的享受物品，无论宫室、苑囿、车马、服御等都没有丝毫增加。文帝有一次计划修一个露台，找工匠来计算开销，只需要一百两黄金，但文帝认为这已经是十户中等人家全部的家产，结果还是没舍得修建。文帝对锦衣华服也是避而远之，平日里只穿着一身黑色粗厚布衣而已，他所宠爱的慎夫人身穿的长裙裙裾短得都拖不到地上，这在以长裙为美的汉代极为不易。

盛世景象

文帝去世后，景帝即位。景帝的自律远不如文帝，他大造苑囿，多养厩马，宫殿、列观、车马等也大量增修起来。不过，景帝对待百姓还坚持文帝时的轻徭薄赋方针，不失为守成之主。景帝将农田税率进一步减少为

三十税一，从此成为汉代定制，农民的负担比秦代明显减轻。此外，景帝还多次下诏，要求官吏们不得购买黄金珠玉等奢侈品，违者以盗窃论罪。至于贪污渎职的大小官吏，一律严加治罪。

在边患问题上，景帝在位时，匈奴的威胁有所缓解。景帝连续三次与匈奴和亲通好，匈奴虽然也多次入侵雁门，但双方并未发生大规模的战争，使得中原地区的经济发展没有受战乱影响。汉景帝前三年（前154年），吴王刘濞等诸侯王发动了“七国之乱”。尽管景帝采纳了大臣袁盎

< 伏生授经图 · 明

此图描绘的是伏胜（世称伏生）于汉初时将《尚书》传授给弟子晁错的故事。据《史记》载：孝文帝时，除了做过秦博士的伏胜外，没有人专研《尚书》，但伏胜年已九十，不能征致京师，于是太常派晁错到其家里学习。图绘大树如华盖，树下伏胜坐于矮椅上，全神贯注地注视着伏在石几上记写《尚书》内容的晁错。其间有一侍女似是伏胜的助手，亦关注着晁错的学习状况。图中人物衣褶纤细而劲挺，于流畅中略有方折，颇有风骨。而配景的用笔较为放达，近处两组湖石一有勾有皴，一仅勾无皴，似未完成。

^《帝鉴图说》之屈尊劳将·明

的建议，处死了提议削藩的晁错，但叛军仍然不肯罢休，继续进攻。无奈之下，景帝命太尉周亚夫率军平叛，仅用了三个多月就将叛军消灭，整个国家的政局趋向稳定，出现了一片升平景象。当时社会安定，老百姓人人丰足，地方粮仓里的粮食都堆得满满的，少府仓库还有许多布帛等货材。京城积聚的钱币千千万万，长期搁置得不到动用，以至穿钱的绳子都朽烂了，无法计数。太仓中的粮食大囤小囤如兵阵相连，有的露积在外，以至腐烂不能食用。从前公卿都未必能拥有的马匹现在已经走入了普通市民的家庭，田野中的马匹更是成群结队，以至骑年轻母马的人都被看不起，不被允许参加高级聚会。

当时汉朝以道家思想治国，刑罚极轻，百姓们也都知道自爱，崇尚行义，整个社会出现了无为而治的景象。但经济上放任自流的政策也使农村土地兼并严重，各地出现了一批大地主、大商人，欺压百姓，称霸一方，地方官员很难节制。这一切都在文景时代的盛世景象中埋下了变数。

关键词：推恩令 / 独尊儒术

汉武帝的大一统

■ 公元前140年～公元前87年

文景之治的盛世光环，并不能掩盖潜在的社会矛盾。经济发展不平衡，社会财富分配不均，兼并之风渐起；汉初分封诸侯王的弊病，仍然威胁中央集权的巩固；匈奴对汉王朝的侵扰愈演愈烈，势不可遏；百家学说纷呈，思想不统一的状态依然。诸多社会问题层出不穷，摆在武帝面前。武帝凭借文景时期集聚的巨大物质财富，对内加强中央集权，对外积极开疆拓土，极大地推动了“大一统”政治体制的基本实现。

中央集权的加强

景帝平定“七国之乱”，虽然削弱了诸侯王的势力，但有的王国仍连城数十，地方千里，对中央政府构成威胁。武帝为了维护国家统一，加强中央对地方的统治，采取了许多措施。元朔二年（前127），汉武帝采纳大臣主父偃的建议，实行“推恩令”。所谓推恩，就是诸侯王可将其封地分封给继承王位的嫡长子以外的子弟，建立侯国，并上报朝廷，由皇帝制定侯国名号。按定制，侯国是由郡管理的。这样做的结果，王国的面积不断缩小，再也无力与中央政府抗衡。为了加强皇权、打击豪强，武帝任用

> 闽越王"万岁"瓦当·西汉

这块瓦当出土于福建省武夷山市附近的闽越王城遗址。闽越王城又称"古汉城""闽王城"，始建于公元前202年，是闽越王无诸受封于汉高祖刘邦时所营建的一座王城。

一批以张汤、杜周等为代表的执法官吏，借他们之手，达到推行政令、安定地方等目的。这些人善于揣摩武帝心意，舞文弄法：对于皇帝要释放的人，就法外开恩，为其开脱；对于皇帝要严厉惩罚的人，则严刑逼供，陷之死地。但酷吏政治并非一无是处。在"盗铸钱"问题上，或有奉行法律、严厉打击盗铸行为之吏；在打击强宗豪族方面，其间或有不畏强暴、秉公执法之人。酷吏之弊在于重刑任法，过于血腥残酷。诸多酷吏深文周纳，陷人于死地，甚至广为罗织，株连达数千家之多，也在一定程度上激化了社会矛盾。

为了有效控制地方，武帝进一步完善秦朝所创的御史监察制度，于元封五年（前106）在全国统治中心三辅（京兆尹、冯翊、扶风）、三河（河南、河内、河东）和弘农以外的各地区设定13个监察区，称为州或部。每州设刺史一人，以监察地方政治，加强中央对地方的控制。刺史秩六百石，位在大县的县令之下，但出巡时却代表朝廷，故职权极重，所到之处，郡国守相及诸侯王无不侧目。此外，在人才选拔制度上，汉武帝完成由"高门政治"向"选贤政治"的转变。武帝通过一系列诏令和措施，革除靠资历出身而取官的陋习，建立以察举制为核心、以征辟制等多种途径为辅的选官制度。武帝即位后，下令中央和地方的主要行政长官"举荐贤良方正直言极谏之士”。元光元年（前134），他又下诏策试贤良，并明确规定郡国须察举的人数，后又规定郡守不荐举者，论罪免官。对被举荐人的考试方法有对策、射策两种，对策命题，射策抽题。考试内容，儒生学者考经学，官吏考章奏。根据考试成绩的优劣，酌情任用。察举的科目很多，有孝廉、茂才、贤良方正（贤良文学）、明经等。

南越王金印·西汉

南越国是约公元前203年至公元前111年存在于岭南地区的一个国家，国都位于番禺（今广东广州）。公元前112年，南越国第四代君主赵兴因向西汉请求“内属”，被丞相吕嘉杀死。一年后，汉武帝出兵10万灭掉了南越国。南越国共存在93年，历经五代君主。

四面出击

武帝时国力强盛，恩威播于异域，解除了周边民族，特别是匈奴对中原王朝的威胁；并采取灵活多样的政策处理与少数民族的关系，因地制宜，加强对边疆地区的统治。

汉初，匈奴铁骑屡侵中原，掳掠不已，延续十多年之久。武帝登基后，出兵抗击，其中影响最大的战役有三次。元朔二年（前127），汉军将领卫青采用远程奔袭战术，发动河南之役，收复秦末陷入匈奴的河南地，解除匈奴对都城长安的威胁。元狩二年（前121），汉军将领霍去病

玉角杯·西汉

这件玉角杯出土于广州象岗南越王墓。玉色青黄，半透明，形状如同犀角，是难得的西汉玉雕珍品。现藏于广州南越王墓博物馆。

采用大迂回侧击战术，发动河西之役，一举荡平河西地区的匈奴各部，夺回河西走廊，设立酒泉、武威、张掖、敦煌四郡。匈奴实力大损，汉朝与西域的通路由此得以打通。元狩四年（前119），卫青、霍去病又采用快速连续攻击战术，发动漠北之役，长驱直入，深入匈奴腹地二千余里，直至狼居胥山。匈奴左贤王部完全被击溃，全军覆没。自战国以来匈奴骑兵肆虐边地、破坏中原北部农耕经济的局面不复存在。

“越人”，又统称“百越”，是广泛分布于南方的少数民族。其支系繁多，各有种姓，互不统属，存在扬越、句吴、闽越、东瓯、南越等支。武帝建元三年（前138），闽越受人唆使，进攻东瓯。汉朝派军援助，闽越仓皇撤退。东瓯害怕闽越再度进攻，请求内迁。汉朝迁东瓯四万余人于江淮流域（今安徽庐江一带）。建元六年（前135），闽越王又滋生事端，兴兵出击南越，南越向朝廷告急。汉军未到之前，闽越内部发生内讧，举众请降。元鼎五年（前112），南越国国相吕嘉弑王及太后，另立新君。汉军五路齐发，以武力平定南越。元鼎六年（前111），东越地区又发生叛乱，汉朝平定叛乱后，武帝又迁徙其众于江、淮间，成为国家的“编户齐民”，从此控制了广东、广西大部地区及越南北部和中部。武帝以其地及今海南岛分立南海、苍梧、郁林、合浦、交趾、九真、日南、儋耳、珠崖等九郡。

秦汉时，居住在蜀郡西南的各少数民族，史书称为“西南夷”，主要有滇、夜郎等族群。建元六年（前135），武帝派遣唐蒙出使招抚夜郎，于此地设立犍为郡；后又派遣司马相如招抚邛、笮等地。张骞在西亚的大夏时，见到邛竹杖和蜀布，得知巴蜀地区有通往身毒（今印度）的道路。武帝根据这一发现，于元狩元年（前122）派遣使者从巴蜀出发，试图由此实现同西域的交通。因汉朝使者多次被夷人劫杀，武帝派兵遣将，出击西南夷，在此地区相继设置沈黎、汶山、武都等郡。元封二年（前109），滇王在汉军重压之下归附汉朝，汉置益州郡，并向滇王赐予“滇王之印”，令其统领当地事务。

独尊儒术

在文化上，武帝“罢黜百家， 表章六经”，确立儒家思想的正统地位，力求以思想的一统维护政治上的统一。汉初以来的学术思想，继承战国末期诸家综合和总结的趋势向前发展。儒学大师董仲舒，以孔孟儒学为思想主导，兼采各家思想之长，融会先秦儒学的“天人合一”思想，吸纳法家的集权思想和阴阳家的“五德终始”说，重新解释儒家经典，使儒学适应当时社会的急切需要。

武帝时代，影响最为深远的文化政策，就是确立儒学在诸子百家之学中的主导地位。武帝贬斥黄老刑名等百家之学，起用文学儒术之士。儒学大师董仲舒以贤良文学身份，就武帝提出的命题发表对策，讨论治世策略。他直言不讳，揭露时弊，指出秦朝流毒至今犹存。汉朝自建立迄今，之所以未能“善治”，是因为应当“更化”而不“更化”。他提出“更化”主张时，特别强调“教化”的作用，主张推行文化体制改革。其文化体制改革理论的核心，是要确立儒学独尊的地位。这种观点，得到最高统治者的认可，于是确定了“独尊儒术”的文化政策原则，完成了“罢黜百家，表章六经”的文化体制转变。

汉代“尊”儒，最主要的手段就是将儒家经术作为培养和选拔人才的基本内容。建元五年（前136），武帝接受丞相公孙弘的拟议，设立《诗》《书》《礼》《易》《春秋》等五经博士，使得儒学以外的诸子百家之学失去在官学中的合法地位，五经博士几乎独占官学权威。武帝又接受董仲舒的献策，于元朔五年（前124），创建太学，为“五经博士”配置弟子。这是汉代官方教育的开始，而儒学作为学校教育的主要内容自此确立。

改革经济

中央政府收回货币铸造权，统一发行货币，结束了货币流通领域中的混乱问题；并因时因事，通过经济改革，为国家开边、征战活动提供强有力的财富支援。

汉初之际，袭用秦朝的“半两”（12铢）钱，但质量低劣，重量严重不足，危害了经济的正常运行。除以严酷刑法禁止私铸钱币外，武帝于元鼎四年（前113）下令取消郡国铸币的权力，将铸币权收归中央，并指定专门机构，负责铸造新钱。因为禁令严格，新铸币“五铢钱”铸造质量高而实用，盗铸无利可图，货币的统一发行及通用长期稳定，通行很多年。为了增加政府收入，武帝采纳张汤“天下盐铁”的建议，于元狩四年（前119）任用熟悉盐铁事务的东郭咸阳和孔仅为大农丞，统领盐铁之事，又起用桑弘羊参与理财。元狩五年（前118），他们提出盐铁官营的具体措施：中央政府在盐、铁产地设置盐官和铁官，实行统一生产和统一销售，利润为国家所有。盐铁官营，使国家独占关乎国计民生、意义最为重要的手工业和商业利润，民不加赋而国用充裕。但是，盐铁官营又不可避免地带来一些消极影响，如官盐价高而味苦，铁器农具质量低劣等。

^ 兽面纹玉铺首·西汉

该物品于陕西兴平市汉武帝茂陵附近出土，象征守卫茂陵地宫的神兽。蓝田玉质，青色。兽面形，巨目，直鼻，露齿。左眉刻成回首反顾的朱雀，右眉刻成玄武。兽首左侧是升腾的青龙，右侧是曲体的白虎，构图奇巧，别具匠心。鼻端下垂成衔环的圆钮，可惜已残断。背面光素无纹，留有铆孔，孔内尚遗有金属残迹。现藏于陕西茂陵博物馆。

汉代郡国要向朝廷贡献方物，但很多郡国因路途遥远，运费往往超过货物的价格，而且货物长途运输容易损坏变质。武帝元鼎二年（前115），桑弘羊针对这一问题，提出了“均输法”。所谓“均输法”，就是在中央设置均输令，地方设均输官，专门负责均输事宜，即把征调贡物和官营商业结合起来，凡是各郡国应贡物品，一律改由当地出产、价格低的物品抵充，然后将该贡物运往需要的地区出售，“输者既便而官有利”。作为“均输法”的补充，桑弘羊又提出“平准法”，即在京师设置平准官，进行官营商业管理，平抑物价，调剂供需，节制市场。均输平准，实际上是将富商大贾的致富术变为官营商业的生意经，在全国范围内进行大规模的商品收购和转卖，有效调剂物资供应，控制市场。

动荡危机

汉武帝在位的五十多年，推动了封建制度的全面发展，确立了中国传统政治体制中央集权和尊崇儒家这两个主题，打造了封建王朝的鼎盛局面。然而武帝对外连年征战，对内重用酷吏，执法严苛，也带来了严重的弊端和社会问题。

武帝为了打击地方豪强势力，大量任用酷吏，以严刑酷法镇压反抗，不但株连甚重，还导致了大量中等人家趋于破产。武帝本人虽然能够不拘出身地提拔人才，但他使用人才得心应手的时候自然是君臣相得，一到不合心意的时候动辄诛杀，灭人三族。汉朝初年丞相职权极重，在礼节上也与诸侯王相同，尊贵无比。然而武帝一代对大臣督责苛严，三任丞相李蔡、严青翟、赵周都先后下狱诛死，一时弄得人人自危，丞相一职竟成为人人害怕的官位。大臣公孙贺被选用为丞相后，当场就对着汉武帝磕头大哭，自称干不了这样的要职。但他最终还是没推掉这个职位，几年后就在巫蛊案中被族诛。以丞相之尊尚且如此，其他大臣就更不用说了。

由于武帝连年用兵，与匈奴等周边民族战事不断，每次大规模的战事少则动员将士数万，多则达到几十万，为军队转运粮食、物资的丁壮更是不可计算。因此，农民要承担大量的兵役和徭役，严重耽误了农业生产，社会矛盾空前激化。除了连年战争外，武帝从元鼎二年（前115）起，大兴土木，屡修宫室，先后营建了建章宫、明光宫、柏梁台。长安周围还建有长杨宫、五柞宫等六宫。为了便于巡游，武帝还在各地大建行宫，消耗了大量的人力和财力。大修宫室之外，武帝巡游无度，元光二年（前133）以后，武帝多次携带文武百官巡游全国各地，见诸史册的就达二十余次之多，其巡游的次数之多，范围之广，花费之大都超过了秦始皇，让西汉的财政雪上加霜。

巫蛊之祸

除了社会矛盾尖锐、财政危机恶化之外，迷信鬼神的武帝还在小人的挑唆下，在统治阶层内部发动了一场被称为“巫蛊之祸”的政治风暴。“巫蛊”在汉代由来已久，很多人固执迷信，将某人的名字刻在木偶人身上，通过巫师写上各种恶毒的语言，便能起到诅咒某人的作用。武帝到了晚年迷信方士神巫，加上年迈体弱，不免多疑健忘，猜忌固执，他总是疑心有人用“巫蛊”诅咒的方式谋害自己，于是就指使酷吏清查使用“巫蛊”之人，形成了空前的政治风波。征和二年（前91），有人举报丞相公孙贺的儿子公孙敬声与阳石公

> 朱雀衔环杯·西汉

见日之光透光镜·西汉

主私通，指使巫者诅咒武帝。武帝立刻下令将名将公孙贺全家抄斩。几个月后，大将军卫青之子卫伉被指控与公孙敬声“巫蛊”案有关。武帝丝毫不念旧情，将卫氏全族老少处死，太子刘据的母族被斩尽杀绝。然而这并不是事件的结束，征和二年（前91）秋，汉武帝来到咸阳甘泉宫养病，掌管惩处巫蛊事件的直指绣衣使者江充害怕武帝死后太子即位对自己不利，就借“巫蛊”陷害太子。不甘心坐以待毙的刘据调动卫士，逮捕了江充，将其斩首示众。这时长安城中纷扰动乱，都传言太子造反。

身处甘泉宫的武帝信以为真，派丞相刘屈氂率兵镇压。经过五日激战，太子战败，弃城逃走。武帝下令将太子刘据的门客全部处死；追随其起兵的家臣和官吏士卒，一律按谋反罪满门抄斩。随后，武帝派遣使臣携带诏书来到未央宫，收缴卫皇后的印玺和绶带，卫皇后被迫自尽。太子逃离长安后，隐藏在湖县（今河南阌乡西南）泉鸠里一个编织草鞋的贫民家中，食不果腹。太子无奈之下派人去找当地的一个朋友求助，结果被官府发觉。官府立即派人包围了太子的藏身之处，绝望中的太子自杀，两位皇孙全部遇害，幸存者只有皇曾孙刘病已，这个仅有几个月大仍在襁褓中的婴儿也被投入了监狱。

征和三年（前90），经官府证实，“巫蛊之祸”中的案件大多查无实据，大家都认为太子是受江充陷害惶恐不安而被迫起兵自保的，没有任何谋逆的企图。一个叫田千秋的郎官上书为太子鸣冤，说做儿子的擅自调用父亲的军队，其罪不过是受鞭笞的惩罚。武帝大为感动，下诏将江充满门抄斩，丞相刘屈氂被灭族。随后，武帝在长安修建了思子宫，在太子殉难的湖县筑归来望思之台，以表达追悔之心，以示怀念之意。征和四年（前89），武帝颁布了著名的“轮台诏”，承认自己的一系列政策存在过失。后元二年（前87），武帝驾崩，八岁的皇子刘弗陵登上皇位，是为汉昭帝。十三年之后，汉昭帝去世，在大臣霍光的主持下，汉武帝的曾孙刘病已，被扶立为皇帝，是为汉宣帝。宣帝即位后，继续执行武帝晚年休养生息、发展生产的政策，汉朝的国力得到恢复，西汉盛世得以延续。

历史断面

司马迁与《史记》

司马迁（约前145或135—？），字子长，左冯翊夏阳（今陕西韩城）人。他出身于史官世家，年轻时曾游历各地，体察各地风土人情，为以后的撰述打下坚实基础。后来，他有机会遍览皇家藏书，为撰述做了文献准备。当司马迁一心一意撰写《史记》时，因为名将李陵辩护而遭受腐刑。受此奇耻大辱，司马迁痛不欲生，但他依旧忍辱负重，终于完成《史记》这一史学名著。《史记》，原名《太史公书》，全书共130卷，52万余字，是上起传说中的黄帝，下至西汉武帝时代的纪传体通史。《史记》以记载人物的《本纪》《世家》《列传》为主，以《表》《书》为辅，综合编年、纪事诸史书文体之长，创造性地继承了先秦史学的成就。剪裁精当，叙事严谨，文笔灵动，故而鲁迅先生誉之为“史家之绝唱，无韵之离骚”。

关键词：凿空之旅 / 丝绸之路

开辟丝绸之路

■ 两汉时期

两汉时代，汉朝政府与周边及域外各民族和国家进行广泛的交往。西域诸国为了自身的生存需要，向外进行民间贸易往来，实际上构成了丝绸之路的雏形；汉朝政府对西域的开发及苦心经营，对丝绸之路的开通和畅顺更是至关重要。各国使节频繁往来，随之而来的商旅、僧侣络绎不绝，终于实现了东西方连接的梦想。中国、印度、希腊、罗马等各具特色的文明，在中西交通的中间地带——西域地区汇合、交融，从而缔造了举世瞩目的西域文明。

初通西域

西域是见诸中国史籍的一个地理概念，泛指甘肃玉门关、阳关以西的广大地区。历史上狭义的西域指今敦煌以西到新疆全部；广义的西域则可远至中亚、西亚、印度半岛、北非以及东欧部分地区。

汉代以前直至远古时期的新疆地区，基本没有确切系统的文献记载，故称“史前西域”。西域一带地理环境特征分明：以天山为界，天山以北的地区属于温带干旱半荒漠和荒漠气候，适合畜牧业的生产经营，当地居民多具有游牧民族的特点。在这片土地上建立起来的国家，被称为“行国”，其中又以乌孙较为突出。乌孙极盛之时，是一个有十多万人口的骑马游牧部落，畜牧马、牛、骆驼、羊等，又以羊居多。“穹庐为室兮旃为墙，以肉为食兮酪为浆”，简明概括了乌孙人的饮食起居。天山以南地区属于暖温带极干旱荒漠气候，灌溉农业发达，当地居民多具有定居民族的特点，这里的国家称为“城郭之国”。各个绿洲上的国家情况有所不同，或以畜牧为主，兼营农耕，如鄯善等，因为仰仗邻国粮食，故而也称为“寄田仰谷”；或以农耕为主兼有畜牧，如于阗等。

汉武帝统治时期，听说西迁的大月氏与匈奴有仇，为了寻找讨伐匈奴的同盟军，两次派遣张骞出使西域。建元三年（前138），张骞一行一百余人从长安出发，但不久就被匈奴抓获，并押送到漠北的单于王庭，扣留十多年。后来，张骞逃离匈奴，继续西行，历尽辛苦，才辗转到大月氏。但大月氏人已经西迁，现居地肥沃，安居乐业，不再考虑向匈奴复仇之事。张骞在大月氏逗留一年多，始终没有说服大月氏。然而，张骞带回丰富的西域知识，是中原汉人闻所未闻的，大大开拓了人们的视野。河西一役，汉军打通河西通道。在此形势下，张骞建议武帝与乌孙结盟，共同打击匈奴。元狩四年（前119），张骞

^ 纳贡场面贮贝器·西汉

贮贝器是西汉时期西南地区的滇国特有的青铜器，其主要用来盛装货币——贝壳，同时还具有较高的艺术审美价值。这件贮贝器因为塑造了不同民族的人物向滇王进贡的场面，因而得名。现藏于云南省博物馆。

鎏金铜马·西汉

这件铜马出土于陕西茂陵汉武帝墓中。马高62厘米，马长76厘米，造型朴实稳重，通体鎏金，表面光洁度很高。根据考证，鎏金铜马是饲养在上林苑或御厩中的大宛天马的艺术造型。

再次奉命西行，企图招引乌孙东归。此时的乌孙国家分裂，国王年老，既对汉朝缺乏了解，又惧怕匈奴，张骞未能如愿。但乌孙使者随张骞来到汉朝，“乌孙使既见汉人众富厚，归报其国，其国乃益重汉”，从而开启两国交通往来。而张骞派遣出使大宛、大月氏、康居等国的副使，几年后多与出使之国的使臣回到汉朝，“于是西北国始通于汉矣”。

经营西域

西域归属汉朝统治以后，汉军在这里驻扎屯田，设置机构，做好了长期留守的打算。到了两汉之际，由于政局的改变与动荡，中原对西域的保护变得无力，匈奴乘虚而入，于是有了东汉班超的再通西域。

张骞出使西域后，汉朝每年都要向西域派遣使团，以求建立外交和通商关系。但这些使团，或受到匈奴的侵扰，或遭受西域小国的劫持，生命和财产安全受到严重威胁。汉宣帝神爵二年（前60），为了加强对西域的控制，汉朝在西域设置西域都护府，作为汉朝管理西域的最高行政军事机构，以监护西域南、北两道的安全畅通。西域都护相当于内地郡守，下设副校尉、丞、司马等属吏，有统率的军队。西域都护府的设立，标志着西域正式归属中央政权，这对于加强汉朝对西域的控制和军事管理具有重要意义，也有利于西域屯田的顺利进行和过往商旅的正常往来。伴随中原王朝的治乱和国力的兴衰，西域或归附汉朝，或臣服于匈奴；与中央政府的联系，或紧或疏，甚至完全断绝。

东汉光武帝初年（25），西域诸国无法忍受匈奴的沉重赋敛，相继遣使要求内属，请求汉朝派遣都护。光武帝刘秀考虑到天下初定，无暇西顾，予以拒绝。汉明帝时，汉朝政局安定，经济有所发展，反击匈奴、恢复中央政府在西域的统治已经成为可能。永平十六年（73），班超投笔从戎，跟随窦固出击匈奴，建立战功，崭露头角，受窦固器重，因此被派遣出使西域南道诸国。班超一行走南道，至鄯善。他因时行事，以“不入虎穴，焉得虎子”的豪迈气魄斩杀匈奴使者，安抚鄯善，威震于阗，靖定疏勒。明帝去世，汉朝尽撤西域屯兵，班超决定率部返回中原。疏勒等国害怕匈奴卷土重来，苦苦请求班超留驻西域，于阗王甚至抱住马腿，说：“依汉使如父母，诚不可去。”班超因而决定留驻西域。他在西域历尽艰险，苦心经营，使丝绸之路保持畅通。和帝之时，班超击败月氏，讨伐焉耆，使焉耆降服汉朝，“于是西域五十余国皆纳质内属焉”。班超在西域的军事外交实践，使这一地区和中原的联系空前密切，也为东西文化交流创造了必要的条件。班超再通并经营西域之功，其意义绝不亚于张骞初通西域之举。

值得一提的是，永元九年（97），班超派遣副使甘英出使大秦，即罗马帝国的东部地区。甘英抵达条支海滨（今波斯湾），无功而返。即便如此，此行仍加深了汉朝对沿途各地情况的了解，开阔了视野。永元十二年（100），一个罗马商人使团到达洛阳，这是中国与欧洲有据可寻的首次交往。汉桓帝延熹九年（166），大秦王安敦派遣使者从海路辗转来到洛阳，敬献象牙、犀角等礼物，中西方开始了有明确历史纪年的官方交往。

丝绸之路

19世纪后期，德国地理学家李希霍芬第一次提出“丝绸之路”的概念。“丝绸之路”是古代中国通向西方的贸易通道，从今天的西安出发，经新疆分南北两路，越过葱岭，到达中亚、西亚各国，再由这些国家转道至欧洲。其实，中国通过丝绸之路向外输出的物品远不止丝绸一宗，但以丝绸最为有名。从公元前2世纪起，以后的千余年间里，中国的丝绸通过

^ 高昌故城遗址

高昌城建成于公元前1世纪，是西汉王朝在车师前国境内的屯田部队所建。《汉书》中最早提到了“高昌壁”。《北史·西域传》记载：“昔汉武遣兵西讨，师旅顿敝，其中尤困者因住焉。地势高敞，人庶昌盛，因名高昌。”

大宛，源源不断地经由这条商路远销地中海世界，成为国际市场上闻名遐迩的畅销商品，此路故而得名。早在张骞通西域前，西域绿洲诸国为了自身的存在与发展，必须谋求各个绿洲之间的合作，互通有无，无形中沟通了绿洲之间的交通路线，形成相对稳定的商道，奠定了丝绸之路的雏形。张骞通西域，使绿洲之间的联系更为密切，东西方之间的联系又借汉朝的政治力量进一步加强，使丝绸之路得到实质性开发。东西方彼此间物质、技术、文化的互相需要，是丝绸之路得以开通的根本性原因。各国商旅的贸易往来、使节的频繁交通，都对丝绸之路的实质性进展作出了重要贡献。

丝绸之路沟通了东西方的贸易往来。中国的丝绸、漆器、铁器及其他手工艺品输入西方；中亚和西亚的一些植物品种，如葡萄、苜蓿、石榴、胡桃等，盛产于康居等国的皮毛，月氏、安息、大秦的毛织品及各种珍奇异兽，如琉璃、琥珀等也输入中国。精通天文、农业、水利、冶金等各种技术的人才移居西域地区，对于推动当地生产技术和科学进步，都有至关重要的意义；西域地区具有波斯、印度风格的乐舞、美术、生活用品，如胡坐（靠椅）、胡床（折叠椅）等，一时间也引得西汉皇室、贵胄、官僚的竞相效仿，风行一时。西域南北两道城郭诸国在丝路贸易中是重要的商品集散地。丝绸之路的开通，也使得中国与西方文明频繁接触，交流持续不断，而西域则成为各个文明的交汇、融合之地。汉代，不仅有陆路丝绸之路的开放，几乎同时也有海上丝绸之路的拓展。东南沿海擅长航海的百越民族，沿着大陆边缘的海岸，经过长途航行，到达东西方海上交通的汇聚地南印度洋海岸，进行各种物品，主要是奢侈品的交易。随着历史的发展，海上丝绸之路的地位和作用日渐突出。

历史断面

佛教东传和白马寺建成

佛教在西汉末期已从西域传入中国。东汉明帝永平七年（64），派遣郎中蔡愔和博士秦景前往天竺求佛经。永平十年（67），他们与天竺的两位沙门（高级僧人）带着佛像和佛经回到洛阳。汉明帝接见了天竺僧人，并把他们安置在东门外的鸿胪寺。第二年（68），又命人在雍门外另建住所，天竺僧人就在这里翻译佛经，他们所译的《四十二章经》是中国现存的第一部汉译佛典。由于驮佛经回来的那匹白马也饲养在其中，这处住所就被命名为白马寺。白马寺是佛教传入中国后建立的第一所寺院。

关键词：民族大迁徙

汉与匈奴的和战

■ 两汉时期

两汉时代，汉朝周边的少数民族不断向中原地区发展。汉朝中央政府基于实力的强弱，或采取和亲政策，或采用军事手段，积极拓展疆域，加强对民族地区的控制，力求实现国家的“大一统”。战争与和平并存，交流与融合共生，从而形成了中国文明的显著特征——多民族、多样化的统一局面。在众多的民族中，匈奴与汉王朝的对抗最为激烈，引发的战争竟绵延数百年之久。

匈奴文明

匈奴具有悠久的历史，是过着“逐水草而居”生活的游牧民族。匈奴人

> 玉仙人奔马 · 西汉

这件玉饰出土于陕西咸阳，塑造了一个飞驰于云端的天马上承载着一个羽人的形象。汉代认为仙人们浑身长满羽毛，因此玉雕的羽人像大多遍身羽毛，肩生羽翼，这符合当时人们心目中的仙人形象。

^ 匈奴金冠 · 西汉

该物品于内蒙古鄂尔多斯杭锦旗的匈奴墓地出土。冠的主体造型是一只展翅的雄鹰站立在一个刻有狼羊咬斗纹的冠状体上，俯瞰着大地；额圈由三条半圆形金条榫铆插合而成，上有浮雕卧虎，卧式盘角羊和卧马造型，中间部分为绳索纹，这是目前国内发现的唯一一件匈奴王金冠饰。现藏于内蒙古博物馆。

吃苦耐劳、骁勇善战。

匈奴的历史始见于《史记 · 匈奴列传》，“匈奴”是匈奴对本族人的自称，例如匈奴首领单于曾派遣使者致书汉文帝，书中有“天所立大匈奴单于，敬问皇帝无恙”等语。匈奴人又自称为“胡”，《汉书》曾记载匈奴单于致书汉武帝，书中有“南有大汉，北有强胡。胡者，天之骄子也”的话语。因为匈奴人自称为胡，所以秦汉时期，“胡”为匈奴的专称。匈奴政权结构最主要的特点就是军制与政制相结合，是游牧性质的军事政权。单于是部落联盟的最高首脑，总揽军政及外交大权，由左、右骨都侯辅政。诸大臣由贵族担任，世代相袭为官。左、右贤王是匈奴政权在地方上的最高长官。因为匈奴尚左，所以左贤王是单于的继承人，经常让太子担任。左、右贤王之下有左、右谷蠡王和左、右大将等，他们既是部族首领，也是军事将领。部族首领之下，又有千长（千骑长）、百长（百骑长）、什长等中下级带兵长官，分领数量不等的骑兵，指挥作战。匈奴最强盛的时候，军队由二十四部族组成，各部族的兵力，多者万人，少则千骑，总计有骑兵三十万。这种军事编制使匈奴兵民合一，聚集大量人马，随时可以举国出征。他们对外掠夺和压迫邻近各族，统治被征服地区；对内则保护贵族的私有财产，维护社会秩序。

在生活习俗上，匈奴人“随畜牧而转移”，过着游牧生活。为求得丰盛的水草，匈奴族随着畜群四处迁徙，居无定所。其衣食住行，大多仰于畜牧及相关产品。匈奴族的食物，以畜肉、乳浆和奶酪为主。他们以皮、革、裘等为衣，以毡毯为帐幕住处，其他物品多用皮革制成，如铠甲等。除畜牧业外，狩猎在社会经济生活中也占有一席之地；还有一小部分匈奴人从事农业，生产粮食。匈奴人这种以游牧业为主的经济，对自然环境有较强的依赖。如果遇到大的自然灾害，往往畜死人亡。这也决定了匈奴人长期游移不定、力量时强时弱、部族“时大时小、别散分离”的社会特性。匈奴人在战国中晚期进入铁器时代，掌握了冶铁技术，生产铁制工具，冶铁业逐渐成为一个独立的、有相当规模的手工业部门。从其出土的刀剑与汉式刀剑的相似性来看，匈奴是从中原地区那里接受了铁器文化。匈奴人非常重视与汉人互通“关市”，交换有无，以满足自身生产和生活需要。

根据文献记载，匈奴人只有本民族的语言，没有自己的文字，即“毋文书，以语言为约束”。匈奴人流行的乐器是胡笳，诚如《胡笳十八拍》中所言，“胡笳本自出胡中”。后来，胡笳传入中原地区，深受汉人喜爱。匈奴人的艺术，在题材上反映了他们的游牧和狩猎生活，例如出土的匈奴物品中，纹饰多以草原常见的动物为主题图案，或鹿纹，或马形等。匈奴人相信死后灵魂不灭，对于一些无法解释的社会现象和自然现象，都认为是鬼神在起作用。其祭祀天、地、日、月系自然崇拜，是为了求得天地、祖先、鬼神的护佑。他们尚“左衽”，多“披发”。一夫多妻的现象在匈奴贵族中很普遍，而收继婚即所谓的“父死，妻其后母；兄弟死，皆取其妻妻之”的习俗也还保留着。

和与战

因为气候条件的变化和对中原财富的觊觎，匈奴向南迁移，侵扰汉朝的控制区域；汉朝为了保护农业文明区域，进而实现天下一统，也积极向周边地区扩张。双方战争与和平并存，交流与融合共生。秦末之际，群雄逐鹿，争斗不已。此时此刻，长城以北的匈奴，也出现了王位更替。王位继承人冒顿射杀其父头曼单于，自立为单于。之后，冒顿单于率众东征西伐，灭东胡，驱月氏，降服楼烦等部，控制河西、西域诸国，并占领河套地区，建立了一个东自辽东、西逾葱岭、北达贝加尔湖、南抵长城的强大草原汗国。

汉朝初年，强盛的匈奴不断攻扰汉朝北方郡县，掠夺人口和财物。高祖七年（前200），刘邦借着平定投降匈奴的韩王信叛乱的余威，亲率大军征伐匈奴，结果被匈奴四十万精锐骑兵围困于平城白登山（今山西大同东北）达七天之久。后来，刘邦听从陈平计策，用重金贿赂冒顿单于的阏

> 铜错金博山炉·西汉

这件博山炉是古代焚香所用的香炉，出土于中山靖王刘胜墓中。炉身上部和炉盖雕刻成层层叠叠的山峦，点缀有树木、神兽、虎、豹等物，工艺极为精湛。现藏于河北博物院。

氏（相当于皇后）才得以脱身，至平城（今山西大同）与汉军会合。经此一役，刘邦认识到还没有实力抗击匈奴，只能忍辱含垢，等待时机。他采用娄敬的建议，与匈奴和亲，把宗室之女当公主嫁给匈奴单于，每年馈赠大量的丝织品、酒食给匈奴，并与匈奴互通关市，以减少侵扰。但和亲政策的作用不大，匈奴仍是不断侵扰，有时烽火警报竟逼近首都长安城。

经过汉初几十年的休养生息，汉朝国家实力大大增强。武帝即位几年后，认为再也不能执行屈辱的和亲政策，必须以武力对付匈奴，才能一劳永逸地解除北部边患，求得边境的安定。元光二年（前133），汉军于马邑（今山西朔州）附近设下埋伏，企图一举歼灭入侵的匈奴军队。匈奴人发觉汉军计谋，中途撤退，汉军无功而返。自此，汉朝与匈奴开始了旷日持久的战争。在汉军与匈奴作战的过程中，涌现出一大批卓越的军事将领，如"飞将军"李广、大将军卫青、骠骑将军霍去病等，他们精忠报国，留名青史，广为后人传颂。通过漠南战役、河西战役、漠北战役三次大规模的对匈奴作战，汉匈力量发生了改变，战争主动权不再只掌握在游牧的匈奴人手中。

玉猪·西汉

玉猪高5厘米，长13.5厘米，于西安市南郊山门口村出土。猪呈奔跑状，形态逼真。

匈奴的分裂与西迁

自第三次大规模反击匈奴的战争结束后，武帝适时调整国防战略，不再大规模出击，而是在保持军事压力的态势下，采取稳守边塞、和战结合的方针。西汉五凤元年（前57），匈奴终于分裂为东、西两部，这也是匈奴历史上第一次分裂。匈奴分裂之后，东匈奴在呼韩邪单于的率领下，归附汉朝，向南迁徙至长城一带，汉政府对之优待有加。

王莽当政时期，对匈奴实行错误的贬抑政策，汉朝与匈奴关系恶化，匈奴侵扰频繁，又一次成为严重威胁。东汉初年，经济破坏严重，对匈奴只能采取守势。当时由于匈奴也连年遭受旱蝗灾害，草木尽枯，人畜饥疫，死亡大半；又由于匈奴贵族内部争权夺利，内讧不断，又面临东方乌桓势力的逼迫，匈奴日逐王比率其所统辖的南边部众四五千人投奔汉朝。

建武二十四年（48），匈奴南边八部大人商议，拥立比为呼韩邪单于，遣使至五原塞（今内蒙古河套北），向东汉王朝表示“愿永为藩蔽，御北虏”。汉廷正苦于应付匈奴连年之侵扰，便接受了他的请求。匈奴于是分为南、北两部。南匈奴内附，边境得以安定，而原来内徙的边郡居民多陆续返回。南匈奴人入塞居住，缓慢内迁，与汉人杂居，逐步向定居和农耕生活过渡。

东汉和帝年幼即位，窦太后临朝听政，窦氏家族势力膨胀。窦宪凭借外戚辅政之机，仗势欺人，诛杀无辜。罪行被人揭露后，窦宪害怕被太后处置，故上书请求出击北匈奴以赎罪过。当时，北匈奴大乱，又遭遇干旱、蝗灾，部众、牲畜死亡严重。南匈奴也想乘机吞并北匈奴，上书请求汉朝出兵助战，窦太后遂决定讨伐北匈奴。永元元年（89），窦宪、耿秉率兵出征，会合南匈奴，与北匈奴战于稽落山（今蒙古汗呼赫山脉），大败北匈奴，斩首众多，俘获牲畜百万余头，北匈奴归降者约二十万人。窦宪与耿秉出塞三千余里，登上燕然山（今蒙古国杭爱山），令班固写铭，

带链双鹿纹铜牌·西汉

铜牌带链全长15.5厘米，双鹿呈交配状，反映了匈奴民族的生育崇拜。生育崇拜是早期社会的普遍现象，目的是祈求人丁兴旺、子孙繁衍。

刻石颂功而返。次年，汉军又击败伊吾地区的北匈奴。窦宪想乘北匈奴衰落之机，一举歼灭之，于永元三年（91）派军出居延塞，围击北匈奴单于于金微山（今阿尔泰山），终于彻底击溃北匈奴。自此之后，北匈奴余部或降附汉朝，或归附鲜卑，其余大部则离开故地而走上西迁路程。延续数百年的汉匈战争至此基本结束。

北匈奴大败之后，北单于逃亡，不知所终。西迁的匈奴人，历经厮杀血战，先到达西域地区，后又迁往中亚、东欧。大约从公元4世纪中后期起，匈奴人开始出现在欧洲大地上，时间是374年。罗马史学家阿密阿那斯·玛西里那斯的《历史》，是最早记录匈奴人的西方史学著作。他说：匈人从顿河以东向阿兰人展开进攻，遭遇顽强抵抗，双方激战于顿河之上。阿兰人以战车为主力，但敌不过勇敢善战的匈人骑兵，结果大败，国王被杀，民众降服。阿兰人被征服的消息传到东欧国家和罗马，这是他们第一次听到“匈人”这个名称，对其骤然来临感到十分恐慌，对匈人掠夺破坏的行为更是心惊胆战。匈人占领匈牙利平原后，逐渐建立起一个强大的匈奴帝国，特别是在匈奴王阿提拉时代，积极向外扩张，席卷欧洲大部。直到18世纪后期，法国学者才根据中国的历史记载，指出“匈人”就是中国历史上的“匈奴”。直到今天，大多数匈牙利人还认为自己是匈奴人的后裔。匈奴西迁，由此引起欧洲持久的“民族大迁徙”，也加速了东、西罗马帝国的衰落与灭亡，改写了欧洲历史的进程。

关键词：外戚专权/复古改制

王莽托古改制

■ 公元8年

作为外戚阶层的代表，王莽将自己的野心层层包裹在谦恭、仁义的外表之下，因此得以平步青云，大权在握。一旦时机成熟，他就毫不犹豫地撕下温情脉脉的面纱，将汉家天下据为己有，进行了一系列所谓的改制活动，最终改制成了一场闹剧，他本人也死于非命。因此后人作诗评价王莽说：“向使当初身便死，一生真伪复谁知。”

独掌权柄

西汉成帝时，朝政大权旁落到成帝的母亲、皇太后王政君手里。王太后有八个兄弟，除了一个弟弟王曼早死外，她把其他七个都封为侯，老大王凤更是官至大司马。王家权倾朝

> 长乐食官壶·西汉

这件官壶出土于河北满城陵山西汉墓，因为壶底刻有铭文“长乐食官”而得名。现藏于河北博物院。

^ 错金银云纹铜犀尊 · 西汉

这件犀牛尊形象写实，犀牛小耳圆眼，昂首挺立，其背上开有孔洞，体腔中空，可以盛放酒浆。现藏于中国国家博物馆。

野，兄弟子侄都十分骄横奢侈，只有王莽除外，王莽就是王太后早亡的弟弟王曼的儿子。王莽自幼丧父，他不但勤俭朴素，努力读书，连日常打扮也像一个普通的儒生。在家，他孝顺母亲，照顾寡嫂和侄子；在外，他结交贤士，对叔伯们也努力尽一个侄子的本分。大将军王凤病了，王莽衣不解带地照顾了几个月，每次喂药前都亲自尝过。王凤非常感动，临死前推荐王莽任黄门郎，王莽这才走上了仕途。几年之中，王莽接连被提升为骑都尉、光禄大夫，成帝永始元年（前16）被封为新都侯。

王莽官升得越高，为人越是谦恭，不但散财接济门下宾客，而且结交贤士和朝中文武官员，名声甚至超过了几位位高权重的叔伯。绥和元年（前8），38岁的王莽升任大司马。成帝死后，不出十年换了两个皇帝——哀帝和平帝。平帝即位的时候年仅九岁，国家大事由王莽作主。有些吹捧王莽的人说王莽是安定汉朝的大功臣，请太皇太后王政君封王莽为安汉公。王莽说什么也不肯接受。后来经大臣们一再劝说，他只接受了封号，把封地退了。元始二年（2），中原发生旱灾和蝗灾。王莽拿出一百万钱、三十顷土地当作救济灾民的费用。贵族、大臣也争相效仿，拿出土地和钱来赈灾。后来太皇太后把新野的两万多顷地赏给王莽，王莽又推辞了。王莽还派心腹分头到各地去考察风土人情，把自己不肯接受新野封地这件事到处宣扬。

元始四年（4），王莽把女儿配给平帝为皇后，他成了国丈，掌握了朝廷更大的权柄。但渐渐长大的平帝却对王莽越来越不满，因为王莽不准

彩绘陶六博俑·汉

六博与象棋相似，是一种以吃掉特定棋子为获胜的游戏，是早期的兵种棋戏。

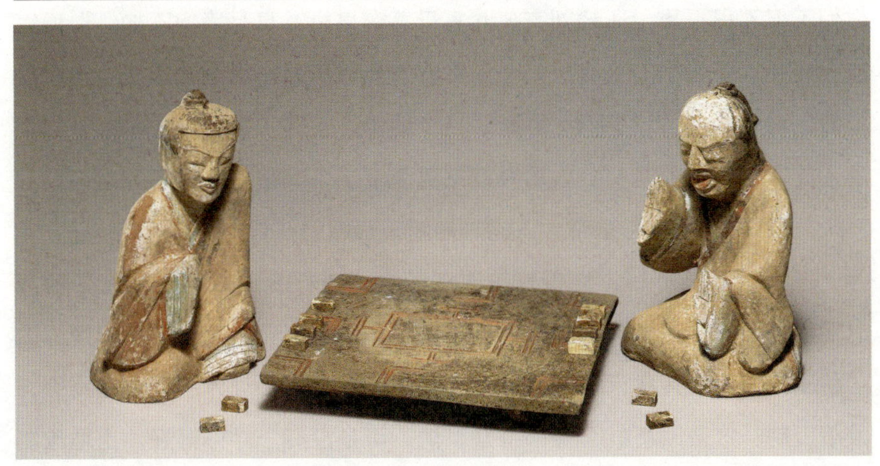

木雕马俑·西汉

平帝的母亲留在身边，还把平帝舅家的人杀光。平帝背地免不了说了些抱怨的话，传到了王莽的耳朵里。有一天，大臣们给平帝上寿，王莽亲自献上一杯毒酒，平帝就这样被王莽毒杀了。因为平帝没有儿子，王莽从刘家的宗室里找了一个两岁的孩子为皇太子，叫作孺子婴，王莽自称“假皇帝”（假是代理的意思）。有些文武官员想做开国元勋，劝王莽即位做皇帝。于是，有一批吹捧的人纷纷制造出许多迷信的东西来骗人，发现了“王莽是真命天子”的帛书，在汉高祖庙里还发现“汉高祖让位给王莽”的铜匣子。

托古改制

一直以推让出名的王莽这会儿不再推让了，决心自立为帝。他派安阳侯王舜去向太皇太后王政君索要皇帝的玉玺。太皇太后这才如梦方醒，她指着王舜的鼻子骂道：“王家依靠朝廷的恩赐才得到几代人的荣华富贵，你们不但不思报恩，还趁刘家孤儿寡母篡夺皇位，真是猪狗不如。”说完放声痛哭，不肯把玉玺交出来。王舜看着老姑母悲痛欲绝的样子，也泪流满面，劝慰她说：“事情已经到了这个地步，王莽一定要这枚玉玺，您难道还能守着不给他吗？”太后只好把玉玺拿出来，狠狠地摔在地上。公元8年，王莽正式即位称皇帝，改国号为新，都城仍在长安。

王莽做了皇帝后，打着复古改制的幌子进行变法。第一，恢复西周时期的井田制，把全国土地改为“王田”，不准买卖；第二，把奴婢称为“私属”，不准买卖；第三，设立一套全新的工商管理体制，评定物价，改革币制。这些改革听起来都是好事情，可是没有一件办得好。土地改制和奴婢私属，在贵族、豪强的反对下，一开始就没法实行，再加上各级官吏上下其手，无地的农民根本分不到土地，土地兼并问题反而更为加重；评定物价的权力掌握在贵族官僚手里，他们正好利用职权投机倒把、贪污勒索，不但不能约束大工商业者，使得国家和百姓获利，反倒加大了对人民的盘剥，增加了人民的痛苦。更为愚蠢的是王莽先后四次进行币制改革，废除汉代五铢钱及刀币，另外发行"宝货"，前后设立了28种货币，由于货币种类太多，换算起来又十分困难，因此流通非常不便，货币空前贬值，无形之中又夺走了老百姓的大量财富。

^ 始建国铜方斗·新莽

新莽始建国元年铜方斗，正立面浮雕朱雀纹，其余三面漆画黍、麦、豆、禾、麻纹。此斗容量与战国时期秦商鞅方升相合，说明自秦统一后，度量衡制曾长期处于稳定状态。

王莽这种复古改制不但受到农民反对，连大小地主们也强烈反对。三年以后，王莽改制因为违背经济规律、脱离社会实际，几近破产，王莽只得下令，王田、奴婢可以买卖。在同周边各民族的关系上，王莽一改西汉自昭宣二帝以来建立的平等友好关系，妄自尊大，使中央政府与周边民族的关系日趋恶化，引起了匈奴、西域、西南、辽东各地方政权的反对，连年战争消耗了国家的大量财富，无数士兵、百姓或阵亡战场，或流离失所，国家陷入了动荡不安、民不聊生的境地，农民不得不起来反抗，绿林军攻进长安，王莽被杀。

关键词：得陇望蜀

光武帝得陇望蜀

■ 公元25年～公元36年

在汉室沦落的时代，并不起眼的刘秀竟然挽救了汉室江山，两汉王朝得以绵延了405年之久，这在有史记载的封建社会中算是最长的，位居“亚军”的两宋王朝不过320年。刘秀之所以能成为力挽狂澜的人物并非偶然，他是一个既有雄心壮志又有雄才大略的皇帝，“得陇望蜀”正是他政治抱负的表现之一。

绿林与赤眉

王莽代汉建新不久，就推出了一系列改制措施，这些政策制定之初本就缺乏深思熟虑，一遇挫折，又朝令夕改，令老百姓手足无措。再加上天灾连年，各地流民遍野，起义的烽火燃遍关东，而其中势力最大的就是绿林军和赤眉军。绿林军活动于荆州（今湖南、湖北部分地区），一度以当阳（今属湖北宜昌）境内的绿林山为根据地，因而得名；赤眉军则活动于汝南、颍川、陈留等地（今山东、苏北、河南一带）流动作战，因为所部战士以朱涂眉，因而号称“赤眉军”。随着农民起义如火如荼，汉室宗族和地方豪强也纷纷举起了反莽大旗，宗室刘玄和南阳的豪强地主刘縯、刘秀兄弟就是其中的代表。在这些宗室、地主势力的加入和影响下，

> 汉光武帝刘秀像·清

经过长达12年的统一战争，刘秀先后平灭了关东、陇右、巴蜀等地的割据政权，结束了自新莽末年以来长达近20年的军阀混战与割据局面。刘秀在位33年，兴儒学、崇气节，其统治时期被后世史家推崇为中国历史上的盛世。

起义队伍的战斗力更加增强，也有了更为明确的政治目标。地皇四年（23），绿林军建立了更始政权，拥立刘玄为皇帝，史称更始帝，刘秀的兄长刘縯被任命为大司徒。当年六月，王莽派出司空王寻、司徒王邑前往洛阳，征发天下州郡军队四十二万人围攻绿林军据守的昆阳（今河南叶县）城。结果昆阳一战成了刘秀的"个人指挥秀"，有勇有谋的刘秀不但说服其他义军将领在敌众我寡的情况下坚守昆阳，还突出重围寻求援军，最终里应外合，全歼了王莽的数十万大军。当年九月，绿林军攻入长安城，王莽被长安商人杜吴杀死于渐台，新朝灭亡。

然而攻占长安后，更始政权不但没有收拢人心，反而极为迅速地腐化堕落了下去，内部也自相残杀，完全没有新兴政权的蓬勃态势。更始三年（25），赤眉军攻入关中，灭亡更始政权。可赤眉军仍然是只知破坏，不知建设，再加上关中发生了大饥荒，赤眉军缺乏粮食供应，士气低落，只得退出长安，重新走上了流动作战的道路。

刘秀称帝

就在长安城风云变幻之时，身为绿林军大将的刘秀早已在河北州郡开创了基业。早在昆阳之战结束后，刘秀的兄长刘縯就因为功高震主，被更始帝杀害。刘秀为了逃过杀身之祸，强颜欢笑，甚至主动向更始帝谢罪，这才没有遭到株连。绿林军攻占长安后，刘秀用重金收买更始帝的大臣，这才得以以大司马的职务北渡黄河，经营河北州郡。到建武元年（25），刘秀在南征北战三年之后，终于成为“跨州据土，带甲百万”的一方势力。当年十月，刘秀在鄗县（今河北柏乡县北）即皇帝位，年号“建武”。不久，刘秀的军队收降了据守洛阳的更始部队，进入洛阳城，并决定以洛阳为都城。因为洛阳在长安之东，所以刘秀政权也被称为东汉政权，刘秀也就成了后人所称的汉光武帝。定都洛阳后，光武帝派大将冯异率大军西征，全力镇压流动中的赤眉军。建武三年（27）闰正月，饥饿疲惫的赤眉军跋涉数百里撤退到宜阳（今河南宜阳）时，才发现冯异已率领大军在此列阵等候。肚子空空的赤眉军在毫无作战准备之下骤遇大军，士气崩溃，根本无法作战，只好投降，赤眉军彻底败亡。

消灭更始和赤眉之后，光武帝接下来要做的就是消灭各地的割据势力，完成统一大业。西汉末年的全国动乱造就了许多的武装割据势力，比如割据于山东的张步政权、割据于梁地的刘永政权、割据于庐江的李宪政权、割据于陇西的隗嚣政权、称帝于巴蜀的公孙述政权，等等。在这些割据政权中，对刘秀威胁最大的是刘永政权，刘永本人也是西汉宗室，他占据了山东西部、安徽北部一带广大土地，还和张步、李宪等人结成三角同盟，共同对抗东汉政权。光武帝采取擒贼擒王的战略，一上来就主动攻击刘永，于建武二年（26）和三年（27）两次围攻刘永政权的都城睢阳（今河南商丘南），刘永兵败身亡。接着，刘秀继续用兵，迫降了张步，擒获了李宪。到建武五年（29），北到幽燕、南至荆襄的割据政权基本为刘秀所消灭。

得陇望蜀

东方和东南的割据势力基本平定后，妨碍刘秀统一天下的主要对手

>《帝鉴图说》之拒关赐布·明

就剩下了陇西的隗嚣和巴蜀的公孙述了。为了减少抵抗，光武帝首先采取了政治诱降的政策，目标直指实力较弱的隗嚣。建武四年（28），刘秀给占据河西、与陇西相邻的地方势力窦融集团写了封劝降信，劝窦融放弃武装割据，并允诺封窦融为凉州牧。窦融认为刘秀兵强马壮，号令严明，有统一天下的气象，就归附了刘秀。窦融归附后，光武帝继续劝降隗嚣，后者一味虚与委蛇，一面派出部将马援前往洛阳沟通联络，一面又与巴蜀的公孙述保持联系。光武帝也看出了隗嚣想继续割据的心思，便要求隗嚣将长子隗恂送来洛阳作为人质，被隗嚣拒绝。建武七年（31），光武帝要求隗嚣配合汉军进攻公孙述，又被隗嚣婉言拒绝了。光武帝极为生气，对负责联络双方的马援也非常不满，马援只好给隗嚣写信，劝说隗嚣不要一错再错。可隗嚣完全听不进去，决心与光武帝开战。刘秀知道劝降已经不起作用，就亲率大军西征，在会合了窦融的凉州军队后，分兵数路进攻陇西。建武八年（32），眼见汉军大兵压境，再加上老熟人马援已归顺刘秀，四处游说，隗嚣手下的十多员大将相继投降。建武九年（33），众叛亲离的隗嚣病死，汉军趁机发动总攻，终于于次年十月彻底平定了陇西。

建武十一年（35），光武帝派岑彭与大将吴汉水陆并进，从东路入蜀，派来歙和大将盖延从北路入蜀，公孙述的巴蜀政权已经处在风雨飘摇之中了。公孙述当然不甘心，于是派出刺客暗杀汉军北路主将来歙。来歙被杀的消息传到洛阳，光武帝悲痛欲绝，决定亲自领军征讨巴蜀，为来歙报仇。这年七月，岑彭的大军已经深入巴蜀两千多里，灭蜀只

灰陶说唱俑·东汉

这件陶俑赤裸上身，下着长裤，布满皱纹的脸上满是笑意，还半吐着舌头做滑稽状，真实刻画出了东汉地主豪强驱使艺人表演的场景。这件陶俑是东汉陶俑中难得的珍品。现藏于四川省博物馆。

在顷刻之间。公孙述这时大为恐惧，可他仍然不肯投降汉军，派刺客假称是逃亡的奴仆，投降了岑彭，又在夜里刺杀了岑彭。这下汉军被彻底激怒了，更加勇猛地同公孙述的部队作战。第二年（36）十一月，吴汉率领的大军包围了成都。这时，光武帝依然给了公孙述机会，他写信说："不要因来歙与岑彭的事而自疑，现在投降，宗族还可以保全。"但公孙述仍不肯降，吴汉便大举进攻。在战斗中，公孙述负了重伤，当晚便死了。第二天，公孙述的大将延岑开城投降，巴蜀地区也终于归入了东汉的版图。

"得陇望蜀"这个成语在后世被用来比喻人的贪婪之心，而在当时，光武帝的"得陇望蜀"却是一种统一天下的雄心壮志。也正是因为他有此雄心壮志，光武帝才可能在两汉之交、天下纷乱的时候异军突起，冲破重重阻碍，恢复了汉室王朝，登上了皇帝的御座。

历史断面

班固与《汉书》

班固（32—92），东汉史学家，他从小接受良好家学熏陶，博览群书，其父亲班彪曾写成《史记后传》65篇，可惜尚未完成便去世。永平七年（64），汉明帝命班固完成西汉一代国史，班固撰写《汉书》的事业被皇帝认可。他积二十余年的时间，至汉章帝时大致完成全书。《汉书》记载西汉一朝12世210年的历史，分纪、表、志、传四部分。纪、表，叙述历史大事和历史进程；志，记述典章制度；传，写各种历史人物，兼有少数民族历史。《汉书》纪事翔实，结构严谨，上下洽通，详而有体，是中国历史上第一部纪传体断代史。

关键词：党锢之祸

外戚与宦官擅权

▪ 两汉时期

两汉之时，每当册立皇后或是太后临朝之际，其姻戚多受赏封爵，有的还被委以重任；而皇帝驾崩或是新君即位之时，外戚多参与辅政，执掌大权。但两汉时代也有不尽相同之处：西汉外戚秉政，多涉及权力如何交接的问题；东汉则是外戚集团与宦官集团为权力而展开争夺与厮杀。自汉和帝起，皇帝多年幼即位，外戚集团借易于接近皇帝之机，利用皇帝的软弱可欺，掌握朝中大权。宦官则利用皇帝逐渐成年、急欲摆脱外戚而亲政的心理，合谋铲除外戚势力，取而代之。外戚集团与宦官集团数番轮流执政，残酷争夺，危害无穷。

外戚秉政

东汉的外戚秉政始于汉和帝时期的窦氏，中经安帝时期的邓氏、阎氏，到桓帝时期的梁氏而至于顶峰。汉顺帝死后，梁太后抱着两岁的儿子登基，是为冲帝。冲帝在位不及一年便死去。为了继续掌握朝政大权，梁太后与兄长梁冀密谋，从皇族中选定一个年仅八岁的孩子为傀儡，是为汉质帝。质帝初立，不满梁冀骄横，称他为“跋扈将军”，竟然被梁冀毒杀。接着，梁太后和梁冀又选立十五岁的刘志即位，是为汉桓帝。梁冀为大将军平尚书事，把握朝政近二十年，恣意妄为，违法乱纪。当时百官升迁，都要到梁冀门下谢恩，接受他的种种要求，然后才到尚书机关报到。正直不阿的官员，往往被梁冀陷害乃至杀戮。四方进献奇珍异宝，都要将等次最优良的送到梁冀宅中。他还大兴土木，营造第舍，广开园囿，采土筑山，修建林苑，如同皇家园林一般。梁氏一门中，有七人被封侯，三人为皇后，六人为贵人，二人为大将军，其余担任卿、将、尹、校者五十七人。梁冀权倾内外，百官侧目，莫敢违命。

宦官专权

宦官是指经过阉割失去正常性能力后进入皇宫侍奉皇帝及其家族的男性官员。史书上对宦官称谓很多，如“阉宦”“中官”“太监”“内

^ 鎏金镶嵌兽形带砚铜盒·东汉

神兽的头部和背部为盒盖，下颌与腹部、四肢为盒体，周身镶嵌多颗宝石和绿松石，华美异常。现藏于南京博物院。

地动仪模型

东汉顺帝阳嘉元年（132），东汉科学家张衡制造出了著名的地动仪。地动仪的外部有8条龙，每一个龙头的口中都衔有一颗铜丸，在底座周围则有8只张着口的蟾蜍和龙头相对，以便随时接住从龙口中落下的铜丸。一旦发生了地震，地动仪就会受到震动，就会有一条龙嘴吐出铜丸，只要知道哪一条龙受到触发，就可以知道地震来自什么方向。张衡制成的地动仪是人类历史上的首创，直到一千多年后，欧洲才制造出类似的仪器。

臣”，尊之称为“公公”，贬之称为“宦孽”等。中国的宦官制度产生可以追溯到父系氏族社会时期。在父系氏族时期，部落首长和奴隶主死后，要将财产、权力传承给自己的后代，他必须保证自己后代血统的纯正，阉割身边的男性家奴就是一个重要手段。历代帝王使用宦官，最基本的考虑也是如此。《周礼》中对带有各种职衔的宦官的人数、职掌已有明确记载。这时宦官只是家臣的一部分，人数不多，主要担负看守宫门、传达命令、侍奉起居等杂役，地位低贱。到了封建社会，帝王为了保证自己的权力，加强对官员的控制，在正常国家政治体制之外寻找可供利用的力量。侍奉君侧的宦官没有正式的官职，属于皇帝个人财产，可以随意处置，所以他们容易得到君王的宠信，能对君王施加某些影响，甚至参与政治。正因为这样，宦官制度与以皇帝为中心的封建中央集权的政治制度有密切的联系。

东汉初建，光武帝就令宦官担任皇宫中原先由士人担任的官职，以便能够直接控制，随心指使。因数量有限，且控制有力，宦官并没有造成什么危害。自明帝时情况发生变化，先是宦官的数量增加，后又频频参与政治权力争夺，成为皇帝极力拉拢的对象和得力助手。宦官集团虽然与外戚集团有短暂的共同秉政的情形，但更多的是二者势不两立、有我无你的厮杀。

在扫除外戚窦氏的斗争中，宦官郑众出谋出力，永元十四年（102），和帝封其为侯，参与朝政，这是宦官封侯参政，成为贵族的开始。安帝、桓帝都曾借助宦官势力铲除外戚邓氏、梁氏，对宦官言听计从，信任异常。建宁元年（168），宦官曹节等抢先动手，利用以往对禁军的控制，诛杀外戚窦武势力，收捕其宗亲、宾客、姻属等，并将其门生

石兽·东汉

这件石兽出土于陕西省咸阳市。它又称为“天禄”，是祥瑞动物之一。这种异兽一般作为陵墓雕刻，用来辟邪驱恶。石兽张口露齿，双耳竖立，头部高昂，颈上长须成束伏垂至胸前。它躯干劲瘦挺拔，四肢粗壮有力，跨步欲前行，四爪坚定着地，威武遒劲，蕴含着勃发的力量和生机。

^《历代贤后故事图》之邓太后戒饬宗族·清·焦秉贞

《历朝贤后故事图》是清代宫廷画家焦秉贞所绘，题材取自历代有良好德行的皇后、太后的故事。此图人物为东汉少有的贤明皇后邓绥，她在和帝去世后，以太后之尊处理朝政，对邓氏一族严加管束，深得大臣和百姓的尊敬。画家绘此画册就是借她们的懿德来宣传封建的伦理纲常，给宫廷里的妃嫔们树立行为楷模。

故吏免官禁锢。自此之后，宦官把持朝政，横行天下。灵帝甚至公开说：“张常侍（张让）是我公，赵常侍（赵忠）是我母。”一时之间，“宦官得志，无所惮畏”。当权的宦官大兴土木，聚敛钱财，诬害忠良，使桓帝以来的政局更为黑暗。而他们的奴仆和在地方上的亲戚往往也仗势贪财暴敛，危害一方。

中平六年（189），灵帝去世，何太后临朝，太后兄长大将军何进秉政。他与司隶校尉袁绍合谋诛灭宦官集团，但是何太后不答应，所以迟迟没有动手。最后何进采纳袁绍的建议，私自召西北地区的重要军事将领董卓带兵进京，作为武力依靠，以胁迫太后诛灭宦官集团。但是何进寡谋少断，迟疑未决。宦官势力战战兢兢，决定殊死一搏。张让等十余人在何进入宫之际，斩杀何进。司隶校尉袁绍率兵进宫，收捕宦官，无论老少统统处死，甚至是包括那些没有胡须的人。宦官张让等投河而死，东汉的宦官势力从此基本被清除。

党锢之祸

在东汉外戚和宦官争权的过程中，部分士大夫和太学生出于对人民疾苦的同情，以及对宦官子弟贪婪残暴的不满，进行了一系列的反对宦官专权的斗争，其中的代表人物就是李膺、陈蕃。李膺饱读经书，又深有武略，曾经多次率兵打败入侵的鲜卑人，所以声名远扬，受到士人的推崇与爱戴，人们把受到他接待称为“登龙门”，甚至有人能以为他驾车而感到自豪。延熹九年（166），巫师张成常以神仙方术迷惑众人，还和宦官们勾结在一起。有一次，张成从宦官处得知朝廷将发布大赦，赦免天下的死囚，他为了显示自己法术通神，就让自己的儿子无端杀人。时任司隶校尉的李膺立即下令逮捕了张成的儿子，关押审问。不久后，桓帝果然下达了大赦诏书，张成得意扬扬地让李膺放出自己的儿子。李膺非常气愤，不顾大赦的命令，将张成的儿子处斩。这一下，宦官集团大为恼怒，便唆使张成的徒弟向皇帝上书，诬告李膺等人大逆不道。桓帝听信了宦官和巫师的谎言，下令在全国范围内逮捕所谓李膺一党，一下子就逮捕了二百多人，并在狱中对这些无辜的书生严刑拷打。第二年，迫于舆论压力，再加上士大夫阶层的营救，桓帝不得已赦免了众人，却让这些人各归乡里，禁锢终生，永不录用。第一次党锢之祸算是平息下去了。

永康元年（167），桓帝去世。因为桓帝没有儿子，窦皇后与父亲窦武商议迎立宗室之子刘宏入嗣帝位，这就是汉灵帝。刘宏当时只有十三岁，窦皇后以皇太后的身份临朝听政，任命外戚窦武为大将军，还起用了党锢的士大夫陈蕃。在陈蕃的建议下，窦武打算诛杀大宦官曹节、王甫等人。然而由于谋事不密，宦官集团抢先下手，窦武、陈蕃事败被杀。此后，曹节、王甫、侯览等人掀起了第二次党锢之祸，这一次的党锢之祸更为惨烈，包括李膺、范滂在内的数百名士子都死在酷刑之下，株连罢官、流放徙边者也有六七百人。至此，朝野内外有气节的官员几乎被一网打尽，东汉政治进入了最黑暗的时刻。

历史断面

许慎编著《说文解字》

《说文解字》作于东汉和帝永元十二年（100），作者许慎。全书30卷，收字9353个，另有重文（古文、异体等）1163个。此书完全改变了周秦时代训诂词典的方法，开创了系统全面解释字的形、音、义的新体例，构成了严整的字典编纂格局，所释字以小篆为主体，分析字形结构，根据不同偏旁，分列为540部，部与部的排列顺序以部首的笔画和形体结构近似为准则。《说文解字》是中国第一部系统分析字形、解说字义、辨证声读的字典，开创了中国文字学和字典学的历史。此外，《说文解字》对了解东汉时期河东地区盐池的规模，以及拜火教和佛教的东传，都具有一定的参考价值。

关键词：黄巾军

遍地黄巾起

■ 184年

东汉后期，宦官与外戚集团争权夺利，政治极度黑暗；豪门地主又大量兼并土地，大批农民流离失所，加上自然灾害相继不断，农民只能在死亡的边缘挣扎。巨鹿人张角趁机利用宗教的形式秘密进行组织工作，一场轰轰烈烈的农民大起义爆发了。虽然，黄巾大起义最终被镇压了下去，可它吹响了灭亡东汉的嘹亮号角。

起事泄密

东汉末年，冀州巨鹿一带兴起了一个名为太平道的道教支派。太平道的首领张角自称“大贤良师”，以传

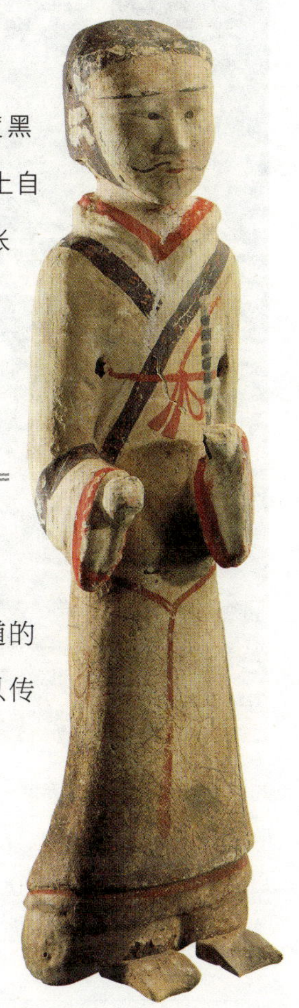

> 彩绘陶仪卫俑・汉

西汉时期的陶俑虽然不如秦俑那样高大，但塑造工艺更为精致，色彩更为鲜明，这件汉代陶俑眉目胡须清晰，颇为生动传神。

^ 错银饰青铜牛灯 · 东汉

这件灯饰高46厘米，长36.4厘米，出土于江苏甘泉汉墓。灯座的造型是一头体态雄健的公牛，牛身体为空腔，在牛头部伸出向后弯曲的长管，管口下接有圆形的灯罩。当灯被点燃后，产生的烟气灰烬会经过长管，吸入牛头而容纳于牛的身体内，以保持室内的清洁。现藏于南京博物院。

布太平道为名，利用行医治病为手段，在农民中秘密进行活动。在张角的努力下，太平道发展极快，几年之间就发展到了几十万人，徒众遍及青、徐、幽、冀、兖、豫、荆、扬八个州。张角把徒众分为三十六方，每方都设一渠帅为首领，太平道一下子变成了一个军事组织了。东汉光和七年（184）是中国农历的甲子年，张角觉得起义的时机已经成熟，就发出了“苍天已死，黄天当立，岁在甲子，天下大吉”的起义口号，其中的“苍天”就是指东汉政权，“黄天”则是指张角和太平道。同时，张角还给各渠帅发出了起义的计划和号令，准备派大方首领马元义集合好荆州和扬州地区的数万徒众，于三月初五日到邺城（今河北临漳）集结，伺机向洛阳进攻。

就在起义的前夕，张角的徒弟唐周觉得冒着危险造反，不如向朝廷告密，也许能混个一官半职，于是就跑到皇宫泄露了张角起义的全部计划。汉灵帝听了唐周的密告后勃然大怒，将马元义逮捕后车裂。随后官兵开始逮捕洛阳城里信奉太平道的百姓，并命令全国各地官员捉拿张角及其他太平道的头目。唐周的叛变打乱了张角的布置，使得他不得不提前起义。光和七年（是年十二月改元中平元年，184）二月，张角派人通知各方提前起义。随着这位“大贤良师”的一声令下，三十六方同时发动起义，起义群众头裹黄巾作为标识。因此被称为“黄巾军”。张角自称“天公将军”，他的弟弟张宝称“地公将军”，张梁称“人公将军”，统一指挥战斗。张氏三兄弟率领起义军攻打州郡，焚烧官府，没收豪族财物，许多地方官吏闻风逃窜。

黄巾军英勇善战，战果辉煌，冀州的好几个郡县都被攻下，官军伤亡惨重。面对黄巾军的节节胜利，东汉朝廷上下乱作一团，他们急忙调兵遣将，任命外戚何进为大将军，统率羽林军，负责保卫洛阳，然后分别派卢植、皇甫嵩等名将对黄巾军发起疯狂反扑。

就在东汉政府积极准备军事镇压的同时，一个叫张钧的官员对汉灵帝说："张角等人之所以能兴兵作乱，老百姓之所以如水归川地去依附他们，其原因就在于张让、赵忠等宦官侵掠百姓，老百姓苦难太重，就只好铤而走险。如果杀死这些宦官，然后布告天下，以谢国人，不用大军征剿，造反自会平息。"灵帝看完奏章后便召集了宦官来，把这封奏章传示给他们看。宦官们一看，吓出了一身冷汗，纷纷跪地求饶，还都表示要拿出家财作为军费剿敌。其实灵帝根本就没想要怪罪这些宦官，只是想给宦官们通风报信，告诉这些自己心爱的奴才有人想算计他们。宦官这才知道自己虚惊一场，开始攻击张钧，说张钧曾学过太平道，与张角等人是一伙的。灵帝听信了他们的话，把张钧抓进大牢，并且严刑拷打。一片忠心的张钧锄奸不成，反被昏庸的皇帝害死在牢中。

卢植下狱

当时黄巾军已经占领了冀州的大部分地区，很有南下西进攻取洛阳的架势。灵帝自然极为害怕，就派北中郎将卢植去冀州作战。卢植是一代名将，他刚到冀州就获得了接连的胜利，杀死黄巾军一万余人。张角看不是卢植的对手，便急忙改变策略，退守广宗（今河北威县东），坚守不战。为了避免士兵伤亡过大，卢植也在城外筑起围墙，挖好战壕，做出长期围困的准备。

正在这时，卢植的手下禀报说灵帝派宦官左丰来军队视察。卢植对宦官深恶痛绝，但也没有办法，只好出来接见。手下人悄悄问他："将军，您准备好送给左大人的礼物了吗？""什么礼物？"卢植极为纳闷。手下人见卢植不明白，便说："看来大将军一无所知，凡是这些内宫的人来到军中视察，都肯定是想要发些财的。若是给了他们好处，他们回去后在皇上面前美言几句，如果不给……"手下人的话有些犹豫。卢植着急了，大声说："不给又怎么样？难道我堂堂国家上将，还要巴结这些小人不成？"说完卢植就回到了大营。左丰本以为来前线能有些油水，没想到卢植只是例行公事地接见了他，根本没有给自己好处的意思。左丰就话里有话地说："卢将军，征讨这么个小毛贼，您可是发大财了。"卢植大声回答说："我们为皇上办事，以扫除逆贼为己任，哪有什么财可发呢！"左丰非常生气，心想卢植你这么不给面子，将来有你好瞧的，然后就气哼哼地走出了军营。回到洛阳后，左丰向灵帝述职，他诬陷卢植怯懦避战，才导致

历史断面

道教创立

道教是根植于中国传统文化的土生土长的宗教，兴起于有神论高涨、鬼神观念笼罩的汉朝。中国自古以来就有的自然崇拜及巫术，是道教的基础；历经战国、秦汉，吸收当时弥漫社会且被广为信服的得道升仙之说，是道教的信仰核心。东汉末期，道教教团"五斗米道"和"太平道"相继出现，道教经典《太平经》与《周易参同契》也相继成书，这些都标志着道教的创立。到南北朝时期，经过"整理"，道教终于成为全国性宗教。

六博木俑·东汉

六博，又作陆博，是中国古代一种掷采行棋的博戏类游戏，因使用六根博箸，所以称为六博，以吃子为胜。这两件六博木俑人物姿态生动，是极富生活情趣的东汉木雕佳作。

^ 黄巾起义（油画）·现代·刘天呈

黄巾军难以镇压。偏听偏信的汉灵帝勃然大怒，立刻命令用囚车将卢植锁拿回京师问罪。后来，卢植差点死于狱中。

起义失败

张角等人本来都已经处于极为被动的局势，但没想到卢植突然被撤职，他们趁势发动了反击。官军新上任的将领是只想保存自己实力的东中郎将董卓，在他的指挥下，官军的优势荡然无存，冀州又快要被黄巾

军占领。灵帝一看形势不好，急忙把刚刚镇压了颍川郡和汝南郡黄巾军的将军皇甫嵩调到冀州主战场。

这时，义军的领袖张角已经病死，黄巾军分为两部分，一部分在广宗坚持斗争，由张梁领导；一部分在下曲阳（今河北晋州西），由张宝领导。皇甫嵩首先向广宗的张梁发起进攻。可黄巾军严防死守，皇甫嵩攻了几天也没有效果，于是，皇甫嵩便命令休战一天。起义军连日作战，疲劳不堪，看见官军停止了攻城，也就放松了警惕。

当天夜里，皇甫嵩命令官军利用夜色的掩护突然向广宗发起猛攻，沉睡中的义军仓促应战，终于被官军攻入了城中。最后，起义军三万多人壮烈牺牲，主帅张梁也战死沙场。剩下的五万多名黄巾战士誓死不当俘虏，全部跳河自杀。胜利后的皇甫嵩把张角的尸体从坟墓中挖出来，开棺戮尸，并把头颅砍下送到京师去邀功请赏。光和七年（是年十二月改元中平元年，184）十一月，皇甫嵩又率军杀向下曲阳。经过一番浴血奋战，下曲阳的十万义军也被击败。黄巾军的主力虽已被消灭，但其余部和各地农民起义仍坚持斗争数十年。这场声势浩大的黄巾军起义彻底动摇了东汉王朝的统治，加速了后者的崩溃。

中国简史

童超 主编

中卷

A BRIEF HISTORY OF CHINA

石油工业出版社

中外历史大事件时间表

220年～581年

中国

249年

司马懿发动“高平陵事变”，篡夺曹魏大权。

291年

西晋开始爆发八王之乱。

439年

北魏太武帝统一北方。

581年

杨坚称帝，建立隋朝。

世界

334年

亚历山大开始东征。

359年

罗马帝国分裂为东、西罗马。

476年

西罗马帝国灭亡，欧洲正式进入中世纪。

582年～

中国

617年

李渊晋阳起兵。

626年

玄武门之变。

755年

安史之乱爆发。

世界

646年

日本大化改新。

751年

矮子丕平篡位，建立加洛林王朝。

690年

武则天废睿宗旦称帝，改国号为周。

959年

宋辽订立盟约，史称澶渊之盟。

1038年

李元昊称帝，建国号大夏。

1127年

靖康之变。北宋灭亡。

1234年

宋蒙联军灭金。

960年～1279年

756年

丕平献土，奠定教皇国基础。

843年

法兰克王国分裂，奠定法、意、德基础。

1077年

卡诺莎觐见。

日本幕府政治建立。

1265年

英国等级议会制形成。

目录

Contents

第四章 三国两晋南北朝 / 267

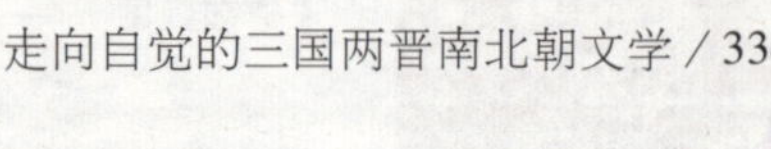

第五章 隋唐五代 / 341

第四章

三国两晋南北朝

三国两晋南北朝时期，自三国（220 ~ 280）开始，终止于隋朝统一，历时 370 年。自 220 年至 229 年，曹魏、蜀汉、孙吴先后建国称帝，正式形成了三国鼎立的政治格局。

自 304 年起，北方逐渐出现了“五胡十六国”的争斗，南方士族共建的东晋王朝偏安江南一隅。439 年，北魏统一北方，与南朝宋隔淮对峙分裂。江南齐、梁、陈三朝接踵相继，经济开发规模空前。589 年，隋文帝大举灭陈，南北又重归统一。

▷ 北魏王朝的“子贵母死”制

关键词：三足鼎立

三国鼎立竞风华

■ 三国时期

黄巾起义被镇压之后，东汉统治集团内部的矛盾更加激化，宦官与外戚、权臣之间争权夺利的斗争日益公开化，最终酿成了董卓之乱。董卓在京城拥兵自重，独擅朝政，引来了众多地方割据集团的讨伐；后又挟持汉帝西迁，全国政治版图陷于一片混乱……官渡之战，曹操以少胜多打败了袁绍，奠定了其在黄河北部的基础和地位；赤壁之战，则形成了曹操集团与刘备、孙权两大集团的南北对峙。孙、刘虽联合对付曹操，但二者也是各有所图，历史的车轮进入了英雄人物竞风华的三国时代。

群雄逐鹿

中平六年（189）四月，汉灵帝死后，皇宫里照例上演了一幕宦官与外戚争夺权力的激烈斗争。外戚权贵何进与时任司隶校尉的袁绍联手，并联络凉州军阀董卓，欲夺取政权，但是他们的密谋却被宦官察觉。此后，先是宦官段珪等率先下手杀死了何进，接着宫中宦官两千余人又被袁绍所杀。这场激烈的争夺和打杀还没有结束，董卓却率兵三千开进了洛阳，他吞并何进旧部，实力很快壮大，开始拥兵擅政。

^ 青玉纹枕·东汉

1959年出土于河北定县中山简王墓。玉枕长34.7厘米，高13厘米。玉青绿色，枕面两端隆起，中间微下凹。饰阴刻双线勾连云纹，线条清晰流畅。现藏于河北博物院。

中平六年九月，董卓先废黜了何进所立的少帝刘辩，杀何太后，改立陈留王刘协，是为献帝。董卓自任太尉兼前将军。此后董卓为所欲为，自任相国，总揽朝纲于一身。与此同时，他又放纵士兵在洛阳城中大肆掳掠财物，奸淫妇女，以至人人惶恐，怨声载道，内外官僚也感觉朝不保夕。由于袁绍、袁术、曹操等人既不满董卓废少帝而立献帝，又对董卓乱政极为反感，所以纷纷离开京师，联络各地拥有实力的官员，准备讨伐董卓。献帝初平元年（190）年初，关东州郡共推袁绍为盟主，正式起兵。董卓见关东联军势盛，便挟持献帝退往长安，但他依然不遗余力地拔擢亲信，广树党羽。初平三年（192）四月，司徒王允与董卓部将吕布合谋，杀死董卓。此后虽然董卓旧部进行了大规模报复，但其余党很快又被其他割据势力所消灭。

在讨伐董卓的过程中，各地实力集团纷纷借机扩大自己的势力，因而此次讨伐战争也为以后的军阀混战埋下了伏笔。袁绍虽然被推为盟主，但此前他只辖有渤海一郡，他利用自己的盟主地位和为豪杰所归向的优越条件扩充势力，先后吞并了冀州、幽州、青州等，很快成为北方地区最为强大的割据力量。与此同时，曹操的势力也与日俱增，曹操一方面遣使到长

马踏飞燕·东汉

这件艺术品出土于甘肃武威雷台。高34.5厘米，长45厘米，宽13.5厘米。这匹青铜马造型神骏，右后足踏着一只燕隼，彰显出奔马凌空奔腾的威猛气势。现藏于甘肃省博物馆。

安，表示忠于汉朝廷，以此赢得人心；同时在许县（今河南许昌市东）附近开展屯田，聚集粮食，招纳军队，逐渐将据有南阳的袁术逐至淮北，两次进攻徐州，一度将据有兖州的吕布逐至徐州。兴平二年（195）十月，汉献帝任命曹操为兖州牧，此地成为日后曹操消灭北方割据群雄的势力基础。

挟天子以令诸侯

袁绍、曹操两大势力的迅速崛起，使北方黄河流域的局势逐渐由多级混战走向了二虎争雄。袁绍虽然领有青、冀、幽、并四州，地广人多，兵强马壮，经济实力也远比曹操强盛，但是曹操却能“挟天子以令诸侯”，在政治舆论上占尽了先机。建安元年（196）七月，曹操抵达残破不堪的洛阳，谋臣毛玠向他提出了三条重要建议："奉主上以从民望，大顺也；秉至公以服雄杰，大略也；扶弘义以致英俊，大德也。"曹操深以为是，遂采纳毛玠的建议，将汉献帝及朝廷百官迁到了自己的根据地许县，并以许为国都，将汉献帝牢牢地置于自己掌握之中。曹操"挟天子以令诸侯"之举的确取得了无与伦比的政治效果，各地势力较小的割据政权也纷纷归附，曹操聚集了一大批智勇双全的谋士和战将，为他在不久之后的官渡之战中战胜袁绍奠定了基础。

一山不容二虎，袁绍与曹操的矛盾不可避免地走向了兵戎相向。建安四年（199）六月，袁绍选精兵十万，开始南进，曹操也驻兵官渡（今河南中牟东北），与袁绍形成了对峙。建安五年（200）二月，袁绍率大军以黎阳（今河南浚县东）为大本营，曹操也进一步加紧战略部署，历史上著名的官渡之战由此开始。曹操或声东击西，或以退为进，很快在战争中取得了主动，双方在官渡相持一年多，最后以曹操的全面胜利而结束。这场战争是中国历史上以弱胜强、以少胜多的典型战例。官渡之战后不久，袁绍于建安七年（202）病逝，曹操乘机彻底消灭了袁氏军事集团，让战乱多时的北方地区基本实现了统一。此后，曹操一方面着力整顿北方社会秩序，加快发展社会经济；另一方面重振军备武装，计划更大范围的征伐战争。

曹操开创魏国霸业

官渡之战后，曹操在北方站稳了脚跟，北方地区的相对稳定为他继续南下征战解除了后顾之忧。因此随着时间的推移，曹操与南方割据政权的战争也蓄势爆发了。曹操虽然在北方战胜了最大的对手袁绍，但南方还有几支强大的割据力量，他们就是占据荆州的刘表、占有江东的孙权以及正在迅速崛起的刘备。

建安十二年（207）七月，在经过一段时间的休整之后，曹操开始南下攻打刘表。但是刘表却在此时病死，刘表集团四分五裂，很快瓦解了。刘表的次子刘琮嗣位，他在部下的劝说下投降了曹操，其他部众则多数追随了刘备。刘备派诸葛亮随同孙权部下鲁肃前往江东，与孙权商讨抗曹大计，达成了孙刘联合抗击曹操的协定。此时，曹操大军在到达江陵之后也停止南下，转而由水路东进，而孙刘联军则由樊口（今湖北鄂州西北）、夏口（今湖北武汉市境内）溯流而上。两军于赤壁（在今湖北赤壁市境内）相遇，一场激烈的战争就此开始——赤壁之战中，曹操军队因长居于北方不习水战，并且军队中瘟疫流行，因而士气大减；孙刘联军不仅占有地理优势，而且军事谋士群英荟萃，战术精妙而指挥得当，因而孙刘

> 带伞铜轺车·东汉

1969年在甘肃武威雷台汉墓中出土。轺车是一种轻便快速的小马车。《释名·释车》说："轺，遥也，遥远也，四向远望之车。"其形制渊源于战车。汉初时的轺车为立乘，后来改为坐乘，一车可乘坐二人。因轺车结构简单，快马轻车，因此为一般小吏外出办理公事或邮驿传递公文时乘坐的马车。现藏于甘肃省博物馆。

联军利用火攻战术，最终以少胜多战胜了曹操。

曹操虽然败北，但是他也占据了以军事重镇襄阳为中心的荆州北部大片土地，并非一无所获；孙权因占有了荆州东部等地而扩大了地盘，增强了实力；刘备则获益尤多，此战奠定了他在西南地区的地位和基础，其后天下三分而刘备居其一。可以说，赤壁一战，基本上奠定了三国鼎立的局面。

赤壁之败挫败了曹操南下的锐气，他决定退而求其次，先在北方进一步巩固自己的地位，壮大自己的实力。因此他以征讨张鲁政权为名，首先把兵锋指向了拥兵自重的汉将马超、韩遂等人，于建安十六年（211）基本上平定了关中。接下来，曹操又于建安十八年（213）再次南下攻打孙权，无奈没有收获，因此他又把目标瞄准了汉中张鲁政权，迫使张鲁政权归降。

<《历代帝王图》（局部）·唐·阎立本

此图是描绘从西汉至隋朝13个皇帝的形象的局部图。画家力图通过对各个帝王不同相貌表情的刻画，揭示出他们不同的内心世界、性格特征。这张局部图包含了三国时代的三位帝王——魏文帝曹丕（右）、吴主孙权（中）、蜀主刘备（左），这三位开国君主在画家笔下都体现了"王者气度"和"伟丽仪范"。现藏于美国波士顿艺术博物馆。

曹操在四处征伐的同时，也进一步增强了对汉献帝的控制和自己的权势，逐渐使汉政权在实质上成为曹魏政权。汉献帝延康元年（220）正月，曹操在洛阳病逝，同年十月，其子曹丕代汉称帝，建立了魏国，并追尊曹操为太祖武皇帝，从而正式结束了东汉政权，昭示了三国时代的正式开始。

曹魏率先建国取代汉政权，并开创北方地区的霸业称雄中原。曹操善于发现人才，知人善任，唯才是举，在用人上奉行"治平尚德行，有事赏功能"的原则，因而团结了一大批俊杰。此外，规模庞大的屯田不仅为其提供了有力的经济支持，也使北方社会经济得以恢复和发展，饱尝战乱之苦的人民生活得以安定。除屯田之外，曹操还调整租调制度，兴修水利，发展手工业。所有这些，既为北方地区的统一和魏国的建立奠定了经济基础，也使魏国能在三国中占有相对优势。

蜀汉政权

赤壁之战后，刘备分兵取得了荆州长江以南武陵（今湖南常德武陵区）、长沙（今湖南长沙）、桂阳（今湖南郴州）、零陵（今湖南永州零陵区）四郡，并在不久之后自领荆州牧，从此站住了脚跟。但是从战略形势上来看，在东部，孙权虽然将自己的妹妹嫁给刘备以示友好，但同时也阻挡刘备势力的东进；北方的关中和汉中地区也是曹操夺取的重要目标，因此刘备集团把目标瞄准了西南益州。益州包括今四川全部和云贵大部分地区，也是谋士诸葛亮向刘备提议的可图长久之计的地方。益州本是刘焉的根据地，刘焉死后由其子刘璋继任益州牧。刘备巧妙地利用了刘璋集团与曹操政权的矛盾，赢得了刘璋的信任，并借机笼络益州部众，最终于建安十九年（214）六月用武力迫使刘璋投降，取得了益州地区，并迅速稳定了自己的统治。夺取益州之后，刘备又迅速北上攻打汉中，从曹操手中夺取了汉中地区。但收之桑榆而失之东隅，刘备虽全据益州，荆州却被孙权乘机夺走。不过从长远战略上来看，汉中作为益州门户，对整个益州地区有着举足轻重的意义，汉中的取得使刘备占据了益州全部，为以后蜀汉政权的建立和发展打下了基础。

^ 青釉人擎灯 · 三国吴

这件瓷灯出土于湖北省宜昌。瓷灯分为上下两部分，下部塑造为人形，塑出眉目口鼻，将上部的灯柱托盘顶在头顶，左右两臂从两侧上举，托住托盘。现藏于湖北省博物馆。

曹丕代汉称帝，建立魏国之后，诸葛亮等人也以继承汉统为由劝请刘备称帝，于是刘备也于魏国建立的第二年（221）四月正式称帝，仍以汉为国号，史称蜀汉。刘备称帝之后第二年便开始东征，发动“夷陵之战”，意欲攻打孙权，夺回荆州并为关羽报仇，但是由于指挥不当遭受重大损失。刘备也因忧愤一病不起，在蜀汉章武三年（223）四月病死于白帝城（今重庆奉节），临终前将儿子刘禅托付给诸葛亮。刘备死后，其子刘禅继位，是为后主。刘禅庸碌无为，不谙政务，因此国家政务事无巨细均由诸葛亮决断。诸葛亮分析形势，决定先与孙吴恢复友好关系，因此他立即派邓芝前去谈判，最终再度与孙吴结盟。外交上的成功使蜀国摆脱了东面受敌的不利局面，为进一步整治内政提供了方便。在国内，蜀国虽然立足西南，但国小民弱，处境艰难。为此，诸葛亮一方面努力发展经济，以壮大经济军事实力；另一方面则着手解决西南少数民族问题，诸葛亮对他们剿抚并施，取得了良好的效果。这些举措不仅有利于蜀汉边疆的稳定，增强了蜀汉国力，也促进了西南落后地区的开发，具有重大的历史意义。

孙权江东立国

孙权十八岁时其兄孙策被人刺杀，孙策临终前留下了“举贤任能，各尽其心，以保江东”的遗言，孙权从此代兄统众，谨遵教诲，在战乱纷争的多变时代牢守着江东基业，并不失时机地图谋发展。赤壁之战时，孙权只有二十六岁，但他已经表现出了一个政治家和军事家的突出才干。随着战役的胜利，孙权的势力得以进一步向西拓展，使孙权立基江东而西望楚荆，江南大部分地区便处在了他的控制之下。

赤壁之战使交战三方各有所得，但在战后，几方又围绕荆州的控制权而开展了激烈的争夺战。因为荆州不仅对刘备进取关中和孙权保守江东都有重要的战略意义，而且也是孙刘政权阻止曹军南下的战略要冲。为此，孙刘双方还为争夺荆州大动干戈，一波三折地上演了刘备“借”荆州，最终孙权又夺回荆州的拉锯战。虽然荆州最终被孙权全部控制，但此时刘备也已经拥有了益州和汉中，在西南确立了比较稳固的统治。孙权在与刘备争夺荆州时，称藩于曹魏，因此曹魏曾于黄初二年（221）封他为吴王。第二年，孙权大败刘备军队，占据了荆州，经过一番调整之后，孙权于229年正式称帝，国号为吴，年号黄武，从此三国鼎立的局面正式形成了。

孙权在建立吴国以后，继续施行了一些发展社会生产、稳固和开拓边疆等重大举措，使吴国的社会经济得到了很大的发展。首先，为了维护边疆安定和社会稳定，孙权先后征讨了吴郡、会稽、建业等地的山越人以及荆州的蛮族、交州的夷人等，不仅使他们归降于孙吴，而且在这些地方设置郡县、发展生产，对这些地区的开发产生了积极影响。其次，孙权注意发展农业生产，开展大规模屯田，兴建水利工程，使社会生产得到了很大的发展。此外，孙吴政权还利用临海的自然条件发展贸易交通，也取得了很好的经济效益。孙吴的万人船队还曾到达夷洲，即今台湾，在中国航海史上写下了光辉的篇章。

历史断面

外科鼻祖华佗

华佗，字元化，沛国谯（今安徽亳州）人，东汉末期著名的医学家。华佗曾先后发明了体外挤压心脏法和口对口人工呼吸法这些现代仍在使用的医学技术。他为中国医学作出的最大贡献是麻醉术——麻沸散的发明和体育疗法“五禽戏”的创造。华佗总结了前人经验，发明了酒服麻沸散的麻醉术，正式用于医学，从而大大提高了外科手术的技术和疗效，并扩大了手术治疗的范围。《后汉书·华佗传》中就曾记载华佗为病人全身麻醉后进行了肿瘤摘除和肠胃切除一类难度很高的外科手术。因此后人尊华佗为“外科鼻祖”。

关键词：司马昭 / 西晋统一

昙花一现的西晋统一

▪ 265年～280年

曹魏末年，司马氏执政，主导了灭蜀之战。265年，司马炎取代曹魏，建立西晋。280年，西晋灭吴，三国局面归于统一，并出现了短期的和平安定局面。西晋的统一，结束了自东汉末年以来的长期分裂局面，并在一定程度上保证了社会的安定和生产的发展。但是不久之后，各种内忧外患又迅速袭来，使得西晋的统一犹如昙花一现般短暂，历史再次进入了更加纷繁混乱的东晋十六国时期。

魏晋“禅代”

黄初七年（226）五月，魏文帝曹丕病重，立其子曹叡为皇太子，并以时任中军大将军曹真、镇军大将军陈群、征东大将军曹休、抚军大将军司马懿四人为辅政大臣。魏明帝即位后，曹魏政权和孙吴、蜀汉政权频繁交战，而曹真、陈群等人或病或死，司马懿逐渐独掌军权，取得了一系列的战场胜利，也提高了司马氏在曹魏政权中的政治地位。景初三年（239）魏明帝病死，立年仅八岁的齐王曹芳为帝，以武卫将军曹爽和司马懿共同辅政。正始十年（249）正月，司马懿利用曹爽陪侍曹芳到魏

司马懿像·清

明帝高平陵扫墓的机会，发动政变，击垮了曹爽集团，史称“高平陵之变”。此后，司马懿与司马师、司马昭父子控制朝政，铲除异己，同时又笼络世家大族，政治野心日强一日，以至于有“司马昭之心，路人皆知”之说。此时，司马氏的篡位也指日可待了。蜀汉炎兴元年（263），执掌魏国实权的司马昭则瞅准蜀汉内部空虚、人才匮乏的时机发动了主动进攻，以三路大军直逼蜀汉。蜀军虽奋力抵抗，但还是节节败退，当成都被围后，后主刘禅向魏国征西将军邓艾投降，蜀汉就此灭亡。

司马昭灭蜀之后的第二年，便因“卓著”的功勋而晋升为晋王，虽然他没有来得及当上真正的皇帝就病死了，但是自魏文帝曹丕以来，司马氏父子通过长期的偷梁换柱、明争暗夺，实质上已经逐渐取代了曹魏政权。在曹魏政权大势已去之后，司马氏政权便开始操作真正的魏晋易代了。司马昭死后，其长子司马炎继承了王位。司马炎于咸熙二年（265）十二月用“禅让”的办法登上了皇帝位，并将魏帝曹奂封为陈留王，改元泰始，历史由此转入了西晋时期。曹魏以“禅让”方式取代了东汉，而最终又“禅让”于司马氏，结束了自己的统治，这既是历史的巧合，也是历史的必然。

国家统一

西晋建立之后，首先着手巩固政权，先后确立三省制度、实施宗室封国，并完善了地方都督制。为了防止曹魏代汉、西晋代魏的“禅让”重演，司马炎认为必须要将地方大权收归宗室手中，因此大封同姓宗室，封国分为王、侯两级，并仿照西周古制，设立爵位制度。这种分封制度虽然在短时期内对西晋政权的巩固产生了积极影响，但是由于西晋封国诸王同时担任一方都督，掌控地方军政大权，所以又不可避免地出现了地方权力过重、割据一方的局面。

司马炎继位之时，蜀汉政权已经投降，西南地区已经处于西晋统治之下，但是东南的孙吴政权还没有正式归降。司马炎担心自己落得“有禅代之美而功业未著”的骂名，因此在政权得到巩固之后就发动了对孙吴的进攻。与蜀汉相比，孙吴政权后期虽然没有频繁发动大规模的军事战争，但是政局也非常混乱。特别是孙权晚年，朝廷内部又因为继承人的问题产生了尖锐的对立，

^《历代帝王图》之晋武帝像·唐·阎立本

司马炎，字安世，河内温县（今河南焦作）人，西晋开国皇帝。

上演了一系列的宫廷斗争，政局日益混乱，社会经济则日渐凋敝，军队也逐渐衰弱不堪。永安七年（264），孙权之孙孙皓继位称帝，这个庸庸无为而又残暴专横的君主以严刑酷法治国，东吴的国内形势更加严峻。咸宁五年（279）十一月，晋武帝司马炎正式下诏讨伐孙吴，采纳征南将军羊祜的建议，对孙吴展开全面进攻，并实施重点突击。腐败的孙皓政权虽然组织了全力抵抗，但已无法力挽狂澜，吴军节节败退，晋军所向披靡，于次年三月就攻到了吴都建业（今江苏南京）附近。穷途末路的孙皓放弃了抵抗，束手就擒，孙吴统辖的扬、荆、交、广四州，共四十三郡三百多县全部并入了西晋的版图，西晋就此完成了统一全国的大业。

西晋的统一，结束了自东汉末年以来的长期分裂局面，并在一定程度上保证了社会的安定和生产的发展。但是不久之后，各种内忧外患又迅速袭来，使得西晋成为中国历史上一个短命王朝。

历史断面

陈寿撰成《三国志》

陈寿（233—297），字承祚，西晋时期的史学家。太康元年(280)晋灭吴后，陈寿搜集魏、蜀、吴史料，终于撰成《三国志》。《三国志》基本属于纪传体，共65卷，分魏、蜀、吴三志，其中《魏书》30卷、《蜀书》15卷，《吴书》20卷。在中国古代纪传体正史中，《三国志》具有很高的地位，它与《史记》《汉书》《后汉书》并称为“前四史”，为世人所推崇。《三国志》取材严谨，文笔精练，记事比较真实，还记录了国内少数民族以及邻国的历史。但由于陈寿是私人著述，无权翻阅西晋的国家档案和资料，所以部分记载过于简略，也遗漏了一些重要的历史事件和人物事迹。

关键词：八王之乱／永嘉之乱

八王之乱与西晋的瓦解

▪ 291年～316年

西晋初年，晋武帝为了巩固皇权，大肆分封司马氏子弟为王，前后共有二十七王之多。然而正是这种分封同姓王并让其“移封就镇”、集军政财权于一身的做法，导致了“八王之乱”的发生。这场连绵了16年的政治斗争导致社会动荡，民不聊生，流民爆发了大规模的起义，匈奴等少数民族也发动了推翻西晋政权的战争。西晋永嘉五年（311），晋怀帝被匈奴军队俘虏，都城洛阳失守，西晋政权基本瓦解。316年，匈奴军队攻入长安，晋怀帝的侄子晋愍帝被杀，西晋至此灭亡。

八王之乱

晋武帝司马炎平吴之后，改元太康，西晋的历史进入了一个统一、安定、发展的新时期。西晋的统治虽然短暂，但司马炎在位的二十五年中，

> 镇南将军印 · 西晋

镇南将军是中国古代杂号将军中的一种，与镇东将军、镇西将军、镇北将军并称“四镇”，属于高级武官。

《帝鉴图说》之羊车游宴·明

这幅图册讲述了晋武帝司马炎灭吴之后，开始纵情享受，荒于政务，每天在宫中乘坐羊车巡行，羊车来到哪个嫔妃的住所，就住宿在哪个嫔妃之处，再无执政初期励精图治的态度。

社会还是相对安定、有一定发展的。太熙元年（290），晋武帝死时，诸子尚幼，继位的惠帝司马衷是一个人所共知的白痴。惠帝即位后不久，天降灾异，老百姓闹饥荒，大臣们向司马衷汇报，请求开仓放粮，司马衷就问："老百姓真的没粮食吃吗？"有人回答："千真万确，已经饿死几万人了！”惠帝若有所思，突然说：“没有粮食，他们为什么不吃肉粥呢？”此事一时传为笑谈。

皇帝无能，西晋的权臣和外戚开始争权夺利。以惠帝外祖父杨骏为一派，惠帝皇后贾氏为另一派，展开了激烈的宫廷斗争。贾皇后颇有政治野心，而且手段毒辣。武帝死后，杨骏和杨太后父女合谋，掌握了朝政。贾皇后则串通楚王司马玮发动军事政变，消灭杨氏势力夺取了政权。此后不久，贾皇后又借机除掉司马玮，独揽朝政，开始专权。

惠帝虽然是个白痴，但太子司马遹却聪明英武。司马遹非贾皇后所生，因而贾皇后深为畏忌，于永康元年（300）三月假借皇帝之命将太子杀害。四月，梁王司马肜、赵王司马伦以为太子报仇为借口，起兵铲除了贾皇后，次年，司马伦自己称帝，将惠帝尊为太上皇。而司马伦的篡位引起了其他割据一方的宗王不满，齐王司马冏、河间王司马颙、成都王司马颖等先后起兵讨伐司马伦，史称“八王之乱”。自此开始的十六年间，西晋政权犹如烫手山芋，虽然人人觊觎，但谁也掌握不了多久，在诸宗王中传来传去，混乱不堪。直至惠帝永兴二年（305），东海王司马越将惠帝迎还洛阳。次年，惠帝中毒而死，司马越立皇太弟司马炽，是为怀帝，朝政大权落入司马越之手，八王之乱就此结束。

贾后专权和八王之乱对西晋的政治和社会经济造成了巨大的破坏。战乱不仅使朝政混乱无序，也使社会生产蒙受重大损失，兵民死伤数十万人，许多城镇被焚烧成为废墟。与此同时，天灾连年，使人民生活于水深火热之中，因此产生了大量的流民，史称“流民四散，十不存二，携老扶幼，不绝于路”。与规模庞大的流民相伴随，流民起义也此起彼伏，西晋的统治机能从此瘫痪，一蹶不振。

永嘉之乱

与流民起义相比，以匈奴为主的内迁各少数民族军事贵族的反晋行

青瓷灶台·西晋

高9.5厘米，长16.8厘米，宽9.9厘米。三国两晋南北朝时期，中国瓷器制作技术进入了一个新的阶段，南方以青瓷为主，北方以白瓷为主。

动，则对西晋统治形成了更为直接的威胁。其中率先起兵的是匈奴人刘渊、刘聪父子。刘渊是西汉时期冒顿单于的后人，其祖父于扶罗曾率兵助汉镇压黄巾军，其父刘豹在曹魏时期担任过匈奴五部中的左部帅。西晋发生“八王之乱”后，刘渊向成都王司马颖表示愿意率领匈奴骑兵为司马颖效力。然而没等刘渊参战，司马颖却带着惠帝南逃到了洛阳。眼见晋失其鹿，野心勃勃的刘渊于永兴元年（304），正式称汉王，打出了反晋的旗号。随后，刘渊的大军开始攻城略地，先后占领了太原（今山西太原市南）、中都（今山西榆次）、屯留（今山西屯留南）等战略要地，基本控制了并州东南部。随着刘渊势力的扩大，鲜卑酋长陆逐延、氐族酋长单征、东莱王弥及后来成为刘渊心腹爱将的石勒等人都纷纷投降刘渊。

西晋永嘉二年（308），刘渊在蒲子（今山西隰县）称帝，国号仍为汉，定都平阳（今山西临汾），以长子刘和为太子、任命四子刘聪为车骑大将军、族子刘曜为龙骧大将军。之后，刘渊父子不断出兵南下，并多次直逼洛阳，洛阳军民拼死抵抗，才击退了匈奴军队的进攻。到永嘉四年（310），刘渊病死，太子刘和即位，这时洛阳周边地区大多被刘渊的部下石勒占领，洛阳城中粮食匮乏，已经到了山穷水尽的地步。永嘉五年，刘聪派刘曜率领大军向洛阳城发起了最后的攻击。掌权的东海王司马越眼见洛阳难以坚守，就率领洛阳部分军队和文武百官弃城而走。当年三月，司马越在逃亡途中病死，石勒趁机率军猛攻出走的西晋军民，前后射杀十万余人。当年五月，刘聪的军队一举攻陷洛阳，俘虏了怀帝，杀死西晋官员、百姓三万余人。因为这次惨绝人寰的变乱发生在永嘉年间，所以历史上称之为“永嘉之乱”。

永嘉之乱后，晋怀帝被刘曜作为战利品送到了匈奴汉国的都城平阳。永嘉七年（313）的春节，刘聪在都城平阳的光极殿大会群臣，他命令晋怀帝身穿奴仆的青色衣服，在酒席上为匈奴汉国的大臣们斟酒。当时座上的庾珉、王俊等西晋旧臣看到这种场面，痛哭流涕。刘聪命令甲士将参加宴会的庾珉等十多名西晋旧臣拉出去斩首，然后又用一杯毒酒鸩杀了晋怀帝。在晋怀帝被俘后，西晋的官员们又在长安另立晋怀帝的侄子司马邺为帝，是为晋愍帝。316年，刘曜率军攻占长安，晋愍帝出降，西晋亡。

历史断面

竹林七贤

因为政治黑暗，统治阶级内部倾轧严重，魏晋时期的文人士大夫思想非常矛盾。他们虽追求隐逸，不谈政治，释放自我，但是却耐不住对现实社会的不满，文字之间无不流露着对专制主义政权的反抗。他们寄情于山林河川之中，却抱负于文章学问之间，在对现实的批判和讥讽中描绘着自己的人生社会理想……其中的代表人物就是嵇康、阮籍、山涛、向秀、刘伶、阮咸、王戎七人，他们以清流自居，常置酒竹林，谈天说地，藐视一切，时人称为“竹林七贤”，是所谓魏晋名士风度的典型代表。

关键词：五胡十六国

十六国纷争与东晋的偏安

■ 317年～420年

在西晋濒危尤其是灭亡后，匈奴、鲜卑、羯、氐、羌等少数民族先后在北方建立起了近20个民族政权。他们之间战乱不断，政权更替非常频繁，社会动荡不安……与北方不同，此时的南方地区，西晋宗室司马睿在世家大族的支持下建立起了新的汉族政权，南方的历史进入了偏安的东晋时期。北方大批人口的南迁，客观上为南方的发展注入了新的活力，带去了先进的生产技术，南方在这一时期得到了进一步的开发。

弓箭、箭袋·东晋

弓作为远射兵器，在中国古代曾被各民族的武装力量广泛使用，甚至有“军器三十有六,而弓称首；武艺一十有八，而弓为第一”之说。

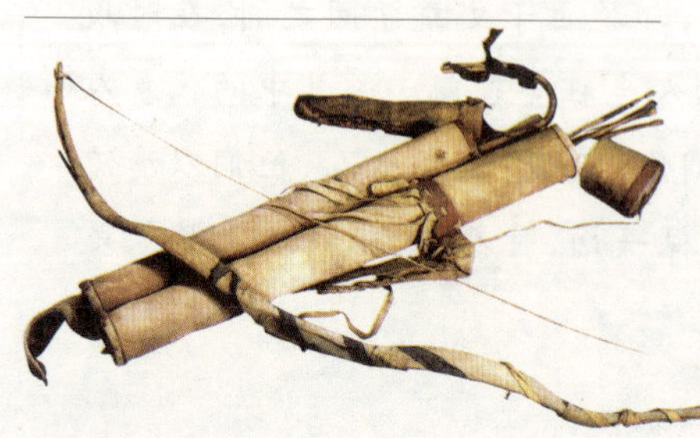

五胡十六国

东汉末年以来内迁的少数民族主要有匈奴、鲜卑、羯、氐、羌等，历史上泛称为“五胡”。他们从北方草原进入农耕地区之后，散居于华北和西北广大地区，这些少数民族社会发展程度虽然参差不齐，但是在汉族先进文化的影响下，他们也逐渐由游牧转向农业定居，胡、汉文化相互影响渗透。但民族文化的交融并没有消除民族间的矛盾，胡、汉上层对下层人民的压迫激起了境内各民族的反抗，而各族上层人物则利用本族人民，壮大了实力，加强了割据，在动荡不安的政治纷争中积蓄力量，于是西晋濒危与灭亡之后，北方地区相继建立了一系列少数民族政权。

^ 王导像

王导（276—339），字茂弘，琅琊（今山东临沂）人，东晋时期著名的政治家、书法家，历仕晋元帝、明帝和成帝三朝，是东晋政权的奠基人之一。

其中建立最早的是氐族人李特、李雄父子创建的成汉政权和匈奴人刘渊、刘聪父子建立的汉（前赵）政权。李氏父子是西晋末年略阳（今属陕西）百姓向巴蜀地区流徙时的流民领袖。李特等率领流民进入巴蜀之后，因晋廷逼迫流民迁回原籍、镇压流民而与朝廷发生冲突，于是李氏父子前赴后继开展了反抗晋廷压迫的斗争，最终于西晋太安二年（303）十二月，李雄逐走益州刺史罗尚，攻下成都，建立了成汉政权。刘渊则为匈奴南单于的后裔，八王之乱时，刘渊受匈奴贵族拥戴，称大单于，并于晋永嘉二年（308）改称皇帝，建都平阳（今山西临汾），以汉为国号。

鸭形玻璃注·东晋

1965年9月北票县西官营子北燕冯素弗墓出土。淡绿色玻璃制品。体横长，鸭形，口如鸭嘴状，长颈鼓腹，拖一细长尾，尾尖微残。背上以玻璃条粘出一对雏鸭式的三角形翅膀，腹下两侧各粘一段波状的折线纹以拟双足，腹底贴一平正的饼状圆玻璃。此器重心在前，只有腹部充水至半时，因后身加重，才得放稳。现藏于辽宁省博物馆。

自从氐族人李雄和匈奴人刘渊分别建立政权开始，到北魏太延五年（439）灭北凉的136年间，各少数民族先后在北部和西南地区建立了很多民族割据政权，习惯上称之为十六国。而以晋太元八年（383）东晋和前秦的淝水（今安徽寿县东南）之战为界，十六国的建立过程可以分前后两个时期：此前建立的政权有汉（前赵）、成（成汉）、后赵（魏）、前燕、前秦、后燕、后秦、西秦、后凉、南凉、南燕、西凉、北凉、北燕、夏等国。此外还有前期鲜卑拓跋部建立的代和冉闵建立的魏，以及后期建立的西燕政权还不算在十六国之内。

这个时期的北方，各族之间征服与被征服、统治与被统治的关系经常变换，民族压迫与反压迫的斗争反复进行。长期的动乱，统治者的狂暴屠杀和劫掠，漫无休止的劳役，给各族人民带来深重灾难。一个政权刚刚建立，另一个政权又要取而代之。这种频繁的权力更替和转移，使人民的生活十分痛苦，生产极不安定。

偏安的东晋

西晋末年，许多北方汉人不堪忍受长期不断的战乱带来的痛苦，纷纷举族迁往南方。317年，逃到南方的官僚、贵族、大地主们，联系江南的大地主，拥戴晋朝皇族司马睿建立政权，建都建康（今江苏南京），年号建武，史称东晋，由此司马氏保有江南半壁。司马睿能建立东晋王朝，一方面是因为占有江南地区的优越地理条件和经济优势，另一方面是他得到了南迁的北方士族、豪强以及南方世家大族的鼎力支持。由于东晋的建立深受世家大族的支持，因此士族特权制度在东晋进一步制度化，西晋时还有人竭力反对“上品无寒门，下品无士族”的情况，但这在东晋则已成为理所当然的事，史称“凡厥衣冠，莫非二品。自此以还，遂成卑庶”。

从某种意义上来说，东晋也是一个流亡政权，它不仅以流亡江南的世家大族为政治基础，也以流亡到南方的大批普通群众为经济基础和武力支持。由于士族把持朝政，权势过于强大，所以中央皇权就显得比较单薄虚弱，形成“主威不树，臣道专行”的门阀政治局面。但是由于大批北方普通劳动人民也迁徙到了南方，他们掌握着北方社会先进的生产方法，这种先进的生产力与南方湿润温暖的优良气候条件相结合，对南方经济的发展和边疆的开发作出了很大贡献。社会生产的发展也有力地保证了东晋社会的物质需求，因此东晋也是南方社会发展史上一个重要的历史阶段。

淝水之战

北方少数民族在相互的攻伐和兼并中，出现了几个实力强大的政权，使北方逐渐出现了统一的趋势。而且这些政权也有着长远的政治目标，渴望着统一北方，并继续南下，征服东晋。

318年，汉刘聪死后，皇位被刘曜夺去。刘曜迁都长安，改国号为赵，史称前赵。与此同时，前赵石勒乘刘聪死后的内乱之机迅速占领了平阳、洛阳一带，定都襄国（今河北邢台），自称赵王，与刘曜政权东西相峙，史称后赵。双方立国不久，就展开了你争我夺的拉锯战。329年，石勒终于战胜了刘曜，使西起关陇、东接辽西的黄河中下游广大地区归到了自己统治之下，形成了北方部分地区一统的局面。但不久之后，鲜卑慕容氏就于342年在龙城（今辽宁朝阳）建立了前燕政权。曾为前赵将领的氐族人苻洪、苻健父子，也乘后赵政权内部之乱自立，于351年以长安为中心建立了前秦政权。苻健死后传位于其子苻生，但由于符生昏庸无为，苻健的侄子苻坚于357年杀掉苻生，取而代之。苻坚聪明好学、博学多才，是一位很能干的君主。他登基之后先后灭掉了前燕、前凉，实现了北方的统一。

南征东晋、统一全国是苻坚由来已久的愿望，统一北方之后他的愿望更加强烈了。而东晋的南迁士族们也时刻不忘举兵北伐，收复家园，因此双方之间注定要发生一场交锋。前秦建元十九年（383）八月，苻坚首先开始大规模南征，发动了历史上有名的淝水之战。此战前秦军队号称有百万之众（实际为87万），史称“前后千里，旗鼓相望”，苻坚自恃志在必得。然而东晋实力也不可小觑，东晋有一支精干强大的北府兵，更主要的是东晋当政的大臣谢安宽容大度，富有谋略，在他的努力下，握有东晋军政大权的桓、谢两家也由明争暗斗转为携手合作。淝水之战开始后，苻坚军队紧靠着淝水西岸布阵，而以谢石、谢玄为首的晋军则驻兵东岸，与前秦军隔水相峙。战争一开始，谢玄便以前秦军置阵过前、不利速战为由要求前秦大将苻融稍稍撤退。苻融接受了这一建议，晋军利用前秦军后移混乱之机给了他们当头一棒，杀死了苻融。随后谢玄又派人在前秦军后方大喊“秦军败了”，使前秦军大乱，全线崩溃，而晋军则乘胜追击，最终取得了胜利。

东晋灭亡

淝水之战中，东晋以少胜多，取得了决定性的胜利，东晋军队乘机收复了一些失地，使疆域版图达到了东晋立国之后最大的时期。谢安作为当政者和实际指挥者屡受褒奖，谢氏子弟也因率军征战而获得殊荣。但是谢氏家族不断壮大的权势却引起了皇室的猜忌和疑虑。谢安死后，东晋孝武帝以其弟会稽王司马道子执掌朝政，替代了谢氏家族。

司马道子才智平平，毫无大略，但他专擅朝政，势倾天下，史称"蓬首昏目，政事多阙"。其掌权期间政治腐败，用度奢侈，生活腐化，人民怨声载道。司马道子晚年嗜酒成瘾，整日酩酊大醉，其子元显乘他酒醉之时联合朝廷大臣免除了道子司徒、扬州刺史之职，自为扬州刺史，掌控大权。元显性格苛刻残忍，刚愎自用，他为了建立一支自己的军队而强征私家奴为兵，因而激化了社会矛盾。一直以来，偏安的东晋政权致力于笼络世家大族以维护统治，对普通民众生活关心较少，而流落南方的民众则大多投到豪强门下为奴，因此阶级压迫很深。元显免奴为客、征集私兵的做法虽然名义上提高了"奴"的地位，实际上是剥夺了他们生活的依据，因而立即引发了三吴地区的骚乱。世奉五斗米道的琅琊人孙恩，就借这个机会发动了农民起义，反抗东晋政权统治下的阶级压迫。孙恩起义虽然最后以失败告终，但它给日渐腐败的东晋政权发出了警示。

> 褐斑青瓷盆·东晋

此盆圆口，宽唇外折，浅腹，底略凹。唇上有对称的褐色斑点8个，腹有弦纹3道，施青色釉，近底处无釉露胎。胎质坚硬，釉色均匀，有细小的冰裂纹，纹饰简朴，造型优美。

洛神赋第一卷

在东晋政权忙于镇压孙恩起义的时候，统治者内部争权夺利的斗争也异常激烈地展开了。原大司马桓温之子桓玄，一直对元显心存不满，因此他借孙恩起义之机将江、荆、雍三州全部控制在自己手中，寻机取代摇摇欲坠的东晋政权。孙恩起义被镇压之后，司马元显以晋安帝司马德宗的名义下诏谴责和讨伐桓玄，桓玄也传檄四方，起兵反抗。由于桓玄收买了北府兵主帅刘牢之，后者临阵倒戈，导致元显阵前被俘，桓玄顺利地进驻建康（今江苏南京），处死了元显，掌控了大权。403年，桓玄废黜晋恭帝司马德文，自立为帝，建国号为楚。此后桓玄虽然重用了一些受司马氏排挤的世族势力，但他同时又因为忌惮北府兵的军事实力，大肆杀戮北府将领，刘牢之、孙无终等北府宿将相继被杀，因此埋下了北府兵余部进行反扑的种子。

<洛神赋图（宋摹本）·东晋·顾恺之

这幅流传千古的《洛神赋图》是东晋画家顾恺之根据三国时代文学家曹植的名篇《洛神赋》所绘，其中最感人的一段描绘了曹植与洛神相逢，但是洛神却无奈离去的情景。现在流传于世的《洛神赋图》有四件摹本，北京故宫博物院两件、美国弗利尔塞克勒美术馆和辽宁省博物馆各一件。

关键词：元嘉北伐

北魏崛起和刘宋的建立

▪ 398年～420年

淝水之战是十六国时期北方形势的一个转折点，战败后的前秦政权迅速瓦解，北方又恢复了民族政权争斗不息的混乱局面。拓跋鲜卑建立的北魏政权在混战中逐渐崛起，不仅统一了北方，还不断推动北方民族融合的进程。反观南方，东晋司马氏政权被权臣一度取代。但桓玄篡权之后打击北府官兵之举却极不明智，不久桓玄政权就被东山再起的北府兵将领推翻，刘裕由此踏上了帝王之路。北魏与刘宋南北对峙，相互攻伐。

北方的分裂

淝水之战败后，苻坚铩羽而归，百万大军也四处逃逸，回到洛阳时只剩下了十多万人。军事上的惨败给前秦统治以毁灭性的打击，北方地区本是少数民族政权林立、民族间互相攻伐，前秦的统一主要是依靠强大的军事力量，没有了强大的军事力量做保障，北方的统一也就难以维持了。前秦南下作战之前，曾强行从各民族中征兵，引起了各民族的不满。战争失败后，原来被秦征服的各族贵族，都乘机起来谋求恢复他们的政治势力。因此，不久之后，各种民族政权又纷纷宣告独立，北方地区再次陷入了分裂割据。

> 彩绘陶骑马鼓吹俑·北魏

马站立在长方形底板上，马头饰辔头，背有鞍具和障泥，尾套鞦系。马背上骑一俑，头戴笼冠，身穿红色左衽宽袖短袍，腰系带，下着缚绔。左手持鼓，右手持鼓槌作击鼓状。此俑高鼻深目，明显是鲜卑民族的形象。现藏于美国普林斯顿大学艺术博物馆。

与淝水之战以前的情况不同的是，北方地区初期的分裂主要是匈奴等少数民族首领利用少数民族反抗汉族统治阶级的民族歧视政策和民族压迫的情绪而发展壮大，并最终建立了与汉族政权相对立的民族政权；但在淝水之战后，北方各少数民族都已经有了一定的发展，东晋汉族政权则偏安于南方，因此各少数民族之间的对立征战和政权更替成为北方局势发展的主要表现。

这一期间，每一个具有相对独立的少数民族都寻机建立起自己的政权，甚至同一民族不同支派或者历史渊源相近的民族也纷纷建立了自己的政权。比如鲜卑族慕容部就先后建立了后燕、西燕、南燕、北燕等政权，其中西燕与后燕互相对抗，鲜卑族其他各部还建立有西秦、南凉等政权；同属匈奴后裔的沮渠蒙逊和赫连勃勃分别建立起北凉及夏政权。此外，还有羌族姚氏建立的后秦政权、氐人吕光建立的后凉政权以及汉人李氏建立的西凉政权等。由于各民族政权之间的相互仇杀，时而分裂、时而合并，权力更替非常频繁，因而这一时期民族迁徙与融合也达到了一个高峰。当然，严重的分裂对峙也造成了力量的分散，因而当另外一个强大的新兴力量——鲜卑拓跋部突然袭来的时候，所有这些政权便一个个倒在了拓跋部骑兵的马蹄下。

北魏的建立及汉化

正当北方各少数民族互相攻伐、政权走马灯一般更替的时候，淝水之战前被前秦苻坚消灭的鲜卑拓跋部建立的代国，也在其建立者什翼犍之孙拓跋珪的努力下复起。晋太元十一年（386），拓跋珪纠合旧部，在牛川（今内蒙古锡拉木林河）召开部落大会，即代王位，复兴了代国。在此之后，拓跋珪一方面积极与其他族群和政权进行联盟，另一方面加强内部治理，以增强自己的实力，因而得以迅速强大起来。晋隆安二年（398）六月，根据汉族士人崔宏的意见，拓跋珪正式改国号为“魏”，并定都平城（今山西大同），同时在礼仪制度上进行改革，正式建立了宫室、宗庙、社稷等国家建制。十二月，拓跋珪正式称帝，建立了北魏政权。

北魏建立之初，北方有柔然建立的强大的草原帝国，不时地南下侵犯，威胁其统治。南方刘裕建立的宋政权也开始越黄河入关中，向北拓展疆域。继拓跋珪、拓跋嗣之后，拓跋焘于始光元年（424）八月继位。拓跋焘在位期间曾对柔然发动过多次大规模进攻，最终解除了北魏的后顾之忧。与此同时，北魏政权也相继吞并了北方其他的少数民族政权，最终完成了北方地区的统一。

一直以来，北魏的统治中心在北方草原地区，尤其是为了对付柔然的侵扰，更注重对阴山南北地区的控制，过着传统的游牧生活，经济来源主要依靠大规模狩猎和对其他游牧民族的劫掠。史称北魏前期的统治是“修其教不改其俗，齐其政不易其宜，纳其方贡以充仓廪，收其货物以实库藏”。这种情况无疑不利于北魏在北方汉族地区的长足发展。于是在军事征战的同时，拓跋焘也非常重视文治教化，他先后设置太学，供奉孔子等人，以儒家学说教育贵族子弟，在官制设置上也学习汉族政权做了一些调整。他还将年号改为“太平真君”，表示以复兴儒家教化的太平真君自居，这些措施无疑拉近了与汉民族的关系。

拓跋焘之后，北魏政权内部围绕政权继承人问题发生了一系列争斗，最终文明太后冯氏取得了胜利，以其五岁的孙子拓跋宏继位，而冯氏临朝听政，实权在握。冯氏崇尚中原儒家汉文化。北魏政治中心早已南移到了平城一带。冯太后指导魏文帝在北方实行了均田制、新租调制、三长制等措施，对朝廷礼仪和社会风俗等也做了一系列的改革。这些为此后孝文帝南迁洛阳之后实施大规模的汉化措施奠定了基础。太和十四年（490），冯太后去世，孝文帝得以亲政掌权，此后他沿着既定的汉化改革路径，先适应形势发展需要迁都洛阳，并在洛阳进行了全方位的汉化改革，使北魏政权从政治制度、经济基础上完全实现了汉化，十六国以来北方民族融合进程达到前所未有的高度。

^ 浮雕《孝文帝礼佛图》· 北魏

浮雕以孝文帝为中心，形成前簇后拥的礼佛行进队列。画面构图严谨，错落有致且和谐统一，形象地展示了北魏皇室贵族崇尚佛教，列队礼佛的恢宏场面，是北魏社会宗教生活的生动再现，更是佛教造像汉化的代表之作，是当之无愧的国宝。现藏于美国纽约大都会艺术博物馆。

刘裕建宋

经过频繁的内乱与夺权斗争，南方的政局也发生了许多变动。桓玄在依靠北府兵取代了司马氏政权之后，自己却对北府兵心存疑忌，因此先后惩除了一些北府兵将领，并解散了北府兵。桓玄此举激起了北府兵将帅的愤怒，因此刘裕等北府军中级军官开始密谋反击桓玄。经过一番激烈的对抗，桓玄终于抵不过东山再起、实力尚存的北府兵，兵败逃回老巢江陵，从此在东晋政治活动中消失了。

刘裕作为北府兵将领，曾在镇压孙恩起义中表现英勇，屡建奇功。义熙元年（405）三月，他与其他北府兵将领一起将晋安帝迎回建康，使其再登帝位，而刘裕自己身兼侍中、车骑将军、都督中外诸军事、徐兖二州刺史等职。不久之后他又升任扬州刺史兼任尚书，东晋政权实质上落入了刘裕手中。刘裕大权在握之后，先后消灭了北方的南燕，击溃了孙恩起义的余部卢循的武装，基本上解除了足以对他形成威胁的外部力量。接着他又升任太尉、中书监，开始着手解决统治阵营内部对他有所制约的其他力量，并着力培植自己的党羽，谋划篡权自立。一切准备就绪之后，他于义熙十四年（418）十二月，授命心腹绞杀了晋安帝司马德宗，另立安帝之弟司马德文，刘裕自己则进封宋王。元熙二年（420）六月，刘裕到达建康，以"禅让"的名义攫得了政权，立国号为宋，偏安一隅的东晋政权宣告寿终正寝。

宋武帝刘裕像·清

刘裕字德舆，小名寄奴，南北朝时期宋朝的建立者，史称宋武帝。

刘裕出身于贫寒之家，从小就尝尽了生活的苦难，因此他即位之后采取了很多减轻人民负担的措施，多次下诏减免赋税。同时刘裕还减轻刑罚，把东晋以来苛重的刑罚下调，废止了一些惨无人道的酷刑。每当遇到灾荒的年景，刘裕还命令各州县赈济百姓，禁止豪强封固山泽。刘裕征战一生，积劳成疾，当了皇帝没两年就去世了。刘裕的儿子宋文帝刘义隆延续了父亲与民休息的政策，使南朝出现了政治清明、人民安康的“元嘉之治”。

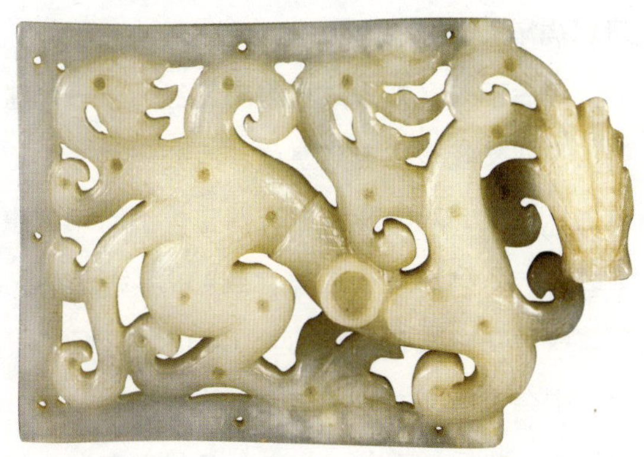

^龙纹玉鲜卑头·南朝宋

鲜卑头，即胡语所言的带钩或带扣。这是一件衮服上的玉带头，形状为一条透雕盘曲的龙，背面刻有两行铭文“庚午，御府造白玉衮带鲜卑头，其年十二月丙辰就，用工七百”“将臣范许、奉车都尉臣程泾、令奉车都尉关内侯臣张余”。记录了制作时间、制作机构、器物名称、用工人数、监造者姓名等非常有价值的内容。从中可知这是南朝宋文帝元嘉七年所制的御用之器物。

对峙中的政权更替

刘裕建立刘宋政权的时候，北方的拓跋氏还没有完成统一，北方黄河流域处于北魏、北燕、夏、西秦及北凉等五个民族政权并立争雄的时期。因而刘裕政权继续加强了北伐，加紧扩张地盘，先后消灭了慕容鲜卑南燕及羌族后秦政权，东边以黄河为界，与正在汉化的北魏形成了对峙局面；在西边则消灭了蜀，占据着汉中，有效地遏止着关陇各族政权南下侵犯，南北对峙的局面至此完全定型了。

宋武帝永初三年（422）五月，刘裕病死，当时北魏当政者拓跋嗣听说后借机率兵大举南下，攻伐一年有余，宋先后失掉了司、豫、兖等州，洛阳、虎牢（今河南荥阳汜水镇）、滑台（今河南滑县东）等地皆为魏占领。此后不久，刘宋政权内部又经历了一场激烈的争权斗争，最终刘裕的第三子刘义隆被推上了皇位，改元元嘉，史称宋文帝。刘义隆继续施行休养生息政策，对内继续进行调整，消除了内患，稳定了局势。而北魏政权则经过一系列的统一战争，到439年终于消灭北凉统一了北方。此间，刘宋政权曾在宋文帝元嘉七年（430）组织了一次大规模的北伐，准备从北魏手中夺走河南之地，但因为将领指挥无能、战争准备不充分，最终以失败告终。此后，南北之间二十多年没有发生过大规模的战争，但是双方依然有南征北伐的打算。450年，北魏太武帝拓跋焘率大军南征，宋魏双方再次交锋。由于国家实力、战争准备均不如北魏，刘宋军队损失惨重，而北魏大军也在小城瓜步（今江苏南京六合区）遭到刘宋军队的顽强抵抗，被迫撤军北返。瓜步之战后，南北双方很少再有战事。

历史断面

郦道元与《水经注》

郦道元（472—527），字善长，北魏范阳（今河北涿州）人。三国时的桑钦曾写《水经》一书，记载当时主要的137条水道，共一万多字。郦道元在这一万多字的原著基础上，写成了一部共有40卷、30万字的鸿篇巨制，所记载的河流达到了1252条，所以此书名为注释《水经》。《水经注》一书除了水文地理以外，全书对沙漠、山脉、丘陵、火山、温泉、喀斯特地貌、溶洞、峡谷等自然地理情况，也有丰富的记载。此书相当于北魏以前中国古代地理的总结，是代表公元6世纪初中国最系统、最全面的综合性地理著作。

关键词：南朝更替 / 侯景之乱

南朝的兴替与衰亡

■ 420年～589年

刘裕建宋之后，南方先后经历了刘宋、南齐、萧梁和陈四个政权的更迭，其中刘宋（420～479）是其中疆域最大、实力最强、统治年代最长的一个政权，南齐（479～502）国祚短暂，只有23年，但由于争杀频繁，竟历三代七帝，平均三年一帝，是中国历史上帝王更换极快的一朝。梁朝（502～557）历三代四帝，其中武帝萧衍个人享国时间最久，几近半个世纪。陈（557～589）首尾凡33年，历三代五帝。历史上把宋、齐、梁、陈这南方四朝称之为南朝。

宋亡齐替

刘宋元嘉二十九年（452），宋文帝刘义隆死于太子刘邵发动的宫廷政变。不久，文帝第三子刘骏又发动兵变，

> 龙凤形玉佩・南北朝

玉佩为青玉制成，上部雕刻有龙首和凤鸟，制作精美，雕工细致。

杀死刘邵，自立为帝，是为孝武帝。孝武帝自觉得位不正，在位期间大肆屠戮宗室子弟，血雨腥风笼罩着刘宋朝廷。孝武帝去世后，其子前废帝刘子业登上帝位。刘子业是南北朝时期少有的昏君，他不但滥杀刘氏王族，对待百姓和身边的大臣、近侍也极为暴虐，对其忍无可忍的始安王刘休仁、湘东王刘彧收买其亲信寿寂之、姜产之等11人杀死了暴虐的前废帝，随后刘彧被众人拥戴为帝，是为宋明帝。明帝的皇位来得同样不光明正大，所以他上台后先处死了自己的同谋、始安王刘休仁，然后继续在王族中大开杀戒，孝武帝刘骏的28子几乎被其杀光。泰豫元年（472），宋明帝病死，年仅十岁的太子刘昱即位，也就是历史上的后废帝。后废帝更是天性好杀，身边常带着针、凿、锯，只要左右侍从稍不如他意，他就要加以残杀，一天不杀人就怏怏不乐，皇太后王氏曾教训他几次，后废帝就打算将其毒杀；重臣萧道成的肚子甚至被后废帝当成箭靶，练习射箭……477年，作恶多端的后废帝刘昱被近侍杀死，刘宋朝廷的军政大权落入了萧道成的手中。

^ 萧道成像·清

齐高帝萧道成是一个围棋爱好者，史载他与直阁将军周覆下棋时打算悔棋，周覆居然抓住萧道成的手不许他悔棋，萧道成也能从容默许，所以得到了“弘厚”的评价。此外，萧道成还亲自撰写围棋著作，曾有《齐高棋图》二卷问世，是史载首位亲自著作围棋书的皇帝。

萧道成（427—482），字绍伯，小名斗将，祖居东海兰陵（今山东枣庄峄城东），高祖于东晋初迁至侨郡兰陵（今江苏常州西北）。十三岁的萧道成拜当时的名儒雷次宗为师，学习《左氏春秋》《礼》等儒家经典。元嘉十九年（442），竟陵（今湖北天门）的蛮夷造反，萧道成领一支偏师讨伐，彻底平定了叛乱。到宋明帝刘彧夺位称帝时，萧道成已经是刘宋有数的名将，猜疑心极重的明帝开始怀疑萧道成有不臣之心。为了证实自己的猜测，明帝命令冠军将军吴喜率领三千骑兵，带着“御酒”，以赐酒为名赶赴萧道成的军营。这是明帝的一次试探，如果萧道成不敢喝酒，那就是心中有鬼，吴喜正好将其铲除；如果萧道成喝了酒，那就是忠心耿耿的大臣，也不用日夜提防。萧道成看透了明帝的打算，不但孤身一人出营迎接使者，还在圣旨宣读完毕后立刻喝光了“御酒”，吴喜如实地将情况回报了明帝，明帝这才放松了对萧道成的监视。刘宋元徽二年（474），后废帝刘昱即位不到两年，桂阳王刘休范起兵造反，时任平南将军的萧道成用诈降的办法骗取了刘休范的信任，然后趁其不备，砍下了刘休范的脑袋，镇压了叛乱。为了褒奖萧道成，刘宋朝廷封萧道成为中领军、南兖州刺史，留卫建康。

后废帝刘昱被杀后，萧道成掌握了实权，他先以王太后的名义下诏贬被杀的刘昱为苍梧王，然后迎立宋明帝的第三个儿子刘準为帝，是为宋顺帝。为了安抚萧道成，王太后特意以顺帝的名义下诏，封萧道成为司空、录尚书事、骠骑大将军。眼见萧道成独揽大权，有取宋而代之的野心，荆州刺史沈攸之和大臣袁粲打算里应外合，消灭萧道成。然而萧道成掌握的军事实力远远大于沈、袁二人，再加上袁粲的密友褚渊告密，沈攸之最终兵败自杀，袁粲父子也被萧道成部下杀死。当时建康的老百姓知道褚渊出卖朋友、袁粲父子死节的消息后，就到处传唱着：“可怜石头城，宁为袁粲死，不为褚渊生。”

《历代帝王像》之梁武帝像·清·姚文瀚

梁武帝萧衍是南北朝时期少有的多才多艺的皇帝，既是博览群书的学者，又能指挥军队作战，他的政治、军事才能，在南朝诸帝中堪称翘楚，难怪史书称他“六艺备闲，棋登逸品，阴阳纬候，卜筮占决，并悉称善……草隶尺牍，骑射弓马，莫不奇妙”。

消灭了忠于刘宋的最后力量，萧道成终于决定另立新朝。刘宋昇明三年（479）四月，在位不到两年的宋顺帝被迫禅位给萧道成，萧道成正式称帝，是为齐高帝，改国号为齐，改元建元。

萧衍建梁

齐高帝即位后，对刘宋政权的衰亡进行了反思，认为大肆杀戮宗室是亡国的根本原因。因此他一再教育儿子萧赜，也就是之后的齐武帝要以刘宋为前车之鉴。齐武帝即位后，基本听从了齐高帝的意见，宗室得到了保全。然而等齐武帝病死后，萧道成的侄子萧鸾掌握了军国大权，连续废掉了武帝的两个孙子，自立为帝，是为齐明帝。靠武力夺权的齐明帝即位后又走上了刘宋的老路，大肆诛杀萧道成和萧赜的子孙，萧道成的十九个儿子、萧赜的二十三个儿子几乎被其杀绝。建武五年（498），齐明帝萧鸾病死，他临死前还不忘叮嘱儿子萧宝卷“做事勿在人后”，暗指对待有威胁的宗室、大臣尽管痛下杀戮，先下手为强。萧宝卷果真将明帝的话“发扬光大”，宰辅大臣、萧氏皇族，稍不如意，便加以杀戮，以致天怒人怨，不少大臣纷纷起兵叛乱。永元三年（501），南齐皇族、大臣萧衍在襄阳起兵，大举进攻建康。结果萧衍的军队还没打到建康城下，萧宝卷就被太监所杀，南齐的军政大权落入了萧衍手中。在萧衍的授意下，萧宝卷的帝号被剥夺，被追封为东昏侯。中兴二年（502）四月，萧衍逼迫他拥立的齐和帝萧宝融退位，萧衍正式称帝，改国号为梁，是为梁武帝。

梁武帝萧衍（464—549）出身南齐皇族，他的父亲萧顺之在萧道成建齐的过程中立下过不少的功劳。少年时代的萧衍多才多艺，南齐竟陵王萧子良开西邸，招文学之士，萧衍与名士沈约、谢朓、王融、萧琛、范云、任昉、陆倕并游于西邸，吟诗赋文，号称“八友”。到后来萧衍做了皇帝，虽然政务繁忙，可他仍然每天灯下读书直到深夜，曾钦令编写《通史》六百余卷，并亲自作赞序。萧衍还亲自起草朝廷的诏诰、赞、序等公文，合起来竟然有120卷。萧衍的棋艺也不错，其他方面如阴阳、卜筮、书法等无不擅长。

除了本人文采风流外，梁武帝治国之初也颇有善政。他注意调和士族和寒门之间的矛盾，在重用门阀中人的同时，也能选拔寒门子弟为官，为后者保留了一条上升的通道。对待皇族宗室和文武大臣方面，他也非常宽

历史断面

范缜与《神灭论》

范缜是南朝齐梁时期人，世居南乡舞阴（今河南泌阳西北）人。范缜聪颖好学，精通经术，先后在齐、梁两朝做官，任尚书殿中郎、尚书左丞等职。当时，梁武帝萧衍和竟陵王萧子良笃信佛教，朝野风靡。范缜心怀忧虑，苦苦思索人的生死因果，写出了无神论名著《神灭论》，提出“形神相即”和“形存则神存，形谢则神灭”的主张，以驳斥佛教三世轮回和因果报应说。《神灭论》代表了当时唯物主义思想的最高水平。

厚，甚至到了放纵的地步。萧衍的六弟萧宏贪污、搜刮了数千万钱，装满了三十余间仓库，萧衍亲往查看，发现是钱帛而不是造反用的兵器，就以称赞萧宏善于理财了事。萧衍的所作所为，在梁朝初年确实调和了统治阶级内部的矛盾。此外，梁武帝在位期间，梁与北魏也进行了不少大战，比如天监六年（507）的钟离之战和大通元年（527）的涡阳之战，梁军在名将韦叡和陈庆之的率领下都曾大败北魏军队，遏制了北魏南侵的势头，巩固了国内的统治，《梁书·武帝本纪》称其为“自魏晋以降，未或有焉”。

侯景之乱

梁武帝早期勤于政事，还是有一番作为的，但是他晚年笃信佛道，成了一个虔诚的佛教徒。佛教影响皇帝，进而影响到整个梁朝国家和社会。当时梁武帝大建寺院，并数次舍身皇家寺庙同泰寺，表示要出家当和尚。普通八年（527），他首次舍身同泰寺，四天后还宫。两年之后，他再次舍身，群臣花了一亿钱才将他赎回。中大同元年（546），八十四岁的梁武帝想念同泰寺的佛祖，故技重施，群臣再次出钱，同泰寺又得钱二亿。第二年，他舍身的念头再次发作，在寺内待了三十七天才被群臣出一亿钱赎回。皇帝提倡佛教，朝中的王公大臣从

^ 青釉仰覆莲花尊·北齐

高63.6厘米，口径19.4厘米，足径20.2厘米。该尊器形硕大，做工精细，釉色湿润，是北齐瓷器中屈指可数的重器之一。现藏于中国国家博物馆。

风而动，他们也建造佛寺，有的干脆施舍出自己的住宅做佛寺，或者给佛寺大笔大笔的捐钱做功德。据说当时仅仅建康城内外就有寺院五百多所，僧尼达十万余人。梁朝境内如此多的佛寺和僧尼，占有大量的社会财富，却不负担国家的赋役，重担自然转移到平民百姓头上。更为致命的是，梁武帝晚年政治判断力下降，接纳了东魏大将侯景的投降，也正是这个反复无常的侯景，给南方百姓带来了一场深重的灾难。

侯景（503—552），字万景，北魏怀朔镇（今内蒙古固阳西南）鲜卑化羯人。北魏人民大起义时，他投靠了北魏权臣尔朱荣。后来尔朱荣被北魏孝庄帝杀死，他又投靠了建立东魏政权的高欢，一度统兵十万，专制河南。东魏武定五年（547），高欢病危，其子高澄准备除掉侯景。侯景自知不敌，就向南梁的萧衍求救，表示要以河南土地归附。利令智昏的梁武帝则把侯景当作自己的福将，把还没吃到嘴里的河南土地当作上天赐予的礼物，命令贞阳侯萧渊明率领十万大军去救援侯景。可这时的梁军再无名将指挥，不但被东魏军队打得大败，连武帝的侄儿萧渊明都被魏军俘虏，侯景只带了八百残兵逃到了梁的寿阳（今安徽寿县）。

侯景南逃到梁朝后，发现萧衍一天比一天冷淡，就伪造了一封东魏朝廷给梁武帝的外交信函，声称愿以萧渊明换取侯景。梁武帝被东魏打怕了，也没辨清信的真伪，就立刻回信说“贞阳旦至，侯景夕返”，意思是说东魏早上送回萧渊明，晚上就把侯景送给东魏。看到回信后，侯景暴跳如雷，决定起兵叛梁。梁太清二年（548），侯景在梁朝的前太子、临贺王萧正德的接应下，一举攻克建康。一百二十天后，皇宫所在的台城被攻破，梁武帝萧衍沦为阶下囚，不久忧愤饥病而死，终年八十六岁。彻底占领建康后，侯景下达了残忍的屠杀令，成千上万的梁朝人像蝼蚁一样死去。自孙吴以来经营了二百多年的建康由壮丽的大都会变成了废墟。侯景成为整个南方的噩梦。梁承圣元年（552）三月，江州

刺史王僧辩、东扬州刺史陈霸先率军讨伐侯景。侯景知道自己的末日就要来临，率领数十人逃亡海上，最后被随行的部下羊鲲所杀。至此，历时近四年的侯景之乱才宣告结束。

南朝陈的兴与亡

侯景的叛乱给南方人民带来了一场浩劫，也给了枭雄们一个趁势而起的机会。梁朝大将陈霸先很好地利用了南方混乱的局面，最终建立了南朝中的陈王朝。

^《历代帝王图》之后主陈叔宝·唐·阎立本

陈霸先（503—559），字兴国，吴郡长城（今浙江长兴）人，他从小就“倜傥有大志，读兵书，多武艺”，成年后因为平叛有功，受封直阁将军，封新安子、邑三百户。梁太清二年（548），梁朝爆发了侯景之乱。陈霸先带着麾下的三万精兵、二千艘战船与梁朝名将王僧辩的大军会合，共同讨伐侯景。平定侯景叛乱后，陈霸先先除掉了王僧辩，接着又逼迫其拥立的梁敬帝禅位给自己，建立了陈王朝。陈永定三年（559），仅仅做了三年皇帝的陈霸先在建康病逝。之后的陈文帝、陈宣帝着手消灭梁末大乱后南方兴起的一些割据势力，也曾出兵与北方的北齐、北周交战，但胜少负多，国家实力日渐衰落。等到了陈宣帝之子后主陈叔宝统治时期，苛捐杂税愈发繁重，百姓生活痛苦不堪，陈叔宝荒淫无道，为贵妃张丽华大兴土木建临春、结绮、望仙三座楼阁，继续空耗国力，国家败亡已经指日可待。

陈祯明二年（588），已经统一北方的隋文帝杨坚建造了大批战船，以晋王杨广、清河公杨素为元帅，贺若弼、韩擒虎为大将，率领五十万大军，分兵八路，渡过长江进攻陈朝。第二年，隋军攻入建康，陈叔宝被押往长安，陈朝亡。

历史断面

范晔与《后汉书》

范晔（398—446），字蔚宗，南朝宋著名的史学家、文学家。范晔任宣城太守时，曾博采魏晋以来各家关于东汉史实的著作，撰成《后汉书》纪传90卷，成为中国历史上著名的前四史（《史记》《汉书》《三国志》《后汉书》）中的最后一部。《后汉书》是一部纪传体断代史书，记载了东汉一代的历史。全书共120卷，本纪、列传部分为范晔撰写，志未作成，范晔因为卷入政治斗争被杀，后人将其补全。《后汉书》除了延续《史记》《汉书》的列传体例外，还新增了《党锢》《宦者》《文苑》《独行》《方术》《逸民》《列女》7种列传。这些列传既是新创，又反映了东汉的实际情况。

专题

门阀士族的衍生与衰落

⊙崛起的门阀士族 ⊙王与马共天下 ⊙士庶两重天
⊙门阀庄园 ⊙安逸与奢华 ⊙必然的衰落

三国两晋南北朝时期的政治，除了政权更替频繁、政局混乱之外，还有一个突出的特征，就是地主阶级中崛起了一个特权阶层——门阀士族。他们通过其政治、经济特权，对这一时期的历史发展产生了重大影响，一度出现了门阀政治驾驭皇权的局面。他们是一个个讲究郡望、推崇门第、重视血统、标榜“婚宦”的家族群体，特权和地位世代相承，但随着历史的发展，他们的地位也因专制皇权的加强无可避免地走向了衰落，最终退出了历史舞台。但是，作为分裂政局中壮大起来的一个特殊阶层，他们与这段时期的历史紧密地联系在了一起……

崛起的门阀士族

门阀士族作为地主阶级中崛起的一个特权阶层，其萌生可以上溯到东汉。光武帝刘秀依靠地主阶级的支持，从王莽手中夺回了政权，建立了东汉政权。东汉建国之初，对开国功臣们的嘉奖和对地方豪强们的优遇，使得从东汉后期开始，出现了一些高门世家，他们有的世代位高权重，有的则世出名儒，多数在地方上一枝独秀。因此可以说，东汉虽然依靠豪强建立了政权，但同时也为后来地方政权割据争雄并最终取代汉统种下了祸根。

到了三国时期，曹魏代汉前夕推行九品中正制。这种制度将士人分为九

▸ 拜谒画像砖·南朝

画像砖，就是用拍印和模印方法制成的具有图像的砖瓦，其兴起于战国时期，兴盛于两汉和南北朝，是古代绘画和雕刻艺术高度结合的艺术品。

个等级，并作为选拔官吏的依据。曹魏代汉之后，将这种选官形式制度化，于郡设中正，州置大中正，负责品第士人。由于各级中正均由各地的豪门望族担任，它便逐渐成为世家大族垄断选举的工具。社会上逐渐出现了“上品无寒门，下品无士族”的奇怪境况。

“王与马共天下”

魏晋时代的政权更替过程中，门阀士族的作用不容忽视。曹魏政权被司马氏家族所取代，本身就是世家大族权力地位的真实写照。而司马睿偏安东南，建立东晋，并能维持近百年的统治，更是在很大程度上依靠了世家大族的支持。其中尤其是琅琊王氏中的王导、王敦兄弟在东晋的政治中扮演了重要的角色，史书有称，“王与马共天下”，说的就是琅琊王氏之权力和地位与皇室司马氏几乎没有差别，王导执掌朝政大权，联合南北士族，政由己出；而王敦则总掌兵权，专任征伐，逐渐形成了坐镇荆州、控制建康的局面。可见，“王与马共天下”真实地反映了东晋门阀政治的典型情况，并非夸大其词。

东晋的建立者虽然对王氏兄弟比较敬重，但是同时也在时刻警惕。因为面对那种王氏兄弟执掌军政大权、王姓官员遍布朝野的情况，司马氏政权受到了很大的威胁。因此司马睿曾一度起用他的心腹，企图削弱王氏的部分权力，并有疏远王氏之意，这就引起了王敦的军事叛乱。所以说，“王与马共天下”反映了王氏权势熏天的情况，但真正的“共天下”却是做不到的，旁落的皇权与门阀政治的博弈贯穿东晋始终。

士庶两重天

门阀士族作为地主阶级的一个特权阶层，开创了一种完全不同于以往地主阶级的生活方式。由于在经济方面享有很多特权，在政治上有着极高的地位，在文化上世代传承家学，引领风骚、名士辈出，因此他们在婚姻、生活习俗等方面都形成了自己的特色。

在政治上，曹魏开创的九品中正制为门阀士族的特权提供了政治上的保障，门阀士族可以很轻易地踏上仕途、迁升高位。在经济上，门阀士族按官品大小占有不同数量的土地和劳动人口，但他们并不向国家纳租服役；他们

▼《士族出行图》画像砖·南朝宋

画面上共有五人，左侧为主人，其余四人为仆从，人物造型具有南朝“秀骨清像”的特征。主人峨冠博带，手持麈尾，姿态特别，是典型的南朝门阀士族子弟形象。

▸铜鎏金狩猎人物图杯·南北朝

可以利用特权任意兼并土地、使大量的人口投奔到自己门下，从事大规模的庄园制经济，过着荒淫奢侈的生活。为了显示自己特殊的社会地位，士族向来自矜门第，不与“庶族”（即普通地主）为伍，不肯与之并坐，甚至不相往来。在婚姻上，士族为维护自己的声望与血统的优越，特别讲究门当户对，如王、谢两家便经常联姻。士族内不同等级间的联姻，也会受到其他士族的非难，导致声望下降，政治前途失色。在门阀士族这个特权阶层的垄断之下，庶族地主的生活，尤其是仕途晋升步履维艰。史书称地主阶级内部这种悬殊的差距为“士庶天隔”。

门阀庄园

魏晋南北朝时期，与门阀士族势力发展相对应的，是封建制庄园经济获得了充分发展。封建庄园制的发展既是东汉以来农业和手工业发展到一定阶段的表现，也是魏晋门阀士族经济特权的突出反映，是大地主进行土地扩张兼并与其经济特权相结合的产物。到魏晋南北朝时期，庄园制经济随着士族门阀政治的发展达到了高潮，这时的庄园经济遍布各地。由于长期的土地兼并，社会上出现了很多无业游民，他们为了生存，其中多数人只能依附于门阀士族，因而魏晋时期的庄园都有很多的依附民。随着依附民的增多，庄园的规模空前扩大，不仅包括传统的农业种植，还包括手工业作坊、满足庄园主日常生活的奢侈品生产等多种行业。这种庄园内部有较细致的分工协作，史称“车船贾贩，周于四方；废居积贮，满于都城”，庄园已经成为一种自给自足的封建自然经济体系。

安逸与奢华

魏晋时期的门阀士族在政治上掌控要职，因而可以为所欲为；在经济上享有各种特权，因而他们极其富庶，生活也极其奢华。据史书记载，当时的门阀士族一日三餐的饭菜花费达万钱以上，有的甚至一餐花费两万钱，还认为“无下箸处”。他们有富丽堂皇的豪宅，有山珍海味的餐饮，有华贵美丽的服饰，但依然贪得无厌，从不知足。当时的贵族官僚们互相夸豪斗富，蔚成风气。如西晋石崇与王恺斗富，就是展现当时门阀士族豪奢生活的一个侧面。到南北朝时期，门阀士族实力虽然开始衰落，但他们依然过着无比豪奢的生活。直到北魏后期仍是“帝族王侯、外戚公主，擅山海之富，居川林之饶，争修园宅，互相夸竞”。河间王元琛之豪富冠绝一时，无人能与之争雄，因此他常有“不恨我不见石崇，恨石崇不见我”的“豪语”。

由于上层社会崇尚犬马声色，因此在任人选才时也开始崇尚风貌，注重体态。他们不仅以门第品评人物，而且在门第之内开始讲求以貌取人。由于朝野注重风貌体态，因此达官贵人非常讲究穿衣打扮、美容修面，史称贵族子弟“无不熏衣剃面，傅粉施朱”。生活在淫逸中的门阀士族，手无缚鸡之力，不事劳作，甚至迈步行走都要靠奴仆扶持，是一个真正“四体不勤，五谷不分”的寄生阶层。

必然的衰落

门阀士族作为一个特权阶层的崛起，与魏晋时期的政治变动有着很大的关系。他们是当时社会动荡、政权频繁更替、权贵擅权自恣等一系列社会变动的产物。但是，只要当权者对他们的政治依赖有所削弱，他们的名望、声势和地位也必将随之下降。南朝皇权重振，启用寒人；北朝依靠鲜卑贵族，士族已无昔日权势。到南北朝后期，随着北方周武帝、南方梁武帝等一些比较有作为的皇帝励精图治的改革，一批批的寒门俊秀被选拔到了政治高层。梁武帝曾置五经博士，并规定“五馆生皆引寒门俊才，不限人数”，这就使得寒门士子有了进入仕途的资格和机会。此时的北朝，由于北魏门阀制度推行之初就没有给予他们过高的特权，而且北朝社会非常注重军功，因此人才也逐渐转向从庶族地主中选拔，形成了“士庶竞技”的局面。

总之，自南北朝后期起，门阀制度开始走向衰落了。士族在官吏选拔与任用上所享有的特权逐渐被削弱，而庶族在各级政权中所占的比例在逐渐增加，士庶之间的清浊之分逐渐淡化了。当门第不再作为一个选官优先权的标志的时候，门阀士族制度也就走到了尽头。隋朝建立之后，科举制的建立和逐渐完善完全取代了门第等级制度，门阀士族在隋唐时期逐渐退出了历史舞台。在中古历史上，门阀士族由兴而衰前后历时六百余年。

徐显秀墓壁画 · 北齐

关键词：武帝灭佛 / 府兵制

从两魏并立到北周灭齐

▪ 534年～577年

和南方在复杂的政治斗争中经历了宋、齐、梁、陈四朝一样，此间北方的北魏政权也不安稳；先是因为政治腐败而激生了士兵起义和流民暴动，朝廷政纲不张，统治混乱；接着是权臣和军阀势力趁势而起，其中的代表人物就是尔朱荣、高欢和宇文泰。特别是后两人，他们各自掌控了一定的政治军事力量，分别拥立拓跋氏不同的后裔建立独立政权，北魏因而分裂为了东魏和西魏。但没有持续多久，东西魏两个政权便被实权掌控者高氏和宇文氏所取代，分别建立了北齐和北周，并且开始了更加激烈的对抗，最后结局是北周消灭了北齐。

两魏并立

孝文帝的改革与迁都促进了北魏社会经济的发展，洛阳逐渐成为北方最繁荣的商业城市。但经济发展创造的财富并没有让普通百

> 青釉舞蹈人物壶·北齐

姓获益，而是养肥了以鲜卑贵族为代表的官僚阶层。他们贪腐成风，卖官鬻爵，用搜刮来的民脂民膏过着奢侈无度的生活，常常一顿饭吃掉数万钱，家中蓄养的奴婢成千上万，社会矛盾也因此空前激化。到孝文帝的孙子、北魏孝明帝在位时，北魏各族多次发生大规模的人民起义。523年，北方六镇的下层士兵在破六韩拔陵的率领下起义，北魏朝廷多次镇压失败，最后只能邀请草原上的柔然部落助战，才将六镇起义镇压下去。526年，鲜卑人葛荣发动了河北农民起义，短短数月起义军就发展到百万之众，最后，还是地方军阀尔朱荣率军镇压，才击败了葛荣起义军。

^彩绘陶骑马武士俑·北魏

在北朝的北魏、西魏、东魏、北齐墓中都有这种铠马骑俑的出现，它真实地记录了少数民族内徙、汉化的进程和给中原带来的粗犷豪爽气息。

在频发的起义打击下，北魏的皇权名存实亡，朝廷大权落到了权臣尔朱荣的手中。528年，尔朱荣趁着孝明帝与其母胡太后发生权力争斗的机会，率领军队进入洛阳，大肆屠杀了北魏大臣两千余人，将胡太后及幼主沉入黄河淹死，史称河阴之变。然而尔朱荣大权独揽、威福自用的日子没过多久，就被他拥立的傀儡皇帝孝庄帝设计杀死，尔朱荣的侄子尔朱兆又率领大军攻入洛阳，杀死了孝庄帝，立献文帝之孙广陵王恭，是为节闵帝王。北魏的政治局势陷入了大混乱之中。

乱世往往给了野心勃勃的枭雄们“建功立业”的机会，北魏的乱局也成就了尔朱荣的两个部下——高欢和宇文泰。高欢（496—547），字贺六浑，渤海蓨县（今河北景县东）人，曾参加过葛荣的起义军，后来投靠了尔朱荣，受封为晋州刺史。尔朱荣被杀后，高欢骗取了尔朱兆的信任，出任冀州刺史，收编了葛荣起义军的余部二十余万人，实力飞速扩张。532年，高欢在韩陵（今河南安阳东北）以三万步兵击溃了尔朱氏的二十万联军，尔朱兆被迫上吊自杀，高欢开始掌握北魏政权。他另立宗室元修为帝，是为孝武帝。然而元修忍受不了高欢的飞扬跋扈，于534年逃离洛阳，投奔了镇守关中的实力派军阀宇文泰。宇文泰（507—556），字黑獭，代郡武川（今内蒙古武川西）人。宇文泰出身于北魏一个下级武官家庭，曾跟随父亲参加了北方六镇士兵起义。起义失败后，宇文泰被尔朱荣收编，后来因为战功卓越被封为关西大行台贺拔岳的左丞，成为贺拔岳的左右手。高欢控制北魏政权后，收买了贺拔岳手下将领将其杀害，宇文泰继承了贺拔岳部下的军队，占据关中地区，和高欢隐隐对峙。北魏永熙三年（534），孝武帝逃出了洛阳，投奔了宇文泰，并封宇文泰为大将军兼尚书令。元修出逃后，高欢另立元善见为帝，是为魏孝静帝，迁都邺城（今河北临漳县西、河南安阳市北郊），史称东魏；535年，宇文泰杀死了投奔他的元修，立元宝炬为帝，定都长安，史称西魏。就这样，原本统一的北方分裂为高欢控制的东魏政权和宇文泰控制的西魏政权，整个北方又进入分裂时期。

两魏五战

两魏并立之初，东魏的高欢集团在军事、经济、人口方面处于绝对优势，高欢就打算以泰山压顶之势消灭宇文泰，率先发动了进攻。

西魏大统二年（536），关中地区发生了大面积的旱灾，按照《资治通鉴》的记载是“人相食，死者什七八”。高欢趁着灾荒的机会，兵分三路，主力由将军窦泰率领攻取潼关（今陕西渭南潼关县北），其他两路为偏师策应。征战多年的宇文泰看穿了高欢的战术，他集中兵力突袭小关（潼关之左），用伏击的战术重创了窦泰率领的主力，窦泰兵败自杀。无奈的高欢只得下令撤军，这场小关之战以西魏胜利而结束。同年，宇文泰率领西魏军队进攻东魏的盘豆、桓农两郡，高欢率东魏大军迎战，两军在沙苑（今陕西大荔）展开会战。当时双方兵力相差悬殊，东魏军队号称二十万，而宇文泰的西魏军队不过万余人，但宇文泰采纳了部将李弼的建议，在离沙苑十里的渭曲沼泽地设伏，大败轻敌深入的东魏军队，斩杀东魏精锐士卒八万，缴获盔甲十八万件，西魏再次获得全胜。

> 鎏金银胡瓶・北周

这件银胡瓶是北周河西公李贤墓中的随葬精品，从瓶体的图案判断，应是通过丝绸之路传入的艺术品，是东西方文化交流的最好物证。

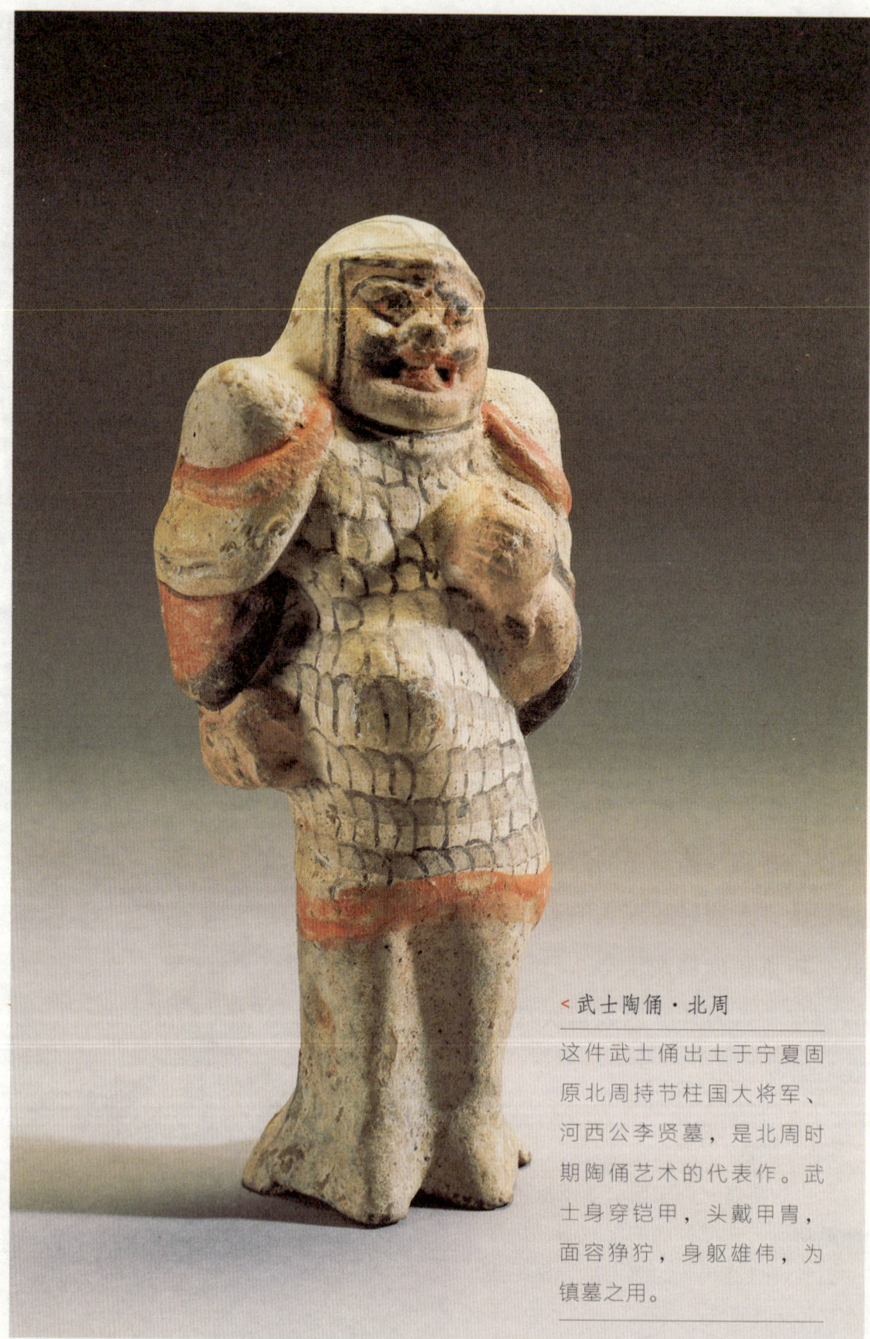

武士陶俑·北周

这件武士俑出土于宁夏固原北周持节柱国大将军、河西公李贤墓，是北周时期陶俑艺术的代表作。武士身穿铠甲，头戴甲胄，面容狰狞，身躯雄伟，为镇墓之用。

538年，西魏出动大军攻占了洛阳的金墉城，东魏大将侯景率部反击，双方在河桥（今河南孟州市西南）至邙山（今河南洛阳北）一带展开激战，互有胜负。不久，高欢亲自率领大军增援。这次史称河桥之战的战役，东魏再次损失数万将士，东魏第一勇将高敖曹也战死沙场，西魏也损失不小，宇文泰因此主动脱离了战场，双方算是打成平手。543年，东魏北豫州刺史高仲密以虎牢关投降西魏，东魏与西魏又发生了惨烈的邙山之战。高仲密投诚后，宇文泰和高欢都急忙调集人马向黄河进发，两军在邙山展开了激战。一开始东魏军出其不意地冲乱了西魏的军阵，高欢部下的悍将彭乐差点活捉宇文泰，只是贪图西魏军扔下的金银才让宇文泰逃出生天。可缓过气来的宇文泰发动反攻，高欢又被打得狼狈逃窜，差点被宇文泰的部将贺拔胜抓住。邙山之战，再次以东魏的失败而告终。546年，高欢率领大军对西魏的玉壁城（今山西稷山西南）发起了进攻。这场经典的古代攻防战让高欢吃尽了苦头，不管他使用挖地道、堆土山，还是不计伤亡的蚁附攻城，都被西魏守将韦孝宽一一化解。最后，东魏军苦苦攻打了玉壁城五十多天，战死和病死的士卒达七万余人，高欢实在是心力交瘁，只好撤军。玉壁之战，再次以西魏的胜利而告终。

东西魏之间的连年战争给北方人民带来了深重的灾难，原本兵力、土地、人口占优的东魏因为战场上连续失败，国家实力逐渐下降，原本相对弱小的西魏开始上升，双方的实力对比有了根本性的改变。

周齐立国

东西魏并立后，高欢集团和宇文泰集团实际上掌握了军政大权，代魏自立只是时间的问题。

547年，高欢病死，其长子高澄继承了父亲的权力和地位。两年后，高澄被厨子兰京杀死，其弟高洋迅速平定叛乱，继承兄职。550年，高洋

做了高欢、高澄没来得及做的事——让东魏孝静帝元善见将皇位禅让给自己，改国号为齐，史称北齐。在西魏方面，556年，宇文泰病死，他临死前效仿周武王托孤周公旦的故事，将军政大权交给了自己的侄儿宇文护，希望宇文护好好辅佐其十五岁的三子宇文觉。当年十二月，宇文护逼迫西魏恭帝元廓禅让给宇文觉，改国号为周，是为北周。

尽管北周、北齐各自立国不久，残酷的内部政治斗争却异常激烈，丝毫不亚于王朝更迭频繁的南朝。齐文宣帝高洋死后，他的弟弟高演、高湛联手发动政变，废掉了高洋的儿子高殷，高演即位称帝。后来高演病重，高湛也准备武力夺权，但因为高演最终决定将皇位传给他而作罢。高湛的儿子后主高纬即位后，大肆杀戮功臣，兰陵王高长恭、大将军斛律光相继被他杀害。北周政权这边，宇文护以周公自居，野心逐渐不可遏制。宇文护先后毒杀了周闵帝宇文觉、周明帝宇文毓两任皇帝，另立宇文泰的第四子宇文邕为帝。宇文泰昔日的部将赵贵、独孤信不满宇文护独揽大权，也被宇文护杀死。直到572年，周武帝宇文邕经过十二年的韬光养晦，才发动政变处死了宇文护，重掌朝政大权。

^ 壁画《狩猎图》（局部）·北齐

齐、周两国都经历了残酷的内部斗争，但因为统治者执政水平和治国政策的不同，两国走上了完全不同的发展道路。北齐的高欢集团是依靠鲜卑军事贵族的支持起家的，所以一直奉行鲜卑贵族利益第一的民族压迫政策，汉族百姓和官员饱受欺辱，甚至被鲜卑人称为“一钱汉”（汉人的性命只值一文钱），因此国内民族矛盾极为尖锐。此外，北齐政权暴君迭出，腐败成风，比如高洋就以嗜酒、嗜血而著称；后主高纬宠信乳母陆令萱、奸臣和士开等人，公开卖官鬻爵。这种情况下原本国力强大的北齐日渐衰落，灭亡已经不可避免。反观北周政权，虽然同样有政治斗争，但几代统治者较好地执行了均田制和府兵制。均田制始行于北魏太和年间。该制规定由国家将部分国有土地、户绝田、罪没田及无主土地按人口与耕牛数分给农民耕作，有授有还；同时将土地所有者原有土地纳入均田制范围，进行统一登记，确认其权属关系，转让受到一定限制。府兵制是一种兵农合一的军事制度，府兵平时务农，农闲时操练，服役期内其租税劳役则一律免除。均田制促进了北周的经济发

^《历代帝王图》之周武帝像·唐·阎立本

周武帝宇文邕在位期间，诛杀权臣宇文护，摆脱鲜卑旧俗，整顿吏治，使北周政治清明，百姓生活安定，国势强盛。

展，府兵制则打破了胡汉的界限，增强了军队的战斗力。再加上北周在民族、吏治问题上处理得更为灵活得力，北周的经济、军事实力逐渐超过了北齐，整个北方的统一已经为期不远了。

雄才大略周武帝

572年，在北周都城长安的文安殿中，周武帝宇文邕亲手杀死了权臣宇文护，然后将宇文护朝廷内外的党羽一网打尽，北周政权再次回到了宇文泰嫡系子孙的手中。作为南北朝时期少有的英明君主，周武帝即位后实行了多方面的改革，比如释放奴婢、大规模灭佛等。北周政权也是依靠鲜卑贵族的军事力量建立的，保留着大量奴隶社会的陋习，其中就有将战俘作为豪强们的奴婢使用。周武帝掌权后，下令将历次同北齐、南梁作战时俘获的奴隶放免为自由民，这一举动加速了北周政权的封建化，削弱了地方豪强的势力，加强了君主的权威。北周武帝掌权之后，首先做的一件大事就是灭佛。南北朝时期，佛教空前发展，大批人口遁入空门，寺院也掌握了大量的耕地，集中了大批的财富，朝廷则失去了土地、征税的对象和稳定的兵源。周武帝强令僧众还俗，将寺庙产业收归国有，大大增加了国家的纳税人口，使国力逐渐增强，为日后消灭北齐奠定了基础。此外，周武帝还大力打击士族势力，改革军事制度，密切君主和军队的关系等。

通过政治、经济诸多方面的改革，周武帝做好了消灭北齐的准备。575年，周武帝下诏大举进攻北齐。尽管周军初战告捷，但在金镛城下遭到了齐军的顽强抵抗，周武帝也在作战中身患重病，不得不下令退兵回国。第二年，锲而不舍的周武帝再次率军进攻北齐。当年十月，周军攻克北齐重镇晋州，俘获北齐士兵八千人。十一月，北齐后主高纬率军反击，围攻北周平阳城（今山西临汾）。经过数天围攻，齐军本已占据主动，即将破城，但后主高纬为了让正在梳洗打扮的冯淑妃目睹破城的景象，命令军队暂缓进攻，让齐军士气大跌，未能一鼓作气攻破平阳城。不久，周武帝率八万大军为平阳解围，大败齐军。577年，周军攻破北齐都城邺城，高纬在逃亡中被俘，第二年被杀，北齐灭亡。北周灭齐，结束了北方近五十年的分裂战乱局面，统一了整个北方，为日后隋朝统一中国奠定了基础。

历史断面

贾思勰和《齐民要术》

贾思勰，山东青州（今山东寿平县）人，曾任高阳太守。《齐民要术》共10卷92篇，11万多字，内容极为丰富，涉及农、林、牧、副、渔等农业范畴，包括蔬菜和果树栽培技术，动物饲养技术和畜牧兽医，农副产品加工和烹饪技术。《齐民要术》系统总结了秦汉以来中国黄河流域的农业科学技术知识，为后世的农学著作提供了可以遵循的依据。该书不仅是中国现存最早和最完善的农学名著，也是世界农学史上最早的名著之一，对后世的农业生产有着深远的影响。

专题

丰富多彩的北朝石窟艺术

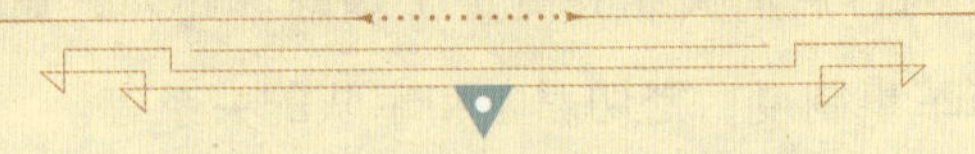

⊙莫高窟 ⊙龙门石窟 ⊙云冈石窟

两晋南北朝时期，北方的统治者大多喜欢利用宗教为其统治服务，因此大建寺庙、凿窟造像，从而使佛教石窟造像、绘画艺术达到了一个高潮。其中代表性的石窟主要有敦煌莫高窟、云冈石窟、龙门石窟等，它们融合了中国西北各族人民的才智和创造力，同时受到来自今印度，以及伊朗、希腊等国宗教艺术的影响和启迪，渗透了宗教的热情，又每每显示出世俗生活的某些情景，是研究东西方文化交流的重要资料。

▸莫高窟壁画

这幅壁画位于第217窟内，描绘了佛祖居住的极乐世界歌舞升平的场景。

莫高窟

莫高窟又名“千佛洞”，它与龙门石窟（河南洛阳）、云冈石窟（山西大同）、麦积山石窟（甘肃天水）并称为中国四大石窟。莫高窟开凿于前

▸ 敦煌莫高窟外景

莫高窟地处丝绸之路上的战略要点，它不仅是东西方贸易的中转站，还是宗教、文化、知识的交汇处。莫高窟的492个小石窟和洞穴庙宇，以其雕像和壁画闻名于世，展示了延续千年的佛教艺术。

秦建元二年（366），此后历代皆有兴建，至隋唐时开凿进入鼎盛时期。莫高窟的营建一直持续到元朝，元朝以后就停止了开凿，逐渐冷落荒废，鲜为人知。

莫高窟现存的700多个洞窟中保存有壁画、彩塑的有492个，有禅窟、殿堂窟、塔庙窟、穹隆顶窟等形制，还有一些佛塔。彩塑是莫高窟艺术的主体，有佛像、菩萨像、弟子像以及天王、金刚、力士、神等。彩塑形式丰富多彩，有圆塑、浮塑、影塑、善业塑等。最高的彩塑有34.5米，最小的则有10厘米左右(善业泥木石像)。敦煌彩塑手艺之高超和题材之丰富，堪称佛教彩塑博物馆。石窟另有壁画4.5万平方米，这些壁画连起来，长达2.5万米。这些壁画因为时间跨度大，有各种风格、各种流派，反映出中国封建社会的政治、经济和文化状况，是中国古代美术史上的光辉篇章，为中国古代史研究提供了珍贵的形象史料。

莫高窟中还藏有珍贵的文物和历史文献资料。清光绪二十六年（1900），莫高窟道士王圆箓在一个偶然的机会发现第17窟中有一个“藏经洞”。洞内满贮约五万余件从三国魏晋到北宋时期的经卷、文书，织绣和画

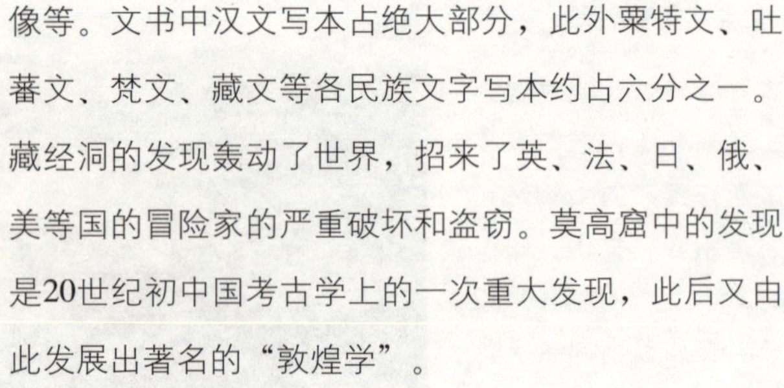

像等。文书中汉文写本占绝大部分，此外粟特文、吐蕃文、梵文、藏文等各民族文字写本约占六分之一。藏经洞的发现轰动了世界，招来了英、法、日、俄、美等国的冒险家的严重破坏和盗窃。莫高窟中的发现是20世纪初中国考古学上的一次重大发现，此后又由此发展出著名的“敦煌学”。

龙门石窟

龙门石窟始开凿于北魏孝文帝迁都洛阳前后，历经东西魏、北齐、北周，到隋唐至宋等朝代又连续大规模营造，时间跨度达四百余年之久。龙门石窟密布于伊水东西两山的峭壁上，全长一千多米，现共存佛洞、佛龛2345个，佛塔四十多座，佛像造像十万多尊。其中最大的佛像高达17.14米，最小的在莲花洞中，每个仅2厘米。另有历代造像题记和碑刻约有3600品，这些都体现出了中国古代劳动人民高超的艺术造诣。

▼龙门石窟卢舍那大佛

卢舍那大佛开凿于唐高宗咸亨四年（673），位于洛阳龙门西山南部山腰奉先寺，是龙门石窟中最大、最美的一尊佛像。

龙门石窟群，大部分集中在伊水西岸的崖壁上，其中大型洞窟29个；伊水东岸崖壁上全是唐代窟龛，其中有7个大型洞窟。在龙门石窟中，北魏时期（420～534）的洞具有代表性的有古阳洞、宾阳中洞、莲花洞和石窟寺等；北齐时期（550～577）作品具有代表性的要算药方洞和一些小龛造像；隋代作品（581～618）的代表是宾阳南洞北壁的梁佩仁造像龛等；唐代（618～907）的洞窟，具有代表性的有潜溪寺、宾阳北洞、敬善寺、万佛洞、龙华寺、极南洞等。龙门石窟造像题记遍布许许多多的洞窟，其中《龙门二十品》，是中国优秀文化遗产的一部分，在国内外学术界、书法界有着广泛的影响。

▲莲花洞窟顶莲花石刻

莲花洞又名伊阙洞，在龙门西山奉先寺以北，因为窟顶浮雕有一朵美丽的莲花而得名。

云冈石窟

云冈石窟，因其建在武周山最高处，该地名为云冈，故取名云冈石窟。云冈石窟始建于北魏建都平城时期，由当时的佛教高僧昙曜奉旨开凿。大多数石窟完成于北魏孝文帝迁都洛阳之前，历时四十年，加上其余小窟，先后近五十年时间。参加开凿人数，多达四万余人。就连当时狮子国（今斯里兰卡）的佛教徒，也参与了这一举世闻名的伟大艺术创作。至今，仍留有中外文化交流的足迹。北魏著名地理学家郦

▲云冈第20窟佛像

云冈第20窟是云冈石窟最早开凿的石窟之一，窟内大佛面带微笑，眼睛饱满，大耳垂肩，斜披袈裟，具有北魏雕刻的独特风格，是云冈石窟中最具代表性的作品。

道元在《水经注》中，记录了当年云冈石窟的壮景：“凿石开山，因岩结构，真容巨壮，世法所希。山堂水殿，烟寺相望，林渊锦镜，缀目所眺。”

云冈石窟，现存洞窟45个，石雕造像达五万一千多躯，是中国最大的石窟群之一。在武周山南崖，东西延伸一千米，云冈石窟的佛龛，如蜂窝般密布，大、中、小石窟疏密有致地嵌贴在云冈半腰。云冈石窟，气魄宏大，外观庄严。在这一千米的石雕群中，雕像大的十几米，小的几厘米，形态、神采都很动人。有些石佛，透过他们身着薄薄的罗纱，可以看出其优美的身段。有的居中正坐，栩栩如生，或击鼓或敲钟，或手捧短笛或载歌载舞，或怀抱琵琶，面向游人。这些佛像、飞天、供养人的面目、身上、衣纹上，都留有古代劳动人民的智慧与艰辛，镌刻着佛教与石窟艺术中国化的轨迹。这些佛像与乐伎刻像，早期受古印度犍陀罗、秣菟罗艺术的强烈影响，还间接地受古希腊、罗马乃至波斯艺术的影响。这是中国古代人民与其他国家文化交流和友好往来的历史见证。

云冈石窟的艺术价值，就在于创造了石雕文化的先河，对佛教的内容用石雕形式进行了科学及艺术的组合、拼装，使这些佛教内容系列化，成为一个完整的整体，展示给后人。云冈石窟也是石窟艺术“中国化”的开始。这无疑是当时历史时期石刻文化的大检阅、大展示、大发展，由此推动了石刻艺术向着更高层次发展和升华，完成了石刻艺术与佛教文化的完美结合。这种艺术，引起了中外人士的极大关注并成为世界历史文化的一个组成部分。以上三大石窟均已列入联合国“世界文化遗产”名录。

▼云冈第18窟北壁东侧的菩萨像

这座菩萨像刻画细腻，线条逼真，面部生动感人。

关键词：民歌 / 骈文

走向自觉的三国两晋南北朝文学

▪ 三国两晋南北朝

三国两晋南北朝最大的时代特征就是战乱、动荡和分裂。与这种社会环境相对应，此时的文学也是表现出了典型的乱世文学特征——敏感的作家们在战乱中最容易感受人生的短促、生命的脆弱、命运的难卜、祸福的无常，以及个人的无能为力。这些感触反映在文学上，或者豪迈悲怆，或者隐逸脱俗，表现出丰富而真挚的感情色彩，因而也更容易激起灿烂的火花。这一时期的文学，在丰富多彩的同时，有一个明显的特征就是文学逐渐脱离汉代以来依附于经史而走向了独立自觉，风格的抒情化、个性化日益明朗，有了真正的文学气息。

从建安风骨到正始之音

∧ 大妇小妾坐享酒食画像砖 · 魏晋

从西周至魏晋，古代中国奉行一夫一妻的婚姻制度，男子可以有妾有婢,但法定的妻子只能是一个。

东汉末年建安时期直到三国曹魏黄初、太和年间，产生了一批著名的富有划时代意义的诗人及其诗作，因而成为中国文学发展史上一个重要时期。这一时期，建安文学以曹魏的曹操、曹丕、曹植父子为主。曹氏父子不仅自己爱好诗歌，创作了大量脍炙人口的作品，而且也奖励文学，招揽文士，聚集了一大批文人学者作为幕僚，其中著名的主要有王粲、陈琳、阮瑀、应玚、刘桢、徐幹，此六人与孔融并称“建安七子”。

^ 竹林七贤图

南朝刘义庆在《世说新语·任诞》中记载嵇康、阮籍、山涛、向秀、刘伶、王戎、阮咸七人“常集于竹林之下，肆意酣畅，故世谓竹林七贤”。

这些文人大都历经汉末社会动乱的旋涡，接触了广泛的社会现实，并且作为汉末文人，他们又直接继承了汉乐府民歌的现实主义传统，因此很快掀起了一个诗歌高潮。曹操作为一位著名的军事家和政治家，在汉末动乱的沧桑中崛起，其诗歌独具一种慷慨悲凉的格调。他既沿用了汉乐府诗的形式，却又摆脱了乐府古辞僵硬的束缚，随意抒情写实，既表现出一位政治家忧时怜民的深沉感慨，又富有军事家豪迈非凡的英雄气概。作为建安诗歌新局面的开创者，他引领了此时“用乐府题目自作诗”的新风气。建安诗人的作品一方面反映了社会的动乱和民生的疾苦，一方面表现了统一天下的理想和壮志，有着鲜明的时代特色。建安诗歌这种杰出成就形成了后来被称为“建安风骨”的传统，为五言诗的发展奠定了坚实的基础。建安时期，随着文士地位的提高，文学的意义也引起了更多的关注，这种关注随着汉末以来品评人物之余韵，由人而及文，促进了文学批评风气的出现，表现出了一定的文学自觉意识。曹丕提出的“文以气为主”，代表了建安文学抒情化、个性化的共同倾向。这些也都标志着这一时期文学发展中的重大变化。

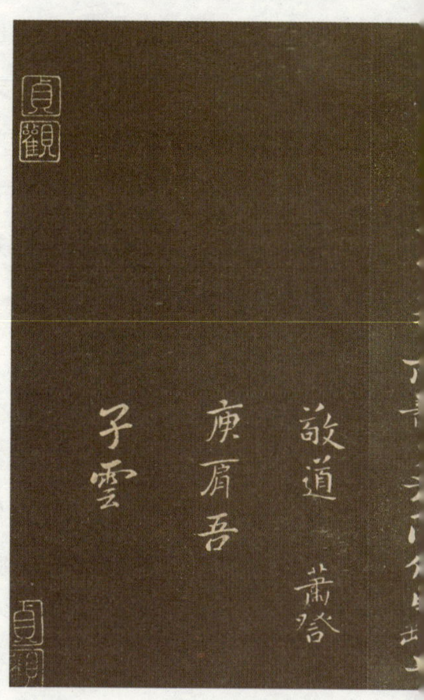

曹魏统治后期，统治者上层争权夺利的斗争异常尖锐残酷，司马氏一方面通过收买、拉拢树立自己的党羽；一方面以残酷的屠杀消灭曹魏集团的力量，造成了魏国后期即正始以后黑暗、恐怖的政治局面。此时的诗歌充满了深沉的人生感慨，夹杂着老庄思想中无为无争、缥缈幻想的成分，因此诗歌风气随之大变。正始时代的代表作家是阮籍和嵇康，他们处于司马氏与曹氏争夺政权的斗争中，大力提倡老庄思想，以老庄的“自然”与“名教”相对抗。他们的作品或清逸脱俗，或曲折隐晦，多为“忧生之嗟”，建安时期那种积极的进取精神为否定现实、韬晦遗世的消极反抗思想所代替，文学史上称之为“正始之音”。

诗歌与民歌

西晋末年少数民族的大规模内迁给中原汉族地区带来了新鲜的北方草原文化，文学创作也在一定程度上受到了少数民族文化的影响，创作出了一批通俗易懂、流畅活泼的乐府民歌，是中国诗歌史上又一新的发展。

由于南北的长期对峙，所以虽然为同一时代的产物，但南北朝民歌又形成了不同的色彩和风格情调，正如《乐府诗集》所谓“艳曲兴于南

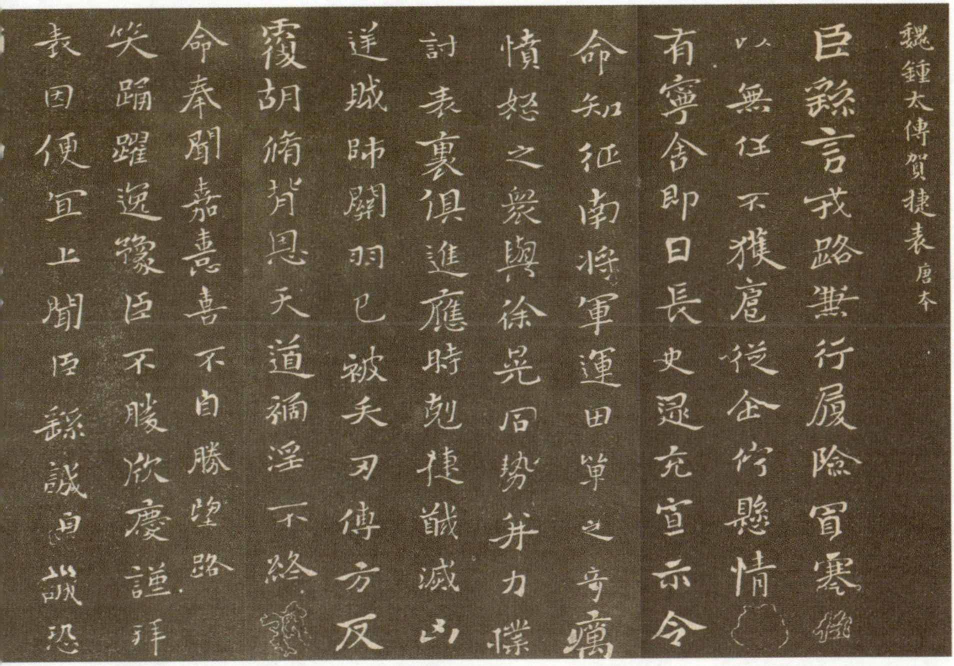

^ 贺捷表・三国魏・钟繇

此帖为建安二十四年（219）钟繇68岁时所写，内容为得知蜀将关羽被杀的喜讯所写的贺捷表奏，是最能代表钟繇书法面貌的法帖。

朝，胡音生于北俗”。北朝受鲜卑贵族统治，政治、经济、文化以及民族风尚、自然环境等都多受北方少数民族的影响，其语言质朴无华、抒情爽直坦率、风格豪放刚健，形式多以《乐府诗集》所载“梁鼓角横吹曲”为主。横吹曲是当时北方民族一种在马上演奏的军乐，内容多反映北方草原风光、战争、人民疾苦以及少数民族的骑射武功等，著名的《敕勒歌》《木兰辞》等就是其代表作。南朝民歌则产生于南方的都市市民中间，因此比较温婉生动、细腻缠绵，多表达男女间的痴情怨恨，以抒情为主，形式上主要有“吴声歌”和“西曲歌”等，代表作有抒情长诗《西洲曲》。

除了民歌之外，在诗歌的创作方面，此时的南朝山水诗逐渐兴盛并

取代了晋代流行的玄言诗。山水诗的兴盛也与东晋时期文人喜好游山玩水的隐逸生活有关，其主要的代表人物有谢灵运和鲍照。他们借鉴了曹魏时期诗人写景佳句的技巧，进一步向新颖、工整的方向发展，矫正了理过其辞、淡然寡味的玄言诗风格，开辟了南朝诗歌的新局面。

除了山水诗之外，南朝的田园诗也因为陶渊明这位伟大诗人而光彩夺目。陶渊明的田园诗语言平实质朴，多用通俗易懂的语散，不加雕饰，犹如白话却又韵味十足，特别富有情趣，独具平淡自然而又意味深远的特殊魅力，正如陶渊明高洁孤傲的人格一样独树一帜。总之，南北朝的民歌和诗歌形式多样、内容丰富，从多个方面对后世的文学创作产生了深远的影响。

骈文、散文、辞赋及其他

南北朝时期，由于政治和社会风气等原因对文学思潮的影响，形成了骈文繁荣的局面，与此同时，散文也借助一部分历史、地理类著作，得到了一定程度的发展。

魏晋南北朝是一个帝王和贵族左右文坛的时代，作家们或生活在帝王、贵族的周围，或隐逸山林而与世无争。后者回归自然，前者则致力于用华丽纤巧的形式来掩饰空虚贫乏的内容，使得骈文这种特别注意形式美的文体，

< 归去来辞图 · 元 · 钱选

在画面里，左一半为坡岸，有人家院落，右一半烟水浩淼，远处依稀可见淡淡山脉。靠近坡岸的水中有一只木船，陶渊明身着大袖宽袍立于船头，一童子在船尾摇橹，木船正破水向岸边驶来。这正是《归去来辞》中“舟摇摇以轻扬，风飘飘而吹衣”的真实写照。现藏于美国纽约大都会艺术博物馆。

受到当时文人们普遍的欢迎，大大地繁荣起来了。东晋南朝时期，由于士族文人偏安江南，在政治上无心进取，从皇帝到大臣都喜欢舞文弄墨，因此骈体文尤其盛行。宋、齐、梁、陈四朝皇帝，都重视文学，很多都颇富文采，如梁武帝、梁简文帝、陈后主等都是领一时风骚的著名文人。在这些帝王的带动下，南朝不仅出现了一大批“庸主词臣”，而且也不乏“才秀人微”的寒俊之士，如鲍照就是著名的出身贫寒的骈文、辞赋作家。

就散文而言，建安时期是散文的光辉起点。曹操的散文自然豪放，坦率脱俗，无所拘谨，在内容和形式两方面都突破了前代旧传统，开启了一代新文风。建安三曹当中，尤以曹植成就最高。曹植才高笔健，文辞华丽，神采飞扬，成为建安散文的代表人物。正始之后，散文风格也趋向清峻简约，慷慨悲凉，行文不拘一格，韵散交杂而成，很富独创性。两晋以后，散文朝多个方向发展，代表人物有张载、张协、张华（三张），陆机、陆云（二陆），潘岳、潘尼（两潘），左思（一左）。此外，随着文学逐渐走向自觉，魏晋南北朝时期的小说创作逐渐达到了高潮，出现了志怪小说、逸事小说等符合现代小说概念的作品。小说的盛行与当时释、道两教的盛行以及士林风气很有关系。两教中的传说故事成了小说的主要题材，同时一些历史传闻、神仙鬼怪、琐闻逸事等，都给这一时期小说的发展提供了广泛的素材。

乾清宮鑑藏寶

第五章

隋唐五代

581 年，杨坚取代北周建立隋朝。589 年，隋文帝一举消灭陈朝，实现了全国统一。618 年，太原留守李渊迫使隋恭帝退位，建立了大唐王朝。

唐太宗励精图治，把唐朝打造成为一个国力强盛、社会安定、文化繁荣、声威远播的东方大国。唐玄宗在位四十五年，“开元之治”将唐朝推进诗圣引吭高歌的鼎盛时期。755 年爆发的安史之乱之后，最终使唐王朝走上了穷途末路。

907 年后粉墨登场的五代十国，不过是唐末分裂割据局面的继续和发展。

▷ 唐代公主也愁嫁

关键词：三省六部制／科举制

杨坚建隋树新政

■ 581年

581年，北周外戚杨坚以南北朝时期常见的手法——“禅让”，代周建隋，完成了北方的王朝更替。接着，登基为隋文帝的杨坚厉行节俭、全力改革，让整个隋朝的国家经济、政治制度有了全方位的发展。589年，隋军灭掉了南方的陈王朝，统一了中国，彻底结束了国家分裂的局面。

建隋与改革

杨坚的父亲名叫杨忠，北魏末年曾追随宇文泰起兵并屡立战功，在宇文氏的北周王朝建立之后，杨忠即被赐姓普六茹氏，位至柱国、大司空，封随国公。因为父亲的关系，十四岁时，杨坚即被当时的京兆尹薛善辟为功曹。此后年年擢升，十六岁时，已经做到了骠

< 《历代帝王图》之隋文帝杨坚像·唐·阎立本

骑大将军的高位。北周的另一位柱国、大将军独孤信看这位年轻人前程远大，就把十四岁的女儿许给了他，即后来有名的独孤皇后。由于北周王朝的开创中得到了以杨氏、独孤氏为首的士族门阀的支持，为了在政治上加强与这些开国功臣的联系，继承大统的周武帝宇文邕礼聘杨坚的长女为皇太子妃，杨氏由此得以日渐强大。578年，一代英主周武帝宇文邕病死，其子宇文赟即位称帝，是为周宣帝，杨坚也成了北周王朝的国丈。周宣帝庸碌无为且荒淫无度，在位不满三年就病死宫中，年仅八岁的静帝宇文阐继位，杨坚趁机总揽朝政、都督内外军事。

掌握政权后，杨坚开始打击宇文皇族。他以假传诏书的方法将赵王宇文招、陈王宇文纯、越王宇文盛、代王宇文达、滕王宇文逌这五位在地方上极有权势的北周王爷们诓骗到京城，收缴其兵权和印信。察觉到杨坚阴谋的五王准备行刺杨坚，却被杨坚侥幸逃脱。找到借口的杨坚，遂以谋反的罪名诛杀了赵王和越王等人，北周王室的反抗就此瓦解。这时，反对杨坚的地方势力以相州总管尉迟迥为首，发动了军事对抗。接着，勋州总管司马消难、益州总管王谦相继起兵相应，乱军人数一度达到数十万人，声势极为浩大。然而，尉迟迥等人不是军政双优杨坚的对手，后者仅用了半年时间，以打与拉双管齐下的手段，将反对自己的亲宇文氏将领全部击败，尉迟迥、王谦兵败自杀，司马消难逃亡陈朝，杨坚完全巩固了自己的权威。大定元年正月（581），周静帝将皇位禅让给了杨坚，后者正式称帝，改国号为隋，是为隋文帝。

隋朝建立后，隋文帝为了提升国家实力，进行了一系列、全方位的政治、经济、军事改革，其中比较重要的内容包括设立三省六部制、颁布《开皇律》、“大索貌阅”和“输籍定样”等。开皇元年（581），杨坚采纳大臣的建议，设立门下、尚书、内史三省，三省的最高长官都担任宰相职务，尚书省下设吏、兵、礼、工、度支（民部）、都官（刑部）共六部，分别处理专门的政务。三省六部制完善了封建时代的国家制度，加强了皇帝作为最高统治者的权力。开皇三年（583），隋文帝下令颁布了隋代的法典——《开皇律》。《开皇律》分为名例、卫禁、职制、户婚、厩库、擅兴、贼盗、斗讼、诈伪、杂律、捕亡、断狱，共十二篇五百条；更定刑名为笞、杖、徒、流、死五等；将“重罪十条”，发展成“十恶”之条，即谋反、谋大逆、谋叛、恶逆、不道、大不敬、不孝、不睦、不义、内乱，并规定凡触犯“十恶”者从重惩治，不得赦免。《开皇律》集南北朝封建法律发展之大成，在中国法律发展史上树立了新的里程碑，在世界法制史上都占有重要的地位。

开皇五年（585）五月，隋王朝在全国“大索貌阅”，按人口清查户口，以防诈老诈小，逃避赋役。若查出户口不实，保长、里正都要发配远方。通过这次检括户口，户籍簿上新增丁四十四万多、口一百六十四万多。接着，隋文帝采纳宰相高颖的建议，颁布“输籍定样”（或称“输籍法”）的办法，即将人民所输租税，依照每家资财情况做出缴纳标准，从轻定额，写成“定簿”。这样，政府就弄清了户口和人民应纳的税额，既打击了世家大族，同时又有利于社会生产的发展。

隋文帝还改地方州郡县三级制为州县两级制，提高了行政效率，节约了政府支出；重颁均田令，让大批无地少地的农民得到了土地，增加了国家收入。此外，隋文帝改革府兵制，大量兴修水利、兴建储备粮食的义仓，减免灾民的赋税，等等。在其统治的开皇年间，社会民生富庶、人民安居乐业、政治安定，全国户口增加到前所未有的七百万户，史称“开皇之治”。

统一全国

杨坚建立隋朝后，把统一大业作为了自己毕生的志向，但北方的突厥、南方的陈都是统一的障碍。突厥是中国一个古老的游牧民族政权，

^ 白釉双龙柄联腹传瓶·隋

这件瓷瓶腹部相连，共用一个瓶口，柄首作龙头状，因此得名。现藏于天津市博物馆。

北齐和北周都对其广输金帛，甚至嫁送公主和亲加以笼络。隋朝建立后，杨坚不再向突厥赠送财物，突厥因此大为不满，时常大举南下侵扰隋境。杨坚夺取政权之后即有并吞江南的雄心，但因北方突厥的威胁，制定了先北后南的统一方针。他一方面不断派遣使者前往陈朝示好，使陈后主麻痹大意；另一方面积极发展自身实力，改革兵制，为北伐突厥和南下灭陈做好准备。经过一系列的军事作战和政治运作，杨坚将大臣长孙晟“远交而近攻，离强而合弱”的高明战略发挥到了极致，他利用突厥首领沙钵略可汗、达头可汗、阿波可汗彼此间的矛盾，加以离间，让他们彼此互相攻击。最终，达头可汗、阿波可汗脱离沙钵略可汗自立，突厥也分裂为了东西两部。开皇四年（584），沙钵略可汗在西突厥和契丹的两面威胁下，向隋称臣归附，从此保证了北方边境的和平。

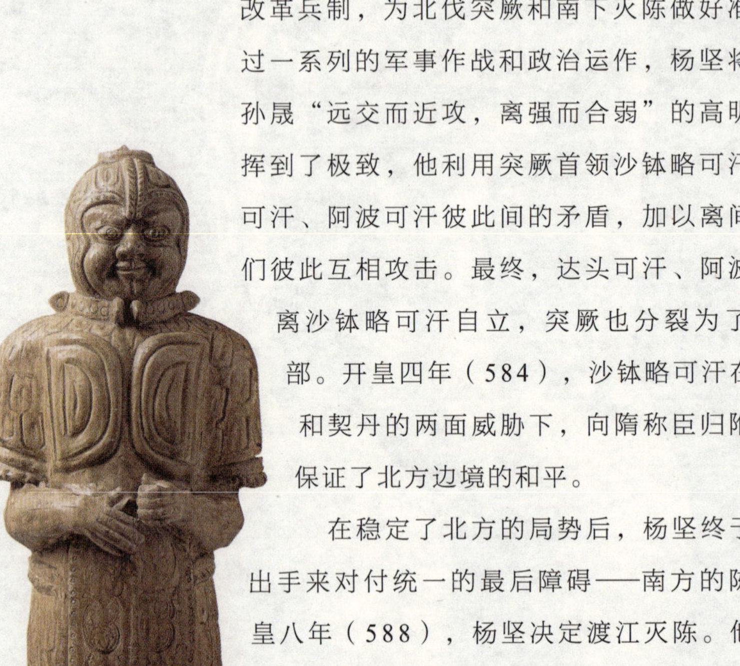

^ 青瓷武士俑·隋

俑高63.3厘米，1953年出土于湖北省武汉市，武士俑挺胸直立，头戴缀有鳞形甲片的铁兜鍪。

在稳定了北方的局势后，杨坚终于可以腾出手来对付统一的最后障碍——南方的陈了。开皇八年（588），杨坚决定渡江灭陈。他以晋王杨广为尚书令，任命晋王杨广、秦王杨俊、清河公杨素为行军元帅，指挥水陆军五十余万人，同时从长江上、中、下游分八路大举攻陈。前三路由杨俊指挥，目标武昌。后五路由杨广指挥，直指陈的都城建康，其中以杨广、贺若弼、韩擒虎三路为主力。隋军此次队伍庞大，横亘数千里，是中国历史上一次规模浩大的渡江作战。开皇九年（589）正月初一，贺若弼、韩擒虎率领隋军趁建康周围的陈军正在欢度春节之机，分路渡江，大军会合后包围了建康城。陈军因参加酒会，大多仍处于梦乡之中，完全不能抵抗。陈后主陈叔宝看到隋军兵临城下，万分焦急，但又拿不出什么好方法，只是日夜哭泣。大将萧摩诃建议趁隋军刚至，还未站稳脚跟，立刻出兵攻打，也许还有希望。大臣孔范也说：“臣认为应该出兵决战，如果战死了，还可以青史留名呢！”后主因此决定出城作战，但陈军久未训练，将领们又多贪生怕死之辈，双方甫一交手，陈军就溃退了，更有将领任忠临阵叛逃，带领隋军冲进了建康城的正门朱雀门。守门的士兵想要抵抗，任忠大叫：“连我都投降了，你们还打什么啊！”士兵们一哄而散，隋军几乎没有遇到什么抵抗，便长驱直入，占领了建康城。后主对战况一无所知，直至听到宫门外的杀声才知道隋军已经进了宫城。他带着两个宠妃无处可逃，竟藏到了一口枯井里，被隋军用绳子拖了上来。正月二十二日，晋王杨广进入建康城，陈朝从此灭亡。至此，杨坚结束了魏晋南北朝长期分裂的局面，完成了统一全国的大业。

历史断面

科举制度

隋文帝即位后，正式废除了九品中正制和州郡辟举制，表明门阀士族的衰弱和中央集权的加强。开皇七年（587）正月，隋文帝下令每州每年选派三人进京，参加朝廷举行的分科考试。当时比较明确的科目有秀才和明经科，因此隋文帝正式设立了每年举行的常举之科。各地选派来的贡士聚集在京师参加会考，贡举及第后，还必须参加吏部铨选考试，合格后才可授官。开皇十八年（598），隋文帝又命令京官五品以上，以及地方总管、刺史等官员，按照志行修谨（有德）、清平干济（有才）二科举选人才。至隋炀帝大业二年（606），正式设置进士科，这是中国科举制度的开始。

关键词：修大运河／三征高丽

隋炀帝二世亡国

■ 604年～618年

隋文帝杨坚统一南北朝，人们期待着又一个强盛的帝国出现，结果隋朝却像秦朝一样仅两代而亡。究其原因，主要是因为隋炀帝杨广倒行逆施、暴政治国所致。在整个封建时代，亡国之君或因为纵情声色，或因为穷奢极欲，或因为大兴徭役，或因为连续发动大规模对外战争，但像隋炀帝这样，这四种错误全部都犯下的并不多，也难怪强大的隋朝仅仅三十多年就走上了灭亡之路。

即位称帝

杨广（569—618）是隋文帝杨坚的第二子，开皇元年受封晋王、并州总管。杨广成年后，隋文帝对他予以重任，开皇八年（588）隋军南下伐陈和开皇二十年（600）反击西突厥达头可汗，杨广都担任了行军元帅的职务。然而随着地位越来越高，杨广对太子之位产生了觊觎之心，处心积虑地想把兄长杨勇从太子的位置上赶下来。杨勇是文帝长子，为人宽厚，博学多才，但其为人追求享受，贪爱美色，因此很不得文帝和独孤皇后的喜爱。杨广抓住这个机会，伪装简朴，不近女色，让文帝和独孤皇后对其好感日增。杨广还暗中联系重臣杨素，指使杨素在文帝面前诋毁杨勇，劝说文帝另立太子。开皇二十年（600），文帝终于下令废杨勇为庶人，另立杨广为太子。

^《历代帝王图》之隋炀帝杨广像·唐·阎立本

仁寿四年（604），文帝在仁寿宫中养病，杨广也随行照顾。眼见父亲随时可能撒手人寰，杨广写信给杨素询问文帝驾崩后该如何处理后事，如何登基，等等。结果阴差阳错之下，这封信被送到了文帝手中。文帝看完信后勃然大怒，打算废掉杨广，重新立杨勇为太子。可这时的杨广已经在宫中遍布耳目，他得知文帝的举动后，派心腹害死了文帝，然后又矫诏赐兄长杨勇自缢。当年七月，杨广即位称帝，改元大业。

营造东都，修大运河

隋炀帝即位后，为了满足个人的享乐，巩固统治，开始大兴土木，其中规模最大的两个工程就是营建东都洛阳和修大运河。大业元年（605），隋炀帝任命杨素为东京大监，将作大匠宇文恺为副监，征发民夫两百万人，在洛阳旧城以西修建新都。在昼夜赶工之下，一座宏伟的东都城在十个月内就修建完成了。整座城池分为宫城、皇城和外廓城三部

分，在城西还修建有供隋炀帝及其嫔妃们休息的显仁宫和游玩的西苑，耗费的国家财富不可计算。

为了解决北方粮食供应问题，也是为了满足个人巡幸江都（今江苏扬州）的愿望，隋炀帝还决意在前人的基础上，开凿出一条横贯帝国南北的人工运河，形成以洛阳为中心，北到涿郡，南到余杭的一条数千里的水上大动脉。客观地说，开凿大运河对沟通南北经济、便利交通具有非常积极的作用，但因为炀帝生性急功近利、随心所欲，使得运河自开凿之日起，便沦为万千百姓流离失所、饿殍遍野的万恶之源。史载，炀帝“诏发河南、淮北诸郡民，前后百余万，开通济渠”；就连工程相对简单、规模较小的邗沟改建，也是“发淮南民十万余众”，全然不顾人力调配所能承受的最大限度。到了大业四年（608），炀帝发觉男丁不够使用，便又将妇女也纳入到开河大军之中，使得“役丁死者什四五”，运送尸体的车辆竟然“东到城皋，北至河阳，相望于道，连绵不绝……”就这样，凝聚无数民夫血泪

^ 隋代短襦长裙复原图

短襦长裙是隋代女服的常见款式。它的一个特点是裙腰系得较高，一般都在腰部以上，有的甚至系在腋下，给人一种俏丽修长的感觉。

乃至于生命的大运河前后历时六年，终于得以大功告成。其间，炀帝数次率领大队人马，乘坐豪华无比的龙舟来到江都，流连忘返，彻底将家国社稷置诸脑后而不顾，大隋帝国自文帝时代聚集起的大量财富，因为文帝的继承者穷奢极欲、不恤民力而消耗殆尽。

四处巡游、远征高丽

在大兴土木的同时，隋炀帝还不忘记四处巡游。大业元年，也就是隋炀帝即位的第一年，他就率领着皇后、嫔妃、文武百官和数十万士兵南下江都。史载，炀帝所乘龙船，上下分四层，高四十五尺，长二百尺，并以浮景舟九艘随行，再加上拱卫左右的数千艘大小船只，“相接二百余里，照耀川陆”。而为船队拉纤的纤夫就有八万余人，皆穿锦袍。炀帝还嫌不够气派，又自吴越一带征集五百名民间少女，手执彩缆为炀帝拉动龙船。沿途所经各州县境内五百里的官民们，为了凑齐供隋炀帝享用的“献食”更是倾家荡产，那些夜以继日赶造龙船的民夫们也是“死者十之四五”的悲惨境地……然而这一次巡游江都只是隋炀帝频繁巡游的开始。大业三年（607），隋炀帝北巡榆林；大业四年（608），隋炀帝出塞，北巡长城；大业六年（610），隋炀帝再巡江都；大业十一年（615），隋炀帝再次北巡长城，结果被突厥始毕可汗围困于雁门关，好不容易才脱困而出；大业十三年（617），隋炀帝第三次巡游江都……隋炀帝在位的十四年间，他居住在长安的日子不到一年，在洛阳也只待了不到三年，其他时间都是在四处巡幸作乐中度过的。

隋炀帝对内大兴土木、滥发劳役，对外则不断发动战争，走上了穷兵黩武的道路。从大业元年（605）开始，隋朝相继同契丹、西突厥、吐谷浑进行了一系列的战争，在一定程度上开拓了疆域，保证了边境的安全。然而在大业七年到十年，隋炀帝三征高丽均遭到失败，严重激化了国内的矛盾。高丽位于朝鲜半岛北部，西晋灭亡后，高丽乘机入据辽东。隋文帝

^《帝鉴图说》之巡幸江都·明

时，高丽联合靺鞨入侵辽西，被隋军击败。大业七年（611），隋炀帝决定收复辽东故地，下令在东莱（今山东莱州）制造战船，集中北方各省的壮丁、役夫、军马、粮饷，准备征伐高丽。在此后的大业八年、九年、十年，隋军三次攻打高丽。第一次因为将领轻敌，指挥失当，遭到惨败，百万大军逃回辽东的只有二千七百人，无数的军资器械付之一炬；第二次则因为礼部尚书杨玄感在黎阳（今河南浚县东南）起兵反隋，大举围攻洛阳，隋炀帝只得命令大军返回国内，镇压杨玄感，又遭到高丽军队的尾随追击，损失不小；第三次则因为高丽遣使求和，隋朝国内也发生了大规模的农民起义，隋炀帝不得不接受乞和，回国镇压农民起义军。

喋血江都

隋炀帝即位以来，为了满足个人欲望，对内横征暴敛，虚耗民力，三征高丽又大大加重了人民的痛苦，各地百姓开始相聚成为“群盗”。大业七年（611），邹平（今山东邹平南）人王薄在长白山（今山东章丘）自称“知世郎”，作了一首《毋向辽东浪死歌》来宣传他的义军，这首歌在当时的百姓民众之间迅速流传开来，成为民众拒绝出征高丽的精神支持。此后，各地义军风起，河北、山东、淮南等地，义军已呈星火燎原之势。然而隋炀帝对人民的愤怒和朝廷的危局视若无睹，于大业十二年（616）七月第三次巡游江都，临别时作诗留别宫人：“我梦江都好，征辽亦偶然。”巡游江都的隋炀帝每日饮酒作乐，一日在萧皇后面前突然凝视着镜子说道：“这么好的头颅，谁能斩了它？”到大业十三年（617），河南的瓦岗军开始向洛阳进军。此时身在江都的杨广不敢再回洛阳，打算定都丹阳郡（今江苏南京）。

隋炀帝要定都丹阳的消息在私下里很快传开，随行禁军多是关中人，他们思念故土，私下酝酿叛逃。禁军首领司马德戡联系众人拥立大臣宇文化及为首领，密谋造反。大业十四年（618）三月三十日夜里，数万叛军聚众攻入宫门，直逼宫殿，将领裴虔通领兵追出西阁，擒获了易服而逃的隋炀帝。天明后，众人在城门迎接宇文化及，宇文化及见到杨广后，皱着眉头问：“何须将此物弄出来？杀了算了。”裴虔通与司马德戡听后，将杨广带进寝殿，用丝巾将他缢死。宇文化及随后又下令杀尽江都的隋朝皇室成员，一个王朝再次伴随着血雨腥风走向了灭亡。

关键词：天可汗

贞观之治

▪ 627年～649年

618年，李渊代隋建唐，八年后即发生戏剧性的玄武门之变，不得不将帝位“让给”儿子秦王李世民，是为唐太宗。从贞观元年（627）唐太宗君临天下，至贞观二十三年（649）去世，是为贞观时期。李世民亲身经历了隋末的社会大动乱，目睹了隋炀帝国破身亡的惨剧，也接受了隋末农民大起义的历史教训。他励精图治，实行一系列的开明政策和利国利民的措施，使唐朝政权得以巩固，社会经济得到恢复和发展，从而形成了一个比较安定祥和的社会环境。史载当时“海内升平，路不拾遗，外户不闭，商旅野宿焉”“民康物阜，斗米不过四五钱”“民物蕃息”“号称太平”。这个时期是封建社会少有的治世，被后世誉为“贞观之治”。

安民抚农

在隋末农民大起义中，原隋朝的太原留守李渊笑到了最后。618年，李渊在长安称帝，国号为唐，是为唐高祖。之后的十余年间，李唐王朝先后剪除了薛举、李轨、刘武周、窦建德、王世充、萧铣等地方势力，基本统一了全国。武德九年（626）六月，在李唐王朝统一天下过程中立下汗马功劳的秦王李世民发动玄武门之变，杀死了太子李建成和齐王李元吉。不久，秦王被立为太子。八月，唐高祖被迫让位，秦王即位称帝，是为唐太宗。

太宗即位以后，面对的是一个经过战乱洗劫的局面，史称“自伊、洛之东，暨乎海、岱，莽巨泽，茫茫千里，人烟断绝，鸡犬不闻，道路萧条”。太宗的首要任务就是吸取历史教训，与民休息，劝课农桑。太宗及其辅臣从历史和实践经验中认识到“君，舟也；民，水也，水能载舟，亦能覆舟”。为了缓和阶级矛盾，防止农民起义，太宗从自己做起，“去奢省费，轻徭薄赋，选用廉吏，使民衣食有余”。太宗厉行节约，提倡俭朴，终其一生不封禅。太宗即位之初，立即“纵禁苑所养鹰犬，并停诸方所进珍异”，并告诫自己的大臣说：“宫中美女珍玩，无院不满。炀帝意犹不足，征求无已……百姓不堪，遂致灭亡。”他少修或不修宫殿，修复洛阳宫殿的工程一再推迟，其他建造也较少，尽量少使力役。此外，太宗还尽量避免和减少不必要的战争，以紧缩军费开支。直到贞观十八年（644）发兵征高丽以前，基本上没有发动过不必要的战争。这一政策对于农民专心从事农业生产起到了很好的作用。

˅彩绘骑马武士木俑·唐

为了使百姓“衣食有余”，太宗特别重视农

业生产。唐朝初年制定“庸”法，也就是农民交纳一定量的绢、布，便可代替徭役，使他们有更多的时间从事农业生产。太宗特别注意不夺农时，不误农事。他说：“凡事皆须务本。国以人为本，人以衣食为本，凡营衣食，以不失时为本。”当太子的加冠典礼和农时发生冲突时，太宗“恐妨农时”，将冠礼“改用十月”农闲季节。太宗还用法律手段来落实不违农时的原则。对在农忙时节擅自征发徭役、耽误农时的官员依法论处。

另一方面，太宗十分重视救灾，以保护农民的利益。贞观元年至三年（627—629），关中、关东发生水、旱、蝗、霜等自然灾害，他当即“诏所在赈恤，无出今年租赋”。由于太宗为恢复农业生产采取了一系列措施，再加上此后连年风调雨顺，遂出现了清平世界的景象。史书记载，当时“频致丰稔，斗米三四钱”，过往商人从京师到岭南，从山东至于沧海，皆不用自带粮食，取给于路，可谓是夜不闭户、路不拾遗。

任人唯贤

在政治方面，太宗认识到，治理国家靠自己一人是不行的，应当“广任贤良”，所谓“治安之本，唯在得人”。他要求臣下推荐人才，自己也留心观察、发现和提拔有用之才，推行“任人唯贤”的路线。太宗选拔人才，基本上做到不以个人恩怨好恶为标准，也不以新旧亲疏为转移。他说：“吾为官择人，惟才是与。苟或不才，虽亲不用……如其有才，虽仇不弃。”如魏徵，原是太子李建成的部下，曾劝李建成除掉李世民；玄武门之变后，李世民不计前嫌，加以重用。魏徵后来官至宰相，成为“贞观之治”的重要推动者。

太宗认为，所用之才不可求全责备，他说“使人如器”，即根据人才的情况来区别任使。太宗要求大臣封德彝举贤，封德彝回答说，未见奇才

> 唐太宗纳谏图·宋·徐仲和

画中所绘为唐太宗，太宗袖手而立，神情凝重，头戴幞头（唐时一种头巾软帽），身穿赭袍佩玉带，栩栩如生。现藏于台北故宫博物院。

异能。太宗明确指出：“前代明王使人如器，皆取士于当时，不借才于异代。且何代无贤，但患遗而不知耳！”太宗用人，也不以门第为限，他任用的宰相，张亮“素寒贱”，马周“孤贫”，戴胄出身“门下录事”，皆非高门大姓子弟。太宗用人还不以华“夷”为隔，他任用的将领，如阿史那·社尔、执失思力、契何力等，都是少数民族出身。同时，太宗也能做到用人不疑。他指出，君臣应“义均一体，宜协力同心，事有不妥，可极言无隐。倘君臣相疑，不能各尽肝膈，实为国之大害也”。魏徵任秘书监时，有人告他谋反。太宗相信魏徵不会谋反，对于诬告者未经审理，直接以诬告反坐的罪名处以死刑。

太宗还具有知人之明，对自

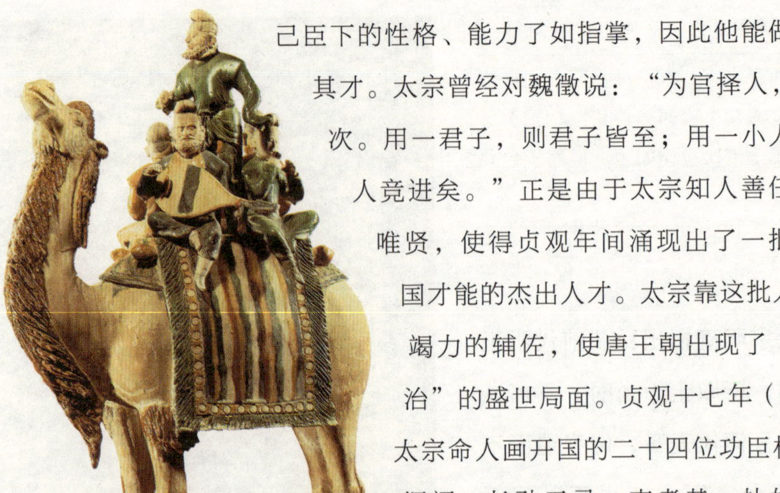

^ 骆驼乐舞三彩俑·唐

唐三彩是盛行于唐代的铅釉陶器的总称，因为器物上有光亮的黄、绿、白或者黄、绿、蓝等多色釉彩而得名。唐三彩还是唐代对外交往的历史见证，比如这件唐三彩中有许多胡人俑以及活泼可爱的骆驼俑，这些都直接反映了东西方的文化交流。现藏于中国国家博物馆。

己臣下的性格、能力了如指掌，因此他能做到人尽其才。太宗曾经对魏徵说："为官择人，不可造次。用一君子，则君子皆至；用一小人，则小人竞进矣。"正是由于太宗知人善任、任人唯贤，使得贞观年间涌现出了一批具有治国才能的杰出人才。太宗靠这批人才尽心竭力的辅佐，使唐王朝出现了"贞观之治"的盛世局面。贞观十七年（643），太宗命人画开国的二十四位功臣相貌于凌烟阁，长孙无忌、李孝恭、杜如晦、魏徵、房玄龄、高士廉等都在其列，士庶景仰，传为美谈。

从谏如流

太宗善于纳谏，他对侍臣说："朕冀凭直言鲠议，致天下太平。"太宗对于臣下的谏书，相当重视。他说："比有上书奏事，条数甚多，朕总粘之屋壁，出入观省。所以孜孜不倦者，欲尽臣下之情。每一思政理，或三更方寝。"魏徵和太宗的关系是贞观朝进谏和纳谏的典范。魏徵先事李密，后又事太子李建成。太宗不计恩怨，任命魏徵为谏议大夫。魏徵说："君之所以明者，兼听也；其所以暗者，偏信也。"魏徵怀着"耻君不及尧、舜"的忠诚，在贞观年间，无论是国家政事，还是太宗的个人行为，只要他认为不妥的，便直言进谏，即使冒犯"龙颜"，也在所不惜。而太宗则认为，魏徵

“每犯颜切谏，不许我为非，我所以重之也”，对于魏徵的谏议多予采纳。魏徵进谏，太宗纳谏，成为封建社会君明臣贤的美谈。太宗被誉为“从谏如流”的明君，是与魏徵不断直谏密切相关的。经过贞观君臣的共同努力，很快就形成了“臣以进言为忠，君以听言为急”的协调和谐局面。魏徵去世时，太宗十分难过，他说：“夫以铜为镜，可以正衣冠；以古为镜，可以知兴替；以人为镜，可以明得失。朕常保此三镜，以防己过。今魏徵殂逝，遂亡一镜矣。”并为魏徵亲笔撰写碑文。

在太宗的倡导下，进谏蔚然成风，不仅大臣进谏，连宫中的长孙皇后、徐贤妃也能进谏。而太宗纳谏的程度，远远超出了以“豁达大度，从谏如流”而著称的汉高祖。太宗对能直言进谏的官员，不仅不加责备，反而还常给予奖励。如给事中张玄素谏修洛阳宫殿，赏绢二百匹；孙伏伽谏刑赏不当，赏以价值百万钱的兰陵公主园；魏徵谏用人不当，赏绢五百匹。这不仅表彰了进谏的臣下，而且也起到了鼓励进谏的作用。

为了集思广益，太宗把各种行之有效的政策制度化。他规定，三品以上官员入阁议事，要有谏官随同，有失便谏。贞观元年，太宗下诏“宰相入内平章国计，必使谏官随入，预闻政事”，参与讨论。太宗还规定，五品以上京官，要轮流到宫中值宿，以便皇帝召见，询问外间事务，了解民间疾苦，以及政事得失，使下情得以上达。另外，太宗还建立了“五花判事”制度。所谓“五花判事”，就是对于军国大事，中书舍人可以各执所见，杂署其名。唐朝制度，经过朝廷议决的政策，交给中书舍人草诏，舍人五员各执所见，各书一诏，署名后交给中书省长官选择。因此出来的诏令，少有错误。

任人唯贤、从谏如流是太宗政治上取得成功的两个重要的主观原因。太宗之所以能成为封建帝王的典范，可以说，与他能够知人善任、兼听纳谏关系极大。

∧ 步辇图·唐·阎立本

《步辇图》是唐朝画家阎立本的名作，是中国十大传世名画之一。贞观十四年（640），吐蕃赞普松赞干布仰慕大唐文明，派使者禄东赞到长安求亲，《步辇图》所绘的就是禄东赞朝见唐太宗时的场景。现存画作被认为是宋朝摹本。

开明的民族政策

太宗李世民的少数民族政策的成功，在于他能够将各部族人民放在与汉人同等的地位上加以对待，并不因语言或者习俗上的差异而厚此薄彼。对于那些坚决与唐朝为敌，屡屡进犯边境的，唐太宗坚决打击，毫不手软。比如贞观四年（630），唐太宗派大将李靖、李勣率十余万大军分路进攻突厥，最终消灭了东突厥，活捉颉利可汗。贞观八年（634），唐太宗派大军进攻吐谷浑，大获全胜，解除了其对河西各州的威胁。对于那些降服归顺的少数民族，太宗以羁縻为主，册封当地各族首领人物为羁縻州、府、县的都督、刺史、县令，实行世袭制。这些地区的贡赋、版籍一般不纳入中央户部进项，只是受封的少数民族首领要按年节向皇朝进贡，承办朝廷下达的“公务”。对边远地区的少数民族，不因其社会发展程度较低、有某些特殊甚至落后的习俗而歧视、轻贱他们，做到了太宗所说的“自古皆贵中华，贱夷狄，朕独爱之如一，故其种落皆依朕如父母”。

《资治通鉴》载，贞观四年（630）三月，“四夷君长诣阙请上为天可汗。上曰：‘我为大唐天子，又下行可汗事乎？’群臣及四夷皆称万岁。”以后，太宗赐西域、北方各民族君长玺书，都自称“天可汗”。贞观二十三年（649），唐太宗李世民在含风殿逝世，时年五十三岁。得知皇帝驾崩的消息，各族在朝廷为官的贵族和前来朝贡的使者们悲恸万分，以剪去自己头发甚至于划破面孔、割掉耳朵等各种方式表达对太宗的思念之情；少数民族出身的将领阿史那·社尔等更是从驻地赶回长安，请求杀身殉葬……这无一不证明唐太宗开明的民族政策不仅成功，在当时为各族人民所称颂，也是历代封建王朝的帝王们难以望其项背的。

历史断面

文成公主入藏

吐蕃是现在藏族的祖先，很早的时候就生活在今天的青藏高原一带。7世纪上半叶，吐蕃在其杰出的赞普松赞干布领导下统一了青藏高原，定都逻些（今拉萨）。唐朝初年，吐蕃与唐的关系有和有战，但以和好为主。松赞干布仰慕中原文明，几次遣使向唐求婚。贞观十五年（641），太宗将宗室女封为文成公主嫁给松赞干布。文成公主带去了许多书籍、谷物和蔬菜种子，还带去了大批的能工巧匠，极大地促进了吐蕃地区经济和文化的发展。从此，唐蕃结为甥舅之好。文成公主于调露二年（680）去世，在吐蕃生活了近40年，一直备受礼遇，并深得吐蕃人民的爱戴。唐中宗时，金城公主入藏，进一步促进了唐和吐蕃的经济、文化交流。唐的丝织品和生产技术更广泛地传入吐蕃。

关键词：女皇

一代女皇武则天

■ 690年~705年

武则天（624—705），并州文水（今山西文水）人，是中国历史上唯一的女皇帝。她十四岁入宫，为太宗才人。太宗死后入感业寺为尼。唐高宗朝再度入宫，并于永徽六年（655）被册立为皇后。高宗死后，武则天废亲子，登基称帝，至神龙元年（705）病死，在位十六年，终年八十二岁。武则天为皇后时就辅助高宗治理朝政，当时并称“二圣”，所以她实际执掌政权近半个世纪。武则天为人果敢决断，任人唯才是用，能纳谏，有政治才能；对于反对她的人采用铁血政策坚决镇压。她执政的50年是中国历史上一个较为兴旺发达的时期，社会比较安定，人口显著增长，可以说武则天的统治是上承“贞观之治”，下启“开元盛世”。

从才人到皇后

武则天是工部尚书、荆州都督、应国公武士彟的女儿，自幼聪慧，有才智。她十二岁时，父亲病故，随母亲从荆州搬回长安居住。贞观十一年（637），她被选入后宫。临行时，母亲杨氏痛哭不止，她却平静地对母亲说：“见天子庸知非福，何儿女悲乎？”进宫后，她被太宗封为才人，赐号“武媚”，人称媚娘。相传，有一次太宗得了一匹爱马，叫狮子骢，太宗喜欢它的剽悍，也苦于它桀骜不驯。一日，太宗召了几位文武大臣去御厩，一边称赞狮子骢，一边问大家：“如此良骏，只能闲放在马厩中，诸位爱卿谁能驾驭？”众臣面面相觑，无人敢应。这时，跟在太宗身后的武媚娘上前躬身道：“臣妾可以驾驭。”太宗和群臣都吃惊地看着她，媚娘却一本正经地说：“只要陛下给臣妾三样东西，管保叫它服服帖帖。”太宗问：“哪三样东西？”媚娘说：“一条铁鞭，一个铁锤，一把匕首。先以鞭笞，不驯就施以铁锤，如果再乱踢乱蹶，就用匕首切断它的咽喉！”媚娘话音刚落，太宗便击掌而赞，称武媚巾帼不让须眉。贞观二十三年（649），唐太宗去世，临死前下令：后宫未生育的嫔妃，一律出宫为尼。武才人被迫削发为尼，到感业寺修行，与青灯黄卷相伴。

太宗去世后，继位的是唐高宗李治。他在当太子的时候，经常到父皇宫中问安，受到武则天的殷勤接待，因此一见倾心。如今她出宫为尼，李治对武则天的思念也与日俱增。这时李治所立的王皇后正与萧淑妃争宠，王皇后决定利用武则天的美貌，转移高宗对萧淑妃的宠爱，遂令武则天暗中蓄发，后将其接回宫中献给高宗。聪敏过人的武则天毫不犹豫地和王皇后结成同盟，用王皇后这块招牌作为向萧淑妃进攻的武器。由于王皇后多次在高宗面前称誉她，永徽五年（654）武则天被高宗召入宫中，拜为昭仪。但是，武则天的性格决定了她并不甘于只做别人的棋子，她还有更大的目标，王皇后自然成了她前进路上的一个障碍。

^ 花叶纹蓝琉璃盘·唐

永徽五年（654），武则天亲手杀死自己的女儿，并嫁祸给王皇后，以此要求高宗废王皇后，立自己为后。但是在王皇后的背后，还有以高宗的舅父长孙无忌为首的贞观旧臣。他们的坚决反对让高宗举棋不定，又去征求李勣的意见。高宗说："朕打算立武昭仪为皇后，长孙无忌、褚遂良等人固执地认为不可。你是顾命大臣，这件事你看怎么办？"李勣不假思索地说："这是陛下的家事，何必再问外人？" 李勣的话虽然不多，却使迟疑不决的高宗打定了主意。为了彻底压倒长孙派，武则天的心腹许敬宗在朝中制造舆论，说："田舍民夫多收了十斛麦子，还想换个妇人，何况天子要换皇后呢？"武则天令左右将这些话委婉地传给高宗，高宗的决心更坚定了。永徽六年（655）十月，高宗下诏，称："王皇后、萧淑妃谋行鸩毒，废为庶人，其母及兄弟一并除名，流徙岭南。"至此，王皇后大势已去，如残烛之将尽。十一月，高宗举行了隆重的册立仪式，武则天经过激烈较量，终于登上了皇后的宝座。

登基理政

与一般深居后宫的后妃们不同，"素多智计，兼涉文史"的武则天对政事很感兴趣，而且权势欲很强。她城府极深，在未立为后时，还能屈己待人，因此唐高宗误以为她日后能够顺从自己，所以不顾群臣的劝阻，坚持立她为后。但她的地位一旦稳固，便开始干预政事，利用高宗的平庸懦弱，极力树立自己的权威。显庆五年（660）以后，高宗患风疾，目不能视，朝中大事多由武则天处理。再加上高宗遇事无主见，上朝理事，往往根据宰相的意见作出决定。于是，武后索性直接上朝参政，当时人们把高宗和武后并称为"二圣"。武则天临朝听政后，正式提出了著名的"建言十二事"，主要内容是：劝农桑，轻赋敛，息兵戈而以德化天下，增加官俸，量才擢升官吏，广开言路，杜绝谗言，禁免浮华淫巧和大兴土木，等等。这些措施有力地保证了大唐自"贞观之

^ 交河故城遗址

交河故城遗址位于新疆吐鲁番市以西的亚尔乡，这里曾是西域三十六之一的车师前国的都城，唐朝时唐驻西域的最高军政机构安西都护府最早就设在交河故城。女皇武则天曾出兵西域，恢复四镇，交河城市日趋繁华。现存的古城建筑全部由夯土版筑而成，形制布局则与唐代长安城相仿,是世界上现存最大、最古老、保存完好的土生建筑城市，也是我国保存的两千多年最完整的都市遗址。

治”以来的既定国策得以继续，使唐王朝仍然保持着繁荣发展的局面。接着，武则天又着手调整宰相人选，罢免了若干资望高深的宰相，另调一些资历较低的下层官僚，委以相职。就这样经过一番努力，武则天基本上控制了政权。弘道元年（683），高宗病逝，太子李显继位，是为中宗。武则天以皇太后身份临朝称制。翌年，废李显为庐陵王，改立第四子李旦为帝，是为睿宗，朝政仍由她把持。

武则天从当上皇后开始，就运用手中大权残酷镇压政敌，贬褚遂良出京，逼长孙无忌自杀，同时罢免了二十多位反对她的大臣。武则天这些

排斥异己的做法，引起了唐朝宗室和旧臣官僚的强烈不满，他们暗中策划用武力反抗武则天的统治。光宅元年（684），眉州刺史徐敬业被贬为柳州司马而心怀怨恨，途经扬州与其弟徐敬猷及被贬官的唐之奇、骆宾王、杜求仁等策划起事。他们发布了由骆宾王起草的《讨武檄文》，并以匡复庐陵王（即中宗李显）为旗号，号召各地起来响应，十多天内，兵力已扩充到十多万人。檄文传到武则天手里，当她读到“一抔之土未干，六尺之孤何托，试看今日之域中，竟是谁家之天下”几句，不禁击节赞叹，问是出于何人手笔。当听到是骆宾王所写后，她感慨地说：使这样有才能的人流落在外，实在是宰相的过错。另一方面，武则天采取铁血手腕镇压叛乱，首先除掉了和徐敬业有联系的宰相裴炎、大将程务挺，接着派兵南下扬州镇压，仅用五十多天就彻底剿灭了叛军。她对大臣们说：“你们中间有的是先朝老臣，可是倔强难制有超过裴炎的吗？你们中间有不少将门之后，可是纠集亡命之徒有超过徐敬业的吗？你们中间也有不少握有兵权的

^ 簪花仕女图・唐・周昉

《簪花仕女图》由唐代周昉绘，是目前全世界范围内唯一认定的唐代仕女画传世孤本，描写了唐代贵族妇女春夏之交赏花游园的情景，向人们展示了这几位仕女在幽静而空旷的庭园中，以白鹤、蝴蝶取乐的闲适生活。现藏于辽宁省博物馆。

宿将，可是领兵打仗有超过程务挺的吗？这三人都是颇有声望的，但他们不利于我，我都能杀死他们，你们有比他们更厉害的吗？要有异图，请早点动手；不然的话，就该洗心革面，老老实实，免得身败名裂，贻笑天下！”大臣们谁都不敢言语。

另立武周

天授元年（690），武则天废李旦自立为帝，改国号为周，改元天授，史称“武周”。武则天称帝后，为了防止旧臣反抗，任用索元礼、周兴、来俊臣等实行酷吏统治。同时为了培植、扩大自己的势力，她又大批录用人才，并把此项政略看成治国之本、天子之责。为招罗人才，武则天一方面在洛成殿亲自考试贡士，以示重视，开创了殿试制度；又专门设置武举，选拔有武艺的人做官；还允许各级官吏和百姓自行荐举。另一方面，她以修书为名，广泛召集有才学的文人进宫，称“北门学士”。这些人除修书外，还为朝廷出谋划策，参议国事，以便集思广益，治理好国家。武则天任用人才不拘一格，又知人善任，所以她当政期间，人才济济，不比贞观时期逊色。

武则天像·清

从高宗驾崩到武则天让位的二十一年间，她曾任用宰相七十多人，大多为一代名臣良相，其中著名的有李昭德、魏元忠、苏良嗣、狄仁杰、张柬之等。其中一些人，如姚崇、宋璟等直到开元年间仍发挥着重大作用。张柬之是狄仁杰推荐的。有一次，武则天要狄仁杰推荐一个贤能的人。于是，狄仁杰推荐了张柬之，说此人虽然年纪大了一些，但确有宰相之才。武则天很快将他提拔为洛州司马。过了一些日子，武则天又向狄仁杰求贤。狄仁杰说："臣上次举荐的张柬之，陛下还没有重用呢！"武则天说："不是已经升迁了吗？"狄仁杰说："臣举荐他是当宰相，现在不过是一个洛州司马，还没有真正派上用场。"过了不久，武则天就提拔张柬之做了宰相。

在抗击北方民族入侵、保护内地安宁、改善与相邻民族的关系方面，武则天施政时期也颇有政绩。面对吐蕃贵族的入侵和骚扰，她坚决抵御，给予反击。天授三年（692）她派大将王孝杰击败吐蕃，收复安西四镇，复置安西都护府于龟兹。之后，朝廷又在庭州（今属新疆维吾尔自治区）设置北庭都护府，巩固西北边防，打通了一度中断的通向中亚地区的"丝绸之路"。武则天统治时期还坚持边军屯田的政策。天授年间，娄师德检校丰州都督，"屯田积谷数百万"。大足元年（701），郭元振任凉州都督，坚持屯田五年，"军粮可支数十年"。屯田对开发边

历史断面

《大唐西域记》

贞观十九年（645），高僧玄奘结束了十七年的留学生涯，携带657部梵本佛经及若干佛像、舍利从印度回到唐都长安。玄奘西行求法，行程二万五千多千米，到过一百多个国家和地区，成为当时最有名的旅行家。玄奘弟子辩机根据玄奘在旅行中的丰富见闻的口述，撰写成《大唐西域记》一书，共12卷。《大唐西域记》以玄奘游学亲历和见闻所及的138个城邦、地区为目，记述了各地的地理形势、水陆交通、气候、物产、民族、语言、历史、政治、经济生活、宗教、文化、风俗习惯等方面的情况，全书总计十二万多字，是研究中亚、南亚社会历史和中外交通的珍贵历史文献。

疆地区、减轻人民转输之劳以及巩固边防都有着积极的作用。

武则天还很重视农业，奖励农耕，兴修水利，使社会经济得到了长足发展。到了武则天结束执政的神龙元年（705），户口总数从永徽初年（650）的380万人增加到615万人。武则天的统治有效地维持了社会的安定，巩固了贞观之治的成果，为后来的开元盛世奠定了坚实的基础。

当然，武则天一生也存在着不少过失和错误。晚年时，她逐渐走向奢侈腐化，大修宫殿、佛寺，“数年之间所费以亿万计，府藏为之耗竭”。同时，武则天宠信张易之、张昌宗、武三思等小人，致使她统治后期朝政趋于腐败。此外，在镇压反对势力的过程中，她任用酷吏，大肆罗织株连，滥杀了一大批无辜臣民。

传位太子

除了治理天下，继承人问题也使武则天绞尽脑汁。开始，武则天打算将皇位传给侄子武承嗣。凤阁侍郎李昭德进言：“天皇大帝（唐高宗）是陛下的丈夫，皇嗣是陛下的儿子。陛下的天下应该传给子孙，怎么能传给侄子呢？陛下若立儿子，千秋万代后可以永享儿孙的祭祀；若立侄子，谁听说过侄子给姑母立庙奉祀的呢？”不久，武则天做了一个奇怪的梦，梦见一只大鹦鹉，两个翅膀折断了。她要大臣们解梦，宰相狄仁杰回答说：“鹦鹉是指陛下，两翼是指陛下的两个儿子（暗指李显、李旦），他们都被囚禁，就是两翼折断的意思。没有翅膀的鹦鹉不能飞翔，陛下起用二子，鹦鹉就能飞翔了。”经过再三考虑，武则天于圣历元年（698）立李显为皇太子。

武则天有许多男宠，著名的如薛怀义以及张易之、张昌宗兄弟。他们在武则天的纵容下窃权祸国、胡作非为，武则天对这些都置若罔闻。长安四年（704）冬，武则天在洛阳长生殿养病，身边只有张易之、张昌宗兄弟二人和几个宫娥、内侍，政事交由张氏兄弟处理。神龙元年（705）正月，武则天病情加重，宰相张柬之与崔玄玮等经过周密的部署，率领文武群臣入内宫杀死张易之、张昌宗兄弟，逼迫武则天退位，拥立中宗李显复位。中宗将这一年改为神龙元年，恢复李唐国号和唐朝制度，武则天迁居上阳宫，中宗为武则天上尊号为则天大圣皇帝（“则天”之名即由此而来）。

同年十一月，武则天病逝，与高宗合葬于乾陵。遵照她生前叮嘱，死后改称则天大圣皇后，玄宗开元四年（716），追号为“则天皇后”，以后历代均沿用这一称号。在她的墓碑上不写一字，所以乾陵有一块“无字碑”。碑身用一块完整的巨石雕成，高7.35米，宽2.1米，厚1.49米，重9.8吨。碑头刻着八条彼此缠绕、生动有力的螭首，碑身两侧各刻有升龙一条。武则天死后，人们对她有各种各样的评论，久而久之，无字碑也变成了有字碑。

>乾陵无字碑

关键词：救时宰相

开元盛世

▪ 713年～741年

唐太宗去世以后，唐高宗继位。高宗多病，政事经常由皇后武则天处理，她逐渐掌握大权，终于称帝。武则天继续推行太宗发展生产的政策，还破格提拔许多有才能的人，后来的名臣姚崇、宋璟，就是她提拔的。史称她的统治有贞观遗风。郭沫若称赞她的统治说："政启开元，治宏贞观。"武则天之后，唐中宗和唐睿宗统治时间短暂，政局动荡多变，但李唐王朝的统治危而不坠，随即迎来了唐玄宗的开元盛世。

贬抑功臣

唐玄宗李隆基是睿宗李旦的第三子。史称李隆基善骑射，通音律，晓历象之学，善写八分书，是一位多才多艺的封建帝王。武则天之后，唐中宗继位，但是大权旁落，中宗亦被妻子（韦后）和女儿（安乐公主）毒死。李隆基就是在这种特殊环境下登上历史舞台的。他迅速平定了韦后之乱，并诛灭韦后、安乐公主，结束了混乱的政治局面。玄宗登基之后，即致力于政局的稳定。他经历过复杂的政治斗争，有处理危难政局的经验。他深知安定升平的政局得来不易，所以用人处事熟虑深思，恐伤国脉。为

> 仕女狩猎纹八瓣银杯·唐

这件银杯出土于陕西西安何家村，银杯通体鎏金，在杯体的8瓣中刻出的纹饰，4幅是男子狩猎图，另4幅是仕女游乐图。

玄宗建立功勋的大臣，大多善于谋划，皆为出世奇才，而且是“不用其奇则厌然不满，诚不可与共治平哉”！

他认为这类人“时与履危，不可得志”，于是以种种借口，将他们诛戮贬逐。最先被罢官的是郭元振。开元元年（713）冬季，玄宗驾幸骊山温泉宫，当时的兵部尚书郭元振正在此地连营五十余里，操练二十余万大军。玄宗检阅操练现场，以军容不整、督操忤旨之罪拘郭元振于军前，宣令处斩。经左右百官求情，才将他罢职，远谪新州（今广东新兴）。太子少保刘幽求、詹事锺绍京、侍郎王琚等人都被玄宗贬为外州刺史，有的人甚至放归田里，永不录用。玄宗外谪功臣的政策，行于开元初年。当他的权力日益稳固以后，他又对昔日被贬官的功臣表示了怀念之情，予以优容款待。

救时宰相

玄宗深知，为了巩固自己的地位，开拓局面，必须有既有治国才能又十分可靠的宰相来辅佐自己。因此，他在处理往日功臣的同时还积极选择良臣，辅己治国。玄宗挑中了姚崇。玄宗在骊山检阅军队之后，又狩猎于渭川。这时，姚崇赶到，受到玄宗接见。玄宗让他担任宰相，姚崇说：“臣有十大安邦之策，陛下如不允行，臣就不能受命。”玄宗要他陈述内

^ 五王醉归图（局部）·元·任仁发

《五王醉归图》卷绘唐之李隆基和他的兄弟宋王李成器、申王李成义、岐王李隆范、薛王李隆业欢饮醉归情景。事见唐郑处诲《明皇杂录》。五王少时感情和睦，常宴饮，或斗鸡、击球，或打猎、游赏；李隆基即位后，与四王仍“长枕大被与之同寝，听朝之暇每从诸王游在禁中，拜跪如家人礼，饭食起居却与同之”。《五王醉归图》以盛唐皇室宴饮游猎为题材，如实重现了唐玄宗的兄弟友爱。

容，他条陈十策：一是宽刑仁恕，免除严刑峻法；二是数十年内不求边功，免除征战之劳；三是法行自近，亲近犯罪亦应绳之以法；四是宦官不得参与朝政；五是禁绝租赋之外的一切税收；六是皇属不得担任朝廷要职；七是尊重大臣人格，以礼相待；八是准许群臣直言犯忌相谏；九是不再增建佛道寺观；十是外戚不得干预朝政。玄宗答应照办，第二天正式授姚崇为兵部尚书，同中书门下三品，晋封梁国公。朝野上下欢呼雀跃，称誉玄宗选相得人。姚崇之后，玄宗又任用宋璟、张嘉贞等担任宰相，他们为推行开元新政立下了不可磨灭的功勋。

限制手足

宫廷政变是李唐王朝建立后帝王更迭的主要原因。为此，唐玄宗对李唐宗室管制甚严。即使是他的同胞兄弟，也只以恩礼相待，而不授予要

职，免其掌握实权，从而削弱皇室内部发动宫廷政变的政治基础。李隆基原与诸兄弟住在长安的隆庆坊。他立为太子之后，改隆庆坊为兴庆坊，仍与众兄弟们住在一起，食则同桌，寝则同眠，和睦相处。玄宗即位后，众兄弟仍然掌管禁军，宋王李成器为闲厩使、左卫大将军；申王李成义为右卫大将军；岐王、薛王也分典左右羽林军；同时，宋王是睿宗的嫡长子，邠王是高宗的长孙，他们在皇室中的特殊地位很容易被阴谋家所利用。因此，玄宗于开元二年（714）接受了宰相姚崇的建议，解除了诸王的兵权，分别将宋王出为岐州刺史，申王出为幽州刺史，邠王出为虢州刺史，薛王出为同州刺史。玄宗还“令（诸王）到官但领大纲，自余州务，皆委上佐主之”。“上佐”指州长史、司马。诸王虽为一方牧守，但并不掌军政大权，从而减少了起兵造反的可能性。同时，为了减少京官与诸王，以及诸王之间的接触机会，玄宗还规定“宗王以下每季两人入朝，周而复始”，使诸王不能同时留居京城。兄弟之中唯岐王李隆范曾参与诛灭太平公主之事，恃功骄恣，不受约束，常与朝臣张说、驸马都尉裴虚己宴游。玄宗先后将张说、裴虚己二人流放外地，以儆效尤，而与岐王李隆范兄弟之情一如往昔，且告诫左右道：“兄弟天性，怎可失欢？不过有奸猾之徒，攀附邀宠，无碍兄弟之谊。” 玄宗旧邸兴庆坊升格为兴庆宫之后，玄宗环绕兴庆宫为诸兄弟筑第。玄宗常常登楼与诸王欢娱作乐，对榻坐谈。诸王每日纵饮、聚赌、击球、斗鸡、郊猎，玄宗都不加禁止，但严禁他们与朝臣、外戚交游。

开元盛世

政局的安定，为社会经济的发展创造了条件。玄宗注重兴修水利，发展农业生产。例如，开元二年（714）他命戴谦开掘并州文水（今山西文水东）东北五十里的甘泉渠、二十五里处的荡河渠、二十里处的灵长渠及千亩渠，均引水灌溉田亩千余顷。

这些农田水利的兴修，对抵抗旱灾、增加粮食产量大有裨益。此外，玄宗还下令招募社会流民耕种荒田，免征五年赋税，刺激农业生产的发展。由于玄宗采取了这些发展农业生产的措施，使全国出现了“高山绝壑，耒耜亦满”的局面。为了解决谷贱伤农的问题并抵御天灾，玄宗又极力主张恢复常平仓、义仓制度。常平仓的设置，主要在于平抑粮价，防止年丰谷贱伤农和荒年谷贵伤农。而义仓的设置，主要在于荒年救灾和青黄不接时向农民免息贷种。

手工业方面，陶瓷、纺织、印染、造纸、印刷等各行各业较前代有较大的发展和进步。随着农业和手工业的发展，商业也迅速发展。“东至

> 陶乐舞群俑 · 唐

宋（今河南商丘南）、汴（今河南开封），西至岐州（今陕西凤翔），夹路列店肆待客，酒馔丰溢，每店皆有驴赁客乘，倏忽数十里，谓之驿驴。南诣荆、襄（今湖北江陵、襄樊），北至太原、范阳（今北京），西至蜀川（今四川）、凉府（即凉州，今甘肃武威），皆有店肆，以供商旅。”富商大贾空前活跃，“客行野田间，比屋皆闭户。借问屋中人，尽去做商贾”。社会财富的增加，使国力空前强盛。高宗以后，吐蕃强大，成为唐朝西方边境的严重威胁。武后时期，东突厥复兴于漠北，契丹崛起于东北，又造成帝国北方形势的紧张。许多在贞观、永徽年间（627—655）归属唐朝的地区重又脱离控制。玄宗加强邻接地区军队管理，开垦屯田，大大充实了防务；又从东北到西北和南方设立了平卢、范阳、河东、朔方、陇右、河西、安西四镇、伊西北庭、剑南九个节度使和一个岭南五府经略使，以统一指挥战争及军事。在开元五年（717），唐军收复陷于契丹21年的辽西12州，于柳城（今辽宁朝阳）重置营州都督府；漠北的同罗、拔也古等都重新归顺唐朝；西突厥与唐之间的战争也逐渐停止而代之以友好往来；唐在西域设置的安西四镇节度使及经略使，阻止了吐蕃势力的北上；在陇右、河西之西设置的军镇，巩固了河西走廊的安定，保证了中国和中亚、西亚的交通顺畅。当时唐朝的声威远达西亚，各国使者和商人往来不绝。

开元年间，由于玄宗在政治、经济方面都大有作为，唐朝进入了一个黄金年代。社会经济的繁荣，也推动了文化事业的发展。玄宗本人就是一位多才多艺的帝王，对当时文化艺术氛围的形成不无影响。玄宗特别擅长音乐，使得当时的音乐舞蹈取得了长足的发展。盛唐诗歌最为后世称道，对中国文学的影响极为深远。盛唐时期的著名诗人如高适、岑参、王维、孟浩然、李白和杜甫等，都是光耀千古的诗坛泰斗。他们在诗中歌繁华、吟出塞，全面深刻地反映了这一时代；其他如书法、绘画、雕塑、陶瓷等艺术也无不有显著成就。

关键词：马嵬驿之变

安史之乱

■ 755年～763年

在开元年间，唐玄宗能够做到励精图治，采取各种积极的政策振兴唐朝，因此才有了开元盛世的局面。然而到了天宝年间，志得意满的唐玄宗在后宫宠信杨贵妃，纵情声色，挥霍无度；在朝政上，重用李林甫、杨国忠等奸臣，荒废政务；在军事上，他将地方的军政、经济大权毫无限制地交给安禄山等地方节度使，使得国家军事力量外实而内虚，整个唐朝被巨大的社会危机所笼罩。天宝十四载（755），安禄山在范阳（今北京）起兵作乱，一场规模空前的安史之乱彻底打碎了唐帝国的盛世迷梦。

安禄山的发迹

安禄山本姓康，名轧荦山，营州柳城（今辽宁朝阳）人。其父早逝，做女巫的母亲阿史德氏改嫁突厥番官安延偃，改姓安，改名禄山。安禄山既善于处理各种纠纷，又敢于同当地的恶少争斗，以勇敢善斗闻名于幽州。后来投军于幽州节度使张守珪帐下。由于他为人狡诈，善于揣度人心，所以很受张守珪的青睐，甚至被张守珪收为义子。因此，他也不断得到提升。

> 六曲熊纹银盘·唐

开元二十四年（736）三月，已担任了平卢讨击使、左骁卫将军的安禄山由于军事失误犯了死罪。张守珪爱惜他是个人才，想饶他不死，于是就写了一纸呈文，派人将安禄山押往首都长安，交朝廷处置。当时担任右丞相的张九龄看了呈文后，认为军中纪律第一，不该免安禄山的死罪。但玄宗看了呈文，却认为安禄山是可用之才，最终还是将其赦免。

安禄山回到幽州军营，通过曲意巴结、贿赂各方面的官员，不久就赢得朝廷上下的一片赞誉之声。天宝元年（742），安禄山被任命为平卢节度使。过了两年，安禄山又兼任了范阳节度使。天宝六载（747），安禄山再次入朝谒见玄宗，他极尽谄媚之能事，对唐玄宗、杨贵妃极为尊重，却对太子不假辞色，甚至宣称“愚臣只知有陛下，不知有皇太子，真是罪该万死！”唐玄宗不明白安禄山奸诈，反而称赞他诚朴可爱，对他的忠心感到十分满意，当即令杨氏兄弟与安禄山结为异姓兄弟。当时安禄山身体肥胖，据称体重超过三百斤，腹部垂过膝盖，唐玄宗指着他的大肚皮笑着说：“你腹中装的是什么东西，如此庞大？”安禄山回答说：“没有其他东西，只有一颗忠于陛下的赤心。”玄宗听后更是无比喜悦。

天宝七载（748）元月，唐玄宗赏赐安禄山铁券。天宝九载（750）五月，唐玄宗又赐封安禄山为东平郡王，除了范阳、平卢两镇外，又兼了河东（今山西太原）节度使，控制了北方边境的大部地区，当时直接或间接听命于安禄山的军队已经超过19万人，占到唐朝军队数量的四成左右。眼见玄宗宠信贵妃，荒于朝政，军备不修，安禄山一面秘密提拔将领，从边境各族的降兵中挑选了八千名壮士，组成一支名为“曳罗河”（壮士之意）的精兵，一面囤积粮草，磨砺武器，准备叛乱。天宝十二载（753），权相李林甫病死，杨贵妃的同族哥哥杨国忠接任宰相。杨国忠上任以后，几次三番在唐玄宗面前说安禄山一定会谋反。天宝十三载（754），安禄山前往长安，他一见到玄宗，就哭着说：“臣是蕃人，不识字，陛下提拔臣于行伍之间，臣感念陛下深恩，杨国忠欲杀臣也。”唐玄宗再次被他的演技所骗过，不但没有处置安禄山，反而升其为尚书左仆射，封其两子为官，以作安慰。

渔阳鼙鼓动地来

天宝十四载（755）十一月，安禄山以“奉命讨伐杨国忠”为名，带领十五万叛军从范阳南下，直扑洛阳、长安两都之地。当时中原地区已多年没有战事，很多郡县无兵可用，毫无应变准备。地方官吏闻听叛军将至，或弃城逃跑，或开门出迎，叛军长驱南下，几乎没有遭到什么抵抗，

很快占领了黄河以北大部分地区。唐军连遭败绩，名将封常清、高仙芝所率新军也被击溃，东都洛阳失守，国都长安前面只有潼关天险可以阻挡叛军了。当时，平原太守颜真卿、常山太守颜杲卿兄弟已经在河北举兵抗击安禄山叛军，只要唐军主将哥舒翰能守住潼关，腹背受敌的叛军很可能遭到失败。然而，玄宗急于打败叛军，收复洛阳，强令哥舒翰出战。哥舒翰没办法违抗玄宗的旨意，痛哭一场之后，只好带兵出战。结果唐军在灵宝（今河南灵宝东北）中了叛军崔乾祐所部的埋伏，被叛军杀得大败。随后，崔乾祐攻克潼关，哥舒翰也做了叛军俘虏。潼关失守后，长安门户洞开，已无险可守。

听到潼关失守的消息，唐玄宗君臣顿时慌了手脚，在杨国忠的建议

v 杨贵妃上马图·元·钱选

此图共绘有14人，皆着唐装，人物身形饱满，姿态、动作各不相同，形象刻画细微、生动。现藏于美国弗利尔美术馆。

^ 西安市临潼区骊山北麓的华清池

下，唐玄宗和杨贵妃等人连夜仓皇逃出长安，试图到蜀地避难。车队行至马嵬驿（今陕西兴平西北）时，扈从的六军将士一路饥寒交迫，疲惫不堪，更愤恨于奸佞杨国忠乱政误国，招致变乱。于是士兵们发动兵变，射杀了杨国忠之后，又尽杀其子户部侍郎杨暄和韩国夫人、秦国夫人。随后，余怒未息的将士包围了马嵬驿，在外喧嚣不已。唐玄宗为求自保，迫不得已命高力士把杨贵妃缢死在佛堂前的梨树下，方才平息了六军将士的愤怒情绪。已成惊弓之鸟的唐玄宗，在经历了此次兵变之后，肝胆俱裂，迅速起驾逃往成都。沿途百姓拦马请留，玄宗只好把太子李亨留下来主持大局。太子李亨分道北上灵武（今宁夏灵武西），担负起反击叛军、光复两京的重任。随后，李亨在灵武即位称帝，改元至德，是为唐肃宗，玄宗被尊为太上皇。宝应元年（762）四月，父子失和的唐玄宗在凄凉中溘然长逝，曾经辉煌一时的开元盛世和它的开创者一起成为尘封的历史。

平定叛乱

占领长安之后，自称大燕皇帝的安禄山日夜纵酒，以声色自娱，没有出关西进的打算，这就给了唐军收复长安的机会。至德二载（757）九月，唐朝将领郭子仪率领十五万大军，在长安城外与叛军展开激战，大败叛军，不久收复了长安。此时，安禄山已经被其子安庆绪杀死，安庆绪放弃洛阳，逃奔邺郡（今河南安阳），唐军又得以收复洛阳。乾元二年（759），唐肃宗调集九位节度使和数十万大军进攻叛军大将史思明所部。双方交战之时突然大风吹起，天昏地暗，敌我难辨，唐军被迫撤退。这时叛军内部再次发生内讧，史思明杀死安庆绪，率军退往范阳。当年九月，史思明再次率军南下，攻占洛阳，形势对唐军非常不利。这时史思明的长子史朝义发动兵变，杀死史思明，自己即位称帝，叛军因此军心大乱，一蹶不振。

唐代宗宝应元年（762），唐军会同帮助平乱的回纥兵收复东都，叛军在河北等地连续战败，叛将薛嵩、张忠志等相继投降唐军。广德元年（763），史朝义的部下田承嗣驱逐了史朝义，投降唐军。史朝义逃奔范阳，结果叛军的范阳节度使李怀仙也投降了唐军。眼见大势已去，史朝义的部下作鸟兽而散，史朝义本人在逃亡途中自缢身亡。至此，长达八年之久的安史之乱才被平定下去。

关键词：唐诗

诗仙与诗圣

▪ 701年～770年

唐代是中国古典诗歌发展的全盛时期，仅《全唐诗》一书就收录了诗作四万余首，诗人两千多人，唐诗也成了中华文明宝库中一颗灿烂的明珠。在唐代众多才华横溢的诗人中，李白和杜甫是最为后世所称道的。李白是中国历史上最为伟大的浪漫主义诗人，有“诗仙”之美誉。他的诗豪迈瑰丽、气势磅礴，既有突破现实的幻想，也有对当时民生疾苦的反映和对政治黑暗的抨击。杜甫是中国文学史上伟大的现实主义诗人，他的诗反映了安史之乱前后的社会现实，揭示了唐王朝由盛转衰的历史，所以，人们把他的诗篇称作“诗史”，杜甫也被人们尊称为“诗圣”。

诗仙李白

李白（701—762），字太白，号青莲居士，盛唐时代的伟大诗人。李白祖籍陇西成纪（今甘肃天水附近），还有一种说法是李白出生于中亚的碎叶（今哈萨克斯坦托克马克），后随父迁居绵州昌隆（今四川江油）青莲乡。李白“五岁诵六甲，十岁观百家”，成年之后，轻财重施、任侠好客，名闻川中。开元十三年（725）之后，李白出蜀，顺江而下，到达江陵。此后数年之间，李白与洛阳、太原、东鲁等地的道士、隐士交游，远近闻名。在这期间，李白也与当时的一般宦游士子一样，想由布衣一跃而为卿相，他曾经多次投书长吏，干谒求仕，但均未获回应。

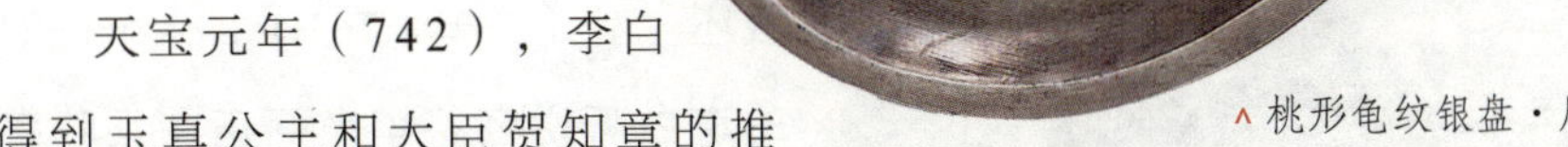

^ 桃形龟纹银盘·唐

天宝元年（742），李白得到玉真公主和大臣贺知章的推荐，被唐玄宗召入长安，在翰林院中待诏供奉，李白结束了漫游生涯，开始了宫廷侍从的生活。当时的唐玄宗一味贪图享乐，政治日趋腐败黑暗，李白不满于宫廷诗人的无聊生活，经常沉醉酒乡。一次，唐玄宗找他入宫侍奉，李白趁着酒性，让玄宗最为宠信的宦官高力士为之脱靴。高力士怀恨在心，便找机会在唐玄宗面前说李白的坏话。李白见再留在朝廷也是无所作为，就上疏求去。天宝三载（744），李白又离京远游。在此期间，李白与大诗人贺知章建立了深厚的友情，这位年长李白四十多岁的诗坛领袖，在读到李白的《蜀道难》之时，还没有读完，就连声赞叹不已，认为此诗只有神仙才写得出来，贺知章惊呼李白为“谪仙人”。

在随后的游历中，李白还结识了杜甫和高适，三人曾经结伴周游梁（今河南开封）、宋（今河南商丘）。这一阶段的李白可谓命运多舛，先是前妻亡故，又再婚许氏；许氏亡后，又娶宗氏。身家多故，国家多事，李白一面求仙学道，一面试图为国建功。对于国家安危，他仍然颇多关切。

天宝十四载（755），安史之乱爆发，李白避居庐山。这时，永王李璘出师东巡，盛情邀请李白入幕为宾。出于平定叛乱、恢复国家统一的良好心愿，李白参加了李璘的军队。这里李白所作《永王东巡歌》十一首，内中有名句“三川北虏乱如麻，四海南奔似永嘉。但用东山谢安石，为君谈笑静胡沙”。李白以谢安自命，想通过追随李璘而施展自己的政治抱负，求得一番大作为。不料，为了争夺帝位，永王和唐肃宗兄弟反目，兵戎相见，永王兵败被杀，李白也获罪下狱。后得御史中丞宋若思、宣抚大使崔涣救助，李白方才被免予治罪，而流放夜郎（今贵州桐梓一带）。中途遇到大赦，李白才得以放还。上元二年（761），六十一岁的李白听说名将李光弼正在乘胜率兵追击叛将史朝义，就决定再度投军，但行到金陵（今江苏南京）因病折回。宝应元年（762），李白病逝于当涂（今属安徽）县令李阳冰家中，终年六十二岁。

李白的诗歌继承了自屈原以来的浪漫主义精神，在中国文学史上起到了革新作用，对唐代和后世都有很大影响。他的诗流传下来近千首，其中不少都成为传诵千古的名篇，成为唐诗中的奇葩。

太白醉酒图·清·苏六朋

此画为清代画家苏六朋于道光年间所绘的名画，描绘了诗圣李白醉酒于宫殿之内，内侍二人搀扶侍应的情景。

诗圣杜甫

杜甫（712—770），字子美，是唐代最著名的大诗人之一。杜甫祖籍襄阳（今属湖北），他的曾祖父杜依艺为巩县县令，后居住于巩县（今河南巩义），杜甫也出生于此。杜甫出生于唐王朝如日中天的“开元盛世”，为了增长自己的见闻，他南游吴越，北至齐赵。在此期间，他以《望岳》诗中那“会当凌绝顶，一览众山小”的雄浑气魄震惊文坛。其后，杜甫在东都洛阳结识了被唐玄宗赐金放还的大诗人李白。两人同游梁（今河南开封）、宋（今河南商丘），还与边塞派诗人高适多有接触。

天宝五载（746），杜甫来到长安参加科举考试，而当时掌权的正是奸相李林甫。不学无术的李林甫最忌恨有才学的人，生怕他们议论朝政，对自己不利。李林甫暗做手脚，结果这一年的科试中，布衣之士竟然没有一人及第。为了掩盖自己的恶劣行径，李林甫竟然大拍唐玄宗的马屁，说因为皇帝的圣明，天下人尽其用，野无遗贤。在这种情况下，杜甫当然不可能入仕朝廷。困居长安的杜甫生活日渐贫困。迫于饥寒，杜甫不得不“朝扣富儿门，暮随肥马尘。残杯与冷炙，到处潜悲辛”。通过向一些达官贵人投诗，以求温饱。在此期间，杜甫虽然备受饥寒疾病的折磨，却不忘用自己的如椽巨笔记录历史、针砭时弊。针对杨氏兄妹的奢侈荒淫、专权误国，他撰写了《丽人行》，讽刺了其骄奢淫逸的腐败生活，曲折反映了玄宗的昏庸和时政的腐败；针对穷兵黩武的对外战争给人民带来的灾难，他撰写了《兵车行》，表达了对人民不幸生活深深的同情。杜甫以诗人敏锐的观察力，洞察到了唐朝山雨欲来风满楼的危局，为开元盛世唱响了挽歌。

天宝十四载（755），安史之乱爆发，唐玄宗匆忙逃亡蜀地。刚任右卫率府兵曹参军的杜甫，正带着妻子儿女从奉先（今陕西蒲城）赶往鄜州（今陕西富县）。听到唐肃宗在灵武即位的消息，他匆匆安顿了家属，随即上路前往灵武。途中杜甫被叛军抓获，掠至长安。至德二载（757），杜甫逃出长安，奔向朝廷所在的凤翔（今属陕西）。唐肃宗对杜甫长途跋涉投奔朝廷，表示赞赏，授他为左拾遗。杜甫认为自己致天子于尧舜的时机到来了，积极上疏谏言。结果不到一月，他就遭到贬斥，被贬为华州（今陕西渭南华州区）司功参军。途中，他目睹了各级官吏不顾百姓身家生死，无论男女老幼征兵拉丁；见闻了妇孺老弱无助的倾诉与悲啼，同时杜甫也看到了众多百姓为了国家社稷，积极支援官军平叛的场面。其间，他写成了六首著名的“新题乐府”组诗，即《新安吏》《石壕吏》《潼关吏》和《新婚别》《垂老别》《无家别》，后人简称为“三吏”“三别”。这六首诗不仅反映了人民为战争付出的代价和安史之乱对国家造成的民不聊生的惨状，而且也讴歌了人民奋不顾身的自我牺牲精神。

不久，杜甫好友严武出任两川节度使，杜甫投奔入蜀。大历五年（770），国家形势稍有安定，杜甫依然为生计奔波着，长期的辛劳使得杜甫贫病交加。同年冬天，杜甫在湘水上的一条小船上病逝，结束了苦难的一生。杜甫留下一千四百多首诗，为后世勾勒出唐王朝由盛而衰的历史长卷，堪称“诗史”。他的诗被奉为典范，“吟咏流千古，声名动四夷”，杜甫也被尊为一代“诗圣”。

杜甫像·现代·蒋兆和

杜甫（712—770），字子美，自号少陵野老，唐代伟大的现实主义诗人。杜甫在中国古典诗歌中的影响非常深远，被后人称为“诗圣”，他的诗被称为“诗史”。

关键词：藩镇

藩镇割据和宪宗削藩

▪ 唐朝中后期

安史之乱中，唐王朝依靠地方节度使的力量平定了叛乱，地方势力开始抬头。此外，唐朝统治者为了迅速平定叛乱，接受了大批叛军将领的投降，又将其册封为新的节度使，这就导致了地方藩镇林立、中央集权严重削弱的局面出现。唐德宗、唐宪宗时期，地方藩镇叛乱时有发生，严重危害了国家的统治。唐宪宗即位后，全力推行武力削藩的政策，使唐朝出现了“元和中兴”的局面。

藩镇割据

安史之乱是唐代由盛世走向衰亡的转折点。这次动乱之后，唐王朝由统一集权走向分裂割据，地

> 舞马衔杯纹银壶·唐

这件银壶仿照北方少数民族皮囊的形状，上部安有鎏金的提梁，壶身上纹有衔着银杯的骏马，图案华美异常，生动地再现了唐玄宗时期千秋节舞马表演的生动场景。现藏于陕西历史博物馆。

方武将控制的军队由屏藩朝廷的国家军队一变而成为割据地方的军阀武装。特别是在对安史降将如何处理的问题上，唐代宗姑息养奸，轻易地放过了李怀仙、李宝臣（叛将张忠志投降后被赐名）、田承嗣三大叛将，形成了卢龙、成德、魏博“河北三镇”割据一方的局面。李怀仙、李宝臣、田承嗣三人在自己的藩镇内“自署文武将吏，不供贡赋”，所有“法令、官爵、甲兵、租赋、刑杀，皆自专之”，不接受唐朝政府命令，或父子相承，兄终弟及，或军将自行拥立，事后胁迫中央承认，名义上是唐朝的藩镇，实际上是独立的小王国。

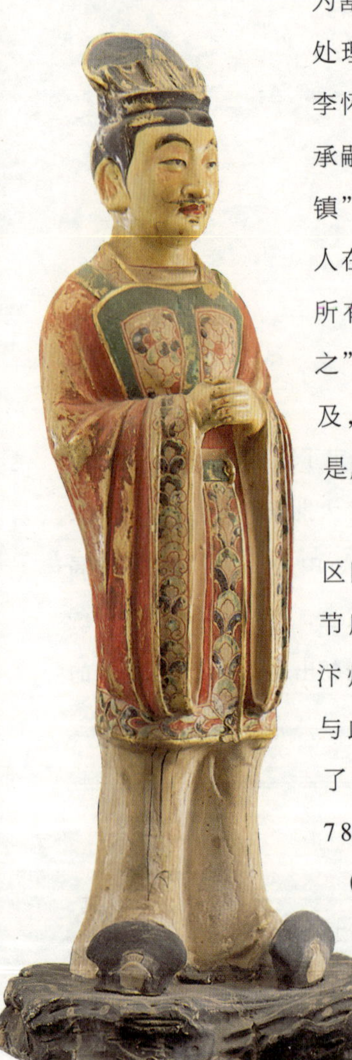

^ 彩绘贴金文吏俑·唐

河北地区成了藩镇割据的重灾区，而淮西地区的军阀则更为嚣张。建中三年（782），成德节度使李宝臣的族侄、淮西节度使李希烈攻取汴州（今河南开封），自称楚帝，改元武成。与此同时，河北三镇以及淄青、淮蔡各镇爆发了长达六年的大叛乱（建中二年至贞元二年，781—786），牵连在内的有成德节度使李惟岳（李宝臣之子）、魏博节度使田悦（田承嗣之侄）、淄青节度使李纳、山南东道的梁崇义、卢龙节度使朱滔、泾原节度使姚令言、朔方节度使李怀光等人。这次叛乱中，泾原叛军竟攻入长安城，唐德宗仓皇出逃。而朱滔、王武俊、田悦、李纳四人甚至相约称王，并以朱滔为盟主。虽然，这次叛乱最终以朝廷和地方藩镇的妥协而平息，但藩镇的气焰变得嚣张。

唐德宗贞元二年（786），李希烈被部将陈仙奇毒死，淮西归降了中央。之后，李希列的另一个心腹部将吴少诚又攻杀陈仙奇，唐德宗无奈，就顺势拜吴少诚为申、蔡节度使。吴少诚死后，其义弟吴少阳杀吴少诚诸子，自立为节度使，朝廷也只得认可。虽然唐王朝表面上仍然是统一的中央集权国家，其实已经分裂为各个由藩镇统治的诸侯王国，唐朝皇帝也只是周天子那样的“天下共主”罢了。

英主削藩

元和元年（806），唐宪宗李纯即位。唐宪宗少年时即钦慕贞观、开元时期的政治局面，有志恢复，故即位后利用德宗以来积蓄的财力，重用主张裁抑藩镇的大臣杜黄裳、武元衡、李吉甫和裴度等人，坚决主张以军事手段讨伐藩镇割据。宪宗是唐朝后期最有所作为的皇帝，被后人称为唐代的“中兴之主”。

元和元年，唐宪宗讨伐抗命的西川（今四川成都）节度副使刘辟，取得成功；同年，夏绥（今宁夏银川）留后杨惠琳拒绝承认朝廷任命的新节度使，宪宗又派兵讨伐，使中央声威复振。元和二年（807），镇海（又名浙西，今江苏镇江）节度使李琦发动叛乱，也迅速被平定，使中央的威信重新树立于东南。元和八年（813）春，经过大军数次征讨，魏博（今河北大名北）节度使田兴归附朝廷，历经四代、割据49年的魏博镇再次回到朝廷手中。

元和九年（814），淮西节度使吴少阳死，其子吴元济匿不发丧，伪造吴少阳的表奏，请以自己为留后。朝廷不许，吴元济于是遣兵焚舞阳、叶县，攻掠鲁山、襄城、阳翟（以上今均属河南）等处，企图要挟朝廷。宪宗在主战派宰相李吉甫、武元衡及御史中丞裴度等支持下，发兵讨伐。当时河北藩镇中，成德（今河北正定）的王承宗、淄青（今山东青州）的李师道都暗中与吴元济勾结，出面为之请赦。因朝廷不许，李师道一方面遣人伪装盗贼，焚烧河阴（今河南荥阳东北）粮仓，企图破坏唐朝的军需供应；另一方面又派刺客入京刺杀武元衡，砍伤裴度（时李吉甫已死），企图打击主战派。但宪宗不为之所动，以裴度继武元衡为宰相，主持讨伐事宜。

蔡州之战

元和十二年（817），朝廷免去作战不力的前线主将袁滋的职务，以太子詹事李愬为唐随邓节度使。初来军前，李愬故意示弱，表示自己是懦弱无能之辈，只是来安定地方秩序，并无心去打吴元济。淮西叛军自认为曾连败唐军，非常轻视李愬，毫不戒备。

针对唐军接连败仗，将士畏战，缺乏必胜勇气和信心的情况，李愬慰问部属，存恤伤病，不事威严，初步稳定了军心。不久，忠武军节度使李光颜率河阳、宣武、魏博、河东、忠武诸镇唐军渡过溵水，进至郾城（今属河南），大败淮西军，收复郾城。为此，吴元济急调蔡州守军主力增援部将董重质防守的洄曲（今河南商水西南）。淮西军的主力和精锐都被李光颜军所吸引，蔡州（今河南汝南）守备非常空虚。这时，力主武力削藩的宰相裴度自请赴前线督师，并奏请唐宪宗全部裁撤诸道监军宦官，加强了军事的统一领导。淮西地区因为连年交战，粮食缺乏，叛军军心动摇。

为进一步瓦解淮西军心，李愬厚待俘虏，大胆重用降将。淮西骁将丁士良、吴秀琳、李祐、李忠义等相继被俘后归降，唐军因之士气大振，连克多城，淮西将士降者络绎于道。李愬委任李祐为六院兵马使，执掌自己的亲兵卫队，并向降将诚恳地询问攻取蔡州之策。李祐等人为之感动，献计说："吴元济的主力和精锐部队都在洄曲，防守蔡州的不过是些老弱残兵。如果乘虚直捣其城，出其不意，就可以一举擒获吴元济。"李愬深以为然，裴度也支持他们的设想。

^ 三彩马和牵马俑 · 唐

这件牵马俑塑造得极为生动传神，牵马人头戴白色尖顶帽，面相深目高鼻，明显是按照中亚地区的胡人形象塑造，反映出唐代中外文化互动的情况。现藏于北京故宫博物院。

十月十五日，李愬利用风雪交加的恶劣天气，命李祐等率精兵三千为前锋，自率中军、后军随后出发。李愬只说挥师向东，除个别将领外，全军上下都不知行军的目的地和部队的任务。东行六十里后，唐军趁夜全歼张柴村守军，既防止了叛军烽燧报警，又截断了通往洄曲的道路，李愬这才宣布说，要直入蔡州夜袭吴元济。诸将闻说大惊失色，有人甚至说是中了李祐的奸计。但军令如山，众将只得率部向东南方向急进。此时夜深天寒，风雪大作，旌旗为之破裂，人马冻死者相望于道。

但众人都畏惧李愬，无人敢于抗令。唐军强行军七十里，终于抵达蔡州城边。近城处有鹅鸭池，李愬令士卒击打鹅鸭以掩盖行军声。自从淮西割据，唐军已有三十余年未到蔡州城下，所以淮西军毫无戒备。四更时分，李祐等降将爬城开门，迎李愬率军入城。吴元济尚在梦中，浑然无知。入城后，李愬派人慰抚洄曲守将董重质的家属，派董重质的儿子前去劝降。董重质看大势已去，就亲自赶到蔡州向李愬投降。此日，蔡州百姓助唐军攻打内城，吴元济投降。申、光二州及诸镇兵两万余人相继降唐，淮西平定。

经过唐宪宗君臣的努力，全国的藩镇至少在名义上复归于大唐王朝的直接管辖之下，四分五裂的唐朝出现了暂时中兴的气象，史称“元和中兴”。然而藩镇割据并不是单独存在的现象，它和宦官专权等统治阶层内部的矛盾一起构成了唐王朝病体上的顽疾，并一直延续到了五代时期。

历史断面

唐三彩

唐三彩是盛行于唐代的铅釉陶器的总称，因为器物上有光亮的黄、绿、白或者黄、绿、蓝等多色釉彩而得名。其实几种釉色互相渗化，又产生许多新的颜色，再加上年代久远，有些颜色发生变化，所以呈现出来的颜色远远不止三种，而是绚烂多彩，富丽堂皇。唐三彩品种多，内容丰富，概括了当时社会生活的各个方面，被誉为唐代社会的“百科全书”。唐三彩还是唐代对外交往的历史见证。出土的唐三彩中有许多胡人俑以及活泼可爱的狮子俑，这些都直接反映了外国和中国的文化交流。

关键词：朋党

牛李党争

▪ 唐朝中后期

牛李党争是唐朝后期朝廷中的派系之争，是以牛僧孺为代表的庶族官僚集团与李德裕为代表的士族官僚集团的冲突。牛李党争是统治阶级上层集团内部的冲突，他们在宦官操纵下为了个人利益而争权夺势。这种冲突进一步促使统治阶级内部陷入混乱和分裂，从而加深了唐王朝的政治危机。

举人之争

唐末以牛僧孺为首领的牛党和以李德裕为首领的李党两派官员互相倾轧，争吵不休，从唐宪宗时期开始，直到宣宗时期才结束，争斗了将近四十年。

^ 错金银缠枝花卉纹剪刀・唐

唐宪宗元和三年（808），朝廷以“贤良方正、能言极谏科”选拔人才。在参加考试的人中，两位

鎏金双鸳团花大银盆·唐

这件银盆出土于陕西扶风法门寺地宫，重6.265千克，外壁对称接有一双弓形提耳，盆壁呈四瓣，每瓣内各纹有两个石榴团花，团花中立有一只展翅的鸳鸯，两两相对。盆底外侧刻有“浙西”两字，表明是浙西道所制，反映出晚唐时期金银工艺的制作水平。现藏于法门寺博物馆。

下级官员李宗闵和牛僧孺在考卷里批评了朝政。出身士族的宰相李吉甫看到文章后，非常生气。李吉甫本来就瞧不起科举出身的官员，现在出身低微的李宗闵、牛僧孺竟敢在批评朝政之余，对自己进行讽刺，这当然使李吉甫非常不快。于是，李吉甫就说二人跟考官有私人关系，方得进用。宪宗信以为真，把几个考官降了职，牛僧孺和李宗闵也没有受到提拔，这为日后牛李党争埋下了伏笔。

唐穆宗长庆元年（821），李吉甫之子李德裕任翰林学士。这年又举行进士考试，正好李宗闵有个亲戚应考，被选中了。而没考中的人就趁机告发跟李宗闵有关系的主考徇私舞弊。在时任翰林学士的李德裕的证实下，不但主考钱徽被降职，李宗闵也受到牵连，被贬谪到外地去了。李宗闵认为李德裕成心排挤他，恨透了后者。同样出身科举的牛僧孺，自然同情李宗闵，此后，李宗闵、牛僧孺就跟一些科举出身的官员结成一派，李德裕也跟士族出身的官员结成一派，两派开始了长达四十年，几乎与唐朝命运相始终的党争。

党同伐异

唐文宗太和三年（829），走了宦官门路的李宗闵终于做了宰相。在唐文宗面前，李宗闵多次推荐牛僧孺，称赞牛僧孺有政治才干，不宜久任外官。第二年，牛僧孺被朝廷任命为兵部尚书、同平章事。在这以后，李牛二人援引同党，尽逐李德裕一党。对于李德裕本人，他们更是极力打击。原本李德裕在浙西观察使任上八年，成绩斐然，唐文宗将他调入京师，欲委以宰相之职。四朝元老裴度也认为李德裕有才干，极力举荐。但李宗闵、牛僧孺二人共同诋毁李德裕，将李德裕赶到西川（今四川成都），出任节度使。

经过李德裕的经营，西川的形势有了显著的好转，吐蕃、南诏再也不敢轻举妄动。吐蕃的维州守将悉怛谋举城投降，沦丧四十年的维州城又重归大唐。但当政宰相牛僧孺嫉妒李德裕功高，居然命令李德裕拒绝受降，将维州归还吐蕃，并送回悉怛谋，致使悉怛谋和所有降唐者均被吐蕃杀害。因为李德裕在西川政绩卓著，太和六年（832），李德裕再次入朝廷担任兵部尚书。李宗闵唯恐李德裕做宰相，竭力阻止，引起文宗的极度厌恶。不久，李宗闵被出为山南西道节度使，由李德裕代为中书侍郎、集贤殿大学士。但牛僧孺依旧在朝中为官，牛李二党各怀私利，党同伐异，争斗不绝。

在李德裕为相期间，北破回鹘，安定边陲；决策制胜，平定叛镇；禁断佛教，取得了一系列政绩。对于朋党，李德裕“绝于附会，门无宾客”，一时间朝政大为清明。但因为李德裕办事专断，也遭到不少朝臣的怨恨。会昌六年（846）三月，武宗病故，唐宣宗即立，李德裕失势，被贬为崖州（今海南三亚）司户。白敏中、令狐绹等人先后为相，牛李党争以牛党大胜而告终，但唐王朝也将走入死胡同了。

历史断面

两税法

唐德宗建中元年（780）二月，新任宰相杨炎提出一套完整的税收方案，这就是中国历史上的两税法。两税法的主要内容是：统一税目，以户税和地税为核心，将租庸调、杂徭以及其他一切赋敛都纳入两税。纳税人依据财产及土地占有情况划分征税数量；经常往来的行商，于所在州县纳赋三十分之一。地税分夏秋两季征收，夏税征钱或折纳绵帛，秋税则征收谷物。田亩税以大历十四年（779）的土地数目为准，夏税不过六月，秋税不过十一月。两税法虽然在实行一个时期后就弊端丛生，但是它顺应了社会经济发展的内在趋势，使政府对农民的人身控制有所松弛，并在一定程度上改变了贫富负担不均的现象，增加了国家的税收。两税法在唐中叶以后得到确立，并为后世数百年所沿用。

关键词：南衙／北司

宦官专权和甘露之变

■ 唐朝中后期

甘露之变是唐朝皇帝为反抗宦官专政所作的最后抗争，是继王叔文事件之后唐代士人和宦官之间发生的又一次大冲突。由于谋事仓促、处事不决，这次政变以失败告终。从此宦官更加专横，凌逼皇帝，蔑视朝官，使朝臣和宦官逐渐走向彻底对立。

宦官专权

宦官是皇帝周围的杂役。一般来说，当皇帝勤于政事、积极有为的时候，宦官是没有办法插手政务的；相反，皇帝疏于朝政

> 彩绘木胎宦者俑·唐

这两件木俑出土于新疆吐鲁番阿斯塔那，人物为两个头戴黑色幞头，身穿黄色花绫长袍，腰束黑色纸带，脚着黑色长靴，站立于一方座之上的宦官。

或国家政治腐败时，宦官往往利用其和皇帝亲近的关系乘隙而入，干预朝政，甚至左右政局，拥立或更换皇帝，唐代的宦官专政就是这一规律的最好注解。唐代宦官得势是从玄宗时开始的。玄宗时期，宦官人数一度增加到三千余人，其中三品以上职务的就占到将近三分之一。更为严重的是，高力士这样的大宦官头目开始出现。他凭借玄宗的宠信，一言一行可以影响官员的升迁，连李林甫、杨国忠、安禄山这样的中央或地方实权派都要结好其人，太子李亨甚至称其为“二兄”，玄宗的公主驸马称其为“阿翁”，高力士的权势可见一斑。

自唐玄宗之后，宦官专政成为唐朝后期一个十分突出的特点。唐肃宗李亨因为安史之乱险亡其国，因此疑忌将帅，用自己宠信的宦官李辅国统帅禁军，开始了宦官掌军权的先例。到了唐代宗时期，宦官的势力又进一步膨胀，充任内枢密使，掌管机密，承诏宣旨。至此，宦官开始逐渐地控制了军队和朝政，而皇帝却逐渐控制不了宦官，甚至反被宦官所控制。唐宪宗李纯被宦官陈弘志等人所杀，唐敬宗李湛被宦官刘克明等人所杀，唐穆宗李恒、唐文宗李昂等皆立于宦官之手。宦官擅权专政达到了极点，成为朝政的一大弊端。

宝历二年（826），唐文宗即位。深知前朝积弊的文宗，颇有些励精图治、中兴唐室的雄心抱负。他一改宪、穆、敬时期的奢华风气，去佞幸，出宫人，放鹰犬，裁冗官，省教坊乐工，停贡奇珍异宝。同时，文宗勤于政事，每逢单日一定上朝和群臣议政，对于臣下的意见也多能接纳，这一点就与宪宗晚期以及穆、敬两朝大不相同，号称清明。当时的朝政有了一些新气象，朝野对文宗都有些期冀，希望在他的治理下历经祸乱、颓败不堪的朝政可以重兴起来。

当时担任右神策军护军中尉的宦官王守澄是参与杀害宪宗的主凶之一，由于拥立穆宗和文宗有功，大权独揽，横行朝廷，气焰滔天。文宗即位后，就打算惩治宦官，夺回皇帝丧失的权力。大和四年（830），文宗任命宋申锡为宰相，令他谋划诛除宦官。但事机不密，宦官先发制人，诬陷宋申锡勾结文宗之弟漳王李凑谋反。第二年，宋申锡被贬，计划失败。

南衙与北司的斗争

南衙是指以宰相为首的朝廷机关，北司是指宦官集团。在玄宗以前，国家的军政大权都掌握在宰相手中。安史之乱以后，宦官势力日益膨胀，宦官不仅掌握军政大权，而且还操纵皇帝的废立。这时，稍有作为的皇帝就想利用宰相压制宦官；宦官也不甘示弱，总是伺机反扑，南衙北司的对立就是这样形成的。早在唐顺宗（唐宪宗李纯之父）时期的永贞革新中，王叔文、王伾等人进行改革的重要内容之一就是夺取宦官的军权。他们以素有威望的老将范希朝为左右神策京西诸镇行营兵马节度使，命度支郎中韩泰为左右神策军行军司马，欲取代大宦官俱文珍等人的兵权。但神策军大将大都是宦官的亲信，拒绝交出军队。俱文珍察觉王叔文夺权的计划后，逼迫顺宗削去王叔文翰林学士之职，任为户部侍郎，致使这次改革很快失败。革新派也纷纷被贬斥，王叔文先被贬为渝州（今重庆）司马，后被赐死。其他参与改革的韦执宜、韩泰、韩晔、柳宗元、刘禹锡、陈谏等人都被贬为边州司马。

现在，文宗虽然在与宦官的第一轮斗争中失败了，但他并没有对南衙朝官集团失去信心。大和八年

< 壁画《执团扇侍女图》·唐

图中仕女体态丰盈，身着束腰长襦裙，头戴花簪，手执团扇于胸前。

人物花鸟纹嵌螺钿漆背铜镜·唐

螺钿是中国特有的一种艺术形式，就是将螺壳与海贝磨制成人物、花鸟、几何图形或文字等薄片，根据画面需要而镶嵌在器物表面作为装饰。由于螺钿是一种天然之物，外观天生丽质，具有十分强烈的视觉效果，被广泛应用于漆器、家具、乐器等工艺品上。这件螺钿人物花鸟纹镜出土于河南洛阳，现藏于中国国家博物馆。

（834），郑注因医术高明、李训因善讲《周易》，在当权宦官王守澄的引荐下，来到文宗身边，并先后成为文宗的亲信。郑注、李训二人虽然是王守澄所推荐，但因为文宗对他们推心置腹，以国士相待，也加入了密谋诛除宦官的集团之中。不久，文宗以郑注为太仆卿，兼御史大夫；李训任兵部郎中、知制诰，侍讲学士。第二年，李训升任宰相；郑注被授为凤翔节度使，作为京师外援，逐步开始打击宦官。他们利用了宦官内部的派别及其矛盾，进行分化瓦解，然后分而治之，诛杀了大宦官韦元素、杨承和、陈弘志等人，又设计处死了宦官头子王守澄。至此，元和年间参与谋杀唐宪宗的大宦官头目全部被文宗解决，内朝为患的宦官仅剩仇士良、鱼弘志等数人而已。

功败垂成

大和九年（835）十一月二十一日，文宗在紫宸殿举行早朝。文武百官依班次站定后，金吾将军韩约奏称金吾左仗院内石榴树夜降甘露，并舞蹈拜贺。宰相李训率百官也依次称贺祥瑞的出现。李训奏称：“甘露降祥，俯在宫禁，陛下宜亲幸观之。”于是文宗乘御舆出紫宸门，移驾含元殿，命中书、门下两省官先去观看。李训回来后，奏称搞不清甘露是真是假，希望遣使再验。文宗趁势命左、右军中尉仇士良、鱼弘志等宦官前往验证。

两个宦官头子走出以后，李训立即调兵遣将，部署诛杀宦官。当仇士良等诸宦官来到金吾厅时，见韩约神色慌张，情态反常，心中产生了狐疑。忽然一阵风起，吹动了帷幕，仇士良发现幕后站满了手执兵器、全副武装的兵士，顿时恍然大悟。仇士良久历仕宦，经验丰富，见此情况心知不妙，慌忙退走。紧急之间，门卫未及关门，仇士良等诸宦官夺门而出，跑回含元殿。宦官们报称有祸事发生，欲挟持文宗入内。李训急呼金吾卫士上殿保驾，一面攀舆高呼“陛下不可入宫”。金吾卫士数十人和京兆府吏卒、御史台人约数百人登殿奋击，宦官死伤数十人。但这时宦官已将李训打倒地上，抬着文宗进入宣政门，将宫门关闭。大臣见此情景，顿时慌了手脚，满朝臣僚一时惊散。

^ 三彩狮子・唐

李训见事情难以成功，就脱下官袍，穿上从吏的绿衫，单骑投奔终南山僧人宗密。而宰相王涯、贾餗、舒元舆原本就没有参与李训的阴谋，看见含元殿变故陡起，不明白发生了何事，也逃回中书省等候消息。仇士良等宦官挟持文宗退入内殿后，立即派遣神策军五百人从紫宸殿杀出，并分兵掩闭宫门，大加屠戮，杀死金吾卫士、吏卒近千人。接着，宦官又在长安开始了大屠杀。李训、王涯、贾餗、舒元舆、王璠、郭行余、罗立言、李孝本、韩约等先后被捕杀。事发时，郑注正率亲兵赶赴长安，中途得到政变失败的消息，连忙返还凤翔（今陕西凤翔），也被监军宦官杀死。上述诸人都遭灭族，还有更多的人被牵连而死。经过这次宦官的大屠杀，朝堂之中几乎为之一空，文宗则完全变成了宦官集团的傀儡。

历史断面

陆羽和《茶经》

陆羽（？—804）字鸿渐，一名疾，字季疵，复州竟陵（今湖北天门）人。陆羽自幼在佛寺中长大，研习佛法，学做佛事，包括煮茶等，后隐居于苕溪（今浙江湖州附近）。《茶经》是陆羽的代表作品，也是中国乃至世界上第一部茶叶专著。《茶经》分为上、中、下三卷十个类目，内容涉及茶的起源、种类、产地、特性，茶叶的采制、加工焙制方法，以及饮茶习俗和饮茶方式等。最重要的是，陆羽把饮茶与人的道德修养联系起来，把饮茶赋予精神文明的内涵，提高了饮茶的文化品位。

^ 捧真身菩萨·唐

这件银器是唐懿宗为迎奉佛骨舍利而铸造，是罕见的唐朝皇帝制作的贵金属佛教造像，极为珍贵。1987年出土于法门寺地宫。现藏于法门寺博物馆。

专题

奇幻的法门寺地宫

⊙千年古刹法门寺 ⊙地宫惊世之现 ⊙稀世宝藏

20世纪末的一个春天，尘封了千余年之久的唐代法门寺地宫惊世再现。打开一道道神秘的石门，佛祖释迦牟尼的指骨舍利和数千件李唐王朝的供佛珍宝以“不二于世”的姿态发出耀眼的光芒，诉说着那个盛世王朝昔日的荣华。

银莲花·唐

高41厘米，重535克，法门寺地宫出土。莲叶捶揲而成，经过焊接，组成盛开的莲花。莲叶山錾刻的叶脉清晰形象，实为唐代金银工艺的佳作。

千年古刹法门寺

法门寺位于陕西省扶风县以北的法门镇，距西安市120千米，是中国著名的古刹。法门，意为修行者必入之门。该寺始建于东汉桓帝年间，寺因塔而建。法门寺塔（初名阿育王塔）因藏有佛祖释迦牟尼的一节手指骨舍利而闻名。北周灭佛，法门寺遭到破坏；隋文帝时重新修缮；唐代贞观年间改建成四级木塔。木塔至明隆庆年间遭地震倒塌，后改建为十三层八棱砖塔，高47米，建造精工，极为壮观。唐代统治者尊奉佛教，曾敕命弘建宝塔地宫供奉，扩充寺宇为皇家寺院。唐代的法门寺占地七万平方米，东西共24院，规模宏大。

▼ 鎏金莲花纹五足银熏炉·唐

银熏炉是唐代专为宫廷制造金银器的宫廷作坊文思院的产品，做工精湛，构思巧妙，是晚唐时期宫廷艺术珍品。

▲法门寺·唐

法门寺位于陕西省宝鸡市，据传始建于东汉明帝永平十一年（68），约有一千七百多年历史，素有“关中塔庙始祖”之称。唐高祖时改名“法门寺”。法门寺被誉为皇家寺庙，因安置释迦牟尼佛指骨舍利而成为著名的佛教圣地。

地宫惊世之现

1981年8月23日夜，风雨交加，法门寺的半壁砖塔突然坍塌。1985年，政府决定拨款重建。因为相传法门寺塔下藏有佛祖的指骨舍利，所以1987年清理塔基时，佛指舍利就成了大家瞩目的焦点。但是经过千余年的风云变幻，舍利是否还安然无恙地留在塔内地宫呢？1987年4月4日，地宫的入口处被发现，沉睡了千余年的唐代地宫重见天日。在整理地宫文物的时候，法门寺地宫中共发现四枚佛指舍利。其中一枚为佛祖真身灵骨，三枚为影骨，也就是仿佛祖真身灵骨而造的附属品，含有影射之意。不过在佛教界看来，影骨也是圣骨，同样是佛的真身舍利。

稀世宝藏

法门寺地宫是由平台、隧道、前室、中室、后室及后室秘龛组成，略呈长“甲”字形，总长21.12米。隧道及前、中、后室均用石灰石和大理石构筑。里面除了佛指舍利以外，还有大量的珍宝。这些珍贵文物包括金银供养器物121件，琉璃及各类珍珠、宝石、玉器近400件（颗），瓷器16件，石质文物12件，漆木器及杂器19件，铁质文物16件，此外还有大量丝织品。其文物数量之多、质量之高、保存之完整，在唐代考古史上是绝无仅有的。其中最为珍贵的包括专供皇帝使用的特制秘色瓷、精华荟萃的丝织品、稀世金银器群和琳琅满目的供养器和用具等，都是中国艺术宝库中的精品。

▾ 陕西法门寺地宫舍利函

相传法门寺佛指舍利“三十年一开，则岁丰人和”，唐代先后有八位皇帝六次迎奉佛指舍利到京城长安或东都洛阳的皇宫供养，形成了中国佛教史上最盛大的典仪。每次迎送之后，唐诸帝赏赐规模惊人，均以金银珠宝等稀世珍品制作各式宝函，以安奉佛指舍利。法门寺地宫出土的佛指舍利是佛教世界现存唯一的至高无上的圣物。

关键词：平均 / “流寇主义”

黄巢起义

■ 874年～884年

藩镇割据、宦官专权和朋党之争是晚唐政治的三大弊病，它们彼此交织在一起，让唐王朝统治阶层内部的矛盾空前激化。与此同时，政治上的腐败又进一步加深了社会危机，土地兼并愈发严重，农民极其穷困，除了铤而走险推翻唐王朝外，已经没有别的出路。唐大中十三年（859），浙东农民裘甫在象山（今浙江象山）发动起义；咸通九年（868），军官庞勋率领桂州士兵起义。这两次起义虽然都被唐朝镇压下去，但它们都猛烈冲击了唐朝的统治。接下来规模更大的黄巢起义最终使唐朝名存实亡。

翻却曹州天下反

黄巢（？—884），曹州冤句（今山东曹县西北）人，他出身于一个世代贩卖私盐的家庭，少读经书，能言善辩，又善于骑射，负气仗义。黄巢曾几次应试进士科，但皆名落孙山。在长安应试期间，他深刻洞悉到了唐王朝的腐朽黑暗，满怀激情地写了一首《不第后赋菊》诗，诗中写道：“待到秋来九月八，我花开时百花杀；冲天香阵透长安，满城尽带黄金甲。”此诗表达了黄巢推翻唐朝腐朽统治的雄心壮志。

黄巢所处的时代正值唐朝末期，宦官在中央掌权，藩镇在地方割据，社会更加黑暗。统治阶级腐朽透顶、骄奢淫逸，为追求奢侈糜烂的生活，皇室、官僚和地主加紧对农民的搜刮盘剥，苛捐杂税越来越重。再加上连年不断的天灾人祸，农民纷纷破产，到处逃亡。特别是唐懿宗咸通十四年（873），中原大旱，颗粒无收，百姓只能以草根、树叶充饥，而官府不但不及时赈灾，反而催赋日紧。黄河下游开始流传“金色蛤蟆争努眼，翻却曹州天下反”的民谣，一场起义风暴即将到来。

唐僖宗乾符元年（874），濮州（今山东鄄城北）私盐贩王仙芝与尚君长兄弟聚众数千人，于长垣（今河南长垣县）揭竿而起。王仙芝自称天补平均大将军，传檄诸道，斥责唐朝吏治腐败、赋役繁重、赏罚不平等罪恶。第二年，王仙

鎏金双蜂团花纹银香囊·唐

香囊是极为精巧的实用艺术品，由上下两个半球扣合而成，球面布满精细的双蜂团花图案。现藏于法门寺博物馆。

芝等攻陷了濮州、曹州（今山东曹县），并击败了前来镇压的官军。这时，黄巢与族中兄弟子侄以及外甥林言等八人聚众数千人，在曹州响应王仙芝。各地饥饿的农民也争先加入起义军，数月之间，起义群众就达到了数万之多。

彩绘贴金武官俑·唐

黄巢和王仙芝两支起义队伍会合之后，在敌强我弱的形势下，采取了避实就虚的流动战术，转战于黄河、淮河流域，屡败官军，连克州县，声势日大。唐王朝见镇压无望，就采取政治诱降的手段，在起义军攻到蕲州（今湖北蕲春）城下之时，以“左神策军押牙兼监察御史”的官职来引诱王仙芝。王仙芝一度为之动摇。黄巢听到这个消息后非常愤怒，斥责王仙芝说：“当初大家共立誓言打天下，现在你却要独自出去做官，对得起五千多个兄弟吗？”在黄巢等人的坚决反对下，唐朝的诱降活动最终失败。但起义军内部也出现了裂痕，怒不可遏的黄巢在出拳把王仙芝打得头破血流之后，自率两千人马北上，与王仙芝分道扬镳。随后，王仙芝战死黄梅（今湖北黄冈），众将公推黄巢为主，号称“冲天大将军”，建元王霸，并设官分职，初步建立了农民军政权机构。此后，起义军纵横中原、转战南北，在广州，攻杀岭南东道节度使李迢；在扬州，淮南节度使高骈谎称中风，躲进城中不敢应战。起义军顺利渡过江淮，向沿途官军发出檄文说："你们各守各自地界，不要触犯义军锋芒。我们要进击洛阳，直取长安，只向皇帝问罪，不干众人之事！"诸藩镇只顾自保，不敢反抗，起义军如入无人之境，迅速占领洛阳，东都留守刘允章率百官投降。起义军乘胜西进，直扑潼关。唐朝上下慌作一团，吓得唐僖宗整日以泪洗面。

冲天香阵透长安

广明元年（880）十一月，黄巢率领起义军攻取东都洛阳后，旋即攻取陕州（今河南三门峡陕州区）、虢州（今河南灵宝），向戍守潼关的唐军发出檄文，要其不要抗拒义军。起义军巧妙地从一条官军忘记设防的小道进入关内，里外夹攻，迅速占领潼关。消息传到长安，唐僖宗在宦官田令孜所率神策军的护卫下，狼狈逃往成都避难。

随后，黄巢大军兵不血刃，进入长安，来不及逃走的唐朝官员全部出城投降，迎接黄巢入城。长安百姓扶老携幼，夹道欢迎。黄巢坐着金色肩舆，在众将的簇拥下，率大军浩浩荡荡进入城中。义军将领尚君长抚慰百姓说："黄王起兵，本为百姓，不会像李唐皇帝那样虐待你们，你们尽管安居乐业吧！"十二月十三日，黄巢称帝，国号大齐，建元金统。起义军历时六年的流动作战，终于迎来了这场反唐农民战争的全盛阶段，黄巢也终于实现了自己"冲天香阵透长安，满城尽带黄金甲"的夙愿。

黄巢起义军虽然顺利地夺取了唐王朝的都城长安，建立了农民政权，但却没有出台任何改革措施，稳定人心，在沿途要地均未派兵驻守，更未能及时追歼唐室残余，歼灭关中溃散的禁军，却忙于分官封爵，享受富贵，这就给了唐军以喘息的机会。唐僖宗也得以从容地组织力量，进而组织反扑，使起义军由胜利走向失败。

> 褐彩云纹镂空瓷熏炉·唐

这件熏炉出土于浙江临安水邱氏墓，是唐朝末期南方越窑瓷器的代表作。熏炉由炉盖、炉身、炉座三部分组成，盖部釉色青黄，炉身和炉座上有褐彩如意云纹，是罕见的越窑釉下彩瓷器。

中和二年（882）四月，唐朝宰相、充诸道行营都统王铎统率大小十多路官军，四面包围长安，致使长安城里的粮食供应出现了严重困难。同年九月，义军同州（今陕西大荔）防御使朱温叛变，举州降唐，唐朝又召来了沙陀族的雁门节度使李克用，率领四万骑兵进攻长安，十五万起义军在梁田陂（今陕西渭南华州区西）大败，损兵数万。黄巢见起义军节节败退，粮食也将吃光，只好撤出长安。

次年，起义军大将孟楷攻破蔡州，却被唐军袭杀于陈州（今河南淮阳）。黄巢为报孟楷被害之仇，誓拔陈州。坚城之下，义军连攻近三百天不克，实力受到极大消耗。中和四年（884）二月，李克用率沙陀兵五万，南渡黄河驰援陈州。在藩镇武装及沙陀兵的联合攻击下，黄巢被迫解陈州之围北撤。义军撤退途中，在中牟（今属河南）北又遭沙陀军袭击，义军大败，尚君长、葛从周等人投降唐军。黄巢率义军北渡汴水（今河南汴渠），东奔兖州（今属山东）。六月中旬，黄巢在狼虎谷（今山东莱芜西南）被叛将尚君长追及，自刎而死，唐末农民起义至此彻底失败。

这场农民起义给后人留下的历史教训弥足珍贵，总结起来，黄巢起义失败的原因在于：第一，起义军虽然打出了“平均”的旗号，却缺乏切实可行的政策措施来实现这一口号。第二，起义军内部存在着严重的“流寇主义”思想。他们曾经长期采取单纯的流动战术，常以招降纳叛的手段去扩大军力，并热衷于城市的物质财富，不重视根据地和地方政权的建设，因此当唐军围攻长安时，起义军兵粮来源断绝，致使自己处于被动困境。第三，起义军占领长安后，农民领袖滋生了骄傲自满的情绪，黄巢忙于做皇帝，未能及时消灭唐朝残余势力，致使唐军得以重新集结，迅速反扑。第四，黄巢起义后期，军事盲动主义表现得十分严重。长安失守后，黄巢率军转战河南，这时他本应避实击虚以保存实力，而他却放弃了以往常用的游击战术，长期屯兵于陈州坚城之下，与唐军进行硬拼消耗的阵地战，结果屡战失利，丧尽了起义军的有生力量。

黄巢领导的这场农民起义虽然失败了，但它推动了各地的农民斗争，沉重地打击了唐朝的腐朽统治，对后世的农民战争具有深远的影响。

历史断面

盛世之都长安城

长安城前身是隋的大兴城，自隋开皇二年（582）开始营建，至唐达到极盛。在唐代将近三百年的峥嵘岁月里，它以特有的宏伟壮丽和强大帝国的豪迈气概而著称于世。长安城东西长9721米，南北宽8651.7米，面积84平方千米，城内由宫城、皇城、外城三部分组成。皇城、宫城与居民区严格分开，城内有东西大街14条，南北大街11条，把全城划分为108个排列整齐的坊里，作为居民的住宅区和商业区。长安城街道的布局泾渭分明，整齐有序，人称“长安大道横九天”。

关键词：中原地区

梁唐晋汉周，动乱的五代十国

■ 907年～960年

从907年唐哀帝李柷逊位，到960年北宋建立，短短的54年间，中原相继出现了梁、唐、晋、汉、周五个朝代，史称后梁、后唐、后晋、后汉、后周。同时，在这五朝之外，还相继出现了前蜀、后蜀、吴、南唐、吴越、闽、楚、南汉、南平（即荆南）和北汉十个割据政权，这就是中国历史上的“五代十国”。这五代的开国之君，都是前朝的藩镇将领，他们靠军事割据发家，故这一时期的历史特点是战争频仍，政权屡有更迭。在五个朝代中，后梁维持的时间最长，也只有17年，其次后唐14年，后晋11年，而后汉仅仅4年，后周9年，频频的兵戎相见，给百姓带来了极大的痛苦和灾难。

朱温与后梁

朱温（852—912），砀山（今安徽砀山）人，从小不事劳动，唯以雄勇，横行乡里。唐乾符四年（877），朱温与二哥朱存一起参加黄巢起义，后来逐渐升为大将。可是，当起义陷入低潮后，朱温却投降了唐朝，受封左金吾大将军、充河中行营副招抚使，唐僖宗亲自赐名“全忠”。此后，朱温以汴州为中心，陆续消灭了蔡州的秦宗权集团、淮北的时溥集团等地方割据势力，控制了黄河以南、淮河以北的大片地区，成为唐末最强大的藩镇。天祐元年（904），朱温带兵进入长安，强迫唐昭宗迁都洛阳。接着，朱温又杀害了昭宗，改立其子李柷为帝，这就是唐朝的末代皇帝唐哀帝。

^ 朱温像·清

从砀山的无赖子弟到一代帝王，朱温先反唐，再归唐，最后亲手推翻了唐朝，经历了无数的刀光剑影、血雨腥风，在他所处的那个时代，朱温确实是位枭雄。

天祐元年（904），唐哀帝任命朱温为相国，总百揆，并进封魏王。天祐四年（907），唐朝宰相张文蔚率百官劝进，朱温正式称帝，改名为朱晃，改元开平，国号“大梁”，史称后梁，升汴州为开封府（今河南开封），建为东都，以唐东都洛阳为西都。接着，朱温又废十七岁的哀帝为济阴王。次年二月，将其杀害，历经二十帝、289年的唐王朝至此终结。这时后梁直接统治的区域并不大，仅仅包含河南、山东两省，湖北、陕西大部分，以及河北、山西、江苏、安徽等省的一部分，可以说是五代时期中原王朝控制区域最小的一个。

后梁政权建立后，朱温与盘踞河东的李克用、李存勖集团连续发生战争，几乎无一年不战，甚至一年数战。乾化元年（911），李存勖亲率大军攻击梁军主力于柏乡（今河北柏乡），梁军主力伤亡惨重，从此在梁晋之争中处于劣势。乾化二年五月，朱温于洛阳病危、六月，被其次子朱友珪所杀。朱友珪上台不久，又被其弟朱友贞所杀。短短一年内，后梁内乱不断，国力愈发衰落。此后十余年间，晋王李存勖不断率军攻击后梁，蚕食其土地和人口，为灭梁做好了充足准备。后梁龙德三年（923）十月，李存勖的部将李嗣源率军突袭开封，后梁末帝朱友贞自杀，建国十七年、历经三帝的后梁亡。

李存勖和后唐

李存勖（885—926）是沙陀族军阀李克用的长子，五代时期后唐王朝的创建者。在五代初期，他指挥整个沙陀军事集团，先后消灭兼并了北方及中原地区众多大大小小的军阀势力，成为五代史上第一个入主中原的少数民族（沙陀族）最高统治者。

李存勖自幼生长于军营之内，与戎马为伍，胆识过人。天祐五年（梁开平二年，908）正月，李克用病死，李存勖袭晋王位。李存勖刚刚即位不久，其叔父李克宁就觊觎王位，阴谋发动叛乱，武装夺位。在张承业等顾命大臣的协助下，李存勖当机立断，伏兵诛杀了李克宁

花鸟纹嵌螺钿黑漆经箱·五代

经箱是用来收藏经书、典籍的一种箱子，此件经箱嵌有精美的螺钿纹饰，图案以花鸟为主，应为唐至五代时期的物品。现藏于苏州市博物馆。

等人，稳定了河东的局势。李克用临死时，曾交给李存勖三支箭，嘱咐他要完成三件事：一是讨伐刘仁恭，攻取幽州（今北京）；二是征讨契丹，解除北方边患；三是要消灭世敌朱温，恢复唐朝社稷。李存勖对此谨记在心，每次出征都把箭从家庙中请出，随身携带。自此，他开始了统一北方的战争。

这时河东重镇潞州（今山西长治）已经被朱温围困一年之久，潞州若失则河东不保。李存勖当机立断，亲率大军从太原出发，疾驰数日偷袭后梁军夹寨。后梁军戒备松懈，睡梦中突遭晋军攻击，惊慌溃乱，丢弃粮资器械无数。凭此一战，李存勖树立起自己的威信，初步扭转了在晋梁之争中的颓势。朱温闻讯，不禁慨叹："生子当如李亚子（李存勖小名），我的儿子只如豚犬而已！"

朱温死后，后梁的政局越发动荡。天祐二十年（923）四月，李存勖在魏州（今河北大名东北）称帝，改年号为同光，国号为唐，史称为"后唐"，是为后唐庄宗。当时的唐梁战局依然处于胶着状态，李存勖在经过了缜密的研究和分析之后，决定采取长途奔袭的战术，避实就虚，直捣后梁的都城开封。十月二日，李存勖以大将李嗣源所率领轻骑为前锋，星夜兼程六百里，历时八天，直捣敌巢，攻克汴梁，梁末帝自杀，后梁灭亡。李存勖就此完成了灭梁大业，废开封府为汴州，定都东都洛阳。同光三年（925），李存勖再灭前蜀，达到后唐的全盛时期，统治今河南、山西、山东三省，四川、重庆、河北、陕西的大部分地区，甘肃、湖北、江苏、安徽的部分地区，李存勖也登上了个人功业的巅峰。

消灭后梁之后，李存勖自以为天下太平，遂不理朝政，而经常自傅粉墨与伶人共戏，并取了艺名——"李天下"，以伶人和宦官为首的奸佞之徒把持朝政，后唐的政局自开国以来就异常败坏。时任枢密使的郭崇韬是后唐的股肱重臣，李存勖却听信宦官们的诬陷将其杀害。随后，后唐大将朱友谦及其部将史武等七人也被牵连，皆遭灭族；另一战功卓著的大将李嗣源也险遭杀害。由此，后唐功臣宿将人人自危，流言四起，将士们不得抚慰，甚至军饷军粮都成问题。同光四年（926）正月，一系列叛乱事件接连发生：先是参与平蜀的大将康延孝在回师途中举兵造反，数日之间众至五万；接着是沧州军乱、魏州军乱；河朔州县告乱者相继。二月，庄宗命李嗣源率亲军去魏州平叛。结果，李嗣源被亲军胁逼，与叛军联合，倒戈进攻京师。在天下大乱的局势下，深得庄宗信任、伶人出身的亲军从马直指挥使郭从谦率众哗变，在混战中庄宗李存勖被流矢射中身死。

石敬瑭与后晋

石敬瑭（892—942），沙陀人，梁晋争霸时，他追随后唐大将李嗣源，深得后者的器重。后来，李嗣源把女儿嫁给石敬瑭，让他统率号称“左射军”的亲军。后唐庄宗被杀后，李嗣源即位称帝，是为后唐明宗，石敬瑭因为佐命夺权有功，被任为保义军节度使。长兴四年（933），后唐明宗李嗣源病死，其子李从厚与明宗义子、凤翔节度使李从珂争夺皇位。石敬瑭捉住出逃的李从厚，将其幽禁于卫州（今河南卫辉），向李从珂邀功。但李从珂即位后，对手握兵权的石敬瑭非常猜忌，打算削弱和消灭石敬瑭。清泰三年（936），石敬瑭抢先发动叛乱。为了获得契丹人的支持，石敬瑭让掌书记桑维翰起草降表，向契丹称臣，尊契丹主耶律德光为父，割让幽（今北京）、云（今山西大同）十六州。这些条件，特别是称子、割地实在太失国格、人格，连石敬瑭的心腹将领刘知远都认为太过分，说：“恐异日大为中国之患，悔之无及。”可是石敬瑭却认为非如此，不能博得契丹主耶律德光的欢心。

耶律德光接到石敬瑭的奏表后，大喜过望，随即答应出兵。耶律德光亲率五万骑兵由雁门关入援石敬瑭，大败后唐军，并“任命”石敬瑭为大晋皇帝。石敬瑭投桃报李，如约割让幽、云十六州给契丹。在契丹军的帮助下，石敬瑭击败后唐诸路大军，渡河南下。李从珂见大势已去，登洛阳

^ 后晋高祖石敬瑭像·清

玄武楼自焚而亡。后晋定都汴州（今开封），升为东京开封府。石敬瑭在位七年，从始至终，对契丹低头称儿，奴颜婢膝。而契丹取得幽、云十六州后，分置南京道和西京道，升幽州为南京幽州府，与上京临潢府，东京辽阳府合称“三京”。石敬瑭割让幽、云十六州，将北边险要之地，拱手让与契丹，造成契丹统治者南扰的有利条件，从此中原王朝在与契丹的军事斗争中处于无险可守的被动地位。这种遗祸，不久就要由石敬瑭的继承人来承当了。

刘知远与后汉

刘知远（895—948），与后唐的建立者李存勖、后晋的建立者石敬瑭同属沙陀军事集团。刘知远早年与石敬瑭一起隶属李嗣源麾下，曾在一次战斗中救过石敬瑭的性命。李嗣源称帝后，石敬瑭调任河东节度使，特地把刘知远调到自己属下，担任押衙，作为亲信使用。清泰三年（936），石敬瑭在契丹的支持下发动了叛乱，刘知远被任命为侍卫亲军都虞侯，掌管禁军。不久，又升任检校太保、侍卫马步军都指挥使，领忠武军（镇许州，今河南许昌）节度使，后又调任河东节度使。正是在河东，刘知远充分利用这块根据地，日益发展自己的势力，渐有坐大之势。石敬瑭死后，其侄石重贵即位，对刘知远一再加官晋爵。但负责北部边防的刘知远已经私心自用，在契丹军三次南下中原的战争中，刘知远从未发兵勤王，他采取坐观成败、相机行事的策略，处处注意保存实力，除非契丹军队打到他的地盘才进行反击，其余则一概不问。

开运三年（946），耶律德光再次率军南下侵后晋。由于后晋主帅杜重威临阵投降，契丹顺利进占开封，后晋灭亡。次年，耶律德光在东京（今河南开封）登基，改国号为辽。但辽军的野蛮行径，激起中原军民的强烈反抗。仅百余日，辽军就被迫北撤，耶律德光也病死于途中。

在此期间，刘知远给耶律德光上了三封奏表，表达自己的恭顺，以便窥探实情。开运四年（947）二月，刘知远在太原即皇帝位，仍采用石敬瑭的天福年号，称这年为“天福十二年”以表示自己对石敬瑭的怀念，以争取契丹和各路军阀的支持。六月，刘知远率军赶到洛阳，才正式改国号为汉，史称“后汉”。第二年正月，刘知远又改年号为“乾祐”，可是不到半个月他就病死了。后汉王朝沿袭了后晋的暴虐统治，有过之而无不及，与时代和人民的要求背道而驰，尽失人心，所以不到四年就亡国了。

郭威与后周

郭威（904—954），早年从军，是李存勖的亲军“从马直”中的一员，后来在刘知远手下担任亲军都虞侯，成为后者的心腹大将。在契丹灭后晋时，郭威又和苏逢吉、史弘肇等人力劝刘知远称帝，成为后汉的开国功臣。刘知远临终前，以郭威、

> 沧州铁狮子·五代·后周

后周广顺三年（953），山东匠人李云铸成著名的沧州铁狮子。铁狮子存今河北沧州东南20千米的开元寺内，神态威武，当为寺内文殊菩萨的坐骑。铁狮子的铸成，标志着中国制造大型铸铁件技术的提高。

杨邠、史弘肇等为顾命大臣，要他们辅佐年仅十八岁的儿子刘承祐（后汉隐帝）。刘承祐继位后，以郭威为枢密使，掌握军政大权。

乾祐三年（950），郭威出任邺都（今河北大名北）留守、天雄军节度使（镇邺都），且以枢密使名义节制河北各州军事。就在郭威出镇之时，后汉朝廷内部发生了巨变。刘承祐不愿再受顾命大臣的控制，与舅父李业等定计，先杀在京的史弘肇、王章等顾命元老，又派人到邺都去杀郭威。郭威在得知汴京事变后，以“清君侧、杀李业”为借口，在邺都起兵，率军渡河南下。刘承祐一面派兵抵御，一面尽杀郭威在京的全部家属。之后，刘承祐不听母亲李太后让其与郭威和好的劝告，贸然领兵出征，结果被乱兵杀死。郭威乘胜入城，但其并没有立刻称帝，而是让李太后下令立刘知远的侄子刘赟为嗣，以稳定局面。

待局势稳定后，郭威使人谎报契丹大军再次南侵，自己率大军北上出征。军行澶州（今河南濮阳）时，诸军将士鼓噪，扯裂黄旗为郭威加身。随后，大军迅速南返汴京。与此同时，刘赟也被乱兵杀死。在“不得已”的情况下，郭威受诏监国。后来赵匡胤夺取后周江山，也是全部照搬了郭威的做法。第二年，郭威正式即帝位，建立后周王朝，改元广顺。

后周这个王朝尽管历经不过两代，为期不满十年，但却大事改革，使中原地区的政治、经济、军事都显露出一派崭新的气象，为后来北宋的兴盛奠定了坚实基础。打开这一局面的奠基者，就是后周太祖郭威。郭威幼年孤贫，深知民间疾苦，即位后便立刻着手革除前朝弊政，减轻赋税和刑罚，废除了后汉盗窃一钱便要处死的酷法，停止征收了荒谬的牛租，改革了牛皮和盐税的征收办法，取消营田务，解放农奴，减免了历朝所收的斗余、称耗、羡余等额外税收，极大地减轻了农民的负担。郭威为人非常勤俭，即位后就下令：乘舆服饰不得过分华丽，宫中物品力求朴素，并禁止各地贡献珍巧纤华的物品及各种珍禽异兽鹰犬之类。直到临终前，他还下诏要求身后薄葬：要求不得差配百姓，陵寝不用石柱，不用石人石兽。

正是郭威这种身体力行的榜样精神，激励后周世宗柴荣，完成他未竟的事业。后周两代皇帝的革故鼎新，以及自身的优良品质，成为光照五代黑暗时代的璀璨明星。

励精图治周世宗

后周世宗柴荣（921—959）是后周太祖郭威的外甥，他在即位之初，就立下了三十年的规划："以十年开拓天下，十年养百姓，十年致太平。"柴荣在位虽然只有五年，但他的成绩已经相当可观了。为了进行统一战争，他在政治、经济、军事诸方面进行了一系列的改革：在经济方面，柴荣关心民间疾苦，鼓励开荒，将中原无主荒地分配给逃亡人户耕种，优待从契丹返回的逃户，促使逃户及早回归，开垦利用荒田，有利于农村经济的恢复和发展。在军事方面，柴荣整顿军队纪律，治理了骄兵悍将，坚决处斩了临阵脱逃的大将樊爱能、何徽等七十余人，严肃了军纪。柴荣还提出"兵务精不务多"的原则，整顿禁军，淘汰弱羸，革除了唐朝后期以来豢养冗兵之弊。在政治方面，柴荣继承了郭威节约简朴的作风，率先垂范。柴荣打破常规，破格任用有才干的人，充实政府主要部门。柴荣又命人整顿了弊病较多的科举制度，以使有真才实学的人能进入政府机构发挥作用。

柴荣登基后不久，北汉主刘崇效仿石敬瑭，乞师辽军联合灭周。辽穆宗派大将杨衮与刘崇合兵十万，南下进攻后周。柴荣不畏强敌，亲自领兵出征。两军相遇，对阵于巴公原（今山西晋城东北）。双方刚一交战，后周大将樊爱能、何徽引骑先遁，后周右军阵溃，步卒千余人解甲投降北汉。柴荣力挽危局，亲冒矢石率兵陷阵，后周大将张永德、赵匡胤、白重赞等亦率部奋击，诸将合力拼杀，斩杀北汉骁将张元徽。辽军溃散，北汉军也随之奔逃，刘崇仅率百余骑逃归晋阳（今山西太原）。

随后，柴荣采纳比部郎中王朴"先易后难、先南后北、各个击破"

^ 宫中图·五代

此图所绘殿阁峥嵘，人物众多，反映了五代时期的宫廷生活。据专家结合传世五代建筑考证，此图所绘建筑为五代时期的真实写照。现藏于美国纽约大都会艺术博物馆藏。

的献策，确定先攻后蜀、再征南唐、最后灭亡北汉的统一方略。显德二年（955），后周西征后蜀。在黄花谷（今陕西凤县西北）之役，后周军大败为北路行营都统李廷珪所率后蜀军主力，收复了秦（今甘肃天水）、成（今属甘肃成县）、阶（今甘肃武都）、凤（今陕西凤县）四州。显德二年到五年（955—958），柴荣三次亲征南唐，以围点打援之策，疲惫、消耗南唐军，夺取了长江以北淮南十四州、六十县，逼迫

< 韩熙载夜宴图 · 五代 · 顾闳中

《韩熙载夜宴图》是中国画史上的经典名作，它以连环长卷的方式描摹了南唐大臣韩熙载家中开宴行乐的场景。整幅画卷分为五个场景，生动地描绘了韩熙载为避免南唐后主李煜的猜疑，以声色为韬晦之所，每每夜宴宏开，与宾客纵情嬉游的场景，成功地刻画了韩熙载的复杂心境。现藏于北京故宫博物院。

南唐中主李璟划江为境。此役不但使南唐俯首就范，而且震慑了南方各割据势力，为北伐契丹扫除了后顾之忧。

随着对后汉、后蜀和南唐战争的胜利，后周王朝的版图日益扩大，经济也日益繁荣。而契丹正值昏庸无能的辽景宗耶律璟执政，此人号称"睡王"，其昏聩可见一斑。柴荣在看准了契丹的弱点后，决心提前进行北伐。显德六年（959）二月，柴荣正式率军北伐。辽穆宗耶律璟听到后周北伐的消息，急忙派南京（今北京）留守萧思温为兵马都总管，率军阻截后周军，结果被后周军杀得大败。从此，辽军畏战避战，任由后周扫荡燕南州县。接着，后周军经独流口（今天津静海北），转兵逆流西进，至益津关（今河北霸州），守将终廷辉投降。不久，辽莫州刺史刘楚信、瀛州刺史高彦晖也先后望风归降。就在柴荣准备乘势直取幽州（今北京）之时，突然身染重病，只得匆匆南归。

这年六月十八日，后周世宗柴荣带着他的抱负，带着他的遗憾，在开封去世，享年三十九岁。

十国割据

除了后梁、后唐、后晋、后汉、后周这五个统治中原地区的小王朝外，五代十国时期还有王建建立的前蜀政权、孟知祥建立的后蜀政权、杨行密建立的吴政权、李昇建立的南唐政权、钱镠建立的吴越政权、王审知建立的闽政权、马殷建立的楚政权、刘隐建立的南汉政权、高季昌建立的南平政权、刘崇建立的北汉政权，共计十个割据政权。其中前蜀为后唐所灭，吴为南唐建立者李昇以南唐替代，楚、闽政权也为南唐所灭，其余的后蜀、南唐、吴越、南汉、南平、北汉政权都为后来的北宋所灭。

相对于五代政权的频繁更迭来说，十国的情况则要好得多。在这十国之中，除刘崇的北汉在北方（约今山西、陕西和河北的一部分）外，其他诸国皆在中国的南方，它们少受中原干戈的影响，政局相对稳定，政权维

^ 龙纹玉带·五代

玉带是唐代以后新创的玉器品种，为缀于织物或皮革腰带上的饰物。这件玉带是目前所仅见的唐、五代时期完整的成套玉带，为前蜀帝王建的随身玉带。

持的时间也远比五代长，如最短的前蜀也有三十四年，而最长的吴越，竟达八十五年之久。这对中国南方的开发起了至关重要的作用。例如吴越，就曾于910年修筑了捍海塘，保障了农业生产的发展，使吴越走上了富裕之路。南唐在前主李昪统治期间，吸引中原人士移徙南方以避祸乱，后者带来了北方的生产技术和科学文化，对南方的发展起了积极的推动作用。经过几十年的经营，南唐成为十国当中经济文化最为发达的地区。后来即位的中主李璟任用奸臣“五鬼”，穷兵黩武，四处开战，虚耗了国力。后主李煜有文学之才而无治国之能，南唐最终将开发好的江南之地完好地“交给”了后来的北宋。

第六章

宋

960年，赵匡胤建立大宋王朝，史称北宋，于1127年亡于金国。康王赵构接续宋祚，以临安为行在，史称南宋，1279年为元军所灭。

两宋经济发达，文化昌盛，社会生活十分活跃，在中国古代社会发展史上达到了一个新的高峰。突出表现在：垦田面积扩大，人口数量增加，手工业、商业繁荣，海上对外贸易无论规模、航程均大大超越了前代。科学技术居于世界领先地位，思想文化方面也是异彩纷呈。

▷ 亦虚亦实说郭靖

关键词：黄袍加身

赵宋王朝的诞生

■ 960年

赵匡胤于建隆元年（960）发动陈桥兵变，开创了大宋基业。“五代为国，兴亡以兵”的教训让以兵变起家的赵匡胤记忆犹新，他通过“杯酒释兵权”的方法，对权臣采取“稍夺其权、制其钱谷、收其精兵”等一系列措施来加强中央集权。通过把地方的军权、用人权、财权等权力收归中央，由皇帝亲自掌握，北宋政府进一步加强了封建专制主义的中央集权制。但其政治、军事与财政体制改革，也产生了“冗官”“冗兵”“冗费”的问题，并由此形成“积贫”“积弱”的弊端。

陈桥兵变

从唐末“安史之乱”到五代的二百余年间，中原战乱不休，干戈不断，民众饱尝了战乱之苦，华夏大地四分五裂，“大者称帝，小者称王”。从唐天祐四年（907），节度使朱温逼迫唐帝逊位自立国号为梁（史称后梁）之后，在中原一带继起的朝代分别是唐、晋、汉、周（史称后唐、后晋、后汉、后周），合称为五代。同时南方还存在大小不等的政权，史称十国。这时的中华大地，正处于“豆分瓜剖”的局面。

> 陈桥驿今景

赵匡胤是五代之末——后周的一员武将，他英勇善战，军功卓著，深受后周皇帝器重和将士们的拥戴。后周显德六年（959），后周世宗柴荣一病不起，年仅七岁的柴宗训继位，是为周恭帝。次年正月初，传闻北汉勾结契丹入侵后周边境，朝廷命殿前都点检赵匡胤率军北上御敌。大军到达距开封东北20千米的陈桥驿（今河南封丘东南陈桥镇）时，按照预谋，将士们将一件事先准备好的皇帝登基所用的黄袍披在赵匡胤身上，拥他为新帝。赵匡胤假意推辞几次后便顺从了将士们的意愿。随后，赵匡胤率兵变的队伍回师开封。孤立无援的后周皇太后和幼主恭帝只好交出政权。

就这样，正式执掌政权的赵匡胤顺利登上了皇帝的宝位，国号为宋，定都开封（也称汴梁、汴京或东京）。历史上习惯把赵匡胤建立的赵宋王朝称作北宋，赵匡胤是北宋的开国之君，庙号太祖。

赵匡胤建宋之后，面临的首要问题便是如何巩固新生政权。赵匡胤一方面笼络先朝文武百官，以达到稳定局势的目的，又不忘论功行赏，对拥立自己有功的将士加官晋爵、委以重任。在笼络安抚新旧群臣、稳定朝中秩序之后，赵匡胤开始将目光投向京师之外的各个强藩。在先后平定了李筠、李重进的叛乱之后，各地还处于观望状态的节度使纷纷归顺。赵匡胤通过平定“二李”反叛，收到了敲山震虎、杀鸡骇猴的目的，从国家内部首先实现了稳定和统一。

在肃清了内部的反抗势力之后，逐步消灭地方割据势力，实现全国统一的目标，便提到了赵宋王朝的议事日程之上。当时，赵宋政权的势力范围还只限于中原地区，可谓“卧榻之侧，皆他人家”。赵匡胤经过反复的酝酿和考虑，制定了先弱后强、先南后北的战略方针。

按照这样的思路，北宋首先挥戈南下，吞并荆南、灭亡后蜀、征服南汉、迫降南唐。经过赵匡胤十余年的南征，南方大部分地区已经归降，统一南方只是时间问题。开宝九年（976），太祖赵匡胤去世，皇弟赵光义（本名赵匡义，因避宋太祖名讳，改为赵光义，即位后改名为赵炅）继位，史称太宗。太宗赵光义继续南征。不久，吴越献地，割据漳、泉二州的陈洪进纳土于宋，北宋政府的平南大业画上了圆满的句号。

势如破竹的南征大业已顺利完成，但由来已久的北方之患则不是一朝一夕就能解决的。骁勇善战的契丹族所建立的辽国一直虎视眈眈，党项族政权与北宋仅是保持着名义上的臣主关系，再加上依附于辽的北汉政权蠢蠢欲动，北宋的北部边境并不安宁。

这时，国力已比较富足的北宋初步取得北方边境的主动权。宋军三攻北汉，终于成功。但在随后的两次伐辽之役中，宋军惨败，“宋太宗仅以身免，至涿州窃乘驴车遁去”。宋对辽的斗争也由进攻变为相持。至此，宋朝的疆域便基本成为定局，统一初具规模。

杯酒释兵权

“五代为国，兴亡以兵”的教训让以兵变起家的赵匡胤记忆犹新，收回兵权成为当务之急。建隆二年（961）和开宝二年（969），在丞相赵普的建议下，赵匡胤两次宴请石守信等旧部爱将和王彦超等各镇节度使，劝谕他们交出兵权，罢镇改官，多买良田美宅，颐养天年。在来自天子的威胁暗示和丰厚利诱之下，大将们纷纷称病辞官，交出了手中的万千兵马，史称“杯酒释兵权”。赵匡胤仅靠几杯美酒，不费一兵一卒，就轻巧地解除了功臣宿将统帅禁兵的权力，不仅使曾与自己一起出生入死的兄弟们心存感念，还巧妙地夺回了散布于地方的兵权，消除了禁军统领发动兵变和藩镇割据的隐患。

“杯酒释兵权”，将兵权收归于中央，是北宋加强中央集权的关键一步。随后，赵匡胤又改革军制，将禁军一分为三，由“三衙”统领，统管训练事宜；另设枢密院，执掌调遣移防之权；如需出征，另派大将担任统领之职。握兵权、调兵权、统兵权三权分离，杜绝了武将兵变的可能，保证了皇帝对军队的绝对领导权。

除了在军事上处心积虑地消除心腹之患外，赵匡胤还采取一系列加强中央集权统治的措施。首先，他对中央和地方行政权力的归属进行了重新调整。宰相之职被一分为三，下设数名参知政事、枢密使、

> 雪夜访普图·明·刘俊

此图根据《宋史·赵普传》记载的宋太祖赵匡胤雪夜访宰相赵普的历史故事绘成，勾勒出了门庭宽敞、屋宇数重的豪门大宅内，赵匡胤、赵普两人围炉而坐，商议国家大事的仪态和心境。现藏于北京故宫博物院。

三司使，以分其政、军、财三权。地方上由中央派文官任知州、知县，并且定期调动、更换，各州又设通判牵制知州。其次，完善科举制度，扩大统治基础，大量选拔文人士子进入统治阶层。此外，北宋政府还规定地方财政每年赋税收入，除支度给用外，凡属钱币之类，“悉辇送京师”。通过把地方的军权、用人权、财权等权力收归中央，北宋政府进一步加强了封建主义的中央集权制。

除在政治、军事、财政等各方面加强中央集权外，为了防范武人跋扈篡权，北宋还实行崇文抑武的政策，建立了“满朝朱紫贵，尽是读书人”的文官政治，并形成了文昌武偃的社会风气。北宋的政治与军事体制及政策，有利于加强国家的统一与稳定，但也产生了官僚机构臃肿、行政效率低下，财政负担畸重以及军事指挥不力、军队缺乏战斗力与机动性等严重弊端，从而造成了北宋王朝既“积贫”又“积弱”的局面。

历史断面

《百家姓》

北宋时编的《百家姓》是流传较广的以识字教育为主的综合性识字课本。《百家姓》是集汉族姓氏为四言韵语的蒙学课本，作者的姓名已佚。全篇从“赵、钱、孙、李”始，为“尊国姓”，以“赵”姓居首。全篇虽是四百多个前后并无联系的字的堆积，由于编排得巧妙，极便于诵读，不仅为孩童提供识字启蒙基础，而且涵盖全国姓氏的基本内容。《百家姓》和《三字经》《千字文》曾合称“三、百、千”，成为相辅相成的整套启蒙识字教材，一直流传到清末。后世曾有不少对《百家姓》《三字经》的改编本，但都未能较久、较广地流传，无法取代旧本。

关键词：烛影斧声 / 金匮之盟

宋太宗得位疑云

▪ 976年

正当宋太祖赵匡胤踌躇满志准备进行北伐之时，在一场“烛影斧声”的变故中，赵匡胤意外亡故（一说为其弟赵光义所杀害）。在主少国疑之时，赵光义利用其掌握的军政权力即位称帝，是为宋太宗。然而由于这次兄终弟继的接位不合常理，疑点太多，朝野上下、市井之间非议不断。前任宰相赵普趁机炮制出了一个“金匮之盟”之说，为太宗的即位自圆其说。不论这个“金匮之盟”是否存在，它的出现确实为宋太宗即位的合法性提供了一种法理上的解释。

烛影斧声

开宝九年（976）十月二十日凌晨，正值盛年的宋太祖忽然驾崩，时年五十岁，死前并无任何暴疾的征兆。太祖去世前夜风雪漫天，召其弟晋王赵光义入宫饮宴。左右近侍皆不得侍奉，只是在烛影摇曳中，远远看到晋王时而离席，好似有躲避和谢绝之意，然后又见太祖手持玉斧戳地，大声地对晋王说：“好为之，好为之。”谁料，次日凌晨天还未亮，太祖就驾崩于万岁殿。

太祖的皇后宋氏急忙派宦官王继恩召皇子赵德芳入宫，想让赵德芳承嗣。不料，王继恩自作主张，中途改道去召晋王，并与早已迎候于府门外的晋王亲信、医官程德玄一起劝说赵光义入宫。当王继恩回宫后，皇后问道："德芳来了吗？"王继恩答道："晋王到了！"宋皇后见到赵光义，知道大势已去，且惊且怕，只能口称"官家"（宋代俗称皇帝为官家），央求赵光义保全母子性命。赵光义也佯装哭泣道："共保富贵，不要担忧。"

开宝九年（976）十月二十一日，赵光义即位，是为宋太宗，并打破常例，即改当年为太平兴国元年。

金匮之盟

宋太祖死得蹊跷，宋太宗即位也令人疑窦丛生，为后人留下了"烛影斧声"的千古谜案，使得时人议论纷纷，人心颇有不服。太宗的当务之急便是安抚人心，力求为自己的夺位之嫌找个冠冕堂皇的借口。太平兴国六年（981），前朝宰相、河阳节度使赵普抛出了所谓"金匮之盟"，算是给太宗解了围。

按照民间的说法，太祖、太宗和秦王赵廷美兄弟三人的生母杜太后，在临终前曾召当时的宰相赵普进宫听受遗命。杜太后问太祖道："你知道自己为什么能得到江山吗？"杜太后告诉他："你能得天下，是因为周世宗让幼儿即位做了皇帝，人心不附造成的。倘若周朝有一位年长的君主，你能得到天下做皇帝吗？"

接着，杜太后又训诫太祖，为了防止后周那种"幼儿主天下而失天下"的悲剧出现，宋朝要继立长君。她要求太祖死后要传位给自己的弟弟光义，光义死后要传位给小弟秦王廷美，廷美死后则传位给太祖之子德昭。为了监督太祖实施，杜太后又让赵普把自己的话记下来作为将来皇位继承的依据。赵普随即在杜太后床前按照太后的意思写好了誓书，并在誓书末尾署上了自己的名字。太祖便将誓书锁于金匮，交由谨慎可靠的宫人管理，秘藏宫中。

相互利用

宋太宗继位之后，一度以皇弟赵廷美为开封府尹兼中书令，封齐王；太祖之子赵德昭为永兴节度使兼侍中，封武功郡王。同时，下诏令齐王赵廷美、武功郡王赵德昭位在宰相之上。但随着自己的地位逐渐巩固，太宗决心传位给自己的儿子，可是又受到“金匮之盟”的限制，左右为难。太平兴国四年（979），宋太宗在高粱河战败，一度失踪、六军无主，军中竟出现拥戴赵德昭的事件，这让宋太宗深感惊惧。太宗回到汴京，迟迟不赏消灭北汉、攻取太原的有功将士，一时朝中、军中议论纷纷。赵德昭入宫规劝，不料太宗却因此大怒，冷冰冰地对德昭说：“等你自己做皇帝了，再赏也不晚！”赵德昭听了之后，惶恐异常，回府就自杀了。两年以后的太平兴国六年（981），赵德昭的弟弟赵德芳也不明不白地死了。太祖的两个儿子都死了，对皇位

^ 三彩舍利塔·北宋

这件舍利塔出土于河南密县法海寺塔基地宫，塔高七层，造型秀丽，釉彩鲜艳，是北宋佛教艺术精品。现藏于河南博物院。

^ 宋太宗立像轴·宋

宋太宗赵光义是北宋第二位皇帝，他在位期间曾两次大举北伐，试图从契丹手中收复幽、云十六州，改善中原政权在北部边境不利的战略态势，但由于指挥失当，将帅不和，两次北伐都遭遇惨败。此后宋太宗被迫放弃攻辽，改为采用防御战略。现藏于台北故宫博物院。

的威胁就剩下了幼弟廷美。要打击赵廷美，太宗在当时急需一种完全有利于自己的舆论和一个非常得力的助手。

赵普是太祖开国时的元老重臣，太宗正可借用他的重要地位和政治影响来打击廷美。而此时的赵普连遭冷落，又被宰相卢多逊逼得无处可退，甚至身家性命都岌岌可危。赵普为求自保，也瞧准太宗的需要，投其所好，抛出了“金匮之盟”修改本这张王牌。在这个版本中，杜太后的遗诏变成了独传于太宗。而对于赵廷美、赵德芳则只字未提。为了继续表现对太宗的忠心，赵普甚至以太祖为例，告诫太宗：“太祖已经错了一回，你怎么能错第二回呢？”赵普以开国元老和“金匮之盟”唯一记录者的身份，不但使得太宗即位变得名正言顺，而且也为太宗下一步打击幼弟，进而实现传位亲子的计划铺平了道路。

当然，太宗也不忘投桃报李，恢复了赵普的相位，并将其置于首相的地位，正好压在了卢多逊的头上。第二年，赵普向太宗告发卢多逊跟赵廷美交往密切，意图不轨。太宗借机大兴牢狱，将赵廷美安置到了房州（今湖北房县），卢多逊则被流放到了崖州（今海南三亚崖州区）。赵廷美的势力被彻底涤荡，太宗传位亲子的道路障碍至此也被扫清。

关键词：亲征

澶渊之盟

■ 1004年

澶渊之盟是宋、辽在战略相持双方均无进行决战意图的情况下，谋求休战与战后和平共处的产物。对宋朝而言，这份承诺年年捐助饷银的和约加重了北宋人民的负担，还让宋朝统治者从此醉心于以妥协方式达成和议；对辽国而言，在此后加快了认同与融入中原文明的进程。两国君主相约以兄弟相称、平等共处的澶渊之盟，让宋、辽之间维持了百年的和平，促进了经贸的往来和民族的融合，有其积极意义，与宋、金之间的屈辱性和议有所不同。

辽军南下

赵匡胤建立了北宋之后，凭借着后周建立起来的雄厚国力，开始了他统一天下的步伐。可是赵匡胤对于当时北方强大的辽国非常忌惮，不敢首先进行北伐，而是采取先南后北、先易后难的统一战略，企图统一南方以

> 宋代攻城使用的军事器械——云梯（模型）

云梯是中国古代战争中一种用以攀登城墙的攻城器械。

《历代帝王像》之宋真宗像·清·姚文瀚

澶渊之盟后，为了粉饰太平，宋真宗进行了封禅泰山等一系列的祭祀活动，还耗费七年时间和大量财富修建了玉清昭应宫，以存放所谓的“天书”，给百姓带来了极大的负担。

后再收复辽国所占领的幽、云十六州。当时的辽穆宗耶律璟是一个少有的昏君，在历史上有“睡王”的称号，他当政的时候是辽国的力量最为衰弱的时期，因此后周世宗大胆北伐，夺得三关等燕南的全部土地。辽国君臣畏惧后周军，将守幽州的辽兵后撤，眼见幽州指日可下，可惜后周世宗突发疾病，不得不撤军，以至于功败垂成。

赵匡胤白白断送了攻辽的大好时机。等北宋南征结束后，辽国的统治者早已换成了巾帼不让须眉的一代女杰萧太后，此时辽国经过了萧太后十年的休养生息，国力早已恢复，实力强劲。赵匡胤死后其弟赵光义继位，此时北宋已经统一了南方，开始谋划北伐。由于大好时机已经丧失，两次北伐都只落得丢盔弃甲、仓皇而逃的结局。从此宋朝畏辽如虎，再不敢轻言北伐。而不收复幽、云十六州，宋朝就没有北方有利地形和长城的掩护，整个华北平原暴露在游牧民族的铁蹄之下，无险可守。

宋太宗死后，太子赵恒即位，是为宋真宗。当年宋太宗趁着辽国萧太后当政的时候北伐，企图“欺负”人家孤儿寡母。现在辽国也如法炮制，宋太宗刚刚去世，辽国就频频发兵入侵。经过了多次试探性的战斗后，辽国于宋景德元年、辽统和二十二年（1004）闰九月，由辽承天太后（即萧太后）、辽圣宗亲领大兵南下，号称二十万大军，经保、定二州，直取澶州（今河南濮阳），威胁东京开封。

辽军大举攻宋，震动了宋廷。宋真宗也在边臣不断告急声中感到形势严峻，遂诏令调兵遣将，加强战备。为此，宋真宗还准备“亲征决胜”，召集群臣为其亲征日期出谋划策。但是除了寇准和少数主战派大臣，其他重臣都不同意皇帝立刻前往第一线，而真宗也并没有下定亲征的决心，因此亲征一事就耽搁了下来。

景德元年（1004）闰九月十二日，辽圣宗与萧太后进驻固安（今属河北），任命南京统军使、兰陵郡王萧挞凛、奚部大王萧观音奴为先锋，向宋境发起了进攻。十五日，辽分兵攻略威鲁军、顺安军（今河北高阳东之旧高阳城），打败了顺安的宋军。十六日，辽军再攻威鲁军，又打败了宋军。然后，辽军转兵西攻北平寨，被宋守将田敏率部击退；再东趋保州，攻城亦不克。于是辽先锋将遂与圣宗、萧太后会兵于望都（今属河北），准备继续南进。

面对辽军大举进攻，宋真宗再次召集大臣讨论亲征之事。然而此时的朝廷大臣们却大多畏惧辽军，更有人为了一己之利鼓动宋真宗迁都。如参知政事王钦若为江南人，密请真宗迁都金陵（今江苏南京），签枢密院事陈尧史为蜀人，又请迁都成都。这种名为迁都，实则是趁国家危难之时给

历史断面

《武经总要》

《武经总要》是中国现存最早的官修兵书。康定元年（1040），宋仁宗命翰林学士曾公亮、丁度等通晓军事者编撰，当年成书。全书共40卷，分前后两集，前集20卷，其中制度15卷、边防5卷，分别论述了军队建设和用兵作战的基本理论、制度和军事常识，内容涉及选将科兵、教育训练、军队编制、行军宿营、古今阵法、侦查联络、地形地物、城邑攻守、水战火攻、步骑应用、武器装备以及边防各州的方位四至、地理沿革、山川河流、关隘道路、军事要点等，并配有大量插图。该书图文并茂，堪称中国历史上第一部军事百科全书，对于研究中国军事学术史、兵器史具有重要的参考价值。

自己捞取政治上的利益，这样的建议自然被寇准所反对，宋真宗只好停止了迁都之议，决意亲征，以振奋军心，鼓舞士气，后来的历史发展也充分地证明了这一决策的正确性。

真宗亲征

景德元年（1004）十一月二十日，辽将萧巴雅尔、萧观音奴率渤海兵攻陷了德清军（今河南清丰西北）。两日后，辽圣宗与萧太后率主力进抵澶州城之北。辽军主力到达澶州城外后，立即从东北西三面将澶州围住。宋朝澶州守将李继隆等紧急埋伏劲弩，控扼要害，组织守城防御；辽军亦做攻城准备。就在这时，辽统军使萧挞凛恃其勇敢，在率轻骑观察地形时，被宋掌床子弩的威虎军头张环从暗处发弩而射中。由于正射中萧挞凛的额头，萧挞凛立即从马上坠地。辽兵众竞相前往扶救，但终因伤势过重而死亡。对于萧挞凛之死，萧太后极为悲痛，辽军士气大受损伤，但仍以主力围困澶州，并分兵继续南进。同月二十五日，辽军又攻下了通利军（今河南浚县东北），大有越过澶州，进逼开封之势。

随着辽军步步紧逼，宋真宗的“亲征”计划被迫逐渐付诸实施，终于在十一月末，真宗到达澶州北城，宋军士气大振。萧太后知道辽国不可能一举灭宋，辽军先锋又临阵丧命，有心求和。宋真宗派大臣曹利用去辽营谈和。十二月，辽派使臣韩杞来，扬言要索还周世宗时收复的关南地。真宗不敢再战，但是也不愿答应割让土地，于是派曹利用再去辽营，密告可予银绢许和。不久，约定两国君主以兄弟相称；宋辽立誓书，签订和议，宋向辽每年助饷银十万两、绢二十万匹；沿边州军，各守疆界，两地人户不得交侵；两朝城池依旧修缮，不得增筑城堡、改移河道。

和平的意义与代价

曹利用再度出使前，问真宗许给辽的银绢数。真宗说：“如果实在不

> 影青刻花注子注碗·北宋

这是一件做工精美的酒器，下半部分是用于温酒的注碗，上半部分是盛酒的注子（酒壶），前端有倒酒的细颈小口，将温酒、注酒的功能融为一体，是宋代酒具中的精品。

得已百万也行！”寇准却私下召曹利用到营帐说：“虽然皇帝说可以许百万，但若过三十万，我就杀了你！”和议成后，内侍误传为三百万，真宗虽然大惊，但接着就说：“能就此了事也行啊！”等到曹利用入奏说是许银绢三十万，真宗大喜，特予厚赏。

辽军岁得银绢，班师回朝。宋朝以妥协退了敌兵。真宗自作《回銮诗》与群臣唱和，来庆祝所谓“了事”的“胜利”。从军事上来看，宋军在战略上其实是占据优势的。当时辽军前进方向层层受阻，兵力损失很大，而自身后方却有数个宋朝军事重镇未能拔除，时时威胁着辽军的退路。如果宋军下定决心与辽军进行大决战，胜负尚未可知。可宋、辽双方都缺乏决战的决心，最终还是以和议给这场大战画上了一个句号。对宋朝来说，澶渊之盟与此后宋金和议不同，宋辽君主相约以兄弟相称，平等共处，不是屈辱性的。

“澶渊之盟”后，辽国一方面由于内部统治不稳，另一方面也感到难以打败宋朝，所以不再举兵南下，宋辽两国的战事基本结束。辽国专心内政，大大加快了认同与融入中原文明的步伐。此后的一百多年间，宋辽大体上维持着和平分立状态。这对两国的经济文化发展及相互交际都是利好。不过，澶渊之盟的签订对宋朝统治者却有消极影响，就是由此醉心于以妥协方式谋求和平而忽视整修武备，加强国防。

关键词：垂帘听政

刘太后听政

■ 1022年~1033年

宋真宗赵恒的献明肃皇后，名刘娥（969或970—1033），是宋朝第一位摄政的太后。刘太后一改真宗末年的种种弊端，罢免权臣，终结了劳民伤财的“天书运动”，为仁宗朝的治理打下了良好的基础。后世常将其与汉之吕后、唐之武后并称，史书称其“有吕武之才，无吕武之恶”。

垂帘听政

刘娥小时候双亲皆故，后来和银匠龚美一起来到京城，被当时尚为藩王的宋真宗看中。后来真宗即位，刘娥进封德妃，一直专宠于后宫。当时一位姓李的宫人服侍刘德妃，一次为真宗侍寝后怀了孕。刘氏在和真宗散步时，头上的玉钗掉了，真宗命人取回，私下祈祷说：“如果玉钗完好无损，那就应该生男孩。”玉钗取回后完好无损，而李氏也果然生了个男孩。但刘德妃把孩子要过来，对外宣称是自己生的，这个孩子就是日后的宋仁宗赵祯。李氏并不为真宗所重视，后宫中人也不敢违背最受皇帝宠爱的刘德妃的意愿。就这样，赵祯以刘娥之子的身份成长，对自己的身世一直毫无所知。

大中祥符五年（1012），刘德妃被立为皇后。她因为家族无人，就将带自己进京的银匠龚美认作哥哥，改名为刘美。刘皇后既能在后宫争宠中获胜，必然聪颖过人，加上她勤读史书，记忆力又好，真宗患病后，她逐渐开始干预朝政。

乾兴元年（1022）二月，真宗去世，皇太子赵祯即位，是为宋仁宗。因为仁宗年幼，真宗遗命刘皇后为太后，垂帘听政以辅佐仁宗。刘太后临朝后，穿戴的礼服，出入的礼仪都和皇帝一样。她颁布制令，虽不称“朕”，但称“吾”，她的生日被定为长宁节，普天同庆，她父亲的名字举国避讳。群臣还给刘太后上了一个同皇帝一样冗长的尊号，叫“应元崇德仁寿慈圣太后”，俨然是个虽无其名但有其实的女皇帝。

不久，刘太后遇到了与武则天称帝前相同的情况，有人为求富贵，上书请求依照武则天的旧例，为刘氏也建立七庙，但刘太后不予采纳。还有人献《武后临朝图》，劝刘太后称帝的意图昭然若揭。刘太后生气地把图扔掉，并说：“我不会做这样辜负祖宗的事情！”最终坚持了自己对礼法的尊重。

宋真宗刘皇后像·宋

刘太后颇有政治才干，她号令严明，恩威并用。她执政期间，政治较为清明，被后世史家尊为一代贤后。她在听政之初，将真宗后期举国疯狂的天书降临运动做了了结，把所谓的天书作为殉葬品随真宗一起下葬。同时她还力倡节俭，惩治贪官，并禁止“献羡余”。所谓“羡余”就是官吏在定额赋税之外，巧立名目多收钱，并把这笔横财当中的一部分贡献朝廷，炫耀政绩，以便捞取政治资本。刘太后制止这种做法，为宋朝百姓带来了实实在在的好处。

^ 蹴鞠纹铜镜·宋

这件宋代纹镜，背面浮雕有四人蹴鞠图像。蹴鞠就是中国古代流行的类似后世足球的运动，常有女子参赛，这面铜镜的图案就是一位高髻女子在踢球，与她对面的就是一位男性，两人背后还各有一名侍者。现藏于湖南省博物馆。

厚葬李氏保太平

仁宗明道元年（1032），宋仁宗的生母李氏病故。刘太后虽然夺了她的孩子，但对她本人并没加以迫害。李氏也谦恭自保，在真宗死后默默地生活在先朝妃嫔中，从来没有因为自己是仁宗生母而有所异动。仁宗自幼由刘太后抚养，母子感情很好，刘太后又掌握着朝政，从没有人告诉仁宗他的生母并非刘太后。而此时李氏既死，刘太后在朝会上想对外宣布按照普通宫人的礼节将其安葬。宰相吕夷简认为不妥，上奏请以厚葬。刘太后听了之后，将同座的仁宗遣走，单独召见吕夷简，问道：“只不过一个宫人死了，相公（对宰相的尊称）何必如此坚持呢？”

吕夷简道："臣既然做了宰相，事无大小，都应该参与。"刘太后怒道："你这么说是想离间我和皇帝的母子情谊吗？"吕夷简正色道："太后难道不想保全刘家吗？如果为了家人的日后生活着想，丧礼就应该隆重。"刘太后依然有些犹豫，吕夷简只好挑明说道："李宸妃生育皇帝，如果丧礼不成样子的话，将来必定会有人因此获罪，到时候不要说臣今天没有说过！应该以皇后的衣服入殓，并以水银灌注，也好作为将来的证据。"刘太后毕竟是个老练的政治家，马上醒悟过来，将李氏以大礼下葬于洪福院。

仁宗明道二年（1033），刘太后去世。果然有人将宋仁宗的身世披露出来，并添油加醋说李氏死于非命。仁宗在悲痛过后，一面派人去洪福院检查生母的棺木，一面派兵包围了刘家的宅邸。开棺后发现李氏穿着皇后的衣服，面容栩栩如生，仁宗这才放下心来，解除了对刘家的包围，并且为自己竟然不信任刘太后的为人而悲伤，反而对刘家更加礼敬。

历史断面

唐宋八大家

"唐宋八大家"指唐、宋两代八位散文作家，即唐代的韩愈、柳宗元和宋代的欧阳修、苏洵、苏轼、苏辙、王安石、曾巩。中唐时期，讲求对偶、声韵和用典，而不注意内容的骈体文仍然占有统治地位。韩愈和柳宗元首先提倡古文，即提倡先秦两汉时期的散文形式，反对骈文，逐渐发展成为一个声势浩大的"古文运动"。到了北宋时期，欧阳修鲜明地举起了韩、柳"古文运动"的旗帜，与同时代的曾巩、王安石及苏洵父子等人力扫骈文余风。欧阳修等六人的散文创作吸取了韩、柳文体改革的特点，又着重在文风上加以探索，创造了比韩、柳更为平易流畅的风格，取得了最终战胜骈体文的辉煌成果。

关键词：包拯／清廉为官

清官的典范：包拯

▪ 999年～1062年

金代诗人元好问有“能吏寻常见，公廉第一难”的诗句。其实，自古中国民间就对清正廉明、执法不阿、铁面无私、不畏权贵、为民请命的官吏大为推崇，魏徵、狄仁杰、寇准、况钟、包拯、徐九经、海瑞、于成龙……一个个闪耀在史册间的名字为后世矗立起一道清官的历史风景线，万民景仰、历代称颂。在历代清官中，“北包拯，南海瑞”是熠熠生辉的双子星座，生活在宋代仁宗年间的包拯是清官群体中的典型代表。

铁面无私包青天

包拯（999—1062），字希仁，庐州合肥（今安徽合肥）人，家贫好学，仁宗天圣五年（1027）考取进士。包拯以进士身份入仕，历任知县、知州、知府、监察御史、三司户部副使、枢密副使等职，还曾被任命为龙图阁直学士，死后被谥为孝肃。故后世常称他为“包公”“包龙图”或“包孝肃”。

包拯一生为官清廉，即使官至显贵，个人生活仍俭朴，“衣服、器用、饮食如布衣时”。包拯的政绩或许稍逊于同时代的北宋名臣如韩琦、富弼、范仲淹等，但其清正廉明的政风是首屈一指的。他将子孙做官不得贪赃枉法作为家法，规定“后世子孙仕宦，有犯赃者，不得放归本家，死不得葬大茔中”，也就是说若违反了“不得贪赃枉法”的家法，将被开除族籍，即使死后也不能葬入祖坟。包拯曾出任岭南端州（今广东肇庆）知州。端州，是四大名砚之一“端砚”的产地。端砚久负盛名，素有“端州石工巧如神，踏天磨刀割紫云”的美誉。皇室权贵、大臣学士都以家中存有几方端砚为荣。庆历三年（1043），包拯离任时，当地有人精制一方好砚，赠予他作纪念。包拯婉言谢绝，“不持一砚归”。包拯曾作诗咏志：“清心为治本，直道是身谋。秀木终成栋，精钢不作钩。仓充鼠雀喜，草尽狐兔愁。史册有遗训，毋贻来者羞。”这既是对个人追求的表述，也是他“清廉立身”的人生理想的最好注脚。

包拯一生竭力主张严厉打击贪官污吏。他积极上书要求朝廷定制治贪，推行监察制度与连坐法，严格执法，打击贪赃枉法行为，他自己也履责劾贪、依法惩贪。他曾向仁宗陈条《七事》，劝仁宗革新图强，富国富民，并上疏《乞不用赃吏》，认为清廉是为人的表率，而贪赃则是“民贼”，奏请仁宗批准对贪官进行惩处。为弹劾利用权势巧立名目、盘剥百姓的江西转运

^ 鎏银鱼龙纹铁斧·宋

此斧前为龙首，后为鱼尾。鱼龙腹部以下接铸一锥状柄，铸造精工，为稀世珍品，根据款识可知此斧为嘉祐元年（1056）制造。

使王逵，包拯接连上奏七次，揭露他“心同蛇蝎”，并直接指责仁宗，“今乃不恤人言，固用酷吏，于一王逵则幸矣，如一路不幸何”！强烈要求仁宗罢免王逵的官职。在当政期间，包拯还惩办了淮南转运使魏兼和张可久等巨贪。他还敢于犯上，对外戚张尧佐也毫不留情，三次上奏折怒责面劾“国丈”。包拯“举刺不避乎权势，犯颜不畏乎逆鳞”，为后世树立了不畏强权、肃贪惩恶的榜样。

关节不到，有阎罗包老

包拯执法刚正，不避权贵，不论亲故，不讲情面，概从公断。即便是自己的亲属也一样依法论处，不加偏袒。包拯曾在庐州任职。庐州是包拯故里，“亲旧多乘势扰官府”。一次，包拯的表舅犯法，他依律“挞之”，毫不姑息，“自是亲旧皆屏息”。包拯对权贵高官也毫不畏惧，依律弹劾处罚。如某知府攀娶皇亲，喜新厌旧，抛弃发妻。包拯得知后，奏准皇上将此人罢免官职。后世广为传唱的《铡美案》《打龙袍》等就是根据包拯这种严明公正、执法如山的事迹编撰而

包拯像·清

包拯是中国古代的“清官”典型，“包青天”的故事曾以小说、戏剧、曲艺等形式在民间广泛流传，比如京剧中的包公就是在乌黑的脸上，勾出两道紧锁的白眉，表现他忠诚率直和忧国忧民的心情；脑门正中的白色月牙，象征他能“昼断阳、夜断阴”的传奇色彩。其实历史上的包拯是一位白面书生，而且个子不高，并无特异之处。

成的。当时，开封府广泛流传着“关节不到，有阎罗包老”的民谚，就是对包拯执法严明、铁面无私的盛赞。

嘉祐元年（1056）十二月，包拯以龙图阁学士权知开封府，他于次年三月正式上任，至嘉祐三年（1058）六月离任。北宋开封府虽然地处京畿，但民风粗犷，鱼龙混杂，素来难治。在一年多的时间内，包拯敢于搏击豪强、惩治权贵，严厉打击无赖刁民，同时也坚决抑制开封府吏的骄横之势。当政期间，包拯“立朝刚毅，贵戚宦官为之敛手，闻者皆惮之”，把号称难治的开封府治理得井井有条。当时开封城内的豪门贵族之中盛行在惠民河畔修筑宅院园亭，以致河水淤堵，酿成水灾。包拯一纸令下，将沿河边的建筑物全部拆除。此举触犯了京城权贵的利益，让他们大为不满，于是上奏要求停止拆除，并大肆诬陷包拯。包拯不畏权势，坚持拆除。

除了对贪官赃吏不讲情面、大加鞭挞外，包拯还经常为民请命，以爱护百姓为己任，深入下层体察民情，救民于水火之中。仁宗朝曾实行食盐官营专卖制，弊端甚多，民众深受其苦。包拯曾前往陕西解州（今山西运城）深入调研，上奏朝廷请求废止官营专卖制度，实行自由贸易，既可增加国家税收，又方便了百姓生活。包拯在出使辽国途中发现负责迎送使者的官员常借机在沿途勒索百姓和地方的官吏，给边界人民带来沉重的负担。于是上奏仁宗，请求缩短官员在边界的停留时间，严禁吃请送礼。嘉祐五年（1060），包拯出任三司使财政官，又上书要求罢掉“天下苛杂”，减轻赋税。对这些能解决百姓生计问题的具体措施的倡导与推行， 在本质上反映了包拯“富国利民”的基本态度。

包拯成为为民作主的典型代表，其清名传于天下，史书上说：“人以包拯笑比黄河清，闾里童稚妇女亦知其名。”后世的很多文艺作品都极力刻画了包拯刚正不阿、铁面无私、执法如山、断案如神的威武形象，如宋元话本中的《三现身》《合同文字记》，元剧中的《蝴蝶梦》

《灰阑记》《后庭花》等大量的包公戏，明代小说《三现身包龙图断案》《包龙图判百家公案》和《龙图公案》。清代的戏剧中《铡美案》《铡包勉》《陈州放粮》等更是为大众喜闻乐见。将历史上的包拯通过文学作品的放大，塑造成一个更完美的清官形象，这个过程中寄托着老百姓对清明政治、清廉官员的殷切希望和期待。

清官现象扫描

包拯并非宋王朝清官的孤例，大宋三百余年间，前后也涌现出不少清廉公正、为民请命的官吏。北宋初年，从太宗到真宗六十余年间，“号为盛治，而得人甚多”，其中就出现过不少清正廉洁的官吏，如王旦就是其中一员。

王旦（957—1017），字子明，大名莘人（今山东莘县）。咸平四年（1001），王旦以进士身份入仕，任参知政事，景德三年（1006）拜相。真宗曾评价王旦“为朕致太平者，必斯人也”。为官数十载、权倾一时的王旦以清正廉洁闻名于世。他衣着朴素，“被服质素，家人欲以缯锦饰席，不许”。因他的住宅简陋，真宗“欲治之”，王旦也婉言谢绝。王旦

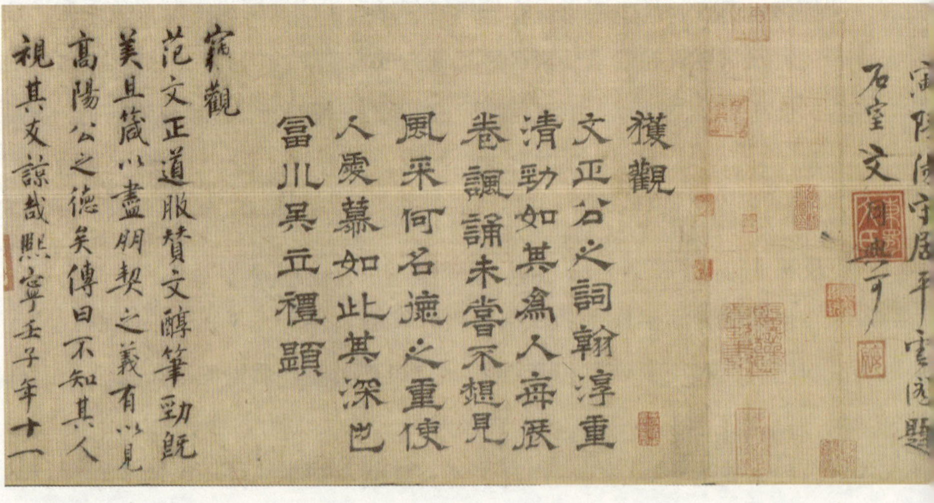

反对用手中权势为自己牟私利，他在遗嘱中表示：“忝为宰辅，不可以将尽之言，为宗亲求官。”临终前，他又告诫子弟，“我家盛名清德，当务俭素，保守门风，不得事于泰侈”，要求家人不得厚葬。王旦身故后，真宗赞誉他为“全德元老”。

范仲淹也是宋代有名的清官廉吏。范仲淹（989—1052），字希文，谥文正，吴县（今江苏苏州）人。范仲淹自幼孤贫，但胸怀广大，有“士当先天下之忧而忧，后天下之乐而乐”的远大志向。在他推行的庆历新政中，明确规定要“明黜陟”“择长官”，新政中很大一部分是涉及整顿吏治的内容。他认为需要选择贤者为官，“天下之政，唯有贤者用，方可序而不乱；天下之忧，必有贤者出，才能安而不躁”。他还进一步要求为官必须清廉为本，官员之间应该“濯缨交进，束带相见”。在他的仕宦期间，吏治严肃，政治清明，为官清

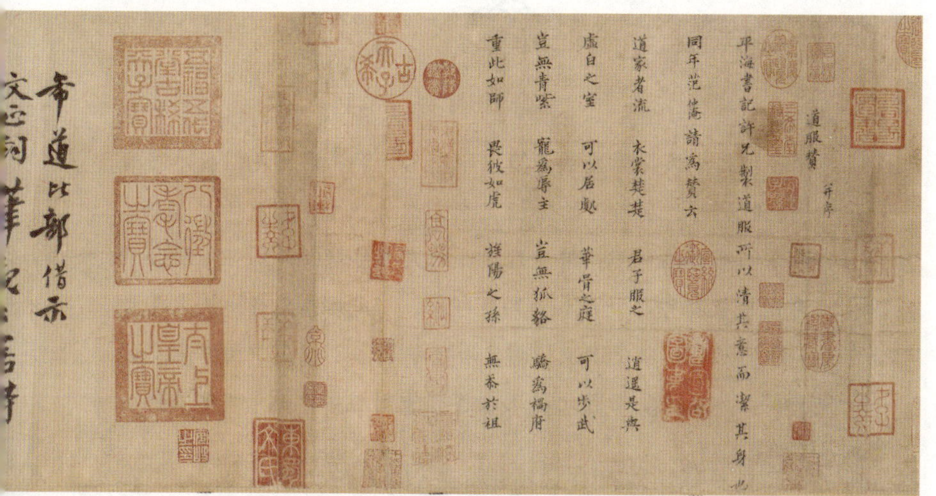

楷书《道服赞》卷及部分跋文·北宋·范仲淹

《道服赞》为纸本，是范仲淹唯一传世的楷书作品。宋代大书法家黄庭坚评价其书为“落笔痛快沉着，似近晋、宋人书”。此卷结字端谨，笔墨清健，有晋人书风。

正，爱民如子。景祐二年（1035），范仲淹以尚书礼部员外郎身份入朝。宰相吕夷简素知范仲淹敢言直谏，便提前警告他“汝非言官之职，不得妄议军国大事”。但范仲淹不畏强权，宁可舍官弃命也决不姑息养奸。面对范仲淹冒死直谏，吕夷简又借故将范仲淹权知开封府。开封府为京都之所，皇亲国戚、官宦大族、奸富猾吏，盘根错节，向来难治。范仲淹到任后“决事如神”，大力整顿，革除弊政。每上朝言事也“多陈治乱以开人主，历诋大臣不法者”。数月后，开封府“肃然称治”。当时开封城中流传着“朝廷无忧有范君，京师无事有希文”的民谚。范仲淹权知开封府所立下的功绩丝毫不逊于后来的包拯，他以自己的端方廉正为后世树立了榜样和楷模。

清官群体是中国历史上一种较为特殊的现象，也是一笔宝贵的社会财富。清官精神中的为民请命、清廉刚正等精髓已经融入中华民族的传统美德和共同价值取向当中。虽然清官群体也有其为封建统治服务的阶级局限性，但毕竟能给社会民众带来一丝慰藉、一点希望。

历史断面

活字印刷

庆历年间，平民毕昇发明了活字印刷术。毕昇用胶泥刻成单字烧硬，备用。印刷时，在带框的铁板上涂上松香、蜡、纸灰的混合物，然后将所需活字排在框里，排满后就放到火上焙烤。待松香等混合物熔化后再用铁板把字压平成板，则可印刷。印完后，又将铁板置于火上加热，取下活字，以便下次使用。活字印刷术不仅是中国印刷史的一次重要的技术革命，而且比德国人谷登堡用活字印刷《四十二行圣经》早了四百余年。

关键词：冗官 / 冗兵 / 冗费

庆历新政和王安石变法

■ 1043年～1074年

北宋中期，在社会政治经济发展的同时，潜伏的社会危机也逐渐显现出来。土地兼并问题极为严重，已是“富者有弥望之田，贫者无卓锥之地”，大量的农民失去了土地，农民起义频频爆发。西夏频频入侵，辽又乘机不断要挟，北宋朝廷一味妥协求和，以求暂时安宁。由于每年岁币、岁赋负担沉重，加上长期的冗官、冗兵、冗费问题困扰，改革的呼声四起，所以北宋中期出现了庆历新政和王安石变法。

内忧外患中

北宋政权到了宋仁宗时期，内部是财政入不敷出，外有西夏不时进犯，各种社会危机开始显现出来。虽然宋代的财政收入超过前朝，但国力并未有所增强，而是陷入了“所入虽多， 国用日匮”的尴尬境地，国家财政常年出现赤字。导致国家财政赤字的原因是多方面的，其中最重要的是冗兵、冗官、冗费和日益严重的土地兼并问题。

先说冗兵，宋朝在兵力来源上，实行募兵制，尤其在饥馑之年从饥民中招募士兵，以达到防止内乱的目的。但如此一来，军队成了难民收容

^《帝鉴图说》之天章召见·明

据史书记载，宋仁宗曾在天章阁召见丞相及御史大夫以上的官员，咨询他们朝政的得失，并赐予笔纸让他们写下来。翰林学士张方平，条答汰冗兵、退剩员、慎磨勘、择将帅四事，宋仁宗认为很切合实际。天章召见这个故事反映了宋仁宗励精图治、求治心切。

所，随着兵额不断扩大，养兵费用也越来越高，但战斗力却愈来愈弱。宋太祖开宝年间（968—976），禁军与厢军仅有三十七万左右。到仁宗庆历年间（1041—1048），两者总数已达一百二十余万，国家每年收入的绝大部分都用来供养庞大的军队，也就造成了“冗兵”的积弊。再说冗官，北宋在立国之初就采取了一切办法来扩大统治基础，其科举取士人数之多在历史上是空前的。唐代科举进士一科岁取不过三十余人，而宋太宗朝，岁取数百人；仁宗一朝，共取进士四千余人、诸科五千多人。其他各种恩荫入仕之途，北宋也都“大开绿灯”，这都导致官僚人数激增。同时，宋代官员所享受的待遇也相当丰厚，仁宗时岁入三千九百万缗钱，官俸支出占三分之一；而到了神宗时，岁入五六千万缗钱，支出完军费后居然不够支付官员的薪俸。冗官的存在，不仅使养官冗费不断增加，而且还使土地兼并日益严重，国家财源日渐困顿。宋真宗时期实行了职田制度，各级官员的职田都免交赋税，使国家税收减少。到乾兴元年（1022），官吏职田达“天下田畴之半”。各级官吏依靠特权大肆兼并土地，直接影响了国家的税收。

在国家外部环境方面，仁宗康定元年到庆历二年（1040—1042）之间，建西夏、称皇帝的党项首领李元昊多次对北宋发动了大规模的军事进攻。在经历了三川口（今陕西延安西北）、好水川（今宁夏隆德西北）和定川寨（今宁夏固原西北）等三次大规模战斗后，宋、夏双方损失都不小，最后在庆历四年（1044）订立和约，规定西夏取消帝号，宋朝册封李元昊为夏国王，每年赐给西夏绢十五万匹，银七万两，茶三万斤，称“岁赐”。再加上澶渊之盟后，宋朝每年要输给辽绢二十万匹、银十万两的“岁币”，这些都成为宋代经济最沉重的负担。为了缓解国家财政危机，宋廷自然将大宋子民作为了责任承担者。沉重的赋税和各种差役最终导致社会矛盾的全面激化。这种种弊端让宋仁宗、宋神宗两位皇帝和一些士大夫们忧心忡忡，他们准备行动起来改变“祖宗之法”。

庆历新政

庆历三年（1043）四月，宋仁宗将范仲淹调回京师，担任参知政事，

南京半山园王安石故居

王安石“熙宁新法”失败后，退居在这里，封荆国公，世称荆公。

与枢密副使富弼、韩琦等人一同主持朝政。此时，北宋的官僚机构越发臃肿，行政效率低下，国家财政入不敷出。面对这样严重的统治危机，宋仁宗几次召见范仲淹等人，催促道："你们为国尽心，不必有什么顾虑，凡是急需变革的事情，都尽快提出来。"

范仲淹一向主张改革弊政，早在天圣五年（1027），他就上书朝廷，提出一系列革新建议。得到皇帝的信任与委托后，范仲淹认真总结了酝酿已久的改革思想，很快呈上著名的新政纲领《答手诏条陈十事》，在其中提出了"明黜陟、抑侥幸、精贡举、择官长、均公田、厚农桑、修武备、减徭役、覃恩信、重命令"十项以整顿吏治为核心的改革主张。宋仁宗和其他大臣商议后，决定将这些改革措施以诏令的形式逐步颁发全国。于是，北宋轰动一时的庆历新政在范仲淹的领导下开始了。同年年底，为检查各地官员的为官操守，范仲淹专门选派了一批人去四处探访。一旦得知哪个官员欺压民众、贪污受贿，范仲淹就翻开官员们的花名册，把这个不称职的人勾掉。枢密副使富弼见他毫不留情地罢免了一个又一个官员，担心他因此得罪太多的人，于是劝说道："你一笔勾掉很容易，但是这一笔之下可要使他们一家人痛哭啊！"范仲淹听罢，指着那些官员的名字愤慨道："一家人哭总比一路人哭要好吧！"在这样严格的考察下，众多尸位素餐的不称职者被清理出官场，大大提高了朝廷的办事效率。

然而庆历新政直接损害了盘踞在北宋官场的腐朽势力的利益，因此他们对改革派恨之入骨。为了破坏新政的推行，这些人纠集起来一同诬蔑范仲淹、富弼、欧阳修、石介等人结交朋党，又重金贿赂宦官，让他们不断在宋仁宗面前散布范仲淹的谗言。枢密使夏竦在改革派官员的抨击下丢掉了官职，恼羞成怒的夏竦让家里的一个丫鬟每天临摹石介的书法，然后以石介的字迹伪造了一封密信，在这封信里宣称要废黜宋仁宗，拥立一个符合改革派心意的傀儡皇帝。在夏竦的蓄意谋划下，改革派阴谋另立皇帝的谣言四处传播，一时人心惶惶，宋仁宗开始动摇，虽然他没有相信传言，但面对

^ 岳阳楼中范仲淹和滕子京铜像

一篇流芳百代的《岳阳楼记》让人们记住了范仲淹和滕子京，一段脍炙人口的“先天下之忧而忧，后天下之乐而乐”的传世警句，让后世对范仲淹的处世精神肃然起敬。

改革中遇到的种种阻力，他最终还是失去了继续改革的信心。

庆历五年（1045），宋仁宗下诏废止一切改革措施，随即解除范仲淹参知政事的职务，将他贬至邓州（今河南邓州）担任地方官。不久，富弼、欧阳修等革新派人士也相继被外派地方。至此，历时了一年有余的庆历新政以全面失败告终。

王安石变法

宋仁宗去世后，太子赵曙即位，是为宋英宗。英宗体弱多病，在位五年就因病离世，其子赵顼即位称帝，是为宋神宗。神宗做太子时就很欣赏法家

思想，他在读《韩非子》时曾说：“天下弊事很多，不可不改革。”如今登上帝位，自然要锐意改革，富国强兵，改变前朝遗留下来的暮气沉沉的政局和危机四伏的现状。熙宁元年（1068）四月，神宗召王安石入京，变法立制。

^《帝鉴图说》之轸念流民·明

据史料记载，宋神宗熙宁年间，天时大旱，赤地千里，民不聊生，流离失所。官员郑侠绘制了《流民图》并奏疏上给神宗皇帝。神宗皇帝看了奏疏及图，反复长叹，夜不能寐。第二天便让开封府查勘新法不便于实行的，进行取缔，一时间民间欢呼相庆。此作就是根据这个故事绘制的。

王安石（1021—1086），字介甫，号半山，临川（今江西抚州）人。他在少年时，曾随着做官的父亲到过许多地方，对当时的社会问题有一些感性的认识。庆历四年（1044），王安石以进士第四名及第，步入官场。多年为官经历，使王安石深切地认识到土地兼并是导致当时社会普遍贫困化的主要根源，更严重地危害到国家的长治久安。为此，忧国忧民的王安石早在嘉祐三年（1058）就曾上万言书——《上仁宗皇帝言事书》，要求“改易更革”。可惜，没有得到最高统治者的回应。到神宗时，王安石众望所归，责无旁贷地扛起变革的大旗。为了推动变法，熙宁二年（1069）二月，王安石创立了一个指导变法的新机构——制置三司条例司，并与吕惠卿、曾布等人一起草拟新法，各路设提举常平官，督促州县推行新法。后来，废除条例司，由户部司农寺主持大部分的变法事宜。从此，一场在中国历史上产生重大影响的变法运动轰轰烈烈地展开了。围绕富国强兵这一目标，王安石先后推行了农田水利、青苗、均输、保甲、免役、市易、保马、方田均税等新法。王安石变法以“富国强兵”为目的，前后推行了近十五年，收到了一定的效果，乡村地主和自耕农都减轻了部分差役和赋税负担，国家增加了财政收入，朝廷内外的仓库所积存的钱粟“无不充衍”。

王安石虽然有着改革者的勃勃雄心和坚强意志，可他做事执拗，冷面无情，人称“拗相公”。他大刀阔斧地改革，得罪了朝野上上下下所有的既得利益者。人不和，政不通，再好的决策都难以执行。尽管王安石并没有丝毫的退却，可宋神宗并不像王安石那么坚决，他渐渐动摇起来。特别是在熙宁七年（1074），河北大旱，数月无雨，灾民遍地。一些官员趁机散布谣言，说是变法遭到了天

王安石像

作为中国古代三大改革家之一，王安石在封建时代第一个喊出了“天变不足畏，祖宗不足法，人言不足恤”的三不足宣言，但因为个人性格、旧党阶层的强烈反对和王安石自身用人不当，变法最终失败。

谴，才发生了旱灾。神宗的祖母曹太后和生母高太后也在神宗面前哭诉。为此，神宗整日长吁短叹，不知如何是好。王安石见此，不得不自请辞去宰相一职，出任江宁（今属南京）知府。

熙宁八年（1075）二月，神宗再次召王安石回京任宰相，可是几个月后，天空上彗星出现，人们认为这是不吉利的预兆，纷纷攻击新法。无论王安石如何为新法辩护，神宗还是犹豫不定。神宗的动摇使王安石失去了支持力量，各地对新政阳奉阴违。第二年春天，处处碰壁的王安石眼见自己的主张无法贯彻执行，再一次辞去相位，从此潜心学问，不问世事。元丰八年（1085），神宗病死，其子哲宗赵煦继位，太皇太后高氏听政，以司马光为首的保守派重新掌权，新法立刻被废除。王安石的变法最终以失败告终，但因对变法的态度而形成的新旧两党之间的相互攻击，一直贯穿了整个北宋中后期，直至北宋灭亡。

历史断面

沈括与《梦溪笔谈》

沈括(1031—1095),字存中,北宋著名的科学家。沈括生活的神宗年间,正是王安石变法的重要时期,沈括是变法的积极支持者,后因变法失败,他被一再贬官,晚年来到润州(今江苏镇江)的梦溪园,潜心著书,写下了科学巨著《梦溪笔谈》。《梦溪笔谈》长达30卷,内容广博精深,涉及天文、地理、数学、物理、化学、文艺、历史、哲学等方面的知识,详细地总结了中国古代,特别是北宋时期自然科学所取得的辉煌成就,英国科学家李约瑟高度评价了《梦溪笔谈》的不朽价值,他说:“沈括是中国整部科学史中最卓越的人物。”

关键词：元祐党人碑

祸国的党争

■ 北宋中后期

积弊难消的北宋自从王安石变法以来，新旧两党纷争不断。这场原本因为政治观点、施政措施不同而爆发的政治斗争，逐渐异化为个人恩怨的争执，最终堕落到成为小团体甚至个人之间的争权夺利，恶意攻讦。

一意孤行

司马光（1019—1086），字君实，陕州夏县（今山西闻喜）涑水乡人，世称“涑水先生”。宋仁宗宝元元年（1038），司马光考中进士，历任馆阁校勘、同知礼院、天章阁待制兼侍讲、知谏院、御史中丞、翰林院学士兼侍读等职，可谓功名早就。在朝廷任职期间，司马光与王安石曾多次共事，然而由于政治见解的不同，二人渐行渐远，最终反目成仇。

熙宁三年（1070），王安石开始实施变法，因为政见不同，司马光坚辞枢密院副使一职，宣称自己和王安石只能有一个人留在朝堂中。宋神宗无奈之下，只得让他出任判西京御史台，外迁洛阳。虽然司马光与王安石在变法一事上存在严重分歧，然而就竭诚为国来说，二人并无差异，只不过在政策取向及具体措施上各有侧重而已。王安石主要是围绕着当时财政、军事上存在的问题，通过大刀阔斧的经济、军事改革措

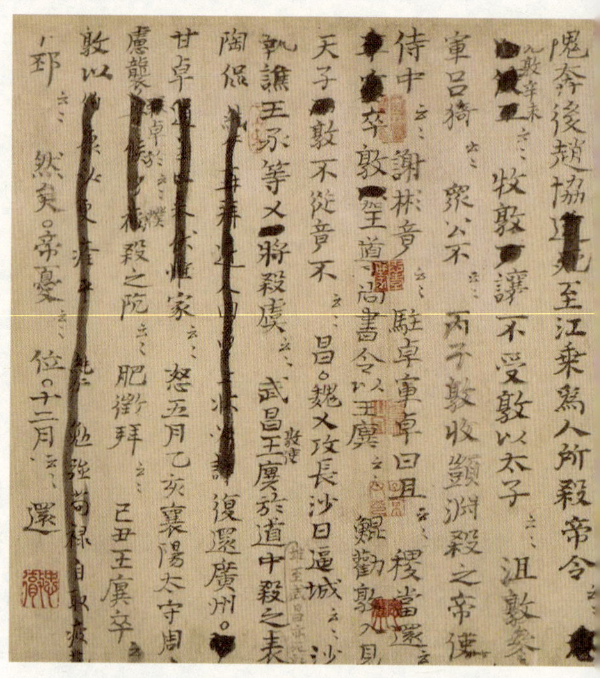

施，以解决燃眉之急。司马光则认为现在是守成时期，应该偏重于伦理纲常、官员风纪的整顿，将原有的制度完善和发展，即使某些环节需要改革，也要稳妥小心，“治天下譬如居室，敝则修之，非大坏不更造也”。相对来说，司马光的主张比较保守，但是从王安石变法过程中出现的偏差和问题来看，他的政治眼光还是有准确的一面的。

来到洛阳之后，司马光开始专心修纂史书《资治通鉴》。元丰八年（1085）宋神宗逝世，他年仅十岁的儿子赵煦即位，是为宋哲宗，由太皇太后高氏垂帘听政。高氏是王安石变法的主要反对者之一，在政治上相对保守和固执。她垂帘听政后做的第一件事情，就是召回反对变法最为坚决的司马光主持国事。次年，高氏任命司马光为尚书左仆射兼门下侍郎，成为北宋王朝的宰相。司马光出任宰相后，在高氏的支持下开始全面废除新法，史称“元祐更化”。当时保守派内部也有不同意见，保守派重臣范纯仁并不赞同全面废止变法措施，他对司马光说：“王安石制定的法令有其可取的一面，不能因人废言。”但是司马光根本听不进去。执政八个月后，司马光便因病去世，但是他的举措为其他保守派官员继续严格执行。由于司马光大量起用保守派官员，又将支持变法的大臣逐出朝廷，在很大程度上激化了统治集团的内部斗争。元祐八年（1093）九月，高太后去世，宋哲宗开始亲政，同年改元绍圣（1094—

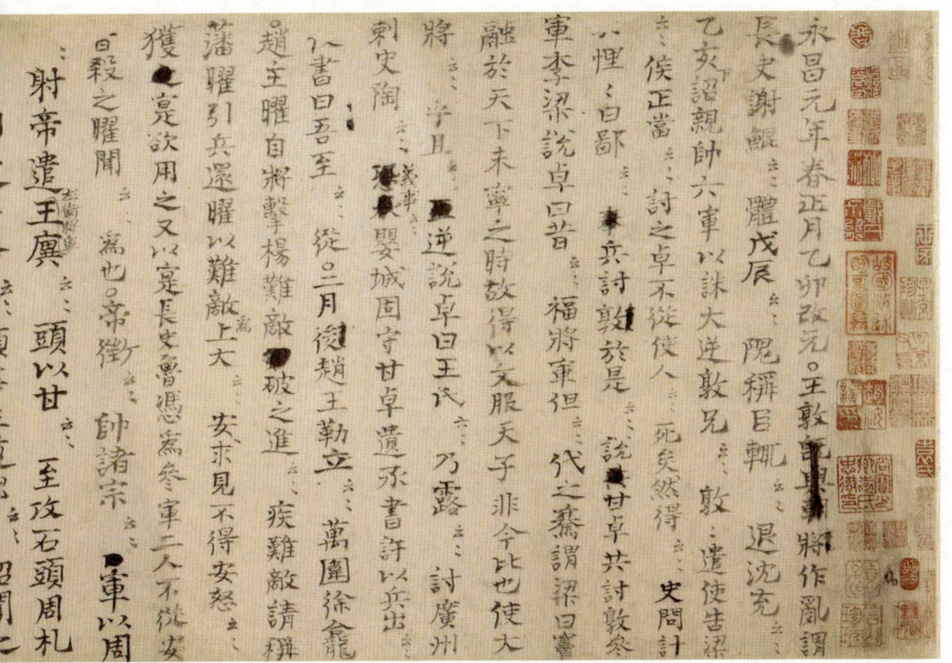

^《资治通鉴》残稿卷（局部）·北宋·司马光

残稿是司马光亲笔手书，记录了东晋元帝公元322年（永昌元年）的事件。司马光为人行事都很严谨，黄庭坚谓："余尝观温公《资治通鉴》草，虽数百卷，颠倒涂抹，迄无一字作草。"从这一小段残稿可以看出，司马光的确是"无一字作草"。现藏于中国国家图书馆。

1098）。年轻的皇帝开始重新起用新党，并大力打击保守派，使新、旧两党的政治斗争愈演愈烈。

元祐党人碑

由新、旧两派的党争所造成的大规模政局动荡，在北宋几起几落。党争之始源于神宗起用王安石在朝廷主持变法，形成新党；反对变法的重要官僚如文彦博、司马光、苏轼等，或被贬谪外地，或自请外放，被称为旧党。神宗英年早逝后，司马光等保守派官员回到朝廷。在此期间，旧党对新党的攻击演化为毫无原则的意气之争，甚至开始采用文字狱等卑鄙手段来给对方罗织罪名。新、旧两党对政敌的打击越来越残酷，所使用的手段也越来越卑劣。高氏去世后，哲宗开始亲政，因为怨恨在太皇太后垂帘期间自己形同傀儡，于是放弃旧党而起用新党。以王安石继承者姿态出任宰相的章惇，不留余地地整肃政敌，他甚至向皇帝提出要把司马光的坟墓掘开，暴骨鞭尸以示惩戒。为此深感不安的同僚警告他千万不能开这种先例，以免将来冤冤相报无法收拾，章惇方才罢手。

元符三年（1100），25岁的宋哲宗病死，端王赵佶继位，是为宋徽宗，由厌恶新政的向太后垂帘听政，被贬的旧党人士纷纷官复原职。短短9个月后，向太后因病结束了垂帘听政。徽宗在正式执掌大权后，又决定将变法继续下去，曾经是变法派中一员，也是中国历史上臭名昭著的奸臣、权臣蔡京被任命为宰相。为了巩固个人权势，蔡京主张严厉迫害“元祐党人”。就在他进入权力中枢的当月，北宋政府开始禁行元祐之法，已经去世的旧党官员削去官衔，在朝为官的一律降职流放。九月，挖空心思迫害旧党的蔡京在端礼门立起了一块“元祐党人碑”，又命令全国各地的州县都刻“党人碑”，以此诏告天下。

“元祐”是哲宗早期的年号，在当时由旧党掌权，他们被自己的政敌称为“元祐党人”。相对应支持变法的人士又被人称为“元丰党人”。所谓的“党人碑”，就是在元祐年间（1086—1094）当政以及蔡京所厌弃的120名官员的名单。崇宁二年（1103）二月，徽宗接受蔡京的建议，诏令元祐党人子弟不准前往京师。四月，下旨毁掉司马光等人在景灵宫内的绘像，又在全国范围内收缴、销毁元祐党人的文集。耸立在端礼门外的党人碑是徽宗亲笔写就，在长长的名单前面着重说明这些人及其子孙永远不得为官，皇室子女也不得与碑上诸人的后代通婚，已经订婚的也要奉旨取消。同样的石碑分别在全国各地树立。立碑者的意图相当明确，就是羞辱这些旧党人士。

然而民间的舆论并不能为当朝宰相所左右。在长安有一位名叫安民的石工，当地官府接到朝廷的命令后，要他按照汴京的样式在石碑上刻字，安民拒绝接受这样的工作。官员们向他询问缘由，安民说道："小民虽然十分愚昧，却也知道立碑的意义。不过像司马光这样的人，海内对其正直有口皆碑。现在指斥他为奸人第一，让小民无法理解，所以不能镌刻。"当地官员怒叱道："你知道什么？朝廷有命，我等尚且不敢违抗，你区区一个石工，被官府调来服役，难道还敢违抗朝廷吗？"安民哭泣道："当然不敢不接受差役，但是小民的姓名，请求不要按照惯例刻在石碑背上，免得世人知道是我刻的石碑。"官员又叱责道："你的姓名有什么用处？哪个要你镌上？"安民这才勉强遵命，完工后痛哭而去。

党人碑的竖立，标志着新、旧两党由治国理念之争，彻底蜕变成私利、意气与权力之争。从此，北宋王朝的政治空气迅速恶化，曾经意图强国富民的变法，在不肖的继承者与顽固的反对者两相扭曲下，成为谋取私利的手段和攻击政敌的借口。与此同时，王安石的新政在蔡京手中迅速变质，在变法的旗帜下，一个庞大的官僚集团想尽办法为自己谋取私利。比如原本为了减轻百姓劳役负担的免役法，由于执行者不可告人的目的而成为增加税收、敲诈人民的手段。

徽宗崇宁五年（1106）正月，某夜晚汴京的天空上出现彗星。不久，文德殿东墙上的"元祐党人碑"遭到雷击，被断为两截。迷信道教的徽宗很是恐惧，认为这是上天在表示愤怒，于是派人在深夜偷偷地把端礼门党人碑毁坏。宰相蔡京发现此事后，恼羞成怒地说："碑可以毁掉，但碑上的人名我永远不会忘记的！"

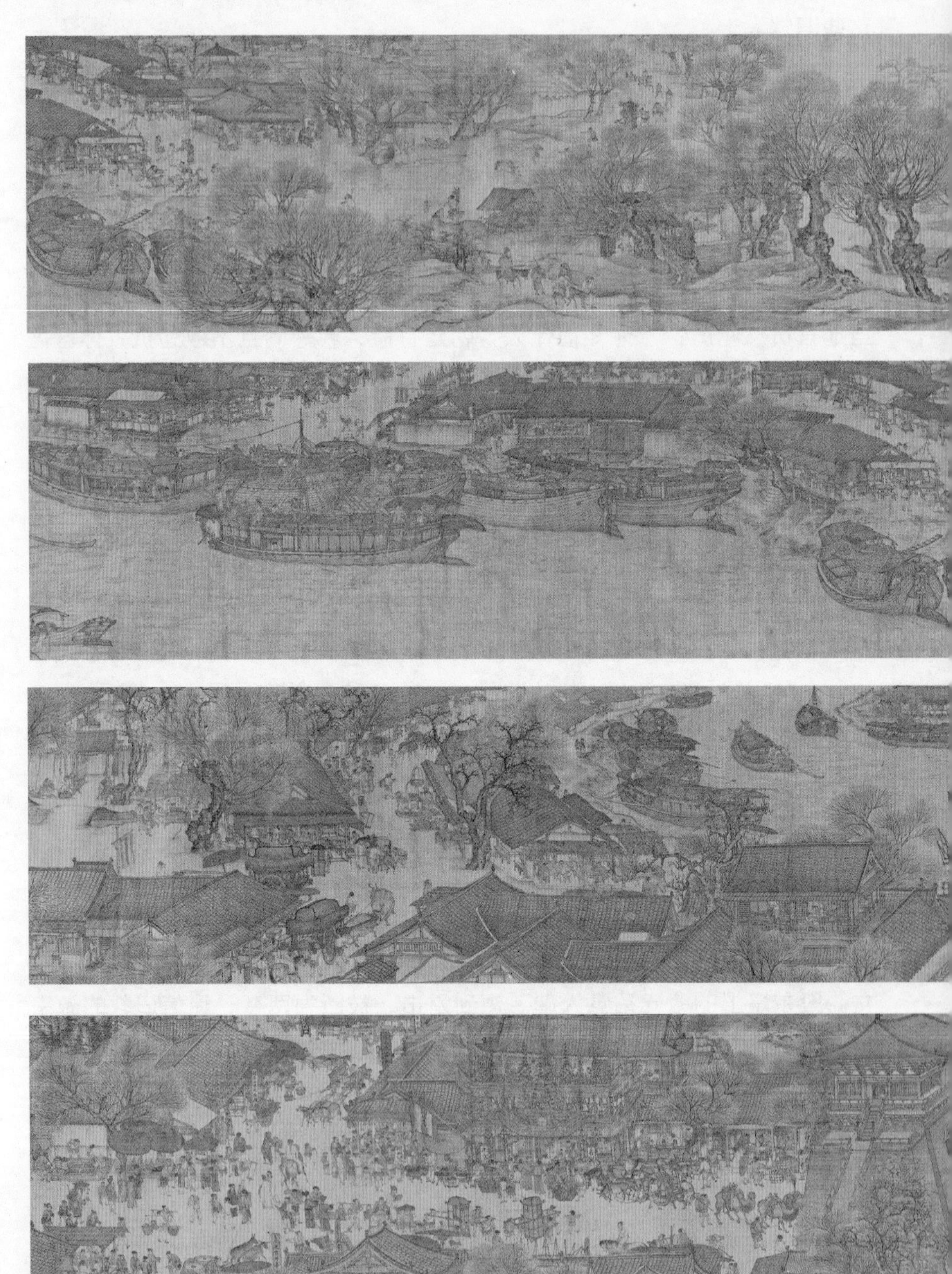

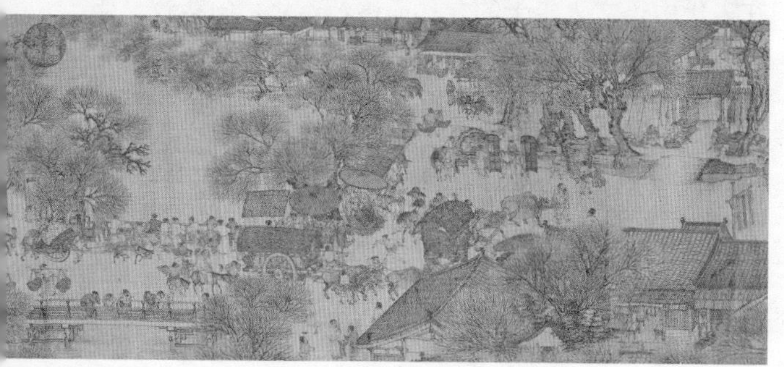

◀清明上河图·北宋·张择端

张择端，字正道，东武（今山东诸城）人，宋徽宗时期翰林图画院画家。《清明上河图》是张择端在宣和时期（1119—1125）所绘的名卷，以其宏伟壮阔的画面，真实地描绘了北宋宣和年间汴河及其两岸在清明时节的风貌。全卷所绘人物五百余位，牲畜五十多头，各种车船二十余辆艘，房屋众多，道具无数，场面巨大，用笔细致，为后世了解、研究宋朝城市社会生活提供了重要的历史资料。据后人考证，张择端此图暗藏讽诫之意，对于徽宗安于求道、不能居安思危进行了委婉地劝诫，尤其是不设防的城门、懒散的官吏这些细节都有这种意思的体现。

专题

宋词的豪放与婉约

⊙婉约之柔 ⊙豪放之雄 ⊙南渡之后

唐诗宋词是中国古代文学的双子星座。随着城市经济的繁荣、市民阶层的扩大、审美情趣的多元化，兴于晚唐五代的配乐演唱的长短句诗体——词，在宋代达到鼎盛。宋词的题材内容包罗万象，从反映相对狭小的生活零星感悟扩展到表现士人及现实生活的多个侧面，情怀旨趣亦庄亦谐、雅俗共赏，相互影响融合，形成了词调各异、词体多样、流派繁多的宋词盛景。流传至今的宋词作品有两万余首，可考作者一千五百余人，涌现出大批优秀词人。宋代词作风格多样，“婉约以易安（李清照）为宗，豪放惟幼安（辛弃疾）称首”，既有婉约之柔，又有豪放之雄，代表着中国古代词体文学的最高成就。

婉约之柔

源于市井歌谣的词在宋代由于文人雅士的介入而逐渐雅化，向精致、婉约发展。宋代词作中婉约之风以柔美、婉曲、隐约、微妙为特点，讲究音律和语言的和谐、意境营造的空灵飘逸、情趣表达的迂回婉转，内容多为男女情爱，离愁别绪，伤春悲秋。宋末沈义父曾对婉约手法进行了小结：“音律欲其协，不协则成长短之诗；下字欲其雅，不雅则近乎缠令之体；用字不可太露，露则直突而无深长之味；发意不可太高，高则狂怪而失柔婉之意。”

▸李清照像·现代·顾炳鑫

此图是按照李清照词《醉花阴》词意绘制的，作者以精细的笔触表现出了词中“帘卷西风，人比黄花瘦”的凄凉意境。

宋人也有以婉约手法抒写爱国壮志、时代感慨的，如辛弃疾的“更能消几番风雨”，多用“比兴”象征手段来抒发情怀，旨意朦胧隐晦，耐人寻味。

婉约之风是宋代词坛的主流，晏殊、欧阳修、柳永、秦观、李清照等一系列词坛名家大体上都可归诸婉约范畴。柳永是北宋第一个专力作词的词人，多作慢词，长于铺叙，是婉约派的早期代表。一阙 “多情自古伤离别，更那堪冷落清秋节。今宵酒醒何处，杨柳岸、晓风残月。此去经年，应是良辰好景虚设。便纵有千种风情，更与何人说”的经典之作《雨霖铃》，引发万千离愁，凄清冷落之意跃然纸上。北宋中后期，“专主情致”的秦观吸取了柳词的营养，擅长“将身世之感打并入艳情”之中，将情词中的悲苦与文人士大夫的人生悲剧完美结合。庆湖遗老贺铸之词则“雍容妙丽，极幽娴思怨之情”，词采华丽、浓艳，有“妖冶”之风。周邦彦的词作缜密典丽，“愈勾勒愈浑厚”，既有人工精巧，又包含自然圆润。婉约一派至南宋李清照达到极点。她提出词“别是一家”之说，自辟途径，语言清丽。论词强调协律，崇尚典雅、情致，前期多写其悠闲生活，后期多悲叹身世，情调感伤，以一句“知否？知否？应是绿肥红瘦”“无限凄婉，却又妙在含蓄，短幅中藏无数曲折，自是圣于词者”。后

南宋词人陆游像

期所作“寻寻觅觅，冷冷清清，凄凄惨惨戚戚”，仍是言有尽而意无穷。在宋词发展过程中，讲求“阴柔”的婉约一派占据着相当突出的地位，对宋词词风影响极深。

豪放之雄

宋初词坛延续五代花间词派及南唐令词小曲的遗风，多渲染艳情别绪，以迎合士大夫歌舞宴乐的需要。晏殊、欧阳修等人逐步将士大夫特有的生活感受入词，极力表现文人优游诗酒的惬意人生，促使词进一步雅化。自柳永开始，极力铺陈渲染内心感情，对都市生活的刻画也渐为盛行，饱含市民阶层欣赏旨趣的词作大大增加。而宋词的婉约之风也逐渐盛行，最终达到鼎盛。

首创宋词豪放之雄的北宋大文豪苏轼致力于反映士大夫更为广阔的思想空间，在词中言志抒情、记游怀古，使词突破了“聊佐清欢”的局限和诗词有别的人为分割，从内容到形式真正独立，形成雅俗分流的局面。“大江东去，浪淘尽，千古风流人物。故垒西边，人道是，三国周郎赤壁。乱石穿空，惊涛拍岸，卷起千堆雪。江山如画，一时多少豪杰！”苏轼一曲《念奴娇·赤壁怀古》豪放大气、气势雄浑，是宋代豪放派词作的代表。苏轼力主“句句警拔，诗人之雄”，率先倡导豪放之雄，经由南宋辛弃疾的发展和创新，豪放词派在宋代词坛得到了空前的发展。

苏轼在词作中往往慷慨淋漓地抒发胸臆，表现出“亲射虎，看孙郎”的豪迈和“会挽雕弓如满月，西北望，射天狼”的壮志。苏轼所开创的新词风也直接影响到后世词家，他们更多将个人感怀、身世历程融入词作当中，词风进一步雅化，豪放之作在词坛振起雄风。

南渡之后

至靖康之变后，中原动荡，宋室南渡，苏轼所开创的豪放词风又进一步与文人士大夫满腔的爱国热情、官宦政治生涯相结合，词风更为坦荡磊落、开阔大气，更洋溢着强烈的爱国精神。出生于南渡之后的张孝祥继承前辈爱国主题，一阕《六州歌头》“淋漓痛快，笔饱墨酣，读之令人起舞”，主战派张浚读罢此作，大为感动，不久之后就主持北伐，张孝祥词作之影响力可见一斑。南宋词人辛弃疾，与苏轼并称为“苏辛”，则是宋室南渡后豪放派词作的领军人物。其词作热情洋溢，慷慨悲壮，笔力雄厚，一声“我最怜君中宵舞，道男儿到死心如铁”，感情饱满，痛快酣畅；而“举头西北浮云，倚天万里须长剑”中挥戈北伐、收服故园的爱国之心可昭天日。苏、辛等人“壮词”先后辉映，为宋代词坛增添了雄浑刚毅之彩。

◂苏轼像

宋词中婉约、豪放两种风格流派使宋代词坛呈现双峰竞秀的气象。两种风格相互有别又相互融合，辛弃疾的“青山意气峥嵘，似为我归来妩媚生”便是佳例。平易清浅而意味深厚的宋词在婉约和豪放中展现出永久的文学艺术魅力。

关键词：花石纲 / 方腊起义

靖康之耻

■ 1126年~1127年

宋徽宗是中国历史上最著名的书画皇帝，他作为书画家是极其成功的，可作为皇帝却是极其失职的。他排斥正直之士，肆意打击“元祐党人”，任用以蔡京为首的“六贼”等大批奸佞小人，奢华好物，怠弃朝政，最终导致了靖康元年（1127）闰十一月二十五日，北宋的首都开封被金军攻破，立国168年的北宋王朝在风雨飘摇中轰然倒塌。宋徽宗赵佶和他的儿子钦宗赵桓，相继成为金军的俘虏。这个在中国历史上污天垢地的大变动被称为“靖康之耻”。

徽宗之昏

元符三年（1100）正月，宋哲宗赵煦去世。由于哲宗无子，兄终弟及，端王赵佶（1082—1135）继承了皇位，次年，改元建中靖国，这就是北宋历史上有名的宋徽宗。即位之初，宋徽宗曾经有一番作为，他平反冤狱，选贤任能，反对党争，大有中兴之主的气象。然而随着蔡京出任左仆射兼门下侍郎，成为朝廷首相，徽宗统治下的朝政开始向一个黑暗的深渊滑去。

蔡京出任首相后，在宋徽宗的授意下，打着“绍述”宋神宗改革事业的旗号，开始全面打压元祐党人。崇宁元年（1102）九月，经过徽宗的同意，蔡京将文彦博、司马光等120位元符年间恢复旧法的官员登记为元祐奸党，由徽宗御笔亲书刻石于端礼门，已经死了的削去官衔，活着的一律降职流放。通过详定元祐党籍，正直的官员几乎全部被排挤出朝，而蔡京的同党却步步高升，一举把持朝政。以蔡京为首的这个奸邪小人集团，被时人称为“六贼”，共有蔡京、王黼、童贯、梁师成、朱勔、李彦六人。他们打着绍述新法的旗号，逢迎徽宗的心意，肆意妄为：一方面，引导徽宗尽情享乐，营造艮岳，大兴“花石纲”；一方面，在朝中公然卖官鬻爵，在地方巧立名目，增税加赋，搜刮民财。

崇宁元年（1102），醉心享受的宋徽宗下令在杭州设立“造作局”，这个拥有数千名工匠的皇家手工业工场专门为皇室制造各种奢侈用品，所需的原料、工钱，悉数从民间无偿征取。三年后，醉心于园林艺术的宋徽宗降下旨意，在苏州设立“应奉局”，这个机构的任务是在江浙一带为皇帝搜罗珍奇物品与奇花异石，由此在中国的史书上留下一个特殊的名词——花石纲。为了找到品相奇特的花石向皇帝邀宠，各地官吏如狼似虎地到处搜

> 《帝鉴图说》之应奉花石·明

寻，不论是在高山峻岭还是在深宅大院，只要有一石一木稍稍值得玩味，便有官府差役在上面做出皇家记号，于是这件物事就成了呈献皇帝的供品。如果它在百姓家中，那么在起运前主人就必须妥善保护，稍有不慎就会被官僚以大不敬的罪名处治。运输时又往往拆墙毁屋，更有贪官污吏借此上下其手、盘剥百姓，为此倾家荡产者不计其数。北宋的花石纲前后持续了二十多年，形成了一场波及全国的大灾难。

宣和二年（1120）十月，在应奉局官吏频繁光顾的睦州青溪（今浙江淳安县），世代传习明教的平民方腊不堪忍受官吏勒索，借宗教的名义发动了一场声势浩大的起义。方腊自称"圣公"，担任起义军统帅，定年号为永乐，起义将士包着黄色头巾作为标志，旬日之间聚众十余万。几个月之内，方腊起义军就席卷东南地区，得到近百万民众的群起响应。为了欺骗民众，徽宗下了一道罪己诏检讨自己，并下令撤销了造作局和应奉局。与此同时，他将原本准备讨伐辽国、由童贯率领的十几万大军先行派遣到江浙，务求一举荡平方腊"逆贼"。就在方腊起义前后，宋江领导的起义军也活跃于河北、山东、淮南一带。他们打出"劫富济贫"的旗号，在所过之处，诛杀贪官恶霸，将他们的财产分给贫苦百姓，因而得到广大群众的支持和拥护。宋江起义军人数不多，却作战勇敢，屡次以少胜多击败宋军，他们转战各地，产生了很大影响。南宋时，说唱艺人以此编出《宋江三十六人赞》的评书，他们的事迹在民间辗转流传，慢慢演变成"梁山好汉一百零八将"的故事。方腊起义和宋江起义虽然最后都被镇压了下去，但他们却给了北宋王朝一次沉重的打击。

宋徽宗得知各地皆被扑灭后，不但没有吸取教训，反而变本加厉地在东京汴梁设置了应奉司，命令各地官员加紧搜刮"四方珍异之物"，为自己修筑美轮美奂、空前绝后的皇家艺术园林"艮岳"。同时，昏聩的徽宗还采纳了辽人马植的献策，准备从辽国手中收复幽、云十六州。

北伐惨败

幽、云十六州，是指五代时期被后晋石敬瑭割让给契丹的华北北部幽州（今北京）与云州（今山西大同）一带的州县。这一地区的丧失，使整个中原门户洞开，一马平川的华北平原完全暴露在北方游牧民族的威胁之下。从后周世宗开始，中原王朝多次试图收复十六州的故土，然而除了莫州（今河北任丘）和瀛州（今河北河间）两地之外，其他十四州始终没有再次纳入中原王朝的版图。宋太宗曾对辽国发动过两次大规模的进攻，两次都遭到惨败。其中一次宋太宗御驾亲征，结果宋军大败，在激战中中箭受伤，坐在一辆驴车上狂奔才得以逃生。

进入12世纪之后，北宋一雪前耻的机会似乎来到了。徽宗政和元年（1111），大宦官童贯奉命出使辽国。在其回国的途中，一个名叫马植的辽国汉人向童贯献上收复故土的计策。童贯听到后喜出望

> 听琴图·宋·赵佶

《听琴图》是一幅优秀的中国人物画。画中主人公，居中危坐石墩上，黄冠缁服作道士打扮，双手置琴上，轻轻地拨弄着琴弦。现藏于北京故宫博物院。

^ 汝窑青釉莲花式温碗·北宋

器作十瓣莲花形。以莲花或莲瓣作为器物之纹饰及造型，随佛教之传入而盛行，尔后更取其出泥不染之习性，寓意廉洁，广为各类器所采用。本器状似未盛开莲花，线条温柔婉约，高雅清丽。作为艺术家来说，宋徽宗是艺术史上难得的天才，一辈子最喜汝瓷，是汝瓷发展的最大的开拓者、推动者。他喜欢“雨过天晴云破处”那份内敛优雅的青，从此让汝瓷有了超越任何其他瓷器的独特艺术魅力。汝窑因宋徽宗的爱赏而兴起，随着“靖康之役”而陨落，短短二十年时间造就了中国瓷器史上的传奇，是徽宗朝兴衰成败最好的见证物。现藏于台北故宫博物院。

外，于是嘱咐马植继续留在辽国，见机行事。三年之后，女真首领完颜阿骨打因为不满辽国统治者的压榨，于白山黑水之间起兵反辽，几年之内所向披靡，日暮西山的辽国在女真人凌厉的攻势下不堪一击。马植认为时机已经成熟，于是在政和五年（1115）叛逃北宋，得到宋徽宗的亲自接见，欣喜不已的宋徽宗任命马植为秘书丞，赐国姓，从此马植改名为赵良嗣。随后，被虚幻的胜利景象冲昏了头脑的北宋君臣，冒失地作出了与辽国背盟的决定。重和元年（1118），北宋派遣使者马政渡海来到金国，与金人谋求结盟。两年后，北宋再派特使赵良嗣前往金国，商议南北夹击灭辽。经过讨价还价，金太祖完颜阿骨打口头答应在破辽以后，宋收回燕京（今北京）一带原属唐朝的汉地，但要将原来付给辽国的“岁币”原额转交金国，这就是历史上著名的“海上之盟”。

宣和四年（1122）三月，十五万宋军终于浩浩荡荡地踏上征程，然而穷途末路的辽军在将领耶律大石的率领下仍屡次击败宋军，甚至反击到北宋境内。这时，担任辽国常胜军统帅的郭药师带着八千部属于涿州（今河北涿州）投降北宋，引导宋军再次进攻燕京，结果宋军在燕京城下又被打败。为逃避兵败的罪责，童贯秘密派遣使者前往金营，请求金军出兵燕京。十二月，金军一举攻下燕京，这时完颜阿骨打提出，燕京可以交还，但是北宋需要另外支付一百万贯钱财。宋徽宗无奈只好应允，从此北宋每年除了要向金国交纳岁币五十万以外，又增加了一百万贯的“代税钱”。金军撤走前在燕京城大肆抢掠财物，又把大批居民掳去做奴隶，北宋接收到的只是一座残破的城池和少量衣衫褴褛的百姓，然而就算是这样的“胜利”也让汴京的君臣们得意非常。背叛辽国的郭药师则官拜太尉，获封燕山郡王，镇守燕京。

屡战屡败的宋军终于接收了这些满目疮痍的城市。汴京派遣来的文武官员以解救者自诩，有意无意地将幸存的居民视为异己。幽、云十六州的汉族居民认为自己不但得不到信任，甚至受到北宋驻军的歧视，“北人（契丹人）指曰汉儿，南人却骂作番人”。金军在撤离当地前，大肆掳掠青壮劳力，已在故土生活了上百年的汉族居民被迫随军北迁。这些人固然怨恨入侵的异族女真，但也同样仇视与女真结盟的北宋。几年之后，决定南侵的金军利用北方汉人的这一心态，将他们编入南下的军队。面对滚滚而来的铁骑，拥兵自重的郭药师又一次背叛了自己的君主，成为金军进攻北宋的先导。

靖康之耻

在联金灭辽的过程中，宋军的腐败无能让金朝统治者看在眼中，后者在俘获了辽天祚帝耶律延禧，扫清了除西迁的耶律大石外的辽残余势力后，终于决定南下伐宋。宣和七年（1125），金军主力分东西两路南下，东路以宗望为主帅，从南京直扑燕山，西路以宗翰为主将，从大同府攻取太原，一场大战就此爆发。经过象征性的抵抗后，北宋在幽、云地区的守将郭药师率所部投降，摇身一变成为金军南下的先锋。除了太原一城之外，整个北方地区如同摧枯拉朽一般让金人横扫而过，数以万计的宋军哗变、投敌。告急文书像雪片一样飞到宋徽宗面前，这位艺术家皇帝不但没有着手准备防御外敌，居然宣布退位，让心不甘、情不愿的皇太子赵桓即位，是为宋钦宗。面对敌人咄咄逼人的攻势，开封的满朝文武吓得不知所措，胆怯的宰相白时中、李邦彦两人劝说钦宗南逃，这时主战的太常少卿李纲站了出来，全面负责东京的防务。靖康元年（1126）正月初八，金军抵达东京城下，李纲亲自到城墙上督战，几次打退了攻城的敌人。此时，各地勤王的军队陆续赶到东京，河北、山东义军也奋起抗金，形势对孤军深入的金军极其不利，金军主帅宗望转而实行诱降。宋金和谈刚刚结束，不甘受辱的一支宋军“违约”袭击了金军大营。为了平息金人的愤怒，昏庸无能的钦宗罢免了主战派中的李纲等人，结果金军并没有因而退走。开封上下群情激愤，在太学生们的带领下，上万人来到宣德门外为李纲鸣冤，钦宗只得将李纲官复原职。李纲复职后，金军的嚣张气焰得到遏制。然而直到此时钦宗依旧没有坚决抗战的意志，他不顾群臣反对，最终还是同意了金人的议和条件，割让太原（今山西太原）、中山（今河北定州）、河间（今河北河间）三镇，并大量赔款。

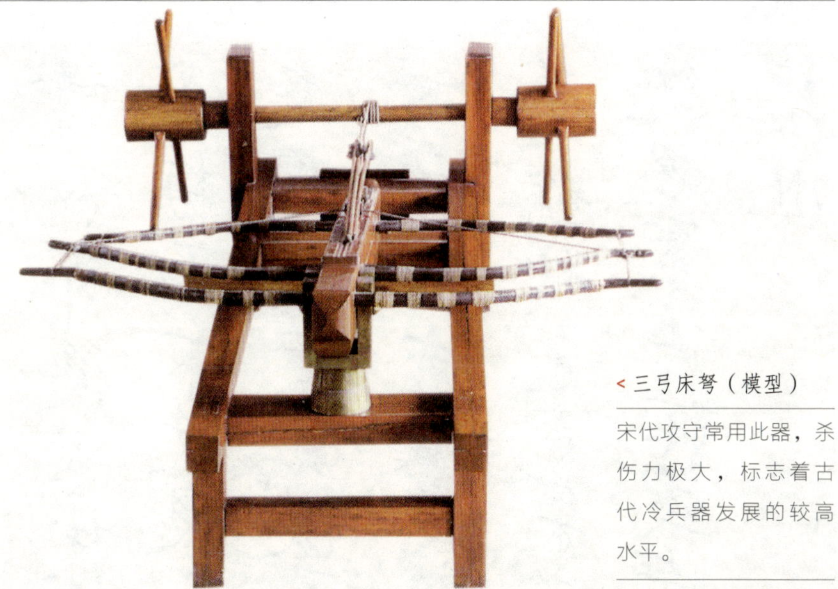

< 三弓床弩（模型）

宋代攻守常用此器，杀伤力极大，标志着古代冷兵器发展的较高水平。

在第一次东京保卫战结束后的六个月，金军再一次大举南侵。靖康元年（1126）八月，金军西路统帅宗翰从云中（今山西大同）出发，东路统帅宗望从保州（今河北保定）发兵。两路大军长驱直入，连续攻克太原、洛阳、真定、中山等北方大城，分别于当年闰十一月抵达东京城下。此时的东京乱作一团，不久前击退金军的李纲已被贬出京师，文武百官意见不一又相互推诿，居然听信了神棍郭京的谎言，找来几千名地痞无赖组成了所谓的“六甲神兵”出城迎敌。结果不但没有打退金兵，连开封的城墙都被金军占领。靖康元年（1126）十二月初二，宋钦宗亲自前往金营呈上降表。这一次和谈，金人的要求比从前苛刻了许多，除割地之外，他们还索要黄金、白银各一千万锭，布帛一千万匹。身陷敌手的钦宗一一答应。两天后钦宗被释放回城，北宋朝廷开始着手筹备金银，更派钦差到河东、河北去交割土地。然而金银筹集工作却不顺利，从靖康元年（1126）十二月拖延到第二年正月，依旧没有凑足金人要求的数量。等待不及的金军将钦宗再次招到金营，然后对随行官员说，他们要将皇帝扣为人质，直到金银如数交出后才能放回。被囚禁的宋钦宗只得下诏，要求宗室、豪

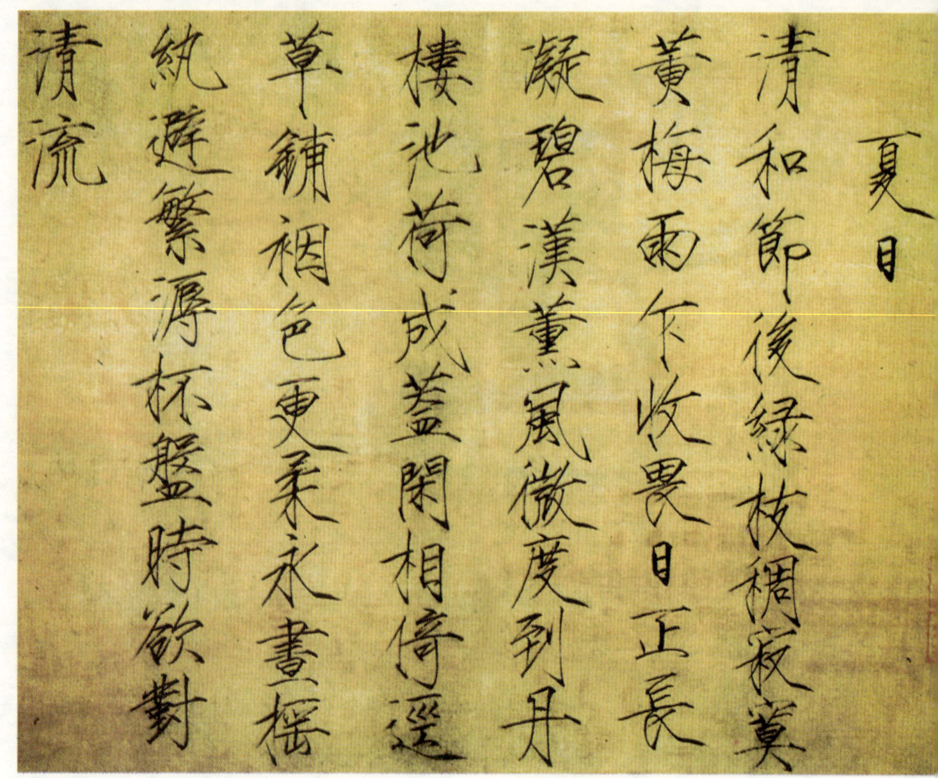

^ 夏日诗帖·北宋·赵佶

宋徽宗赵佶不仅是画家，在书法上也有较高的造诣，他创造出独树一帜的“瘦金体”，瘦挺爽利，与他所绘的工笔重彩相映成趣，为后人竞相仿效。

族、内侍、僧道、娼优等，务必将家中蓄存的金银全部交出。到靖康二年（1127）正月十九日，东京城内的官吏们总共搜刮到黄金十三万八千两、白银六百万两、绸缎一百万匹。靖康二年（1127）二月六日，金下令将钦宗和徽宗贬为庶民。四月初，满载而归的金军挟持徽、钦二帝和其他四百多名皇室成员，以及拒绝降金的官员、工匠数千人北去，留下了一座残破的东京城，这便是后来岳飞立志要洗雪的“靖康耻”。

关键词：绍兴和议

南宋的偏安

■ 南宋时期

靖康之变后，宋徽宗的第九子赵构作为“漏网之鱼”，成为继承皇位的不二之选。然而，为了巩固皇权，赵构无视父兄被掳的奇耻大辱，无心收复江山，而是越江远避，在金人面前一味求和，摇尾乞怜。偏安一隅的南宋在建国之初就表现出了不思进取、苟且求和的软弱性。

江南避祸

靖康之耻后，徽、钦二帝和皇族、官吏数千人，被押到了金国。国不可一日无君，宋朝残存的官民发现徽宗的后裔中有人侥幸逃过了金兵的追捕，这就是康王赵构。赵构（1107—1187），字德基，宋徽宗赵佶第九子，宋钦宗赵桓之弟，宣和三年（1121）年封为康王。赵构的母亲韦氏，在徽宗的后宫中地位较低，并不受徽宗的宠爱。因此，赵构在皇子中的威望也不高，本与皇位无缘。钦宗靖康元年（1126）春，金兵第一次包围开封时，他还曾以亲王身份在金营中做过一段时期的人质。开封解围之后，赵构与张邦昌出使金国，代表北宋政府与金国谈判，希望能够割地议和，罢兵休战。但是，金兵第二次南下包围开封，全国民众积极要求武力抗金，不允许任何卖国求和的行为。因此，当赵构一行到达磁州（今属河北）时，磁州的百姓拦住了赵构的队伍，不让他到金国去求和。地方官宗泽也对赵构说："金人要殿下去议和，这是骗人的把戏。他们已经兵临城下，求和又有什么用呢？"赵构自己也回想着自己在金营的岁月，害怕再次被金朝扣留，于是他顺应民意留了下来，自任河北兵马大元帅，驻守相州（今河南安阳）。然而，当朝廷危难之际，赵构却没有率军救援京师，而是移师河北大名府，观望局势，保存实力。随后，赵构又转移到山东东平府，以避敌锋。第二年，靖康之变发生，赵构成为全国上下公认的合法继承人，被推到了皇帝的宝座之上。无论这个皇帝本身的素质如何，他在战乱中起到了凝结人心的作用，把被战事打乱的各方力量重新团聚起来，成为宋朝军民新的希望所在。

"绍兴和议"

靖康二年（1127）五月，众望所归的赵构在南京应天府（今河南商丘）登基，改元"建炎"，成为南宋第一位皇帝，是为宋高宗。此后，直

到绍兴三十二年（1162），禅位于孝宗，赵构在位三十六年，对南宋初年国家政局的走向产生了重大的影响。

高宗在位初期，年轻气盛，有意抗金，收复河山。他任命主战派大臣李纲为相，军民士气大振。但是，没过多久，这个众望所归的“中兴之主”就令大家失望了，他罢免了李纲，面对咄咄逼人的金军，只会一味逃跑、求和。建炎元年（1127）和建炎四年（1130），金军两次大举南侵，试图活捉赵构，灭掉南宋。高宗不顾众臣的反对，抛弃了中原众多的百姓和广大的国土，一路南逃，先后到过越州（今浙江绍兴）、明州（今浙江宁波）、定海（今浙江镇海）等地避难，甚至还一度漂泊到了海上。直到

中兴四将图·南宋·刘松年

中兴四将指的是对南宋政权有救亡之功的四位著名将领，从右至左分别为刘鄜王光世、韩蕲王世忠、张循王俊、岳鄂王飞。历史上关于中兴四将的人选一直有所争议，吴玠、李显忠、刘锜等将领也被认为是中兴四将的人选。但无论哪种说法，岳飞都是中兴四将之首，韩世忠也是战功赫赫，而刘光世则素有逃跑将军之称，张俊与秦桧合谋制造“岳飞谋反”的冤狱，二人入选均有滥竽充数之嫌。

^ 宋高宗赵构像 · 南宋

建炎四年金兵撤离后，高宗才回到江南。

绍兴元年（1131），惊魂初定的高宗回到行在临安（今浙江杭州）。此后，他纵情声色，大兴土木，极尽享乐，纵容奸臣秦桧弄权。为了巩固皇位，高宗还杀害了一心北伐的名将岳飞，与金国人屈辱求和，签订了“绍兴和议”。双方约定宋向金称臣，金“赐予”宋土地，双方东以淮河中流为界，西以大散关（今陕西宝鸡）为界，南属宋，北属金；南宋割让唐州（今河南唐河）、邓州（今河南邓州）二州给金，以及商州（今陕西商县）、秦州（今甘肃天水）的大半土地；此外，宋每年向金朝纳贡银25万两、绢25万匹，在每年春季送至泗州（今江苏盱眙西北）交纳。作为交换，金朝归还了河南和陕西一部分地区，并送还徽宗梓宫和在“靖康之难”中被掳去的高宗生母韦太后。

“绍兴和议”是南宋与金订立的一项屈辱和约，南宋王朝俯首称臣，以沉重的代价换来宋、金之间维持了20年的和平时期。此后双方虽也发生过冲突，但是规模已大不如前。

关键词：莫须有

岳飞之冤

■ 1142年

在南宋初年，因为与金国战争不断，南宋优秀的军事将领也如井喷般地出现。比如取得和尚原、仙人关大捷，为南宋保住巴蜀的西军将领吴玠，比如在顺昌之战中大破十万金军，力挫铁浮图的东京留守刘锜，都是一时瑜亮。然而无论是官方史书，还是民间口碑，南宋抗金第一名将的荣誉还是当之无愧地归属悲剧将领岳飞。这位生活俭朴、爱护士卒、军纪严明、善于用兵的一代名将在所谓的南宋“中兴四大将”中年纪最轻、资历最浅，在德才方面却最为优秀，军事成就最引人瞩目，他的冤屈也成了千古之殇。

> 宋代巢车（模型）

巢车是中国古代一种设有望楼，用以登高观察敌情的车辆。因为车上高悬望楼类似鸟巢，所以得名为巢车。

百战名将

岳飞（1103—1142），字鹏举，相州汤阴（今属河南）人。岳飞少年时向同乡周同学习枪术、箭术，不到二十岁就已经能拉开三百斤的强弓。靖康元年（1126），岳飞在相州从军。当年十二月，赵构在相州建立大元帅府，岳飞就在大元帅府担任下级军官的职务。次年五月，赵构在应天府即位称帝，岳飞迫不及待地上书，请求高宗赵构出兵恢复中原，却被以"越职言事"的罪名罢去军职。然而岳飞并没有放弃保家卫国的志向，在建炎元年到建炎二年间（1127—1128），他先后在河北招讨使张所、八字军首领王彦、东京留守宗泽等人的麾下效力，在讨伐曹成、王善、孔彦舟等"游寇"的过程中屡立战功，积累了宝贵的军事经验，形成了个人的指挥风格和军事班底。建炎四年（1130），在大将张俊的推荐下，岳飞出任了通泰镇抚使兼泰州知州，正式成为南宋的中级军官。绍兴元年（1131），因为平定"巨寇"李成有功，岳飞被任命为神武副军统制，成了独当一方的大将，岳飞所部也由杂牌军跃升为南宋朝廷的主力部队。

南宋建炎四年（1130）到绍兴五年（1135），因为不满南宋政权和地主豪强的压迫与剥削，两湖地区爆发了声势浩大的钟相、杨么起义。建炎四年（1130）二月，钟相称帝，定国号为楚，自称楚王，建立了农民政权。后来，钟相战死，余部在杨么的领导下继续在洞庭湖一带坚持战斗，屡次击败南宋军队。绍兴五年（1135），对义军无计可施的宋高宗只能派已是神武后军都统制的岳飞前往镇压义军。当年五月，岳飞率军赶到了鼎州（今湖南常德）前线，他采用剿抚并用的手段，招降了义军黄佐、杨钦等人。针对义军水军强大，尤其是车船战力出众的特点，岳飞命令砍伐附近君山上的树木制作木筏，堵塞湖道，再以草木投入湖中，使车船不得行驶。当年六月，岳飞所部攻破了杨么最后的根据地夏诚寨，杨么投水自尽。镇压了杨么起义后，岳飞本人升任招讨使。同时，岳飞所部也因为收编了数万投降的义军，实力大增，被南宋朝廷改为后护军，与韩世忠、张俊、刘光世、吴玠四人的部队并为南宋政权的王牌主力。

绍兴六年（1136）到绍兴七年（1137），岳飞所部与金国扶植的伪齐政权多次交锋，屡战屡胜。岳飞的武阶官（表示官员等级、确定品位和俸禄而无实际职务的虚衔）升为武臣中最高的太尉，职官（实际的职务）也升为宣抚使，其部下辖前军、后军、左军、右军、中军、游奕军、踏白军、选锋军、胜捷军、破敌军、水军、背嵬军共十二军，二十二位统制官，大小将领二百五十二人，岳飞和他的岳家军已经成了南宋最强大的军事力量。然而个人的荣辱和地位的改变并没有让岳飞忘记北伐中原、收复河山的军人使命，他在绍兴九年（1139）上书高宗，明确表示反对

> 岳飞像・现代・徐菊庵

^ 岳飞参花图·清·吕焕成

此图绘岳飞端坐于凉台之上，神态安详，上挑的眉眼及雍容的仪态仍不失英雄气概。右侧站一头髻高挽、手捧花瓶的贵妇。左侧一侍从手持月牙斧，神态威仪。现藏于天津市艺术博物馆。

与金国议和。这时的高宗已经厌倦了在金军的追击下东奔西跑、如同惊弓之鸟的日子，他任命投降派大臣秦桧担任右相兼枢密使，全权主持议和事务。岳飞的上书不但没有让高宗产生共鸣，还让后者愈发忌惮，投降派的旗帜人物秦桧更是对岳飞恨之入骨。岳飞见高宗不纳忠言，却打算用“称臣、每岁纳银、绢五十万两、匹”来换取和平，愤懑满胸，于鄂州（今湖北武汉武昌）写下了千古名篇《满江红》以宣泄心声。

撼岳家军难

令人感慨的是，最终让岳飞能重新走到抗金前线的不是励精图治的南宋君主，反而是背信弃义的金国君臣。绍兴十年（1140），金国发生政变，主战派的宗弼等人掌握政权。五月，金国撕毁和议，决定发兵南下，大举攻宋。当年六月，惊慌失措的宋高宗急令岳飞、韩世忠、张俊等人进攻河南诸州，以策应被宗弼大军围攻的顺昌（今安徽阜阳）刘锜所部。可没等岳飞等人动手，刘锜就在顺昌大败金军，金军主力退回开封。高宗得到这个消息后，认为危机已经解除，立刻要求前线各军采取守势，以便和金朝再开和议。六月下旬，司农少卿李若虚赶到德安（今湖北安陆），传达高宗退兵的旨意。此时岳飞已经做好了北伐中原的准备，他坚决不同意撤兵，李若虚为岳飞的慷慨陈词所打动，表示愿意支持岳飞北伐。

不久，岳飞所部迅速北上河南，连续攻克颍昌、陈州、郑州等地，距离金军在中原地区的战略中心开封只有四十余里。七月一日，岳家军再取洛阳。然而由于张俊、刘锜等人已经奉诏班师，岳家军的侧翼失去了友军的保护。金军主帅宗弼察觉了宋军的态势，亲率女真精锐骑兵“拐子马”“铁浮图”共计一万五千人，偷袭岳飞在郾城的指挥部。当时岳家军各部都在外线作战，岳飞手下只有背嵬亲军和游奕马军的一部分，敌我力量极其悬殊。可岳飞毫无惧色，指挥若定，他以精锐的重装步兵拖延、消耗敌军，用麻札刀对付金军的重装骑兵，然后再命长子岳云率五百骑兵从侧翼反复冲杀，最终大败金军的精锐骑兵。此役过后，金军主帅宗弼对部下痛哭说：“从海上之盟起兵后，我一直靠着‘拐子马’取胜，到今天终于全部覆灭了！”从此以后，南宋民谣中就有“金人有金兀术（宗弼），我有岳少保；金人有拐子马，我有麻札刀”的词句。

郾城之战后，岳家军前锋三百人于临颍城南小商桥与金军遭遇，被团团包围。领兵将领杨再兴毫无惧色，奋勇杀敌，竟然斩杀金兵两千余人，直至中箭而死。杨再兴殉国后，张宪等部随后杀到，再次大败金军。不甘心失败的宗弼集合了部将韩常等四个万户共三万骑兵再次围攻颍昌（今河南许昌）。坐镇颍昌的岳家军将领王贵以踏白军、选锋军守城，自己带领岳云、姚政和岳家军中精锐的游奕军、背嵬军出城迎战。双方从早晨一直杀到中午，胜负未分，守城的董先、胡清趁机出城，从外线冲杀敌阵，金军全面溃败。此战杀死金国统军上将军夏金吾及千户

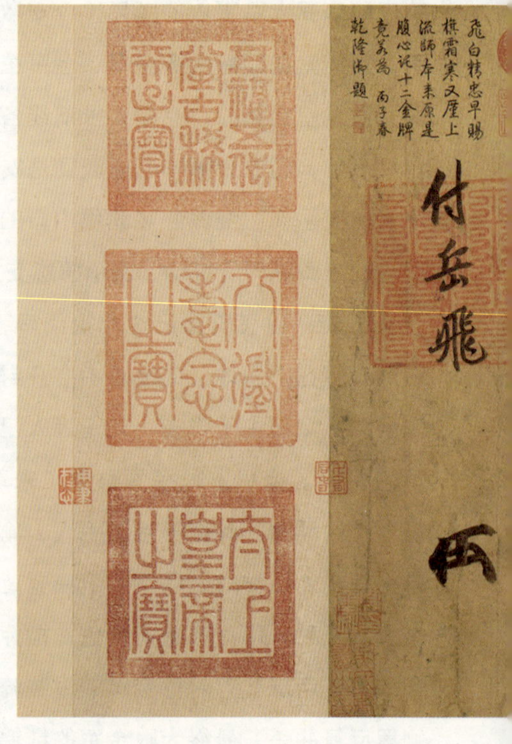

五人，活捉大小首领七十八人，俘虏二千人，杀死五千人，缴获战马三千匹，铠甲器械不计其数。

经过颍昌大捷，宗弼主力已不堪再战，金军甚至已经打算撤离开封。然而高宗、秦桧却依旧严令各军班师，甚至把驻扎在顺昌的刘锜也调回镇江。岳飞眼见友军纷纷后撤，并且后方的粮草也逐渐停止供应，只得放弃洒下无数鲜血才得以收复的郾城、颍昌等地，退守淮中防区。

千古之冤

在绍兴十年（1140）的一系列大战中，宋军频频奏凯，宋高宗意识到金军已经不能威胁到南宋政权的存亡，这让他心中稍安。可另一方面，他又不愿意彻底击败金朝，以免宋钦宗被释放，威胁他帝位存在的合法性。因此，高宗和秦桧这对君臣一拍即合，他们决定收回抗金大将们的兵权，尤其是岳飞和韩世忠的兵权。绍兴十一年（1141），高宗召岳飞等人前往临安，以赏功的名义，升韩世忠、张俊为枢密使，岳飞为枢密副使，同时收回三人的兵权。接着，高宗和秦桧开始炮制罪状，打击主战将领，首选目标原定是韩世忠。但岳飞不予配合，反而为韩世忠诉说冤屈，这让高宗和秦桧把矛头又对准了岳飞。当年八月，岳飞被罢官免职。然而秦桧等人并不打算就此放过岳飞，秦桧利用岳家军内部矛盾，威逼利诱都统制王贵、副统制王俊先出面首告张宪“谋反”，继而牵连岳飞。

当年十月，岳飞和爱将张宪被抓入大理寺监狱。为了制造出岳飞谋反

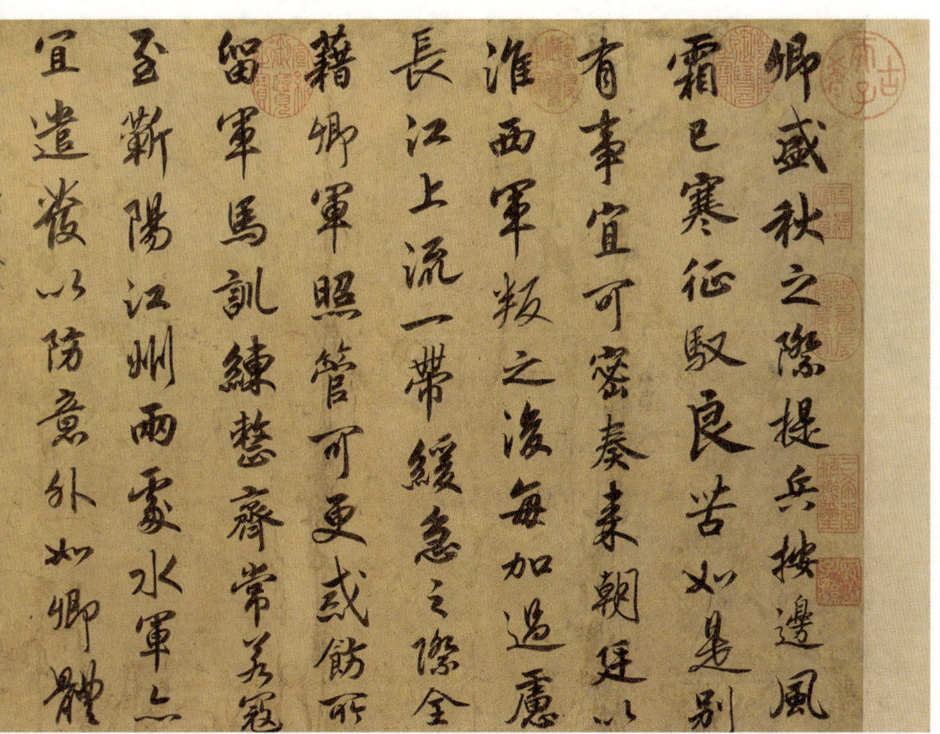

^ 赐岳飞批札卷 · 宋 · 赵构

这幅卷轴是宋高宗赵构写给岳飞的手札，大意为将长江上流一带的防御交给岳飞所部，同时要求岳飞整训军马，派出蕲阳、江州水军防备意外发生。从内容推断，书札约书于绍兴四年（1134）前后，当时岳飞和高宗关系尚属密切，岳飞所部也被视为南宋朝廷的重要国防力量。现藏于台北故宫博物院。

的“铁证”，秦桧与大将张俊相勾结，还收买了岳飞的心腹将领王贵，试图建立一个“完整”的“证据链”来处置岳飞。然而当主审官何铸审问岳飞时，岳飞脱下上衣，露出其母早年在其背上刻下的“尽忠报国”四个大字，一切诬陷都显得苍白可笑。随后，何铸向秦桧报告岳飞无罪，秦桧立即改派心腹万俟卨担任主审。当年十二月，秉承秦桧旨意的主审官万俟卨判定岳飞为谋叛罪。当时已经赋闲在家的韩世忠找到秦桧，追问有何证据证明岳飞谋叛，秦桧含糊其辞地回答说“莫须有”，这三个字最终造成了

^ 岳飞墓和岳云墓

岳飞墓，也称岳坟。位于浙江省杭州市栖霞岭南麓，是南宋抗金名将鄂王岳飞的墓地。墓呈圆形，墓碑刻有“宋岳鄂王墓”。岳飞墓的左侧是岳云墓，墓碑上写着“宋继忠侯岳云墓”。

中国历史上的一起特大冤案。绍兴十一年（1141）大年除夕，三十九岁的岳飞被处死在大理寺狱中，其子岳云、部将张宪被斩首，家产籍没，家属被流放至今广东、福建一带。

表面上看，岳飞之死是秦桧的手笔，而实际上却是高宗赵构打压南宋初年武将势力、维护皇权的一种狠辣手段。岳飞本人刚直倔强，长于谋国而短于谋身，在与高宗的君臣相处中犯下了不少令皇帝忌讳的错误。比如高宗在逃避金军途中遭遇苗刘兵变，失去了生育能力，岳飞却一再进言希望皇帝尽快确立太子，武将干涉皇室的继承问题是皇家的大忌，岳飞的行为给了赵构猜忌的理由。绍兴七年

（1137），大将刘光世病死，高宗准备将刘光世的部队划归岳飞指挥。可因为宰相张浚的反对，高宗食言，岳飞一怒之下辞职，回到庐山给母亲扫墓守孝。这种负气的做法给了张浚等人攻击岳飞的口实，也让高宗产生了岳飞要挟皇帝的感觉。绍兴十年（1140）的北伐结束后，岳飞的声望如日中天，他文武双全，不贪财，不好色，不喜物质享受，又深得军心民心，这样的人如何不被当时的统治者所猜忌？

绍兴三十二年（1162），宋孝宗即位后，追复了岳飞少保、两镇节度使的职务，岳飞诸子中的岳云、岳雷、岳霖被追复官职。孝宗淳熙五年（1178），岳飞被追谥为武穆，宋宁宗时又被追封鄂王，这段千古冤狱终于得到了昭雪。

历史断面

火药的使用

火药是中国古代的伟大发明，早在商周时期，木炭就被运用在冶金中，春秋战国时期，硫黄和硝石的性能又渐渐被人们掌握。随着炼丹术的长期发展，到唐代，火药最终成型。火药的大规模运用是在宋代，并在军事上显现出巨大威力。庆历四年(1044)，由曾公亮、丁度编撰的《武经总要》里首次记载了毒药烟球、蒺藜火球、火炮三种火药武器的配方。宋代火药武器经历了由制造火药箭、火炮等燃烧性武器到制造霹雳炮、震天雷等爆炸性武器的重大发展。在一系列战争中，霹雳炮得到广泛的使用。除火炮、火药箭外，宋代还出现了管形火器。开庆元年(1259)，用竹筒内装火药制成的突火枪问世。

关键词：隆兴和议

符离之战与开禧北伐

▪ 1163年~1207年

明末清初的思想家王夫之曾经说过："南宋高宗朝有恢复之臣，无恢复之君；孝宗朝有恢复之君，无恢复之臣；宁宗朝既无恢复之君，也无恢复之臣。"这话说得恰如其分。宋高宗时，国有良将，但高宗无心收复北方故土，所以最终是偏安一隅。宋孝宗时，君主一心北伐，但主持北伐的大臣和前线的将领缺乏足够的才干，所以才有了符离之战的惨败。到了宋宁宗时，权柄操纵在韩侂胄手中，北伐成了其巩固权位、提高声望的手段，最后的结果必然是覆师折将、身死国衰。

孝宗的北伐

宋金绍兴和议之后，软弱的宋高宗和投降派大臣对这种偏安局面十分满意，将收复失地的使命忘得一干二净。然而金国统治者灭亡南宋的野心并未泯灭，绍兴十八年（1148），海陵王完颜亮发动宫廷政变，自立为帝。绍兴三十一年（1161）七月，完颜亮组织起来的六十万大军，分四路大举南侵。完颜亮亲自率领其东路主力兵临采石（今属安徽），企图渡江灭宋。然而南宋参谋军事虞允文在采石之战中指挥若定，屡次挫败了金军的渡江企图。不久，金军发生兵变，完颜亮被杀，南宋这才侥幸逃过一场兵劫。

采石之战后的第二年，宋高宗退位为太上皇，将皇位内禅于太子赵昚，是为宋孝宗。孝宗登基后，和贪图安逸的高宗不同，他年轻气盛，立志光复中原，收复河山。他恢复了名将岳飞的谥号“武穆”，追封岳飞为鄂国公，罢斥了一批秦桧的党羽，鲜明地表现自己主战反和的立场。隆兴元年（1163），孝宗任命了主战派大臣张浚为枢密使，都督江淮兵马，全权负责南宋前线的军事指挥。孝宗本打算让张浚整顿军务，再伺机与金人一战。可张浚到任没多久，金左副元帅纥石烈志宁就致书于张浚，语气傲慢地要求南宋履行《绍兴和议》的内容，将海、泗、唐、

> 浮雕持斧武士像・南宋

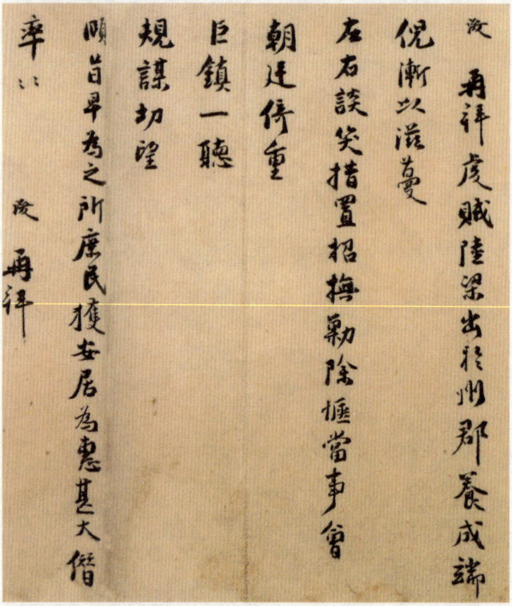

邓、商五州之地割让给金国，并支付当年的岁币。孝宗严词拒绝了金人的要求，反提出要重议疆界、双方地位必须平等的要求。恼羞成怒的金人一看宋朝皇帝如此“不识时务”，立刻兵陈虹县（今安徽泗县）、灵璧（今属安徽），做出了大军即将南下的姿态。

面对金国咄咄逼人的态势，张浚主张一改以往消极防御的战略，先发制人，抢先对金发起进攻，可这一主张立即遭到了主和派的强烈反对。平心而论，此时确实不适合北伐，一方面是高宗和大批主和派大臣在内部对北伐形成了巨大的牵制；另一方面承平日久，宋军士兵缺乏训练，装备很差，能征惯战的宿将也大多故去，政治、军事两方面都存在严重的隐患。可孝宗错误地估计了形势，轻率地认为恢复中原在此一举，于当年四月命令张浚督军北伐。五月，张浚命部下李显忠、邵宏渊率军渡淮河北上，正式拉开了孝宗朝北伐的序幕。

战斗刚一开始，金军因为轻敌无备连连失利，宋军则一路进展顺利。李显忠攻克灵璧，邵宏渊也攻克了虹县。金右翼军都统萧琦、泗州知州薄察徒穆向宋军投降。为了鼓舞将士斗志，张浚也随即渡

^ 谈笑措置帖·南宋·张浚

《谈笑措置帖》是张浚写给岳飞的书札。岳飞于绍兴三年（1133）四月带兵至虔州平定反叛，“斩十大王”，“一无遗类”，六月班师。此帖称“虔贼陆梁”，当是四、五月份所发，时张浚三十六岁。

河督战。五月中旬，李显忠率军猛攻淮北重镇宿州（今属安徽），斩杀金军数千人，攻占宿州城。这一消息传回南宋，无论是孝宗、朝中主战派大臣，还是普通百姓都极为振奋。孝宗下旨提升李显忠为淮南、京东、河北招讨使，邵宏渊为副使，并犒赏北伐军士。

就在南宋君臣为宿州大捷兴奋的时候，失败的危险已经悄悄地逼近。首先，功臣李显忠对士兵赏赐不厚，宿州参战的士兵每人得钱不过三百，大大折损了士兵的作战积极性；其次，大将邵宏渊自诩功劳不在李显忠之下，却仅仅得了个招讨副使，心怀怨恨，私下散布谣言，动摇军心。此时，金朝已从开始的惊慌失措中调整过来，金世宗急令左副元帅纥石烈志宁率领数万金军进攻宿州。宋金双方在宿州城外连番苦战，伤亡都很惨重，邵宏渊的儿子邵世雄带头逃跑，宋军其他将领也大批逃亡，李显忠只好率部撤入宿州。面对金军的猛攻，邵宏渊依然坐视不援，反而一再劝李显忠撤军南还。李显忠孤掌难鸣，只好下令北撤。宋军撤出宿州没多久，就在符离（今安徽宿州）被金军追上，十几万大军伤亡殆尽，辎重全部留给了金人，李显忠、邵宏渊二人仅以身免，史称此役为“符离之战”。

符离的惨败，给了南宋内部的主和派攻击孝宗北伐战略的口实，他们大肆攻击张浚，高宗也不断地斥责孝宗，要求和议。孝宗无法抵挡来自高宗和主和派的双重压力，只好下诏称“朕以太上圣意，不敢重违”，开始进行和议，并一度降张浚为江淮东西路宣抚使。尽管手中筹码不多，孝宗却始终想以较好的条件和议。他一面积极部署宋军防务，一面撤换了懦弱无能的和议正使卢仲贤，罢黜了主和派大臣汤思退，与金人展开了外交战。隆兴二年（1164），宋金正式达成了和议。这份名为“隆兴和议”的协议商定：宋不再向金称臣，双方为叔侄之国，改岁贡为岁币，减十万。尽管“隆兴和议”是宋金所有和议中屈辱色彩较为淡化的一个，但毕竟不是基于同等国力的平等协议。尽管此后孝宗念念不忘北伐雪耻，但直至他逝世也未能实现这一愿望。

开禧北伐

孝宗长期受太上皇高宗挟制，等到高宗去世，他也是年至花甲的老人，失去了锐意恢复的信心。淳熙十六年（1189）二月，孝宗传位于“英武类己”的太子赵惇，是为宋光宗。不料赵惇惧怕皇后李凤娘，在悍妒的皇后压迫下，他与孝宗的关系也日益疏远。绍熙五年（1194）五月，宋孝宗病重，但是受李皇后挑拨的宋光宗却拒绝前往孝宗居处重华宫探望。六月，宋孝宗在遗憾与寂寞中病逝，光宗再次以自己有病为由拒绝主持孝宗的丧礼。消息传出，不满的大臣们聚集在宗室、知枢密院事赵汝愚的周围，开始策划政变，迫使光宗禅位，拥立皇子嘉王赵扩为帝。废立之事必须获得太皇太后吴氏的支持，这样身为外戚，与内廷关系密切的韩侂胄（韩侂胄父亲是太皇太后吴氏的妹夫）进入了赵汝愚的视野。在韩侂胄的努力下，太皇太后终于同意下诏。

当年七月初五，太皇太后下诏宣布光宗内禅，嘉王赵扩在孝宗灵前被披上黄袍，即位称帝，是为宋宁宗。政变是成功了，但为了抢夺政治权力，赵汝愚和韩侂胄却反目成仇。韩侂胄是外戚身份，深得宁宗信任，拉拢了一批大臣为其所用；而赵汝愚却因为以宗室任宰相、专擅国政而受到宁宗的猜疑，终于在庆元元年（1195）二月被罢相，贬往永州（今属湖南）安置，后死于该地。赵汝愚被罢相，理学人士多有上疏论救，为了巩固权势，韩侂胄将理学领袖朱熹等人的学说列为伪学，下令禁止，列为伪学党籍的官员纷纷被贬官，史称“庆元党禁”。

此时北方的金朝渐渐衰落，内有农民起义蜂起，外有蒙古侵扰边境，陷入内忧外患之中。欲立下不世功业的韩侂胄认为可以乘机北伐，恢复中原。为了制造北伐的舆论，嘉泰四年（1204），朝廷追封岳飞为鄂王，两年后又削去秦桧的王爵，改谥谬丑。消息传出，朝野振奋。次年，改元开禧，取的是宋太祖“开宝”年号和宋真宗“天禧”年号的头尾两字，表示了南宋朝廷的恢复之志。韩侂胄为全面主持北伐，出任平章军国重事。他下令各军密做准备，同时拿出朝廷封桩库的金钱做军需，又命大将吴曦练兵巴蜀，为西路主将，赵淳、皇甫斌准备出兵取唐、邓，郭倪指挥宋军渡淮。

战事首先在淮河沿岸打响，在这里南宋的又一颗将星冉冉升起，他便是毕再遇。毕再遇是岳飞部将毕进之子，史称其“武艺绝人”，能拉开两石的硬弓，曾受到孝宗的召见，赐予战袍。开禧二年（1206）四月，毕再遇随武锋军统制陈孝庆渡淮攻泗州。毕再遇头戴鬼面具，率领敢死队一举登上泗州东城，杀敌数百，金军溃乱，从北门逃出。毕再遇再攻西城，树大将旗，高声喊道：“大宋毕将军在此，尔等乃中原遗民也，可速降。”金军闻之胆寒，开城出降。不久，他又在灵璧为掩护撤退的宋军，手挥双刀，直插敌阵，以四百八十骑大破金军五千人。此时，陈孝庆率部攻占虹县，江州统制许信攻下新息县（今属河南），光州义军攻下褒信县（今河南新蔡西）。宋军连战皆胜，形势一片大好。这年五月，宁宗正式下诏宣布北伐。北伐诏下，群情激愤。爱国诗人陆游这时已经八十二岁，闻听朝廷北伐，欣喜不已，作诗言志道：

中原蝗旱胡运衰，
王师北伐方传诏。
一闻战鼓意气生，
犹能为国平燕赵。

宋宁宗像·南宋

宋军只求速胜，军事准备十分不足，韩侂胄既没有练出一支精兵，又无出众的参谋，也没有做好长期作战的准备。他起用的陈自强、苏师旦都是其亲信，才能不堪担当军国重事。东路虽有毕再遇一柱擎天，但是大部分宋军自符离之败后久已不遇战争，战斗力低下，而且又缺乏出众的将帅，已不堪支撑灭敌的重任。果然，宋军在其后的作战中连连失败，多数一战即溃，甚至不战自溃。只有毕再遇一军取得多次胜利。这时西线传来噩耗，镇守四川的大将吴曦企图割据，早就与金军暗通款曲。虽然开禧三年（1207），吴曦便被所部将士杀死，这却打破了北伐的原有部署。

金军解除西线后顾之忧后，以主力渡淮南下，攻至长江北岸。中路出唐、邓攻襄樊，西路全军分驻川陕边界。三路并进，连连陷落南宋许多州县。此时刚被起用的两淮宣抚使丘崈面对不利形势，认为战之不能胜，于是秘密与金军商谈和议。面对南宋的议和使臣，金朝虚声恫吓，说要以长江为界；斩元谋奸臣（指韩侂胄等），函首以献；增加岁币，出犒师银，方可议和。韩侂胄闻听大怒，决意再度整兵出战。但是这时朝中的反韩力量已在礼部侍郎史弥远和宁宗皇后杨氏的联络下结合起来。开禧三年（1207）十一月初，在史弥远策划下，先是通过宁宗御笔罢韩侂胄平章

军国重事。次日，乘韩侂胄入朝奏事时，中军统制、殿前司公事夏震发动突然袭击，把他劫持至玉津园夹墙内杀害，而宋宁宗直到三天后才知道这一阴谋。同时史弥远又杀死韩侂胄的亲信苏师旦，将两人头颅割下送给金朝。

嘉定元年（1208），宋金再度达成和议，两国关系由叔侄关系降为伯侄关系，增岁币银三十万两，绢三十万匹。同时加犒军费二百万贯，开禧北伐彻底失败了。次年，陆游也带着“王师北定中原日，家祭无忘告乃翁”的遗恨离开人世。开禧北伐的失败在于仓促出兵，当时宋军并未完全做好准备，各路宋军缺乏训练与配合，又长期不作战，导致畏敌如虎。同时又没有选择好时机，当时金朝虽有内忧外患，但是并没有严重到分崩离析的地步，还拥有相当的实力。再次韩侂胄用人失当，缺乏干练的将才。西路主将叛变，东路主将主和，最终导致全盘皆输。

聘金图・金・杨邦基

此图描绘的是南宋使臣出使金国的情景，画面中的四位宋使并未受到金国的热情接待，迎接的乐工自顾谈笑，迎接的官员身份较低，这反映出金国对宋使臣的羞辱，应是宋国战败后的一次出使求和情景的反映。现藏于美国纽约大都会博物馆。

专题

理学的兴盛

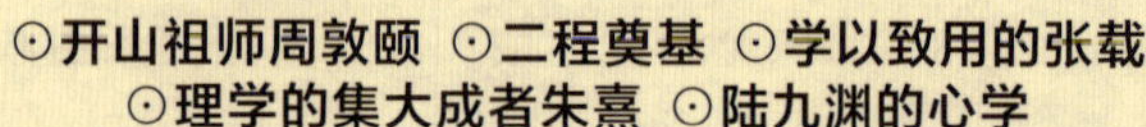

⊙开山祖师周敦颐 ⊙二程奠基 ⊙学以致用的张载
⊙理学的集大成者朱熹 ⊙陆九渊的心学

宋代的理学名家辈出，成就非凡，代表人物有北宋的周敦颐、程颢、程颐、张载和南宋的朱熹、陆九渊等。其中又可分为程朱理学、陆九渊心学和张载的“气”一元论三派。程朱理学是客观唯心主义，陆九渊心学是主观唯心主义，张载的“气”一元论是唯物主义，其中占支配地位的是程朱理学。理学是在儒、佛、道三教互动融合的基础上孕育形成的，标志着儒学发展史上的一个新高峰，影响十分深远。

▼周敦颐赏莲图（局部）·明· 刘俊

开山祖师周敦颐

周敦颐（1017—1073），字茂叔，道州营道（今湖南道县）人。他继承《易传》和部分道家及道教思想，写成《太极图说》和《通书》，提出“无极而太极”，“太极”一动一静，产生阴阳万物的宇宙构成论。周敦颐认为人是万物生成之一，但又有区别，“万物生生而变化无穷焉，唯人也得其秀而最灵。形既生矣，神发知矣，五性感动而善恶分，万事出矣。圣人定之以中正仁义而主静，立人极焉”。他又模仿“太极”而建立“人极”，以“诚”作为道德本体的最高境界，强调人只有通过主静、无欲，才能达此境界。其学说对后世理学发展产生了极大的影响。后世凡提及宋代理学，周敦颐及其学说当列为首位。

▲程颢像·清

二程奠基

程颢（1032—1085），字伯淳，后世称其为明道先生。宋神宗时为太子中允监察御史，在洛阳讲学十余年，弟子有“如坐春风”之喻。程颐（1033—1107），字正叔，后世称其伊川先生，官至崇政殿说书，讲学达三十余年。其学以“究理”为主，认为“天下只有一个理”，突出一物之理即万物之理，此说开南宋理学之先河。程颐还用儒家的“理”来规定人的本性，提出了著名的“性即理”论点，并主张“涵养须用敬，进学在致知”的修养方法来“格物穷理”，目的在“去人欲，存天理”。程颐也有一些为后世诟病的观点，他曾提出“饿死事极小，失节事极大”，反对寡妇再嫁，较为偏激。

▲程颐像·清

二程为胞兄弟，亦称大程、小程，因皆

为河南洛阳人，其所创学说也被称为“洛学”。“洛学”后来为朱熹所继承和发展，世称程朱学派。二程学说的核心是“理”，即“唯心理”，关键命题是“一草一木皆有理”，但“万物皆只是一个天理”，“天理”就是人类社会永恒的最高准则。二程由此对封建伦理道德进行新的阐释，将三纲五常视为“天下之定理”。二程从哲学上论证“天理”与“人欲”二者的关系，达到规范行为维护封建秩序的目的。程颢、程颐所创建的“天理”学说在中国古代哲学思想史上具有重要地位，后来的朱熹、陆九渊、王阳明，在二程开辟的方向上发展了理学。

学以致用的张载

张载（1020—1077），字子厚，凤翔县（今陕西眉县）人。因在县横渠镇讲学，故人称横渠先生。他曾讲学关中，所以其学派被后世称为“关学”。张载抱负远大，提出“为天地立心、为生民立命、为往圣继绝学、为万世开太平”。其所创关学注重“学以致用”，十分重视自然科学，以自然科学知识来论证其宇宙观，带有朴素的唯物主义思想。张载提出“太虚即气”的学说，肯定“气”是充塞宇宙之实体，“气”的聚散变化，

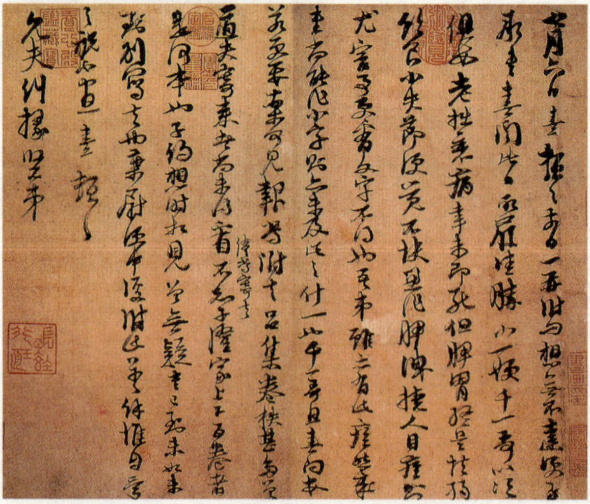

与允夫手札·南宋·朱熹

▸朱熹像·清

在山东曲阜孔庙大成殿中，供奉有十二位儒家哲人，其中包括子贡、子路等十一位孔子的亲传弟子，唯一不是孔子亲传弟子却位列其中的就是朱熹，可见其人在儒学中的地位。

形成世间各种事物现象。张载提出“义理之学”必须向纵深发展，“盖惟深则能通天下之志”。“关学”特别重视躬行礼教的道德实践，强调“学以变化气质”，反对把“心性之学”仅当作空谈，主张“德性所知，不萌于见闻”。这些思想对后世理学具有开创意义。清朝学者全祖望曾说：“横渠先生勇于造道，其门户虽微有殊于伊、洛，而大本则一也。”

理学的集大成者朱熹

朱熹（1130—1200），字元晦、仲晦，号晦庵，徽州婺源（今江西婺源）人。朱熹是中国古代最著名的哲学家、理学家之一，宋代理学的集大成者。朱熹在历代儒者中的地位及实际影响仅次于孔子和孟子，其思想学说自元代开始就被定为官方哲学。

朱熹一生著述极丰，《四书章句集注》是最具代表性的传世之作，对后世影响深远。《四书章句集注》是朱熹为《大学》《中庸》《论语》《孟子》所做的注，又简称为《四书集注》。朱熹用毕生精力撰写和反复修改《四书集注》，前后共40年。朱熹通过注释和序来阐释理学的基本范畴和命题，强调天理纲常和名分等级的永恒性，以宣扬从孔孟到二程的道统思想。

自此，《大学》《中庸》《论语》《孟子》被称为“四书”，与“五经”一起列为科考的必备书目，成为封建社会最重要的经典著作。朱熹集理学之大成，继承周敦颐的“太极”阴阳、二程之“理”、张载之“气”，并援佛、道入儒，构筑了一个更为博大精深、结构完备的理学逻辑体系。在理气论上，朱熹坚持理气不可分离、理先于气而存在的客观唯心主义观点。朱熹认为道心即“天理”，恶的人心就是“人欲”。他主张“存天理、灭人欲”，并指出了“正心、诚意”的“修身”方向，指明世人自觉认识“天理”的实践途径。

朱熹一生历仕南宋高、孝、光、宁四朝，但实际从政时间不过十载，其余时间都在讲学和著书。朱熹一生门徒众多，在《朱子语类》中有名可考的笔录者就有九十多人。朱熹十分重视读书教育，他曾重建庐山白鹿洞书院，并邀请其时的论敌陆九渊来此讲学，反响极大。这次极负盛名的讲学，成为后世学者论辩的楷模。朱熹以“格物致知”视为为学之道的起源，认为“为学之道，莫先于穷理；穷理之要，必在于读书；读书之法，莫贵于循序而致精；而致精之本，则又在于居敬而持志”。朱子学说在明、清两代被确立为儒学正宗，对后世影响至深。

陆九渊的心学

陆九渊（1139—1193）字子静，江西抚州金溪（今江西临川）人，后世称象山先生。他是宋代主观唯心主义理学的代表人物。陆九渊的哲学根本命题是“心即理”，认为“万物森然于方寸之间，满心而发，充塞宇宙，无非此理”，故称“心学”。他主张“吾心即是宇宙”，断言天理、人理、物理只在吾心之中，“人皆有是心，心皆具是理，心即理也”，往古来今，概莫能外。陆九渊以此来论证封建等级秩序、道德规范等“天理”，都是发自人本心而恒久不变的。陆九渊的主观唯心主义论调与朱熹的客观唯心主义"理气论"迥异，但都是"同植纲常，同宗孔孟"。尽管两人"所学多不合"，曾在信州铅山（今属江西上饶）鹅湖寺展开过有关"理"与"气"的大辩论，但是二人私交甚好，书信往来，论辩不已。在治学方法上，陆九渊也主张由本心出发，只需"发明本心"，不必多读书外求，他认为"学苟知本，六经皆我注脚"。陆九渊也主张"格物"，但是他的格物不是研究事物本身，而是内求于自己的本心。陆九渊这些哲学思想被明代的王阳明发扬光大，发展成"知行合一"和"致良知"。

▾ 白鹿洞书院

相传唐贞元年间，洛阳人李渤与其兄长在庐山五老峰下隐居读书，养鹿自娱，久而久之，鹿通人性，令人惊奇。再加上此处地势低凹，俯视如洞，因此被称为"白鹿洞"。后南宋理学家朱熹到访，满目荒芜，叹息不已，于是责令官员修复白鹿洞书院。

关键词：湖上平章

宋末权臣：史弥远与贾似道

▪ 南宋后期

北宋初年，为了限制宰相的权力，将相权一分为三，财权划归三司使，军权划归枢密使，宰相只剩下了行政权。然而到了南宋时期，因为与后金战事频繁，宰相兼任枢密使已成为惯例（秦桧死后高宗朝曾短暂分离）。军权与行政权的过分集中必然会导致权臣产生，再加上孝宗之后的南宋帝王要么体弱多病，要么年幼登基，外戚势力干预政治愈发明显，这才催生了秦桧、韩侂胄之后另外两大权臣的发迹，也就是独掌大权二十五年的史弥远和历经三朝的“湖上平章”贾似道。

第一权相

史弥远（1164—1233），字同叔，是孝宗朝右相史浩的养子。由于攀附曾经拥立宁宗为帝的权相韩侂胄，在其升任平章军国重事后，史弥远也随即得到重用，从六品的司封郎中一跃升为礼部侍郎，并兼任太子赵曮的翊善（教导皇子的一种官职）。

但史弥远之志绝不止此，他的野心随着权位的迅速升迁而迅速膨胀。开禧北伐失败之后，力主抗战的韩侂胄威信大减。南宋被迫遣使议和，金

>《历代帝王像》之宋理宗像·清·姚文瀚

宋理宗原名赵与莒，后被立为宁宗弟沂王嗣子，赐名贵诚。后被立为宁宗皇子，赐名昀，是南宋的第五位皇帝。

国提出以韩侂胄首级作为议和的前提，理所当然遭到韩侂胄的拒绝。但主张投降政策的史弥远却认为有机可乘，他利用太子赵曮向宁宗建议诛杀韩侂胄，意在借机取而代之，但宁宗不予理睬。于是，史弥远绕过宁宗，和对韩侂胄怀恨在心的杨皇后结为联盟，杨皇后伪造宁宗的御批密旨，矫诏派遣中军统制、殿前司公事夏震在玉津园杀死了韩侂胄。

诛韩之后，史弥远升任宰相，他破坏了北宋以来文武二府分掌大权的祖制，以宰相兼枢密使，并使之成为南宋后期的固定制度，造成了南宋后期皇权不振、权臣专政的恶劣影响。自此，史弥远不但以宰相而兼枢密使，集文武二府军政大权于一身，而且在宁宗、理宗二帝时代独霸相位长达二十五年，创两宋历史上权臣主政时间之冠。

然而，当年协助史弥远杀害韩侂胄，对金乞降求和的太子赵曮，却在嘉定十三年（1220）突然死去。次年，宋宁宗另立赵竑为皇子。史弥远并不希望赵竑成为皇位继承人，因为平日里赵竑已经对史弥远的擅权跋扈表示出强烈的不满情绪，甚至对身边人说，将来即位之后要把史弥远贬斥到八千里外的新州（今广东新兴）或者恩州（今广东阳江）。这些都被史弥

^ 楼舡图

楼舡是一种楼船，为宋代水军战船的一种。

远安置在赵竑身边的耳目所告发，而赵竑却浑然不觉。史弥远在宁宗面前诽谤不成的情况下，便开始着手策划废掉赵竑，另立他人为宁宗的继承人。嘉定十六年（1223），史弥远收买国子学录郑清之，阴谋在宁宗去世时，废太子赵竑而另立宗室赵贵诚为帝。为此，他安排郑清之作为赵贵诚的老师。嘉定十七年（1224）八月，宁宗突然病重不起，再不能处理朝政，史弥远遂加快了策划宫廷政变的步伐。在宁宗弥留之际，史弥远一方面通过郑清之转告赵贵诚即将立他为帝，一方面在夜里急召翰林学士入宫，草诏二十五道以应付宁宗崩后的局面。在宋宁宗病死的当晚，史弥远派人召赵贵诚入宫，并通过杨皇后的家人威胁杨皇后说："史弥远已命殿帅夏震派兵看守皇宫及赵竑，如果不同意废立，祸变必生，杨家也会被灭族。"杨皇后权衡利害关系之后，被迫同意。接着，史弥远伪造宁宗遗诏，宣布："废赵竑为济王，立赵贵诚为太子，即皇帝位。"为了证明赵贵诚即位的合法性，史弥远对外宣称：宁宗在世的八月份，即已诏令以贵诚为太子，赐名昀。赵昀即位，是为宋理宗。至此，史弥远实际上已经完全控制了南宋政权，即使是理

^ 缂丝牡丹图册（局部）· 南宋 · 朱克柔

缂丝是一种装饰性、欣赏性极高的工艺品，它采用其特有的各种不同的戗色方法缂织花纹，使花纹高雅，富有笔意，并具有很强的质感，甚至享有“一寸缂丝一寸金”的声誉。这件牡丹图， 色彩配色浓淡似真。现藏于辽宁省博物馆。

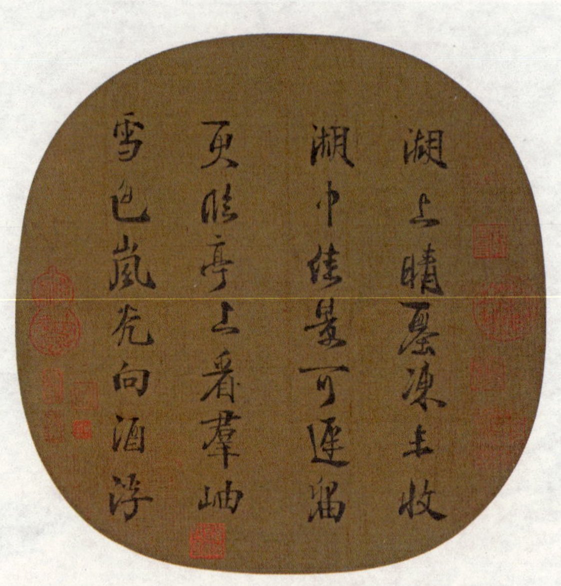

行书《西湖雪霁诗》扇面·宋·赵昀

宋理宗一生受制于权臣，委政于奸相，唯一值得称道的是对程朱理学的推崇。其书法作品多以扇面形式传世，书风面目独特。现藏于美国纽约大都会艺术博物院。

宗本人也只不过是他手中的傀儡。在二十五年的独相专权的时间里，他变更中枢旧制以决朝政，把持将帅任免以专军权，控制台谏以打击异己，植党营私以布局天下。就其专权程度而言，即使是高宗朝的秦桧也难以望其项背。

湖上平章

邵定六年（1233），权臣史弥远病死，但南宋出权相、奸相的“传统”并没有终止，宋理宗、宋度宗、宋恭帝三朝又出了一位有“湖上平章”之称的末代宰相贾似道。

贾似道（1213—1275），字师宪，台州天台（今属浙江）人。其父贾涉，在宁宗朝曾官至淮东制置使。在父亲死后，缺乏家教的贾似道“少落魄，为游博，不事操行”，后来以父荫入官补嘉兴司仓。嘉定四年（1211），因为其姐贾贵妃得宠于理宗，从此官运亨通。宝祐二年（1254），不学无术的贾似道竟然升为同知枢密院事，此后几年步步升迁，到了宝祐六年（1258），升任枢密使、两淮宣抚使，担任起保卫南宋两淮边防的重任。开庆元年（1259）正月，贾似道以枢密使改兼京西、湖南北、四川宣抚大使，都提举两淮兵甲，湖广总领，江陵知府，集长江中上游地区的军事、民政、财政大权于一身，又负责两淮的军事，全面负责南宋抵抗蒙古大军的前线防务。

开庆元年（1259）二月，蒙古大汗蒙哥亲自率南侵的西路军进攻合州（今重庆合川）钓鱼城，屡攻不克，蒙哥于七月被击毙在钓鱼城下。与此同时，蒙哥之弟忽必烈此时正率东路军围攻江淮重镇——鄂州。为此，理宗任命贾似道为右丞相兼枢密使，率军由江陵（今属湖北）至汉阳（今属湖北武汉），又进入鄂州，督师抗击。恰巧此时，忽必烈接到密报，得知蒙哥阵亡，蒙古汗廷人心浮动，遂决心北返以争夺汗位。贾似道也私下遣使，以南宋愿称臣纳币、割让长江以北土地等条件求和。忽必烈由于急于回师，就顺水推舟同意了贾似道的求和要求，率军北返，鄂州之围遂解。

贾似道隐瞒向蒙古乞降、签订和约的真相，而以战胜蒙古军报功。昏庸的理宗竟然相信了他的谎话，认为他对社稷有再造之功，进封少师、卫国公。景定元年（1260），忽必烈派郝经入宋，索取贾似道答应的“岁币”。贾似道害怕暗中乞降的情况被元使泄露，命人将使臣郝经一行拘留于真州（今江苏仪征）。这种做法激怒了忽必烈，只是因为蒙古内部叛乱不断，这才没有立刻兴兵南下。鄂州之战，对于贾似道个人是个难得的良机，此后他便开始了长达十六年的独霸宰执、专政擅权的时期。

蒙古军北返之后，南宋小朝廷又进入到一个相对安宁的阶段。以理宗

黑漆嵌螺钿花蝶纹盘·南宋

盘为木胎，髹黑漆。敞口，弧壁。盘内心嵌螺钿装饰兰花一枝，蝴蝶两只，间以坡石小草。整体构图简洁大方，是南宋漆器中的佳作。现藏于美国弗利尔赛克勒美术馆。

和贾似道为首的整个统治集团，对近在咫尺的亡国威胁浑然不觉，很快又重新过起了莺歌燕舞的日子，全然不顾这种歌舞升平的背后隐藏着何等巨大的危机。景定五年（1264）十月，理宗因病去世，贾似道奉遗诏拥立太子赵禥即皇帝位，是为宋度宗。度宗即位后，南宋国势更加严峻，满朝君臣却依旧陶醉于西湖歌舞的喧嚣热闹之中。贾似道因为定策之功，其权力和地位更得以稳固。度宗为了追求享乐安逸，把朝政大权拱手让给贾似道，甚至尊称贾似道为“师臣”，加号平章军国重事，贾似道则俨然如同太上皇一般。咸淳三年（1267），宋度宗特许贾似道可以三日一入朝，又将位于西湖旁葛岭的别墅赏赐给贾似道，让其养尊处优，贾似道将其扩建，命名为“半闲堂”。即便如此，贾似道也只是五天才入朝办公一次，他置朝政于不顾，每日唯以斗蟋蟀为乐，并著有《蟋蟀经》，描述自己养蟋蟀、斗蟋蟀的经验。此外，他还贪货好色，为了一条陪葬的玉带，竟将功臣余玠的墓冢挖开，甚至强取宫女叶氏为妾。贾似道的大部分时间几乎都是在半闲堂和西湖上游戏取乐中度过的，于是时人借机编出儿歌讥讽说：“朝中无宰相，湖上有平章。”

咸淳十年（1274），宋度宗去世，在贾似道的主持下，扶立度宗嫡子、年仅四岁的赵㬎为帝，是为宋恭帝，贾似道仍然主持朝政大权。当时元世祖忽必烈已经派大将伯颜率军南下灭宋，贾似道先是隐瞒不报，后又在芜湖督战时弃师而逃，导致南宋军队大败，军士死伤逃亡不计其数，天下舆论大哗。在强大的压力下，太皇太后谢氏被迫将贾似道免职，贬往循州（今广东龙川西）。在前往循州的路上，贾似道被会稽县尉郑虎臣所杀。

^ 木棉庵旧址碑刻

木棉庵位于福建漳州龙海市下九湖木棉村，贾似道被贬循州，道出木棉庵，郑虎臣杀贾似道于此地。现有碑刻多方，其中一方碑刻镌“宋郑虎臣诛贾似道于此”十个大字，是清乾隆间知县袁本濂所立。

关键词：襄樊之战

钓鱼城之战和襄阳保卫战

- 南宋后期

钓鱼城之战和襄阳保卫战是南宋抵抗蒙元南下的两次重要战役，对于中国历史乃至世界历史都有着重要的意义。在钓鱼城之战中，蒙古大汗蒙哥意外身亡，使得蒙古的侵宋战争功亏一篑，南宋王朝得以再延续二十年；而襄阳保卫战的失利，则意味着南宋江淮门户洞开，南宋的灭亡已经为期不远。

血战钓鱼城

宋理宗端平元年（1234），南宋与蒙古联合灭亡了金国，然而南宋的君臣们很快发现自己换了一个更为凶狠的邻居。灭金之后，骄横的蒙古统治者独占了原来金国的全部土地，幻想收复中原的南宋决心出兵河南，却被蒙古军队杀得溃败而还。灭金的次年，在报复南宋“侵犯疆土”的名义下，蒙古大军兵分两路，分别从陕西和淮河下游对南宋发动了进攻。在这次战争中，四川地区（包括今四川省和重庆市）被蒙古军队破坏得最为严重。

不久，蒙古大汗窝阔台汗去世，南下的蒙古军队相继北返，南宋才因而得到喘息的机会，加紧对各条防线进行休整和充实。淳祐二年

（1242），在两淮抗蒙战争中战绩颇著的余玠，被宋理宗派遣到四川主持军政事务。为了巩固西部防线，余玠在四川采取了一系列政治、经济和军事措施，并依据山区地形修筑了诸多城堡，其中最为重要的就是钓鱼城。

钓鱼城建筑在今天重庆市合川的钓鱼山上，这座小山突兀耸立，山下嘉陵江、渠江、涪江三江汇流，南、北、西三面环水，地势十分险要。钓鱼城既有山水之险，又有交通之便，通过水陆可以通达四川各地。到任之后的第二年，余玠便采纳当地军民的建议，于山上修筑了这座城堡。钓鱼城分内城和外城，外城建筑在悬崖峭壁上，城墙是用条石垒成的。城内有大片的农田和丰富的水源，周围的山麓也有许多可以耕作的土地。这样完善的防御体系，再加上复杂的地形，使钓鱼城成为一座易守难攻的军事要塞。

重庆合川钓鱼城

宝祐五年（1257），蒙古大汗蒙哥再次派遣大军南下进攻宋朝，并亲自率领主力攻打四川。到了第二年秋天，蒙古军已经占领了四川的绝大部分城池，只剩下钓鱼城等仍在坚守。南宋开庆元年（1259）二月，杀掉蒙古人的招降使者后，南宋守军凭借要塞屏障，开始了极其激烈的钓鱼城大战。虽然蒙古军的攻城器具十分精备，无奈钓鱼城地势险峻，多数器械根本发挥不了作用。南宋守军在主将王坚及副将张珏的协力指挥下，击退了蒙古军一次又一次的进攻。蒙古军虽然几次登上城头，却都被拼死鏖战的将士们杀退。强攻不得的蒙古人打算围困钓鱼城，迫使其开城投降。但是几个月之后，在南宋守军的嘲笑声中，两尾30斤重的鲜鱼以及一百多张面饼被丢到山下的营寨中。宋军投书蒙古军，宣称即使再围困十年，蒙古军也没办法拿下钓鱼城。

此时蒙古军久屯于坚城之下，又正值酷暑季节，畏暑恶湿的蒙古人由于水土不服，各种传染性疾病开始在军中流行起来。按照《元史》记载，蒙古大汗蒙哥在当年六月也得了重病，不过根据当地地方志的描述，蒙哥则是被南宋守军击成重伤。无论哪个记载是当时的真实情况，蒙哥再不能指挥军队是无疑的事实。到了七月，蒙古人开始从钓鱼山下撤退，大军北行到金剑山温汤峡（今属重庆）时，蒙古大汗蒙哥去世。

作为山城防御体系的典范，钓鱼城在冷兵器时代充分表现了其强大的防御作用，成为敌军难以攻克的坚固城堡。自蒙哥之后，钓鱼城几次顶住了蒙古人的进攻，直至最终守将开城投降才落入敌手。

嵌金八宝龙纹铁盔·蒙古

襄樊之战

钓鱼城之战后的第二年，北返的忽必烈在开平（今内蒙古正蓝旗东）

> 饿鹘车（模型）

此车为宋代战争时用以破坏城防工事的饿鹘车（模型）。

即汗位。当年四月，忽必烈建元称帝，是为元世祖。建立元朝后，元世祖灭亡南宋、一统中国的野心并没有削弱。为了实现这一目标，他将进攻的重点从四川改为襄樊（今属湖北）。

襄樊位于南阳盆地南端，一条汉水流过襄阳和樊城之间，人称“跨连荆豫，控扼南北”，地理位置十分险要，自古就是兵家必争之地，也是南宋抵抗蒙古军队的边防重镇。咸淳三年（1267），投降蒙古政权的南宋将领刘整向忽必烈进献攻灭南宋策略，“先攻襄阳，撤其捍蔽”，他认为如果南宋“无襄则无淮，无淮则江南唾手可下也”。根据刘整的建议，忽必烈开始实施针对襄阳的战略包围。首先，蒙古政权统治者派人用玉带贿赂负责襄阳防御的南宋荆湖制置使吕文德，请求在襄樊城外置商业往来的榷场，得到南宋方面的应允。不久蒙古人又以防备盗贼、保护货物为名，要求在襄樊外围筑造土墙，目光短浅的吕文德再次同意了这一要求。于是蒙古人在襄阳东南的鹿门山修筑土墙，又在土墙内建筑堡垒，建立了围困襄樊的第一个据点。

咸淳四年（1268），蒙古将领阿术等人又在襄阳附近修筑了两个城堡，切断了宋军从陆路救援这座城市的道路。咸淳六年（1270），蒙古军队依据襄樊西、南两面的山岭，修筑漫长的围墙和十座堡垒，彻底切断了襄阳与西北、东南的联系，使其成为一座孤城。在这期间，蒙古军队还大力营建水军。刘整与阿术特意上书忽必烈皇帝：“我精兵突骑，所当者破，惟水战不如宋耳。夺彼所长，造战舰，习水军，则事济矣。”忽必烈当即责令刘整负责“造战船，习水军”，很快便组织了一支拥有五千艘战船的庞大舰队。

南宋为了救援襄阳，于咸淳三年（1267）任命吕文德的弟弟吕文焕为襄阳知府，兼京西安抚副使。次年年底，为打破敌人的围困，吕文焕组织襄阳守军主动进攻蒙古军队，却被敌人打得大败，宋军伤亡惨重。仅在咸淳五年（1269），南宋将领张世杰、夏贵、范文虎等人就几次挥师襄樊，意图打破蒙古军队的封锁，但是无不惨败而归。至此，宋军与蒙古军队已经在襄樊外围进行了长达三年的拉锯战。然而这时蒙古军队对襄樊的包围已经形成，南宋组织的援军屡战屡败，襄樊守军的反攻也不能取得胜利，当地军民只好困守两城。

咸淳八年（1272）年初，元军对樊城发起了总攻，著名的“襄樊之战”正式开始。三月，元军攻破樊城外城，宋军只得退到内城继续坚守。到了四月，南宋京湖制置大使李庭芝招募襄阳府、郢州（今湖北钟祥）等

^ 襄阳城临汉门

临汉门，是襄阳城六大城门之一，又称小北门。位于今天的湖北襄阳古城。“汉沔津梁”“北门锁钥”是对它作为战略要津的又一赞誉。小北门城楼建筑在拱券式城门洞上，城楼四柱三间，重檐歇山顶，七檩抬梁构架，砖木结构，为清代建筑。

地民兵三千余人，由张顺、张贵等人带领，经水路星夜支援襄阳。临行前，张顺激励士卒道："这次救援襄阳的行动十分艰巨，每个人都要有必死的决心和斗志，你们当中的有些人并非出于自愿，那就赶快离去，不要影响这次救援大事。"士兵们群情振奋，纷纷表示要奋勇杀敌。经过浴血鏖战之后，宋军击破元军的封锁，成功进入了被困达五年之久的襄阳城，极大地鼓舞了城中军民的斗志。然而战斗中张顺英勇牺牲，几天以后襄阳守军在江水中捞到他的尸体，悲愤的军民将他安葬后立庙祭祀。

不久，张贵在另一次意图打破包围的战斗中被元人俘虏，英勇牺牲。为了尽快攻下襄樊，元军用计烧毁了樊城与襄阳之间的汉水浮桥，从而切断了两城之间的联系，失去支援的樊城很快陷落。樊城失陷后，襄阳的形势更加危急，吕文焕多次派人到朝廷告急，却始终没有盼到援兵。咸淳九年（1273）二月，困守襄阳的吕文焕被迫向元军开城投降。历时五年的襄樊保卫战结束。

历史断面

指南针的使用

指南针同火药一样，也是中国古代的伟大发明。早在战国时期，中国就出现了用磁石制作的指南工具"司南"。到宋代，人们使用磁性钢针作为指南工具，宋代科学家沈括在《梦溪笔谈》中记载了装置指南磁针的四种方法：水浮、指爪、碗唇、缕悬。指南针的改进给航海事业带来了划时代的影响。依托着先进的指示工具和精良的航行设备，宋朝成为当时海上贸易的大国。指南针技术被阿拉伯人传到了欧洲，后世麦哲伦的环球航行、哥伦布发现美洲新大陆等都借助了指南针的神奇力量。

关键词：海战

崖山海战

■ 1279年

崖山海战，又称崖门战役，是宋朝末年南宋与元朝的最后一次战役。对于元军而言，这是一次以少胜多的大战，宋元双方投入军队三十余万，最终宋军全军覆灭。此次战役之后，宋朝也随之覆灭。南宋军民十余万人在海战失败后投水殉国，上演了极为壮烈的一幕。

< 元世祖忽必烈像·元

正是在忽必烈的努力之下，建立了幅员辽阔的统一多民族国家——元朝，定都大都（今北京）。

临安失守

宋咸淳九年（1273）元军占领襄阳后，于次年六月大举伐宋，以伯颜为统帅，兵分三路南下江淮。不久，宋度宗病死，其年仅四岁的儿子赵㬎即位，是为恭帝，由理宗皇后

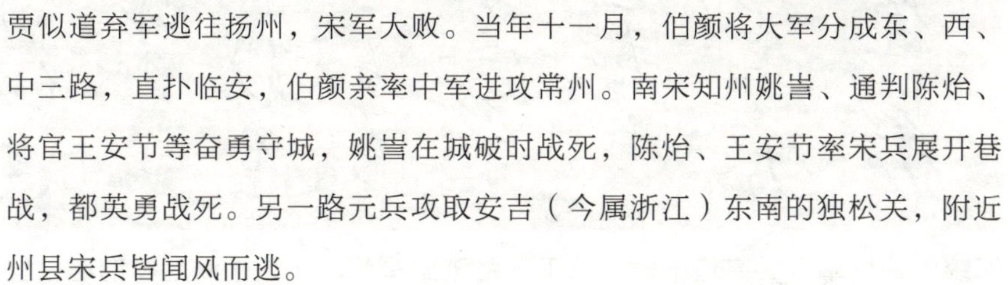

> 铁镶银腰牌·元

腰牌上的文字是元代的八思巴文，也就是元世祖忽必烈时期由“国师”八思巴创制的蒙古新字，它的创制推广在一定程度上推进了蒙古社会的文明进程。

谢道清以太皇太后的身份垂帘听政。宋德祐元年（1275），元军顺江直下，沿江宋军、城邑相继投降。当年二月，南宋宰相贾似道承受不住朝野内外的巨大压力，率战舰两千余艘、将士七万前往抗击元军。结果在丁家洲（今安徽贵池北）一战中，元军骑兵从左右两翼突袭宋军，贾似道弃军逃往扬州，宋军大败。当年十一月，伯颜将大军分成东、西、中三路，直扑临安，伯颜亲率中军进攻常州。南宋知州姚訔、通判陈炤、将官王安节等奋勇守城，姚訔在城破时战死，陈炤、王安节率宋兵展开巷战，都英勇战死。另一路元兵攻取安吉（今属浙江）东南的独松关，附近州县宋兵皆闻风而逃。

德祐二年（1276）正月，伯颜率领的中路军攻至皋亭山（今浙江杭州东北），宋朝派员求和，伯颜不允，还扣留了前来交涉的南宋右丞相兼枢密使文天祥。当年二月，伯颜率军进入临安。宋恭帝、全太后以及官僚和太学士被俘，押送到大都（今北京）。恭帝被元世祖废为瀛国公，后来入寺为僧。太皇太后谢氏因病暂留临安，不久也被押往大都。

继续抗元

南宋大将张世杰、刘师勇及苏刘义等将领以朝廷不战而降为耻，各自领本部兵马撤出。宋度宗的杨淑妃在国舅杨亮节的护卫下，带着自己的儿子益王赵昰、广王赵昺出逃，在金华与大臣陆秀夫、张世杰、陈宜中、文天祥等会合，重整兵马，封赵昰为天下兵马都元帅，赵昺为副元帅。元

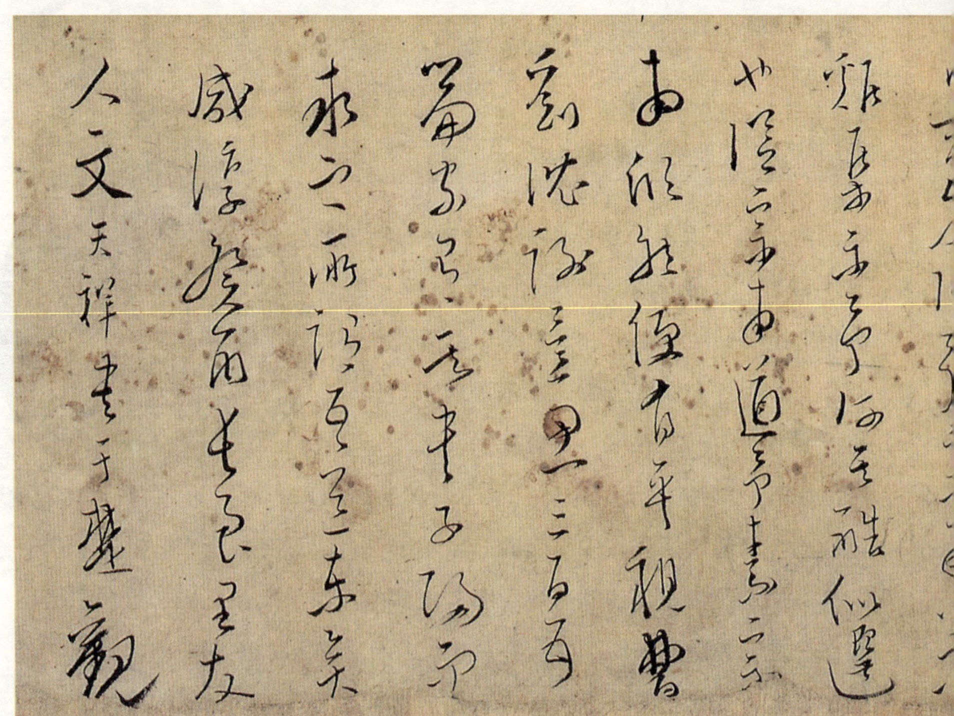

军统帅伯颜率大兵穷追不舍，二王一路逃到福州。不久刚满七岁的赵昰登基，是为端宗，改元“景炎”，尊生母杨淑妃为杨太后，加封弟弟赵昺为卫王，改福州为安福府，张世杰为大将，陆秀夫为签书枢密院事，陈宜中为丞相，文天祥为少保、信国公并组织抗元工作。

赵昰做皇帝以后，元朝加紧了消灭南宋残余势力的步伐。景炎二年（1277），福州终于被攻陷，端宗的南宋流亡小朝廷直奔泉州。泉州市舶司、阿拉伯裔商人蒲寿庚与张世杰不和，张世杰要求借船，可是蒲寿庚阳奉阴违，导致船只不足。张世杰于是没收蒲寿庚所属的船只和货物出海，蒲寿庚大怒，杀尽留在泉州的南宋诸宗室及士大夫，南宋流亡小朝廷逃往广东。端宗准备逃到雷州（今属广东），不料遇到台风，帝舟倾覆，端宗差点溺死，因此得病。景炎三年（1278），张世杰带端宗逃至硇州（今赣江东南硇州岛）。四月，端宗病逝。端宗死后，他七岁的弟弟卫王赵昺登

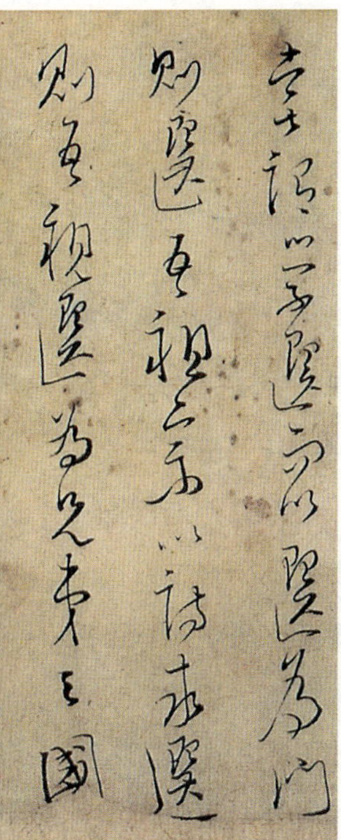

^ 木鸡集序卷（局部）·南宋·文天祥

《木鸡集序卷》是文天祥应同乡好友张疆的邀请而写的文章，文中强调学习应从难从严，先学《诗经》后读《文选》才能有所收益。写完这篇《木鸡集序卷》的半年后，文天祥就投入了抗元战场，最终慷慨殉国。现藏于辽宁省博物馆。

基，年号“祥兴”。是为宋末帝，赵昺登基以后，南宋小朝廷想占领雷州却遭到失败，于是在陆上已无立足之地，因此左丞相陆秀夫和太傅（皇帝的老师）张世杰护卫着赵昺逃到崖山（今广东新会南海上），建立基地，准备继续抗元。不久，在广东和江西两省抗元的文天祥在广东海丰的五坡岭兵败被俘，在陆地的抗元势力终于覆灭。

祥兴二年（1279），张弘范率元军水师对南宋行朝进行了最后的围剿，文天祥也被挟持到了崖山。张弘范企图借重文天祥的影响力，说服行朝投降，这当然遭到了文天祥的拒绝。文天祥在零丁洋上（广东中山南边的海面）写下了著名的《过零丁洋》一诗作为自己的回答，诗云：“辛苦遭逢起一经，干戈寥落四周星。山河破碎风飘絮，身世浮沉雨打萍。惶恐滩头说惶恐，零丁洋里叹零丁。人生自古谁无死，留取丹心照汗青。”张弘范读后慨叹：“好人好诗！”

此后，文天祥被押解到元朝首都大都（今北京）。元世祖忽必烈非常敬重他的人品和才学，指示有关官员加紧进行劝降工作。元人先后以其妻女、弟弟劝降，甚至派出投降了的宋恭帝和另一位状元宰相留梦炎出来做说客，都遭到了文天祥的断然决绝。忽必烈仍然不甘心，再派平章政事阿合马出面劝降，开出元朝宰相的价码来利诱文天祥，文天祥终究不为之所动。至元二十年（1283）十二月，誓死不屈的文天祥最终在大都菜市口英勇就义，时年四十七岁。

最后一战

祥兴二年（1279），张弘范大举进攻赵宋朝廷临时驻地崖山。双方兵力对比为张弘范统领的元朝水军有战船五百艘，这时只到达三百艘，而张世杰有战船一千艘，兵民二十余万，纸面势力看宋军占有优势。然而从战略方面来看，宋军没有大陆的依靠，孤立无援，得不到补充，而元军已经占领了整个大陆，军需给养源源不断，宋军纵然能打退一次两次的进攻，可是在大海之上后勤断绝，后援全无，失败是必然的。再从战术角度来讲，宋军虽然有庞大的海军，但却没有机动灵活地发挥战船数量上的优势，反而将千多艘船只以“连环船”的办法连贯在海湾内，也正是这一点导致了宋军后来的失败。

宋王台

南宋末年临安失守时，宰相陆秀夫与张世杰保幼主南逃，曾在今香港一带躲避过。后因不愿被虏受俘，陆秀夫便携幼帝投海自尽。后人遂在其休息过的马头涌“圣山”的一块巨石上刻“宋王台”三字，以示纪念。

海战开始后，元军战船大举猛攻，可是宋军连环船队防御严密，元军攻不进去。于是又乘风以小船载茅草和火油，纵火冲向宋船。可是宋船上均涂满了泥，并用长木防御元军的火攻。元朝水师火攻不成，就封锁海湾，断绝宋军给水及砍柴的道路。宋军水道断绝，无淡水可用，士兵们吃干粮只能饮用海水，多呕吐腹泻，战斗力和士气顿挫。张弘范趁机三次派人到张世杰处招降，均被严词拒绝。二月六日，张弘范将军队分成四部，乘着潮水发动南北夹攻，宋军大败。这时张世杰见大势已去，抽调精兵，和苏刘义带领余部十余只船舰斩断大索突围而去。赵昺的船在船队中间，此时天色已晚，风雨交加，迷雾大起，咫尺之间不能辨认。而元军又杀至，大臣陆秀夫背起七岁的赵昺，一起投海身亡。不少后宫侍从和大臣亦相继跳海自杀，南宋军民共计十余万投水殉国。

当时张世杰希望以杨太后的名义再找宋朝赵氏宗亲为主，以图后举；但杨太后在听到宋帝赵昺的死讯后亦赴海自杀。张世杰收太后尸身，葬于海滨。几天后，海上飓风骤起，部下们都劝张世杰上岸避风，以图再战。满心悲凉的张世杰却叹息说："此时此刻，还用避风吗？我为大宋江山已经尽了全力，一位皇帝去世，我再立一位，现在新皇帝又死，这是天要亡我大宋吧。"不久风浪越来越大，座船倾覆，张世杰溺亡于海上，这位抗元名将饮恨于大海之中，宋朝灭亡。

历史断面

纸币出现

北宋前期，四川地区出现"交子"，这是世界上最早的纸币。天圣元年(1023)，宋廷将"交子"的发行权收归政府，在益州(今四川成都)设立交子务，由政府负责印制和发行。南宋纸币逐渐成为与铜钱并行的货币。绍兴三十一年(1161)在临安设立了"行在会子务"，正式在东南各路发行会子，称为"东南会子"。纸币在南宋时成为流通的货币，但随着财政状况每况愈下，为了弥补巨大的财政亏空，南宋政府不得不发行大量的纸币来缓解危机，导致通货膨胀现象时有发生。

中国简史

童超 主编

下卷

A BRIEF HISTORY OF CHINA

石油工业出版社

中外历史
大事件时间表

1236年～1368年

中国

1271年

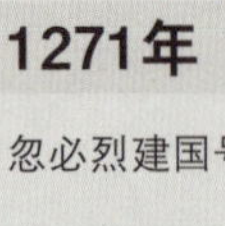

忽必烈建国号大元。

1351年

红巾军起义爆发。

1368年

朱元璋称帝，建元洪武，是为明太祖。

世界

1299年

奥斯曼人立国。

14世纪开始

欧洲文艺复兴。

14世纪至15世纪

欧洲出现资本主义萌芽。

1369年～

中国

1399年

朱棣以“清君侧”为名，掀起靖难之役。

1421年

明成祖迁都北京。

1431年

郑和开始第七次远航西洋。

世界

1453年

英法百年战争结束。

1492年

新航路开辟。

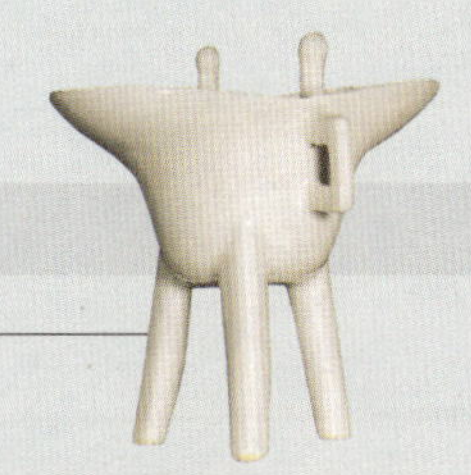

1661年

郑成功收复台湾。

1885年

在台湾首次设省，刘铭传为首任巡抚。

1616年

努尔哈赤即汗位，国号金。

1840年

鸦片战争爆发。

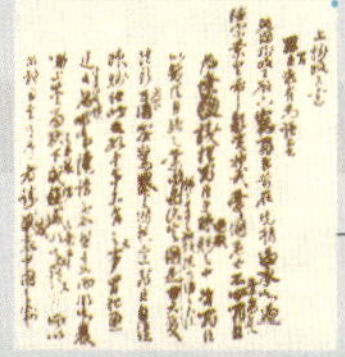

1895年

康有为公车上书。

1643年

1644年～1912年

1689年

英国颁布《权利法案》，确立了君主立宪制政权。

1776年

北美大陆会议发表《独立宣言》，宣告美利坚合众国独立。

1519年

麦哲伦开始全球航行，证明地圆学说。

1804年

拿破仑称帝，法兰西第一帝国建立。

1640年

英国爆发资产阶级革命。

1848年

马克思在德国发表《共产党宣言》。

目录

Contents

第七章

辽西夏金 / 533

第八章

元 / 599

第九章

明 / 651

第十章

清 / 735

第七章

辽西夏金

916年，契丹迭剌部首领耶律阿保机称帝，国号契丹（后改为辽）。到辽太后萧燕燕主政，辽国进入鼎盛时期，与北宋签订“澶渊之盟”，加快了契丹融入中原文明的进程。1125年，金兵俘虏辽天祚帝，辽国亡。

1038年，李元昊正式称帝，国号大夏。先后与辽、北宋、金对峙而立。1227年，蒙古灭西夏。

1115年，女真完颜部首领阿骨打称帝，国号大金。蒙古崛起后，金国衰落，于1234年被蒙古所灭。

▷ 魔鬼城之谜

关键词：北南面官制／四时捺钵

阿保机建辽

▪ 916年

辽是由契丹族建立的王朝，疆域极盛时“东至于海，西至金山，暨于流沙，北至胪朐河，南至白沟，幅员万里”，据有北方草原和华北农耕地区的北缘。契丹族定渤海、伏女真，或和宋以制夏，或联夏以衡宋，在纵横捭阖中，历九帝，延续达209年。后其支裔又在中亚建立西辽。可是这个伟大的民族，在其灭亡之后，历经金、元，却在历史上消失了踪迹，在它给人们带来不少惊喜的时候，也留下了诸多的困惑。

契丹的兴起

对于“契丹”一词的含义，史学界历来众说纷纭，至今尚无定论。一说“契丹”为“镔铁”“刀剑”之义；一说从语言学的角度，认为“契丹”是“奚东”的转写或为“秦”字的缓读。此外，还有其他的类似说法，多达十来种。

关于契丹族的族源，大致有“匈奴说”和“东胡说”两种意见。目前，大家基本倾向于契丹为东胡系统东部鲜卑宇文部后裔。鲜卑是一个复杂的民族共同体，大致可分为东部鲜卑、北部鲜卑和西部鲜卑，总人口数达二百多万。其中东部鲜卑经过檀石槐、轲比能等部落联盟时期，后来发展成为慕容氏、段氏、宇文氏。宇文部分布于濡源河（今滦河上游）以东，柳城（今辽宁朝阳西南）以西，即今内蒙古东部的西拉木伦河和老哈河流域，古称“松漠”。最初，鲜卑慕容部力量较弱，常遭宇文部、段部的侵扰和掠夺。公元4世纪，慕容部势力渐强，前燕王慕容皝于344年率二十万大军亲征宇文部，大获全胜。宇文部首领宇文逸豆归逃走，死于漠北，其部众五万余人被迁至昌黎（今属河北），余众或逃入高丽，或奔匿松漠。经过数十年繁衍生息，逃奔松漠的部落渐强，不时侵袭北魏边界。388年，北魏道武帝拓跋珪北征，与游牧于松漠地区的原宇文部战于弱落水南，“大破之，获其四部杂畜十余万”。此后宇文部众遂分为库莫奚和契丹两部分，各自走上了独立发展的道路。

大约在隋末唐初，契丹人组建了大贺氏联盟。628年，契丹酋长大贺氏摩会摆脱突厥控制，率部落降附于唐。唐太宗把旗鼓赐给摩会。在北方诸族中，旗鼓从来是部落联盟长的象征，颁赐旗鼓即表示对部落联盟长的承认。648年，唐朝又在契丹住地设置松漠都督府，加给契丹联盟长窟哥以松漠都督的称号，并赐姓李氏。契丹归附唐王以后，部落联盟长的当选资格并不分属于各部落长，而是只限于大

契丹大字银币·辽

这枚银币上的契丹文字上下左右顺读，其意思并不一致，一般解释为“天朝万顺”“天禄通宝”或“千钱直万”等。

贺氏这一氏族，因此称为大贺氏联盟。此后契丹部落联盟首领由大贺氏家族中“世选”产生，依靠唐赐旗鼓统领八部，平时各部单独从事畜牧、渔猎等活动，遇有调发攻战，则“八部聚议”。大贺氏联盟一直存在到730年。史载这一时期契丹首领先后为咄罗、摩会、窟哥、阿卜固、李尽忠、李失活、娑固、郁于、吐于、邵固等十余任。

大贺氏首领接受唐王朝的庇护，避免了突厥的侵扰，势力得以增强。在唐武则天统治时期，契丹族进一步发展。696年，唐营州都督赵文刚愎骄横，坐视契丹饥馑不予赈济，对联盟首领又不能待之以礼，激起了松漠都督李尽忠、归诚州刺史孙万荣的不满。他们杀死赵文，联合起兵叛唐。李尽忠采用突厥部落联盟长的称号，自称“无上可汗”。武则天先后命梁王武三思、建安王武攸宜率军出征；后来又借助突厥的力量，终于在697年将反叛镇压下去。孙万荣被杀后，契丹不能自立，就降服突厥，与唐朝断绝来往近二十年。714年，大贺氏联盟首领李失活遣使随近邻奚人（北方少数民族库莫奚族，居住在老哈河上游一带）入朝，玄宗倍加抚慰，第二年复置松漠都督府，以李失活为都督，后又封他为松漠郡王。李失活死后，军事首长可突于专权，累废其首领。唐朝采取怀柔政策，多次答应其要求。730年，可突于杀首领邵固，另立屈列为首领。可突于杀邵固立屈列，意味

^白釉盘口穿带瓷壶·辽

这件瓷壶出土于辽代重臣耶律羽之（？—941）墓中，此壶的独特之处在于壶体两侧有两条带槽的凸棱，可以用绳索穿入，供骑马时便捷携带，具有浓郁的游牧民族特征。

着契丹社会的统治权由大贺氏转移到遥辇氏家族手中，大贺氏联盟为遥辇氏所取代。可突于率领契丹和奚的部众投奔突厥，再次断绝了与唐的关系，契丹社会进入遥辇氏部落联盟时期。

遥辇氏部落联盟自730年屈列被推为民族政治领袖，直到907年最后一任可汗钦德被罢免，共一百七十七年，历十任首领。

阿保机建国

唐末国势衰微，契丹族日益强盛，契丹八部之一的迭剌部涅里重建联盟有功，所以联盟的军事首长夷离堇世世代代由耶律氏家族担任，阿保机就诞生在耶律家族。在遥辇氏联盟后期，耶律阿保机被推为迭剌部的夷离堇时，遥辇氏的最后一个可汗痕德堇也同时成为联盟的可汗。这时的阿保机只有三十岁，手中却掌握了联盟的军事大权，专门负责四处征战。他充分利用本部落的实力，接连攻破室韦和奚等部落，同时南下进攻掠夺汉族聚居地区，俘获一些汉人和大量的牲畜、粮食，使本部落的实力大增，这又为阿保机建立军功、树立权威创造了有利条件。

不久，阿保机的伯父耶律释鲁被其子滑哥所杀，阿保机继承了伯父的于越（地位仅次于可汗，史称“总知军国事”，高于夷离堇，掌握联盟的军事和行政事务，相当于中原王朝的宰相）的职位，独掌部落联盟的军政大权。阿保机还进一步向中原地区扩充势力，和河东的李克用缔结盟约。907年，阿保机取代了遥辇氏，当上了联盟的可汗，并于916年正式称帝，建元神册，以契丹为国名。阿保机委派汉人在临潢（今内蒙古巴林左旗）兴建都城，称上京，又创制文字，制定法律。阿保机在位期间，先征服邻近的奚族，继而讨平漠北诸部室韦，于926年攻灭了史称“海东盛国”的渤海国。阿保机的一系列活动，不仅缔造了辽帝国的制度基础，也开拓了辽帝国的生存空间。

926年，阿保机逝世，次子耶律德光（即辽太宗）嗣位。时值后唐河

^ 内蒙古自治区赤峰市契丹广场上的阿保机雕像

东节度使石敬瑭与后唐末帝不协，谋夺帝位，遂求援于契丹，允以称臣、称儿、割地，并许岁贡绢帛三十万匹为条件。936年，契丹遣使至太原，册立石敬瑭为帝，是为后晋高祖。后晋与契丹联合攻灭后唐，晋高祖石敬瑭如约割让幽、云十六州。自此中原王朝失去了长城、燕山屏障，无险可守，而北方民族南侵则大为便利。

占据幽、云十六州后，辽国走出了草原，走上了与中原民族融合的道路。其控制区域既有“畜牧畋渔以食，皮毛以衣，转徙随时，车马为家”的契丹人和其他游牧部族，也有“耕稼以食，桑麻以衣，宫室以居，城郭以治”的汉人和渤海人。在开拓疆域的同时，辽国的统治者不断吸收各族统治者的治国经验，学习各族的文化和制度，以完善辽国的统治机构。辽国的政治制度建设大致因循了这样一个线索：阿保机时期，制度初建；建都上京，创制文字，制定法律；北、南面官制初露端倪，但辽、汉官制的区分还不明确。太宗时，辽朝统治制度初步形成，北、南面官制正式确立。世宗承前启后，设置北、南枢密院作为北、南面官的最高机构，实现了契丹部落联盟向中央集权的转变。经穆、景、圣三朝，统治制度逐渐完备，机构基本健全。

作为北方少数民族政权，辽朝有着自身独特之处，并非匈奴、突厥一类纯粹的游牧帝国，也不像北魏那样完全移入中原农业区，而是一个半牧半农的国家，兼有两种不同的社会经济形态，并且两种经济形态在国家经济和社会生活中比重相当；反映到政治制度上，也与前两类北方民族政权有别，其主要特征，就是北、南面官制。

辽朝与金、元两朝同为北方民族所建立，时代相接，也常与后者并列，但就制度体系而言，实有较大差距。辽朝虽占有大片汉族聚居的地区，但统治重心总体来看仍在草原。皇帝四时捺钵，流动理政，政府官分南北，双轨治国，其国家体制表现出明显的二元性。相比之下，金、元的统治重心已经进入中原，其制度虽也有二元色彩，但两种不同来源的制度并非各自独立、单成系统，而是被配置在同一运转体系当中协调运作，其体系就整体而言仍为传统的中原制度。

北南面官制与四时捺钵

辽朝官制有所谓“北面”“南面”之分，指的是官衙与皇帝殿帐的位置关系：契丹人拜日，殿帐东向，一侧为南，一侧为北。如同中原封建王朝官制分左右一样，辽朝也是只有“随驾”的官员才分南北，部族官、方州官不随驾，因此也就无所谓“北面”“南面”。

官分南北是辽统治者为适应对从事游牧业、农业两种不同经济类型居民的管理，“因俗而治”，在统治机构设置上采取的措施。辽国从中央到地方都有两套平行的政权机构——北面官和南面官。“北面治宫帐、部族、属国之政”，处理契丹各部和其他游牧、渔猎部族事宜，长官由契丹贵族担任，办事机构在皇帝御帐的北面；“南面治汉人州县、租赋、军马之事”，管理汉人、渤海人事务，长官由契丹贵族、汉人和渤海人中的上层担任，办事机构在皇帝御帐的南面。北南面官分而治之，“以国制治契丹，以汉制待汉人”。但北面官是统治重心，契丹国的统治大权集中在北面官手中，是辽朝政权体制中的一个重要特点。

辽圣宗时，辽朝已建有上、中、东、南四京。1044年，辽兴宗升后晋所割让的云州为西京，于是五京具备。辽初，以上京为首都。中京建成，遂取代上京成为辽朝的都城。但是，游牧的契丹人所建的国家，具有行国的基本特征。它的政治中心其实并不在具有城国特征的五京。五京是用来统辖州县的，治理重点是汉人和渤海人。五京各有特点，作用也不尽相同。上京临潢府是辽太祖创业之地，是辽国内部四部族的游牧地。后又迁入了大批汉人和渤海人，农业、手工业、商业都有一定发展。东京辽阳府用以控制渤海、女真，备御高丽。西京大同府备御西夏和西南各游牧部族。中京大定府、南京幽州府经济发展水平略高，多设财赋官，对辽国的经济有举足轻重的影响。

辽国虽然建立了汉族模式的王朝，但皇帝仍然保持着先人的游牧生活传统，居处无常，四时迁徙。大部分贵族和高级官员皆随从皇帝而行，捺钵成为国家政治中心，又称“行朝”。辽朝皇帝以及大部分贵族和高级官员一年四季往返于四时捺钵之间，辽圣宗以后更成为定制。“捺钵”是整个辽国的政治中心，不仅有关游牧各部的重大问题要在这里决策，汉地一切重要政务也都要从这里取旨处理。辽国的政治中心也随着皇帝的行踪转移。

关键词：钦哀之乱／滦河之变

辽宫变乱

▪ 926年～1081年

契丹建国后，可汗的世选制虽已被皇帝制度所取代，但在帝位承袭中还残存着明显的世选制痕迹。太祖阿保机至景宗五朝屡屡发生的帝位之争，就是由于皇位继承人不确定的缘故。直到圣宗以后，皇权世袭制才最终确立。世选制造成的契丹王位继承不固定，引起统治集团内部新旧势力的矛盾冲突与争权夺利的斗争，对辽朝政治产生了巨大的影响。

皇族内乱

辽太祖阿保机有嫡子三人，长子耶律倍立为太子。辽灭渤海国后，改其名为东丹国，耶律倍奉太祖命主东丹国事。耶律倍仰慕汉文化，尊崇孔子和儒家思想。次子耶律德光为天下兵马大元帅，掌征伐和兵马大权，“事母淳钦皇后述律氏甚孝谨”。少子李胡残忍好杀，不得人心，却很得淳钦皇后述律氏的偏爱。

天显元年（926），辽太祖阿保机死于黄龙府。述律氏称制，权决国事。述律氏在太祖建立政权的活动中曾发挥过重要作用，在皇位继承上，她倾向于次子德光。选汗仪式进行时，她让太子耶律倍和耶律德光分别乘马，立于帐前，称官员们愿意选择谁，就去执谁的马辔。由于群臣事先都已经摸清了她的意向，故争相为耶律德光执辔，于是她宣布耶律德光为皇帝，即辽太宗，这为以后的权力争夺埋下了隐患。述律氏曾乘阿保机下葬之机，要求一些官僚殉葬，从而打击了政敌，为自己掌权奠定了基础。但述律氏的残忍好杀，引起了在朝官员的恐惧。同时，为削弱和控制东丹王耶律倍的势力，辽太宗将东丹国的政治重心自牡丹江流域移至辽东，同时加强对耶律倍的监视和防范，耶律倍愤而投奔后唐。

大同元年（947），太宗耶律德光灭晋回军途中，病死栾城（今属河北）。东丹王耶律倍之子永康王耶律阮被随军诸将拥立，在镇州（今河北正定）即位，是为辽世宗。述律氏对东丹王奔唐心怀不满，又偏爱幼子李胡，加之与耶律阮政见分歧，因此拒绝接受军中的决议。她与李胡率兵据

东丹王出行图（局部）·辽·李赞华

东丹王耶律倍是辽太祖耶律阿保机的长子，在皇位斗争中败于辽太宗耶律德光，后于928年投奔后唐，后唐明宗赐名为李赞华。由于长期居住中原，其画风对后世影响很大。画中人物形象似胡人，各具姿态，衣冠、服饰、佩戴亦各有不同；马匹矫健、丰肥；东丹王神情忧郁，若有所思，正合其弃辽投唐后的处境。

潢水（今内蒙古西拉木伦河）之北，与世宗在潢水横渡夹河对阵。最后由主持皇族事务的惕隐耶律屋质居间调停，为双方陈述利害。一触即发的横渡之战以和平告终。不久，述律氏又与李胡秘密策划夺权，被世宗囚禁。

辽世宗在辽朝历史上是个承前启后的皇帝，他致力于辽统治机构的建立和制度的完善，完成了由契丹部落联盟向中央集权的转变。由于世宗多用后晋降臣而轻慢契丹贵族，且不顾中原后周国势渐盛的事实，坚持进行征服中原的战争，招致了契丹贵族的反对。在他执政期间，契丹贵族的谋杀行刺事件不断发生，严重干扰了他建立统治秩序的活动，并最终结束了他的统治。951年，辽世宗率军南征后周，大军至归化州祥古山火神淀（今河北宣化西），泰宁王耶律察割（又作察哥）与牒腊（又作述轧）等在行宫杀世宗，立牒腊为帝，史称“火神淀之变”。耶律屋质逃出，遣人召诸王和侍卫军平乱，杀察哥、牒腊，立太宗之子耶律璟，是为辽穆宗。

穆宗“好游戏，不亲国事；每夜酣饮，达旦乃寐，日中方起，国人谓之睡王”。他既无政治才干，又无治国求贤之志，却心胸狭隘，任人唯亲，造成辽统治集团人心不稳。穆宗后期更喜怒无常，经常杀戮身边的服役者，手段残酷，结果于969年被厨师、随从和盥人联谋刺杀于行宫。世宗子耶律贤即位，是为辽景宗。

景宗与皇后萧绰“任人不疑，信赏必罚”，却仍不能使辽宗室诸王的夺权活动稍事收敛。诸王的争权活动严重干扰了辽朝秩序的稳定和统治的巩固，也牵制了辽与宋在河北、河东的争夺。982年，辽景宗驾崩，辽圣宗即位，萧绰被尊为皇太后摄政。

萧绰，又名燕燕，即历史上有名的“萧太后”。在辽代，皇室耶律氏和萧氏世为婚姻，皇后多为萧氏，故辽朝历史上有多位“萧太后”。萧绰辅佐病弱的景宗，决断军国大事十四年，又监护年幼的圣宗，临朝摄政二十七年，并开创了统和、开泰年间的繁荣局面。在她统治期间，主张改革，倾向汉化，与北宋达成“澶渊之盟”，使辽朝达到鼎盛时期，完成了封建化进程。

钦哀之乱与滦河之变

萧绰死后，由于辽圣宗缺乏统治经验，皇后萧菩萨哥及时填补了权力真空，参与国政。不幸的是，其所生的两个儿子皆夭亡。1016年，宫人萧耨斤生耶律宗真，皇后养为己子。圣宗在世时，萧耨斤多次向圣宗寝帐投送诬告皇后私通宫廷乐工的匿名信，圣宗明知系萧耨斤所捏造，亦不加罪于她。此时母以子贵的观念，在契丹贵族汉化日深的情况下，正在辽朝宫廷生活中发挥作用。1031年，辽圣宗病死，长子耶律宗真即位，是为辽兴宗。圣宗遗命萧菩萨哥为皇太后，而宗真生母萧耨斤却自立为皇太后。萧耨斤素与萧菩萨哥不睦，既为太后，把持朝政，便着手陷害。她指使护卫冯家奴、耶律喜孙诬告北府宰相萧浞卜（又作萧锄不里）、国舅萧匹敌与萧菩萨哥等夺权谋反，杀浞卜、匹敌，迁萧菩萨哥于上京，并借此诛除旧臣，引诸弟参政。于是，萧耨斤完全把持了政权，临朝听政。

辽兴宗认为萧菩萨哥侍奉圣宗，抚育他本人，功在社稷，不可能谋反，于是与生母萧耨斤争辩。萧耨斤恐生后患，索性将萧菩萨哥杀掉。1034年，皇太后萧耨斤与北院枢密使萧孝先谋废兴宗，立少子耶律重元

^ 银丝头网金面具·辽

契丹贵族死葬，面部往往覆罩一件面具样的金属片，躯体则用锦彩络缠或用银铜丝网络络住，作为丧葬的殓服。这件面具出土于辽代陈国公主墓中，埋葬时覆盖于死者面部。现藏于内蒙古自治区文物考古研究所。

^ 应县木塔

应县木塔是目前世界上现存最高、最古老的纯木结构建筑，这座九百多年前建于辽代的木塔，浑身上下没用一颗铁钉，千年承重数千吨而不下沉。

为帝，重元却将阴谋报告了兴宗。兴宗与太后的亲信耶律喜孙定谋，废掉太后，幽禁于庆州，史称“钦哀之变”。政变发生后，兴宗封重元为皇太弟，并许诺传位与他，使他判北、南院枢密使事，赐金券。此后，重元日益骄纵不法，且久处戎职，握有兵权，对兴宗和后来的道宗都是很大的威胁。

1055年，辽兴宗死，其子耶律洪基即位，为辽道宗。道宗听政的第二天，就册封重元为皇太叔，享有入朝免拜、不称名的特殊待遇。第二年又任他为天下兵马大元帅，1057年再赐金券，宠信倍至。但是，这些措施并未奏效，重元夺取皇位的阴谋正在紧锣密鼓地策划之中。

1061年，重元及其子涅鲁古策划以称病为由，请道宗至帐视疾，乘机行刺，但未成功。1063年，道宗秋猎太子山，住滦河行宫。重元父子认为有机可乘，迁他们的行帐逼近道宗行宫。道宗得知重元的阴谋，便遣使召涅鲁古，涅鲁古却扣留使者而不赴召。幸好契丹人都随身带着割肉用的餐具刀，使者割破帐幕得以逃回。道宗知事情紧急，仓促组织平叛。在南院枢密使耶律仁先、知北院枢密使事耶律乙辛等人的率领下，皇帝的宿卫士卒成功地抵御了叛军的进犯。役后涅鲁古被杀，重元负伤，逃入大漠后自杀。

滦河之变，重元叛党多被治罪，消除了三十年来其势力对皇位的威胁。但辽朝统治集团内部斗争并没有结束。此后接二连三地又有陷害皇后、太子的悲惨事件发生。

鱼形玉佩·辽

玉佩由鱼形盒玉坠、雕玉饰、珍珠、琥珀珠、绿松石珠、水晶珠用金丝穿系制成。鱼形盒玉饰，白玉质地、表面略有灰白色沁痕，纹饰细腻，造型生动，反映了契丹人精湛的玉雕工艺。

耶律乙辛擅权

滦河之变平息后，道宗论功行赏，分别授封耶律仁先、耶律乙辛为晋王、魏王，赐功臣名号。乙辛逐渐专恣，排挤仁先，培植个人势力，专权跋扈。

1075年，皇太子耶律浚奉诏总领朝政，整饬法令制度，乙辛的权势受到了威胁和限制。乙辛于是与大臣张孝杰合谋诬陷太子之母宣懿皇后与伶人赵惟一私通。其证据是皇后手写的《十香词》及《怀古诗》。《十香词》格调低下，淫俗不堪，与皇后的身份、教养及性格绝不相类，明眼人一看就知是栽赃陷害。至于说《怀古诗》，更是肆意曲解。诗云："宫中只数赵家妆，败雨残云误汉王；惟有知情一片月，曾窥飞燕入昭阳。"诬陷者以诗中有"赵惟一"三字，硬说是私通的证据。道宗把此案交给原是幕后策划者的乙辛及其同党张孝杰共同审理，遂以所诬为实，陷皇后于死地。乙辛又盛称其党萧霞抹的妹妹美丽、贤惠，使道宗纳为皇后，作为自己的党援。

皇后死后，乙辛加紧了陷害太子的活动。1077年，乙辛指使同党诬告南院大王耶律撒剌、知北院枢密使事萧速撒等八人谋立皇太子。道宗查无实据，但令萧速撒出为上京留守，贬耶律撒剌为始平军节度使。六月，乙辛又指使其同党谎称耶律撒剌等谋害乙辛，欲立皇太子，他们都曾参与这一阴谋，只因害怕事发连坐，故当时未敢自首。道宗又使乙辛、张孝杰等审理。于是囚皇太子，杀萧速撒、耶律撒剌等数十人。不久，又废皇太子为庶人。十一月，乙辛同党杀太子于囚所，以病死上奏。太子死后，乙辛开始策划确立一个将来可以玩弄于股掌的傀儡作为继承人。他建议立道宗同母弟和鲁斡的儿子为嗣，但是当时辽朝已经确立了嫡长子继承的宗法制度，嫡长子先亡，则应立嫡孙。已故太子耶律浚有子延禧，正可储位。又有朝臣

乳钉纹高颈玻璃瓶·辽

瓶高17厘米。无色透明，含有气泡，表面有风化层。双唇，侈口，漏斗形细高颈，宽扁把，球形腹，喇叭形高圈足。把用十层玻璃堆成花式镂空状，口沿有一周淡蓝色颜料，腹壁装饰有五周小乳钉纹。

从旁劝阻说“舍嫡不立，是以国于人”，道宗犹豫，才使乙辛的阴谋没有得逞。乙辛又企图通过操纵立后来左右道宗立储。乙辛同党萧霞抹的妹妹被立为后，可是并未生子。新皇后还有一个妹妹，本已嫁乙辛之子。乙辛深谙道宗求子心切，称其“宜子”，于是把儿媳送入宫中。安排既定，他一方面盼望萧霞抹的两个妹妹早生“龙子”，一方面担心皇孙延禧被立为储嗣，因此千方百计加以陷害。1079年，道宗出猎，乙辛请将皇孙延禧留在宫中。道宗在北院宣徽使萧兀纳的提醒下，才略有醒悟，带皇孙随行。后来，道宗亲见随行官员多舍己而追随乙辛，才意识到问题的严重性。不久，道宗令乙辛出任知兴中府事。次年，耶律延禧被封为梁王，确立为储嗣。1081年，耶律乙辛被囚禁，后因叛逃被杀。

耶律乙辛擅权十四年之久，凡不与他结党或敢于揭露他的人，先后被排挤出朝或陷害致死，时谚称“宁违敕旨，无违魏王白帖子”，以致皇后、太子被诬陷致死，造成了辽朝历史上统治集团中最大的冤案和道宗本人最大的悲剧。

历史断面

应县木塔

在中国建筑史上，独特风格的辽金佛塔是不可忽视的艺术奇葩，而在众多的辽代佛塔中，山西应县佛宫寺的释迦塔最为著名。应县佛宫寺位于山西应县县城的西北隅，佛宫寺内的木塔是中国现存最为古老和高大的木结构塔，无论是从建筑规模还是建筑艺术上讲，它都有着特殊的地位，可称为中国乃至世界古建筑中的珍品。木塔为平面八角形，外观看上去是五层，内夹暗层四级，实际为九层。它总高为67.31米，底层直径30.27米，远望壮观而有气魄。登上塔顶远眺，整个应县县城的景致尽收眼底。千年来，木塔曾经历了七次大地震的考验，仍岿然不动，由此可见木塔的坚固非同一般。

关键词：西辽

天祚帝亡国

▪ 1125年

天祚帝（1075—1128），即耶律延禧，字延宁，契丹名阿果，辽道宗之孙，昭怀太子耶律浚之子。寿昌七年（1101），辽道宗病死，延禧即位称帝，号天祚皇帝，改元乾统。天祚帝即位之时，正值女真族日渐强大，其首领完颜阿骨打反辽之意日渐明显，天祚帝对此毫无察觉，反而宠信奸臣萧奉先等人，致使辽国陷入了内外交困的局面。天庆五年（1115），天祚帝率军征讨女真，结果在护步达冈（今黑龙江五常西）惨败，辽军主力覆灭。此后，女真大军不断进攻，天祚帝只得向西逃窜。保大五年（1125）二月，天祚帝被金军俘获，辽国亡。天祚帝亡国后，辽国宗室耶律大石率部众远走万里，在中亚地区又建立了西辽王国。

> 二龙戏珠鎏金银冠·辽

这具鎏金银冠出土于辽宁省建平县张家营子，现藏于辽宁博物馆。冠中央在云朵上承托一颗大火焰宝珠，左右两侧各有一龙，后肢蹲踞，前肢直立，全身呈蹲坐姿态，翘尾昂首，形态生动，庄重而华美，为辽代契丹贵族的头饰。

^ 射骑图·辽·李赞华

辽国军队大体分为宫帐军、部族军、京州军和属国军四部分。宫帐军是辽国皇帝亲军，装备最为精良；部族军主要由契丹以外的部族青壮组成，主要负责戍边及征战；京州军，主要由辽国五京道各州县的汉族、渤海族的壮丁组成；属国军则由臣属国壮丁组成。现藏于台北故宫博物院。

辽国败亡

寿昌七年（1101），辽道宗死，皇太孙耶律延禧即位，是为天祚帝。耶律乙辛擅权给辽朝统治造成了极大的创伤，道宗宣懿皇后和皇太子的冤案是辽朝后期的一大政治事件，它涉及面广，影响深远，不同于以往皇室内部的矛盾冲突。因此彻底清除乙辛党羽和他们对辽朝政治的影响，起用勇于抵制乙辛的官僚、将领是争取人心、振兴朝政、扭转世风的关键所在。

可惜庸碌无为的天祚帝没有认识到这一问题的重要性，也没有彻底解决问题的兴趣和勇气。他虽然在即位之初下了一道命令，“诏为耶律乙辛

诬陷者，复其官爵，籍没者出之，流放者还之”，但对处理乙辛余党，清除他们的影响，却无一字提及，这就不能不使盼望振兴的辽国官民灰心失望。

天祚帝沉湎于游畋，不恤政事，亲佞人而远贤臣。北府宰相萧兀纳在乙辛猖獗之际，曾冒死保护天祚帝，有保护、辅导之功。但天祚帝即位之前，他曾多次因直言，使得这位未来的皇帝大为扫兴。故天祚帝即位伊始，首先出萧兀纳为辽兴军节度使，而加“守太傅”虚衔，令其出守地方。见天祚帝对萧兀纳不满，有势利小人竟诬告萧兀纳曾借用内府犀角未还，天祚帝也居然小题大做，令人清查，将其降为宁边州刺史。天祚帝对待乙辛余党问题上，已经让忠直之士大为失望。而其亲小人、远贤臣，不辨忠奸，却不只是大失人心的问题，失掉的是延续二百年的江山社稷。

^包银木马鞍·辽

契丹作为北方游牧民族，非常擅长马具兵器的制作，当时“契丹鞍”与宋朝名产蜀锦、定瓷、浙漆等并称“天下第一”。图中的这具契丹马鞍长56厘米，胎为木质，外镶包贴金银饰，是辽代马具的典型代表。

正当辽朝在天祚帝的腐朽统治下日渐衰败时，东北部的女真族却迅速崛起。辽朝的民族压迫政策，令日益强大的女真族忍无可忍。阿骨打于1113年担任完颜部首领后，决心摆脱辽的控制。阿骨打对辽朝发动的几次袭击，连连得手，于1115年建国，国号为金。同年九月，金军攻陷辽黄龙府（今吉林农安）。此时辽朝奸臣用命，忠臣良将或被清洗，或离心离德，天祚帝只好御驾亲征。但其盲目自大，不知兵贵精强，结果全军溃败。亲征失败后，辽统治集团内部的分裂加速：先有耶律章奴图谋废天祚帝而立耶律淳为帝；随后有大将耶律余睹叛辽降金，北辽自立，大石西迁，而天祚帝则疲于奔命。东京失陷，军队哗变，乾州、显州失守之际，天祚帝正在中京游猎。他不做保卫上京、中京的部署，却私下命人打点珠玉、珍玩五百余囊，选择骏马两千余匹，做逃跑避敌之计。他认为："若女真必来，吾有日行三五百里马若干，又与宋朝为兄弟，夏国舅甥，皆可以归，亦不失一生富贵。"殊不知宋、金正在筹划"海上之盟"，而西夏则不明虚实，不敢轻易出兵。政治上的无能，对形势判断的错误，用人的失当，使天祚帝的措置连连失误，军事上处处失利。

天祚帝一路退逃，金军穷追不舍。及至保大二年（1122）四月西京失陷，天祚帝无以为据，遂逃往夹山（今内蒙古五原西北）。次年四月，金军与辽军战于白水泊（今内蒙古哈尔右翼前旗的黄旗海），围天祚帝的辎重于青冢（今内蒙古呼和浩特南昭君墓），俘获其子秦王定、许王宁、赵王习泥烈和后妃、公主及从臣多人。保大五年（1125），天祚帝出夹山，投奔党项，于应州（今山西应县）新城东六十里被金国大将完颜娄室军所俘。金降天祚帝为海滨王，徙于内地，辽朝灭亡。

> 錾花金针筒·辽

辽代金银器大多富有契丹民族特色，以马具、带饰居多，类似于针筒、银盒、银枕等物品大多为女性贵族所喜爱，图中的金针筒就出土于辽陈国公主墓中。

西辽建立

耶律大石，契丹人，学识丰富，通契丹文、汉文，自幼善骑射。辽天祚帝天庆五年（1115）中进士，出任翰林承旨，契丹语翰林称“林牙”，故亦名“大石林牙”，此后历任泰、祥州刺史和辽兴军节度使。女真族完颜阿骨打起兵灭辽后，天祚帝于保大二年（1122）自鸳鸯泺（今河北张北西北安固里淖）败走夹山（今内蒙古萨拉齐西北大青山）。皇族耶律淳留守南京析津府（今北京西南），耶律大石与宰相李处温等在南京拥立耶律淳为帝，号天锡皇帝，这个小朝廷史称“北辽”。耶律淳称帝三个月病死，其妻萧德妃权主朝政。不久，金兵攻陷南京，萧德妃西奔天德军（今内蒙古乌拉特前旗北）谒天祚帝，被杀。耶律大石在居庸关抗金之役中为金军俘获，保大三年（1123）九月逃至夹山见天祚帝。天祚帝虽赦其擅立之罪，但耶律大石心不自安。保大四年（1124）七月，天祚帝自夹山率师东伐，打算收复燕云。耶律大石劝阻，天祚帝不从，于是耶律大石自立为王，率二百骑北走，过黑水（今蒙古国爱毕哈河），得到白达达部（汪古部）的资助，驰至辽西北重镇可敦城（今蒙古国土拉河畔）。耶律大石在可敦城召集边境内威武等七州和大黄室韦、乌古里、敌刺、达密里、阻卜、密儿纪等十八部部众，

^ 花鸟纹金海棠式盘·辽

组成新军，得精兵万余，战马万匹，继续西征。

延庆元年（1131）二月五日，耶律大石在新疆的叶密立（今新疆维吾尔自治区额敏县）称帝，改元“延庆”，同时采用突厥族称号曰“古儿汗”或译“葛儿汗”，这就是中国史上所称的“西辽”政权，阿拉伯史学家称为“哈剌契丹”或译“喀剌契丹”。延庆三年（1133），耶律大石以八剌沙衮（今吉尔吉斯斯坦的托克玛克东南）为都城，称“虎思斡耳朵”（意为强有力的宫帐）。之后，耶律大石连续向四方用兵，顺利地拓地立国。康国元年（1134）三月，以六院司大王萧斡里剌为兵马都元帅，萧查剌阿不为副元帅，耶律燕山为都部署，耶律铁哥为都监，率骑兵七万东征金朝，准备洗雪前仇。大军至喀什噶尔（今新疆喀什）、和阗（今新疆和田）后，行程万里，途中牛马多死，被迫还师。

康国四年（1137）五月，耶律大石挥师进攻统治寻思干（今乌兹别克斯坦撒马尔罕）的西哈剌汗王朝的马合木汗，败之于忽毡（今塔吉克斯坦列宁纳巴德）。马合木汗退到寻思干后，重整武备，并求援于其舅父呼罗珊的塞尔柱算端桑贾尔。康国八年（1141）夏，桑贾尔渡过阿姆河，举兵十万来攻，耶律大石率契丹、突厥、汉军迎战于寻思干以北的卡特万草原。九月九日，桑贾尔大败，全军覆没，遗尸数十里，桑贾尔与马合木汗仅以身免。耶律大石乘胜北攻不哈剌（今乌兹别克斯坦布哈拉），不哈剌和寻思干的宗主权从桑贾尔手中转到耶律大石手中，耶律大石封马合木汗之弟易卜拉欣为“桃花石汗”，并留下一名“沙黑那”，监督其统治。于是，西哈剌汗王朝也成为西辽的附庸。同年，耶律大石命其将军额儿布思进攻花剌子模，花剌子模沙赫阿即思也降服做了西辽的藩属，进贡大量金币、畜产。至此，西辽的疆域已相当辽阔：东起哈密，西至咸海，北达叶尼塞河上游，南抵阿姆河，成为中亚地区的一个强大帝国。

关键词：党项 / 以儒治国

神秘的西夏王国

▪ 1038年～1227年

11世纪至13世纪，在中国西部广袤的疆土上生存着一个繁盛的王朝——西夏。它拥有自己的文字和灿烂的艺术，与中原王朝有着密切的联系，对中国各民族之间的融合及中国统一的多民族大家庭的形成，作出了积极的贡献。然而，在延续了一百九十年后，蒙古人的铁骑把西夏王朝的一切都踏在脚下，其毁灭之彻底，让后人难寻其踪，难觅其实。加之蒙元建朝之后，不为其修史，西夏文明由此成为尘封于中国文明史上一段既辉煌又神秘的往事。直至近代考古发掘，才让世人得以重睹它的风采。

党项兴起

党项是中国古代北方少数民族之一，本是西羌诸部之一，又称党项羌。党项羌是由汉魏后居于今青海、甘肃南部和四川西北的西羌诸部发展而来的，是居于这些地区的西羌在北周后的泛称。北周灭亡后，党项不断发展壮大。唐时控制区域“东至松州（今四川松潘北），西接叶护（今新疆若羌），南杂舂桑、迷桑（今青海、四川交界处）等羌，北连吐谷浑（今青海北部），处山谷间，亘三千里”。在辽阔的草原上，党项羌按姓氏结成大小不同的部落，各自分立。著名的部落有细封氏、费听氏、往利氏、颇超氏、拓跋氏等八部，其中以拓跋氏最为强盛。

^西夏文铜“敕燃马牌”·西夏

信牌为铜质，圆形，直径15厘米，由上下两片套合而成。符牌顶部有方形穿口，为拴带所用。上片正面线刻四个相连的忍冬花纹，其上部有嵌槽，可以嵌入下片的嵌槽里；下片正面双线雕刻西夏文楷书“敕燃马牌”，自右至左竖读，书法工整，字上涂银，极富观赏价值，其下部有嵌槽，与上片嵌合成一枚完整的符牌。

北周时，党项乘中原南北纷争之际不时侵袭邻近汉地。隋王朝建立后，吐谷浑协同党项再次骚扰中原。581年，隋文帝派兵在半利山（今青海湖东）击败吐、党联军，招抚了部分党项部落。585年，党项首领拓跋宁丛等率部到达旭州（今甘肃庆阳）请求内附，隋授予其大将军的官职。此后，党项时叛时服，隋王朝则剿抚并用，在党项居住区设置州郡，加强管理。唐朝在中早期，对党项基本上采取保护政策，加速了党项政治、经济、文化的发展。629年，党项细封部首领细封步赖率部归附，唐朝在其住地设轨州（今四川松潘境内），任细封布赖为刺史。党项其他部落首领也纷纷效法，率部请求内属，唐朝在其地分别设立崌、奉、岩、远四州，仍各以其首领为刺史。635年，最强大的拓跋部，也在首领拓跋赤辞率领下归附了唐朝，唐在其驻地设置了三十二个羁縻州，以归属的部落首领做刺史，以拓跋赤辞为西戎州都督，赐国姓“李”。从此，今青海黄河河源积石山以东的地方都纳入了唐王朝的版图，党项羌成为唐朝的属民。

^ 佛像壁画·西夏

早在西夏建国前，佛教便在党项族内流行。1037年，李元昊下旨规定每年四个孟朔日（即每年正月、四月、七月、十一月的初一日）为“圣节”，届时西夏官吏和百姓必须拜佛，为其诵经求福，并广建佛寺。此后历代西夏君主大多崇信佛教，开凿兴建了大量的石窟、寺院。

公元7世纪中期，由于受到日益强盛的吐蕃的威胁，一部分党项部族开始向北迁徙。到680年前后，吐蕃逐步占领党项居住的地方，党项内徙达到高潮。安史之乱爆发后，内徙的党项族又一次进行了大规模的迁徙活动，在绥、延二州地区的党项，形成了以野利部为主的六府（州）部。党项拓跋部地处庆州陇山之东的称东山部，以夏州为中心的称平夏部，居、延二州之北山地一带的称南山部。881年，党项平夏部首领拓跋思恭协助唐王朝镇压黄巢农民起义军，被唐朝升任为夏州定难军节度使，统辖夏、绥、银、宥、静五州之地。884年，拓跋思恭又晋爵夏国公，复赐“李”姓。夏州地区的党项拓跋氏成为名副其实、称雄一方的藩镇。

907年，唐朝灭亡，历史进入“五代十国”的分裂割据时期。自唐末拓跋思恭占领夏州以来，历经五代，党项拓跋部利用藩镇割据混战的机会，逐渐发展自己的势力，到五代后周末年，已经形成一个以夏州为中心的地方割据势力。在其割据范围内，拓跋部不仅征收赋税，而且任命官吏，“虽未称国，而自其王矣”。

西夏建立

北宋初期，夏州政权内部发生了争夺权力的斗争。982年，时任定难军节度使的李继筠死，其弟李继捧袭位。李继捧的族弟李继迁反对内附宋朝，率众逃到夏州东北的地斤泽（今内蒙古伊金霍洛旗西南），抗宋自立。他率领部众不断袭扰宋朝边境，同时称臣于辽，受辽册封为夏国王。1003年，攻打西凉时，李继迁中箭逃回西夏，1004年死于西平，其子李德明即位。

1006年，宋、夏双方言和。李德明利用当政的二十八年，大力发展生产，休养民生。同时，他对外加强同宋朝、西域的经济联系，使西夏获得了较快的发展。1031年，李德明死，其子李元昊继位。为了称帝建国，李元昊采取了一系列措施。他抛弃中原王朝所赐李、赵二姓，改本家族姓氏；创制了独具风格的西夏文字；恢复民族旧俗；拥兵达五十余万。1038年，李元昊正式称帝，国号大夏，建元“天授礼法延祚”，并定都兴州，升为兴庆府，与宋、辽王朝鼎足而立。

对李元昊拥兵自立，宋王朝采取强硬措施，削夺他的官爵，关闭互市，且揭榜于边界，能擒李元昊或斩其首者即为定难军节度使。从此宋、夏双方战事重开。在交战中，宋军屡败，且国家财力窘迫；西夏虽胜，但战争的掳掠不足以抵偿

> 褐釉剔刻花瓷瓶・西夏

这件瓷瓶底色为浅棕黄色，表面施有褐色釉，瓶体腹部饰有折枝花纹主题，瓶体下部绘有鹿纹。现藏于鄂尔多斯博物馆。

其耗费和过去通过榷场从宋取得的物资，因此双方在1044年达成和议。宋册封李元昊为“夏国主”，李元昊对宋称臣；宋岁“赐”西夏绢十三万匹，银五万两，茶二万斤，重开榷场贸易，恢复民间商贩往来。

太后与外戚专权

自李元昊之后，西夏王国继帝位者大多年幼，母后干政，外戚专权，成为常态，围绕着争夺皇位展开了激烈的斗争。

李元昊死后，其子谅祚即位，年仅周岁，是为夏毅宗。毅宗的母舅没藏讹庞自任国相，并仗着自己的女儿为皇后，操纵皇室，总揽国政。毅宗年长后，企图通过汉人的势力摆脱讹庞的控制。讹庞父子阴谋杀害谅祚，夺取皇位，被讹庞的儿媳梁氏告密，毅宗杀讹庞父子及没藏皇后。

1067年，夏毅宗病死，由年仅八岁的夏惠宗秉常继位，梁太后摄政。后者任命其弟梁乙埋为国相，政权落在梁氏手中。1076年，惠宗亲政，但实权仍掌握在梁氏兄妹手中。1081年，夏将李清劝惠宗秉常与宋朝结好，以削弱梁氏。梁太后得知后，设计害死李清，囚禁了惠宗，使夏国出现严重分裂的局面。后来迫于国内严重的政治危机，梁氏只好让惠宗复位。1086年秋，惠宗死，年仅三岁的夏崇宗乾顺继位，仍由梁氏掌握朝政。这时，握有兵权的嵬名阿吴、仁多保忠与梁氏间形成了西夏执掌军政大权的三大家族，彼此间又展开了相互倾轧的角斗。梁太后与其兄梁乙逋也发生了争夺皇权的斗争，梁太后令大将嵬名阿吴、仁多保忠率兵杀死梁乙逋。1099年，梁太后被辽国使者毒死，崇宗开始亲政。

夏仁宗以儒治国

西夏在崇宗、仁宗时进入鼎盛时期。崇宗乾顺亲政后，一方面为巩固皇权的统治，极力削弱领兵贵族的权力，铲除支持梁太后对外扩张的势力。另一方面采取中原宋王朝的封王制度，下令国中建“国学”，教授儒学。这些措施加速了西夏封建经济的发展，并促使西夏建立了较完备的封建政治制度。乾顺之世，外部政治局势急剧动荡变化，西夏也适时地调整自己的对外方针，由依辽抗宋，到援辽抗金，最后到臣附于金朝。

乾顺亲政前的十多年中，梁氏兄妹就依靠辽国的援助，连年对宋朝发动战争。乾顺当政后，在政治上更加依附于辽国。当时宋朝徽宗在位，宰相蔡京和宦官童贯大权在握，对外实行开边政策。从1104年到1119年期间，西夏不断受到宋朝的攻击。乾顺经常向辽求助，依靠厚礼和姻亲关系，促使辽出面斡旋或对宋施加压力，才顶住了宋朝的压迫，保住了西夏的江山。后来，辽兵南下攻宋，西夏曾两次出兵援助辽国。

西夏黑水城遗址

黑水城曾是西夏重要的农牧业基地和边防要塞，西夏十二监军司之一的黑山威福司的治所就设在黑水城。西夏亡国后，元朝将黑水城改造为河西走廊通往岭北行省的驿站要道。

1124年，乾顺见辽国灭亡已成定局，为了保全西夏，就派出使臣向金国奉表称臣。金把原属辽的西北一带“阴山以南、乙室耶刮部吐禄泊至西”地区割让给西夏。从1126年到1136年的十年间，西夏利用宋、金交战的时机，积极扩张领土。

1139年，乾顺死，其子仁孝立，即夏仁宗。仁宗在位时，在注意保持与金朝的友好关系时，也努力发展与南宋的交往。1144年，仁宗派遣使者赴南宋朝廷祝贺天中节，贡献珠玉、金带、绫罗、纱布、马匹等物品，恢复了同宋朝中断了近二十年的往来。同年十二月，仁宗又向宋廷进献了金酒器、绫罗、纱等物，逐步密切同南宋的关系。宋朝的儒家文化对仁宗有着相当的吸引力。早在这一年六月，仁宗下令在各州县设立学校，进学的子弟多达三千人，比崇宗设立的“国学”人数增加了十倍。仁宗又在皇宫中设立“小学”，让宗室贵族七岁至十五岁的子弟全部入学，接受先进的中原教育。他与皇后还经常去学校察看，督促训导。第二年，仁宗命乐官李元儒参照汉族乐书，结合西夏现行制度，重新修订国家乐律。新乐律编修成后，仁宗赐名《新律》。1146年，仁宗尊孔子为文宣帝，下令各州郡建立孔庙，祭祀孔子。不久，仁宗又仿照宋朝科举制度，正式策试举人，并设立“童子科”，逐步完善通过科举选拔官吏的制度。

在提倡以儒治国的同时，仁宗也注意到了加强法律制度的建设。天盛年间（1149—1169），他专门组织人员编纂法典：

西夏文石碑残片·西夏

西夏王陵每座陵墓前原来都有石碑，但都遭到不同程度的毁坏，现仅存残片。

在旧有法律的基础上，重新编修了20卷的《天盛改旧新定律令》。这是一部参照唐、宋律令，结合了西夏实情，包括民法、行政法、刑法、诉讼法、经济法、军事法在内的综合性法典。新法典完成后，立即用西夏文刻印颁布通行。为了适应经济和文化的飞速发展，仁宗还进一步完善了朝廷和地方的官制机构及吏治建设。仁宗执政期间，辽亡金兴，宋室南渡，夏则处于金国的包围之中。在这种情况下，仁宗采取了附金和宋之策，极力避免战争。仁宗在位五十四年间，文化繁荣，国力蒸蒸日上，疆域亦有了前所未有的拓展。这些均归功于他的正确战略——对内，以儒治国；对外，能伸能屈——为自己营造了一个和平的发展氛围。

^镂空人物纹金耳坠·西夏

耳坠长4.2厘米，正面镂空雕刻人物及花朵。每件雕刻三人，居中者为坐像，左右均站立，是一佛二菩萨造型。背部有弯钩，方便佩戴。

西夏的衰落与灭亡

1193年，仁孝死，子纯祐继立，即夏桓宗。从桓宗开始，西夏皇室日趋腐朽衰弱，外部又有蒙古强敌威胁，因此在短短的三四十年间，政变迭起，帝位五易，西夏王朝衰落和灭亡之势已不可逆转。

桓宗大体奉行仁宗时期的政治和外交方针，对内安国养民，对外附金和宋。但随着国家的安定和封建关系的发展，党项贵族开始贪图安逸，日益腐朽堕落。同时，桓宗统治时期正是蒙古兴起并日渐强大的时期，来自蒙古的严重威胁加速了夏国由盛而衰的历史进程。1196年，仁宗族弟李仁友卒，其子李安全上表，宣扬其父粉碎任得敬篡权分国阴谋之功，要求承袭越王爵位。桓宗不许，反降封他为镇夷郡王，李安全遂生篡夺皇位之心。

1206年，李安全发动宫廷政变，自立为帝，是为夏襄宗。襄宗在位期间，由于蒙古兴起并开始入侵夏国，故初行附金抗蒙政策。但是在1209年蒙古进攻西夏的战役中，金朝坐视不救，夏国于次年攻打金朝与西夏交界的葭州（今陕西佳县）进行报复，致使夏金关系破裂。

1211年，齐王李遵顼发动宫廷政变，废黜襄宗李安全，自立为帝，是为夏神宗。神宗即位后，一改桓宗时附金抗蒙的政策，开始攻金，进而附蒙攻金，并企图乘蒙古进攻金国的时机，掳掠财物，扩张领土。西夏在进攻中往往占不到便宜，而蒙古却又对其不断攻围，遵顼乱了方寸，又时而联金抗蒙，时而联宋抗金，反复无常。光定十三年（1223）十二月，遵顼在蒙古军的威逼下，被迫将皇位传给次子德旺，自己成了夏国历史上唯一的太上皇。

献宗德旺即位以后，改变遵顼依附蒙古的政策，重新和金朝修好，共抗蒙古。1224年、1225年，他先后两次派使节与金朝议和，商定双方相互支援。但这时蒙古已经兵临金都城下，金朝危在旦夕，自顾不暇，已无力援助西夏。这时德旺又收留了成吉思汗的仇敌赤腊喝翔昆，并不肯派遣质子。成吉思汗以此为借口，在1226年亲率大军，攻破黑水城，向其都城兴庆府进发。在内忧外患的形势下，遵顼病死。当年七月，德旺也受惊吓而死，德旺的侄子南平王李晛继皇位，即夏末帝。面对蒙古军的强大攻势，末帝虽然组织抵抗，终究于事无补。1227年春，李晛被蒙古军围困在中兴府。半年后，粮尽援绝，李晛向蒙古请降，被蒙古军杀死。蒙古军在中兴府屠城，西夏灭亡。

^ 西方三圣接引像·西夏

此像出自黑水城遗址，堪称关于阿弥陀佛信仰的绝好图解。画面左下方着党项人装束的即为像主，他在临终之前正在虔诚地合十祈祷，阿弥陀佛受到其念佛的感应，亲自率领观世音、大势至两位菩萨手捧莲台，来迎接像主往生。

专题

神秘的西夏王陵

⊙王陵初现 ⊙九大王陵 ⊙王陵布局

关于西夏帝陵的记载最早见于《宋史·夏国传》，但仅记九个陵号，而不记其方位。其次是明代《嘉靖宁夏新志》卷二记载："李王墓，贺兰山之东，数冢巍然，即伪夏所谓嘉、裕诸陵是也。其制度仿巩县宋陵而作。人有掘之者，无一物。"尽管史书中不乏西夏王陵的记载，但因都没讲清它们的具体位置，加之早年碑刻被毁等原因，这个"东方的奇迹"数百年来一直沉睡地下。

王陵初现

1972年5月，原兰州军区某部正在宁夏贺兰山下建筑一个小型军用飞机场，然而他们意外地挖到了几个破碎的陶罐，还有一些形状较为规则的方砖，方砖的上面竟刻有一行行方块文字。部队将这一情况迅速通报宁夏回族自治区博物馆。十天之后，一个古老的墓室终于在这个坑道下重见天日。墓室中发现了巧夺天工的工笔壁画武士像，同时还出土了一些精巧的工艺品及方砖等陶制品。方砖之上布满了一个个方块文字。经过考古人员仔细地研究和测定，认为这是一个古代西夏时期的陵墓，出土的方块文字正是如天书一般的西夏文，考古人员立即在这片荒漠中跋涉，以求新的发现。结果没有让他们失望，连绵的贺兰山背景下，一片无垠的野性大漠托起一个又一个金字塔形高大的黄土建筑，在广阔的西部天空下显得格外雄伟。这里竟是史书中记载的西夏王朝皇帝陵园所在地，其规模竟与河南宋陵、北京明十三陵相当，且在中古时期的丧葬文化史上独树一帜。

▼西夏王陵

西夏王陵位于宁夏回族自治区银川市西约30千米的贺兰山东麓，是西夏王朝的皇家陵寝。在方圆50多平方千米的陵区内，分布着九座帝陵，四百多座陪葬墓，是中国现存规模最大、地面遗址最完整的帝王陵园之一。

九大王陵

已发现的西夏王陵位于宁夏回族自治区首府银川市以西约 30 千米的贺兰山东麓，现存帝陵九座、陪葬墓四百多座、大型建筑遗址一处，整个陵区总面积达 50 多平方千米。西夏王陵中的陵墓是一个等级森严的巨大陵区。不同级别的陵墓有不同的建筑制式和建筑材料。有人把西夏王陵分成甲、乙、丙、丁四个等级。按这种分法，甲类中九座陵墓，其规模巨大，每座陵墓占地约 15 万平方米，现主墓高 20 多米，均有角台、鹊台、献台和碑亭等辅助性建筑，有宽大的围墙，类似一个个神秘的古代城堡。专家认为，这九座建筑应是西夏九位帝王的陵墓。

王陵布局

西夏王陵在蒙古铁骑灭夏战争中遭到严重破坏，地面建筑全毁，碑刻、砖雕都成了碎片。然而，外形虽毁，骨架尚存。宏伟的规模，严谨的布局，残留的陵丘，仍可显示出西夏王朝特有的时代气息和风貌。西夏王陵与明十三陵的规模相仿。整个陵墓，按地形由南向北分为三区，南区二陵，中区四陵，北区三陵。这里早已见不到高大的牌坊、宏伟的殿宇，有的只是荒冢累累、残垣断壁。每座帝陵，都各自成为一个独立完整的建筑群，面积均在 10 万平方米以上。各个陵园的布局大致相同，方向都朝南略有偏东。陵园地面建筑均由角楼、门阙、碑亭、外廓、内城、献殿、塔状灵台等单个建筑组成。平面总体布局呈纵向长方形，按照中原传统的以南北中线为轴、力求左右对称的格式排列。

▼黑水城出土的西夏时期双头佛像·西夏

双头佛在佛像造像史上是非常罕见的造型。目前现存的实物案例屈指可数，而黑水城出土的这件双头佛造像，可谓是其中最著名的一件作品。此塑像面带微笑，头部微微倾斜，整个轮廓极为优雅柔和。

关键词：海上之盟

阿骨打建金抗辽

■ 1115年

金是继辽之后又一个统治北方广大区域，并且与中原王朝长期对立的少数民族政权。相对于辽而言，其征服力量更为强大，势力范围更为广阔；相对于宋而言，金在军事方面更为主动，扮演着一个征服者的角色。但是，金朝在这一时期既表现出前所未有的军事强势，又表现出了强烈的政治弱势。甫一接触中原文化，金王朝就经历着从民族厮杀的战场向民族融合的熔炉转化的历程。

女真族的兴起

女真作为族称出现在辽、五代时期，但它的历史源远流长。中国北方居住的古老的肃慎人，就是女真人的先祖。“女真”的名称，在不同的中原王朝，有不同的音译，因而史书所载，各异其名。除前述“肃慎”外，后汉时称“挹娄”，南北朝时称“勿吉”。南北朝时，勿吉有粟末、伯咄、安车骨、拂涅、号室、黑水、白山等七大强部。唐武则天时，粟末首领大祚荣建立渤海国，隔断了黑水部与唐的联系，其余五部也归附于渤海。五代时，渤海为辽所灭，居民南迁，黑水部则自黑龙江中下游南迁至渤海故地，并以女真之名见于记载。其后，由于避辽兴宗耶律宗真讳，改称“女直”。

当时女真人有生、熟之分，直接隶属于契丹籍，和契丹联系较为密切的为熟女真，反之则为生女真。生女真居住的地域在混同江（今松花江）、长白山，也就是所谓的“白山黑水”。生女真人平时由本部首领统辖，专期向辽贡献马匹、东珠和海东青（一种类似鹰的猛禽，专能击杀天鹅）等特产；遇有军事征伐，则需按辽国的旨意，派兵从征。辽朝中期，数十部女真人逐渐形成了蒲察、乌古论、纥石烈、完颜等几个部落联盟，开始由原始社会向阶级社会过渡。11世纪末至12世纪初，居住在按出虎水（今黑龙江阿什河）一带的生女真完颜部强大起来，逐步统一了生女真以及邻近各部，并吸收了部分渤海遗民，形成了民族共同体。

^ 铜坐龙・金

1956年在黑龙江省哈尔滨市阿城区白城金上京会宁府遗址出土。铜龙为黄铜质铸造而成，呈蹲坐式，龙首微扬，张口似吟啸，肩微前弓，前左腿翘起，其爪飞踏瑞云，瑞云与后腿相连，前右腿略向前方直立，爪与地面相连，龙尾上翘向外卷曲，龙首、肩部和四肢饰有卷鬣。在龙的前右腿、尾部及瑞云处有以双向分开的扁锭残迹，当时与他物相连接固定而铸。

阿骨打的始祖名函普，因为成功调解了完颜氏与邻族的纠纷，被吸收为完颜部人。后来，函普率领完颜部迁至按出虎水，完颜部在此地逐渐发展壮大起来。函普以后，女真已进入亲属部落联盟，为由部落制向部族制、由亲属部落联盟向统一庞大的军事联盟迈出了重要一步。到其四世孙献祖绥可统治时期，完颜部改变了黑水部夏逐水草、冬则穴处，迁徙无常的原始状态，定居于按出虎水之侧，

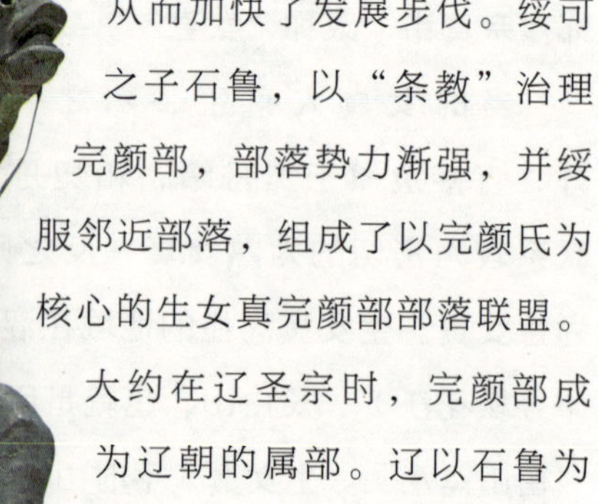

从而加快了发展步伐。绥可之子石鲁，以“条教”治理完颜部，部落势力渐强，并绥服邻近部落，组成了以完颜氏为核心的生女真完颜部部落联盟。

大约在辽圣宗时，完颜部成为辽朝的属部。辽以石鲁为惕隐（辽官名，管理宗室事务），使之管理完颜部联盟。石鲁之子乌古乃则继续扩大完颜氏部落联盟，建立起统一的军事联盟。

此时完颜部的控制区域已扩大，组织力量也已增强。他们名义上仍然接受辽的封号，如乌古乃被授为“生女真节度使”。乌古乃在位期间，不肯系籍（入辽国户籍），使生女真在很大程度上保持了自己的独立性；但他又以“节度使”的名号，利用辽国的实力，确立和发展本部的实力。乌古乃死后，他的三个儿子劾里钵、颇刺淑、盈哥相继为首领。其中盈哥在健全制度、统一女真部方面又前进了一步。

∧金太祖完颜阿骨打铜像

盈哥之后，他的两个侄子乌雅束、阿骨打相继担任联盟长都勃极烈，继续兼并未服诸部。由于辽国经常派兵到女真地区索取海东青，对女真进行骚扰和侮辱，激起了女真各部的极大愤慨。阿骨打本人曾在辽天祚帝举行的头鱼宴上拒不服从天祚帝要他起舞的命令，天祚帝多次想除掉他，这些事情促成了阿骨打决心摆脱辽国的控制。

建金抗辽

乌雅束继为节度使后，吞并了曷懒甸、苏滨水一带的女真部落，巩固了联盟的东南诸部。1113年，乌雅束死，其弟阿骨打为节度使。阿骨打胸怀大志，义气雄豪，曾在前一年辽帝春捺钵头鱼宴上，拒绝为辽帝歌舞助兴，与辽的矛盾、冲突公开化。1114年，阿骨打在掌握了辽朝东北边防的实情后，毅然决定对辽用兵，发动了对辽边城的攻击。诸军集于涞流水（今黑龙江拉林河），阿骨打登山誓师，揭露辽朝罪恶，又激励女真将士，诸军士气高涨。至辽境，与辽部署的渤海守军激战，阿骨打身先士卒，诸军勇气倍增，辽军大溃，乘胜进军宁江州（今吉林扶余东石城子）。阿骨打以二千五百人誓师，攻克宁江州。宁江州之战的胜利，使女真人受到

> 狩猎图・金

这是一幅中国古代绘画，牵马的女真猎手旁边是倒地的猎物。图中的马是蒙古马，身体粗壮，额宽腿短。在中国古代，射艺一直是非常重要的军事技艺，俗语称“军器三十有六，而弓为称首；武艺一十有八，而弓为第一”。无论是汉代的匈奴、南北朝时的鲜卑，还是辽、金两代，无一不以骑射为立国之本，金代就曾要求每名女真骑兵出征时要携带三张弓、箭矢四百支。

^ 玉带·金

玉带通常是指用玉装饰的皮革制腰带，即革带。北方草原民族非常喜爱腰饰，无论是契丹还是女真贵族，腰佩玉带的风尚都非常流行，玉带上的图案大多为山水、猎狗、天鹅、海东青等。

极大鼓舞，部分女真贵族提出了建国自立的主张。

辽朝在宁江州失利后，遣军屯驻距宁江州不远的出河店（今黑龙江肇源西）以备女真。阿骨打利用辽军的麻痹思想，出其不意抢渡鸭子河（松花江一段），以甲士千余人突袭辽军于出河店，又获全胜。出河店战役对辽朝的影响很大：天祚帝受到北院枢密使萧奉先的蒙骗，按照萧奉先的建议赦免了战败的兵将，使诸军认为“战则有死而无功，退则有生而无罪”。从此以后士无斗志，遇敌即溃逃。

在统一女真诸部和抗辽斗争中，女真贵族锻炼和培育了一批能征善战的将领，组织了一支敢打敢拼的军队，在宁江州、出河店两次大战后，又以俘获的人口、装备充实了军力，实力迅速发展。辽人曾说过：“女真兵满万，则不可敌。”至此，这支令辽军丧胆的女真大军，兵力骤增至万人。与辽军的两次较量，使女真人对辽朝政治的腐败、军事的无能、士气的低落、民心的涣散有了更进一步的认识。

议和之路

完颜阿骨打率领的女真军队虽然出师告捷，但是，他们面对强大的辽王朝，还没有胜算的把握。在这种情况下，阿骨打一方面于1115年建国，国号为金，建元收国；另一方面以“和议佐攻战”，进一步发展了自己的实力。双方的议和活动从1115年正月就开始了，阿骨打提出议和的先决条件是：“若归叛人阿疎（女真纥石烈部首领，完颜部宿敌，流亡于辽国），迁黄龙府（今吉林农安县）于别地，然后议之。”其实，归还阿疎只是一个借口，阿骨打所提的条件，其实质性的内容是第二点，即“迁黄龙府于别地”。参校其他各种史料来看，完颜阿骨打起兵反辽，主要是因为不堪忍受辽朝的压迫，在他起兵之初，并没有推翻辽朝并取而代之的打算，而只是想争取女真族的独立地位罢了。议和活动一直持续到当年九月。其间双方使节至少往返四次，但各自提出的条件相距太远，谈判没有结果。

阿骨打见和谈无望，于是在当年九月攻克了军事重镇黄龙府。天祚帝见黄龙府失陷，下令亲征，率辽军、汉军十余万，号称七十万，讨伐女真。由于辽国内部发生耶律章奴的废立活动，天祚帝的亲征军没有与金人接触便撤回，女真军以轻骑两万奋勇追击。两军战于护步答冈，辽军大溃，“死者相属百余里，金军获舆辇帟幄兵械军资，宝物马牛不可胜计”，天祚帝逃往长春州（今吉林前郭尔罗斯西北塔虎城）。收国二年（1116），辽国裨将、渤海人高永昌自立于东京（今辽宁辽阳）反辽，他抵挡不住辽军的压力，遣使向金求援。金太祖乘机占领沈州（今辽宁沈阳）、东京，擒高永昌，将东京州县和南路系籍女真纳入完颜部统治之下，完成了女真各部的统一。

继攻陷东京之后，金军又攻陷了长春州，辽东北面诸军不战自溃，紧接着，泰州（今吉林洮南东北）也被攻下。长春州是辽朝皇帝春季捺钵之处，辽朝的二元政治体制，使得捺钵成为辽朝的政治中心。攻下长春州，对于辽、女真都是一个相当重大的事件。至此，女真贵族认为已经具备了与辽分庭抗礼的资格。阿骨打认为此时女真人的力量还没有强大到取辽而代之的地步，于是和辽又进行了一系列的议和活动。此次议和大约始于金天辅二年（1118）年初，一直持续到金天辅四年（1120）三月，围绕着册封问题讨价还价，双方互遣使节不下十次。同年春，宋、金达成夹攻辽朝的“海上之盟”，双方约定翌年共同夹击辽国。此时女真人才终于下定灭辽的决心。四月，阿骨打率军亲征辽上京临潢府（今内蒙古巴林左旗南），拉开了与辽决战的架势。

^ 青铜火蒺藜·金

《宋史·兵志十一》记载：“（咸平三年）八月，神卫水军队长唐福献所制火箭、火球、火蒺藜。”宋、辽、金时期，火药开始装备作战部队，从而促进了火蒺藜的发展，增强了作战部队的战斗力。

取辽代之

北宋的介入，改变了女真对辽的态度，使他们由初期脱离辽朝控制，进一步发展为取辽而代之。天辅四年（1120）三月，金朝单方面停止议和，五月，陷辽上京，同时分兵攻庆州。次年，辽都统耶律余睹降，金对辽军情、国情有了更深入的了解，增强了必胜的信心。十二月，太祖以幼弟忽鲁勃极烈完颜杲为内外诸军都统，大举伐辽，以实现“内外一统”的政治目标。

天辅六年（1122）正月，金军陷辽中京大定府（今内蒙古宁城西大明城）。天祚帝逃往西京（今山西大同市）。三月，金军西进，天祚帝遁入夹山，耶律淳在燕京（今北京市）称天锡皇帝。四月金军攻陷西京。六月，耶律淳病死。此时，辽的归化（今河北宣化）、奉圣（今河北涿鹿）和蔚州（今河北蔚县）相继投降，金太祖阿骨打率军攻南京。十二月，北辽留守燕京的汉官枢密使左企弓等人献城投降，阿骨打率军入城。天辅七年（1123），北辽平州节度使时立爱以州降。燕京既然已经攻下，根据与北宋的协议，金军将当地居民、财物席卷北撤。至此，辽五京皆不守，女真的进攻目标便是追袭逃进夹山的辽天祚帝。

女真国号为“金”。关于“金”国号的由来，目前主要有这样几种意见：一种解释是“辽以镔铁为号，取其坚也。镔铁虽坚，终亦变坏，惟金不变不坏。金之色白，完颜部色尚白，于是国号大金”。还有专家认为“大金”一名源自女真完颜部世代生息的按出虎水，女真语称“金”为按出虎，按出虎水以产金而得名，“大金”国号即来自按出虎水。

天辅七年（1123）八月，金太祖阿骨打逝世，其弟谙班勃极烈吴乞买即位，是为金太宗。九月改元天会。金太宗一面巩固已占领的州县，继续扩大战果，一面使西南、西北路都统经略西夏，与之建立宗藩关系。天会三年（1125），金军俘虏了辽天祚帝，辽朝灭亡。

金上京会宁府城垣遗址

关键词：靖康之变

金灭北宋

■ 1127年

金国建立后，其周围先后并立着宋、辽、西夏等政权。多民族政权的盘根错节让当时的局势错综复杂。天会三年（1125），辽国灭亡。女真族长期遭受的奴役、盘剥从此结束。金国在长城以北的广大地区确立了统治地位。然而，这对于金的统治者来说一切才刚刚开始，为了谋求更多的财富，占领更为广阔的土地，它又把铁骑踏向了中原地区。1127年，金灭北宋。

海上之盟

金国灭亡辽朝以后，同北宋王朝发生了错综复杂的关系，这就得从“海上之盟”说起。1111年，宋徽宗派童贯使辽。童贯在这次出使中，认识了燕京人马植。马植原是世家大族子弟，任过辽朝光禄卿官职。他见辽朝灭亡在即，便叛辽投宋，向童贯献取燕京之策，深受童贯赏识。赐马植名李良嗣，随童贯回到宋都开封。李良嗣向北宋朝廷陈述了辽天祚帝的荒淫腐败和金兵已迫近燕京的情况，并建议说，宋如果这时能从登莱（登州和莱州）渡海，与女真结好，相约攻辽，则燕地可取。宋徽宗立即召见了他，赐以国姓，改姓名为赵良嗣，并给他加上朝议大夫、秘阁待诏的职衔。此后，宋便开始了联金灭辽，谋图收复燕云地区的活动。天辅二年（1118），北宋与金国商议攻辽问题。双方经过几次往来商议，于天辅四年（1120）最后商定：宋、金夹攻辽国。长城以北的中京，由金军负责攻取；长城以南的南京和西京，由宋军负责攻取。灭辽之后，燕云地区归宋；宋将原来输辽的岁币如数转送给金国，这就是历史上宋金“海上之盟”。

海上之盟签订之后，阿骨打中止了与辽朝的议和活动，大规模进攻辽国。根据协议，燕京的北辽政权由宋军负责攻取。可是，宋朝派去攻打燕京的童贯、蔡攸二人指挥无能，导致宋军在白沟（今属河北）遭到辽将耶律大石所部的重创。天辅六年（1122）九月，辽易州知州高凤降宋，涿州留守郭药师随后以所部八千士兵降宋。在此大好形势下，宋朝内部仍无斗志，临阵怯敌，致使二度攻燕失败。童贯只得以燕京租税一百万贯给金国为条件，邀请金军攻燕。最后燕京为金军单独攻占。

天辅七年（1123），宋遣赵良嗣再次使金，与金商议交割燕京问题。在交涉过程中，争议激烈的是平州（治今河北卢龙）、营州（治今河北昌黎）和滦州（今河北滦县）的问题，金太祖最终同意将燕京所属六州地与宋。同时，也面许待俘获天祚后，将西京所属州县归于宋朝。同年四月，宋军进驻燕山，并继续遣使要求交割西京，然而这时却发生了张觉之变。

元帅之制官印·金

张觉原为辽国平州守将，燕京失陷时投降金朝，金人改平州为南京，命张觉为留守。天辅七年（1123）五月，辽降官左企弓等率燕京降官、富户北迁，途经

平州。燕人不愿远离故土，哭诉求救于张觉。张觉遂杀曹勇义、左企弓、康公弼等人，起兵反金。宋安抚司乘机遣人招谕，张觉以平、营二州归宋朝。宋朝以张觉为泰宁军节度使，世袭平州。八月，金太祖死，西京地没来得及交割。九月，金将完颜宗望攻下平州，获得宋赐给张觉的诏书，掌握了宋朝破坏盟约的物证。金将宗翰等奏请不再割西京地与北宋，宗望也因为宋军进至燕山，拒不交出逃入宋地的燕地户口，要求加兵于宋朝。后来，张觉逃入燕地。金移文索取，宋朝不得已杀张觉，函其首献金。

灭宋战争

根据宋、金约定，平州归金，那么宋朝纳金朝降将张觉，显然违背了

二骏图·金·杨微

对于中原政权来说，马匹具有重要意义，一方面国家需要骑兵，而骑兵不可缺少马；另一方面国家需要信息的传递，而传递在旧时代主要靠马匹。东北地区是中国历史上的重要产马地，辽国曾在东北养马达百余万匹，金世宗时东北七处群牧所养马达四十七万匹。

盟约；特别是当金攻下平州，还掌握了宋朝诱降张觉的证据，自然引起了金朝君臣的愤慨。为了彻底击垮辽朝，金国暂时没有对宋采取行动。金太宗按照盟约规定，象征性地归还了西京的武州（今山西神池）、朔州（今山西朔州）给宋。天会三年（1125）三月，金军俘获辽天祚帝、灭亡辽朝后，便下诏南下攻宋。金军第一次南下在天会三年（1125）十一月，分兵两路，东路军由宗望率领，从平州向西南攻燕京；西路军由宗翰率领，从云中（今山西大同）南下攻太原，两路军准备在开封会师。西路军在太原遭到北宋军民的坚决抵抗；东路军则因宋朝的燕京守将郭药师投降并做向导，得以顺利南进。消息传到开封，宋徽宗急令各地军队勤王，并禅位给其子赵桓。赵桓即位（即钦宗），以次年（1126）为靖康元年。

当年十二月底，金东路军连下相州（今河南安阳）、浚州（今河南浚县），抵黄河北岸。守河宋军见金军到来，不战自溃，金军顺利过河，宋徽宗南逃镇江。钦宗也想逃跑，被主战大臣李纲等劝阻，勉强留下。不久，金军围攻开封，李纲率领全城军民杀伤数千攻城金兵，挫败了宗望破

开封、灭北宋的企图。可是宋钦宗和李邦彦、张邦昌等投降派官僚畏惧金军，极力主张求和。金军乘机提出苛刻条件，钦宗一一答应，还把主战派旗帜人物李纲解职。宋朝统治集团这种投降行为激起了开封军民的愤怒，军民不约而集的有数十万人，呼声动地。钦宗迫于压力，又恢复了李纲等人的职务，这时各地援兵已临近开封。宗望感到形势不利，即匆忙北撤燕京。宗翰久攻太原不下，也率军退回云中。

金军北归不久，复又进行第二次南侵。东路军仍由宗望率领，先破真定（今河北正定），天会四年（1126）十一月渡黄河，直抵开封城下。西路军仍由宗翰率领，继续围攻太原。太原城破后，西路军亦南下渡过黄河，与东路军会师开封城下。宋钦宗依靠投降派大臣，一直希望同金军议和成功，甚至制止各地兵马来援，开封城内外兵力很少。在此紧急关头，钦宗无计可施，听信妖人郭京之言，用“六甲法”退敌兵。钦宗命守兵都撤下城来，郭京出城战斗，宋军大败，郭京乘乱逃走，开封为金军占领。

此时北宋军民纷纷要求与金兵决一死战，但钦宗仍梦想议和。金人提出要宋廷收缴民间武器，并索金一千万锭、银二千万锭、帛一千万匹。钦宗全部答应。天会五年（1127）年初，金军借口金银数不足，在开封城内外大肆剽掠焚杀，并将徽宗、钦宗二帝扣留。三月，金国立张邦昌为帝，国号“楚”，作为傀儡政权。四月，金国掳徽、钦二帝及后妃、宗室、大臣三千余人，及其所掠大量金银财宝、仪仗器物等北归。史称此事为“靖康之变”。

女真自1115年建国，连续征战，历时十三年，相继灭亡辽和北宋。天会五年（1127）五月，宋徽宗第九子康王赵构在宋廷群臣拥戴下在南京（今河南商丘南）重建宋政权，史称南宋。天会八年（1130），金国立刘豫为“齐”帝，统治河南、陕西，成为金朝的附庸，并配合金朝与南宋对抗。中国历史继辽与北宋对峙之后又进入了金与南宋的对峙时期。

关键词：大定明昌之治

熙宗改制与大定明昌之治

▪ 1135年～1196年

金国灭辽和北宋后，占领的区域不断扩大，其中混居着契丹、渤海以及大批的汉人。为了巩固金国的统治，金熙宗顺应形势的要求，对统治制度进行了不断的改革。后来，熙宗被宗室完颜亮所杀，后者即位称帝，史称海陵王。不久，完颜亮死于南下攻宋的兵变中，金世宗完颜雍即位。正是在世宗统治期间金朝达到了鼎盛阶段，政治相对清明，政局稳定，经济恢复并趋于繁荣，颇有盛世景象，史书将金世宗大定年间（1161—1189）及其继承者金章宗初期（年号明昌，1190—1196）称为“大定明昌之治”。

<《燕京八景图》之居庸叠翠·清·张若澄

“燕京八景”的说法最早出自金章宗明昌年间（1190—1196），所谓燕京八景指的是居庸叠翠、玉泉垂虹、太液秋风、琼岛春阴、蓟门飞雨、西山积雪、卢沟晓月、金台夕照这八景。这是金朝时的名称。

熙宗改制

天会十三年（1135），金太宗逝世，金熙宗完颜亶（太祖之孙）嗣位。此时金朝统治中心仍在东北，故以宗磐（太宗长子）为代表的一批贵族决定将河南、陕西等地归还南宋，换取宋朝纳币称臣。而完颜宗弼等人则仍然主张用兵。天眷二年（1139），宗弼一派得势，诛杀宗磐，撕毁了与南宋的协议，发兵复攻河南。金军虽曾为岳飞等击败，但由于南宋朝廷下令撤军，金朝重得河南、陕西之地。天眷四年（1141），金与南宋签订了《绍兴和议》，划定淮水、大散关一线为边界，南宋继续向金称臣纳币。

金熙宗即位后，为了巩固统治，进行了一系列改革活动，其中主要的内容就是废除勃极烈制度，由三省六部制取而代之。金朝初期，朝廷的中枢机构是在皇帝之下，由出身宗室近亲、地位显赫并具有终身职务的几名勃极烈组成的会议。它是带有氏族残余的贵族议事机构，皇帝依赖它来裁决国家事务。在勃极烈制度之下，国家大事更多地取决于参加勃极烈会议的宗室贵族的共同意见，而皇帝的个人意见，有时起不到决定性的作用。因此，熙宗决定加以改革。天眷元年（1138），金熙宗参照唐、宋及辽的模式，首先在中央实行了三省六部制。在皇帝之下设三师，即太师、太傅、太保，三师位高而无实权，专用来安置位尊权重的大臣；在尚书、门下、中书三省之上，又设置领三省事一职，仍无实权。熙宗通过这样的改革，把军权和行政权进行了分离：一些势力庞大的军事贵族被安插在此，军权被剥夺。这样一来，军事大权悉数收归中央，旧贵族的能量被最大限度地削减。在三省制度中，以尚书省为新的行政中枢机构，中书省和门下省的长官均由尚书省官员兼任。尚书省的最高长官为尚书令，其下设左、右丞相及平章政事。这一系列的改革，大大加强了最高统治者的权威，亦提高了行政机构的运作效率。它分工

^ 杖鼓伎乐人物砖雕・金

山西襄汾南董村金墓出土。伎乐人头上包裹幅巾，幅巾上簪花。身穿长袍，腰中系带。杖鼓横置，悬挂腰间。头向右微侧，左手拍鼓，右手执桴，击打鼓面。此与《梦溪笔谈》卷五“唐之杖鼓，本谓之两杖鼓，两头皆杖。今之杖鼓，一头以手拊之”记载相吻合。它表明辽宋金时期杖鼓的演奏方式有了变化。现藏于山西博物院。

^ 磁州窑人物故事图枕·金

枕头是人们日常起居的重要生活用具，中国古代最早以石块制作枕头，后来发展到用木、玉、铜、瓷等材料制作枕头。瓷枕最早出现于隋唐时期，两宋及金、元时期最为鼎盛，明清时期退出了历史舞台。宋金瓷枕上一般用彩釉绘成精美的图画或题有诗句，形状也非常多样，有长方形、花瓣形、鸡心形、椭圆形等。

明确，直接对皇帝负责，完全成为皇帝实行君主专制统治的工具。

新的官职颁布后，熙宗又着手对朝廷的礼仪制度进行改革。天眷二年（1139）三月，熙宗命百官制定详尽周密的礼制，开始着重改革。这次革新，前后用了近十年的时间，但凡宗庙、社稷、祭祀、尊号、朝参、车服、仪卫及宫禁等多方面进行了大量的建设。如宫廷禁地，亲王以下者不能佩刀入内；新的朝参礼仪启用后，每月朔望日为朝参日，余下为常朝。不论朝参还是常朝，臣子都必须身着汉式朝服，依照复杂的仪式行礼，然后才能奏事等。

君位继承方式的改革，也是金熙宗改制的重要内容。从前女真的传统继承方式是兄终弟及，从金景祖乌古到金太祖阿骨打，全部都是以兄终弟及的方式在家族中传承。即使太宗完颜晟在世时，仍然是立弟弟完颜杲为储嗣。后来完颜杲病逝早夭，作为嫡长孙的熙宗才得以继承皇位。皇统二年（1142）三月，熙宗将儿子济安立为皇太子，正式确立了父子相传的皇位世袭权。这一革新，对皇权的加强有着重要的意义。金熙宗时期的一系列政治改革，对金国的发展产生了巨大的影响。熙宗以后，直至金国灭亡，这套制度基本上没有变更，成为金代的定制。

世宗即位

熙宗皇统九年（1149），宗室完颜亮（熙宗堂弟）发动政变，杀死熙宗，夺取帝位，是为海陵王。

金朝建立以来，灭辽击宋，版图不断扩大，大批猛安谋克进入中原，“方疆广于万里，以北则民清而事简，以南则地远而事繁”，但是首都一直设在上京会宁府，位置偏远，经济上则“供馈困于转输，使命苦于驿顿”，十分不便。海陵王即位后，下令扩建燕京城，修筑宫室，于1153年正式迁都于此，定名中都大兴府。同时，海陵王还下令拆迁上京宫殿，将宗室贵族及其所属猛安谋克尽行迁入内地，太祖、太宗陵寝一并迁入至中都近郊。此举标志着金朝政治中心的转移，也是北京在历史上第一次成为王朝首都。海陵王还罢黜中书、门下二省，仅保留尚书省作为最高行政机构，其余官制也进一步规范化，职有定位、员有常数，终金一代，世守不变。正隆六年（1161），海陵王完颜亮率军大举进伐南宋，企图荡平江南，完成他“万里车书一混同”的夙愿。但他在位期间统治残暴，渐成众叛亲离之势。宗室完颜雍在东京（今辽宁辽阳）发动兵变，自即帝位，改元大定，是为金世宗。当年十一月，海陵王攻宋失利，军中人心思变，兵部尚书耶律元宜趁机发动兵变，完颜亮死于乱军之中，金国进入了金世宗统治时期。

金世宗即位之初，时局极不稳定。西北的契丹大起义如火如荼，与南宋的战争也在进行中。有海陵王之失在前，想要建立起一个稳固的统治集团，必须采取一系列新的措施。世宗分析了当下的形势，首先决定，集重兵镇压契丹农牧民起义。大定元年（1161）十二月，义军首领窝斡称帝，建年号天正，并领导契丹起义军转战临潢府与泰州（今吉林洮南一带）之间，声势浩大，屡创金军。大定二年（1162），世宗任仆散忠义为平章政事兼右副元帅、纥石烈志宁为元帅右监军统率诸军，倾尽精锐镇压窝斡军。六月，金军与起义军在花道、袅岭一带决战，金军大获全胜。八月，再败起义军。世宗在派兵镇压的同时，不断派使者进行招抚诱降。义军中的大将军斡里袅、猛安七斤、蒲速越等人先后降金。契丹起义被镇压后，世宗下诏废除契丹猛安谋克，编入女真猛安谋克中。参加起义的契丹人被陆续迁徙到女真内地，与女真人杂处，接受女真官员的直接统治。不久，河北、山东、河东等路北方各族的起义亦被相继平定，统治秩序很快恢复如初。

虽然国内的形势稳住了，但是对外的战争还没有停止。世宗吸取海陵王穷兵黩武的教训，将南侵被征的兵士撤编遣散，仅在边界屯守兵力十万。为了能尽快与宋休战，世宗再派使者与宋和谈。时值南宋孝宗当政，由于急于收复失地，正准备兴师北伐，于是世宗期盼的和谈失败。大定三年（1163），南宋发兵北伐，金朝调派左丞相仆散忠义、左副元帅纥石烈志宁统率重兵进行反击，宋军连败。五月，双方大战于符离（今安徽宿州），宋军惨败。宋孝宗被迫遣使求和。到闰十一月，和议基本达成。大定五年（1165），双方正式议和：宋向金称侄，每年给付岁币20万两、帛绢20万匹。从此，双方30年间没有再发生大规模的战争。

大定明昌之治

局势陆续稳定下来后，世宗开始在国内进行大刀阔斧的改革。首先在用人上，世宗采取了兼容并包的措施。不论曾经是受过海陵王重用还是曾经反对过他又降附的人，也不论是女真贵族、汉人还是渤海人，只要有才干，均一视同仁，予以任用：海陵王时期的尚书令张浩，仍被封太师、尚书令纥石烈志宁、白彦敬等曾率重兵镇压契丹起义，又谋划进攻完颜雍，并连杀完颜雍派去的使者九人。降服后，世宗爱其将才，不计前嫌，仍令其统兵，委以重任。这些政策的颁行，深得人心，统治阶级内部的关系很快得以理顺，混乱的局面逐渐结束。世宗在位三十年，任用了宗室完颜贵族七人，非宗室女真人十五人，汉族十四人，契丹、渤海二人。与前朝帝王相比，切实做到了唯贤是举、人尽其才。

在政治制度上，世宗基本沿袭了海陵王时的成制，只是在施政方针上做了相应的变更。海陵王崇尚吏治，刚愎自用；金世宗崇尚仁政、宽政，虚心纳谏。他多次下诏内外大小官员上书直言，为其选拔人才出谋献计。世宗还在前朝的官职、礼仪制度基础上，做了进一步修订。比如海陵王时尚书省宰执为七人，并废除了熙宗时的平章政事官职。世宗则改为增设九人，并恢复平章政事一职。在文化上，世宗摒弃了先人的一些做法：从前的政令推崇汉学，轻视女真的固有文化。对此，世宗采取兼容并蓄的做法，既不抛弃女真文化，又利用、吸收汉文化以提高女真民族的文化水平。在经济上，世宗

∨ 大定通宝（8枚）·金

大定通宝于金世宗大定十八年（1178）铸造。钱文仿瘦金体书版式有小平、折二两种。大定通宝造型简练、形貌大方、字仿“瘦金”，精美程度比大观通宝有过之无不及。

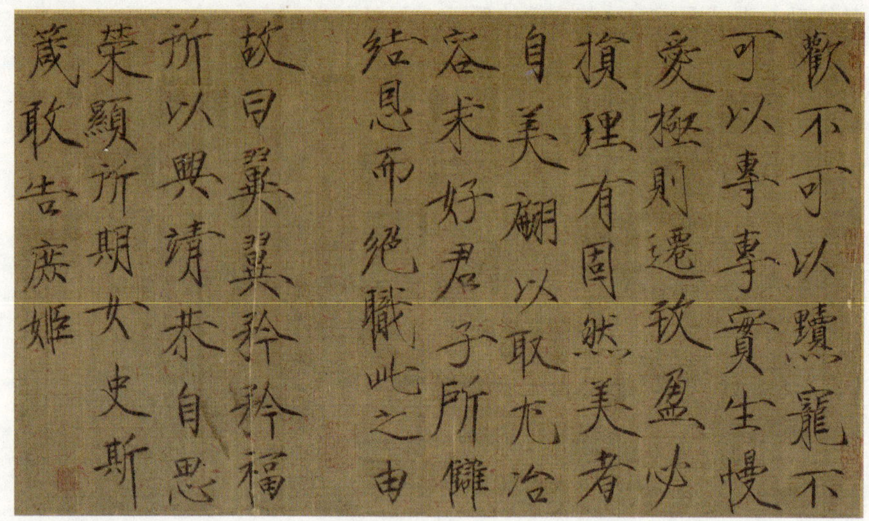

^ 瘦金体《女史箴图》跋·金·章宗

也做了一定程度的改革。金代以农为本，为了促进农业生产，世宗在平定契丹起义、结束了对南宋战争后，大量撤编裁军，令其归农。由于海陵王时期苛捐杂税多如牛毛，民生艰难，世宗即实行轻徭薄赋、与民休息的政策。遇到灾年，则免除租税，减免劳役。

与宋议和后，金陆续恢复并增设了与南宋、西夏的榷场，保证了国内经济、贸易的稳定发展。世宗统治期间，政局相对稳定，经济也得到了较快的发展，仓廪充实，人民生活安定，文化开始走向繁荣。大定二十九年（1189）正月，金世宗病故于中都福安殿，终年六十七岁。金世宗去世后，皇太孙完颜璟即位，是为章宗。章宗生长在金国的盛世时期，深受儒家文化的浸染，在继承祖父治国方略的同时，极力效仿北魏孝文帝的汉化改革方式，不再因循祖父的兼容并蓄的做法。二月，章宗刚即位，就解决了金国历史遗留下来的奴隶问题。金国的奴隶地位极其低下，不仅要向国家纳税，又要向寺院纳租。随着向封建制的发展，奴隶制的存在已成为制约生产发展的严重障碍。章宗经过一系列的努力，使绝大多数的奴隶变成了平民。不久，章宗还下令减少民间地税的十分之一，照顾了百姓生存的不易。

除了解决民生问题，章宗根据金国猛安谋克的现状，进行了调整。猛安谋克是独具女真人特点的军事制度。他们在金国开疆拓土、灭辽伐宋的历史中起到了不可忽视的作用。然而随着升平日久，猛安谋克的不务正业和自由散漫逐渐暴露出来。对此，章宗作了新的规定：他剥夺了猛安谋克在世袭制上的特权，并淘汰了一批庸碌无能的猛安谋克，一定程度上提高了猛安谋克的素质和效率。金章宗还设立了许多新的机构，如学校处、提刑司等，完善了法制方面的建设。这些措施对于安定社会、发展经济以及维护统治阶级的利益都起到了积极的作用。

由于金章宗继承了金世宗的部分统治理念，取得了一定的成就。明昌二年（1191），金国财政收入不断翻新，人口数量亦达到了巅峰：明昌六年（1195），金国境内的女真、契丹、汉户比世宗大定二十七年（1187）增加了一百万余户，近千万人。金世宗年号大定（1161—1189），金章宗初期年号明昌（1190—1196），这段时期在历史上被称为“大定明昌之治”。

历史断面

《泰和律义》

《泰和律义》是金章宗时期制定的一部法典。它以《唐律疏议》为蓝本，并取《宋刑统》的疏议加以诠释，其篇目与唐律相同，共12篇30卷，但内容有所不同。《泰和律义》的完成，标志着金朝立法的完备。内容共计563条，包括：祠令48条，户令66条，学令11条，选举令83条，封爵令9条，封赠令10条，宫卫令10条，军防令25条，仪制令23条，衣服令10条，公式令58条，等等。《泰和律义》是金代常行的法典，但由于金代战事频繁，法律在实际生活中并未很好地贯彻执行。

关键词：三峰山之战

金国衰亡

■ 1196年～1234年

金章宗后期，黄河三次决口，而统治者养成奢靡之风，政治趋于腐败，财政上逐渐出现入不敷出的局面。同时，蒙古不时侵扰金朝北部边境，金朝疲于应付。等到金宣宗时期，内有权臣操纵政局，外有蒙古军频繁来攻，劫掠财物和人口，金朝统治摇摇欲坠。宣宗之子哀宗即位后，虽然企图励精图治，然而用人不当，腹背受敌，已难以挽回颓势。哀宗天兴元年（1232），蒙古军占领开封，哀宗逃往蔡州（今河南汝南）。两年后，蒙古与南宋合兵攻破蔡州，哀宗自缢而死，金朝灭亡。

避战南迁

金章宗是一位比较有作为的皇帝，他的主要作为几乎都体现在他的文治上。然而，国内的权力之争仍然没有消除，对外则边患不断。13世纪初，北方蒙古族崛起，不断和金发生战事。由于战争不断，军费开支日巨，朝廷的赋税收入不堪重负，便大量发行纸钞和铸造货币。币制陷入极度混乱之中，给社会经济造成了巨大的损害。人民贫困交加，加上蒙古铁骑不断从北方滋扰，金朝由极盛开始不可避免地走向衰亡。

泰和八年（1208）十一月，章宗病死于金中都安福殿，终年41岁。由于没有子嗣，章宗的叔父卫绍王完颜永济取得皇位。至宁元年（1213）八月，权臣纥石烈执中（又名胡沙虎）和他的党羽发动政变，弑杀卫绍王，拥立世宗之孙完颜珣为皇帝，改元贞祐，是为金宣宗。金宣宗即位时，内有朝中权臣柄政，外有蒙古大军进逼中都，他本人懦弱，对弑君乱国的纥石烈执中，不但不能果断处置，反而拜为太师、尚书令兼都元帅，国政完全操纵在这位权臣手中。不久，蒙古军兵临中都城下，金军两次战败。元帅右监军术虎高琪趁机发动兵变，杀死纥石烈执中。金宣宗继续执行鸵鸟政策，任命术虎高琪为左副元帅，拜平章政事，后来还升官至尚书右丞相。术虎高琪为相后，把持朝政，作威作福，金朝陷入更深的衰乱之中。面对蒙古军队的强大攻势，金朝统治者放弃积极抵抗的主张，而是执行投降、逃跑的路线。贞祐二年（1214）三月，金朝接受蒙古的条件：献纳童男童女各五百名，绣衣三千件，御马三千匹，大批金银珠宝，并以完颜永济之女为岐国公主进行和亲。城下之盟的和议达成后，感到金国尚有较强防御能力的蒙古军暂时退兵，中都解围。

˅木雕加彩菩萨坐像·金

解围之后，金宣宗认为中都离蒙古军太近，随时可

能遭受攻击而深感不安，于是以国都破旧，资金和资源都太紧张，中都没法长期驻守为由，决定迁都于南京开封府（今属河南）。朝中的官员和太学生都力陈不可迁都，认为中都是金国的根本，放弃中都而南迁，北方诸城必将缺乏援助，无法抵御蒙古军的进攻。然而宣宗一意孤行，仓促离开中都，迁往南京开封府。宣宗南迁，极大地动摇了民心，致使驻守在东北的金朝将领和汉族地主为了保存自己，与金朝分裂，降附蒙古。贞祐二年（1214），锦州（今属辽宁）张鲸、张致兄弟聚众十余万叛金，杀节度使自称王，在木华黎率蒙古军攻入东北后投降蒙古。契丹人耶律留哥叛金，与蒙古军联结，自称辽王，成为蒙古军攻占东北地区的先锋军。贞祐三年（1215），辽东宣抚蒲鲜万奴叛金独立，建立大真国，改元天泰，称天王，金朝在东北的统治随之分崩离析。

金宣宗在南迁以避蒙古军的同时，盲目往南方扩张，连续发兵攻宋，企图通过剽掠南宋来弥补蒙古军造成的损失。这无异缘木求鱼的军事行动，不但分散了北面抵抗蒙古的兵力，彻底失去了金、宋携手抗蒙的可能性。此外，南迁也加重了山东、河北等地人民的负担，进一步激化了矛盾，高举抗蒙抗金大旗的红袄军起义风起云涌，声势浩大。以山东杨安儿、李全等人领导的起义军为中心，很快席卷河北、河南、山西等地。虽然在宣宗调集兵力的血腥镇压下，起义军屡屡遭受重创，但各地起义军前仆后继，连绵不断，使金朝仅余的一点较强兵力也消耗殆尽，难以再对蒙古军作出更有力的抗击。

元光二年（1223），金宣宗去世，金朝北方防线全面崩溃，蒙古铁骑轰然南下，金国统治阶层分裂还在加剧，农民起义不断削弱金朝的统治基础，金朝在内外交困下迅速走向衰亡。《金史》评价宣宗南迁称：“再迁遂至失国，岂不重可叹哉！”可见这次南迁可谓哀宗迁蔡州的前兆，算是彻底关闭了金朝中兴的大门，开启了灭亡的道路。

哀宗失国

^ 陶版四件·金

建筑组件，泥质灰陶，呈方形，上面两件浮雕摩羯（左）和龙，下面两件浮雕执斧武士和凤纹。金代的砖雕风格多样，雕刻精细，尤其以山西的砖雕最具代表性。

金宣宗元光二年（1223）十二月，金宣宗去世，太子完颜守绪即帝位，是为金哀宗。面对登基时内忧外患的严峻现实，哀宗不愿当亡国之君，力图振作。军事上，他迅速停止对宋、夏的战争，先后提拔了完颜陈和尚、杨沃衍等主战派将领，全力抗蒙；政治上，他打击奸佞之臣，努力廓清吏治；文化和经济上，他倡儒学，课农桑。这些措施的采取，在一定程度上缓和了当时的民族矛盾，提升了金国的国力。

可惜哀宗毕竟不是一个英明果决的皇帝，联结宋、夏却缺乏有力的措施，致使宋朝最终拒绝了金的议和；打击奸佞的同时，却任用白撒、张文寿等奸臣；任用抗蒙将领，却不能善始善终，进而造成内政外交和军事上的一系列处置失当。开兴元年（1232），在蒙古军三路进攻金朝的时候，哀宗妄图通过大决战的方式，正面击退蒙古军，导致了钧州（今河南禹州）三峰山战役失败，大批将领战死，金军主力尽没，再也没有能力抵抗蒙古铁蹄的践踏了。

开兴元年（1232）三月，蒙古军围攻开封。在哀宗的激励、慰劳下，将士“人自激奋，争为效命”，终于打退了蒙古军的进攻，保住了开封，使金王朝的寿命又延长了两年。蒙古军退却后，开封缺粮，为筹集军粮，哀宗错误地实行“括粟”政策，满城抢夺百姓口粮，大失民心。哀宗看到汴京援绝粮尽，不待蒙古军来攻，已难以继续维持了，只好于天兴二年（1233）正月出奔归德（今河南

卢沟桥

卢沟桥位于北京西南郊永定河上，始建于金大定二十九年（1189），距今已有八百多年的历史。它是北京地区现存最古老的石拱桥，全长266.5米，宽7.5米，最宽处达9.3米。桥上雕刻有大小石狮502只。

商丘南）。六月，哀宗又逃至蔡州。蔡州地处淮水支脉汝水之畔，与宋朝接壤，又面临着宋朝的威胁。因为此时宋朝已和蒙古达成协议——联合灭金，金亡后，河南归宋，河北归蒙古，宋朝的大军已经向金朝出发了。八月，宋军围攻唐州。攻下唐州（今河南唐河）后，又进兵息州（今河南息县）。哀宗见宋朝助蒙攻金，派皇族完颜阿虎带去宋朝谈和，但宋朝拒绝和议。蒙古军由塔察儿率领，宋军由孟珙率领，分道向蔡州进攻。九月，蒙古兵到达蔡州城下。十一月，宋将孟珙率两万兵至蔡州，运粮三十万石供应蒙古大军军需，宋、蒙两军会师。十二月初九日，蒙古军攻破蔡州外城。十九日，蒙古军攻破西城。二十四日，哀宗率领兵士夜出东城逃跑，到城栅处，与蒙军相遇，被迫退回。蔡州被围三个月，城中粮尽。哀宗杀上厩马五十匹、官马一百五十匹赏给将士食用。城中居民用人畜骨和芹泥充饥。

天兴三年（1234）正月初九日，蒙军在西城凿通五门，整军入城，完颜仲德督军巷战。直到傍晚，蒙古兵暂退。哀宗眼看蔡州是守不住了，悲哀地说："我为金紫光禄大夫十年、太子十年、人主十年，自己也知道没有大的过失，死了也没什么恨事。只恨祖宗传下来的国家一百多年了，到我这里灭绝了。"又说："自古以来，没有不灭亡的国家。亡国之君往往被人当俘虏关押起来，或者在胜利者的宫殿堂上受尽凌辱。我绝对不至于此。你们看着吧！"当夜传帝位给东面元帅承麟，说："我身体肥胖沉重，不便于骑马奔突。你一向身手矫捷，有将略，万一能逃走，使国家不至于灭绝，是我的志愿。"第二天早晨，承麟受诏即皇帝位。正在行礼，城南已树起宋军旗帜。诸将急忙赶出来作战。宋军攻下南城，蒙古塔察儿军攻破西城。完颜仲德领精兵千余巷战，自卯时坚持战斗到巳时。哀宗见此情景，自缢而死，承麟也被乱兵杀死，金亡。

第八章

元

元朝是入主中原的少数民族在中国古代历史上建立的第一个统治全中国的政权。

蒙古乞颜部首领铁木真统一蒙古各部，于1206年建立大蒙古国，被推奉为成吉思汗。他与继任者用铁骑与马刀建立起一个横跨欧亚、威震四海的世界性大帝国。

1260年，成吉思汗之孙忽必烈捷足先登，继承大蒙古国汗位，并于同年仿汉制称皇帝，建年号中统，1271年改国号为大元，1274年定燕京为大都。

1368年，明军攻入大都，元朝灭亡。

▷ 皇宫里的秘密

关键词：怯薛军 / 《大札撒》

一代天骄成吉思汗

▪ 1162年～1227年

数百年来，蒙古大草原上众多的游牧部落间互相厮杀掠夺，纷争迭起。出身于蒙古乞颜部贵族世家的铁木真乘势而起，统一了整个蒙古草原。铁木真被推举为成吉思汗，建立了空前统一的大蒙古国。成吉思汗通过创建一系列的法令典制，实现了大蒙古国秩序化、规范化的管理。接着，为了巩固在漠北草原的霸主地位，他征服西夏、收复西北诸部、西征花剌子模，拉开了大蒙古国对外扩张的帷幕。

铁木真统一草原

史籍所载蒙古族的历史最早可以上溯到唐代，他们生活在东北黑龙江流域，史称“蒙兀室韦”。大约在唐代末年，他们逐渐迁徙到了蒙古大草原，并在水草丰美的草原上很快发展壮大，逐渐形成为与其他部族群分庭抗礼的一方势力。在蒙古族势力壮大的同时，草原上其他族群在长期的冲突与融合中，也形成了几个强大的联盟。其中主要有分布在呼伦湖、贝尔湖附近地区的塔塔儿部，土拉河、鄂尔浑河和杭爱山一带的克烈部，以及阿勒台山一带的乃蛮部，色楞格河和鄂尔浑河下游一带的蔑儿乞部等。其中，塔塔儿部历史悠久，人口众多；而克烈部的势力在辽、金时期的蒙古草原则是首屈一指。这几个大族群相互毗邻，时常为争夺人口和牲畜而发生战争。

铁木真（1162—1227）出生于蒙古乞颜部贵族世家，他的父亲也速该是合不勒汗的孙子，有拔都（蒙古勇士）的称号，是乞颜部的首领。也速该曾在战争中俘获了塔塔儿部的首领，后来被塔塔儿人毒死。也速该死后，九岁的铁木真和几个弟弟与母亲相依为命，度过了数年艰难的生活。成年之后，他与父亲的老盟友弘吉剌的女儿孛儿贴结婚，并开始着手召集父亲的旧部。为了寻找机会东山再起，他曾依附势力强大的克烈部首领脱里（曾被辽封为“大王”，故又称王罕），将父亲的旧部重新召集到了一起；又和札答阑部首领札木合结为安答（结义兄弟），随他游牧放马。在此期间，蔑儿乞部曾抢走了铁木真的妻子和家人，他借助王罕和札木合的帮助，攻打蔑儿乞部而大获全胜，战争的胜利使他的势力进一步壮大。与此同时，铁木真笼络人心，招徕人马，最终脱离了札木合，逐步发展自己的势力，建立自己的斡耳朵（宫廷营帐），逐步复兴了乞颜部。1189年，铁木真被推举为乞颜部的首领。

铁木真势力的逐渐壮大，引起了蒙古其他部落对他的攻伐。蒙古泰赤乌部联合铁木真昔日的义兄札木合部攻打铁木真。铁木真竭其所能，组织十三翼军队进行对抗，这就是著名的“十三

> 蒙古骑兵使用的箭袋

按照西方史学家的记载，蒙古骑兵外出作战时携带大量的装备，每人要携带两到三张弓、三个装满了箭矢的箭袋，还有战斧或者弯刀等近战武器。

翼之战”。由于力量对比悬殊，铁木真战败。但泰赤乌部首领对部下的残暴和铁木真对部下的宽厚体恤，使得泰赤乌部部分部众脱离了泰赤乌部，前来投靠铁木真，这让铁木真的势力进一步壮大。此后，铁木真在王罕的支持下，先后击败了泰赤乌部和札木合部，蒙古各部的统一局面形成了。统一蒙古各部之后，铁木真开始了与草原其他族群的征战。此时他面临三方劲敌：东面是宿敌塔塔儿部；中部有称雄一时的克烈部；西面则是发展程度较高的乃蛮部。

^ 成吉思汗陵内供奉的金马鞍

鞍和马镫是马具中重要的发明，正因为它们的出现，骑手们可以在高速的奔驰中随心所欲地使用刀剑和长矛劈砍或刺杀，也促进了骑兵时代的到来。

塔塔儿部是蒙古草原东部最强大、富庶的族群之一；同时他们又投靠于实力强劲的金国，因而成为铁木真的东方劲敌。因为塔塔儿部与铁木真有杀父之仇，早在1196年，铁木真就曾乘塔塔儿叛金之机打败过塔塔儿部；在统一蒙古各部落之后，他便向塔塔儿部发起了新的进攻。1202年，铁木真率蒙古部众进攻塔塔儿部。作为成为蒙古联盟首领后第一次大规模的战争，铁木真取得了决定性的胜利，他杀死了所有的战俘，彻底地消灭了宿敌。

中部的克烈部此前是铁木真依附的对象，正是利用了克烈部的势力，铁木真才完成了蒙古的统一。但是铁木真势力的壮大，引起了克烈部的疑忌，双方的战争很快于1203年春在阿兰赛（今内蒙古东乌珠穆沁旗北境）展开。铁木真寡不敌众，率领四五千残兵退至班朱泥河（今蒙古国克鲁伦河下游之南）休整。克烈部王罕获胜后，骄傲轻敌，铁木真因此得以恢复元气，并乘克烈联盟分裂之机进攻，击溃了王罕主力，王罕在逃跑途中被乃蛮兵所杀。

乃蛮部是蒙古草原西部最强大的族群，他们较早建立了国家机构，还设置了文官武将，是发展程度较高的游牧族群。克烈部的灭亡使乃蛮部非常震惊，乃蛮部的太阳罕于1204年收集其他族群残兵，攻打蒙古，但因军纪涣散，各部又不齐心，因此进攻失败。太阳罕受伤而死，乃蛮部也大势渐去。

至此，虽然蔑儿乞和乃蛮的残部仍在继续反抗，但强敌均已归附，其他小族群也纷纷投奔而来。铁木真征战十几年，终于取得了蒙古草原的统一。

建立蒙古国

1206年，铁木真在斡难河河源（今蒙古国鄂嫩河）搭建大帐，召集所有部众，建九斿白旗，举行了规模浩大的忽里台大聚会。铁木真被推举为成吉思汗，意为“拥有海洋四方”，成为草原上的最高统治者。成吉思汗以本部落名称为国号，建立了大蒙古国。元朝把这一年认为是本朝的开始，铁木真后来被追谥为元太祖。大蒙古国的建立，也实现了蒙古草原的空前大统一，真正地把所辖各族纳入到了一个有效政权的管理之下，为统一的多民族国家的形成奠定了基础，也为中国北部的边疆勾画出了大致的轮廓。

铁木真被推举为成吉思汗之后，首先就各部的治理问题进行了初步的规划，创立了千户授封制度。千户授封制度就是打破各部原来的氏族组织，按照十进制进行编组，把蒙古各部牧民统一划分为十户、百户、千户三级，一共划分出95个千户，并划定了各千户的范围。在此基础上实行领户分封制，将千户以封赏的形式授予那些有功的贵族和大臣们，千户的首领称为那颜。千户那颜是大汗任命的军事和行政长官，千户是他们的世袭领地。全国普通民众则全部被划归到各千户内，只能在划定范围内放牧。

成吉思汗即汗位后，为了加强蒙古的兵力和大汗的权力，特意从贵族子弟和一部分平民子弟中，挑选身强力壮、武艺精良的青年，对原来的护卫军加以扩充，形成了一万人的怯薛军。它包括一千名宿卫、一千名箭筒士和八千名散班。这支军队纪律严格，也享有非同一般的特权。每个成员都由成吉思汗亲自挑选，主要是各百户长、千户长及其他官员子弟，这也起到以人质控制部下的功能。怯薛长由成吉思汗最亲信的博尔忽、博尔术、木华黎、赤老温四家子弟世袭担任。这支军队由成吉思汗直接统领，又称“大中军”，是蒙古军队的精锐，也是控制地方的主要武装力量。

随着统治地域的扩大、势力的崛起，铁木真也逐渐感到了文字和法律的重要性。铁木真重用俘获的畏兀儿人塔塔统阿，创立了畏兀儿体蒙文，此后又下令教授蒙古贵族子弟学习这种新创制的蒙古文。直到元世祖忽必烈命帝师八思巴创制的蒙古字颁行之后，官方文书才停止使用。文字的创制是蒙古族发展过程中的一件大事，原来的各个部落与族群因为有了共同的文字而联系更加紧密，对统一的蒙古族的形成有很大的推动作用。文字的创制无疑为法律的制定创造了条件。1210年，成吉思汗听取臣下的意见，仿照汉人的成文法形式，制定并颁布了蒙古历史上的第一部法规《条画五章》。虽然这是一部很粗糙、很原始的法律纲目，但在蒙古的立法史上有着重要的意义。1219年，成吉思汗召集大会，命人将自己的训言、法令和传统体制写在纸卷上，进一步规范化，定名为《大札撒》（命令或法令，蒙语音为札撒）。在西征归来之后，成吉思汗正式颁布了大札撒，并要求后世的大汗、王公大臣以至平民百姓都要遵守。凡新大汗即位或者诸王共议国家重大事情都要先诵读《大札撒》。

除此之外，早在建国之初，成吉思汗就设置了大断事官。大断事官蒙古语称“札鲁忽赤”，就是大蒙古国中央的司法行政长官，由成吉思汗的养弟失吉忽秃忽担任，主要职责是主持分封民户、判决各种案件等。大断事官与《大札撒》相互作用，完善了大蒙古国的法律体系。

对外征服和扩张

铁木真建立蒙古国的时候，北方草原上还有其他几个比较强大的政权。党项族建立的西夏、女真人建立的金国等，都有比较强大的经济和军事实力，他们的社会和文化发展程度也远远高于蒙古国。除此之外，蒙古国的西北还有一些部落没有臣服；与花剌子模的较量也早已暗暗酝酿……

铁木真在统一漠北的过程中，因实力和精力所限，还没有与西夏王朝发生直接联系。蒙古国建立之后，他所面临的一个重要问题就是摆脱金国的统治。但是，此时金国的实力尚且强劲。因此，铁木真审时度势，决定先消灭西夏政权。早在建国前一年（1205），铁木真就曾对西夏边境发动了第一次掠夺性进攻，抢夺了大量人口、牲畜，可以说这是一次以探虚实的接触战。在建国后的第二年（1207），成吉思汗再次发动了掳掠战争，却因粮草不济而退兵。1209年，蒙古再次进攻西夏，双方相持两个多月，互有胜负，最后以西夏纳女求和、年年进贡而告终。此后在1217年和1224年，成吉思汗先后两次发动对西夏的进攻，并在战争中逐渐占据上风，西夏丧失了河、瓜、甘、肃、凉诸州。1226年，蒙古西征胜利后，成吉思汗借口西夏迟迟不纳人质，以六十五岁高龄亲率大军第六次攻打西夏。战争异常激烈残酷，西夏先后失去灵州、盐州，江山岌岌可危。1227年正月，成吉思汗发动了对西夏的最后一击。六月，西夏遭遇严重的地震和瘟疫，走入穷途末路；而成吉思汗也在六盘山区的清水（今甘肃清水）患了重病，在西夏投降前不久病亡。西夏末帝李睍投降后，蒙古诸将根据成吉思汗遗命，杀死所有西夏王室权贵，西夏就此灭亡。西夏的灭亡为蒙古脱离金朝统治、南下中原扫除了后顾之忧，也为其后人称霸黄河流域和最终统一中国开辟了道路。

灭亡西夏后，蒙古的兵锋开始指向金国。早在建国之前，成吉思汗就对金国的政治腐败、兵备松弛、内部矛盾严重等情况已有所了解。1208年金章宗死后，卫绍王永济继位。卫绍王是一个庸碌无为之人，因而成吉思汗更加轻视金朝。1211年春，蒙古开始进攻金国。二月，成吉思汗在龙驹河誓师伐金，越沙漠南行，以东、西两路成钳形进攻。他亲率大军从东路进攻，其子术赤、察合台、窝阔台组成西路军，沿途攻克了不少州城，并对金中都（今北京）形成包围之势，掳掠了大量的人口、牲畜和财物而退。

成吉思汗此后连续三年对金用兵。数年之间，蒙古军攻破九十余郡，迫使金把都城从中都迁往开封，并向蒙古进献公主、金帛、马匹等。1214年秋，成吉思汗再次带兵南下，攻破了金中都，并掠夺大批财物而还。1215年夏，蒙古军又占领了中都。次年春天，蒙古大军退回漠北后，紧接着于1217年，封木华黎为太师国王，命他“招集豪杰，勘定未下城邑”，统领诸军专征金朝。木华黎剿抚并用，

元太祖成吉思汗像·元

《元史·太祖本纪》对成吉思汗的评价是：“帝深沉有大略，用兵如神，故能灭国四十，遂平西夏。其奇勋伟绩甚众，惜乎当时史官不备，或多失于记载云。”

金朝北部地方武装纷纷归降，木华黎率兵一度打到了长安、凤翔一带。此后，蒙古军主力转向西征，成吉思汗也于1227年病逝。双方以黄河为界进行拉锯战，金国得到二十余年的苟延时间。铁木真在统一漠北草原的时候，除了前面讲到的一些强大部落之外，西北部还有许多小部落。比如乃蛮部被铁木真打败之后，其首领屈出律（太阳罕之子）逃到西辽，篡取了西辽的政权，继续与蒙古对抗。1218年，成吉思汗派大将哲别前去征讨，屈出律被当地人民抓住交给了蒙古军，西辽国土也由此归属了蒙古国。

平定西北诸部为蒙古国打开了入侵中亚、欧洲的通道，与中亚强国花剌子模开始进行激烈的较量。花剌子模国原是里海之东阿姆河下游的一个古国，其都城被称作“玉龙杰赤”（今土库曼斯坦乌尔根奇）。铁木真统一蒙古各部的同时，花剌子模国也因为一位优秀的国王——摩诃末的继位而逐渐强大起来。花剌子模在夺取西辽西部地区，吞并波斯、阿富汗等周围各国后，建新都于撒马耳干（今乌兹别克斯坦的撒马尔罕），达到全盛时期。在蒙古进攻金国的时候，摩诃末国王曾派使节到中都，会见过成吉思汗，并了解蒙古国的情况。之后，成吉思汗也派使节回访，双方还缔结了和平通商协定。但是友好的协定并不能阻止这两个草原王国的扩张雄心，而双方的较量也很快就发生了。1218年，花剌子模讹答剌城（在今哈萨克斯坦境内）守将杀死了成吉思汗派往花剌子模进行交易的四百多名商人。成吉思汗当即派木华黎主持对金国的战争，他本人于1219年夏，亲率大军二十万出征花剌子模。

成吉思汗统率大军越过阿勒台山，兵分四路大举进攻花剌子模：命察合台、窝阔台围攻讹答剌；阿剌黑那颜率一军攻锡尔河上游各城；术赤率一军攻锡尔河下游各城；成吉思汗与拖雷统率中军径趋河中府。摩诃末企图分散蒙古兵力，收以逸待劳之效，因而把决战地域放在撒麻耳干。不料却被成吉思汗的迂回包围战略各个歼灭，很快攻下了不花剌（今乌兹别克斯坦布哈拉）城和旧都花剌子模城。与此同时，术赤已攻克锡尔河下游各

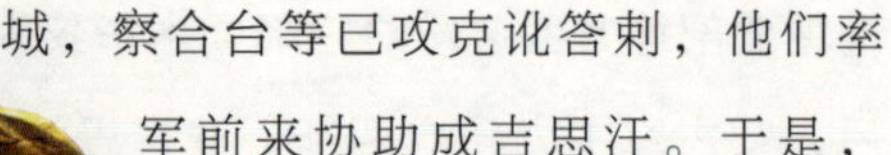

城，察合台等已攻克讹答剌，他们率军前来协助成吉思汗。于是，成吉思汗直接向新都撒麻耳干发起了围攻。摩诃末慌忙逃离撒麻耳干，退到阿姆河之南。成吉思汗下令围城五日，迫使守军献城投降。成吉思汗下令将投降的官兵三万人全部杀掉，并挑选居民分给了诸子和将领。占领新都后，成吉思汗立即派哲别和速不台领兵三万，对摩诃末穷追不舍。摩诃末逃往里海的一个小岛，1220年年底病死在岛上。此后，其子札兰丁继位，并先后两次打败了前来追击的蒙古军。成吉思汗被迫亲征，札兰丁力不能抵，逃往了印度，蒙古军最终吞并了花剌子模。

^ 成吉思汗金币·蒙古

此金币是成吉思汗打败札兰丁之后，命窝阔台在加兹尼（位于今阿富汗东部）铸造的。金币上只有阿拉伯语文字，没有图像。钱币正面中间四行是："汗中之汗、最伟大、最公正、成吉思汗"，圈外边缘部位文字环绕，内容为："金币于618年（伊斯兰历，1222）制于加兹尼"。

成吉思汗雄才大略，史家有"深沉有大略，用兵如神"的赞誉。在近五十年的戎马生涯中，他用智慧、胆略和才干征服了整个北方草原。在他奠定的坚实基础上，他的后代建立了横跨欧亚大陆的世界性大帝国，为中西文化、宗教、经济等方面的交流开辟了畅通的渠道。另一方面，战争具有野蛮残酷性，成吉思汗的伟大功业就是建立在这种残酷性上面的。征战中大规模屠杀本地居民，毁灭城镇田舍……不论蒙古人民还是其他被征服的人民，都为此付出了惨重代价。

关键词：长子西征 / 四大汗国

蒙古帝国的亚欧大扩张

▪ 1229年～1252年

成吉思汗病逝在征战途中，他的子孙们承袭了他对外掠夺、扩张的传统。其后继者们秉承祖先遗业，不遗余力地进行大规模的征伐战争。于是，在成吉思汗奠定的坚实基础上，蒙古骑兵血腥的铁蹄踏出了辽阔的疆域。通过一系列征战，四大汗国耸立在了欧亚大陆上，一个横跨欧亚的大帝国形成了。

灭金伐宋

成吉思汗去世后，按照蒙古传统惯例，应当由幼子继承财产和权力，因此由第四子拖雷暂时监国摄政，但是成吉思汗在死前曾宣布由三子窝阔台继承汗位。1229年，拖雷召集忽里台大会，与王室成员和重要大臣共同商议推举蒙古国大

> 元太宗窝阔台像 · 元

窝阔台统治期间，蒙古政权进行了一系列的改革，设立课税所和中书省，任命耶律楚材为中书令，这也标志着蒙古政权一系列封建化改革的开始。

汗。许多宗王认为应当遵守蒙古族惯例，推举拖雷为大汗；而以耶律楚材为首的一些大臣坚持按成吉思汗的遗愿办事。拖雷为了避免可能发生的蒙古国分裂，也大力支持窝阔台，于是窝阔台登上了蒙古汗位。1229年，窝阔台大汗登基后不久，按照成吉思汗的灭金战略遗言，立即发动了对金朝的进攻。他首先派使臣去劝谕金朝向蒙古缴纳“岁贡”，遭到金国的拒绝。于是，窝阔台就以此为借口，率军渡过大漠南进，第二年正月，就与金军展开了大战。

在1229年冬到1231年夏之间，蒙、金进行了庆阳（今甘肃庆阳）、卫州（今河南卫辉）、潼关凤翔三次交锋，双方互有胜负。1231年，窝阔台召集众将商议灭金战略，计划分兵三路合围开封（今河南开封市），意欲一举消灭金朝。中路由窝阔台亲自带领，直指河中府；左路由斡陈那颜率领向济南进发；右路则由拖雷率领从凤翔攻入宝鸡，直指开封。蒙古军分三路，无疑给金朝以巨大的压力，因

蒙古骑兵押送战俘图

这幅具有西域特色的古画，描绘了蒙古军队在西征中用木枷押送战俘的场面。该画是波斯史学家拉施特丁《史集》中的插图。

此金朝不得不拉开战线，分路迎击。蒙古军在沿途均受到金军的埋伏和袭击，损失不小，金军主力也损失殆尽，元气大伤。蒙古军以强势兵力形成了对开封的包围。虽然金朝军民誓死保卫开封，但是由于金统治集团不敢坚持抵抗，开封、中京（今河南洛阳）相继陷落。

1233年，蒙古与南宋达成了联兵灭金的协定。开封陷落前，金国皇室贵族纷纷逃到了蔡州，因此蒙宋商议决定，双方出兵，分道进攻蔡州。蔡州之战相持数月，1234年春，蔡州破，金哀宗自杀，金朝灭亡。从此，窝阔台统一了中国北方，而蒙古的地界也开始与南宋接壤。

按照蒙古与南宋达成的联合对金作战的协定，灭金以后，蔡州以南归属南宋，而蔡州以北的地区则应当属于蒙古。因此在战后，窝阔台暂时令蒙古军返回休整。在蒙古军撤回北方之后，南宋朝廷却违背了协议，想单独出兵，以收复失去的三京（洛阳、开封、归德）。而蒙古方面，与南宋联盟对付金朝也只是一个作战策略。在灭金之后，窝阔台便开始筹划对南宋用兵。宋端平元年（1234）六月，开封官民杀死了蒙古设置的官员而投降了南宋，于是南宋军队西进驻扎，洛阳军民也纷纷打开城门迎接南宋军队。此举使窝阔台有了攻宋的借口，决定大举南侵。他先派塔察儿率军击溃宋军，以武力收复了洛阳和开封。与此同时，窝阔台指责南宋违约，日落西山的南宋无力申辩和抵抗，只能寄希望于议和。

1235年，窝阔台兵分东、西两路，正式对南宋发起了进攻。以窝阔台第三子阔出等为首的东路军于八月轻取唐州（今河南唐河县），十月攻陷了枣阳（今属湖北），同时对邓州和襄阳进行大肆劫掠。西路军在窝阔台次子阔端的带领下，分为两部向西南进发。到1241年，蒙古军已经破四川二十余城，屠杀劫掠殆尽。随着领土的扩张，窝阔台汗也加紧了对中原地区的治理，重用儒臣、学习汉法，确立了对中国北方地区的有效统治。所有这些，都为元帝国的最终形成奠定了坚实的基础。窝阔台汗死于1241年冬，被追谥英文皇帝，庙号太宗。

长子西征

长子西征是蒙古国的第二次西征，也是蒙古国向西方扩张领土的一次重要战争。自成吉思汗时期西征花剌子模之后，蒙古国的疆土进一步向西拓展，越过中亚，逐渐与欧洲接壤。

蒙古灭金之后，在黄河以北地区建立了稳固的统治，随着对宋战争的顺利进展，窝阔台便决定继续西征，开疆拓土。1235年，窝阔台召集诸王大会，决定征讨也的里河（今伏尔加河）以西的钦察、斡罗思（今俄罗斯）等国。

此次西征，窝阔台派术赤（成吉思汗长子）的长子拔都、察合台（成吉思汗次子）的长子拜答儿以及自己的长子贵由、拖雷（成吉思汗四子）的长子蒙哥四人各率领本王室军队，要求万户以下各级那颜也派长子率军从征，这就是“长子西征”的由来。所有军队以拔都为首，老将速不台为主帅。此次西征军队共有十五万大军，窝阔台命令各支军队各自出发，规定1235年秋季抵伏尔加河东岸集合。此后各军进展顺利，很快灭掉了不里阿耳（今保加利亚）、钦察等国，攻下了斡罗思也烈赞（今俄罗斯梁赞）、莫斯科、罗思托夫等十余城。1240年，拔都亲统大军攻下了乞瓦（今乌克兰基辅），屠杀城内军民和掠夺之后继续西进。

第二年春，蒙古军除三万战士留守斡罗思之外，其他十二万兵分两路：一路由诸王拜答儿、大将兀良合台率领攻孛烈儿（今波兰）；一路由拔都、速不台率领攻入马札儿（今匈牙利）。拜答儿军同欧洲其他国家组成的联军进行了著名的里格尼茨（今德国柏林东南220千米，捷克布拉格东北160千米）之战。战胜联军之后，拜答儿继续乘势南进，与拔都会合。而拔都一军也进展顺利，先后攻下许多城堡，并连环追击马札儿王别剌四世。此时，由于窝阔台的死讯传到军中，拔都便火速率军东还，于1243年年初到达也的里下游的营地。而成吉思汗诸子孙忙于关注汗位继承人，拔都便以此为基地，镇守钦察地区。蒙古军第二次西征就此结束。

长子西征进一步拓展了蒙古国的疆域，势如破竹的蒙古大军使欧洲诸国十分震惊，此次西征也奠定了金帐汗国的基础。在蒙哥汗死后，拔都便以萨莱城（今阿斯特拉罕附近）为国都，建立了自己的汗国，史称钦察汗国，统治斡罗思达二百余年。

^ 拔都像

吐蕃和大理的臣服

窝阔台死于1241年冬，六皇后乃马真氏利用诸子和宗室忙于争权的机会，得以摄掌国政。数年之后，乃马真氏迫于压力，支持窝阔台长子贵由继任汗位。贵由继位后不久，就在行军途中突然死去。拔都以长支宗王身份召集大会商议推举新汗，拖雷的长子蒙哥被推举为大汗。蒙哥继位后，蒙古国的统治体系就由窝阔台系转到了拖雷系，于是出现了一个国家权力重新分配的过程。蒙哥开展了一场激烈残酷的汗位保卫战争，他毫不手软地处死异己的宗室诸王、后妃和那颜达三百多人。同时，他以瓜分封地的方式极大地削弱了窝阔台家族的封国。

在巩固了个人统治之后，蒙哥开始对外扩张，吐蕃和大理在蒙古国这一波扩张中表示了臣服。吐蕃位于今天的西藏、青海以及四川西北部一带，从唐朝以来就与中原王朝有着较密切的交往。早在成吉思汗灭西夏和窝阔台攻伐四川的时候，蒙古国的

^ 狩猎出行图·元

在蒙古帝国和元朝时期，狩猎有两种方式：一是大规模的围猎，二是个人或少数人的行猎。前者是由君主或部族长们领导执行的，后者是个人的行动。狩猎还可以分为虎猎、狐狸猎、黄羊猎、兔猎、野猪猎、狼猎等。

铁蹄就征服了吐蕃东北部一些靠近四川西北的部落。窝阔台次子阔端的封地在四川靠近吐蕃地界的凉州。1240年，阔端派部将朵儿达带领军队深入到乌思藏（今西藏）地区，不久退回。1244年，再遣朵儿达入藏，召请最有影响的佛教首领萨斯迦班智达（简称萨班）来到凉州。1247年双方达成协议，吐蕃归附蒙古。蒙古在吐蕃地区清查户口、赋役。从此西藏归入中国版图，成为中国领土不可分割的组成部分。

南宋虽大势已去，但依然有着中原王朝经济和社会发展程度上的优势，蒙古一时还难以轻取，只能先从其边远地区入手。1252年秋，蒙哥派忽必烈率领大军开始向南进发，并于第二年秋天兵分三路从吐蕃地界向南宋西部一带开进。忽必烈在两年多的时间里先后征服了一些少数民族部落，并攻入了大理城，遂回师北方，仅留兀良合台继续攻略大理未服诸部。1254年秋，兀良合台攻下了善阐（今云南昆明），俘虏大理段氏。到1255年，大理国相继被蒙古征服，使云南地区重新统一于内地，对我国多民族国家的发展起到了巨大的促进作用。

四大汗国

通过两次西征，蒙古势力已经扩展至中亚和欧洲。但是此时的欧亚大陆交接地区还有一些没有臣服的国家，尤其是波斯境内的木剌夷国（今伊朗北部马赞德兰省）、以巴格达为国都的黑衣大食王国（又称报达国）以及西部的叙利亚等国。蒙哥继位后，决定第三次西征。

1252年，蒙哥命旭烈兀进攻波斯。此次西征，旭烈兀的军队连续灭掉了木剌夷国、黑衣大食王国和叙利亚等国，一度还到达了地中海诸国，使这些地区大为震动。东罗马朝廷和西欧诸国纷纷派来使者结盟。但是此时，蒙哥死讯传来，旭烈兀率军回至波斯，留先锋怯的不花镇守叙利亚，自己率部而归。蒙古蒙哥汗九年（1259）九月，怯的不花军队被密昔儿（今埃及）军队打败，怯的不花也战死沙场，第三次西征到此结束。

早在成吉思汗西征胜利后，便将征服的土地分封给了自己的长子术赤、

水彩画《旭烈兀围攻巴格达图》

1257年，旭烈兀和他麾下大将郭侃率领的军队抵达巴格达。旭烈兀向巴格达的哈里发穆斯台绥木劝降，阿拉伯人拒绝投降。于是蒙古军队开始攻城。1258年2月10日，巴格达开城投降。蒙古军队展开了长达一个星期的屠城，数十万居民在屠杀中丧生，哈里发穆斯台绥木被纵马踏死，历史名城巴格达遭受浩劫。

次子察合台、三子窝阔台。在当时，这既是为了避免诸子争夺财产和统治范围产生不必要的内乱，同时也是成吉思汗黄金家族巩固统治的一种方式。

成吉思汗分封的这些土地都有比较大的自主权，分别由各个儿子管理，因此，以这些土地为基础，逐渐形成了钦察汗国、察合台汗国、窝阔台汗国。由于后来汗位争夺战争中的一些矛盾和纷争，各汗国之间的相对独立性也在逐渐加强。蒙哥死后，忽必烈与阿里不哥争夺汗位，远在西征的旭烈兀虽然也急忙赶来，却没有直接加入争夺汗位的战争，而是建立了自己的汗国，这就是伊利汗国，从而出现“四大汗国”并立的局面。四大汗国与大汗直辖领地组成的蒙古帝国是一个庞大的军事行政联合体。

四大汗国本来是大汗管辖下的一部分，但随着蒙古国对外征服战争的加强和疆域的空前扩大，各汗国之间的距离也越加遥远，而且各汗国之间生产力发展水平不一致，先前的民族、语言、生活方式和风俗习惯等也不尽相同。加上蒙古大汗也无力顾及庞大帝国的每一个地区，因此诸王逐渐拥兵自重，甚至与中央王朝相对抗，以致与中央汗国原有松散隶属关系的四大汗国逐渐发展成为各自独立的汗国。

其中，钦察汗国原是成吉思汗长子术赤的封地，到拔都兄弟统辖时，其中以拔都所辖势力最大，称金帐汗国。察合台汗国是成吉思汗次子察合台的封地，察合台死后，由其长孙合剌旭烈兀继承，到14世纪初，汗国逐渐分裂。窝阔台汗国是成吉思汗第三子窝阔台的封地，窝阔台继承为蒙古大汗后，封地被授予贵由。1251年蒙哥被拥立为大汗时，以窝阔台系诸王作难为由，把封地分割。到14世纪初，其领土部分并入察合台汗国，部分归附金帐汗国，部分被并入了元朝。伊利汗国是拖雷第五子旭烈兀建立的汗国，它地跨欧亚大陆，既是欧亚文化荟萃之地，又是重要交通枢纽，14世纪末被帖木儿帝国所灭。

关键词：行省制度

忽必烈建元统一

▪ 1271年~1279年

成吉思汗之后，四大汗国各霸一方，拥兵自重，甚至与中央政权相抗衡。此时，又出现了一位具有雄才大略的君主，他就是元世祖忽必烈。忽必烈顺应历史发展的潮流，最终定鼎大都即今日的北京，改蒙古国号为大元，开始了蒙古族在中华大地的统治，一个统一的多民族国家在真正意义上形成了。这是中国历史上第一个由少数民族建立的全国性政权。

元朝的建立

蒙哥于蒙古蒙哥汗九年（1259）七月死于合州，他后来被追谥为桓肃帝，庙号宪宗。蒙哥死后，他的同母弟弟忽必烈、阿里不哥开始为争夺汗位做准备。当时，忽必烈正在奉命攻打南宋的鄂州（今湖北武汉），闻讯后，立即召集谋士商议。他听从汉人建议，一方面迎蒙哥灵车，取得大汗宝玺；另一方面与南宋权相贾似道秘密达成和议撤军。阿里不哥当时留守北方，认为忽必烈和旭烈兀都远征在外，正是夺取汗位的大好时机。他一方面派人安抚忽必烈，另一方面则匆匆在漠北召开宗王大会，企图捷足先登。忽必烈此时也已从南宋撤军北还，到达燕京附近，召集诸王和大臣，决定与阿里不哥争夺汗位。忽必烈先下令疏散阿里不哥征集的军队，然后于次年三月召集东、西两道诸王，在开平城召开忽里台大会，宣布继位，称薛禅汗，五月，定年号为“中统”。早在四月，阿里不哥已在诸多宗王的支持下于和林召集忽里台大会，宣布继位。双方由此展开了正面的争夺，经过一系列激烈的战争，忽必烈取得了最后的胜利。

^ 釉里红莲花式大盘·元

忽必烈是拖雷的第二子，早在做藩王的时候，他便用心学习中原文化。蒙哥继位之后，对子弟进行了分封，忽必烈总理漠南汉族地区事务。忽必烈治理汉地非常留心，此前他已经聚集了一批汉族谋士，忽必烈听取汉族谋士的建议，惩办贪官污吏，约定法制，奖励农桑，使北方地区社会逐渐安定，经济恢复发展。

忽必烈继位之后，忙于与阿里不哥争夺汗位的战争，将南方事务暂时搁置。汉蒙交界地区的一些地方势力乘机发起了动乱，这使忽必烈认识到，这些长久以来掌握实权的地方势力是新王朝有效地巩固和强化自身统治的极大障碍。他当机立断，平定山东李璮的叛乱，并以此为由，实行了一系列措施。首先，为了分散地方势力之权，他实施了兵

^元世祖察必皇后像·元

察必皇后（1227—1281），蒙古弘吉剌氏人，元世祖忽必烈的皇后，太子真金的生母。根据《元史》记载，察必皇后生性节俭，曾经将宫中废弃的羊皮缝补为地毯，还带领宫人将废弓弦加工织成布匹。

民分治制度，很多地方势力都被夺去兵权，只保留文职；其次，他取消了地方势力职务的世袭制度，把军权集中控制在中央政府的手中，从而有效地遏制了地方割据势力。

从此之后，忽必烈逐渐开始按照中原封建王朝的传统模式进行制度性调整。他先后为官员的升迁、职位等级以及俸禄、考核等都制定了一整套制度；同时以燕京（今北京）为中都，设置中央机构和地方行政区划，制定百官礼仪制度，颁布新的国家法令。所有这一切，逐渐让北方地区重新纳入了秩序化、规范化的统治体系。至元八年（1271）十一月，忽必烈将“大元”国号颁行天下，第二年，又重新改称中都为大都，作为元朝首都。在经历多年的战乱之后，在中国大地上一个统一的中央政府逐渐形成了。

统一全国

忽必烈在北方的统治逐渐稳固后，对南宋的征伐便列入了下一个计划。忽必烈督造船只、整编军队，为消灭南宋做了积极的准备。忽必烈在总结窝阔台及蒙哥攻宋得失的基础上，制定了先取襄樊、实施中间突破、沿汉入江、直取首府临安的灭宋方略。

当时襄阳、樊城两城夹汉水对峙，江中造有浮桥，可互相应援，地理位置十分险要，被南宋视为国脉所在，苦心经营多年，城墙坚固、兵精粮足。因此，对襄、樊两城的得失，关系到整个战争的成败。忽必烈为此做了长时间的准备，并听取南宋降将刘整的策略，焚毁浮桥断绝两城联系。至元十年（1273）正月，元军攻破樊城，二月襄阳守将投降。

襄樊的陷落使南宋朝野震动，把战略防御重点退移至长江一线。但是在打开了通往南宋的坚固大门之后，蒙古军步步紧逼，增兵十万，继续南征。到至元十一年（1274）十二月，元军主将伯颜以声东击西、避实击虚之策强渡长江成功，战争局势从而有了决定性的转折。此后蒙古军队节节胜利，先后攻下了南宋的许多重要城镇，包括建康在内。建康失守之后，南宋的长江防线彻底崩溃。忽必烈命右丞相阿里海牙攻湖南，左丞相阿术攻扬州，伯颜率主力直取临安（今浙江杭州）。至元十三年正月，三路大军会师于临安郊外。三月，佰颜入临安，押太后与少帝北上。

为了彻底消灭南宋，忽必烈仍派兵对南宋王室进行追讨，直至至元十六年（1279），最后消灭了流亡在崖山的南宋残余势力，完成了全国的统一。

推行行省制度

忽必烈建立的元朝实现了中国历史上一次新的大统一。元朝的疆域是中国历史上最大的，超过了汉唐盛世。元代行省制度的确立，也是中国行政制度的一项重大变革。元朝的中央政务机构中书省直辖今河北、山东、山西三省及内蒙古、河南两省的一部分，这些地方称为“腹里”。其他地方划为十个行中书省，分别称为岭北、辽阳、河南、陕西、四川、甘肃、云南、江浙、江西和湖广。行中书省简称行省，又简称省。开始时，蒙古统治者在一些地方设行省作为临时的军政机构。忽必烈灭南宋以后，逐渐把行省的设置固定下来。元代每个行省的辖区一般要比现在的省大得多。当时的行省是皇帝的派出机构，其官员配置与中书省大体相同，品级也相当，设丞相一员、平章政事二员、右丞一员、左丞一员、参知政事一员。只是为了防止外职过重，行省的丞相职务往往是空缺的。行省的职责是“统郡县，镇边鄙，与都省为表里。……凡钱粮、兵甲、屯种、漕运、军国重事，无不领之”。行省的主要官员直接向皇帝负责。行省以下，则有路、府、州、县。与前代相比较，元代的行政管辖范围进一步扩展到了许多边疆地区，比如岭北、辽阳、甘肃、云南等地。

元世祖出猎图·元·刘贯道

此图是元世祖至元年间（1264—1294）的画家刘贯道根据元世祖忽必烈于深秋初冬之时率随从出猎时的情景所绘，画中骑黑马衣着白裘者，应为元世祖。与世祖并辔衣白袍者，似为皇后。其余男女八骑，应是其侍从，或弯弓，或架鹰，或纵犬，或携猎豹。现藏于台北故宫博物院。

除了已设行省的地方以外，元廷还对新疆、西藏等地进行了有效的行政管辖。忽必烈即位以后，为镇压西北诸王的叛乱，以阿力麻里（今新疆霍城水定镇西北）为军事重镇，并一度在这里设置行中书省。灭宋后，忽必烈进一步加强对天山南北的治理，至元十八年（1281）设北庭都护府于哈喇火州，至元二十年（1283）又设别失八里、和州等处宣慰司。元廷在这里设驿站、立屯戍、行交钞、征赋税，其治理方式基本上同内地一样。此外，塔里木盆地南缘的斡端（今新疆和田）等地也是忽必烈与西北叛王争夺的场所，从至元十五（1278）、十六年（1279）起忽必烈派兵进驻，至元二十三年（1286）设置了四驿。

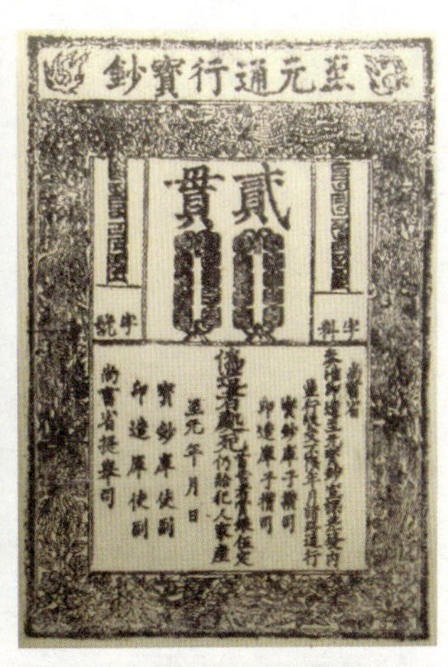

^ “至元通行宝钞”及铜印版・元

从9世纪中叶起，西藏长期处于割据纷争的局面，这种情况一直延续到蒙古兴起的时候。13世纪中叶，驻在凉州（今甘肃武威）的蒙古宗王阔端与西藏喇嘛教萨迦派座主萨迦班智达建立了密切联系。蒙哥汗三年（1253），忽必烈从凉州延请八思巴到他在漠南桓州的王府。他即位后即封八思巴为国师，后又称帝师，依靠八思巴实现对西藏的治理。至元初，他设总制院，后改为宣政院，由他任命的帝师执掌。宣政院有两重任务，一方面要管理全国释教僧徒，一方面要管理西藏的“军民财谷事体”。在藏族聚居地方，宣政院设有多处宣慰使以及宣抚使、安抚使、招讨使。

关键词：乌斯藏行政 / 八思巴文

帝师八思巴

▪ 1235年~1280年

八思巴（1235—1280）是藏传佛教萨迦派第五代法主，藏族著名的佛学家，同时又是一位具有远见卓识的政治家和学者。他在中国元朝历史上占有十分重要的地位，不但为元朝的统一事业作出了突出贡献，而且还促进了汉、蒙、藏三个民族之间宗教、经济、文化的交流，推动了西藏地区的发展。因此，八思巴毕生为国为民的功德、业绩虽在元代，却泽被后世，值得缅怀。

八思巴及其家世

据《红史》《汉藏史集》等藏文史书记载，八思巴于1235出生于乌斯藏萨斯迦（今西藏自治区萨迦县），家族为款氏。八思巴自幼就得到萨迦班智达的悉心照料和教育，深受萨迦第四代法主萨迦班智达的影响，这对八思巴的成长起了十分重要的作用。1244年，受窝阔台第二个儿子阔端的邀请，萨迦班智达带八思巴来到了凉州，商妥吐蕃归附蒙古事宜。按阔端的安排，八思巴继续跟随萨迦班智达学习西藏佛教文化。但是萨迦班智达此时年事已高、身体虚弱，很多事情不得不交于八思巴处理。在凉州生活期间，八思巴曾经代替萨迦班智达会见过忽必烈，这为以后二人关系进一

> 玉雕八思巴坐像

该像高55.7厘米。表现的是八思巴坐于宝座之上，宝座下部有长方形高浮雕玉嵌饰，镂刻有四个儿童在太湖石和芭蕉丛中戏耍的场景。从宝座的形制来看，它与汉地椅子的造型也有相似之处，不同于常见的藏式造像。这尊玉雕像不仅映射出汉族人对八思巴的认同，将其勒石成像，以示尊敬，同时也体现了汉、藏文化亲密和谐的融合。现藏于西藏萨迦寺。

步发展关系打下了基础。

1252年，蒙哥命令忽必烈远征大理，绕道迂回进攻南宋，藏族地区是其必经之路。1253年，由于忽必烈需要了解藏族地区的情况，派人到凉州请来了八思巴。次年，八思巴第一次以教主身份与忽必烈相会于六盘山。他向忽必烈介绍了藏族的历史、宗教和文化，将佛教“慈悲护持众生”的思想与忽必烈的“思大有为天下”的思想结合起来，企图说服忽必烈接受佛教的护佑。但是忽必烈此时关心的是摊派差役、征集粮饷，为进军大理做准备，因此他没有理会八思巴。八思巴心中不悦，便要离开。关键时刻，忽必烈的王妃察必出来斡旋，说八思巴佛学高深、知识渊博，要求将八思巴留下来。察必还向八思巴请求传授萨迦派的密宗喜金刚灌顶法。这样，八思巴就成了王妃的宗教老师。后来察必又积极促使忽必烈接受八思巴的宗教思想。1254年，八思巴正式成

^ 密集金刚像唐卡·元

西藏唐卡是用彩缎装裱而成的卷轴画，具有鲜明的民族特点、浓郁的宗教色彩和独特的艺术风格，历来被藏族人民视为瑰宝。密集金刚，又称集密金刚，是根据《密集经》织成的佛教密宗本尊像。

为忽必烈的宗教老师，两人的关系逐渐深化。

然而，八思巴真正取得忽必烈的信任和赏识，还主要取决于两个重要因素：第一个就是八思巴取信于危难之中。蒙哥即位后，命忽必烈管理中原汉地。忽必烈在汉地招贤纳士，实行新政，很得人心，这引起了蒙哥的猜忌。1256年年初，蒙哥汗借故忽必烈有足疾，解除了他的兵权，令他在家休养，又罗列罪名捕杀忽必烈的亲信，形势变得十分严峻。但是八思巴此时没有选择离开忽必烈，而是继续待在忽必烈营帐中，在新年照常向忽必烈一家写新年祝词。这一方面是八思巴与忽必烈关系深化的结果；另一方面也是八思巴在向忽必烈表明自己是一位尽职尽责的忠心之臣，以赢取忽必烈的信赖。

第二个原因是八思巴在释道辩论中的杰出表现。1258年，佛、道两教矛盾再度尖锐。蒙哥命令忽必烈在开平（今内蒙古正蓝旗东）主持佛、道两教辩论《老子化胡经》的真伪。这次辩论会阵势庞大，佛教有三百多人，道教也有两百多人。在辩论中，八思巴反应灵敏、有胆有识，充分展现了自己的才华，迫使道教承认失败，会后有十七名道士削发为僧。从此，八思巴在佛学界声名鹊起，更赢得了忽必烈的赏识。同时，通过这次辩论，八思巴对中原的佛教、道教有了更深刻的认识，为以后担任国师、掌管全国佛教事务创造了条件。

封为国师

中统元年（1260）十二月，忽必烈战胜阿里不哥后返回中都，立即封八思巴为国师，颁给玉印，令他掌管全国佛教。此时八思巴年仅二十六岁，可以说，他的成功，既有偶然的因素，又有必然的因素。首先，蒙古王室向来信仰宗教，需要宗教领袖作为自己的精神支持，忽必烈也不例外。然而，有所不同的是，忽必烈需要的不只是宗教领袖，而且还需要西藏地区的政治代表。封赐国师的目的是为有效地管理西藏地区，故而国师其人必定在藏传佛教中选取。

其次，在选择藏传佛教领袖时，忽必烈一开始的选择并不是八思巴。噶玛噶举派的噶玛拔希曾处于比八思巴更有利的地位。但是噶玛拔希一开始就不愿意追随忽必烈，后来又站到忽必烈的对立面，帮助阿里不哥争夺汗位，这引起忽必烈对他的极大不满与愤恨，从而更加信赖八思巴。因此，正是错综复杂的历史造就了八思巴的国师地位。

当上国师后，八思巴既是忽必烈家庭宗教上的老师，又是元朝的高级顾问。在职期间，八思巴做出了以下三点贡献：第一，为忽必烈全家及皇室成员传法受戒，传授喜金刚灌顶法，为国家昌盛、社稷稳定祈福；第二，发现、培养了大批佛教人才，其中一些人成为元朝的栋梁之材，对元朝和西藏地区的经济、政治、文化的发展作出了巨大贡献；第三，作为藏族地区的代言人，八思巴还直接参与或间接影响了中央对西藏的施政，为巩固西藏地区统一于祖国立下了汗马功劳。

晋封帝师

1270年忽必烈下诏封八思巴为帝师。元代以前有国师而无帝师，如果说忽必烈封八思巴为国师，只是沿袭旧有的传统，那么晋封八思巴为帝师，的确是忽必烈的首创。帝师制度也就成为元朝近百年历史的一项重要制度。元朝灭亡后，帝师制度也随之消失，因此帝师制度也可算是佛教史上的一个特例。

实际上，八思巴从国师晋封为帝师，职责和权力并没有相应增大。两者都是为皇帝及皇室成员传授喜金刚灌顶法；都是带领僧人为皇帝进行各种各样的法事活动，为国家社稷祈福；都是管理天下释教徒众和处理西藏事务，同时负责荐举僧人及西藏地区的行政官员。但设置帝师却是十分必要的，因为古往今来“君天下者皆有师”。忽必烈由蒙古大汗改称元朝皇帝，晋封八思巴为帝师是必然之事，同时这也是出于政治上的考虑。帝师位极人臣，受百官崇信、顶礼膜拜，但他的权力再大，也是世祖忽必烈赋予的。至多是世祖忽必烈任命的一个特殊官员，而他所管辖的西藏地区也只是世祖忽必烈统治下的一个行政区域，这也正是忽必烈的用意所在。

八思巴是元代杰出的宗教活动家和社会活动家。他一生的贡献很多，除了在宗教上繁荣佛教文化事业外，在政治和语言文字学方面也有非常突出的贡献。第一是建立乌斯藏行政体系。1264年夏，八思巴离开大都返回西藏，经过长途跋涉，于第二年元旦到达西藏拉萨，在向忽必烈致新年贺岁后便赶回萨迦，立即着手建立乌斯藏行政体系。

在萨迦，八思巴建立了“剌让”制度，设立十三名侍从官，即司礼官、掌内室和服饰之官、司宗教仪式之官、司礼宾官、司座经官、掌运输之官、掌马官、掌犏牛官、掌犬官等。表面上看来，这些都是负责八思巴起居与日常生活的官职，但这些官职的设置类似于蒙古王室的怯薛军组织。事实上，这些组织是八思巴代表元朝有效管理西藏的政治、军事组织。

它的职能主要有：管理各教派的僧人，使帝师的法旨与皇帝的命令并

∨ 八思巴篆文“宗仁蒙古侍卫亲军都指挥使司百户印”·元

壁画《八思巴会见元廷使臣图》

八思巴受封为元帝师之后，掌管全国宗教事务及管理吐蕃地区政务，为加强中央对吐蕃的行政管理和增进汉蒙文化交流起过重要作用。图为西藏萨迦寺壁画，描绘了八思巴会见元廷使臣时的情景。

行于西藏；依据皇帝的授权，赏赐有功人员，对反对元朝和帝师的贵族加以处罚；向元朝皇帝推荐和任命西藏各级官员。这一体系对元朝统治西藏发挥了积极的作用，顺应了历史发展的要求。

第二是创制蒙古新字。1269年，八思巴回到大都，受到真金太子和王公大臣的热烈欢迎。八思巴此次远道而来的目的不是讲经诵法，而是向世祖献上新创的蒙古字。八思巴所创制的文字在一定程度上弥补了元朝没有自己成熟文字的缺陷，维护了元朝的威严，了却了元朝皇帝忽必烈的一桩心愿。紧接着，忽必烈下诏颁行天下。

关键词：四等人制度

推行汉法与四等人制度

▪ 元朝时期

蒙古族原是一个以游牧经济为主的民族。当蒙古铁骑一踏入中原，汉化也就提上蒙古统治者的议事日程。因为军事上的胜利并不能解决农业文明与草原游牧文明的激烈冲突。面对先进的农业文明，蒙古统治者要统治中原，势必需要改变落后的游牧经济，采用汉族先进的生产方式、国家制度和政治制度。

改汉制、兴汉法

改汉制、兴汉法肇端于成吉思汗时期。1219年，正在中亚征战的成吉思汗邀请全真教领袖丘处机北上论道，表面看来，是要向丘处机学习长生不老之术，但他真正

>《历代帝王像》之元成宗像·清·姚文瀚

元成宗是元朝第二位皇帝，元世祖忽必烈之孙、太子真金之子。

感兴趣的却是全真教治国安民之术。丘处机也坦率地说，他没有长生不老之术，只有养生之法。在和成吉思汗的密谈中，他针对蒙古军队的屠杀掠夺，一再阐释治国应“以敬天爱民为本”、长生应“以清心寡欲为要”的政治观点。他劝诫成吉思汗释放“驱口”，尊重汉地习俗，重视农业，等等。成吉思汗指令耶律楚材将谈话记录下来，说是要传给他的子孙。这说明成吉思汗对汉法开始有所重视。丘处机离去后，耶律楚材也多次向成吉思汗进言采用汉法。由于忙于征战，成吉思汗无暇考虑怎样有效地治理统治区，因此，耶律楚材最初并没有得到重用，但成吉思汗晚年曾对窝阔台说：“此人天赐我家，尔后军国庶政，当悉委之。”这为窝阔台后来采纳耶律楚材的汉化政策创造了有利条件。窝阔台时期，耶律楚材参照汉法，建议军民分治，建立赋税制度，废除屠城旧制，汉化取得初步成果。

忽必烈受过很深的汉文化教育，在争夺汗位和统一全国的殊死争斗中，又得到汉族知识分子的大力支持。这使他深深认识到汉法维护对其统治的重要性。忽必烈即位后，在全国推行汉法。具体而言，忽必烈在初期推行的汉法主要包括三个方面。

第一，定国号及礼仪制度。忽必烈之前的成吉思汗、窝阔台汗等都没有纪元年号。忽必烈即汗位后，便采用中国传统的年号纪年法，定年号为“中统”。阿里不哥归降后，改年号为“至元”。至元八年（1271）十一月，忽必烈采纳刘秉忠等汉人文臣的建议，定国号为大元，设太庙，祭祀祖先，仿照宋、金朝礼仪制度制定节日、庆典的朝仪，将皇权提高到神圣不可侵犯的地位。

第二，建立中央集权的官僚政治体制。在汉族知识分子的帮助下，元世祖忽必烈参照宋朝制度，建立了一套中央集权的统治机构。中央设中书省，管理全国政务，其长官为中书令，下辖吏、户、礼、兵、刑、工六部，处理具体事务；设枢密院管理军事，长官为院使、副使；设御史台，负责监察百官，长官为御史大夫。除大都及附近地区由中书省直接管辖外，其他地方设行中书省，简称“行省”或“省”。各行省下辖路、府、州、县，分设总管、知府、知州、知县。从加强中央集权来说，元与宋的统治机构是一脉相承的。但宋朝的制度在加强皇权的同时，重点在于对地方的防范；元朝的制度在加强皇权的同时，还让地方机构发挥积极作用。元朝行省制的确立，是中国历史上地方行政机构的重要改革，对以后各朝代产生了深远的影响。明代虽改行省为布政使司，但习惯上仍称为“行省”。今日之省，也是由元代行省制度演变而来的。

^ 影青釉自在观音像·元

这座观音头戴宝冠，面容慈祥，微含笑意，身着佛衣，袒胸赤足，平和自然，造型及釉色极为精美，是元代瓷类造像中罕见的珍品。

第三，重用儒士，尊崇儒学。蒙哥汗时期，忽必烈奉命管理漠北汉地。他开始广泛延揽天下儒士，咨询治国方略。这样，许多怀才不遇的汉族知识分子如窦默、姚枢、许衡、刘秉忠、郝经等，纷纷归附忽必烈，为他出谋划策。他们积极地用“以儒治国”的思想来影响忽必烈。刘秉忠向忽必烈灌输“以马上取天

浴马图·元·赵孟頫

作为元代唯一一位诗、书、画三绝的大家，赵孟頫在绘画技巧上别有创造。他的《浴马图》描绘了奚官浴马的场景，全画描述了九人、十四匹马，人物皆为唐装，马匹丰肥圆润，神态轻松自如，是难得的艺术精品。此画于1964年由郑洞国将军捐献给北京故宫博物院。

下，不可以马上治天下”的儒家思想，同时又进言“孔子为百万师，立万世法”，应尊崇孔子；姚枢向忽必烈提出建立学校、重视儒学、培育人才的建议；郝经提出“行中国之道，即为中国之主”等。忽必烈都一一采纳了这些建议，并重用了这些儒臣，如刘秉忠官拜光禄大夫；窦默官拜大学士，累赠太师和魏国公；郝经、姚枢等都被给予高官厚禄。

汉化与反汉化

忽必烈早期对儒学有很大兴趣，但体会粗浅。后期在理财问题上与儒臣发生分歧，他便认为儒臣不识时务，渐渐疏远了他们。蒙古旧贵族趁机掀起了反对汉化的高潮。从忽必烈后期到元朝灭亡，汉化与反汉化的斗争都十分激烈，在太子真金之死和南坡之变中表现得最为突出。

太子真金是忽必烈的儿子，深受汉文化的熏陶。真金为燕王时，由王恂讲解儒学的三纲五常和治国之道，许衡讲经史。至元十六年（1279）十月，真金开始参与政务。他选用了许多儒士为幕僚，以“仁”治国，凡是扰民的苛治，一旦听说，即刻废除。他对阿合马、桑哥等旧贵族视若仇人。因此，真金的仁政招来了许多仇视汉法、坚持蒙古旧制的守旧势力的反对。在忽必烈晚年，他们离间忽必烈和真金的父子之情，使忽必烈怀疑太子真金阴谋夺位，便严厉追查。太子真金在忧惧中死去，汉化受挫。

元英宗时期崇尚儒学，大兴汉法，任用汉文化素养较深的拜住为相，同时又不断削弱守旧势力的力量，推进汉化的进程。但随着汉化的深入，反对力量也渐渐汇集到以铁失为代表的守旧势力的麾下，对抗英宗的汉法政策。至治三年（1323）八月初，英宗南还，在上都南面的南坡驻营，铁失等守旧派调集所管辖的军队，发动兵变，将英宗大帐包围。铁失先杀中书省右丞相拜住，再杀英宗，后世称之为“南坡之变”。继位的泰定帝实际上是保守的草原游牧贵族集团利益的代表，这反映了蒙古统治集团内部汉化和反汉化的激烈冲突。

不管元朝中后期反汉化的斗争如何激烈，元朝推行汉法政策是历史的必然趋势，也取得了一些成就。首先是尊奉孔子。忽必烈虽采取过一些崇儒措施，但对孔子没有特加尊崇。成宗即位后，下令尊崇孔子，称“孔子之道，垂宽万世，有国家者，所当尊奉”。武宗即位后，又称孔子为“大成至圣文宣王”，超过了历代王朝对孔子的尊奉。仁宗时，命令国子监刘赓到曲阜，以太牢（牛牲）祭祀孔子。皇庆二年（1313）又以宋儒周敦颐、程颢、张载、司马光、朱熹等从祀孔庙。次年又封孔子第五十三世孙袭封衍圣公，以表明对儒学的尊崇。

其次是正式实行科举。早在世祖忽必烈时期，朝廷便围绕科举的行废问题展开讨论。一直到皇庆二年（1313）中书省上言实行科举，以经学取士。这年十一月，仁宗才下诏正式开科取士，规定各地推举年二十五岁以

西湖胜景图（局部）·元

这幅绘制于元代中期的图卷，以全景写实的手法再现了经历战乱之后杭州西湖人烟稠密，屋宇鳞次栉比，湖上船只往来的盛况，反映了元代自成宗以后社会经济的发展状况。

上的举人经乡试后，次年二月在礼部会试，然后御试，以后科举每三年开试一次。科举考试内容以《大学》《中庸》《论语》《诗经》等“四书五经”为主。与前代相比，元代科举在考试程式和内容上都有一定的发展和完善。元代开科取士，在政治上多少满足了汉族知识分子要求广开仕途的愿望，也使汉文化在蒙古人中得到进一步发展。

再次是编纂和刊刻书籍。汉文化造诣比较高的元文宗图帖睦尔即位不久，就创设奎章阁学士院，专门研究和鉴定书画，同时又设艺术监，负责校正、刊刻儒家书籍。从天历二年（1329）年到至顺二年（1331），文宗组织一大批文人，编纂了《经世大典》，这是一部集元朝典制之大成的著作。元顺帝至正三年（1343），开始编修金、宋、辽三国史书。另又修订英宗时期颁布的《大元通制》，于至正五年（1345）成书，赐名为《至正条格》，这是元朝在汉化道路上取得的最后一项比较大的成就。

四等人制度

尽管元朝中后期陆续取得了一些汉化成就，但由于守旧势力的阻碍，

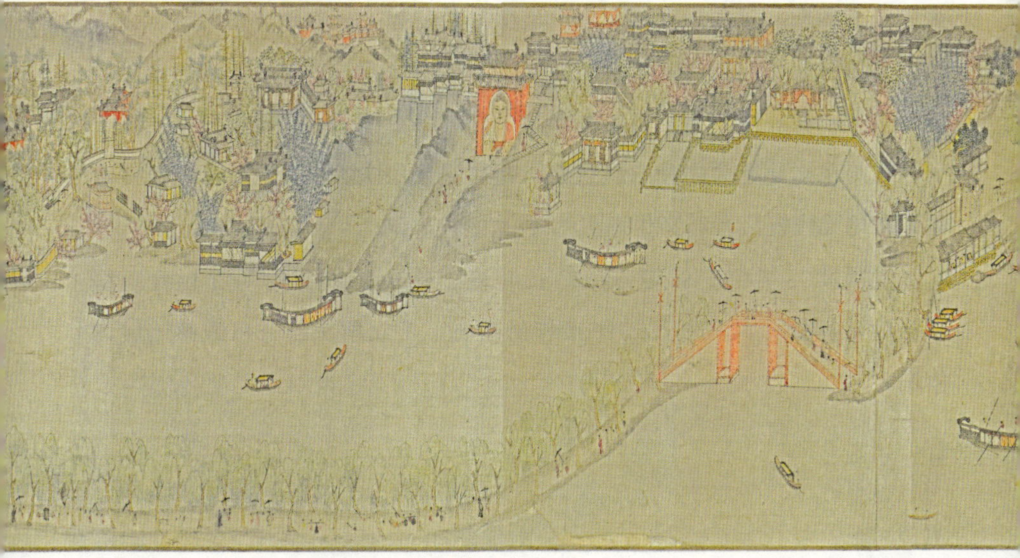

使元朝的汉化呈现出二元格局的特点，大量不适应汉地情况的蒙古旧制继续存在。比如投下制度、怯薛制度等。但最为史书诟病的是元朝统治者推行民族等级制度，也就是所谓的四等人制度。

元朝建立之后，作为统治民族的蒙古族，自然首先要确立本民族的社会地位。忽必烈依照民族成分、被征服的先后顺序以及对蒙古统治者的归附程度，将全国居民划分为四个等级，由高到低依次是蒙古人、色目人、汉人、南人。各等级在政治、经济上的权利和义务有很大的差别。第一等级的蒙古人在政治、经济等多方面享有许多特权，拥有大量的土地和人口，还可以任高官而受轻罚。第二等级的色目人主要指西夏人，也包括中亚、东欧地区的各个被征服民族。第三等级为汉人，主要指女真、契丹以及原金朝统治下的北方汉族人。他们在各方面受到的限制比较多，缺少政治特权。第四等级为南人，也称新附人，是元代社会地位最低的一个社会等级，主要指原南宋治下的各族，以汉族为主体。

元朝在将各族人民划分等级之后，又把所属人口按照应服差役的不同、交纳贡赋的品种以及种族、宗教等区别，分为民户、军户、匠户、冶金户、打捕户、葡萄户、畏兀户、也里可温户等，分别承担不同的徭役，称为“诸色户计”。 按照不同的职业，元朝将人民分为十个等级，从上到下分别是：官、吏、僧、道、医、工、匠、娼、儒、丐。儒指儒家知识分子，在历代封建社会中是四民之首，而在元代却排到了第九位，在娼妓之后，可见元代统治者对文化知识的轻视。

等级制与诸色户计等方法结合起来，共同构成了元朝的社会组织网络。这种划分具有强烈的民族歧视性质，是元朝民族分化政策的具体体现。

关键词：开河变钞 / 红巾军

红巾军起义与元朝覆亡

▪ 1351年～1368年

元世祖忽必烈于至元三十一年（1294）去世，已故太子真金的儿子铁穆耳登基，是为成宗，他在位十三年，尚能力守成宪，政权还算巩固。成宗死后，元朝统治者为了争夺帝位，互相残杀，在短短二十六年中（1307～1333）连续换了八个皇帝，大大削弱了元王朝的统治能力。最后一个皇帝妥欢贴睦尔于至顺四年（1333）嗣位，年仅十三岁，是为元顺帝。他面临一个政治腐败、财政枯竭、民不聊生的困难局面，再也无力回天。由阶级矛盾与民族矛盾交织而成的红巾军起义，于至正十一年（1351）爆发，吹响了元朝灭亡的号角。

开河变钞引民变

至顺四年（1333）六月，十三岁的妥欢贴睦尔即帝位，是为元顺帝。这位元朝最后一个皇帝面对的是一个权臣当道、吏治腐败、财政崩溃、民怨沸腾的政治

> 青花鱼藻凸花牡丹大盘 · 元

局面，为了延续王朝统治，元顺帝决定先铲除权臣伯颜。

伯颜在顺帝登基的过程中立有大功，受封中书右丞相、太师、秦王。然而大权在握后，伯颜日益骄狂，对顺帝也是颐指气使，君臣之间的关系变得恶劣。伯颜怀有狭隘的蒙古贵族独尊的意识，对汉人、南人充满鄙视和猜忌。他曾下令停止科举考试，还提出要杀尽张、王、刘、李、赵五姓汉人，深深激化了民族矛盾。此外，伯颜在统治阶层内部大肆排除异己，在经济上滥发纸币，收敛钱财，已经成为统治阶层必须抛出的“弃子”。至元六年（1340）年初，伯颜率领亲卫出城打猎，顺帝联合伯颜的侄儿脱脱发动政变，将大都城内伯颜的亲信一网打尽，然后一纸诏书将伯颜发配到南恩州阳春县（今属广东），伯颜走到江西，病死于驿馆内。

伯颜死后，元顺帝起用了脱脱当政，改元至正，宣布“更化”，历史上称为“脱脱更化”。脱脱改革的主要措施有：第一，恢复伯颜废黜的科举制；第二，置宣文阁，恢复太庙四时祭；第三，平反昭雪一批冤狱；第四，开马禁、为农民减负，放宽政策；第五，主持编写宋、辽、金三国史书；第六，整顿吏治。脱脱上台以后，下令免除百姓拖欠的各种税收，放宽了对汉人、南人的政策。此前民间禁止养马，脱脱上台废除了这一禁令。

脱脱在四年多时间的改革中，使元朝末年的昏暗政治一度转为清明，取得了不少成绩。至正

人马图·元·赵雍

赵雍，字仲穆，元代书画家赵孟頫的次子，其人擅长山水、人物鞍马画，这幅《人马图》描绘了元代西域长髯奚官双手牵着一匹白马，画面生动，人物栩栩如生。

四年（1344），脱脱因病辞位。五年后，即至正九年（1349），脱脱再被起用。此时，灾荒频繁，国库吃紧，为解救危机，脱脱更改钞法，印行至正交钞，以替换百姓手中日益贬值的至元宝钞。然而由于新钞发行额度过大，造成了空前的通货膨胀，国家财政没有任何好转，政府的信誉却一落千丈。同时，从元顺帝至正四年（1344）开始，黄河连年泛滥，灾民遍野，脱脱任命贾鲁为工部尚书，负责开挖和疏通河道。贾鲁征发十五万民工日夜劳作，而监工们经常扣发口粮，修河所用的物资，也就近摊派到遭受水灾的灾民头上。治理黄河，本来是一件利国利民的好事，反倒因此弄得天怒人怨，民间宗教团体白莲教趁机组织河工起义，掀起了一场燎原烈火。

红巾军起义

白莲教的基础是佛教净土宗的分支“弥勒宗”，又掺杂了明教的部

分信仰，宣扬世道混乱到极点后，将有“明王出世”，拯救万民。白莲教主要在江淮一代传播，信徒很多，主要的传教者，淮东有韩山童，淮西有彭和尚。

贾鲁开河后，韩山童及其信徒刘福通等人开始筹划起义。他们首先散播流言，说明王即将出世，然后刻了一个石头人，只凿了一只眼睛，背上还刻字说“莫道石人一只眼，此物一出天下反”，悄悄埋在黄河河道中。至正十一年（1351）五月，河工们在疏通河道时，果然挖出了此物，一时间人心惶惶。韩山童等人看时机已经成熟，就聚集了三千余人于颍州颍上县（今安徽阜阳颍上县），杀黑牛白马，祭告上天。刘福通等宣称韩山童是“宋徽宗八世孙，当为中国主”，而刘福通则自称南宋大将刘光世的后裔，众人共推韩山童为“明王”，待时起义。不想消息泄露，元朝派兵镇压，韩山童被捕身亡。刘福通等人冲出重围，率众攻占了颍州，正式树立了反元的旗帜。他们发布文告，指出当时社会极端不公，要以“虎贲三千，直抵幽燕之地；龙飞九五，重开大宋之天”。因为起义军头裹红巾，所以得名“红巾军”。颍州起义成功后，北方产生了一系列连锁反应，芝麻李在徐州起义，郭子兴在濠州（今安徽凤阳东北）起义，各路义军皆以红巾为号，四处打击元军。就在北方红巾军发动大起义的同时，南方的白莲教教主彭和尚也在淮西发动徐寿辉、陈友谅等人起义，南方各地的白莲教徒纷纷响应。至正十一年（1351），徐寿辉建国称帝，国号“天完”，其意是想要盖倒“大元”，这也是元末农民起义中建立最早的农民政权。

面对红巾军大起义的浪潮，元朝政府不断派出大军进行血腥镇压。然而由于元军腐败无能，屡次进攻都以失败告终。至正十二年（1352），元相脱脱亲率大军南征，联合各地主武装，首先攻克徐州，芝麻李被俘后遇害。次年十一月，彭和尚战死在瑞州（今江西高安市），天完政权的都城蕲水（今湖北浠水）也被元军占领。就在红巾军起义处于低谷之时，盐

^影青透雕人物纹瓷枕·元

这件长方形瓷枕的枕体雕出三开间殿堂建筑的形状，还塑贴有各种人物像18个，姿态各异，堪称元代瓷枕中的艺术精品。

贩张士诚在泰州（今属江苏）起义，相继攻占了泰州、高邮（今属江苏）等地，自称诚王，建国号大周。为了消灭张士诚部，元相脱脱率领蒙古诸王的部属、各地元军，号称百万，围攻高邮。眼见高邮就要被攻破，元顺帝听信了宠臣哈麻的诬陷，下诏削去脱脱的兵权，贬往云南。这个突然的变故让高邮城下的百万元军士气全无，一时四散溃逃，元朝再也没有力量纠集如此数量的军队镇压起义军，今后只能依靠地主武装来维持其摇摇欲坠的统治。

北伐与失败

高邮之战后，元末农民起义军迎来了一个转折点。至正十五年（1355）二月，刘福通把在砀山（今安徽砀山）避难的韩山童的儿子韩林儿接到亳

^ 二马图·元·任仁发

整幅图画面很简单，画幅前边是一匹壮实、膘肥肉厚的花马，昂首，踏着轻快的碎步，尾巴扬起飘动。跟在它身后的则是一匹骨瘦如柴的马，条条肋骨清晰可见，低着头，步履蹒跚，显出吃力的疲态。画家以其写实的手段，采用勾勒的笔法，线条极富表现力。

州（今属安徽），正式建立了政权。因为他们号召要恢复宋朝，所以政权的名字为宋，年号龙凤，韩林儿被拥立为皇帝，号“小明王”。至正十七年（1357）夏天，刘福通派出三路大军同时北伐，进攻大都，试图一举推翻元朝。

西路军是最早出发的一支部队。先由李武、崔德率领，后来又增派白不信、大刀敖、李喜喜等，他们经过河南到达陕西，被地主武装察罕帖木儿打败，李武、崔德向元朝军阀李思齐投降。中路军由关先生、破头潘等人率领。他们越过太行山，进入山西。原来的计划是从山西配合东路军毛贵进攻大

都，由于元军的堵截，只得转战攻克上都（今内蒙古正蓝旗东北），接着中路军又攻克辽阳，并以之为基地，进入高丽，后关先生等人在高丽战死，破头潘等人战败被俘，中路军也归于失败。东路军主将毛贵夺取元朝的海船，从海路攻下胶州（今属山东），在短短几个月的时间里，占领了山东大部分地区。至正十八年（1358）二月，毛贵继续北伐，红巾军的前锋一度抵达柳林（今北京市通州区南），直逼大都。然而由于毛贵孤军深入，元军四方来援，毛贵军败于元将刘哈剌不花，退回济南。不久，毛贵被部将赵均用杀害。至正二十一年（1361），地主武装察罕帖木儿所部开始进攻山东红巾军。第二年六月，一度投降元军的红巾军将领田丰、王士成发动兵变，杀死察罕帖木儿。但后者的义子扩廓帖木儿很快接手军队，最终将山东红巾军全部镇压了下去。

在发动三路北伐的同时，刘福通部攻克了中原重镇汴梁，将其改为宋的都城。然而由于三路北伐皆归失败，元军一步一步地缩小对汴梁的包围圈，刘福通只好孤军奋战，冲破敌人重围，保护韩林儿逃到安丰（今安徽寿县南）。至正二十三年（1363）二月，张士诚趁安丰空虚的机会，派大将吕珍来攻。刘福通一面派人向朱元璋求救，一面坚持抵抗。朱元璋亲率大军救出小明王和刘福通，把小明王和刘福通安置于滁州。至此，宋政权已经名存实亡。至正二十六年（1366）十二月，朱元璋命廖永忠迎小明王、刘福通至应天（今江苏南京），途经瓜步时，廖永忠将他们沉入水中溺死。

削平群雄

就在北方红巾军起义遭到沉重打击的同时，南方的朱元璋部起义军却得到发展壮大的机会。朱元璋（1328—1398）出生于濠州钟离（今安徽凤阳）一个贫苦农民家庭，幼年时给大户人家佣耕放牧，也曾出家做过和尚。至正十二年（1352），朱元璋投奔了濠州的郭子兴部义军，在其帐下担任亲兵。郭子兴见朱元璋有胆略又有见地，就把养女马氏嫁给了他。从此，朱元璋的地位更加稳固，也是在这时他正式起名元璋，字国瑞。之后，朱元璋回到家乡濠州钟离招兵买马，少年时的伙伴和同乡徐达、周德兴、郭兴等人都纷纷前来投效，朱元璋很快募兵七百多人。此后，通过不断地招抚和收编，朱元璋的队伍迅速壮大。至正十五年（1355）三月，郭子兴病死，郭子兴的儿子郭天叙掌握其部属。不久，郭天叙战死，朱元璋接管了郭子兴的旧部。至正十六年（1356），朱元璋所部攻占集庆，破城后改名应天之后，朱元璋采纳了老儒生朱升“高筑墙，广积粮，缓称王”的建议。在“缓称王”上，自觉力量尚弱的朱元璋遥奉韩林儿为“大宋皇帝”，接受江南行省左丞相、吴国公的封赏。这种始终寄名于宋政权之下的做法，为朱元璋获取庇护、增强个人在军队当中的影响力都起到了作用。而在“高筑墙”和“广积粮”方面，朱元璋一面大修应天城墙，加强自己地盘的防御；一面兴兵屯田，大修水利，全力发展生产，营建出了一个巩固的根据地，为日后削平群雄奠定了基础。

至正二十年（1360），天完政权建立者徐寿辉被部下陈友谅杀死，陈友谅自行称帝，立国号为大汉。随后，陈友谅率军东下，攻打朱元璋的根据地应天，但被朱元璋击败，悻悻而退。后经两年的准备，陈友谅于至正二十三年（1363）五月，再次率领六十万大军、战舰五百余艘进攻洪都（今江西南昌）。朱元璋起全军来救，以火攻之策大败陈友谅的舰队，战斗中陈友谅被流箭射中而死。次年，朱元璋率大军进攻武昌，陈友谅之子陈理投降，大汉政权灭亡。消灭了陈友谅之后，朱元璋又陆续消灭了淮东、浙西的张士诚，浙东的方国珍，以及福建的陈友定等割据势力，除了四川、云南外，长江以南地区基本为朱元璋所统一。

^ 瓷质火蒺藜·元

火蒺藜作为火器的一种，在宋代出现以来，在军队中得到广泛使用，辽金两朝在当时多有仿制。到了元代，火蒺藜的材质变化更大，从铜制品变成了成本更低的瓷制品，造型大小也变化丰富，足以大量装备军队。

明军北伐

就在朱元璋南征北伐之时，困居北方的元朝政府并没有采取措施挽救其统治。元顺帝沉溺于声色之中，不理朝政，皇太子爱猷识理达腊和皇后奇氏谋夺皇位，地方上扩廓帖木儿和孛罗帖木儿两大军阀集团争抢地盘，宫廷斗争和军阀争斗完全交织在了一起。

扩廓帖木儿，汉名王保保，元末将领察罕帖木儿的外甥，因察罕无子，后收其为义子。至正二十二年（1362），察罕帖木儿在围攻山东红巾军时被降将田丰刺杀，扩廓帖木儿统领其父所部兵马。在镇压了山东的红巾军后，元朝地方军阀之间的矛盾开始激化，其中最显著的代表就是扩廓帖木儿和孛罗帖木儿之间的斗争。早在至正十七年（1357）十二月，孛罗帖木儿的父亲和察罕帖木儿同为元末大将的答失八都鲁病死，孛罗帖木儿继承了其父的军队和职务。此后，孛罗帖木儿和察罕帖木儿为了争夺山西、河北等地，多次爆发战斗，后经元廷调解，这才罢兵休战。察罕帖木儿遇刺身亡后，孛罗帖木儿率军争夺河北、山西地盘，双方再次爆发大规模的战斗，其间元顺帝多次下诏劝解，但双方的矛盾却越来越深。

朱元璋铸大中通宝钱·元

朱元璋称吴王时所铸。元至正二十一年（1361），朱元璋在应天府（今南京市）设宝源局铸“大中通宝”钱，以四文为一钱，四十文为一两、四百文为一贯。钱分五等：小平、折二、折三、折五、折十。各等钱均有光背、背字两种。背字记京城及各行省简称。当十钱除记地外，注明“十”字，表“当十”之意。“京”字当十钱较各行省当十钱微大。

就在地方军阀之间争斗不断的同时，元廷中枢也爆发了权力斗争。元顺帝的舅舅、御史大夫老的沙和知枢密院事秃坚帖木儿得罪了皇太子爱猷识理达腊，皇太子想要处死两人，两人就逃奔到大同，为孛罗帖木儿所收留。丞相搠思监、宦官朴不花等人依附太子，依靠扩廓帖木儿为外援，多次向孛罗帖木儿索要老的沙，双方闹得不可开交。至正二十四年（1364），搠思监、朴不花诬陷孛罗帖木儿、老的沙图谋造反，元顺帝下诏撤销了孛罗帖木儿的兵权和职务。孛罗帖木儿拒不从命，反而率军进逼京师。七月，孛罗帖木儿率军攻入京师，皇太子逃奔太原。元顺帝一面虚与委蛇地封孛罗帖木儿为中书右丞相，节制天下兵马，一面催促扩廓帖木儿讨伐孛罗帖木儿。不久，孛罗帖木儿在大都被元顺帝招募的杀手刺死，顺帝下诏命令皇太子回京，扩廓帖木儿护卫皇太子入朝。这时候，奇皇后又要扩廓帖木儿出面逼顺帝让位，扩廓帖木儿不肯，皇太子母子就怀恨在心，在元顺帝身边诋毁扩廓帖木儿，后者只好请求带兵前往外地。元顺帝封扩廓帖木儿为河南王，统率天下兵马，命其南下与朱元璋作战，不久又罢削了扩廓帖木儿的兵权。

元朝内部的混乱正好给朱元璋创造了机会，他在成功消灭了陈友谅、张士诚两股割据势力后，积极准备北伐。至正二十七年（1367）十月，朱元璋任命徐达为征虏大将军，常遇春为副将军，率领25万大军开始北伐；同时又分出一部分兵力继续南征，消灭浙江的方国珍、福建的陈友定以及湖广地方的割据势力。北伐军一路势如破竹，席卷河南、河北。至正二十八年（1368），朱元璋在应天称帝，国号“大明”，改元“洪武”。闰七月，明军会集德州，从水陆两路沿运河北上，占领长芦（今河北沧州），攻克清州（今河北青县），到达直沽（今天津市），进逼大都。七月二十八日夜间，元顺帝放弃大都，逃奔上都。八月初二，徐达率明军进入大都。元朝灭亡。元顺帝于至正三十年（明洪武三年，1370）四月死在应昌（今内蒙古赤峰市），皇太子爱猷识理达腊继位，是为昭宗，仍沿用“大元”国号，史称“北元”。北元在爱猷识理达腊之后，皇位又传了六次，延续了三十四年。

第九章

明

1368年，在元末群雄逐鹿中脱颖而出的朱元璋登基称帝，建立大明王朝。

明代中后期是国内传统社会萌动历史性转型的时代。在这个时期，域外世界也酝酿着巨变，以西方殖民扩张与国际贸易体系规模日益扩大为标志的全球化初潮风生水起，自大西洋冲击着太平洋沿岸。西方商人和传教士已登陆中国东南沿海进行各种活动，中西方的国力对比和国际地位在悄然发生变化。

1644年，李自成农民军攻入北京，明崇祯帝自缢煤山，明朝亡。

▷ 王恭厂惊天大爆炸

关键词：廷杖 / 锦衣卫

明太祖的集权政治

▪ 1368年～1398年

从至正十二年（1352）投身濠州红巾军郭子兴部，到至正二十八年（1368）北伐大军攻入大都，作为元末群雄中最具有政治才华的人物，朱元璋用了十七年的时间歼灭群雄，推翻元朝，建立了大明王朝。明太祖朱元璋设计了一整套有利于中央和皇帝集权的统治结构，他既大力推行中央集权制度，加强权力机构的互相牵制，以便皇帝个人控制；又以分封制将地方权力分散到朱姓藩王的手中，但施行这个措施的后果，是朱元璋始料不及的。

分权：朱元璋的集权之道

朱元璋在中央统治机构的分权上做得很彻底，也很极端，颠覆了中国几千年的丞相制。他认为历史上太多的权臣擅权篡位，要从根本上予以杜绝。尽管一开始明朝就设置了左、右丞相以防一相专权，但是朱元璋仍不放心。洪武十三年（1380），朱元璋给左丞相胡惟庸加上威福自用、暗通倭寇、勾结北元、图谋不轨等罪名，将其处死；并废除中书省，不再设丞相，改由皇帝直接君临百官，将国家与政府首脑合二为一，从体制上保证了君主在中央集权政治中的绝对权威。这也使朱元璋成为历史上最忙的皇帝，他每天要看二百件奏疏，处理四百件政事，每天早中晚三次上朝。在地方，明朝最初继承了元朝的行省制度，洪武九年（1376），朱元璋废除行中书省，把行省的权力一分为三，分设承宣布政使司管理钱粮民事，提刑按察使司掌握司法，都指挥使司掌握军权。三权分立，互不统属，大权归于中央。军事上，朱元璋将开国之初的大都督府分为中、左、右、前、后五军都督府，以防止军权过度集中。各府分别掌管京师和全国各地的都指挥使的军队，又分设左、右都督为长官。

监察方面，朱元璋大幅度拆分掌管监察的御史台。他把御史台改为都察院，设左右都御史，并扩大御史队伍，置监察御史一百一十人监察百官，出视民情。作为皇帝的耳目，这些御史一旦受命出巡

∨ 大军帖·明·朱元璋

《大军帖》是朱元璋写给部将的一封信，从内容分析，此时朱元璋集团已消灭陈友谅、张士诚等割据势力，正全力攻打北方，战事频仍。此帖书风健拔瘦劲，点画稚拙流畅，得自然生动之趣。现藏于北京故宫博物院。

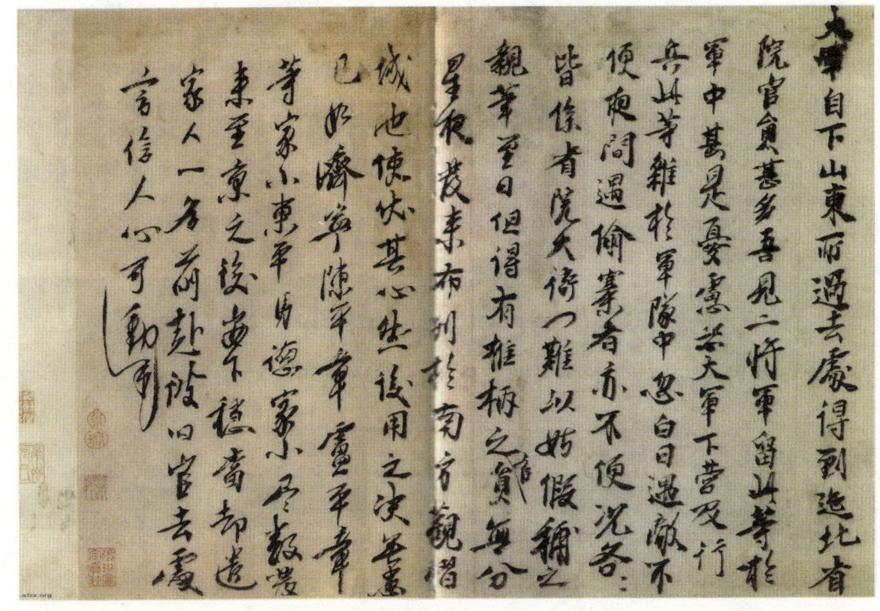

明太祖坐像·明

作为开国之君的朱元璋，一向主张以残酷的法律严惩贪官污吏，甚至规定官员贪污六十两白银以上的一律斩首示众。然而一味地严刑酷法并未根除明朝的贪污腐败问题，以致朱元璋都发出了“朝治而暮犯，暮治而晨亦如之”的感叹。

（称巡按御史），就权同钦差，小事立断，大事奏裁，对地方官颇有威慑力。都察院中还设置了六科给事中，负责驳正和稽核六部百官之事。深通民情的朱元璋在设置这些官职的时候做了一个聪明的手脚，就是一方面给这些官员以巨大的权力，另一方面又只给他们低微的品级。巡按御史和给事中只是七品官，但是他们的权力大到可以弹劾一品大员，这样的权力设置不仅有利于御史更好地发挥监察职能，也有利于皇帝对两方面的控制。另外，朱元璋还设通政司，这个机构专门负责给皇帝递送各地承奏上来的奏章、建议和检举文件。它能多途径地收集信息，利于皇帝掌握真实情况，尽快作出处置，防止被下属蒙蔽。

朱元璋对行政、军事、监察等重要权力机构作出了巨大改革，使其权力分散、互相牵制，便于皇帝独断指挥，突出君主意志和绝对权威。

削藩：多磨的事业

朱元璋建立明朝之后，分封二十四个皇子，让他们领兵出镇全国各地。一部分镇守北方，阻挡蒙古贵族的侵扰，如燕王朱棣守北平（今北京），宁王朱权守大宁（今内蒙古宁城县）；另外派部分皇子分驻内地，如周王、齐王等，负责监督地方官吏，巩固朱家对全国的控制，将叛乱扼杀于萌芽状态。在北方守边的九王中，燕王、晋王和宁王的势力最为强大，宁王有甲士八万人，战车六千辆。燕王和晋王得到朱元璋的特许，可以根据需要任意扩展军事实力，军中事大者才要奏闻。为防止朝廷中奸臣篡位，朱元璋又规定诸王可以移文中央索取奸臣，必要时可以奉天子密诏领兵靖难。为防止诸王跋扈，朱元璋又允许后世皇帝在必要时下令削藩。朱元璋认为这样的设置可以保证万无一失，但是分封制度造成了地方势力的逐渐强大，中央削藩的目标难以达成，骨肉相残的悲剧很快就发生了。

酷刑：挫杀官员的锋芒

除了从制度上分散政府权力以加强皇权外，明朝皇帝还用一些非正常手段监控臣民。朱元璋及其后继者在严刑峻法之外，使用廷杖等手段挫杀官员的锋芒，并以文字狱钳制知识分子的思想。明朝还发展了历史上最为强大的特务系统：锦衣卫、东厂、西厂和内行厂。这些非正常的统治手段为明王朝蒙上了阴鸷的面纱。

政治上的专制集权需要从法律、教育和思想控制等方面来巩固。洪武时期，朱元璋先后颁布《大诰》《大诰续编》《大诰三编》《大诰武臣》等文诰，这些完全都是以君主个人意志制定的。洪武三十年（1397），颁行《大明律》，这是继《唐律》之后中国历史上的另一部重要法典。明律条文简单，但是严酷异常。终明一代，凌迟、枭首、族诛的案例达数千件，弃市达万余件。特别是明初，刑法极其严酷，加上皇帝屡兴大狱，被杀官员动辄以万计。京官每天早晨入朝，必定与妻子儿女诀别，到傍晚如果平安无事，则相庆多活一日。所以很多文人都不愿意做官。这样的严酷刑法，一方面是为了避免腐败的发生，另一方面是为了彻底压制颠覆朝廷的企图。

杀人立威是封建帝王惯用的手法之一。明朝建立后的一段时间，朱元璋借题发挥，大兴文字狱。凡被认为有损皇帝尊严、违背皇帝旨意的言论、文字，当事人都将被处以极刑。杭州府学教授徐一夔在一则贺表中用“光天之下”“天生圣人，为世作则”赞扬朱元璋，但朱元璋认为其中的“生”字暗指自己曾经出家为僧，“光”指其剃光头发，“则”与“贼”字音相近，所以处死了徐一夔。这样捕风捉影的做法，无疑只是为了在知识分子中造成恐怖气氛，让他们臣服在皇帝的权威之下。

对官员压制还有一个残酷的手段，这就是有名的“廷杖”。廷杖并不是在太和殿上就痛打官员臀部，而是在午门执行的。廷杖时，有太监在侧监视，众官身穿红衣陪列朝堂，左为中使，右为锦衣卫，各三十人，下列旗校百人，手执木棍。宣读廷杖命令之后，一人用麻布兜从肩部套住受刑者上身，使之不能左右移动，一人绑住受刑人双足，露出臀部受杖击。被廷杖者如果侥幸不死，也必须剜去坏肉，医治数月才能痊愈。如果监督的太监说一句“用心打”，那此人必死无疑。终明之世，廷杖不绝于书。武宗正德时期，谏阻皇帝南巡的一百六十四名官员被廷杖，死亡十一人。世宗时期因为大礼仪之争，廷杖一百三十四人，死亡十八人。堂堂尚书、翰林被当廷杖毙，这在中国历史上是空前绝后的。

严酷的刑法使明初的政治相当清明，但是这种恐怖统治是不能长期使用的。尤其在明后期，刑法利器掌握在宦官手中，经常被滥用，使得政治迅速腐败，满朝皆无正人，直接加速了明朝的灭亡。

特务：在恐怖中寻求长治久安

明代的特务机构，无论在规模上，在权力上，还是在组织结构上，都是史无前例的。它直接秉承皇帝的旨意，能对很多重大案件作出直接处置。

起初，朱元璋任用的亲信密探名曰“检校”，任务是专门负责侦察探听在京大小衙门的不公、不法官吏及风闻之事，事无大小，全部上奏。

^ 青花缠枝花卉纹碗·明

碗直口，深弧壁，圈足。内外青花装饰，内底一周回纹内绘折枝牡丹纹，内壁绘缠枝莲纹，口沿内外分别描绘缠枝纹，外壁绘缠枝菊花纹，近足处绘变形莲瓣纹，莲瓣内绘朵花纹，圈足外墙绘回纹。明初洪武时的青花瓷器器型大都延续元代风貌，造型规整。

洪武十五年（1382），朱元璋在南京设立一个专门保卫皇帝，并从事秘密侦缉活动的军事特务机构，这就是赫赫有名的锦衣卫。锦衣卫的前身是拱卫司，洪武三年（1370）改为亲军都尉府，本是皇帝的警卫机构，如同一支专门的军队。后来，锦衣卫又添设了专门的法庭和监狱，这一改变有其特殊的原因。朱元璋大肆屠戮功臣，感觉传统的司法机构刑部、大理寺、都察院使用起来不太顺手，于是将锦衣卫的保卫功能提升起来，使其成为皇帝的私人警察。锦衣卫负责侦缉刑事的机构是南、北镇抚司，其中北镇抚司处理皇帝钦定的案件，拥有自己的监狱（诏狱），可以自行逮捕、刑讯、处决，不必经过一般司法机构。南北镇抚司下设五个卫所，其统领官称为千户、百户、总旗、小旗，普通军士称为校尉、力士。校尉和力士在执行缉盗

^ 明代官吏服饰

明代官吏常服为一种盘领窄袖大袍，胸前和后背缀有一方补子，织绣纹样文官用飞禽，武官用走兽。文官一品用仙鹤，二品用锦鸡，三品用孔雀，四品用云雁，五品用白鹇，六品用鹭鸶，七品用鸂鶒，八品用黄鹂，九品用鹌鹑；武官一品二品用狮子，三品四品用虎豹，五品用熊罴，六品七品用彪，八品用犀牛，九品用海马。这件补子上有仙鹤图案的官服应为一品文官的服饰。

拿奸任务时，被称为“缇骑”。缇骑的数量，最少时为一千人，最多时达六万之众。

朱元璋、朱棣，由于出身的特殊性，对皇权的维护有着特别强烈的欲望，这就使得锦衣卫“巡查缉捕”的职能无限度地扩大了。锦衣卫头目利用职务之便，不遗余力地制造事端，既可以打击异己，也可以作为自己升迁的资本。如成祖时的纪纲、武宗时的钱宁，在他们掌权时，上至大臣，下至平民百姓，都处于他们的监视之下，对他们的意愿只要稍有忤逆，就会家破人亡，全国上下笼罩在一片恐怖气氛中。明初著名的内阁大学士解缙，就是被锦衣卫指挥使纪纲活埋进积雪而死的。臭名昭著的北镇抚司大牢中更是关满了各种各样无辜的人。朱元璋晚年，鉴于锦衣卫非法滥杀太甚，命尽焚锦衣卫刑具，将狱中拘禁的囚犯交付刑部处理，明确地禁止了“诏狱”，将王朝司法权重新归还给三法司。然而，朱元璋这些举措并没有使“诏狱”就此真正消失，后世的皇帝根据自己的需要，使锦衣卫及诏狱的祸害愈演愈烈，成为明代最大的弊政之一。

东厂的发明者是成祖朱棣。他在发动“靖难之役”夺取侄子建文帝的皇位后，为了巩固政权，朱棣迫切需要一个强有力的专制机构，但他觉得设在宫外的锦衣卫使用起来并不是很方便，朱棣在起兵过程中得到过一些宦官的有力帮助，他觉得宦官比较可靠。于是他在迁都北京之后，建立了一个由宦官掌领的侦缉机构，由于其地址位于东安门北侧（今北京王府井大街北部东厂胡同），因此被命名为东厂。东厂的首领称为东厂掌印太监，是宦官中仅次于司礼监掌印太监的第二号人物。由于东厂掌印太监与皇帝的关系密切，又身处皇宫大内，更容易得到皇帝的信任。东厂和锦衣卫，逐渐由平级变成了上下级关系，在宦官权倾朝野的年代，锦衣卫指挥使见了东厂掌印太监甚至要下跪叩头。

明宪宗成化年间，京城出现妖人煽惑造反，虽然被锦衣卫和东厂一网打尽，但是宪宗仍感刺探力量太薄弱，于是增设西厂，令心腹太监汪直掌管，几个月内其规模就超过了东厂，但是五年后由于汪直的失势而被撤销。武宗时期，刘瑾专权，恢复了西厂，另设内行厂。于是东厂、西厂、内行厂、锦衣卫四大特务机构并行，缇骑四出，天下骚动。刘瑾倒台后，武宗才撤销了西厂和内行厂。

锦衣卫木印・明

关键词：靖难

靖难之役与迁都北京

▪ 1398年～1421年

洪武三十一年（1398），朱元璋去世。由于太子朱标已先于六年前去世，因此皇太孙朱允炆登上了皇位，改元建文，即建文帝。建文帝即位后着手削藩，而藩王中年纪最长、权势最大、军功最高的燕王朱棣为了自保，也为了登上帝位，在北平（今北京）举起了“清君侧”的旗号，正式发动了长达四年的夺位战争，史称“靖难之役”。建文四年（1402），朱棣一举攻入应天，在那里即位称帝，是为明成祖。之后，出于政治上的考虑，明成祖将明朝的都城从南京迁往了北平，又将北平改称为北京，这次迁都对中国历史产生了重要的影响。

起兵北平

洪武三十一年（1398），朱元璋去世，皇太孙朱允炆登上了皇位，改年号为建文。朱元璋这位强势帝王的离去给他的子孙们提供了一个窥视皇权的机会，其中野心最大也最为建文帝所忌惮的就是朱元璋的第四子——燕王朱棣。朱棣身材魁梧，智勇双全，从小就很得朱元璋的器重。洪武二十三年（1390），朱元璋命朱棣率领颍国公傅友德等人北征沙漠。当时适逢大雪，将领们都建议等雪停后再进军，但朱棣却坚持雪地奔袭以出奇制胜，最终俘虏了元将乃儿不花的全部人马。此后，朱元璋多次命朱棣领兵出征，并且把沿边的军权都交给他。

^《历代帝王像》之明成祖像·清·姚文瀚

鉴于地方诸王势力日渐强大，建文帝朱允炆即位伊始，便开始与其亲信大臣密谋大力削藩。他们首先逮捕周王，又拘执代王、囚齐王，并准备削除燕王，策划对其秘密逮捕。精明的朱棣自知目标太大，开始装疯卖傻，试图躲过劫难。可建文帝并不上当，一面调离燕王府的精锐卫队，一面将北平布政使和都指挥换为朝廷的心腹大臣张昺、谢贵。张、谢二人暗中串通王府长史葛诚与指挥卢振，准备寻找机会发难。北平都指挥张信曾是朱棣的旧部，他把这个秘密泄露给了朱棣。朱棣眼见避无可避，就秘密挑选了八百名精壮亲兵，乘夜调入府中加强护卫，并与谋士道衍等人商议应变的计划。

建文元年（1399）七月，削除燕王爵位和逮捕王府所有属官的诏令公布。朱棣和亲信们商量，以交付所逮属官为名，把张昺、谢贵骗进王府，然后一举成擒，朱棣轻而易举地控制了北平城。控制北平后，朱棣正式起兵，他打出“靖难”的旗号在北平誓师，布告将士。同时给建文帝上了一份奏疏，

声称根据《祖训》“朝廷若有奸贼，诸王可以发兵诛讨”，要求杀掉齐泰、黄子澄两人。建文帝没有理会，反而任命耿炳文为大将军，率师征讨燕王。从此叔侄兵戎相见，打了四年的内战，历史上称作“靖难之役”。

皇位易主

靖难之役爆发后，朱棣以北平为大本营，迅速占领了当时的交通要道通州（今北京通州区），然后控制居庸关，克蓟州（今天津蓟州区），破怀来（今河北怀来东南），取密云，平定遵化，扫清了北平的外围。不到二十天，归顺朱棣的军队发展到数万人。当年八月，大将军耿炳文带领四十万南军（燕王部队又称北军，忠于建文帝的军队称为南军）来到了真定府（今河北正定），先锋杨松已占据了雄县（今属河北）。燕王朱棣乘耿军新至不备，主动出击，亲自率兵到达涿州（今属河北）。中秋节的当

^ 北京故宫太和殿

北京故宫太和殿是中国现存最大的木结构大殿，于明永乐十八年（1420）建成，称奉天殿。明嘉靖四十一年（1562）改称皇极殿，清顺治二年（1645）改为太和殿。

晚，朱棣的军队跨过白沟河（今拒马河），夜袭雄县县城，一举全歼了南军前锋九千人。随后，朱棣马不停蹄地继续进攻真定，他派大将张玉等人从正面进攻，自己率领骑兵绕到敌后，前后夹击，南军阵营大乱，人马自相践踏，大败而逃。

八月底，建文帝又命曹国公李景隆代耿炳文为大将军，领兵五十万进驻河间（今属河北），再次北征。朱棣为引诱南军仓促来攻，只留少部兵力守北平，自率主力绕道袭取大宁（今内蒙古宁城县境），合并宁王朱权所属三卫兵马，扩充了实力。李景隆听说燕王领兵在外，便率师直抵北平城下。攻城最紧张的时候，北平城里的妇女都被动员上城助战，抛掷砖瓦，打击敌军。十一月，燕王率兵回师，把李景隆打得大败。南军丢下粮食器械，日夜南奔，最后龟缩到德州（今属山东）。

第二年夏天，李景隆重整旗鼓，会合郭英、吴杰共六十万军队，从德州北上伐燕，双方又在白沟河展开了一场激烈的大战。这次双方全力以赴，仗打得十分艰苦。朱棣亲自率兵左冲右杀，几次陷入敌阵之中，险些丢掉了性命，他的战马因负伤就更换了三匹。第二天，双方又杀得难解难分，快到中午时分，朱棣率领数千骑兵，绕到敌后，突然冲入敌阵，东杀西砍，势不可当，李景隆的部队全线溃败，一路逃到了德州，燕军跟踪追至德州。五月，李景隆又从德州逃到济南。朱棣率燕军尾追不舍，幸亏忠于建文帝的都督盛庸和山东布政使铁铉拼命死守，才保住了济南不失。朱棣围攻济南三月未下，只好回撤北平。九月，建文帝又命盛庸取代李景隆，领兵进驻德州、沧州等地，组织第三次北征。十月，朱棣佯称攻打辽东，兵至通州，突然转兵南攻沧州，生擒守将徐凯，继而乘胜南下，连续击败盛庸所部。

建文四年（1402）正月，燕军进入山东，绕过守卫严密的济南，破东阿、汶上、邹县，直至沛县、徐州（均属山东）。四月，燕军进抵宿州，与跟踪袭击的南军大战于齐眉山（今安徽灵璧境内），燕军大败，双方相持于淝河。在这次决战的关键时刻，建文帝受一些臣僚建议的影响，把徐辉祖所率领的军队调回南京，削弱了前线的军事力量，南军粮运又为燕军所阻截，燕军抓住时机，大败南军于灵璧，俘获南军将领几百人。自此，燕军士气大振，南军益弱。朱棣率军渡过淮水，攻下扬州、高邮、通州（今江苏南通）、泰州等要地，准备强渡长江。南京这时已经乱成一团，一些六卿大臣纷纷借故外逃。

建文帝曾想以割地分南北朝为条件同燕王议和，结果被拒绝。六月初三，燕军自瓜洲（今属江苏扬州）渡江，十三日进抵金川门，负责守卫城门的李景隆开门迎降。朱棣进入京城，文武百官纷纷跪迎道旁。朱棣在群臣的拥戴下即皇帝位，是为明成祖，年号永乐。历时四年的“靖难之役”以燕王朱棣的胜利而告终。

建文帝削藩失败，朱棣夺位之后继续削藩。在北方掌握兵权的诸王，有的被迁往南方，有的被削去护卫，有的被废为庶人。藩王势力大大削弱，军政大权更加集中到皇帝手中。

^ 北京宫城图·明

图为明代早期所绘的北京紫禁城。

迁都北京

洪武元年（1368），朱元璋称帝后，因为应天是六朝古都，物产富庶，而且地形险峻，进可控制两淮，北征蒙古，退可据长江以自守，所以朱元璋决定以应天为南京，开封为北京，两京并立。洪武十一年（1378），明太祖在诏书中郑重宣布以南京为京师，废北京，仍为开封府，以自己的故乡濠州（今安徽凤阳）为中都。

北平曾是朱棣的封地，他深知该地地形之固、关隘之险、人才之聚、经济之富。此外，北平作为中原的门户，向北以群山为屏障，控制大漠，兼顾东北；向南则可襟带全国，统领中原。明初北平经过朱棣多年的经营，根基稳固，城墙高筑，军饷粮草齐备，已成为明廷北方军事重镇。永乐元年正月，朱棣下诏升北平为北京。永乐四年（1406），朱棣开始为迁都做准备，营建北京城。永乐十五年（1417）开始大规模兴建宫城，三年后，基本竣工。永乐十九年（1421）正月，正式迁都北京。明成祖迁都后，仍称南京为京都，北京为陪都，太子留守南京监国。但是，皇帝和中央朝廷都在北京，政令也由此发布，北京已是事实上的首都。朱棣迁都北京，最主要的目的就是为了稳定北疆，因为蒙古铁骑不断侵扰北部边疆，始终是明朝的心腹大患，迁都北京对于巩固边防、维护国家的统一都有着重要意义，也成为明朝维持近三百年江山的重要保障。

永乐十九年（1421），鞑靼阿鲁台部不断骚扰明朝边境，明成祖在永乐二十年到二十二年（1422～1424）的三年间三次北征，于最后一次北征途中病逝榆木川。

长陵祾恩殿外景

长陵是明成祖朱棣的陵寝，其中的祾恩殿面阔九间，进深五间，占地四千多平方米。建成于宣德二年（1427），至今保存完好。

关键词：海禁

郑和七下西洋

■ 1405年～1433年

郑和远下西洋，足迹遍及东南亚各国，直至非洲东岸，可谓一时盛举，同时也给后世留下了诸多的思考和疑惑。明太祖制定了种种限制宦官权力和品级的“祖训”，时隔未久，成祖却让宦官郑和担此重任，是什么促使成祖违背太祖成法？郑和七次出航，耗费巨大的人力物力，目的到底是什么？这些都要从成祖的继位经历和郑和的身世说起。

郑和其人

永乐三年（1405）六月的一天，太平洋上风平浪静，碧波万顷。刘家港（今江苏太仓东浏河镇）海面上却异常喧闹，六十二艘巨型海船整齐地排列着。只听一声令下，这支绵延十余里的船队浩浩荡荡，乘风破浪，向南驶去。

奉圣旨执行这项任务的就是明成祖的心腹、三保太监郑和。郑和（1371—1434）为云南昆阳（今云南晋宁）人，本姓马，名和，小名三保，人称“三保太监”。郑和从小接受了良好教育，对远方异域、海外一些国家的情况有所了解，并对各种文化都有很强的包容力。

郑和十一岁时，朱元璋的大军打到了云南，郑和被明军抓获，此后随着军队转战北方。八年后，郑和被送到燕王府服役。此时的郑和丰躯伟貌、博辩机敏，深得朱棣的赏识。在“靖难之役”中，郑和跟随朱棣出生入死，南征北战，立下了赫赫战功。明成祖朱棣登基后，郑和被提升为内官监太监。永乐二年（1404）正月初一，朱棣亲笔赐姓“郑”，从此名为“郑和”。

明朝初年，国势蒸蒸日上，朝气蓬勃。明初的几位统治者实行与民休息政策，使得经济繁荣、国力强大。纺织、制瓷等手工业技术都有了很大的提高，造船、航海业有了较大发展，科技和航海技术都处于世界领先地位。罗盘的使用、航海经验的积累、航海知识的丰富，都使郑和下西洋成为可能的客观基础。

朱棣作为一位有宏图大志的帝王，登基仅三年就如此兴师动众，力排众议，命郑和率使团下西洋，另有其主观原因。据《明史·郑和传》记载：“成祖疑惠帝（建文帝）亡海外，欲踪迹之。”这成为日后很多野史

> 郑和海船模型

演义的依据。然而，一下西洋，是为寻找建文帝的踪迹，尚有可能；七下西洋，则不太可能。不过，永乐帝通过扬威海外来缓和建文帝朝的遗老对他的不满，达到稳定自己统治的目的是可能的。《明史》中还记载有“欲耀兵异域，示中国富强”，这应该是永乐帝派郑和下西洋的第二个原因。永乐年间，国力强盛，“北虏”蒙古势力已被驱逐出关外；“南倭”在明军的打击下不敢再贸然进犯，集权统治已十分牢固。明成祖这是要向异域展示国家的富强、军队的强大，恢复同海外各国的朝贡往来，重塑“天朝大国”的地位。

^ 青花龙穿花纹扁壶・明

明永乐青花瓷器发色浓艳，有铁质黑斑，这是由于当时所用的青料是“苏麻离青”，这种青料是郑和下西洋的时候从海外带回来的，原产伊朗。正是这种青料的使用，才成就了永乐朝青花瓷在中国瓷器史上的地位。此瓶所用青料就是典型的“苏麻离青”。

七下西洋

永乐三年（1405），明成祖派郑和下西洋，开创了中国航海史上前所未有的辉煌时期。伴随郑和出使的随员有二万七千余人，除了水手、官兵之外，还有采办、工匠、医生和翻译等，船队使用的海船性能、装备都是当时世界上最先进的。船队中的大船舶名为宝船，长四十四丈四尺，宽十八丈，就是普通的船长度也有三十七丈，宽十五丈。其船队规模之大在当时是绝无仅有的。1492年，哥伦布首次进行远洋航行，其船队仅有三艘船和九十名水手。郑和率领船队，携带国书和大量金银、绸缎、瓷器等物品，从苏州

金锭·明

这枚金锭出土于明代梁庄王墓中，为永乐时期郑和下西洋带回的黄金做成的大金锭。正面铸有“随驾银作局销镕 / 捌成色金五拾两重 / 作头季鼎等 / 匠人黄关弟 / 永乐拾肆年捌月　日”的铭文。银作局是明朝内廷二十四衙门之一，负责制作金银钱币、器具等。

刘家港起航，在福建五虎门（今闽江口长乐港）集结操练，待到入冬，东北季风盛行的时候，船队拔锚扬帆，第一站到达占城（今越南），揭开了七下西洋的序幕。

明朝时以马来半岛和苏门答腊为界，将南海以西的海洋及沿海各地，远及印度和非洲东海岸的广大地域概称为“西洋”，以东称“东洋”。郑和所到之处，主要是当时所称的“西洋”范围，即东南亚各国，故史称“郑和下西洋”。郑和每到一国，都会和当地君主会见，宣读明成祖的诏书，赠送冠服和珍贵的礼物，并赐给国王诰命银印，向这些国家表达明朝愿意与之建立和发展友好关系的愿望，招徕各国向明王朝称臣纳贡，与这些国家建立起上邦大国与藩属之国的关系。同时，郑和船队也与当地进行贸易活动，以中国的手工业品交换各国的土特产品。

当然，七下西洋，所到之处并非都是友好的欢迎，也会有纠纷，有战斗，但都被郑和举重若轻地解决了。在近三十年间，郑和碰到过三次战役：一次是擒获盘踞在苏门答腊半岛的陈祖义海盗集团；一次是帮助苏门答腊平灭叛乱；一次是锡兰山（今斯里兰卡）国王企图抢劫郑和的船队。

明朝的收获

永乐年间，在郑和下西洋的带动下，明朝的外交关系迅速发展。通过郑和的船队，更多的国家了解了中国，了解了明朝国势之强盛、物产之丰富，纷纷派遣使臣回访，表示愿意实现双方的友好交往。有的国家的君主还携妻带子亲赴中国访问，许多多年不与中国来往的东南亚国家，甚至一些从未与中国有过交往的东非国家都与明朝政府建立了外交关系。在明成祖看来，郑和下西洋最大的外交成果就是“远人来贡，百王来朝”。

郑和下西洋是以强大的军事实力为后盾的，有助于调解东南亚各国的矛盾，平息冲突，消除隔阂，有利于维护周边的稳定，提高明朝的威望。活跃而频繁的朝贡往来，客观上带动了海外贸易的发展。中国的丝绸、瓷器早就闻名海外，南亚各国都想和中国发展贸易，只是由于明初一直实行海禁政策而没能实现。郑和的到来，主动带给各国发展贸易的机会，自然令各国趋之若鹜，纷纷响应。在与各国的文化交往中，郑和及随行人员马欢、费信、巩珍等记录各国风土人情，特别是带回了当时人称“麒麟”的长颈鹿以及斑马、鸵鸟等珍禽异兽，令国人大开

∨青花人物纹如意耳扁壶·明

如意耳扁壶的器形受到中西亚陶器及玻璃器的影响。小口，细颈，腹部扁圆，平底无足，颈部两侧各有一弓形耳连接颈部和肩部。全器以青花为饰，腹部主题纹饰为山水乐舞人物。人物的脸容和服饰呈现异族面貌。人物的姿态与组合和14世纪伊斯兰祈求干涸泉水再度流动的画作相当近似。

眼界。此外，郑和下西洋，开辟了新的航海路线，对西太平洋和印度洋进行了考察，搜集和掌握了许多海洋科学数据。通过大量的海洋勘测实践绘制而成的《郑和航海图》，是郑和海洋考察活动的标志，比世界公认最早的英国“挑战者”号的海洋调查活动（1872—1876）早了四百多年。

永乐二十二年（1424），明成祖朱棣死后，仁宗朱高炽和宣宗朱瞻基先后登基。他们和朝中保守的大臣们一样，认为“下西洋”劳民伤财，收效不大；打破海禁，有伤体统，辱没了文化传统和儒家风范。于是，重新执行“海禁”政策，“罢宝船弊政”。

宣德六年（1431），郑和以死谏要求出海，得到了宣宗的批准。作为明王朝开放政策的余波，郑和完成了他最后一次下西洋的活动，不过规模已大不如前。有说法认为，宣德八年（1433），就在这次航海的归途中，一代航海家在他热爱的大海上离开了人世。也有记载郑和于宣德十年（1435）病逝于南京。轰轰烈烈、名噪一时的下西洋壮举终于落下了帷幕，明朝刚刚开启的大门又紧紧地关闭了，随着海禁政策的实行，中原大地进入了漫长的闭门自守的岁月。

历史断面

《永乐大典》

《永乐大典》编成于永乐五年（1407），初名《文献大成》，是中国百科全书式的文献集。全书有22877卷，又凡例、目录60卷，全书分装为11095册，引书7000多种，字数约有3.7亿，是中国历史上最大的类书，内容包罗了经、史、子、集、百家、天文、地志、阴阳、医、卜、僧、道、戏剧、小说、技艺诸项，还收录了整个元代的类书《经世大典》，规模之大，历史上无与伦比。《永乐大典》作为世界上著名的百科全书，显示了古代中华文化的光辉成就，是一部集大成的旷世大典。《不列颠百科全书》称之为“世界有史以来最大的百科全书”。

关键词：夺门复位 / 曹石之变

土木之变与夺门复位

■ 1449年～1457年

宣德十年（1435），明朝的第五位皇帝明宣宗病死于乾清宫，皇太子朱祁镇即位，是为明英宗，年号正统。英宗即位后，宠信太监王振，开了明代宦官擅权乱政的先河。正统十四年（1449），英宗在王振的蛊惑下率大军亲征瓦剌，结果于土木堡兵败被俘。之后，为了抵挡进攻北京的瓦剌大军，留守北京的大臣于谦等人拥立郕王朱祁钰为皇帝，是为景泰帝。景泰八年（1457）正月，大臣石亨、徐有贞与太监曹吉祥等人发动夺门之变，拥戴明英宗复位，为明朝守卫北京立下大功的于谦却成了这场政变的牺牲品。

土木堡之变

明英宗初年，北方蒙古族的瓦剌部强盛起来，瓦剌首领脱欢被明朝政府封为顺宁王。正统四年（1439），脱欢的儿子也先继承王位，统一漠北蒙古，西征中亚诸国，控制了西域要道，开始威胁大明的北部边界。由于瓦剌部物资短缺，因此在侵扰明朝边境的同时，也和明朝保持朝贡贸易，他们经常假借朝贡的名义虚报名额，冒领赏赐，讹诈明朝物品。正统十四年（1449）春，也先派人向朝廷贡马，实际上只派出二千多人，却谎称

^ 一窝蜂（模型）

这是明代的一种筒形火箭架，它把几十支火箭放在一个大木筒里，引线连在一起，用时点总线，几十支箭齐发，宛如群蜂蜇人，故称“一窝蜂”。

三千人，要求按虚报名额颁给赏赐。当时把持朝政的太监王振十分恼怒，认为也先欺骗朝廷，大减马价，并叫礼部不要给多出来的人安排饭食。这一举动激怒了也先，他准备率兵内侵。

当年七月，也先率军大举入侵，兵锋直指北方边境重镇大同。英宗召集大臣商量对策，王振想建立奇功以巩固自己的地位，便极力怂恿英宗亲征。英宗自己也想效仿曾祖父明成祖天子戍边，扫荡漠北，于是不顾兵部尚书邝埜、侍郎于谦等人的劝阻，决定亲征瓦剌。七月十七日，英宗命他的弟弟郕王朱祁钰留守京师，兵部侍郎于谦留京代理部务，英宗自己带着王振及其他文武官员和五十万大军出征了。

八月初一日，英宗率大军到达大同。早在数日前，大同总督西宁侯宋瑛、武进伯朱冕、都督石亨曾在阳和迎战也先，结果明军全军覆灭，战场上尸横遍野，白骨犹存。看到血淋淋的战场景象，英宗和王振都非常害怕，决定退兵返回北京。可这时王振又起了私心，他怂恿英宗带领大军巡视自己的故乡蔚州，以达到衣锦还乡、光宗耀祖的目的。可当明军向着蔚州的方向行军四十多里后，王振担心几十万人马踩坏家乡的庄稼，又仓促命令改道宣府（今河北宣化）回京。就在这迂回改道的过程中，最宝贵的撤退时间被耽误了，也先率领的瓦剌骑兵部队追了上来。八月十三日，英宗在军队簇拥下逃到距居庸关六十里的土木堡（今河北怀来县东南），王振担心给其运送金银财宝的车队落入瓦剌人手中，坚决要求在土木堡过夜，最终将英宗和几十万军队陷入了死地之中。第二天，瓦剌大军包围了土木堡，经过三天的围困，缺水少粮的明军士气大跌，在瓦剌军队的进攻面前土崩瓦解。祸国有术的王振在乱军中被护卫将军樊忠打死，突围不成的明英宗则成了瓦剌人的俘虏。

土木堡之变成为明朝历史上的转折点，此役让明军元气大伤，军中精锐毁于一旦，勇将重臣战死无数，英宗更是被敌人俘获，朝野震动。从此以后，明朝逐渐调整防卫政策，开始大规模地修建长城，退守关内。

v《历代帝王像》之明英宗像·清·姚文瀚

明英宗朱祁镇（1427—1464），明宣宗朱瞻基长子，明朝第六位皇帝。

临危受命

正统十四年（1449）八月，土木堡之变的消息传到京城，引起巨大的震动。京城内外，人心惶惶，文武百官，张皇失措，甚至有人在朝堂上号啕大哭。面对危局，朝臣有人主张用金银珠宝赎回英宗，有人主张关闭城门固守待援，更有翰林侍讲徐珵（后改名有贞）主张迁都南京，以避瓦剌兵锋。这时，兵部侍郎于谦挺身而出，他一面驳斥投降派的论调，一面联合朝臣拥立郕王朱祁钰继承皇位。九月初六，郕王继位，这就是后来的明代宗，又称景泰帝，遥尊英宗为太上皇。代宗即位后，任命于谦为兵部尚书，调兵急赴京师守卫，并转运通州仓粮入京，做好大战准备。

十月，也先以英宗为人质，率军入紫荆关，过易州（今河北易县），到良乡，一路势不可当。十日，大军跨过卢沟桥，直抵北京城下，瓦剌军队驻扎在了城门外，英宗被安置在德胜门外土城关。于谦在景泰帝的支持下，部署北京城防，调动诸将分领大军二十二万，布列于北京九门外。于谦和大将石亨陈兵于德胜门外，以抵挡瓦剌军主力。身后城门关闭，以示背城死战。明军将士被于谦勇敢坚定的精神感动了，士气振奋，斗志昂扬。也先派出一万骑兵进攻德胜门，明军炮箭齐发，瓦剌军阵脚大乱，也先的弟弟也中炮身亡。乘敌人慌乱之际，明军冲入敌阵，杀得敌兵

于谦像·明

溃不成阵。也先慌忙回撤土城，明军紧追不放，城外居民见瓦剌兵败，也爬上屋顶，向敌人投掷砖石，以助军威。也先又转攻西直门，没能得逞，只得退下来。继而率部向南转移，到彰义门土城（外城广安门）时，又遭到石亨侄子石彪的截击，也被杀退。

也先环而攻之而不胜，只好挟英宗拔营退兵，由良乡往西，出紫荆关而去。于谦又派出骑兵一路追击，在清风店、固安等地又多次击败了瓦剌军队，夺回了被掠的大批百姓和牲畜。十一月初八，北京城城门解禁，北京保卫战胜利结束。

夺门之变

明英宗在土木堡之变中被俘后，在瓦剌过了一年的囚徒生活。为了有一个好听一些的说法，英宗便托称自己是到漠北狩猎，美其名曰“北狩”。也先进攻北京失败后，见明朝又立了新皇帝，再将英宗控制在手中已无大用，就于景泰元年（1450）八月，将英宗放归北京。已经当上皇帝的朱祁钰自然不愿英宗回来，他先是不肯遣使“迎驾”。英宗回来后，便被安置在皇城南宫（今北京南池子缎库胡同内），实际上是将英宗软禁起来。

名义上被称作“太上皇”的英宗在南宫内过着幽居的生活，在七年内，不曾踏出南宫半步。为了断绝英宗与外界的联系，南宫大门常年紧闭，日常所用都是从小窗户中递送。在生活待遇上，英宗也颇受苛待，衣食常受克扣，连英宗的钱皇后也不得不做些针线活出售来换取一些食物。生活上的窘迫就算还可以忍受，而皇宫内新的变故传来，则让英宗陷入更加悲愤绝望的处境。当初景泰帝即位之时，曾许诺将传位于英宗的长子朱见浚，并将其立为太子。但当景泰帝的地位日渐稳固之后，他的想法就变了，想改立自己的长子为太子。上有所好，下必甚焉，景泰三年（1452）四月，千户袁洪上疏请易太子，大臣们也纷纷迎合，表示赞同，这正中景泰帝的下怀。于是，五月初二，景泰帝册立长子朱见济为太子，废朱见浚为沂王。此后不到一年，新立的太子朱见济病死。景泰帝没有第二个儿子可立，又不肯复立朱见深为太子，这就造成了储位空虚。景泰八年正月，景泰皇帝身染重病，不能上朝。这引起了大臣们的忧虑和猜测：如果景泰帝驾崩，该由谁来继承皇位呢？

青花山水人物图罐·明

这时宫内的太监曹吉祥、武清侯石亨和都御史徐有贞开始私下密商，这三个分别具有内廷、武将集团和文官势力身份的野心家决定发动政变，重新拥戴英宗复位，以谋取个人更大的权势地位。正月十六日晚，曹吉祥、石亨等人率领千余名兵士从长安门进宫，假称军情紧急，加强防守力量，骗过守门卫兵。他们进宫后，就把各处宫门锁了起来，石亨等人带兵来到南宫，以巨木撞开大门，推倒了宫墙，一拥而入。随后，他们将早已得到消息、等待已久的英宗抬进御辇，前往奉天殿即位，接受大臣们的朝贺。病床上的景泰帝被奉天大殿上的钟鼓声和朝贺声惊动了，惊问左右发生了什么事，左右近侍告诉他是太上皇复位了。朱祁钰自知事情已无法逆转，不久就一命呜呼了。

复位之后

明英宗南宫幽居七年之后终于得以重见天日，重登皇位，自然要对“夺门功臣”大加封赏。徐有贞封了武功伯，升为兵部尚书兼华盖殿大学士，掌管内阁大事；石亨被封为忠国公；曹吉祥则升任司礼监太监，他的侄儿曹钦也被封为昭武伯。短短的时间内，经他们请功赐赏的官员不下四千人，封官之滥达到了顶点。

这些靠阴谋爬上高官显位的小人一朝得志，就开始排除异己、陷害忠良，首先要打击的对象就是于谦和大学士王文。他们在英宗面前诬陷于谦和王文两人，把当年英宗被俘之后为稳定人心、拥立新帝的于谦等人说成是“逢迎景泰篡位”，还诬称于谦在景泰皇帝病重期间，曾阴谋派人迎立襄王。英宗虽然知道于谦当年拥立景泰帝是出于形势所逼，但自己被俘

v 武侯高卧图·明·朱瞻基

这幅人物图画是明宣宗朱瞻基所画，图中诸葛亮敞胸露怀，头枕书匣，仰面躺在竹丛下，举止疏狂，应为诸葛亮出茅庐辅助刘备之前，隐居南阳躬耕的形象。

掐丝珐琅双陆棋盘·明

此盘为明代御用监制造，铜胎镀金。长方形，四壁直立，下承束腰六足带托底座。盘内底四边饰镀金长方框，框内以掐丝浅蓝釉为地，饰七狮戏球纹。方框长边上各有12个小圆开光，内嵌螺钿，是为棋位。

归来，帝位已失，几年南宫苦度岁月，对于谦自然怀有恨意。于是英宗下令拷打审问于谦，徐有贞、石亨等人以想要迎立外藩的罪名，判决凌迟处死于谦、王文。当奏折送到了英宗面前，英宗多少还有一丝犹豫，说于谦保卫北京确实有功。徐有贞完全掌握了英宗的心理，他说如果不杀于谦，复位一事就说不通了。这一句话让英宗下了处死于谦、王文的旨令。因为有正直官吏极力为于谦辩护，于谦才减免一等，改为斩刑。天顺元年正月二十二日，于谦在北京的东市被斩。同时，他的妻、子被发配边疆。抄家时，人们发现于谦“家无余资，萧然仅书籍而已”。史书记载：“公被刑之日，阴霾翳天，京郊妇孺，无不洒泣”“行路嗟叹，天下冤之”。

主要对手被清除后，徐有贞等人并没有罢手，又接着撺掇英宗下诏逮捕了陈循、商辂等十多位大臣，强加上诸多罪状，把他们充军、削职，受牵连的达数十人之多。这样一来，朝廷中正直的官员差不多都被他们陷害殆尽。然而徐有贞、石亨、曹吉祥等人也没有好下场，先是石、曹两个人为了争权夺利，联手排挤了徐有贞，将徐发配云南。接着石亨因为独掌兵权、飞扬跋扈，让英宗产生了不安，最终将石亨与其侄儿石彪下锦衣卫诏狱，叔侄二人皆死于狱中。看到石亨的结局，曹吉祥、曹钦叔侄坐卧不安，决定先下手为强，发动叛乱。天顺五年（1461）七月初二，曹氏叔侄率五百名心腹死士发动叛乱，企图废黜英宗。然而由于谋事不密，其阴谋提前泄露，正在值夜的恭顺侯吴谨、归宁伯孙镗率禁军将其镇压，曹钦投井自杀，曹吉祥三天后被凌迟处死，这次事变史称“曹石之变”。

连续经历了土木堡之变和夺门之变两次变乱，明王朝元气大伤，两次事变的主角明英宗也因为多年囚徒生活身体大损，复位后仅当了八年皇帝就因病去世，终年三十八岁。

历史断面

仁宣之治

明成祖之后的仁宗朱高炽和宣宗朱瞻基在位期间，明朝治国方针发生了显著的变化。仁、宣两朝，注意调整统治政策，缓和洪武、永乐时期紧张的君臣关系。仁、宣二帝一反明太祖和明成祖猜忌好疑、信用不专的作风，对一批治国良臣不但委以重任，依靠他们管理朝政，而且推心置腹，恩宠始终不衰。同时还改革科举取士法，扩大统治基础。对外，没有采取过大规模的军事行动，而是安抚蒙古，力主和议，保持了和平共处的局面；对内，改变了明成祖使用民力过猛、好大喜功的政策，采取减轻民众负担、注重发展生产的方针，促进了经济的发展。这些政策使仁、宣两朝的明代社会呈现出繁荣稳定的局面，史书对这段时期多有赞誉之词，并把它与汉代的“文景之治”相提并论，称为“仁宣之治”。

关键词：大礼议 / 戚家军

嘉靖禁海与倭寇之患

▪ 明朝嘉靖时期

明代是中国历史上倭寇、海患最严重的时代。为此，明朝长期实行海禁，闭关锁国，其结果却大出明朝君臣的预料，海患愈演愈烈。到了嘉靖年间，皇帝崇信道教，不理朝政，首辅严嵩专权，政治腐败，海防松弛，倭寇开始猖獗横行，大肆扰乱沿海秩序。这时，日本进入战国时代，局势不稳，各诸侯对商业的要求已是勘合贸易远不能满足的，于是组织武装集团到中国沿海任意抢掠。中国沿海的海商也常常勾结倭寇谋取私利，形成一些亦商亦盗的海盗集团。嘉靖时期的倭患由于有中国海商集团的加入，显得越发棘手。

世宗崇道

由于明武宗无子，因此其去世后，皇太后张氏与内廷大太监张永、谷大用，以及内阁大学士杨廷和反复商议后，决定迎立宪宗之孙、孝宗之弟、兴献王长子朱厚熜嗣位。正德十六年（1521）四月，朱厚熜以藩王的身份继承皇位，是为明世宗，第二年改年号为嘉靖。世宗即位不久，就在与杨廷和等文官势力在议兴献王尊号的问题上发生了严重争执。以杨廷和为首的文官集团虽然依祖训兄终弟及之意拥立世宗，却把世宗继位看作是孝宗过继皇子，因而坚持世宗应尊孝宗为父考，而以其生父为叔父，这当然是世宗所不能同意的。杨廷和等阁臣联络朝官，一再抗疏，希望迫使世宗就范，屈从廷议。世宗尊崇父母，要维护皇权，自然不甘受人摆布，自削权柄。于是“大礼之议”成为新帝与旧臣的一次全面的较量，历史上称为“大礼议之争”。这一事件从嘉靖即位之初的正德十六年（1521）开始，至嘉靖十七年（1538）世宗一方胜利结束，以杨廷和为首的朝臣受到打击，以慈寿皇太后（明武宗母后张氏）为代表的皇族、勋戚势力也被削弱，世宗总揽内外大政，皇权高度集中。世宗在长达十余年的时间里把精力都投入到大礼议上，绝不仅仅只是为其父母争夺皇考及皇太后的空虚名位，其真正目的在于加强皇权、冲破内阁制约，就其实质而言，嘉靖大礼议之争实为皇权与阁权的争斗。世宗则借大礼议风波巩固了帝位，实现了他对明朝长达四十五年的统治。

^ 五彩鱼藻纹盖罐·明

这件瓷罐为明嘉靖年间所制，罐体绘有彩色鲤鱼畅游于莲藻之间，生动传神。现藏于北京故宫博物院。

世宗即位之初，实行了一些改革措施，打击宦官势力，抑制外戚勋贵集团，减缓了土地兼并的速度。然而随着登基日久，权力巩固，世宗开始崇信道教方术，愈演愈烈到了执迷不悟的地步。嘉靖三年（1524），龙虎山上清宫道士邵元节被召进京，被世宗封为真人，总领道教，还在城西专门为他建造了一座“真人府”。嘉靖十五年（1536），世宗有了儿子，认为这是因为邵元节祈祷有功，于是赐予后者蟒衣玉带，还加官为礼部尚书。邵元节死后，方士陶仲文又得到世宗的宠信，受封礼部尚书、太傅，世宗给予其一品官员的薪俸待遇。嘉靖二十一年（1542）二月，世宗险些被不堪忍受虐待的杨金英等十六名宫女勒死，杨金英等人事败后被杀。这一年是农历壬寅年，因此这一事件被称作“壬寅宫变”。经过这一场事变，世宗更加不理朝政，躲入西苑永寿宫不出，二十多年的时间没有上过朝，朝政先后由当权的内阁大学士把持，其中擅写青词（斋醮祈福活动时，向太上尊神呈奉奏章的祝词，因为通常用朱笔写在青藤纸上而得名）的奸臣严嵩是专权时间最长的一个。上有崇道的君主，下有专权祸国的大臣，明王朝一度陷入了贪贿成风、国困民穷、社会矛盾空前尖锐的窘困境地，时人因此讽刺说“嘉靖、嘉靖，家家干净也”。

禁海与倭患

明世宗的不作为不仅导致了国家政治、经济问题严重，也严重损害了国防安全。嘉靖时期，蒙古鞑靼部在俺答汗的统治下兴盛起来，不断侵犯明朝北部边境。嘉靖二十九年（1550），俺答汗率大军兵临北京城下，胁求通贡，史称“庚戌之变”。次年，明朝迫于俺答汗威势，开马市于宣府、大同等地，后又因闭市而战事复开，北京城多次戒严，直到隆庆初年俺答汗受封顺义王，双方互开边贸，北部边患才得以控制。

除了北部有鞑靼入侵外，明朝南方的倭寇之患也在嘉靖一朝为祸最烈。倭寇入侵中国，在明朝初年就已经出现，当时日本封建诸侯割据，互相攻战，在战争中落败的一些封建主就组织武士、商人和浪人到中国沿海地区进行武装走私，抢劫烧杀。明初，明太祖严厉打击倭寇，在沿海兴建防倭城，布置数万兵力，倭寇大为减少。但到嘉靖年间，明朝国力渐衰，

^ 抗倭图卷（局部）· 明

此图卷描绘了明嘉靖三十四年（1555）浙江沿海军民抗击倭寇侵扰的历史画卷。画面从海面出现倭寇船只开始，由倭寇登陆、烧杀抢掠、居民避难、明军出阵、水上激战、倭寇被歼、报告胜利等组画面组成。现藏于中国国家博物馆。

君主荒怠无能，奸宦把持朝政，倭寇入侵事件频繁发生。嘉靖二年（1523），日本左、右京兆尹大夫分别遣使宗设、瑞佐和宋素卿至宁波。宋素卿事先贿赂宁波市舶使，得以先办入境手续，宗设不平，追击瑞佐、宋素卿二人，却波及明朝官兵及居民，都指挥刘锦战死海上，指挥袁琏被俘，而明军竟无力抵抗。世宗闻后大怒，罢市舶司，下令寸板不得下海，断绝了与日本的一切官方贸易。然而在巨大的经济利益面前，民间走私贸易日益猖獗，倭寇与海盗、沿海豪族、商人，甚至是官员结合起来，形成规模庞大的走私团伙。此后的四十年，是明代倭寇为害最烈的时期。

在当时的倭寇之中，“华人所居七八”，除中国人和日本人之外，还有部分马来西亚人和葡萄牙人。“倭寇”演变成一个国际性的武装走私团体。在各股倭寇中，以王直的实力最强。王直（《明史》作汪直）原是徽州海商，后来因为贸易不通，而转以走私抢劫为生，流亡海上。王直在日本平户建立基地，并联合葡萄牙和日本势力，不断发展壮大。最终，王直海商集团成为中国海商集团中人数最多、势力最强的一支，拥有兵众二十余万人及载重百吨以上巨舰百余艘。王直海盗集团不断在舟山、定海一带抢劫、杀人。嘉靖三十二年（1553），王直率领巨舰百余艘，“蔽海而来，浙东西、江南北，滨海数千里，同时告警”，影响甚大，史称“壬子之变”。

嘉靖二十六年（1547），因为倭患日盛，明朝命右副都御使朱纨为浙江巡抚，负责浙、闽海防。朱纨到任后，雷厉风行，擒杀海盗及奸商九十余人。但因触及当地官僚牟利的关节，竟被诬告擅杀良民，被迫服毒自杀。此后，倭寇在沿海如入无人之境。嘉靖三十二年（1553），南京兵部尚书张经奉命征讨，取得了王江泾（今浙江嘉兴）大捷，而严嵩党羽赵文华的到来，使得这位抗倭英雄背上畏敌失机、糜饷殃民的罪名，被押回京城斩首。之后，出任浙江总督的胡宗宪因为无法以武力消灭王直，于是利用其迫切要求通商的心理诱捕王直。嘉靖三十六年（1557）王直被捕入狱，两年后被杀。王直被诱杀后，他的养子和下属大肆报复，四处作乱，海患愈演愈烈。

日本浪人使用的武士刀

戚继光抗倭

倭寇的不断骚扰让数十万百姓被杀或被俘，无数财产被劫掠，农、工、商业的生产秩序被严重打乱，整个东南沿海的富庶之地遭到了巨大破坏，解除祸患已经成了刻不容缓的事情。就在这时，一颗冉冉升起的将星让人们看到了抗倭胜利的希望，这个人就是明代中晚期的军事家戚继光。

戚继光（1528—1588），字元敬，山东蓬莱人。他出身将门，十七岁就承袭其父山东登州卫指挥佥事一职，开始了金戈铁马的一生。嘉靖三十五年（1556），由于浙江总督胡宗宪的极力推荐，戚继光调任浙江任参将，负责镇守倭寇出没频繁的宁波、绍兴、台州三府及所辖各县。嘉靖三十八年（1559），戚继光针对沿海卫所废弛、旧军战斗能力低下的情况，亲自去义乌等地招募了一支由四千多名农民、矿工组成的新军。这支部队经过戚继光的严格训练，精通战法，军纪严明，战斗中屡战屡胜，被誉为“戚家军”。戚继光结合实战需要，根据东南沿海沼泽多，倭寇惯用重箭、长枪作战的特点，创造了一种攻防兼宜的“鸳鸯阵”，将盾牌、长枪、叉、狼筅、棍、刀等肉搏武器配备火器、弓

^ 福船・明

福船是福建、浙江沿海一带尖底古海船的统称，在明代，福船也被作为战船使用，一般能容纳水手、战士百余人，装载有红夷炮、佛郎机炮、火铳、火药弩箭等武器。

箭远射兵器，通过灵活变换队形，发挥各种武器和士兵的整体作战威力，在对倭作战中表现出巨大的杀伤力。

嘉靖四十年（1561）四月，倭寇数千人驾驶百余只战船大举入侵台州。戚继光得到战报，紧急部署兵力，戚家军神速迎敌，与敌人在台州展

戚继光故里“父子总督”牌坊

牌坊位于山东省蓬莱市区内戚家祠堂南门，明嘉靖四十四年（1565）朝延为褒扬明代抗倭戍边名将，民族英雄戚继光及其父戚景通功绩而建。“父子总督”坊正间东立面单额枋雕刻“双龙戏珠”，龙门坊雕刻“戚家军凯旋图”，小额枋雕刻“狮子绣球”。西立面单额枋雕刻“凤凰牡丹”，龙门坊雕刻“鱼龙云海”，小额枋雕刻“威凤祥麟”。次间雕刻分别雕有凤凰、仙人、麒麟、神兽等吉祥图案。

开了激战。戚家军在不到一个月的时间里，连续作战，九次皆捷，共歼灭倭寇五千多人，史称“台州大捷”。仅此一战，戚家军就打出了军威，打出了名声，令倭寇闻风丧胆。戚继光在战场上看到了义乌人的英勇，于是又亲自到义乌招兵三千多人，扩建了队伍，补充实力。在戚继光和其他将领的共同努力下，抗倭寇战争节节胜利。九月，浙江总兵卢镗、参将牛天锡分别率军在宁波、温州等地与倭寇交战十余次，大获全胜。至此，窜犯浙江的倭寇基本荡平，浙江、福建等沿海地区日趋安定，经济也逐渐繁荣起来。

嘉靖四十一年（1562），世宗任命俞大猷为福建总兵，戚继光为福建副总兵，负责福建用兵事宜。俞大猷（1504—1580）是与戚继光齐名的抗倭名将，福建晋江人，历任参将、总兵等职，转战东南沿海，战功卓著。戚继光和俞大猷相互配合，荡平倭寇在横屿、牛田、林墩的三大巢穴。戚继光被倭寇称为“戚老虎”。此后，戚继光第三次赴义乌招募新兵万余人。嘉靖四十二年（1563）四月，戚家军在平海卫战役中，率中路军与右路福建总兵俞大猷和左路广东总兵刘显相互配合，取得“平海卫大捷”。这次胜利，战果累累，歼敌两千多人，救出被掠走的百姓三千多人，收复兴化城（今福建莆田）。不久，戚继光升为福建总兵，负责镇守福建全省及浙江金华、温州两府。这年冬天，一万多名倭寇围攻仙游，戚继光率军驰援，三战三捷。至此，入侵福建的倭寇基本被荡平。此后，俞大猷和戚继光又率军清除流窜在广东沿海的残余倭寇。至嘉靖四十五年（1566），东南沿海的倭患基本消除。

抗倭战争胜利结束后，明朝的一些有识之士开始反思倭寇产生的主要根源，认为海禁过严，使沿海百姓失去谋生的手段，是倭寇问题屡禁不绝的根源，逐渐形成“弛禁派”。到隆庆时期，明政府逐渐放开了海禁。

关键词：一条鞭税法

张居正改革

▪ 1573年～1582年

嘉靖四十五年（1566），明世宗病死，太子朱载垕即位，是为明穆宗。穆宗在位六年，醉心于玩乐享受，明政府的财政危机没有得到任何缓解。隆庆六年（1572）五月，穆宗去世，其子朱翊钧即位，是为明神宗，年号万历。万历皇帝即位后，主持朝政大权的内阁首辅张居正雷厉风行地推行了一系列的改革，这位与商鞅、王安石并称为中国封建社会三大改革家的能臣、权臣，在皇朝颓败之际，临危变制、厉行改革，让业已走向衰落的明王朝得到了一定程度的复苏。

跻身内阁

张居正（1525—1582），字叔大，号太岳，江陵（今湖北荆州）人。他少年得志，十六岁时就成为当时最年轻的举人。嘉靖二十六年（1547）中进士，此后任翰林院庶吉士、编修等。隆庆元年（1567），明穆宗即位后，张居正被任命为吏部侍郎兼东阁大学士，后为吏部尚书，建极殿大学士。隆庆六年（1572）春，长期沉湎酒色的穆宗突然中风，穆宗把年仅十岁的幼帝朱翊钧（即明神宗）和大明江山托付给了内阁首辅高拱和次辅张居正、高仪。此时，张居正谨慎地考量局势，同样身为次辅的高仪年迈多病，没有威胁；唯一的障碍就是身为首辅的高拱。

高拱和张居正一样，都是能臣，但他常以才略自许，负气凌人，也得罪过司礼监掌印太监冯保。在穆宗时，高拱就看不起秉笔太监冯保，反对其升任掌印太监，两人自然就结了心仇。穆宗死后，神宗年幼，实际权力暂由其生母李太后代理。冯保是神宗的“大伴”，又是李太后的亲信，得到了太后完全的倚仗。冯保便借机以皇帝的名义升自己为掌印太监，并掌管东厂。从此，所谓的“批红”，在一定程度上就变成了冯保的意见。

张居正看到了冯保与高拱的矛盾，也看到了冯保身后有太后做靠山。他一向为人机警，奸臣严嵩当政时，“嵩亦器居正”。徐阶代替严嵩为首辅后，同样“倾心委居正”。高拱秉权后，“两人益相密”。但张居正又不甘心长久居于首辅之下，于是他决心借冯保之力，向高拱开刀。作为合作的筹码，张居正在随后的几十年里保障了冯保“批红”的权力，双方合作默契。

^ 五彩龙凤穿花纹兽面花觚·明

冯保上台后，高拱也企图先下手为强，策动言官上奏弹劾冯保，试图驱逐冯保。但是，冯保深得李太后的信任，加之又有张居正为之谋划，高拱非但没有成功，反倒落下口实。人们纷纷以为，幼年皇帝刚刚登基，高拱就弹劾其身边之人，有挟辅政之名而行夺权之实。最终，在李太后的主持下，六月十六日，冯保宣读皇帝的谕旨，称高拱“揽权擅政，夺威福自专”，限令高拱回籍闲住，不许停留。张居正坐收渔翁之利，顺理成章接任首辅。高拱走了，高仪不久也去世了，这样，内阁中只剩下张居正一人，张居正期待已久的时代来了。

整顿吏治

张居正初任首辅时，吏治腐败。为此，张居正以铁腕政策，在两京十八大衙门中强行推行“京察”，对四品以上官员实行考核，凡昏官与庸官一律裁汰。从此，张居正开始了他构思多年的改革，史称“万历新政”。

新官上任三把火。“京察”这第一把火就粉碎了官僚集团对新任首辅

万历三大征之征哱拜·明

从明神宗二十年（1592）开始，到明神宗二十八年（1600）结束，明帝国接连经历了三场大的战役，分别是宁夏战役、朝鲜战役、播州（今贵州遵义市）战役，这三场大的战役被称为“万历三大征”。这三大战役耗费了国库数百上千万两白银，明朝财政没有被压垮，完全是靠张居正改革时期为国家积聚的巨大财富。

的期望。随后，张居正整顿学政，遏制了请托腐败风气，减轻了百姓的负担。改革驿递制度，刹住了官员私用驿站、中饱私囊的腐败之风，为国家节省了大批资金。可以说，张居正的吏治改革是围绕反对贪污贿赂而展开的。张居正认为，上层官员应做奖廉抑贪的表率，政府首脑及地方督抚是正风之本，他自己也率先垂范，概不接受官员的礼物。他明白这些礼金都是官员从百姓那里搜刮来的。他在给一位官员的信中说："当事以来，私宅不见一客，非公事不通私书，门巷阒然，殆如僧舍，虽亲戚故旧，交际常礼，一切屏绝，此四方之人所共见，非骄伪也。"

张居正改革的重点在国家财政上，他要为国理财，整顿税务。张居正对一些锐意改革的官吏给予重用，安排到各个重要部门，并通过清查皇室子粒田、处理荆州抗税，追查京营兵士棉衣造假等事件，大刀阔斧地整顿经济。这当然得罪了不少既得利益者，但是，张居正没有手软，坚定地执行一系列的赋税改革，实施一条鞭法、丈量田地等政策，取消了农村中的豪富乡绅的赋税减免特权，扭转了赋税转嫁到小农身上的状况，开辟了国家的赋税之源。一条鞭法将赋、役内各款目合并，以田为主征银，从而取消了豪绅势宦利用优免特权逃避赋役、偷漏税粮的特权，一律强制纳税，达到"贫民之困以纾，而豪民之兼并不得逞"的目的，增加了国家财政收入。

张居正以雷厉风行的作风艰难地推行改革，解除了明朝的政治和经济危机，减轻了百姓的沉重负担。嘉靖末年国家粮仓不足，储备不够一年之需，财政空虚，入不敷出，赤字超过三分之一。然而，经过张居正的治理，国家储粮可以保证十年的消耗，国库积银达四百万两。后人称赞道："是时，帑藏充盈，国最完备。"败落的明朝又出现了复苏的迹象。

身死政亡

然而，个人主导的改革隐伏着巨大的危机，那就是人在政在，人亡政亡。其实，张居正在改革之初就已经明白，自己的施政必然要遭到豪强权

^ 出警图（局部）·明

这幅画描绘的是明朝皇帝在宫廷侍卫的护送下，骑马出京，声势浩大地来到京郊的十三陵祭拜先祖，然后再坐船返回北京的情景。根据后世史学家的研究，图中描绘的皇帝应为万历皇帝朱翊钧。

贵的疯狂报复，但他并不在意，决心“弃家忘躯，以殉国家”。可惜，他没想到的是，政敌的报复在他去世之后才展开，连累的是他的老母、爱子和方兴未艾的改革大业。万历十年（1582）六月二十日，张居正病逝，享年五十八岁，赠上柱国太师衔，赐谥文忠。

张居正一死，年已二十岁的神宗开始亲政。一直生活在张居正的管制下、对他有着严父般畏惧的神宗再也隐忍不住发作了。半年后，神宗迫不及待地将冯保逐出京城，发往南京孝陵种菜。对冯保的处分是一个信号，久居官场的大臣们嗅到了政治风向的转变，于是弹劾张居正的奏疏纷至沓来，正中神宗下怀。 于是，在张居正死后不到两年，风云突变，神宗下诏夺了张居正上柱国太师衔，并夺谥，随后下诏查抄张居正的家产。这次抄家是真正的人间惨剧，把封建官场的冷酷无情实施到了极致。京城官员还没有赶到江陵，就先令当地官员登录张府

的人口，封闭房门，不许人出门，以致还未抄家就令十几口老弱妇孺被活活饿死。为了向皇帝有个交代，负责查抄的官员还对张居正的儿子严刑拷打追赃，逼死了大儿子张敬修，张居正的二子张懋修经不起拷打，屈打成招，自杀未遂，最终与其弟张允修等族人一起被充军。

一代名相、十年帝师在身后的遭遇，令清明志士寒心战栗。这一系列事变，不仅全盘否定了一个辅佐神宗十年的老臣，更是否定了十年来的国政，多年励精图治的改革成果毁于一旦。明朝最后几十年的短暂复兴变成了明朝灭亡前的回光返照。自此，张居正推行的“万历新政”终于夭折。似乎是对张居正的报复，以神宗为首的满朝文武，以敛财为风，从此明朝急剧衰落，积重难返，回天乏术。神宗推倒了张居正，也将自己和自己的后代推向了深渊。

天启、崇祯年间，明朝国力衰微、险象丛生，人们终于能体会张居正的良苦用心。天启年间，明熹宗给张居正恢复原官，给予祭葬礼仪，发还张府没有变卖的房产。崇祯二年（1629），思念救国之才的崇祯帝还给张居正后人官荫与诰命。可惜，时过境迁，一切都已经来不及了，人们有感于此，在江陵张居正故宅题诗抒怀，写道：“恩怨尽时方论定，封疆危日见才难。”

关键词：万历三大征

神宗罢朝与江南民变

■ 明朝万历后期

明神宗朱翊钧在位执政四十八年，有三十年不上朝听政，因而他被后人认为是中国历代帝王中最懒惰的。特别是万历中后期，明朝在政治、军事、经济等方面表现出了越来越严重的危机，而嗜酒、恋色、贪财，私欲膨胀的神宗恣意妄为，不但将张居正改革留下的红利消耗殆尽，还因为滥发矿使税监、横征暴敛，引发了市民阶层的强烈反抗，“民变”也成了明朝中后期特殊的社会现象。

亲政清算

万历十年（1582），“工于谋国，拙于谋身”的张居正去世，神宗为张居正辍朝一天，并谥文忠，赠上柱国太师衔，荫一子为尚宝司丞，赏丧银五百两。内阁大学士张四维继任首辅。神宗这时年已二十，开始亲自过问朝政，希望有所作为。然而，两年之后，神宗亲政之后做的第一件大事，就是清算已死的张居正。神宗深知要想树立自己作为皇帝的权威，就必须彻底摆脱张居正的影响。同时，张居正生前因为刚正不阿，得罪了不少大臣，一些守旧派大臣在他死后乘机反扑，纷纷上奏

^《历代帝王像》之明神宗像·清·姚文瀚

明神宗朱翊钧（1563—1620）是明朝第十三位皇帝，明穆宗第三子，其在位四十八年，是明朝在位时间最长的皇帝。

朱翊钧。神宗对昔日威柄震主的张居正日益不满，几个月后，张居正就被指控接受贿赂，生活奢侈，安插不胜任的党羽担当要职，滥用权力，徇私舞弊以使他的儿子们得以进入翰林院，勾结太监冯保，压制舆论，蒙蔽皇帝，甚至试图篡夺皇位等一系列罪名。

万历十年（1582）十二月，神宗以欺君蠹国之罪，免去冯保东厂提督之职，抄没其家产，随后又将张居正重用的人统统罢免，同时为从前反对张居正的人一一恢复名誉或官职。

张居正死后，言官又以指摘官员瑕疵为能事，致使有大功者不能受赏，有小过即被迫辞官，朝中纷争动荡，难以正常施政。神宗亲政后，亲自批答奏疏，但由于追查张居正，仍不免轻信弹章，言官诋诽之风因而难以遏止。言官由攻击张居正，进而攻击张居正荐引的官员，又进而攻击新任的阁部诸臣。神宗亲政的几年间，言官的弹章纷至沓来，朝官的抗辩接踵而上。这些奏章又往往是空话连篇，强词夺理，真伪混杂。意在有所作为的神宗，陷入无休止地批览奏章和臣僚纷争之中难以自拔。

万历三大征

当神宗彻底摆脱了张居正的束缚之后，就开始了他的独裁统治。从此以后，神宗开始长年深居禁宫，嗜酒、恋色、贪财，私欲膨胀，恣意妄为。

万历二十年（1592）二月，宁夏副总兵哱拜起兵反叛；五月，日本发动侵朝战争；同时西南又发生播州杨应龙叛乱，神宗被迫派兵三路出征，史称“万历三大征”。其中宁夏之变是边臣处事不当引起的兵变；播州之变则是明朝推行改土归流政策，与西南土司政权发生矛盾所导致；援朝之战则是应朝鲜国王的请求，抗击日本侵略军的战斗。三大征中以援朝之战耗时最长，战况也最为惨烈。

五彩龙纹觚·明

五彩瓷器在明万历时期达到了一个高峰，这与万历皇帝的生活习惯有关，这类龙纹器物一般主要为宫廷使用。

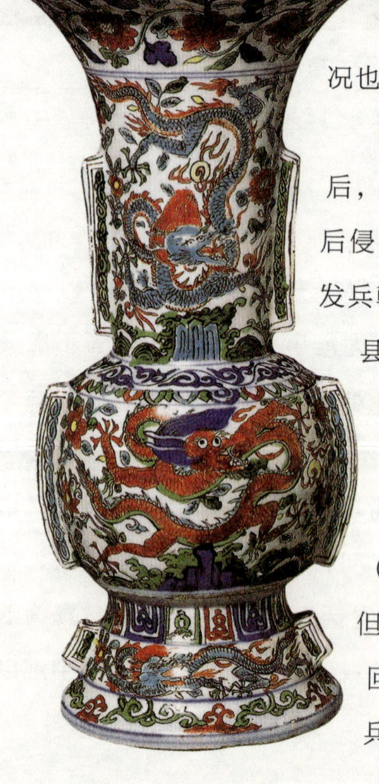

日本于16世纪末期结束战国时代实现统一后，野心勃勃的关白丰臣秀吉意欲先占朝鲜，后侵中国。万历二十年（1592），丰臣秀吉发兵朝鲜，朝鲜国王李昖逃到义州（今辽宁义县），派使臣向明朝求援。考虑到中朝两国唇齿相依的关系，神宗派遣宋应昌为经略、李如松为东征提督，在朝鲜军的配合之下，光复平壤，随后收复开城、王京（今韩国首尔）以及汉江以南大片领土。但兵部尚书石星却主张议和，明朝撤兵而回。万历二十五年（1597），日本再次出兵朝鲜，明政府派兵部尚书邢玠为总督、都御使杨镐为经略、麻贵为提督，第二次赴朝抗日。此次明朝将领吸取了水师训练不足的教训，加紧招募江南士兵，增强对日作战能力。朝鲜将领李舜臣在第一次抗日战斗中，率领铁甲龟船屡立战功。第二次战争时，他与明朝将领邓之龙密切配合，击毁日船多艘，最后二人壮烈牺牲。万历二十六年（1598），丰臣秀吉死，日本军心动摇，中朝联军乘机反攻，日军大败，历时七年的援朝战争最终结束。

万历三大征虽然性质各不相同，也都获得全胜，但明军将士却伤亡数十万，耗银千万两，致使国库空虚，百姓遭难，由此开始，明朝日趋衰败。

醉梦之期

神宗鉴于张居正的专擅，有意收揽大权，削弱内阁，但由于陷入朝臣纷争之中，有心勤政而难以勤政。亲政四年，便怠于政事。万历十四年（1586）秋，自称“一时头晕眼黑，力乏不兴”，宣示免朝。这年以后，神宗即以多病调摄为名，很少上朝，也不再召见大臣。大臣们送上来的奏疏仍由神宗亲览，却往往“留中”，不予理睬，既不批示，也不发还。万历十八年（1590）二月，再罢日讲，“自后讲筵遂永绝”。缺官严重而不补，也是从这一时期开始的。

神宗亲政后的三十年，基本上是一个不理朝政的皇帝。近代史学家孟森的《明清史讲义》里把神宗亲政的晚期称为“醉梦之期”“怠于临朝，勇于敛财，不郊不庙不朝者三十年，与外廷隔绝”。但是，神宗是明朝唯一的决策者。皇帝独揽大权而又怠于政事，阁臣言官相互攻讦，明朝的政局日益陷于纷乱昏暗之中。由于神宗不理朝政，官员空缺的现象非常严重。万历三十年（1602），南、北两京共缺尚书三名、侍郎十名；各地缺巡抚三名，布政监司六十六名，知府二十五名。到万历四十一年（1613）十一月，南、北两京缺尚书、侍郎十四名。神宗委顿于上，百官党争于下；官场党派林立，互相倾轧，整个政府陷于半瘫痪状态。《明史》这样描述："论者谓：明之亡，实亡于神宗。"

同政务上懈怠荒疏相比，万历皇帝对于女色的喜好却是空前强烈。万历十年（1582）三月，神宗曾效仿祖父朱厚熜的做法，在民间大选嫔妃，一天就娶了"九嫔"。神宗还喜欢玩弄小太监。当时宫中有十个长得很俊的太监，专门"给事御前，或承恩与上同卧起"，号称"十俊"。所以，大理寺左评事雒于仁的奏疏中有"宠十俊以启幸门"的批评。万历十七年十二月，雒于仁上疏朱翊钧，批评他沉迷于酒、色、财、气，并献"四箴"。神宗看后暴跳如雷，大怒不止，将奏章留中不发。

^ 金累丝点翠凤冠·明

此凤冠为明代万历皇帝的孝靖皇后王氏所戴凤冠，重2320克，出土于明十三陵定陵。现藏于定陵博物馆。

民变迭出

中晚年的神宗，对于朝政的兴趣，显然没有对敛财的兴趣浓厚。"好货成癖"的他曾将查抄的冯保、张居正家产全部归自己支配；为了掠夺钱财，他曾以采木、烧造、织造、采办为名搜刮民财。万历二十六年（1598），神宗向全国各地的著名市镇、通衢要地派出矿监税使，主持开矿，同时兼征税收。这些人大多为内廷太监，他们四处搜刮人民，而且征税的项目千奇百怪，无物不税，无地不税，仅仅在万历二十六到三十年（1598—1602）短短的五年间，就进奉给神宗银三百多万两，其余金珠、貂皮、好马不计其数。

这种杀鸡取卵、涸泽而渔的敛财政策和矿监税使们敲骨吸髓的敲诈让百姓们苦不堪言，一时间苏州、武昌、临清等地纷纷发生了“民变”，驱逐矿监税使。万历二十九年（1601），明神宗派税监孙隆到丝织业发达的苏州征税。孙隆一到苏州，就跟当地的地痞无赖勾结，在城内各处设立关卡，凡是绸缎布匹进出关卡，一律征收重税。商贩交不起税，就没法进城做买卖，织户只好停工。在这种情况下，孙隆还要向织户收税，规定每台织机收税银三钱，每匹绸缎收税银五分，这一来更逼得许多织户破产倒闭，织工失业。当年六月六日，织工葛成率领数千织工杀向葑门税卡，把税卡上的黄建节、徐怡春两个税棍当场打死。接着，在葛成的率领下，万余名织工包围了税监孙隆的税监司衙门，在一片“捉孙隆、罢私税”的呐喊声中孙隆吓得魂不附体，翻墙逃往杭州。后来明神宗命抚、按衙门追捕“乱民”。葛成为了让众人免受连累，便主动到苏州府衙门，一人担当了“倡乱”之首的“罪责”。葛成一度被判为死刑，但顾忌群众感情，一直没有执行，十多年后被放出。

万历年间的民变遍布全国各地，规模巨大，这表明“市民”阶层已经成为一种社会力量，他们在反对宦官势力的士大夫阶层的联合下，开始对皇权进行有限度的抗争，以维护本阶层的经济利益，这也是明代独有的社会现象。

万历四十八年（1620）三月，因长期酒色无节，加上辽东惨败，国事困扰，神宗皇帝重病不起。七月二十一日，神宗在弘德殿病逝，终年五十八岁，安葬于三十多年前精心修建的“寿宫”定陵。

专题

明代小说与戏剧

⊙明代小说 ⊙杂剧与南戏

明朝代元而立，不仅在政治上恢复了汉族政权，在文化上也逐渐恢复传统的儒家礼乐文明。然而，朱元璋在建国之初设计的一整套加强中央集权的制度也延伸到了文化艺术领域，人们的创造力被压制，使得作品略显呆板，创新不足。明朝中后期，随着商品经济和城镇的兴起，开创了市民文学的新领域，大量优秀的文学作品应运而生。同时，两宋时期形成的南戏在明朝兴起并流行于南方，因地域不同有不同的风格，最终还形成了主流风格——昆腔。

明代小说

明朝的小说主要是在宋元话本的基础上发展而来的。宋元时期民间“说话人”主要分为“讲史”和“小说”两类。讲史者述说历史上帝王将相的英雄成败故事，小说者则讲述与百姓生活贴近的市民故事。这两类说话人的底本，分别成为明朝长篇章回体小说和短篇市井小说的雏形。

明朝的长篇小说成就辉煌，为人们所熟知的有《三国演义》《水浒传》《西游记》《金瓶梅》和《封神演义》等。《三国演义》的作者是罗贯中，它的一些故事情节在唐宋时期就已经在民间流行。元朝亦有话本《全相三国志平话》，基本规模已经奠定。罗贯中在此基础上，改编成二十四卷二百四十节的《三国志通俗演义》，后来经过合并删改，形成新的一百二十回本，广泛流行于民间。清初的毛岗对其再次加工，使之情节更加紧凑，文字更加艺术化，这就是现在所见的一百二十回本《三国演义》。《三国演义》描写了东汉末年到西晋初的战乱和争霸的历史，生动地描绘了三顾茅庐、群英会等场面，尤其是战争场面的描写，气势恢宏，手法高超。其中的人物性格鲜明，形象生动，对诸葛亮、曹操、周瑜、刘备等人物进行了成功塑造。《三国演义》所叙故事基本上三分虚构，七分与史实相符，一定程度上使后人通过小说更多地了解了历史。

《水浒传》的作者为施耐庵。这是一部描写北宋末年农民起义的长篇小说。以宋江为中心的一百零八将被逼上梁山的过程，是“官逼民反”主题的充分体现。这些江湖英雄除暴安良的任侠之举，受到明人及后世的喜爱。他们虽然受招安，但是立功边陲的理想却因为官场的黑暗而破灭，最终报国无门，或战死或离散，以悲剧收场。

《西游记》是一部以传统神话故事为蓝本的小说。作者吴承恩科场失意，直到六十岁才谋到县丞之职，终因性格孤傲，辞官不做。《西游记》这部作品中处处反映了他对社会现实的不满，尤其是孙悟空这个放荡不羁的形象，更是作者心中希望冲破现实黑暗的寄托。

《金瓶梅》，作者兰陵笑笑生，截取《水浒传》中西门庆和潘金莲两个人物作为主角，描写了恶霸西门庆罪恶的一生，揭露、反映了明朝后期官绅阶层荒淫腐朽的生活和百姓的疾苦，也表现了许多市民日常生活的状况。虽然它涉及一些性内容，但它是第一部由文人独立创作的长

▸ 明代戏曲人物

篇小说，也是第一部以家庭和妇女为主题的作品。“金瓶梅”由潘金莲、李瓶儿、春梅三个女性的名字连缀而成，意蕴丰富。

随着市民经济的繁荣，明中后期短篇小说逐渐繁荣起来。万历、天启年间，文人创作的拟话本日渐增多，形成明末短篇小说流行的基础。其中的杰出代表是冯梦龙的“三言”和凌濛初的“二拍”。“三言”是《喻世明言》《警世通言》和《醒世恒言》的合称，描写了新兴市民阶层的价值观念和官场、民间的生活百态，揭露了官场中的潜行规则和混乱。“二拍”即《初刻拍案惊奇》和《二刻拍案惊奇》，涉及了较多手工业者和商人的社会生活，颇具时代特色。

杂剧与南戏

年画《三打祝家庄》· 清

明代戏剧发展经历了正统杂剧逐渐衰落，新杂剧

和传奇戏逐渐兴起的过程。明中期开始突破原来杂剧“四折一楔子”的固定格式的限制，内容上也更多地反映现实生活。著名的剧作家和作品有梁辰鱼的《浣纱记》和阮大铖的《燕子笺》等。而明代戏剧的集大成者，是临川派的创始人汤显祖。汤显祖是江西临川人，万历年间进士。他性格刚直，不适合为官，于是在做了几年小官之后就回乡隐居，专心于戏剧的创作。他的代表作是“临川四梦”，又称“玉茗堂四梦”，由《紫钗记》《还魂记》《南柯记》和《邯郸记》四部构成。其中又以《还魂记》影响最大。《还魂记》又名《牡丹亭》，描写的是杜丽娘和柳梦梅浪漫的爱情故事。

明朝中期，南戏开始兴起。南戏是流行于南方民间的戏曲形式，大致产生于宋徽宗时期，此后一直在南方百姓中流传。元末明初著名的南戏剧目有《琵琶记》《荆钗记》和《拜月亭》等。在官方的严格限制下，南戏曲目多由传统剧目改编而成，创新作品不多。

南戏的曲调根据地域不同，主要分为海盐腔、余姚腔、弋阳腔和昆山腔，采用不同风格的腔调演出。其中昆山腔虽然流行的地域不广，但它“流丽悠远”，艺术美感在其他三腔之上，因此在嘉靖时期以魏良辅为首的一批音乐家的努力下，昆腔成为南戏中最兴盛的一支。魏良辅集合了当时一些很有才华的戏曲家和乐器演奏家，通力合作，历经数十年，探寻出昆山腔的改革之路。在唱腔方面，除了继续保持昆腔“流丽悠远”的特色外，吸收了其他三腔的长处，还注重借鉴北曲形式严谨的成果；在伴奏方面，改变了昆山腔不用弦索的局限，使用箫管、弦索、鼓板三类乐器，构成一个完整的伴奏乐团。从此，昆腔更能细腻地表现剧情和人物情感，兼收各家之长的昆腔最终成为南戏主流。

关键词：梃击案 / 红丸案 / 移宫案

明末三大案

■ 1615年～1620年

在封建王朝中，确立王朝的继承者是头等大事，被称为“立国本”。明朝立储的原则是有嫡立嫡，无嫡立长。到了明神宗时期，神宗的嫡妻王皇后无子。万历十年（1582），宫女王氏为神宗生下庶长子朱常洛；万历十四年（1586），神宗最宠爱的郑贵妃为其生下庶次子朱常洵。在立长还是立爱的问题上，明神宗和朝臣们进行了一系列的政治斗争，从万历十四年（1586）闹到万历二十九年（1601），朱常洛已经20岁，才被册立为太子，朱常洵也被封为福王。然而波诡云谲的明争暗斗并未结束，并因此延伸出了明末著名的“梃击案”“红丸案”“移宫案”三大案。

< 白玉双螭耳杯・明

这件玉杯高7.7厘米，口径为8厘米，1957年北京西城区明代万贵墓出土。现藏于首都博物馆。

“梃击案”

^何天章行乐图·明·陈洪绶

绢本，设色。宽25厘米，长163厘米。图中坐于松下的即为何天章。左边有侍女正在吹箫，中部一美妇持扇聆听。图中人物形象写实，衣纹勾线绵长，细劲幼圆，背景清幽。现藏于苏州市博物馆。

万历四十三年（1615）五月初四，发生“梃击案”。一个乡村莽汉手持枣木棍冲进皇宫，见人就打，一直闯入皇太子朱常洛居住的慈庆宫，打伤守门的内官，最后被内官们捉住。一开始，这个莽汉显得疯疯癫癫，只说自己名叫张差，其他一切不肯交代。后来，经过文官们的反复审讯，张差招出是同乡马三道、李守才让他跟一个不知姓名的太监进京，说事成之后给他几亩地种。进京后他被带到一条不知街名的大宅院，里面一个太监鼓动他闯进宫门，对他说，撞着一个，打死一个，如果能打着小爷（太子）就吃穿不愁了。这个轰动性的供词一出，明神宗便命刑部十八位官员会审张差。张差再次供出那个带他进京的太监叫庞保，住大宅院的太监叫刘成，马三道、李守才常往庞保那里送炭，是庞保和刘成两人让马、李二人逼着他打进宫中。

上述供词一出，引起了轩然大波。当时有一部分群臣认为，此案与郑贵妃的兄弟郑国泰有关，也有人认为此事事关东宫和神宗宠妃，不可深问，问到庞保、刘成就应该打住了。这都使得“梃击案”越来越像是一个巨大的政治阴谋。而最尴尬的莫过于太子朱常洛，他即使心里对此事有怀疑，也不敢问出口。最终还是神宗居中调和，郑贵妃向太子朱常洛表示自己受了冤枉，并没有谋害、夺嫡之意。朱常洛或是出于真心，或是出于神宗的压力，也公开向群臣表示不相信此案与郑贵妃有关，希望不要再“离间”父子之情。最终，神宗下令将张差处死，马三道、李守才二人被流放，庞保、刘成在后宫被杖毙。闯宫大案就此终结。

“红丸案”

万历四十八年（1620），神宗病死，经历了多年胆战心惊生活的太子朱常洛即位称帝，是为明光宗，改元泰昌。即位之初，光宗一反神宗大肆敛财的做法，两次发内帑共计一百六十万两，赏赐辽东及北方的前线防军，以振奋军心。接着，光宗又下诏撤回万历末年激起多次民变的矿监税使，同时重新启用一批在万历年间因上疏言事而遭贬谪处罚的大臣。光宗这些行动令文官集团欢欣鼓舞，一个崭新的政治局面似乎马上就要在朝廷出现。

然而神宗之死，新皇即位，让当年宠冠后宫的郑贵妃惶惶不可终日，毕竟“国本之争”和“梃击案”，她都隐隐站在了光宗的对立面，涉及皇权的争夺。为了保全性命和地位，郑贵妃想方设法地讨好光宗，她一面拉拢光宗宠幸的美人李选侍，一面进献美女以讨光宗欢心。历来备受冷落、供奉淡薄的光宗不免贪淫纵欲，起居无节，本来就因为生活压抑而虚弱的身体，终于元气大伤，卧床不起。泰昌元年（1620）八月十四日，司礼监秉笔兼掌御药房太监崔文昇进大黄凉药，这种药实际上相当于一种泻药。光宗服下后，一昼夜腹泻三四十次，病情更加严重。廷臣纷纷指责崔文昇不懂医术，胡乱进药。又因为崔文昇是郑贵妃的心腹太监，因此也有人怀疑他受郑贵妃所指使。二十九日，鸿胪寺丞李可灼至内阁，自称有仙药“红丸”要呈献皇上。内阁大臣调查用药效果后，认为不可轻用。但李可灼通过熟识的太监向光宗启奏，病急乱投医的光宗便在中午时分服下一粒红丸。服药后，光宗感觉身体不错，想吃东西，并大赞李可灼是忠臣。到了黄昏，光宗又要其再进一粒红丸，尽管御医们都表示反对，但在光宗的坚持下，李可灼又进一粒。光宗服下第二粒红丸后，次日凌晨便死去。

令人感觉蹊跷的是，首辅方从哲不但没有追究李可灼的责任，反而以光宗的名义颁银五十两赏赐李可灼，但因为群臣大哗而改为罚李可灼俸一年。东林党人认为红丸是郑贵妃药杀光宗的阴谋，御史王舜臣首先上疏，请重治李可灼。接着内外官员也

v 花鸟纹提匣·明

这件提匣为长方形，盖面雕刻有亭台楼阁、池水花木、老翁仆童等大量复杂图案。人物形象极为生动，为明代雕漆佳作。现藏于北京故宫博物院。

纷纷上奏章弹劾，认为崔文昇是郑贵妃心腹，故意加害光宗，而身为内阁首辅的方从哲没能极力阻止进药，也有不可推卸的责任。于是李可灼下狱受审，流戍边远，崔文昇发遣南京，方从哲致仕而去。其后天启年间魏忠贤掌权后重翻“红丸案”，李可灼免戍，崔文昇受任总督漕运。一场涉及皇帝生死谜团的案件，成了东林党和阉党争权夺利、打击异己的工具。

^ 炼丹炉·明

明代炼丹已没有魏晋南北朝至隋唐那样盛行，但少数人仍企望通过炼丹来获得长生不死的仙药。

“移宫案”

万历四十八年（1620）八月，光宗朱常洛死后，其长子朱由校即位，即明熹宗，年号天启（1621—1627）。当时，光宗最宠爱的李选侍仍住在乾清宫不走，还把朱由校带在身边，以控制局势，巩固地位。光宗去世前，曾册封李选侍为贵妃，李氏并不满足，通过朱由校之口求封皇后，因此与文官集团产生了龃龉，后者认为其有干政的嫌疑。现在李选侍不肯搬出乾清宫，让文官们怀疑她有效仿前朝垂帘听政的心思。在兵部右给事中杨涟的倡导下，大臣刘一燝、周嘉谟、张维贤拥入内宫，要求面见新帝。李选侍把朱由校藏在自己房里，不让出来。文臣们群起鼓噪，李选侍无奈，只好将朱由校放出，随后朱由校在大臣的护卫下回到慈庆宫住下，经过这一场争斗，群臣对李选侍更加愤慨。尚书周嘉谟等请李选侍搬出乾清宫。李选侍派太监去叫朱由校，企图通过他来压制群臣。李选侍派出的太监被杨涟挡住，杨涟义正词严地说："殿下在东宫时是皇太子，现在已经是皇帝了，选侍有什么资格召见皇帝！"

第二天，群臣齐集慈庆宫外，要求朱由校下诏令李选侍搬出乾清宫。杨涟提议由首辅方从哲进宫去催促朱由校，方从哲说了一句"迟搬几天也没什么要紧"。杨涟斥责说："太子马上就要登基为天子，哪有天子住在太子宫里，反让一个选侍住在正宫里的道理！今天如果选侍还不搬出乾清宫，我们死也不走！"其他朝臣也高声附和。朱由校于是下旨让李选侍移宫，在这种情势下，李选侍只得搬到宫中宫妃养老处——仁寿殿哕鸾宫。

此案被称为"移宫案"，与之前的"梃击案""红丸案"并称明末三大案。"国本之争"和明宫三大案反映了皇帝和文官集团的矛盾和权力斗争，由于对三大案的态度不同，官僚集团中的不同派系党同伐异，一场激烈的党争也就不可避免了。

历史断面

宋应星与《天工开物》

明代的手工业技术高度发展，因而出现一批带有总结性的科学巨著。《天工开物》就是其中最为有名的代表作，作者是宋应星。宋应星（1587—1666），字长庚，江西奉新人。他才大学博，著作和研究领域涉及工业技术、农学、物理学、化学、生物学、哲学、经济学、文学等，是一位百科全书式的学者。他最著名的作品《天工开物》共三卷十八篇，所叙述的内容涉及农业、手工业近三十个生产部门的技术，全书共有插图一百二十三幅，画面生动，系统而全面地反映了明代手工业的杰出成就。例如该书第一次记述了冶炼铜锌合金的技术，记述了当时人们使用的加热炼锌法以及一套完备的铸造技术；对工具和武器强化金属表面、提高硬度的冷热锻造方法也有记载。该书后来被人们形象地称为"中国十七世纪的工艺百科全书"。

关键词：东林党 / 阉党

东林党争和魏忠贤专权

■ 明朝后期

明朝中期以后，出现了不依附权臣，敢于批评内阁辅臣和部院大臣为清高的风气。其中，以东林书院为基地的东林党更是以清流自命，作为在野派的他们不断提出自己的政治主场，甚至敢于批评皇帝，与统治阶层内以籍贯为纽带的其他党派形成了激烈的党争。在文官集团党争激烈的同时，太监魏忠贤利用明熹宗的信任，趁势而起，掌握了内廷的巨大权力，然后大肆镇压东林党人，形成了明末最后一次宦官专权。

东林党争

从万历十四年到四十二年（1586—1614），万历朝围绕确立太子的“争国本”斗争历时近三十年。东林党就是在这场党争中涌现出来的地主阶级内部的反对派。万历二十二年（1594），吏部郎中顾宪成（1550—1612，字叔时，号泾阳，无锡人）力主册立朱常洛为太子，因此颇遭神宗记恨。在推举阁臣时，顾宪成又推举因拥立朱常洛而被解职的原首辅王家屏，最后被神宗削职罢官。顾宪成被削职罢官后，回到原籍无锡（今属江苏），和弟弟顾允成将家乡的东林书院重新整修，集合志同道合的朋友高攀龙、钱一本等在这里讲学，形成了一个利益相关的政治团体，顾、高等八人也被称为“东林八君子”。

顾、高等人重视社会政治，以天下为己任，敢于批评执政大臣，以清流自居。这时正值明末社会矛盾日趋激化，政治腐化。东林人士要求廉正奉公，振兴吏治，开放言路，革除朝野积弊，反对权贵贪赃枉法，提出反对使税监掠夺、减轻赋役负担、发展东南地区经济等主张，得到当时社会的广泛支持，同时也遭到宦官及各种依附势力的激烈反对。万历三十六年（1608），顾宪成被任命为南京

无锡东林书院

东林书院旧址在无锡市解放东路苏家弄内，为明东林党人讲学和议论朝政活动的中心。

光禄寺少卿，他与江西吉水人邹元标、北直隶人赵南星并称为“海内三君”。这时，东林党人的范围也逐渐扩大，凡是敢于批评朝政，在国本之争中敢于批评神宗和郑贵妃，在明宫三大案中敢于力争的，都被视为东林党人。反之，或为东林党人攻击，或不被东林党人所接受的官员，按照地域划分，互相结为党派，与东林党相对抗。其中最大的三个党派分别是由山东籍官员组成的齐党、由湖广籍官员组成的楚党和由浙江籍官员组成的浙党。

天启初年，东林党由于在“移宫案”中扶持熹宗即位有功，一大批党人被重新起用，从在野的反对派变为了执政的在朝派。天启三年（1623），吏部尚书赵南星利用“京察”的机会，罢免齐、楚、浙三党的官员，大力提拔东林党人，一时间首辅刘一燝、次辅叶向高、吏部尚书赵南星、礼部尚书孙慎行、兵部尚书熊廷弼，都是东林党人或东林党的支持者，成为主持朝政的主要力量。《明史》记载：“东林势盛，众正盈朝。”而党争中失利的其他三党既不见容于东林党，便纷纷投靠了掌握大权的太监魏忠贤，后来被人们称为“阉党”。此后，文官集团内部的党争逐渐变为东林党人与“阉党”之间的斗争。

魏忠贤专权

魏忠贤，河间肃宁（今河北肃宁）人，是个惯于吃喝嫖赌的市井无赖，二十多岁时因为欠下赌债，走投无路，自行阉割进宫当了太监。进宫后，他投在太监魏朝门下，改姓李，名进忠。他以花言巧语讨得了魏朝的喜欢，恢复原姓“魏”。后来魏朝把他推荐给皇孙朱由校的母亲王才人，负责管理伙食，魏忠贤利用这层关系不时接近朱由校。朱由校当时还只是太子朱常洛的长子，因为朱常洛并不得神宗的喜欢，在很长一段时间内都受人冷落，赌徒出身的魏忠贤却把赌注压在了朱由校的身上。他看到朱由校对乳母客氏的感情十分深厚，就千方百计地去向客氏献殷勤，和客氏结为“对食”（太监与宫女结成的假夫妻），客氏也经常在朱由校母子面前不断替他说好话。

天启元年（1621），朱由校即位称帝，是为明熹宗。魏忠贤倚仗皇帝的宠信，和客氏串通一气，将曾经提拔过他的太监王安、魏朝两人排挤出宫廷，自己出任了内廷最重要的司礼监太监。天启三年（1623），魏忠贤提督东厂，掌握了明代最重要的特务机关东厂和锦衣卫。魏忠贤攫取要职之后，先是尽量博取皇帝的欢心，引导皇帝沉迷于声色犬马之中，不理朝政。明熹宗有一个特殊的嗜好，他特别喜欢做木工活，不但会用斧锯，会盖房、上漆，尤其精于雕琢制作小型器件。他做这些事时总是聚精会神，如果有人来奏报国家大事，他会很不耐烦。魏忠贤便故意趁熹宗干木工活时送上奏章，这时熹宗往往就让魏忠贤自己看着去办。这样一来许多事都可以不奏报，魏忠贤的意志便成为皇帝的旨意，群臣明知如此，也只好照办。控制了皇帝之后，魏忠贤便大力结交朝臣，安插亲信，迫害异己。在魏忠贤的淫威之下，一些趋炎附势之徒纷纷投在魏忠贤门下，形成了臭名远播的“阉党”。其中以文臣崔呈秀、田吉、吴淳夫、李夔龙、倪文焕五人组成的“五虎”，田尔耕、许显纯、孙云鹤、

明十三陵石刻文臣像

明十三陵位于北京西北郊昌平区境内的天寿山，是明朝皇帝的墓葬群。

杨寰、崔应元五位武将组成的“五彪”为死党，另外还有尚书周应秋、太仆寺少卿曹钦程等组成的“十狗”以及“十孩儿”“四十孙”等。这些走狗门下的爪牙更是不可胜数。

魏忠贤曾想笼络东林党人，遭到严厉拒绝，从此魏忠贤便与东林党形同水火。天启四年（1624），东林党人杨涟首先发难，上疏弹劾魏忠贤“专权乱政，欺君藐法”等二十四大罪，魏忠贤于是矫诏将杨涟革职为民，后又诬陷杨涟受贿，将其逮入锦衣狱酷刑拷问，最终杨涟与左光斗、魏大中等数十人惨死狱中。魏忠贤杖死工部郎中万燝，先后罢斥大学士叶向高、吏部尚书赵南星、左都御史高攀龙、吏部侍郎陈于廷等人，又在中央内阁、六部以至地方遍置死党。他向全国颁示《东林党人

魏忠贤生祠

明末武清侯李诚铭出资为魏忠贤所建的生祠，崇祯即位后诛魏忠贤，改此祠为药王庙。

榜》，公开逮捕迫害大批东林党人士。天启六年（1626），魏忠贤杀害了高攀龙、周起元、周顺昌、缪昌期、周宗建、黄尊素、李应升等七人，又借“红丸案”“梃击案”“移宫案”，打击东林党。魏忠贤还指使党羽新都御史王绍徽编纂《东林点将录》，仿照水浒故事中的“三十六天罡”和“七十二地煞”，尽列东林党名单。魏忠贤又迁怒于讲学，矫旨拆毁全国各地书院，禁止讲学活动。曾经掌握朝政的东林党，仅三年时间内，几乎被赶尽杀绝。被残酷杀害的有数十人，下狱遣戍者达数百人，其他被革职、蒙冤、株连、打击者有几千人。

魏忠贤通过大清洗，实现了朝臣的大换班，他实际上变成了天下的主宰。魏忠贤的爪牙们想方设法取悦他，因为只要能博得他欢心，便可以一步登天。天启六年（1626），浙江巡抚潘汝桢竟然提出为魏忠贤建生祠。此奏一上，正中魏忠贤的下怀，立刻以熹宗的名义批准。潘汝桢便下令聚资营建，弄得百姓倾家荡产。此风一起，各地争相仿效，甚至还有一名国子监监生竟然主张在国子监旁给魏忠贤立生祠，让目不识丁的魏忠贤配祭孔子，可谓荒唐至极。当时各地互相攀比，生祠建得越来越大，每修建一座生祠至少也要花掉数万两银子，多者则达数十万两。仅开封一地，因修建生祠就拆毁了两千多间民房。这种祸国殃民的做法遭到正派官员的反对，但是，反对者无一逃过魏忠贤及其爪牙的毒手。

正当魏忠贤权势熏天之时，他的靠山忽然坍塌。做了七年皇帝的熹宗突然去世。熹宗无子，遗命由其弟信王朱由检（即明思宗）继位，年号崇祯。崇祯帝继位后不到两个月，首先罢免了崔呈秀兵部尚书一职，为魏忠贤始立生祠的浙江巡抚潘汝桢也被罢官。接着兵部主事钱元悫、嘉兴贡生钱嘉征上书弹劾魏忠贤，要求清除阉党。

天启七年（1627）十一月，崇祯帝将魏忠贤贬谪至凤阳祖陵司香，不久，又下令将其逮捕。正走到阜城（今属河北）的魏忠贤得知后，慌忙上吊自杀。随后，朝廷“定逆案”，对“阉党”进行了清理。

关键词：大顺政权 / 大西政权

明末农民起义

■ 明朝末年

明朝天启、崇祯年间，内部统治阶层党争激烈，日益腐败，统治者对下层百姓的盘剥压榨愈发苛重；社会矛盾日趋激化；外部则是后金政权不断进攻，明王朝滥加“辽饷”，百姓民不聊生。再加上小冰河时期独特的气候灾害，各地几乎连年遭灾，全国性的大旱灾接连不断。最终，大规模的农民起义从陕西发起，最终推翻了明王朝的腐朽统治，为新的皇朝诞生铺平了道路。

李自成与大顺政权

明朝末年，赋税沉重，许多地区灾荒连绵，各地农民不断揭竿而起，举行了一次次大大小小的武装暴动和

> 流民图（局部）·明·周臣

此图原共绘流离失所的难民24人，无论老幼病残，艳丑贤愚，均栩栩如生，如徐沁在《明画家》中所评：“古貌奇姿，绵密萧散，各极意态。”这种描绘生活在社会最底层人物的绘画在古代是极其罕见的。

起义。天启七年（1627），白水王二率领澄县饥民冲进县城，杀了知县张斗耀，揭开了明末农民大起义的序幕。次年，王嘉胤聚众数千人起事，王二率部赶来会合。紧接着，安塞（今属陕西）的高迎祥发动起义。高迎祥因战功卓著，被起义军称为“闯王”。崇祯九年（1636），高迎祥在黑水峪（今陕西周至县境内）遭到明陕西巡抚孙传庭的伏击，战败被俘牺牲，西北农民起义军一度陷入了低潮之中。但不久后，以李自成、张献忠为首的两大农民起义军在西北地区再次崛起。

李自成（1606—1645），陕西米脂人，祖辈世代务农。天启年间，陕北灾荒连年，官府粮差却分文不减。为了谋生，21岁的李自成到银川驿站当了一名驿卒。不久，因为无力还债打死了豪绅债主，李自成便和侄儿李过在米脂起义，参加了王左挂和不沾泥（张存孟）领导的农民起义队伍。后来，王左挂和不沾泥投降明廷，李自成又带着李过和弟兄们加入了闯王高迎祥的队伍。因作战勇敢、处事果断、筹谋缜密，李自成很快得到高迎祥的信任，被称为“闯将”。崇祯九年（1636），高迎祥被俘牺牲后，李自成在部众的拥戴下做了“闯王”，带领起义军继续战斗。由于各路起义军之间终究还是关系松散，各家不能协同作战，多被政府军各个击破。从崇祯九年到崇祯十一年期间（1636—1638），起义军领袖中有的投降，有

的迫于形势被招抚。崇祯十一年（1638），李自成从甘肃转移到陕西，准备打出潼关。明朝大臣洪承畴、孙传庭事先探知后，在潼关附近的崇山峻岭中布下埋伏，故意让开通向潼关的大路，引诱李自成进入包围圈。当李自成带领起义军开到潼关附近的山谷地带时，两侧山中杀出了大批明军。起义军经过几天几夜的搏斗，队伍被打散，几万名义军在战斗中牺牲。李自成和部将刘宗敏等十七个人冲出包围，逃到了陕西东南的商洛山区。李自成利用这段时间，白天骑射，晚间读书，总结失败的教训，等待时机，以图东山再起。

崇祯十二年到崇祯十三年（1639—1640），河南灾荒严重，明朝统治者仍旧催索钱粮，民怨沸腾。李自成认为时机已经成熟，就东出河南，再举义旗，饥民蜂起响应，很快由几十人发展成拥有几万人的队伍。义军攻城略地，开仓济贫，提出了"均田免粮"的口号。这个口号在农民中立即产生了巨大的力量，人们像潮水般地涌进了起义军队伍。各地都在传唱：

楷书"九思"·明·朱由检

朱由检是明朝第十六位皇帝，明光宗第五子，熹宗异母弟，年号崇祯，谥庄烈帝。传思宗书初学董其昌，草书秀润娟好，受到清世祖推崇。本幅大楷书"九思"二字，用墨浓丽，下笔遒劲有法度，似学唐颜真卿书。另幅中御押"由检"，亦为少见的思宗花押。

“吃他娘，穿他娘，吃穿不尽有闯王；不当差，不纳粮，大家快活过一场。”河南到处都盼望闯王的队伍早些到来。几十天内，李自成的队伍就扩大到几十万人马。李自成带领着重新组织起来的起义军转战河南各地，他严肃部队纪律，部队所经之地秋毫无犯，因而得到了底层人民的信任。李自成还重视对敌军的宣传瓦解工作。当时明朝官军腐败不堪，将领克扣粮饷，士卒缺衣少粮，困苦不堪。每当对阵时，李自成便叫部下在阵前喊话，劝降明军。因此明军士卒往往在阵前倒戈，大批地参加起义军。再加上李自成指挥有方，战略战术运用得当，很快在河南取得了“五覆官军”的辉煌胜利。不久，起义军攻破洛阳，杀了福王朱常洵，自愿参加义军的百姓如流水一般日夜不绝，起义军很快发

^ 李自成行宫

李自成行宫位于陕西省榆林市米脂县城北的盘龙山上。行宫建于明崇祯十六年（1643），是李自成在西安建立大顺国后，其侄李过奉命回米脂修建的。行宫依山据险，庄重威严，远处眺望，如巨龙腾飞，雄伟壮观。行宫前后2层90级台阶，将秀丽别致的乐楼、梅花亭、捧圣楼、二天门以及凌空而立的玉皇阁联结托起，蜿蜒有序地直上山巅。

^ 李自成塑像

李自成（1606—1645），陕西米脂双泉里李继迁寨（今属横山）人，初名鸿基，祖辈世代务农。

展成为一支百万人的队伍。

崇祯十六年正月，李自成挥师南下，不到一个月，几乎全部占领了湖北北部各县。为了彻底推翻明朝的统治，李自成在襄阳（今湖北襄樊）召开了重要的军事会议，确定了新的战略方针：进军关中，消灭当时唯一有实力的明朝大臣孙传庭的部队，然后东渡黄河，经山西直捣北京。八月，李自成和孙传庭两军在豫西的郏县和汝州（今河南汝州）进行了两次激烈的大战，孙传庭的数十万大军先后遭到毁灭性的打击。李自成乘胜前进，十月攻破潼关，进占西安。

崇祯十七年正月，李自成在西安建立大顺政权，年号永昌。二月，大军直指太原，明军望风投诚。之后，李自成兵分两路，一路由骁将刘方亮率领出故关（今山西娘子关南），奔真定（今河北正定），切断明廷南逃的退路；一路由他亲自率领，克忻州（今山西忻州）、代州（今山西代县），破宁武，陷大同、宣府，直取北京。农民军一路过关斩将，锐不可当，三月上旬便进入居庸关，占领了昌平。十六日，包围了北京城。李自成派人劝崇祯皇帝投降遭拒后，于第二天对北京发起攻击。十八日，起义军从三面环攻，在彰义门（今广安门）、西直门、平则门（今阜成门）、德胜门等处，战斗打得十分激烈。傍晚，起义军攻克彰义门，接着进攻内城各门。城内达官贵人惊恐万状，崇祯皇帝绝望之际，手刃妃子、女儿之后，在煤山（今景山）上吊自杀。

第二天黎明，宣武、正阳各门被李自成部下骁将刘宗敏、侄儿李过等攻破。起义军涌入北京城。进入北京城外，李自成采取了一些措施巩固胜利成果，比如严明军纪，禁止扰民，健全政权机构，拟定官职，开科取士，等等。为了争取守卫山海关的吴三桂集团，李自成也派人前往劝降。但野心勃勃的吴三桂以父亲吴襄遭到拷索追赃、爱妾陈圆圆被掠走为借口，引清兵入关，与大顺军在山海关外的一片石（今辽宁抚宁县东北九门口）展开激战。四月十一日，毫无防备的大顺军在激战中遭到清军突袭，惨败而回。十九日，李自成在紫禁城武英殿称帝。一天后，农民军撤出北京。当年七月，农民军撤入西安。次年，李自成在清军的追击下转入湖广作战。当年四月，年仅三十九岁的李自成战死于湖北通山县九宫山。

张献忠与“大西政权”

张献忠（1606—1647），字秉吾，号敬轩，延安肤施（今陕西定边）。他出身贫苦家庭，从小聪明倔强，跟着父亲做小生意，贩卖红枣。他当过捕快，后来又到延绥镇当了一名边兵。张献忠生性刚烈，爱打抱不平，为此几乎丢了性命。他因被人陷害，犯法当斩，“主将陈洪范奇其状貌，为请于总兵官王威释之”，最后以“鞭一百免”。革役后他逃回到老家，流落乡间。崇祯三年（1630），张献忠积极响应王嘉胤的反明号召，在米脂聚集十八寨农民，组织了一支队伍起义。他自号“八大王”，由于他“身长瘦而面微黄”，军中称为“黄虎”。因张献忠幼时读过一点书，又受过军事训练，为人多智谋，果敢勇猛，很快就显示了卓越的指挥才能，后来逐渐成为起义军领袖。

陕北的一系列起义震惊了明朝统治者，崇祯皇帝准备用剿抚兼施的策略尽快平息农民起义，因此三边总督杨鹤执行以抚为主、以剿为辅的政策，企图瓦解农民起义军。为避开明军主力，王嘉胤率军入晋，起义中心转移到山西。王嘉胤死后，张献忠、罗汝才、李自成等归附高迎祥，高迎祥称闯王。崇祯八年（1635），为了迎击明军，十三家七十二营起义军领导人聚会河南荥阳，议决进取。会上，回民义军领袖马守应主张北渡黄河，转移山西，遭到张献忠等人反对。李自成提出了"分兵定所向"的战略，主张联合作战，分兵迎击明军。这一战略思想得到大会赞同，于是义军首领们决定分兵五路：一路向南，阻击湖广、四川方面的明军；二路向西阻挡陕西明军；三路屯兵荥阳、汜水一带，扼守黄河；高迎祥和张献忠等东征安徽等地；马守应往来策应。后来高迎祥牺牲，起义军逐渐分成为两支劲旅：一支由张献忠领导，在湖北、安徽、河南一带活动；另一支由继承"闯王"称号的李自成领导，在甘肃、宁夏、陕西一带活动。崇祯十年（1637），张献忠遭明军总兵官左良玉部的进攻，败于南阳、麻城，最后投降了明军，起义转入低潮。次年正月，张献忠率本部义军进驻谷城（今属湖北襄阳）受朝廷招安，被授予副将之职，驻地王家河，易名太平镇，以示休兵。

张献忠经过一年休整，于崇祯十二年（1639）五月在谷城再次起兵，采用"避实捣虚""以走制敌"的有效战术，重举反明的大旗。在罗山（今湖北竹山县东南）歼灭明军主力左良玉部，后转入四川，在达州战役中大获全胜，随即兵进湖广，崇祯十四年（1641）二月攻陷襄阳。李自成、张献忠相继攻占洛阳、襄阳，宣告了明朝围剿政策的破产。总兵左良玉被张献忠打得一败涂地，气得崇祯帝派兵部尚书杨嗣昌到湖广围攻张献忠。杨嗣昌率领了十万人马，耀武扬威到了襄阳。他统率左良玉等将领把起义军四面包围起来。张献忠转移到太平（今四川万源）的玛瑙山的时候，由于队伍里混进了奸细，起义军陷入敌人包围圈里，被明军打败，损失了大量金银、战马。张献忠的妻子、儿子也被俘虏。张献忠带了千余名骑兵，从湖广转移到四川。杨嗣昌跟踪追击，把行辕迁到重庆，准备在四川消灭起义军。

杨嗣昌在四川到处张榜，说有谁能抓住张献忠，赏给黄金万两，还封他侯爵。第二天，在杨嗣昌的行辕里，发现了张献忠派人贴出的标语，上面写着："有能斩杨嗣昌头的，赏银三钱。"杨嗣昌派出大批官军到处追剿起义军，张献忠起义军却是忽东忽西，叫官军捉摸不定。当明军将领猛如虎、刘士杰带着疲劳不堪的兵士赶到，张献忠的起义军却绕到背后，杀退敌人。

崇祯十四年（1641），张献忠发现杨嗣昌把重兵都放到四川，襄阳兵力空虚，就摆脱明军，突然带兵离开四川，往东转移，一天一夜急行三四百里，把杨嗣昌大军远远甩在后边。到了湖广当阳，遇到另一支明军堵截，张献忠派义军将领罗汝才留在当阳，亲自率领精锐部队直

∨张献忠的大西政权所铸"西王赏功"铜钱

^ 虎钮永昌大元帅金印·明

虎钮永昌大元帅金印，印面文字为九叠篆阳文“永昌大元帅印”，印台上阴刻“永昌大元帅印，癸未年仲冬吉日造”。该金印铸造于1643年农历十一月，应是张献忠自封“永昌大元帅”时铸造。

奔襄阳。杨嗣昌在重庆得到消息，连忙派使者赶到襄阳，命令襄阳明军严密防守。谁知使者半路被张献忠截获，由张献忠的义子李定国调包混进襄阳城去。当天晚上，混进襄阳的起义军兵士在城里好几处放火，全城的百姓从睡梦里惊醒，发现到处火光冲天，全城大乱。在混乱中，起义军打开城门，大队人马赶到，明军想要抵抗也来不及了。起义军进城以后，一面派人打开监狱，救出被俘的起义兵士和家属；一面直奔襄王府，杀了襄王朱翊铭。杨嗣昌得到襄阳失陷、亲王被杀的消息，害怕崇祯帝怪罪，只好畏罪自杀。

崇祯十六年（1643）五月，张献忠攻下武昌，把楚王投入江中。同年，张献忠在武昌称大西王，初步建立了政权。不久，义军攻克长沙，宣布免征三年钱粮，从者愈众。次年，张献忠带兵入川，八月攻陷成都，明朝巡抚龙文光、蜀王朱至澍及其嫔妃全部自杀身亡，其他官员当了俘虏。义军进入成都，号称六十万大军，很快控制了四川大部分地区的州县。在成都，张献忠先号称秦王，接着宣告建立大西国，改元大顺，以成都为西京，并建章设制，使大西政权初具规模。张献忠建立大西政权后，政治上设置左右丞相、六部尚书等文武官员，颁行《通天历》，并开科取士，选拔三十人为进士，任为郡县地方官；经济上，设钱局铸“大顺通宝”使用，同时对西南各族百姓“蠲免边境三年租赋”；军事上，设五军都督府，分兵一百二十营，并四面出击，逐渐占据了四川省全境。不久，四川各地的明朝将领曾英、李占春、于大海、王祥、杨展、曹勋等，纷纷聚集兵马，袭击大西农民军，屠杀大西政权地方官员，给大西政权带来很大威胁。对此，张献忠进行了严厉的镇压。

为了保证四川的安全，张献忠曾派人向北平定汉南地区，并攻打汉中，但却被李自成部将贺珍击败。清顺治二年（1645）十一月，清朝用剿抚兼施的策略，一面以何洛会为定西大将军进剿四川；一面派人下诏诱降张献忠，劝说他归顺清朝。然而张献忠置之不理，反而更坚定了抗清的决心，一方面与明朝在四川的残余军队、地主武装对抗；另一方面和清军作激烈的斗争。

顺治三年（1646）年初，清朝改派肃亲王豪格为靖远大将军，和吴

∨ 天启元年足金五十两金锭·明

此金锭出土于四川省眉山市彭山区江口沉船遗址，为张献忠的遗物。据金锭上的文字可知原为吉王府之物，应是张献忠崇祯十三年攻克长沙后所得。

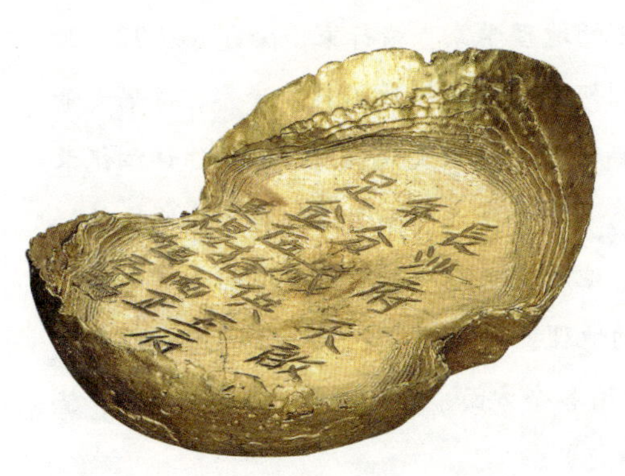

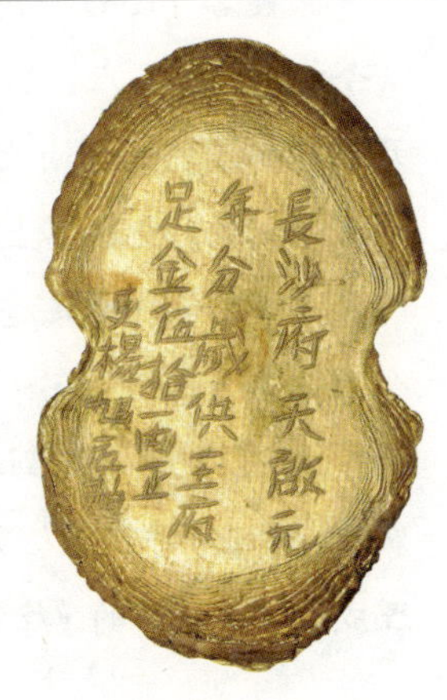

三桂等统率满汉大军，全力向大西农民军扑来。张献忠大败，退回成都。七月，为了到陕西抗击清军，张献忠决定放弃成都，北上迎击清军。临行前，张献忠在四川进行空前的烧杀破坏，以开科取士为名，杀士子于青羊宫，又坑杀成都百姓于中园，杀明朝卫军数十万，遣四将军分屠各县，将亿万宝物掷入锦江，决水放流，自谓“无为后人有也”。

十一月，张献忠大军扎营于西充（今属四川南充）凤凰山，二十六日，豪格派护军统领鳌拜等将领，分率八旗护军轻装疾进，出其不意，对农民军发起突然袭击。二十七日晨，清军隔太阳溪与张献忠的农民军相遇。面对这意外的突然来袭，张献忠临急应战，指挥农民军分两面抗击清军，但本人却不幸中箭身亡，时年仅四十二岁。

张献忠牺牲后，他的部将孙可望、李定国、刘文秀、艾能奇、冯双礼等率领农民军向南转移，后与南明永历政权联合，共同抗击清军，转战在西南各省的广大地区，直到清康熙初年，坚持了近二十年。

历史断面

徐霞客与《徐霞客游记》

徐霞客（1587—1641），名弘祖，霞客是他的别号，南直隶江阴（今江苏江阴）人，明代杰出的地理学家、旅行家。徐霞客从22岁时开始对祖国的大江南北、山川河流进行了细致的徒步考察，留下大量珍贵的记录，是世界上对喀斯特地形进行大规模考察，并作详细记录的第一人。他一生足迹遍及今华东、华北、东南沿海和云贵地区计16个省的无数山川。在旅途中，他总要把当天的经历与观察所得记录下来。这些游记涉及所到之处的地理、地貌、地质、水文、气候、植物、农业、矿业、手工业、交通运输各个方面，文笔优美，经后人校勘、整理成六十余万字的《徐霞客游记》。

关键词：弘光政权 / 永历政权

南明政权的建立与失败

▪ 1644年～1661年

明崇祯帝死后，明朝在南方的宗亲福王、鲁王、唐王、桂王等先后称帝，但终究未能挽回明朝的江山。在这几位称帝的宗亲王中，桂王永历政权是历时最长的一个，但最终也难逃彻底覆亡的命运。

弘光政权

明朝实行两京制度，作为明太祖时期的都城，南京同样建有一套六部制度和官僚体系。崇祯十七年（1644），崇祯帝自缢煤山后，南京城作为另一个政治中心，展开了一系列拥立新帝的政治斗争。

当时逃难到南方的明朝近支宗室有福王朱由崧和潞王朱常淓两人。以凤阳总督马士英为首的一派官僚主张拥立福王朱由崧，因为其为明神宗的孙子，而潞王朱常淓是神宗的侄子，朱由崧与崇祯帝血脉更近，应当立亲；而以南京兵部尚书史可法为首的东林党一派认为朱常淓虽然血脉稍远，但比朱由崧贤明，应当立贤。最终，马士英得到了握有实际兵权的江北四镇总兵高杰、黄得功、刘泽清、刘良佐的支持，于崇祯十七年（1644）五月拥立朱由崧为帝，年号弘光。弘光政权建立时，清军主力正

^ 火龙出水（模型）

明代制作的水战火器火龙出水，龙身用五尺竹筒做成，前后安装木制龙头、龙尾。龙身前后两侧各扎一支大火药筒用以推动龙身飞行。腹内装有火箭。它是世界上最早的二级火箭。

在全力进攻李自成的大顺军，暂时无暇南下。可弘光政权的君臣们并没有即将亡国的危机感，弘光帝沉迷于酒色之中，纵情享乐，马士英执着于党争，一心向清朝求和，其他隶属于弘光朝廷的总兵大将们已经发展为军阀势力，不听调度，彼此之间矛盾重重，最终葬送了南明政权最后的机会。顺治二年（1645）四月，清军攻克扬州，督师扬州的史可法以身殉国，清军连续屠城十日，杀死居民数十万，扬州成为一座空城，史称“扬州十日”。五月，清军占领南京，福王仓皇逃往芜湖，最后还是被抓到。弘光政权仅仅维持了一年，就灭亡了。

南京失陷后，尚书朱大典、张国维拥立鲁王朱以海在绍兴称监国，镇江总兵郑鸿逵、南安伯郑芝龙拥立唐王朱聿键在福州称帝，建立隆武政权。这两个政权偏安一隅，力量薄弱，却不能联合抗清，而忙于争权争地盘。顺治三年（1646），清兵攻入浙江，鲁王在石浦守将张名振的拥护下，转至南澳（今属广东汕头）。清兵又进攻福建，郑芝龙不顾儿子郑成功的反对，决意降清，下令弃守福建北部门户仙霞岭，致使隆武帝朱聿键在汀州（今属福建）被清军所俘，后被杀于福州。

永历政权

浙江、福建失陷，鲁王、隆武政权倾覆之后，桂王朱由榔在两广总督丁魁楚、广西巡抚瞿式耜的拥立下于广东肇庆称帝，建立了永历政权。永历帝所部主要有明朝旧将何腾蛟，郑成功在其父郑芝龙降清后又拒不投降，召集旧部抗清，也接受了桂王的封号，以金门、厦门为根据地，出击福建、粤东及浙江南部沿海。

桂王称帝后，清军将领李成栋率军进广东，永历帝的军队抵挡不住，退往广西。清兵跟随进入广西。此时，永历帝的主力何腾蛟的军队正在湖南，永历帝身边的军队缺乏战斗力。永历帝正无计可施，广东的明朝旧官员聚兵进攻广州，进攻广西的清军被迫退守广东，永历帝的军队乘机又收复了广西的失地。顺治三年（1646），清军进攻四川，张献忠战死。张献忠的部将李定国、孙可望等退往贵州、云南。顺治四年（1647），清军进攻湖南，何腾蛟被迫退入广西。

顺治四年（1647），广东的清军将领李成栋、江西的清

∨ 史可法像·清·叶衍兰

史可法，字宪之，明末南京兵部尚书、东阁大学士。史可法于扬州殉国后，遗体不知下落，其义子史德威将其衣冠葬于扬州城天宁门外的梅花岭。

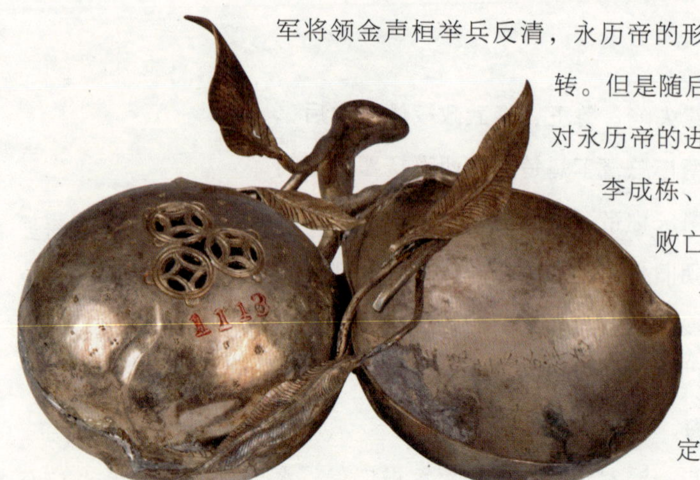

军将领金声桓举兵反清，永历帝的形势一度发生好转。但是随后，清军加紧了对永历帝的进攻，金声桓、李成栋、何腾蛟等相继败亡。永历帝辗转于广西与广东肇庆之间，日益穷蹙，便决定与李定国、孙可望等人联合，前往贵州与他们会合。顺治九年（1652），在李定国的率领下，明军向清军展开反攻，在云南、贵州一带连破清军，杀死清军大将定南王孔有德、敬谨亲王尼堪，史称“两蹶名王”，收复广西及湖南南部、四川大部。李定国于是奏请永历帝出兵四川，抢在清军主力南下前占领巴蜀和汉中地区，以图进兵中原。

^ 镂空钱纹双链桃形银杯盒·南明

此杯是由三个半球形蟠桃杯组成，其中两个组成一球体。底部附枝，枝伸展出去，另一枝叶相覆。内底楷书铭文“治晚生林启祥为弗翁党道台寿”。

这时，清廷用明朝旧将洪承畴进攻永历帝。洪承畴善于用兵，明军开始不敌，节节败退。顺治十年（1653），李定国退入广西，又接着转攻广东；顺治十二年（1655），李定国退守南宁；顺治十三年（1656），李定国保护永历帝前往云南。顺治十四年（1657），孙可望投降清军，以所部大举进攻云南。在两军交战时，孙可望的部下不听指挥，未战就已经崩溃，孙可望逃走。孙可望降清让李定国产生疑虑，于是将前线部分将领调回云南。此时，清军三路人马分别进攻四川、贵州、云南，几乎未遇抵抗。顺治十五年十二月，清兵侵入云南，李定国分途阻击，力保西南地区。虽然东南沿海郑成功大军自崇明（今属上海）进入长江，牵制了清军兵力，声震清廷。但因为，明军势孤力弱，未能挽回全局之颓势，李定国被迫入滇西，永历帝则逃入缅甸。顺治十八年（1661），永历帝已入缅甸，除李定国尚在滇缅边境坚持抗清外，其他力量大多覆灭，清政权已趋于稳定。

永历帝进入缅甸后即失去自由，李定国曾带兵营救，但没有成功。同年，吴三桂派兵进攻缅甸，缅甸王害怕清军的进攻，将永历帝交给清军。李定国预谋在途中攻击吴三桂，但没有成功。不久，永历帝被吴三桂用弓弦勒死。之后，李定国败退缅甸，客死他乡。

> 李香君像轴·清·崔鹤

李香君，苏州人，明末秦淮歌伎，清初的戏剧作家孔尚任曾根据李香君的人生经历创作了名剧《桃花扇》，从另外一个角度诠释了明亡清兴之际的社会情况。

第十章

清

清朝是中国历史上最后一个封建王朝。1644年，顺治帝在北京皇宫举行登基大典，建立了统治全中国的清王朝。清朝自康熙帝亲政后走上蓬勃发展的强国之路。至18世纪中叶，清朝的政治、经济、文化的发展都达到了一个新的高峰，史称“康雍乾盛世”。

清朝虽然文治武功显赫，综合国力曾经居于世界前列，但由于对内推行纲常礼教，对外采取闭关锁国政策，因而愈来愈落后于世界发展的先进潮流。1840年鸦片战争中，英国人用坚船利炮打开了中国的国门，中国逐步沦为半殖民地半封建社会。中国人民奋起反抗，无数志士仁人努力探索民族复兴之路。1911年爆发的辛亥革命结束了在中国实行了两千多年的封建帝制，揭开了中国历史发展的新篇章。

▷ 与美貌无关的“选秀”制度

关键词：萨尔浒之战

从萨尔浒之战到皇太极建清

■ 1619年～1636年

明朝末年，政治腐败，民不聊生。东北地区建州女真的首领努尔哈赤乘势崛起，统一女真族诸部。征战过程中，他创建八旗制度，建立后金政权，接着进攻抚顺，拉开了反明战争的序幕。努尔哈赤死后，其子皇太极通过一系列改革加速了后金的封建化进程，同时消除朝鲜和蒙古的威胁，控制了整个辽西走廊，为清军入关扫清了道路。

满族的祖先

满族属于通古斯族的支脉，祖先很早就居住在长白山以北，东临海滨，北至黑龙江流域，南到松花江上游的广大地区，过着捕鱼狩猎的生活。明朝初年，满族前身的女真族

努尔哈赤玉玺·后金

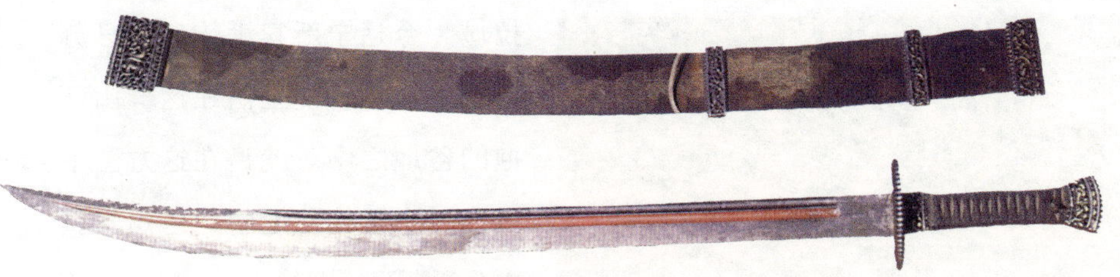

^ 后金士兵使用的钢刀

后金士兵使用的刀被称为“顺刀”，其特点是有双血槽，目的不是放血而是当它刺入人体后刀身有空隙不会被肌肉夹住，能轻易拔出再度攻击，这种刀的外形设计很适合马上作战使用。

分为三大部，即野人女真、海西女真和建州女真。三大部之间及其内部不断发生兼并和掠夺战争，野人女真时常侵袭建州女真和海西女真，“数与山寨仇杀，百十战不休”。由于经常受到野人女真的侵袭，不得安宁，生活在牡丹江和松花江汇流处的胡里改部阿哈出和斡朵里部猛哥帖木儿（努尔哈赤六世祖）两个部落在洪武五年（1372）左右，开始向东南迁移。永乐元年（1403）十一月，阿哈出到明都应天（今江苏南京）朝贡，明成祖在胡里改部住地设建州卫，命阿哈出为指挥使。永乐十年（1412），明政府又增设建州左卫，由斡朵里部首领猛哥帖木儿执掌。正统七年（1442），明政府从建州左卫中分出建州右卫，以猛哥帖木儿的儿子董山掌左卫，猛哥帖木儿的弟弟凡察掌右卫，建州三卫由此形成。

成化三年（1467）后，建州三卫都逐渐南迁到浑河、苏子河上游地区定居下来。苏子河畔在今辽宁省抚顺城郊东南二十多里处，周围丘岗起伏、层峦叠嶂。有一条东西走向的山冈北坡，背靠鸡鸣山，西贴烟囱山（呼兰哈达），东接连绵的丘岗，正北平地数里之外是启运山。历史上有名的赫图阿

拉城（今辽宁新宾满族自治县苏子河南岸），便坐落在这群山环抱的谷地之中。就是在这方圆不过二三十里的谷地中，建州女真由此逐渐强盛崛起。

明万历十七年（1589），身兼明指挥使的建州女真首领努尔哈赤统一建州女真各部。万历四十四年（1616），努尔哈赤在赫图阿拉建立“后金”政权。后金天聪九年（1635）皇太极废旧有族名，改称“满洲”。这一名称一直延续到辛亥革命后才改称“满族”，从此“满族”沿用至今。

努尔哈赤

努尔哈赤（1559—1626），是清王朝的奠基人，建州左卫人，青年时期投到明辽东总兵李

< 清太祖努尔哈赤朝服像·清

在后金崛起的过程中，努尔哈赤奉行远交近攻、先弱后强的战略，从以十三副遗甲起兵开始，用了十年时间统一建州女真各部，又用了二十余年统一了女真各部，这才有了后金的建国。

成梁的部下，“每战必先登，屡立战功”，成为一员猛将。努尔哈赤勤奋好学，熟读《水浒传》和《三国演义》，结交汉族士人和英雄豪杰，深受汉文化的影响。万历时期，建州三卫势力逐渐趋向平衡，以建州左卫为中心，各部称雄争长，斗争激烈。当时女真又分裂为四部：建州部、长白部、东海部（又称野人女真）、海西部。

万历十年（1582），明朝驻辽东总兵李成梁任用努尔哈赤的祖父觉昌安和父亲塔克世为向导，攻克了以阿台为首的女真部落的根据地古勒山（今辽宁新宾县上夹乡古楼村西北），大获全胜，觉昌安和塔克世却在战斗中为明军错杀。万历十一年（1583）五月，努尔哈赤袭父建州左卫指挥使之职，以祖父和父亲留下的十三副铠甲武装了自己的少数部众，起兵攻打尼堪外兰。尼堪外兰敌不过努尔哈赤，率残部逃往鄂勒珲（今吉林省吉林市南）。努尔哈赤在这次战斗中俘虏了一百余名兵士和三十副铠甲，势力逐渐增强，开始了统一女真各部的战争。

此后的几年中，努尔哈赤南征北战，到万历十七年（1589），基本统一了建州女真各部。努尔哈赤的行动引起了海西女真各部的注意，万历二十一年（1593）九月，叶赫部首领纳林布禄纠集海西的叶赫、辉发、哈达、乌拉四部，长白山讷殷、朱舍里两部，以及内蒙古科尔沁、锡伯、卦勒察三部组成九部联军共三万人，分三路向努尔哈赤发起进攻。努尔哈赤临危不惧，沉着迎战，首先抢占有利地形古勒山，诱敌深入，伏击叶赫部成功，打乱了联军阵脚。然后努尔哈赤率军乘胜追击，九部士兵尸横遍野，死伤无数。古勒山一战，努尔哈赤杀敌四千人，获马三千匹，盔甲千副，威名大震。粉碎九部联军后，努尔哈赤乘胜东进，征服长白部。此后，努尔哈赤采取分化瓦解和逐步蚕食的策略，将海西女真各部各个击破。至万历四十一年（1613），除明朝支持的叶赫部外，海西女真其他各部都归附了努尔哈赤。野人女真在努尔哈赤的招徕和争取下，先后有不少部落归附。万历四十四年（1616），努尔哈赤基本统一了女真各部。

建立后金

努尔哈赤在统一女真各部的过程中，创建了八旗制度，主持创建了女真文字，建立了“后金”政权。

随着女真各部的发展，女真进入了奴隶社会，奴隶主是统治阶级，称为“贝勒”或“额真”，他们占有生产资料和阿哈（奴隶）。奴隶的来源主要是战俘或从明朝和朝鲜掠来的边民。自由民称为“诸申”或“伊尔根”，从事劳动，当兵服役，承担奴隶主的各种摊派。在女真各部走向统一的过程中，随着军事战争和生产的发展，社会组织日益完善起来。在此基础上，努尔哈赤创立了八旗制度。八旗的诸申是兵民合一，平时耕猎为民，战则披甲当兵。八旗制度使女真人战斗力加强，社会生产力也得到大大提高，为建立政权打下了基础。

长期以来，女真人没有本民族的文字，只好讲女真语，写蒙古文，这日益成为女真社会发展的一个障碍。努尔哈赤遂倡议并主持创制了满文。万历二十七年（1599）二月，努尔哈赤令额尔德尼和噶盖参照蒙文字母，结合女真语音，拼读成句，创制出了满文。这种草创的满文，没有圈点，后人称之为“无圈点满文”或“老满文”。从此，满族有了自己的拼音文字。后金建立后，统治者用满文大量翻译汉文典籍，大力汲取汉文化，加速了后金政权的封建化进程。在统一女真各部的过程中，努尔哈赤拉拢蒙古、朝鲜，表示和睦；对明朝表示恭顺，多次亲赴北京朝贡；重点打击女真内部的异己力量。努尔哈赤将赫图阿拉确立为政治、经济和文化中心，初步厘定法律；同明朝加强贸易，换取粮食、布匹、铁器等生活和军事物资，加强补给和储备；注意延揽人才，选贤任能。经过一系列的准备，明万历四十四年（1616），努尔哈赤称“承奉天命养育列国英明汗”，定都赫图阿拉，建立金国政权，年号天命，史称“后金”。建国之初，努尔哈赤仍奉明朝为宗主，自居藩属。

萨尔浒之战

明王朝长期以来对女真推行民族压迫的政策，激起了女真人普遍的愤恨，努尔哈赤乘机起兵反明。明万历四十六年（1618），努尔哈赤以“七大恨”焚香告天，誓师抗明。努尔哈赤率两万旗兵，兵分两路，攻打明边境，旋即攻破抚顺、东州和马根单等城池，满载战利品返回赫图阿拉，在途中又设伏全歼追击的万余明军。努尔哈赤乘胜前进，又连陷鸦鹘关、清河城、抚安、三岔儿等地，攻城略地，声威震彻辽东，明京师“举朝震骇”。

明政府连忙从全国征集十万大军，于明万历四十七年（1619）二月，开赴辽东，兵分东（总兵刘铤为主帅）、西（山海关总兵杜松为主帅）、南（辽东总兵李如柏为主帅）、北（原任总兵马林为主帅）四路进军，以杜松率领的三万西路军为主力，准备一举踏平赫图阿拉。努尔哈赤很快得到消息，知悉明军的部署和行动计划，提出“凭你几路来，我只一路去”，即集中优势兵力，以迎战明军

努尔哈赤御用宝剑

努尔哈赤御用宝剑为典型的明剑样式，由钢、铜等金属复合制成。剑身为钢制双刃，但剑刃未开，属于象征意义的职官佩剑。内錾有天官、鹿、鹤图案，从装饰图案看有“天官赐福”“加官进禄”“玉兔呈祥”等寓意。

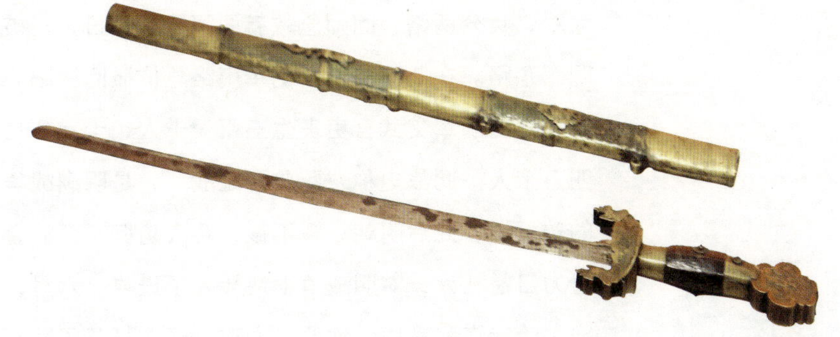

^ 袁崇焕像·清

西路主力军为主的作战计划。

根据计划，针对明军行军态势，努尔哈赤以五百旗兵牵制明军南路，而集中六万旗兵，迎战三万明军主力。三月初一，西路明军到达萨尔浒山（今辽宁抚顺东浑河南岸）后，主帅杜松分兵一万，亲自率领去攻打附近的界藩城（今属辽宁抚顺）。分兵作战，恰恰给了努尔哈赤各个击破的机会，努尔哈赤分两旗兵力去界藩迎战明军，亲领六旗兵马，包抄萨尔浒山。驻守在萨尔浒山的明军心惊胆寒，又燃火取暖而自暴目标。后金将士乘机冲杀，一举攻上山顶，歼灭二万明军。接着努尔哈赤率兵驰援界藩，断掉明军后路，两路合击，歼灭攻打界藩的万余明军。至此西路军全军覆没，主帅杜松战死。第二日，努尔哈赤乘胜率军北上，击溃明军北路。与此同时，明军东路兵分两路，扑向赫图阿拉。三日，努尔哈赤急命儿子皇太极等人率三万大军，兵分两路，回师急救赫图阿拉，四日，击破明军东路。在此形势下，明军南路急忙撤回沈阳。五天之内明军文武官吏丧生三百一十人，士兵死亡四万余人。此战史称“萨尔浒之战”，是明满战争的转折点，此后明朝一蹶不振，转入防御，而后金势力日益壮大，对明战争很快转入了进攻。六月，努尔哈赤连陷开原、铁岭，为攻打辽沈打开了胜利之门。此后近一年时间，努尔哈赤进行休整训练，巩固后方，积蓄力量，等待时机；同时交好蒙古、朝鲜，以解除后顾之忧。

明万历四十八年（1620），神宗去世，光宗继位仅一月就病死，熹宗继位。其时明廷宦官当政，党争激烈，朝政混乱，努尔哈赤趁机准备发动新的攻势。次年三月，努尔哈赤仅用三天，就攻占了沈阳，歼灭明军七万。接着，仅用两天攻陷了辽阳，歼灭明军六万。随后努尔哈赤迁都辽阳，改称东京。后金天命十年（1625）二月九日，努尔哈赤又迁都沈阳。天聪八年（1634），沈阳被尊为盛京。天命十一年（1626）正月，努尔哈赤率军攻打宁远（今辽宁兴城），明军主帅袁崇焕以“红夷大炮”击败八旗兵。努尔哈赤遭遇了生平第一次挫败，退回沈阳后，郁郁不乐，七月间背发毒疽，八月十一日去世，终年六十八岁。

皇太极即位

努尔哈赤死后，其子皇太极（1592—1643）即汗位，1627年改元天聪。皇太极继位后，采取了一系列措施，加速了后金政权的封建化；绥服蒙古，征服朝鲜，扫除了清政权的后顾之忧；西进南下，与明军作战取得重大胜利，为满族入主中原进一步夯实了基础。

随着后金统治区域的扩大，其治下的汉民越来越多，皇太极在辽沈地区推行“编户为民”的政策，即废除汉人的奴隶身份，编为民户，建立汉军八旗，强调“满、蒙、汉人视同一体”。为适应统治汉民的需要，皇太极大力礼优汉官、汉将，其中以重用范文程和洪承畴最为突出。前者为后金立制度、招降将、安民心，成为皇太极、顺治、康熙三朝的重臣。洪承畴原为明朝名将，崇德七年（1642）被清军擒获，解送盛京。洪承畴最初决心以死报国尽忠，后为皇太极所劝降。洪承畴降清以后，在清军入关和南下的战争中起到了不小的作用。

对于一般来降的明朝汉官、汉将，皇太极皆以厚礼相待，从而笼络了一大批富有统治经验的汉官和汉将。如祖大寿、孔有德、耿仲明、尚可喜等人，皆在皇太极时期先后降清，成为清军的重要将领，促进了后金政权的封建化。

易国号，改族称

后金原是奴隶制政权，其中不少不合时宜的旧制度，越来越不适应女真族在辽东农业区域的社会发展。皇太极遂决定吸取汉族封建王朝的统治经验，仿照明朝制度，更定官制，设置各级统治机构，并对后金政权中的旧制度进行了改革。

努尔哈赤生前鉴于各旗主贝勒拥有强大权势，激烈争夺汗位，于天命七年（1622）三月宣布，以后实行八位和硕贝勒（八旗旗主）共议国政的制度；新汗由八贝勒商议后“任置”，军国大事由八贝勒议处。天命十一年（1626）努尔哈赤病逝，皇太极被“推举”为新汗，与三大贝勒共同议处军国大事。这三大贝勒分别是努尔哈赤第二子代善、第五子莽古尔泰和皇太极的堂兄阿敏，他们分掌两红、两蓝四旗。每朝议事，皇太极只能与三大贝勒并坐，行兄弟之礼。这种联合政体的继续存在，必然造成皇权分散。针对八位和硕贝勒联合执政的制度，皇太极进行了改革。

首先是削弱八旗旗主对政权的控制力。天聪五年（1631），皇太极参照明朝的政体，设立了吏、户、礼、兵、刑、工六部。之后，皇太极又陆续设立都察院、理藩院。崇德三年（1638）七月，皇太极下令停止贝勒兼管部事，八旗旗主不得干涉六部、两院事务，把政务同旗务分开，诸贝勒权力进一步被削弱。其次，降低三大贝勒的政治地位，削弱其势力，大贝勒阿敏首当其冲。阿敏以拥立皇太极居功自傲，又因野心得不到满足怀有不满情绪。天聪三年（1629）十月，皇太极亲率大军伐明，攻下永平、滦州、迁安、遵化等城池，命阿敏率军坚守。旋即明军大举反攻，阿敏下令屠城并将城中财物抢掠一空后弃城逃跑。皇太极抓住阿敏弃城屠民一事，连带追究旧恶，诸贝勒共议论罪当死，皇太极从宽处理，改为幽禁。阿敏被贬之后，皇太极又把打击矛头指向莽古尔泰。天聪五年（1631）八月，围攻大凌河城（今辽宁凌河市），莽古尔泰同皇太极发生争执，甚至手握腰刀，皇太极以“御前拔刀罪”革去莽古尔泰的大贝勒爵位，降为一般贝勒。事后，参政李伯龙提出“莽古尔泰不应与上并坐”。皇太极把李伯龙的提议交诸贝勒、大臣讨论。大贝勒代善领会皇太极的意图，主动请求撤座。皇太极顺水推舟，立即批准代善的请求。次年正月，皇太极正式废除“与三大贝勒俱南面坐受”的旧制，改为“汗南面独坐”。朝仪的座位排列，体现了封建王朝的等级制度，皇太极南面独坐，俨然是“唯我独尊”的帝王了。天聪九年（1635）二月，蒙古察哈尔部林丹汗之子额哲献上传国玉玺，归顺后金。传国玉玺的获得，使皇太极认为这是“天命归金”，于是在天聪十年（1636）四月十一日，皇太极在盛京大政殿举行了称帝仪式，建国号“大清”，改元“崇德”。入关前的清国是满族建立的地方民族政权。

∧ 清太宗文皇帝皇太极朝服像·清

皇太极在五十岁时，因为心爱的宸妃病死，健康状况急剧恶化，清崇德八年（1641）八月病逝于沈阳清宁宫。

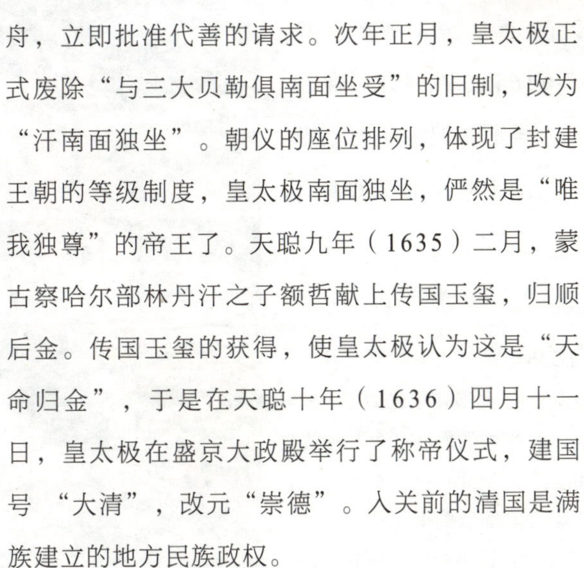

皇太极改国名为大清以后，踌躇满志，下一个战略目标就是入主中原。早在天聪元

年（1627），皇太极就发动“丁卯之役”，凭武力压服了朝鲜，迫其订立“兄弟之盟”，从而击破了明廷对后金政权的包围圈。天聪十年（1636），皇太极又发动“丙子之役”，迫使朝鲜承认与清政权是“君臣关系”，朝鲜由此完全脱离了明朝，并参加清军对明军的作战，蒙古各部也相继归附清政权。这样清政权周围三个敌国只剩下明朝，解除了西进、南下的后顾之忧。崇德五年至七年（1640—1642），清军攻下松山、锦州等城，控制了入关的门户，并收降明将祖大寿、洪承畴；崇德七年至八年（1642—1643），清军攻入关内，横扫晋、冀、鲁等地，掠走大量人口、财富；崇德七年十月，五世达赖的代表和蒙古厄鲁特部首领戴青绰尔济亲赴盛京，与清通好。崇德八年（1643）八月九日晚，皇太极突患中风暴卒。其人虽逝，但生前已经铸成了多民族国家的雏形。问鼎中原，统一全国，已呈水到渠成之势。

> 沈阳故宫大政殿

大政殿俗称八角殿，始建于1625年，是清太祖努尔哈赤营建的重要宫殿，是盛京皇宫内最庄严最神圣的地方。初称大衙门，1636定名笃恭殿，后改大政殿。八角重檐攒尖式，八面出廊，均为“斧头眼”式隔扇门。下面是一个高约1.5米的须弥座台基，绕以雕刻细致的荷花净瓶石栏杆。殿顶满铺黄琉璃瓦，镶绿剪边，正中相轮火焰珠顶，宝顶周围有八条铁链各与力士相连。殿前的两根大柱上雕刻着两条蟠龙，殿内有精致的梵文天花和降龙藻井。

关键词：剃发令 / 嘉定三屠

清兵入关与定鼎北京

▪ 1644年

清太宗皇太极死后，他的异母弟多尔衮拥立六岁的侄子——皇太极的第九子福临继位，改元顺治，多尔衮被尊为“叔父摄政王”（其后又晋封为“皇叔父摄政王、皇父摄政王”），执掌军政大权。在多尔衮的主持下，清军伺机而动，问鼎中原，建立了中国历史上最后一个封建王朝。

清兵入关

明末农民起义风起云涌，李自成的大顺军和张献忠的大西军迅猛发展。顺治元年（1644）三月十七日，李自成兵临北京城下，十九日明崇祯帝于煤山自缢，农民军攻占北京。四月四日，范文程上书多尔衮说：“当今正是摄政王建功立业、垂休万世之时，应该进取中原，与流寇角争……大河以北，可传檄而定。”多尔衮采纳此议，于四月九日率清军直驱山海关。

此时山海关由明将吴三桂把守，李自成已派人送来其父吴襄的劝降书，招他入京，多尔衮亦致书劝降。吴三桂骑墙观望，犹豫不定，勉强决定往京城慢行。途中吴三桂遇见自京城逃出的家人，得知其父被囚，爱妾陈圆圆被掳，立即掉头返回山海关，同时驰书向多尔衮求救。四月十三日，李自成亲率二十万大军前往山海关。正在紧急之时，多尔衮回书许以“必封故土，晋为藩王”，劝吴三桂降清。四月二十一日，清军进驻山海关外十里处。吴三桂出关拜见多尔衮，两人结为生死同盟。次日，多尔衮率清军分三路入关。在石河西岸，多尔衮部署先以吴三桂率军自右翼对农民军发起进攻，继以八旗兵突袭农民军。农民军两面受敌，败回北京。四月二十九日，李自成匆匆登基称帝，次日撤离北京西行。而多尔衮也封吴三桂为平西王，急令吴三桂以及阿济格、多铎率精兵向西追击农民军。

^ 多尔衮像・清

五月初二日，多尔衮在明朝文武遗臣的迎接下，进入北京。入京之后，多尔衮首先致力于安定局势，恢复正常秩序。根据汉官的建议，多尔衮作出了一系列重大决策：第一，发布王令，重申清军“此行是除暴救民，灭贼以安天下。勿杀无辜、掠财物、焚民舍，不如约者，罪之”。第二，为明崇祯帝发丧，全城官民服丧三日，由礼部以帝王礼葬于昌平明陵，并派兵护守明朝帝陵。第三，严格军纪，禁止士兵入民家，以安人心。多尔衮还下令兵

部传檄各省、州、郡、县，归顺明官，凡保全钱粮、户口、兵马册籍者升官加爵。这些做法，有利于争取汉族地主阶级的支持与合作，使局面很快稳定下来。至六月初，北京局势基本恢复正常。

多尔衮和入京诸亲王、大臣们遂议定迁都北京。八月二十日，顺治帝连同宗室公主、太宗后妃及诸贝勒大臣等一起西迁来京。九月十九日，到达北京，自正阳门进入明皇宫。当日多尔衮率满、汉官员，上表劝进顺治帝定鼎北京，即帝位，君临天下。同时派官员护送太祖努尔哈赤、太宗皇太极的神主，入太庙安座。十月一日，定鼎大典在外

孝庄文皇后朝服像·清

画中人物就是清初著名的孝庄太后博尔济吉特氏，清天命十年（1625）嫁给皇太极为侧福晋。崇德八年（1643），顺治帝即位后，被尊为圣母皇太后，康熙帝即位后尊为太皇太后。

城天坛举行。七岁的福临，偕同诸王贝勒来到天坛，祭告天地，宣告即大清皇帝位，颁布《大清时宪历》。十日，多尔衮代表顺治帝于紫禁城“皇极门”颁诏天下，诏书宣布：“十月乙卯祭告天地、宗庙、社稷，定鼎北京，建有天下之号曰大清，纪元顺治。”一代新朝正式建立。这个由少数民族入主中原建立的全国性政权，是中国历史上最后一个封建王朝。

剃发令与嘉定三屠

扬州四景图局部·清·袁耀

入主中原后，清朝统治者在全国范围内贯彻满人的制度和习俗，与汉文化发生了激烈的冲突。清军进入北京城后不久，多尔衮就发布告示：“凡投诚官吏军民皆剃发，衣冠悉遵本朝制度。”一石激起千层浪，告示一出，京城内立刻人心思变，惶惶不安，甚至很多人准备南逃。多尔衮见此，暂时放下了“剃发令”，允许天下臣民保持旧日的装束。一年后，李自成农民军被清军镇压了下去，南京的弘光政权也已经覆灭，清军已经基本控制了中原大地。为了牢牢控制这片土地上的各族人民，清政府强制推行了圈地、逃人法、剃发令、迁界令等一系列的政策。这些为了满族的利益而侵蚀了其他民族利益的政策遭到了各族人民的坚决反抗。

顺治二年（1645）六月，清政府向全国发布了

“剃发令”，命令中规定：所有人都必须像满人一样剃去前额的头发，蓄起辫子。京城内外限在十日内剃发，迟疑者或逆命者，都将治以重罪。清朝所派的地方官员还在江南各地贴出了“留头不留发，留发不留头”的布告，强制民众剃发。清统治者强令剃发，就是强迫汉人改变传统的生活习俗，激起了汉族百姓的坚决反抗，其中以汉文化氛围浓厚的江南地区的反抗最为悲壮。

江南的百姓自发地用各种方法保护头发，而随着个体反剃发行动的不断增加和累积，最终在一些地区爆发了集体的反抗斗争，其中最具代表性的就是江阴和嘉定两地。江阴是江南大县，民生富足，地势重要，是水陆交通要冲，素有“三江之雄镇，五湖之腴膏”之称。剃发令造成了全城百姓的恐慌和愤恨。闰六月二日，江阴县令方亨严申剃发令，众多江阴乡绅跪倒在县令方亨的面前请求留发，却被县太爷大骂赶出。到了限令剃发的最后一日，江阴秀才许用等站在城内明伦堂的中央，高高挂起明太祖的肖像，聚集数百人向肖像跪拜痛哭，声称：“头可断，发决不可剃！”到下午的时候，这里的人越聚越多，哭声感天动地。随后，许用等人带着群情激昂的江阴百姓上街示威，从四面八方涌来的响应者多达数万人之众。失去控制的人群冲进县衙，尽行捣毁衙内的设施，抓获了知县方亨并将他处死。

第二天，全县人民响应县城的斗争，远近农民组成乡兵，他们共同推举县主簿陈明遇为江阴城主，并打开武器库，用以前库藏的火药器械武装乡兵，准备自卫。江阴的抗清力量首先在江阴城内搜捕了清军的间谍六十多人，随后又在江阴城四门布置力量，誓死坚守家园。前任典史阎应元应陈明遇之请，在危急时刻担负起领导守城的重任，在城墙上英勇指挥，浴血奋战，化解了清军的一次次进攻。江阴各阶层人民万众一心，同仇敌忾，结成了强大的抗清联合阵线，这条钢铁防线有效地阻挡了清军的炮火。

在此之后两个多月的时间里，江阴城如英雄一样巍然屹立在清军的炮火之中。清军见久攻不下，就将围城的清兵增至二十四万，又从南京运来二十四门大炮，日夜不停地向城内轰击，城中情况越来越危急。八月二十一日中午，县城西门被清军重炮击毁，清兵从此处蜂拥入城。几百名江阴义士同清军展开了激烈的巷战，最后全部壮烈牺牲。江阴人民坚持守城八十三天，杀死清兵七万余人，展现了江南人民不畏强暴的反抗精神和对民族文化的执着信念。清军攻下江阴以后，并没有就此收手、安抚百姓，而是下令“满城杀尽，然后封刀”。江阴人民再次展现了威武不屈的高风亮节，坦然赴死。同时，在江南的另一重镇嘉定，也掀起了声势浩大的反剃发斗争，清军为了镇压百姓的抗争，进行了三次大规模的屠杀，史称“嘉定三屠”。

^ 清世祖福临朝服像·清

福临是清朝入主中原的第一代皇帝，他是皇太极第九子，生于崇德三年（1638），生母博尔济吉特氏，也就是孝庄太后。

江阴、嘉定这两座繁华富庶的江南名城因遭清军的血腥屠杀而成为废墟，在江南人民心中留下了难以磨灭的印记，对清朝日后的统治产生了深刻的影响，也体现出以多尔衮为代表的满族统治阶层，虽然已经入关，但是他们的思想还保有强烈的野蛮性痕迹，带有关外族群落后的统治方法的惯性。

专题

八旗制度的兴衰

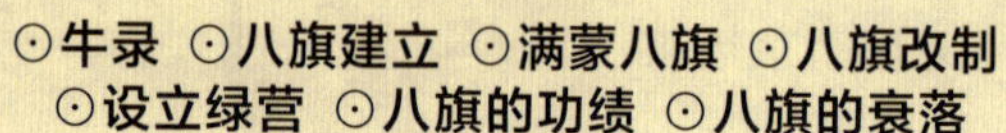

⊙牛录 ⊙八旗建立 ⊙满蒙八旗 ⊙八旗改制
⊙设立绿营 ⊙八旗的功绩 ⊙八旗的衰落

八旗制度建立于满洲入关以前，八旗组织有军事、行政、生产三方面的职能，“以旗统兵、以旗统人”，把原来相对分散的女真人组织起来，“出则为兵，入则为民”。在皇太极时期又形成了汉军八旗和蒙古八旗。入关之后，在“首崇满洲”（或称“满洲根本”）的基本国策下，八旗制度得到强化，成为单纯的军事组织，形成了驻京八旗和驻防八旗。有清一代，八旗劲旅在维护地方治安，痛击沙俄侵略军、收复雅克萨城等反对外来侵略的战争中起了重要的作用，成为维护清王朝统治的支柱。

牛录

女真人早在原始社会氏族制度时期，就存在着一种叫“牛录”的组织。出猎或行军时，参加者每人持一套弓箭，十人为一“牛录”，其中一人为首领，称“牛录额真”(牛录是箭的意思，额真是主的意思)。在统一女真各部的军事行动中，努尔哈赤把不断合并的女真各部中的自由民“诸申”“伊尔根”编入“牛录”，并把它加以扩大。规定三百人为一牛录，每一牛录设置一名牛录额真，下面配置代子两人作为副手。五个牛录组成一“甲喇”，设一名甲喇额真为首领；五个甲喇组成一“固山”，设一名固山额真为首领，二名梅勒额真为辅佐。每一固山以一旗为标志，所以固山为旗，固山贝勒就是旗主。

▲冰嬉图（局部）·清·金昆等

这是一幅表现清代冰嬉场面的宫廷绘画。按照史书记载，清廷每年冬天都要从各地挑选上千名“善走冰”的能手入宫训练，于冬至至“三九”在太液池上（现在北京的北海和中南海）表演。

八旗建立

明万历二十九年(1601)，努尔哈赤正式建立黄、白、红、蓝四旗。后来随着战争的不断取胜，队伍不断扩大，万历四十三年(1615)，又增设镶边的黄、白、红、蓝四旗，这样就形成了满洲正黄、正白、正红、正蓝、镶黄、镶白、镶红、镶蓝八旗。八旗之间，各树己帜，互不统属；努尔哈赤为八旗最高统帅，亲领正黄、镶黄两旗，其他六旗，由努尔哈赤的子、弟掌领。

八旗制度不仅是军事制度，还兼有征赋、服役的职能，官用谷粮、战时急需的战马和舟船，也由各牛录备办。同时，八旗制又是后金进入辽沈之前特殊的政权组织形式。八旗的各级额真既要执行汗的命令，佥派人夫屯田服役，统率士兵作战；又要尊奉汗谕，统辖下属人员。

八旗壮丁平时耕猎放牧，战时披甲出征。努尔哈赤、皇太极从八旗壮丁中抽丁组建了八旗劲旅，从开始的五六万发展至十一二万。在后金政权初

从上至下为镶红旗旗帜、正红旗旗帜、镶白旗旗帜、正蓝旗旗帜、正白旗旗帜

期，八旗军队先后大败明兵于萨尔浒、平阳桥、松山，多次入边，千里突袭，直抵北京城下，为进取中原奠定了坚实基础。

满蒙八旗

天聪九年(1635)，漠南蒙古诸部归顺清朝，皇太极将原来的蒙古牛录和新归附的蒙古各部统一组编，形成了蒙古八旗，其编制与满八旗完全一致。入关之后，清政府对蒙古八旗亦分成驻京蒙古八旗和驻防蒙古八旗。

天聪五年(1631)，皇太极为平衡八旗旗主诸贝勒的军事实力，以汉人精于火器，拨出汉人别置一军，名“乌真超哈”(“乌真”，汉语意思为“重”；“超哈”，汉语意思为“兵”或“军”)，以佟养性为昂邦章京（总管)。崇德元年（1636)，将汉人分为二旗，石廷柱为左翼一旗固山额真（汉名都统)，马光远为右翼一旗固山额真。崇德四年(1639)分为四旗。崇德七年（1642)，增编为八旗，共计一百二十九个牛录，二万四千五百人。入关后，因形势剧变，汉军八旗陆续编进了新投降和改编的汉人官兵，发展为二百七十个牛录，兵额两万人。编制扩大一倍多，兵额却少于初建。官多兵少，体现了笼络汉降官的政策。

八旗改制

入主中原之后，清王朝加强了八旗军队的建设。驻京八旗设骁骑营、前锋营、护军营、步兵营。其后又设火器营、健锐营、内府三旗护军营、前锋营、骁骑营以及圆明园八旗护军营和三旗虎枪营等。为了削平各地反清武装，牢固控制全国一千七百余府、厅、州、县，清王朝陆续派遣八旗军在一些重要城市驻防，称之为驻防八旗。清代的驻防八旗，大体上可分为畿辅驻防（也称直隶驻防）、东三省驻防、各省驻防和新疆驻防四大系统。这一系列改革强化了八旗制度，使八旗职业军队化了。

设立绿营

除了加强八旗军制外，针对八旗兵力的有限性，清政府设立汉军“绿营”。为了和八旗部队有所区别，汉军使用绿旗，因此称为绿营。绿营兵分为马兵、战兵、守兵、水师四种，分驻于北京和各省。驻守在北京的绿营兵称为巡捕营，由步兵统领统辖。驻守各省的绿营兵有督标（由总督统辖）、抚标（由巡抚统辖）、提标（由提督统辖）、镇标（由总兵统辖）、军标（设于四川、新疆，由将军统辖）、河标（由河道总督统辖）、漕标（由漕运总督统辖）。标下设协，由副将统领；协下设营，由参将、游击、都司、守备分别统领。绿营的建立，补满、蒙、汉八旗力之不足，成为维系清王朝统治的另一支重要的军事支柱。

八旗的功绩

康熙帝平定“三藩之乱”初期，由于八旗兵丁安逸日久，缺乏战斗历练，加之选帅非人，致使战争初期清军连连受挫，士气低落。康熙帝果断擢任能臣图海、赖塔为大将军，任用穆占等勇将，八旗军士气再度振作；康熙帝又重用绿营将领，使之与八旗军配合作战，战局由此迅速改观。绿营兵发挥了重要作用，八旗军也再显军威，于康熙二十年（1681）十月攻克昆明，削平了三藩之乱。此后，康熙帝又三征准噶尔汗噶尔丹，先后授其兄裕亲王福全、三等伯费扬古为大将军，调动八旗士卒近十万名，辅以绿营和蒙古军，大败准军，消除了北方威胁，拓疆两万余里。康熙帝又遣皇十四子允禵为抚远大将军，统领八旗兵、绿营兵和青海蒙古兵两万余名，进入西藏，驱走准噶尔新汗策妄阿拉布坦之军，安定了西藏，将西藏纳入清朝版图。针对沙俄军队对东北地区的侵扰，康熙帝命原黑龙江将军萨布素率领八旗兵三千人，两次击败侵占黑龙江的沙俄殖民军，与俄国政府签订了《尼布楚条约》。这样以八旗军为主力的清军，在康熙朝安定西北、西南，以及拓土辟域、保卫领土的战斗中，发挥了重大作用。

八旗的衰落

清雍正朝时，准噶尔部再次发动叛乱，雍正帝任命傅尔丹为靖边大将军，统领以八旗兵为主的北路军三万余名进攻准噶尔。这时八旗军由于开国日久，人习安逸，将弁懈怠，战斗力已经削弱。

乾隆帝继位以后，整饬戎务，组建健锐营，擢用能臣勇士，贬斥懦将庸帅。他先后擢用阿桂和勇将兆惠、福康安为定西将军、定边将军、大将军，以八旗军为主力，两征金川，两征准部，平定回疆，彻底消除了准噶尔部对西北的威胁，安定了西北和川西地区，统一了新疆。

乾隆后期，八旗军的战斗力已大大削弱，嘉庆帝还是皇太子时，曾经随乾隆帝阅兵，所见到的却是“射箭，箭虚发；驰马，人堕地”。在嘉庆年间历时九年的平定白莲教起义中，北京八旗和西安等处驻防旗兵柔弱怯战，未能起到主力军作用。此后，八旗军更不断衰弱，最后于宣统三年(1911)清朝灭亡后全部解散为民。

▼清八旗将士盔甲

关键词：三藩之乱 / 《尼布楚条约》

维护统一的内征外战

▪ 清康熙时期

入主中原后，清朝统治者在巩固统治集团核心地位的同时，承袭中原地区的传统文明，尊孔崇儒，获得汉族地主阶级的支持，迅速稳定和巩固了统治。与此同时，清初几代帝王，特别是康熙帝时期，积极经营边疆，拓疆辟土，平定叛乱，加强对少数民族地区的管理。对边疆地区的有效治理增强了边疆各族与中央的联系，促进了民族团结，维护了领土的完整。

削平三藩

顺治十八年（1661）正月，顺治病逝，其子玄烨继位，次年改元康熙。康熙帝在清除鳌拜及其党羽之后，即着手里进行维护统一、捍卫主权的内征外战。首开其端的是削平三藩之乱。

康熙初年，云贵的平西王吴三桂、广东的平南王尚可喜、福建的靖南王耿精忠，掌握地方军事、行政、财政大权，拥兵自重。而朝廷每年须向三藩供应大量的饷银，致使“天下财赋，半耗于三藩”。三藩势力日益膨胀，成为清王朝的心腹大患。康熙帝亲政后，将撤藩视为首要之事。康熙十二年（1673）三月，平南王尚可喜以年老多病上疏，请求归老辽东，留其子尚之信继续镇守广东。此举给了康熙帝撤藩的借口，他同意尚可喜告老，但不许留子镇守，吴三桂、耿精忠闻讯，先后上疏请撤藩，试探朝廷意旨。此事引起清廷大臣们的激烈争论，康熙帝认为“藩镇久握重兵，势成尾大，非国家利”，最终决意撤藩。

十一月，吴三桂自称“天下都招讨兵马大元帅”，以复兴明室为号召，率先发动叛乱。一时间，吴三桂在各地的党羽、一些叛明降清的文官武将纷纷起兵响应，四川、湖南尽数陷落。次年三月，耿精忠在福州起兵叛乱，叛军攻城略地，势力在南方迅速蔓延。吴三桂叛乱，举朝震动，年方二十岁的康熙帝临危不乱，在策略上“剿抚并用”：下令停撤闽、粤二藩，以分化瓦解三藩阵营；同时调兵遣将，集中讨伐吴三桂。此时的八旗兵因生活优裕已失去了当初的战斗意志，所以开战后一再失利，战争局势对清军极为不利。

康熙十三年十二月，陕甘提督王辅臣举兵反叛。吴三桂分兵两路，一路由长沙出江西，攻打袁州，陷萍乡、安福、上高；另一路由四川窥陕西，企图与陕甘提督王辅臣会合，进逼京师。康熙帝首先采用招抚的办法，争取王辅臣重新归附，稳定西北局势，然后集中兵力南攻。由于八旗兵战斗力下

∧ 寿山石御用对印 · 清

这对印章是清代康熙皇帝晚年的御用印，包括朱文“戒之在得”和白文“七旬清健”各一方，均为寿山芙蓉石，质地温润细腻，平顶浮雕双夔龙博古钮，雕工精致。

^ 清圣祖戎装像图 · 清

此幅绘清圣祖康熙皇帝身着戎装在四名侍卫的陪同下坐在松树之下，这幅作品里的康熙皇帝应该是二十几岁的年纪，应为亲政之后的作品，反映了康熙皇帝年轻时演武射箭的装束。

降，康熙帝大胆起用绿营兵将，破格提拔赵良栋、姚启圣等人，予以重用。清军很快从荆州江北和江西两个方向展开进攻，吴军顾此失彼，开始溃败。康熙十五年（1676）十月四日，耿精忠在大军压境、内部矛盾重重的形势下，率部投降。康熙十六年（1677）五月，清军抵达广东，尚之信（尚可喜之子）率部“归正”。陕西、福建、广东以及江西都先后平复，剪断了吴三桂的侧翼。康熙十七年（1678）以后，战局对吴三桂更加不利。为了振奋士气，吴三桂于同年三月在湖南衡州称帝，定国号为“周”。八月，吴三桂暴死，诸将迎立其孙吴世璠继位，退居昆明。

康熙十八年（1679），清军平定岳州、长沙、衡州等地，康熙帝下诏“当时倡叛，罪止吴三桂一人，所属人员均系胁从，情可矜恕”，对叛军起了迅速瓦解的作用。康熙十九年正月，清军定汉中、复成都、攻重庆，克复四川。康熙帝命清军自湖南、广西、四川兵分三路，齐捣云南。康熙二十年（1681），清朝三路大军在云南会师，围攻昆明，吴世璠自杀，其余叛军投降。历时八年之久的三藩之乱至此平定。

三藩分裂割据，违背历史潮流；清朝平叛则是维护国家的统一，顺应民心。在平叛战争中，康熙帝年少智勇，表现出杰出的政治、军事才能，成为平叛胜利的重要因素。平定三藩之乱，消除了地方割据势力，加强了中央集权。

收复台湾

明朝天启四年（1624），荷兰殖民者盘踞台湾。明末的抗清将领郑成功北伐南京失败后，为了坚持长期抗清，决定收复台湾，并以此作为反清根据地。顺治十八年（1661）三月，郑成功率军进击荷兰殖民者。康熙元年（1662）正月，郑成功指挥军队从海陆两方面向荷兰侵略者发动了进攻。面对中国军队的强大攻势，荷军统帅终于在投降书上签字。至此，被荷兰侵略者非法占据三十八年之久的台湾终于回归祖国。台湾收复后，郑成功采取一系列政治、经济和文化措施经营台湾，促进了台湾的开发建设。郑成功死后，其子郑经即位。康熙帝开始欲以和平方式解决台湾问题，曾两次派人招降。但郑经请同朝鲜一样，“不剃发、不易衣”，希望维持独立状态，被康熙帝断然拒绝。

康熙二十年（1681）正月，郑经去世，其子争立王位，局面混乱，新继位的郑克塽无力控制局面。康熙帝趁机用兵，下令以施琅为福建水师提督，统舟师进取澎湖、台湾。康熙二十二年（1683），施琅率水师由福建铜山（今福建东山）出发，进攻澎湖。当时澎湖守将刘国轩严阵以待，各港口均派重兵把守，又在沿岸环二十余里筑垒设炮，火力凶猛，清军舰船无法靠岸。这时又逢飓风突起，清军前锋颠荡漂散，被刘国轩派战舰包围。施琅督率大船指挥突围，拼死力战，才转危为安。针对不利形势，施琅迅速调整战略，兵分三路，两翼配合，中路主攻。以五十艘出牛心湾；五十艘出鸡笼屿为奇兵牵制；施琅亲自率五十六艘，分八队，攻其中坚；以八十艘为后队。随后发起攻击，激战竟日，焚敌舰一百九十多艘。刘国轩力不能敌，退守台湾。清军占领澎湖后，乘胜追击。郑克塽无力抵抗，遂遣使议降，归顺清朝。至此台湾平定，与大陆复归统一。

康熙二十三年（1684），清政府在台湾设一府（台湾府）三县（台湾、凤山、诸罗），隶属福建省管辖；并在台湾设巡道一员，总兵官一员，副将两员，兵八千人；在澎湖设副将一员，兵两千人。从此，在清朝中央政府的统一治理下，台湾的开发也进入了新的历史时期。

“威远将军”炮·清

“威远将军”炮制作于康熙二十九年（1690），是一种大口径、短身管的著名火炮。该炮在康熙帝平定噶尔丹叛乱中发挥了重要作用，现陈列在中国军事博物馆“古代战争”馆中。

抗击沙俄

从16世纪后半期起，沙俄势力开始越过乌拉尔山，五十多年间占有了整个西伯利亚，并进一步觊觎中国的黑龙江流域。明崇祯十六年（1643），一支哥萨克人远征军进入精奇里江的支流勃良塔河流域和黑龙江流域，烧杀抢掠，侵扰两年之久才退回。顺治六年（1649）春，西伯利亚富商哈巴罗夫组织第二支远征军，对黑龙江流域进行武装入侵，次年占领了雅克萨。顺治十一年（1654），斯捷潘诺夫接替哈巴罗夫统率沙俄侵略军，在黑龙江上游呼玛尔河口筑垒防御。顺治十二年至十七年（1655—1660），清军几次出击俄军，基本剿灭了斯捷潘诺夫军。但一批来自叶尼塞的沙俄殖民者重新占据了尼布楚，康熙四年（1665），另一伙沙俄侵略者又侵占了雅克萨。俄军以雅克萨和尼布楚为据点不断蚕食黑龙江流域的领土，进行野蛮的掠夺和屠杀，使当地居民处于水深火热之中。

^ 清圣祖康熙帝半身像·清

康熙帝（1654—1722）在历代帝王中堪称多才多艺，他不但学习中国典籍，还在南怀仁等西方学者的指导下学习西方科学知识，如几何学、天文学、医学、音乐等。

康熙帝初欲以和平方式解决问题，几次派人到雅克萨、尼布楚送信，令俄人退出，但俄军置若罔闻，变本加厉。三藩之乱平定后，康熙二十四年（1685）二月，康熙帝命令都统彭春、副都统郎谈、黑龙江将军萨布素统军三千多人，水陆两路进取雅克萨。五月二十三日，清军抵达雅克萨城下，依康熙帝命令向雅克萨俄军统领托尔布津发出警告，要求其速撤回雅库茨克。守城俄军虽不过四百五十人，但执意顽抗。次日清军水陆配合，包围雅克萨。在城南“设挡牌土垒，施放弓弩”佯攻，而将红夷大炮架于城北，又在两翼放神威将军大炮夹攻。二十五日黎明，清军发起进攻，俄军血肉横飞，死伤惨重，俄军头目托尔布津被迫率残部出城投降。清军对他们宽大处理，放其回国。然后摧毁雅克萨城，还驻瑷珲（今黑龙江黑河市爱辉区南35千米）。

清军撤军不久，托尔布津残部在六百多名援军支持下，又重返雅克萨，加固城墙，深挖护城壕沟，企图长期盘踞。康熙二十五年（1686）二月，康熙帝命萨布素统兵两千，乘船沿黑龙江溯流而上，进击雅克萨。七月兵临城下，俄军凭借城坚粮足，负隅顽抗。双方对峙，战斗激烈。十一月底，托尔布津被大炮击中毙命，俄军仅剩百余人。清军将雅克萨围困达三个月之久，俄军外无援军、内断粮草，士兵多数患病。这时俄国政府代表抵达北京，要求停战交涉，清军遂撤围。

康熙二十八年（1689）七月，中俄双方在尼布楚进行谈判，签订了《尼布楚条约》。该约从法律上肯定了格尔必齐河和额尔古纳河以东，外兴安岭直至鄂霍次克海以南的乌苏里江和黑龙江流域，包括库页岛在内的广大地区，都是中国的领土。《尼布楚条约》是中俄双方在平等协商基础上签订的第一个边界条约。这个条约给中国的东北边疆带来了一百五十年的和平。

统一蒙藏

清初，居住在中国西北方的蒙古族分为三大部，即漠南蒙古、漠北喀尔喀蒙古、漠西厄鲁特蒙古。漠南蒙古于清入关前即已归服。漠北喀尔喀蒙古下分札萨克图、土谢图、车臣三部。漠西厄鲁特蒙古部分为四大部：游牧于巴尔喀什湖以东、天山以北、伊犁河流域的称准噶尔部；游牧于乌鲁木齐附近地区的称和硕特部；游牧于额尔齐斯河沿岸的为杜尔伯特部；游牧于塔尔巴哈台附近地区的称土尔扈特部。

17世纪以来，漠西厄鲁特蒙古的准噶尔部逐渐强大起来。康熙初年，噶尔丹自立为准噶尔汗。为了实现割据一方的狂妄野心，噶尔丹在沙俄政府的唆使下，于康熙二十七年（1688）对漠北喀尔喀蒙古部发动了突然袭击。沙俄侵略者趁机引诱喀尔喀蒙古投降沙俄。喀尔喀部宗教首领哲布尊丹巴拒绝了沙俄的诱降，毅然率领数十万部众南归内地，归顺清朝。康熙帝把他们安置在科尔沁草原游牧，责令噶尔丹退兵，归还喀尔喀牧地。但噶尔丹依仗沙俄的支持，公然率两万多骑兵，以追击喀尔喀为名，深入内蒙古，前锋到达乌珠穆沁境，距北京仅九百余里。形势紧急，康熙帝遂决定亲征，康熙二十九年（1690），清军兵分两路出击。右翼在乌珠穆沁作战失利，噶尔丹进入乌兰布通（今内蒙古赤峰市境），距北京仅七百里；但左翼清军以优势火器摧毁了噶尔丹的“驼城”，大败叛军。康熙三十五年（1696），清军于昭莫多（今蒙古国乌兰巴托东南）截击叛军，噶尔丹战败，连夜溃逃。康熙三十六年（1697），康熙帝又亲率大军至宁夏城（今宁夏银川），将叛军包围。噶尔丹四面楚歌，走投无路，服毒自杀而死。噶尔丹叛乱平定后，喀尔喀蒙古各部回到了原来的牧地，各部首领接受了清朝的封号。至此，外蒙古地区完全统一在清朝中央政府的管辖之下。清朝在科布多、乌里雅苏台等地派了将军和参赞大臣，掌管当地军政大权，加强了对外蒙古的统治。

噶尔丹死后，康熙帝因策妄阿拉布坦助剿有功，承认其为准噶尔汗，并划阿尔泰山以西的辽阔土地供其放牧。但策妄阿拉布坦羽翼丰满之后，也走上了叛乱的道路。他不仅控制了天山南北，而且妄图吞并西藏。康熙五十六年（1717）十月，策妄阿拉布坦派兵攻入拉萨，杀死拉藏汗，囚禁拉藏汗所立的六世达赖意希嘉措，组织傀儡政权，控制了西藏。康熙五十九年（1720），清廷分兵两路入藏进击策妄阿拉布坦。康熙帝还令北路军在进军的同时护送新册封的七世达赖格桑嘉措入藏。在藏族人民的帮助下，清军迅速驱逐了叛军，使西藏的局势稳定下来。这一年，七世达赖在拉萨坐床，康熙帝赐给封号，并派大臣分管前藏和后藏事务，又驻兵留守西藏。至此，西藏地区完全归于清朝政府的统辖之下。

关键词：摊丁入亩／改土归流／军机处

雍正帝改革

▪ 1723年～1735年

康熙帝在位期间，诸皇子之间就为太子之位争夺不休，以至于惨案不断。四皇子胤禛韬光养晦，最终取得胜利，登基即位，是为雍正皇帝（1678—1735）。雍正帝四十五岁时即位，在位共十三年。在这短短的13年里，雍正帝励志改革、整顿危局，实行了许多革新措施，其中具有代表性的主要有整顿吏治、摊丁入亩、改土归流、设立军机处、建立密折制度等。

整顿吏治

康熙帝一共有三十五个儿子，除了夭折和早死的之外，有排序的是二十四位，成年且受册封的只有二十位。在这些皇子中，年龄较长的有十二位，他们是：大阿哥胤禔、二阿哥胤礽、三阿哥胤祉、四阿哥胤禛、五阿哥胤祺、七阿哥胤祐、八阿哥胤禩、

> 珐琅彩锦堂富贵图碗·清

九阿哥胤禟、十阿哥胤䄉、十二阿哥胤祹、十三阿哥胤祥、十四阿哥胤禵。这十二个皇子主要分成三个集团：第一个是以皇太子胤礽为核心的太子党；第二个是以皇八子胤禩为核心的八阿哥党；第三个则是以皇四子胤禛为核心的四阿哥党。

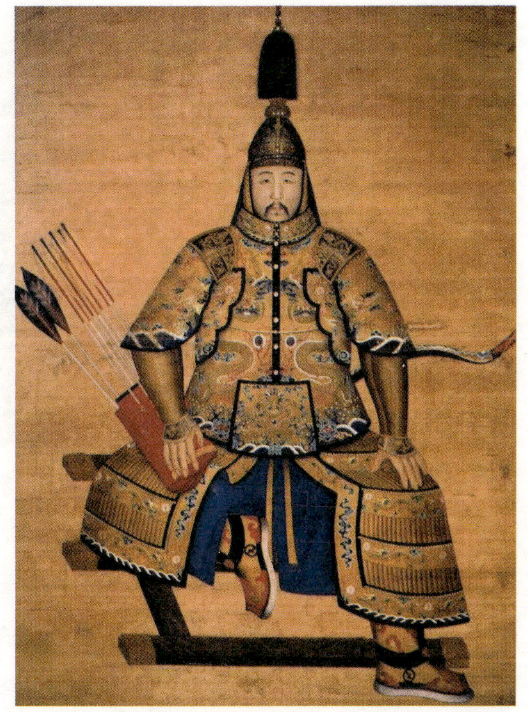

^ 清世宗戎装大阅图

雍正初年，清军连续平定了青海罗卜藏丹津和西藏阿尔布巴叛乱，稳定了青海、西藏地区的局势。

康熙四十七年（1708）和五十年（1711），太子胤礽两次被废，彻底失去了登上皇位的机会。而在太子第一次被废后，皇八子胤禩因为勾连大臣，为储位大肆活动，让康熙帝大为不满，也失去了即位的可能。最终，韬光养晦的皇四子、雍亲王胤禛，在皇十三子胤祥、十七子胤礼以及大臣隆科多、年羹尧等人的支持下，低调发展，最终获得了康熙帝的青睐。雍正元年（1723），胤禛登基，成为中国历史上著名的雍正皇帝。因为康熙帝晚年，吏治松弛，贪污腐败成风。雍正帝即位之后，大刀阔斧地整顿吏治，先后颁布了11道谕旨，以训谕各级官员，主要内容有：不许虚名冒饷、侵渔贪婪；不许纳贿财货，戕人之罪；不许多方勒索，病官病民；不许恣意枉法，恃才多事，等等。雍正帝还严厉告诫各级官员，如因循不改，必

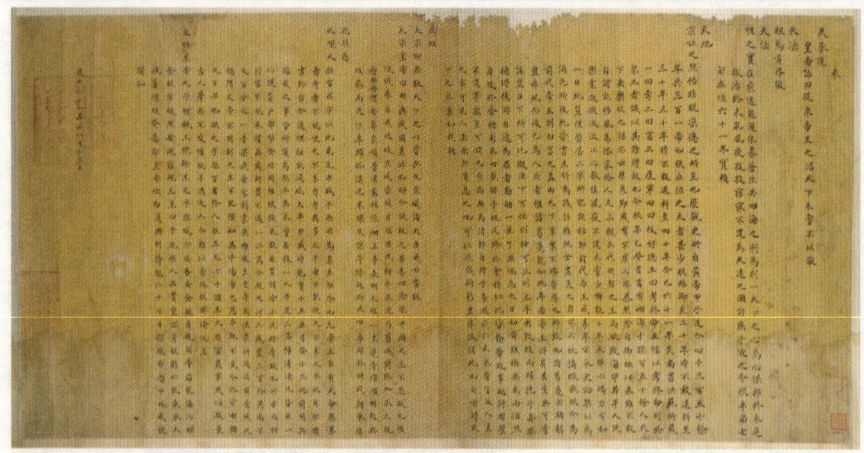

^ 清圣祖康熙遗诏

在这份遗诏中，康熙皇帝明确指出："雍亲王皇四子胤禛人品贵重，深肖朕躬，必能克承大统，继朕登基即皇帝位。" 这段文字足以豁清雍正即位窜改遗诏的历史迷雾。

定重罪严惩。二月，雍正帝下令将亏空钱粮的各地方官员即行革职追赃，不得留用，所追得财物均上缴国库，为民所用。三月，雍正帝下令命各省督抚将其所有幕客姓名上报官府，禁止官员纵容下属勒索地方，增加地方政府和人民负担。同年还设立会考府，整顿收支。这一年被革职抄家的各级官吏就达数百人，其中很多是三品以上大员。经过整顿，雍正时期吏治清明，不良习气渐少，使为官者能够奉公守法，为百姓做事，体恤民情，为百姓减轻了不少疾苦。

摊丁入亩，改土归流

摊丁入亩是雍正帝在位时实行的一项重大的经济改革措施。清政府沿用的是明朝的税收制度，分为人头税和土地税。人头税叫丁银，按家庭成丁数量征收；土地税叫田赋，按家庭拥有土地的数量征收。这种收税方式实质上意味着农民要交两份税，遇到歉收或战乱，无地或少地的贫苦农民根本交不起这两种税，只好举家逃亡，造成了许多社会不稳定因素。

雍正帝时期实行“摊丁入亩”制度，改为按地亩收取丁银。各地方政府丈量土地，统计各户的土地数量，造成册子，每年秋后收税的时候，按册子上所记土地的多少定纳税的数额，地多的人多纳，地少的人少纳，无地的人不纳，也可称之为“摊丁入地”，从而在法律上彻底取消了人头税。这项措施是中国财政赋税史上的一次重大革命，最终结束了中国历史上人丁、地亩双重征税标准，而且简化了税收的手续。这在一定程度上减轻了人民的负担，使他们不用再为躲避税收而四处逃亡，从而也对社会稳定、增加国家税收具有积极意义。

顺治、康熙年间，云南、贵州、四川、广西、湖南等少数民族聚居的地区仍然沿用旧制，主要通过当地世袭的土司进行统治。这种元朝时就开始实行的土司制度弊病很多，随着土司势力的不断壮大，他们之间不断发生战争，不仅不服从中央政府的统治，而且对当地民众的统治极其残暴，还经常骚扰邻界的汉民，扰乱其正常生活，已成割据之势，严重威胁国家统一。

为了解决土司割据的弊病，雍正帝时期全面推行“改土归流”制度，实行流官制，即用朝廷调遣的流官取代那里世袭的土司，进行统治。雍正四年（1726），云贵总督鄂尔泰多次上书，阐述改土归流的必要性，奏请将原属四川的东川土司改土归流，雍正帝对此甚为赞赏，令其办理，由此开始在西南开始大力推行改土归流。雍正一朝，西南地区大量土司被裁革，分别设置府、厅、州、县，派遣流官进行管理。这些朝廷派遣的流官与世袭的土司不一样，他们是有一定任期的，期满之后仍回朝廷，另行分配，这样就避免了地方首领聚集势力、割据一方的危险。改土归流遭到了土司的武装反抗，雍正帝坚决派兵平定。在这一过程中虽然也殃及了许多无辜百姓，给当地百姓带来伤害，但从长远利益讲，有利于多民族国家的统一，减轻了西南少数民族人民的负担，使人民生活得到改善，同时也促进了这一地区与中原地区社会经济与文化的联系。

设立军机处，建立密折制度

军机处的设立是雍正帝的首创。雍正年间，清政府用兵于西北，为了保证军务的高效率和机密性，雍正七年（1729），雍正帝下令设立军机房。雍正十年（1732）改名为办理军机处，简称军机处，至此，军机处完全取代了议政王大臣会议，成为清廷最高决策机构，皇权统治进一步加强。军机处地点设在皇宫内廷乾清门右侧的平房里面。这里戒备森严，又与雍正帝寝宫养心殿毗邻，以便随时接受皇帝召见，及时处理军政机密要务。

雍和宫

曾为雍亲王府，雍正三年（1725）改建为雍和宫。

军机处由军机大臣和军机章京组成，军机大臣由皇帝在宗室、大学士、六部尚书、侍郎等满汉亲贵中指定充任，军机章京从内阁、翰林院及六部衙门中选任。军机大臣和军机章京都是兼职，人数不定，少则四五人，多则十一二人，一般情况下是六七人。军机处的主要职责是“承旨书谕”。每天清晨，军机大臣和军机章京都会按时来到军机处，等待皇帝召见。皇帝有时候单独召见一个人，有时候一次召见几个人，共同商讨国家大政方针。军机处按照皇帝的旨意办事，权力非常大，他们所拿的奏折可以绕过内阁、议政处，直接送达总督、巡抚手中，别人无权拆阅，这种传达方式叫作“廷寄”，不仅速度快，而且保密程度高。军机大臣还可以直接到各地方了解地方情形，传达皇帝旨意，并将民之疾苦直接传达给皇上，起到了上传下达的作用。这个机构使皇帝把国家军政大权紧紧地控制在自己手中，进一步扩大了专制皇权的范围。

早在康熙年间就有了密折制度。密折是奏折的一种，是指专受皇帝指令的官员单独向皇帝密报、由皇帝直接批谕再直接发给上奏人的文书。雍正帝即位以后，进一步发展并完善了密折制度，使用密折的范围进一步扩大，逐渐扩大到地方的驻防将军、总督、提督、巡抚等军政负责人，使地方官吏能够将地方情况及时写在折子上，由其家人或亲信以最快的速度送到皇帝手中，皇帝亲自朱批之后，再密封转交给上奏人。在这一传递过程中，为了进一步保证密折的机密，还实行了一系列的保密制度，主要是将特制的“折匣”发给每一个皇帝指定的折奏人，并配有钥匙，皇帝和上折奏人一人一把，所以只有这两个人才能开启。同时也禁止将皇帝的朱批密谕互相传看、告知，一经发现，即按泄露军机治罪。密折制度的实行，增加了皇帝的信息来源，进一步加强了皇帝对中央及地方的监督。

贱民脱籍

贱民是指不属于士、农、工、商任一阶层的人，而且这种身份世代相传，不能改变。在雍正初年，贱民主要包括山西和陕西的乐户、徽州的伴当、麻城和宁国的世仆、浙江的惰民、广东的疍户等。贱民以统治者的政敌及罪犯为主。如明成祖朱棣与建文帝争位，攻入南京后，将支持建文帝的人贬为贱民。贱民不能参加科举考试，也不能做官，甚至不能与一般百姓通婚。贱民在日常生活方面也受到严格的限制，如以捕鱼为业的广东疍户，只能以船为家，不得上岸居住。

雍正元年（1723），雍正帝采纳监察御史年熙（年羹尧之子）的主张，认为压良为贱是明朝的弊政，应该革除，于是先后下令废除山西、陕西乐户的乐籍，“改业为良民”；废除浙江绍兴惰民的丐籍。雍正五年（1727）下令，将那些“年代久远，文契无存，不受主家豢养”的部分伴当、世仆准予“开豁为良”。雍正七年（1729）下令，广东一带的疍户可以“与齐民一同编立甲户”。此外，还有江西的棚民、苏州一带的丐户也都先后削去贱籍。这样，存在了一千多年的贱民制度被废除了，这就使这些社会下层的劳动者正式改入民籍，从而废除了法律上对他们的歧视。

雍正十三年（1735），雍正帝病逝，葬于河北易县泰陵。正是他的勤政、改革、肃贪等施政措施，打造了中国封建社会的最后一个盛世——康乾盛世。

历史断面

曹雪芹和《红楼梦》

《红楼梦》，作者曹雪芹（约1716—约1763），名霑。雍正五年（1727），曹雪芹之父曹頫因参与皇位之争而被株连，革职抄家，家道衰落。曹雪芹为了创作《红楼梦》呕心沥血，全书尚未完稿，他就因爱子夭折悲伤过度而一病不起，“泪尽而逝”。现今的一百二十回本《红楼梦》，前八十回为曹雪芹撰著，后四十回为高鹗续补。《红楼梦》是以贾宝玉和林黛玉的爱情悲剧为主线，描写了当时社会的动荡以及各阶层人民的生活，是一部影响深远的现实主义作品。

关键词：金瓶掣签 /《四库全书》

乾隆帝的治国平乱

■ 1735年～1796年

爱新觉罗·弘历（1711—1799）于雍正十三年（1735）九月即位，年号乾隆，时年二十五岁。乾隆帝在位六十年，接着又做了三年多的太上皇，他在位期间有着足以夸耀后世的文治武功，但他执政晚年，放松吏治，致使奢靡贪污之风盛行；同时又好大喜功，穷兵黩武，以致劳民伤财。自乾隆末期起，社会各个方面潜伏着的危机也陆续浮出水面。

确立金瓶掣签制度

乾隆帝继承父祖之志，以文治武功将清朝统治推到极盛。他不仅在治国之道上卓有成效，而且在平定叛乱、巩固边防方面也取得了重大成就。乾隆四十九年（1784），噶玛噶举第十世活佛确朱嘉措叛逃到廓尔喀国，挑唆廓尔

> 金瓶掣签使用的金贲巴瓶和牙签·清

喀入侵西藏。乾隆五十三年（1788），廓尔喀制造借口，挑衅生事，大军入侵西藏。清廷对此非常震惊，派兵援藏。后来由于大雪就要封山，廓尔喀早清军一步撤回尼泊尔。乾隆五十六年（1791），廓尔喀兵分几路再次侵藏，深入千里，洗劫扎什伦布寺，气焰极为嚣张。乾隆帝急调两广总督福康安统兵入藏，福康安率军一路冲寒冒雪，日夜兼程，经过艰苦战斗，将廓尔喀军全部逐出境外。接着清军深入敌后，一直打到了廓尔喀首都城下，廓尔喀国王投降。

乾隆帝鉴于西藏地方弊端很多，以致强敌压境、无力抵御，下决心整顿西藏事务。乾隆五十八年（1793），乾隆帝派人与达赖、班禅的僧俗要员商议，制定出《钦定藏内善后章程二十九条》，完善了清廷治理西藏的制度，得到广大藏民的拥护。

《钦定藏内善后章程二十九条》的主要内容包括：明确规定驻藏大臣的地位与达赖喇嘛、班禅额尔德尼平等，监督办理西藏事务（这是对驻藏大臣职责和地位的首次明确规定）；噶伦、代本等高级僧俗官员由达赖喇嘛和驻藏大臣会同选择，呈请中央政府任命，下级官员则由驻藏大臣与达赖喇嘛会同挑选；建立西藏地方的常备军，定额三千人，等等。此外，还确定了著名的金瓶掣签制度，即每世达赖、班禅的转世灵童必须在驻藏大臣监督下，经由乾隆帝所赐的金瓶掣

出，再报中央政府批准；其后坐床，也须由驻藏大臣“看视”，报告皇帝。西藏的一切涉外事务均由驻藏大臣办理。西藏地方政府的收入统由驻藏大臣稽查。从此，驻藏大臣的政治权力更加巩固，达赖喇嘛和班禅额尔德尼平等的宗教地位和政治地位进一步确立，清朝治理西藏的制度更加完善。自乾隆五十八年（1793），之后的两百多年间，西藏就有七十余名活佛通过金瓶掣签认定。1995年11月，在拉萨的大昭寺用金瓶掣签的方式选定了第十世班禅大师的转世灵童，即第十一世班禅额尔德尼。

万树园赐宴图·清·郎世宁

此图描绘了乾隆十九年（1754）五月，乾隆帝在避暑山庄的万树园举行隆重的宴会，款待蒙古杜尔伯特部大小首领的场景。

统一新疆

雍正五年（1727），准噶尔汗策妄阿拉布坦死，其子噶尔丹策零继位。乾隆十年（1745），噶尔丹策零死，准噶尔部陷入了长期的内乱。贵族达瓦齐乘机自立，但属下官民纷纷归降清朝，使他陷入了众叛亲离的境地。乾隆帝认为最后平定准噶尔部分裂割据势力的时机已经成熟，遂决定大举出兵。乾隆二十年（1755）春，清军分北、西两路，每路二万五千人，马七万匹，向伊犁进军。五月初，两路清军进抵伊犁。达瓦齐逃往南疆，为维吾尔族军民捉获，送至清廷。清军遂占领了准噶尔部全境。同年，策妄阿拉布坦的外孙阿睦尔撒纳在伊犁公开叛乱。次年，清政府出兵平叛。阿睦尔撒纳溃败，叛逃俄境。当清政府打败准噶尔部时，曾受准噶尔部奴役的维吾尔族首领大小和卓乘机逃回老家。他们想独霸一方，煽动维吾尔族上层分子，发动叛乱。乾隆二十三年（1758），清政府派兵镇压。次年，叛乱被平定，大小和卓被杀。清政府在喀什噶尔等地设官驻兵，加强了对天山南路的管理。

清政府平定准噶尔部和大小和卓叛乱，统一新疆后，实行了军府制统治。乾隆二十七年（1762），设伊犁将军于惠远城（今新疆霍城县），任命明瑞为第一任伊犁将军，为统治新疆全境的最高官员，统一行使对天山南北各地的军政管辖。伊犁将军之下，分设都统、参赞、办事、领队大臣，分别管理各地军政事务。清政府对新疆各族人民的统治，依据“因地制宜”“因俗施治”的原则，采用了不同的办法。如对广大维吾尔族聚居地区依旧实行伯克（突厥语音译，地方官吏称号）制度，但是废除了伯克的世袭，伯克的任免权归于中央，并严格实行政教分离；在东疆汉人较多的地区实行郡县制；而对北疆的蒙古族和哈密、吐鲁番地区的维吾尔族，则实行札萨克制，即册封王、贝子、公等世袭爵位。吐鲁番地区军府制与札萨克制并行。清朝政府在官员的任用方面还采取了以满族为主、各族官

^《平定回部准部得胜图册》之阿尔楚尔之战·清·郎世宁

员并用的政策；经济方面，推行以农业为主，农牧并举的经济措施，减轻赋税，采取中央财政定额补贴制度，等等。清朝统治时期，新疆的社会经济得到了较大的发展。

平定大、小金川

在四川西北部小金沙江上游，有大、小金川两个支流，生活在该地的居民与藏人同族，其领袖哈伊拉木明代被封为世袭的土司，称“金川寺演化禅师”。哈伊拉木的后裔卜儿吉细，于顺治七年（1650）降服清朝。康熙年间，嘉纳巴袭封“演化

清高宗一箭双鹿图·清·郎世宁

图绘乾隆帝骑马射鹿，而且一箭击中双鹿的场景。此图没有落年款，但是通过乾隆皇帝微胖发福的体态可以推断，此图反映的是乾隆皇帝晚年的行猎活动。

禅师”职，世袭传至其曾孙泽旺。嘉纳巴的一个偏房孙子莎罗奔，曾于康熙五十九年（1720）跟随清军入藏作战，在岳钟琪麾下立下战功，经由岳钟琪的保荐，于雍正元年（1723）莎罗奔被封为安抚使，衙门设在大金川东岸的噶尔崖。旧土司官泽旺衙门居小金川的美诺。

莎罗奔于乾隆十一年（1746）劫持泽旺，夺取“演化禅师”之印，兼并了小金川。次年，莎罗奔公开叛乱，攻打邻近土司。四川巡抚纪山派兵镇压，被莎罗奔所败。清政府调云贵总督张广泗为四川总督，率军三万再次镇压，但是莎罗奔及其侄儿据险死守勒乌围和噶尔崖，加上张广泗左右所用非人，清军举动尽为莎罗奔得知，久攻不下，损失惨重。

乾隆十三年（1748），清政府派大学士纳亲为经略大臣赴川西督师作战。由于噶尔崖地形险要，清军伤亡惨重。纳亲遂产生畏难情绪，“久而无功”。乾隆帝怒杀张广泗，赐死纳亲，改用岳钟琪为四川提督，傅恒为经略，再率清军攻打莎罗奔。岳钟琪久经沙场，调度有方，率领清军一路攻城略地，势如破竹，直逼莎罗奔据守地勒乌围。在包围勒乌围后，岳钟琪只带十二名随从进入勒乌围，与莎罗奔畅叙旧谊，劝其归降。次日，莎罗奔带领儿子郎吉，到傅恒军前投降，表示愿意退还所占临近土司的土地，发誓不再侵犯，服从大清，按时纳贡。傅恒秉承乾隆帝之意，赦免了莎罗奔，令其官复原职。后来，莎罗奔年老，其侄郎卡继承其职位。

乾隆二十三年到三十六年（1758—1771），朗卡及其子索诺木连续三次发动叛乱。乾隆皇帝先后派遣四川总督阿尔泰、大学士温福、定西将军阿桂，率军镇压叛乱。最终，阿桂率军在乾隆四十年（1775）年底，包围噶尔崖，将索诺木擒获，押送京师。清政府先后用了二十多年，终于平定了大、小金川的叛乱。为防止土司继续叛乱，加强管辖，清政府废除土司制，设美诺、阿尔古二厅，隶属四川省，同时将四川西北各地的土司，也相继改为州、县。这样不但加强了这一地区与内地的经济、文化交流，也畅通了四川至西藏的通道。然而，前后两役耗银七千万两，对于清政府财政也颇有影响。

由盛转衰的拐点

中华民族经过秦汉以来二千多年的发展，至康乾盛世，其经济取得了有史以来的最高成就，其农业、手工业、贸易、城市发展等，都取得了非凡的成果。

从农业来看，不论是耕地面积，粮食产量，还是当时的人口数量，清朝都远远超过了以往的历史时期。据统计，康熙二十四年（1685）全国共有耕地六亿亩，到乾隆帝去世（1799），全国耕地约为十亿五千万亩，全国粮食产量则迅速增至二千零四十亿斤。据当时随英国马戛尔尼使团来中国的巴罗估计，中国的粮食收获率高出英国。麦子的收获率为15：1（也就是种下一斤麦子可以收获十五斤），而当时在欧洲，粮食收获率居首位的英国也仅仅为10：1。到了乾隆五十九年（1794），中国的人口约为三亿一千三百万人，而当时全世界的总人口也就九亿人左右，中国人口占全世界总人口的三分之一。

乾隆时期的手工业也有了相当程度的提高。随着生产规模扩大，手工作坊、手工业逐渐增多，全国出现了许多手工业中心，如广东的冶炼业、京西的采煤业、江南的纺织业、云南的铜矿业等。同时，商品市场也有了一定的发展，粮食、布匹、棉花、丝、绸缎、茶、盐成为主要商品。

商业的增长不仅仅表现在国内贸易上，乾隆时期的国际贸易也有了很大的发展。当时中国的主要出口商品是茶叶、蚕丝、土布以及陶瓷等。18世纪末，英国东印度公司每年平均从中国购买大约价值四百万两白银的茶叶，而英国商人运到中国来销售的全部商品的总值，还不足以抵消从中国进口的茶叶一项，中国的对外贸易处于极大的顺差地位。到了乾隆末年，每年中国海关的关税盈余就高达八十五万两白银。

康雍乾三代皇帝励精图治，造就了百年盛世，但辉煌之下，也出现了腐败横行与民生困苦相伴而生的阴影。早在康熙帝晚年，奢侈之风已经兴起，后来经过雍正帝的厉行节约和锐意改革而有所遏制。但到乾隆帝时，随着经济繁荣和财力充裕，奢靡腐败之风重新抬头，并愈来愈甚。乾隆帝好大喜功，为粉饰太平，不惜靡费巨金，举办各种庆典。乾隆帝六巡江南，游山玩水，沿途接驾送驾、进贡上奉、大兴土木，豪华与排场空前，靡费特甚。上行下效，大小官吏借接驾和其他机会，极尽奢华之能事。统治阶级生活奢靡，往往相伴随的是权力机构中普遍性的贪赃枉法和腐败黑暗。乾隆中后期，连连发生贪污腐败的大案、要案。其中巨贪和珅，当政二十多年间搜刮的私财不计其数。嘉庆帝抄没其家产共编成一〇三号，其中折合白银竟达两亿两，是当时清政府财政岁入的好几倍。时有民谣称："和珅跌倒，嘉庆吃饱。"

官僚统治机构的奢靡腐败的必然后果，就是强化对小民百姓的压榨和剥削，致使广大民众生活日益贫困。乾隆中后期，苛捐杂税日益增多，除了正赋（指田赋）以外，还有盐课、关税、杂赋几项。其中杂赋包括渔税、牙税、当税、契税、落地税等名目。就税收总量而言，乾隆三十六年（1771）税收为四千三百五十多万两，比顺治末年多收一千七百九十多万两。嘉庆、道光年间，苛捐杂税更是苛繁。如此苛捐杂税，再加上土地兼并严重，大批农民失去土地，社会更加动荡不安，农民起义次数也越来越多。乾隆三十九年（1774），山东爆发王伦领导的农民起义；乾隆五十一年（1786），台湾爆发林爽文领导的起义；乾隆六十年（1795），湖南、贵州等地爆发了苗民大起义；嘉庆元年（1796）四月，一场席卷湖北、四川等五省的白莲教起义爆发。清朝调动十六个省的兵力，耗银两亿两才勉强将起义扑灭。白莲教起义剥开了清王朝繁荣升平的盛世外衣，暴露了其腐朽和虚弱的本质，成为清王朝由盛转衰的转折点。

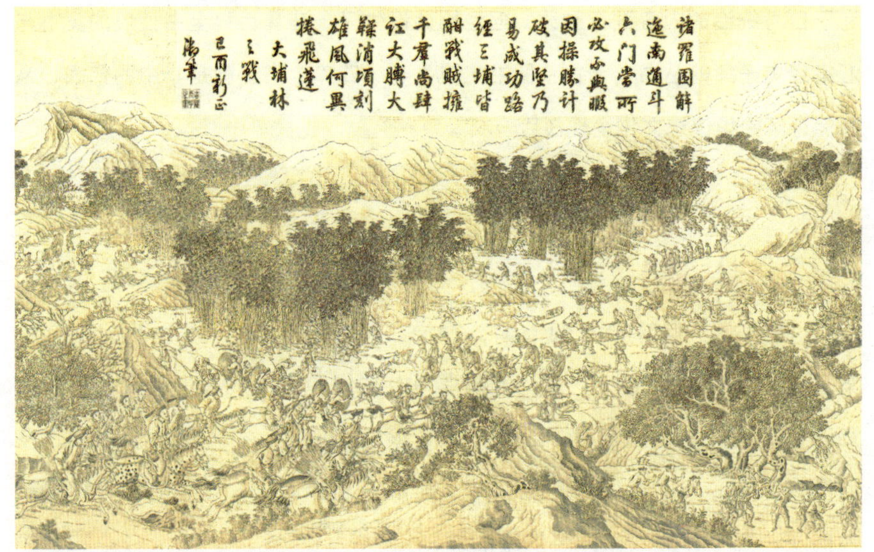

铜版画《平定台湾得胜图册》之大埔林之战·清·郎世宁

关键词:《明史》案/《南山集》案

文字狱与崇尚文治

■ 清朝

有清一代，在文化方面实行两面性政策，既大兴文字狱，厉行民族高压、思想专制；又崇儒重道，推崇文治。所谓文字狱，就是统治者出于巩固统治的需要，有意从文人的作品中寻摘字句、罗织罪名而构成的冤狱案件。清代是文字狱最恐怖的时代，所打击的主要是官民中的反清思想和对统治者的不满情绪。此外，统治者还利用编书的名义，将民间的各种书籍统一收缴上来，将不利于自身统治的内容进行删改，但也因此诞生了一些具百科全书性质的类书与汇集经史子集的丛书，《古今图书集成》与《四库全书》就是其中的代表，从而促进了中华传统文化呈现最后一次繁荣。

屡兴大狱

清代文字狱开始于顺治朝，顺治二年（1645），发生两起文字狱案。一为“黄毓祺诗词”案。黄毓祺写有“纵使逆天成底事，倒行日暮不知还”，被指为反清复明，因此抄家、灭门、戮尸。一为河南乡试案，在河南乡试中，有个考生将“皇叔父”写成“王叔父”，触犯时忌，结果被人揭发，主考官两人被押至刑部治罪。

康熙一朝的大案有庄廷钹《明史》案和戴名世《南山集》案。庄廷钹为浙江湖州富商。他从明末大学士朱国祯孙子处购得朱国祯写的《列朝诸臣传》稿本，请人补了朱国祯书中缺的崇祯朝和南明的历史，书成后易名为《明书》，并署上了自己的名字。由于书中涉及明末天启、崇祯两朝史事，如实叙述了满洲祖先与明王朝的隶属关系，于康熙二年（1663）被人告发。结果庄廷钹被开棺戮尸，庄氏家属及参与编纂或卷首列名、为书作序、校阅、刻字、印刷、卖书、买书者，被株连达二百多人，其中有七十二人被处死。

^ 清世宗读书图·清·郎世宁

清世宗雍正帝和他父亲康熙帝一样，对进口的西洋器物有浓厚的兴趣，比如喜用温度计、望远镜，对西洋画也很感兴趣，留下了不少珍贵的画卷。

康熙五十年（1711），发生《南山集》案，又称戴名世案。戴名世，安徽桐城人，官至翰林院编修。戴名世在未中进士之前，曾搜求佚文和野史，访求故明遗老，著成文集，以其故里南山冈命名其文集为《南山集》。因为《南山集》中叙述了明末清初的抗清事实，并用南明弘光、隆武、永历年号，结果被左都御史赵申乔告发，戴名世及同族十六岁以上者皆被处斩，并株连作序、刻印、售卖者，计数百人。

雍正时期，由于康熙末年诸皇子争夺皇位斗争的影响，雍正帝极力镇压异己势力，文网更加严密。雍正朝时文字狱以查嗣庭案最为出名。查嗣庭官至内阁学士、礼部侍郎，雍正四年（1726）出任江西主考，选用《诗

^ 乾清宫

乾清宫是明、清两朝皇帝居住、处理政务及停灵的地方。从清代起，大殿内挂有“正大光明”匾，雍正帝创立秘密立储制后，建储匣被存放在“正大光明”匾后，匣内藏皇帝选定并御笔亲书的皇位继承人的名字，皇帝死后，由王侯公卿公证，由匣内密旨指定的皇子即位。

经》上的“维民所止”为考题，结果被人告作要去“雍正”之头。雍正帝以此抓捕查嗣庭，不久查嗣庭尚未结案便病死狱中，但是仍被开棺戮尸枭首，儿子被杀，家属被流放。雍正六年（1728），吕留良案发，这是清代最大的文字狱。吕留良（1629—1683），浙东著名的道学先生，曾拒绝康熙帝博学鸿词的征召。雍正时期，湖南永兴人曾静赴京应试，见吕留良之文极为钦佩。回乡不久就派弟子张熙赴浙江吕留良家求教索书。其时吕留良已死，其子吕毅中便以父亲的诗文集赠送于曾静、张熙。雍正七年（1729），张熙策反川陕总督岳钟琪起兵反清，被捕下狱。很快，曾静也被抓捕，又牵扯出吕留良。雍正帝下令将吕留良之子吕毅中斩首；刊刻、私藏吕留良诗文以及附会其诗文者统统连坐；

吕氏直系亲属十六岁以上男子皆斩，其余家属或被杀，或充军为奴。

到了乾隆一朝，文网尤为严密，动辄罗织罪名，大兴冤狱。乾隆朝时张廷玉、鄂尔泰两派朋党势力，互相攻讦，于朝政大不利。乾隆帝决心打击两派势力，于是发起了一场文字狱案。时翰林学士胡中藻是鄂尔泰的门人，著有《坚磨生诗钞》，其中有句诗曰“一把心肠论浊清”，乾隆帝看后故意大发雷霆，说：“加‘浊’字于国号‘清’字之上，是何肺腑？”诗中“与一世争在丑夷”“斯文欲被蛮”等句，因有“夷”“蛮”字样，被指责为诋骂满人。结果胡中藻被杀，族人年十六岁以上者全被斩首。鄂尔泰的灵位被撤出贤良祠，他的侄子鄂昌因和胡中藻交往，以“比昵标榜”问罪。

清代文字狱，堪称历朝文字狱之最。据统计，从顺治五年（1648）到乾隆五十三年（1788）的一百四十年间，顺、康、雍、乾四朝共发生各类文字狱多达八十二起。它是封建专制主义空前强化的产物，其根本目的是要在思想文化领域内，树立君主专制和满族贵族统治的绝对权威。这固然有利于加强思想统治，但也严重禁锢了思想，堵塞了言路，窒息了文化和学术的生机，造成了“万马齐喑”的局面，反映了封建专制主义的日趋腐朽和没落。

“康熙百科全书”

清朝在屡兴文字狱的同时，又大力崇尚文治，多次组织进行大型文化工程，以传承中华传统文化。《古今图书集成》就是跨康、雍两朝完成的一部传世之作。《古今图书集成》是康熙帝谕令皇三子诚亲王胤祉主持编辑的，由大文士陈梦雷奉旨纂修、后经雍正初年蒋廷锡校订。陈梦雷早年考中进士，官至翰林院编修，后来因为与耿精忠叛乱有牵连而被发配黑龙江戍边。康熙帝东巡时，陈梦雷于御前献诗，陈述冤屈，遇赦回京后即倾心尽力地投入编书。

该书从康熙四十年（1701）开编，至康熙四十五年（1706）初编告成，只用了六年时间。全书分历象、方舆、明伦、博物、理学、经济六编，下设三十二典，分六千一百零九部。每部又有汇考、总论、图表、列传、艺文等目。该书条理清楚，搜集广泛而宏富，迄今为止仍为许多学者所重视。而初编完成之后的十年间，陈梦雷又做了些加工润色工作，到康熙五十五年（1716）正式进呈给康熙帝。

雍正帝即位后，陈梦雷第二次被发配黑龙江，此时《古今图书集成》的增辑工作还没有完成，于是又由大学士蒋廷锡等奉旨修订，直到雍正四年（1726）正式成书，并于当年开始用铜活字排印，雍正六年（1728）完成，连同一部试印样本共印成六十五部，每部正文一万卷，分装五千零二十册。据文献记录，清政府对很多皇亲国戚、封疆大吏都赐《古今图书集成》一套。

《古今图书集成》全书共一万卷，目录40卷，分为六汇编三十二典，六千一百零九部。六汇编是：一、历象编，下分乾象、岁功、历法、庶征四典；二、方舆编，分坤舆、职方、山川、边裔四典；三、明伦编，分皇极、宫闱、官常、家范、交谊、氏族、人事、闺媛等八典；四、博物编，分艺术、神异、禽虫、草木四典；五、理学编，分经籍、学术、文学、字学4典；六、经济编，分选举、铨衡、食货、礼仪、乐律、戎政、祥刑、考工八典。典下分为部，部下分为门，附有图表、列传、艺文、纪事、杂录等。每部叙事，依时间顺序，一条一条分述，起于上古，止于康熙，而且每一处都注明了原始材料的来源和详细的出

《古今图书集成》书影

处。该书内容丰富、体例完善，不仅提供了大量清史资料，又汇集了历代有关该事的资料，便于作纵贯研究，用以查考政治、经济、历史、文化、典章制度等方面的材料，也可用来辑佚和校勘古书，史料价值很高。

《古今图书集成》合计约有一亿六千万字。这部巨著自成体系，搜罗丰富，区分详细。自从《永乐大典》散佚以后，它是中国现存最完整、用途最广、规模最大的类书，其规模比《大英百科全书》（第11版）还要大三四倍，堪称中国古典文化的结晶、人类文化史上的巨著，被外国人称为“康熙百科全书”。

“传统文化的总汇”

有清一代，文治方面在乾隆朝达到鼎盛，其中最为突出的则是历时十余年修撰的《四库全书》，这是中国历史上规模最大的一部丛书。主持编写该书的是著名的学者纪昀。他组织名士三百五十九人，任职于四库馆，自乾隆三十八至五十二年（1773—1787），历时十五年编成该套丛书。此套丛书共收书3457种，79309卷，存目6766种、93551卷，装订为36275册，几乎囊括了乾隆朝以前中国历史上的主要典籍，是中国最大的一部丛书。书成之后，共缮写七部，分别藏于北京皇宫内的文渊阁、圆明园的文源阁、沈阳的文溯阁、承德避暑山庄的文津阁、扬州的文汇阁、镇江的文宗阁和杭州的文澜阁，另有副本一部藏于北京翰林院。该书编纂过程中，当时大批名流学者，如于敏中、陆锡熊、任大椿、戴震、姚鼐、翁方纲、王念孙等，均参与纂修，撰写提要。

《四库全书》分经、史、子、集四大类，各类又分出许多子目。《四库全书》编成之后，纪昀等人又写成《四库全书总目提要》二百卷，将收录的每本书的渊源、版本、主要内容作了提纲性的介绍，以方便利用《四库全书》。《四库全书》内容丰富浩瀚、包罗宏大，为中国古代思想文化遗产之总汇，被誉为“传统文化的总汇”“古代典籍的渊薮”。

关键词：三元里抗英 /《南京条约》

虎门销烟与鸦片战争

▪ 1839年～1842年

1820年，嘉庆皇帝去世，旻宁继位，是为道光帝。嘉道年间，清朝衰落之势更加凸显，而西方殖民者则对中国越发虎视眈眈。道光年间（1821—1850），英国、法国等国的商人在广州地区疯狂贩卖鸦片，毒害中国人民，攫取大量白银。1839年6月3日，两广总督林则徐下令在虎门海滩当众销毁鸦片，向全世界表明了中国人民反侵略、反压迫的无畏斗志。然而腐败无能的清政府抵挡不住西方侵略者的坚船利炮，后者连续发动了两次鸦片战争，以武力逼迫清政府签订了一系列丧权辱国的不平等条约，中国由此开始沦为半殖民地半封建社会。1840年中英鸦片战争标志着中国近代史的开端。

虎门销烟

18世纪中后期到19世纪初的几十年间，在正常的中英贸易中，中国的茶叶、生丝畅销欧洲市场，而中国人对英国的纺织品却不感兴趣。西方工业品在中国自给自足的自然经济面前无法大量输入，而为了购买中国的生丝、茶叶，英国商人们把大把的银子丢在中国。为了改变这一局面，扭转在对华贸易上的劣势，英商找到了平衡账目的东西——鸦片。英国政府强迫印度种植鸦片换取中国的白银，来购买英国的纺织品；英国则用鸦片换取中国的茶和生丝，运销世界各地，形成了“棉纺织品—鸦片—茶和生丝”的“三角贸易关系”。鸦片成为“三角贸易”中的关键链条，而英国政府则成为最大的鸦片贩子。嘉庆年间，每年鸦片输入量达四千多箱；而到鸦片战争前的几年间，每年竟达四万箱之多。罪恶的鸦片走私给殖民者带去了暴利，却给中国社会带来了无穷的危害。

∧ 英国东印度公司的鸦片库房

鸦片大量进口，导致中国现银大量外流。在鸦片战争前夕，清政府每年流失的白银达一千万两之巨，而当时清政府每年的财政收入也就四千万两。白银大量流失，引起“银贵钱贱”，不仅扰乱了金融秩序，而且无形之中使百姓的负担日益加重。银价上涨还使各省拖欠的赋税日益增多，致使清政府国库空虚，财政日益拮据。整个社会吸食者日益众多，各地烟馆林立，上自王公大臣，下至平民百姓，到道光十五年（1835）吸食鸦片者竟达两百多万人。这不仅使中国社会有限的购买力大量被鸦片吸收，造成工商业一片枯萎萧条，而且鸦片严重地摧残了中国人的身心健康。此外，鸦片走私还腐蚀了清王朝的官僚机构，加重了政治上的腐败。鉴于鸦片走私对整个社会造成了严重的危害，禁烟遂成为清政府面临的迫切问题。当时朝中大臣分为两派，一派以太常寺少卿许乃济为代表，主张对鸦片贸易

人民英雄纪念碑上镶嵌的“虎门销烟”汉白玉浮雕

苛以重税，被称为弛禁；另一派以湖广总督林则徐为代表，主张严禁，对于吸食和贩卖者严惩不贷。道光帝则犹豫不决，所以一直也没有真正把鸦片的禁绝彻底实施。林则徐是福建侯官（今福州）人，嘉庆年间进士。道光十八年（1838），林则徐奉旨从湖广总督任上来到北京。为了听取林则徐对于禁烟的具体意见和措施，道光帝在八天之中连续召见林则徐八次之多，并赐林则徐在紫禁城内骑马（对于大臣来说这是一种莫大的殊荣），最后道光帝任命林则徐为钦差大臣，节制广东水师，前往广东禁烟。

次年正月，林则徐到达广州，雷厉风行地开展禁烟运动。林则徐首先将一批勾结外国鸦片商人从

事走私贩运的官吏拘拿起来；然后通知外商将手中的鸦片限期全数交出，并要求他们具结保证以后不再贩运鸦片。当时英国政府派驻广州的商务监督查理·义律，唆使烟贩拒交鸦片。于是林则徐下令包围英国商馆，暂停中英贸易。在此形势下，义律改变花样，命令英国商人把鸦片先交给他，再由他以英国商务监督的名义交给中国政府，并动员美国商贩也如法炮制，保证由英国政府赔偿损失，蓄意使鸦片纠纷上升为中英两国政府之间的矛盾。道光十九年四月二十二日（1839年6月3日），林则徐将英、美商人交出的两万多箱约二百三十多万斤的鸦片，全部在虎门销毁，直到五月十五日（6月25日），才将两万多箱鸦片处理完毕。虎门销烟沉重地打击了外国鸦片贩子的罪恶活动，维护了民族的尊严，第一次向全世界表明中国人反侵蚀的坚决意志，大长中国人民的志气。

第一次鸦片战争

当中国禁烟的消息传到英国后，英国资产阶级立即狂热地宣扬对华战争，并向清政府施加压力。英国外交大臣巴麦尊也主张发动侵华战争，他叫嚣说，对付中国唯一的办法，“就是先揍他一顿，然后再作解释”。从中国逃走的大鸦片贩子查顿等人也在英国上下奔走，鼓吹发动侵华战争。道光二十年（1840）一月十八日，英国政府任命好望角舰队司令乔治·懿律（查理·义律的堂兄）为对华谈判全权公使。三月九日，英国议会正式通过发动侵华战争的议案，派兵侵略中国。当年五月，由懿律率领的一支由十六艘军舰、二十八艘运输船和四千多名陆军组成的“东方远征军”到达了广东海面，正式开始了这场侵略战争。

时任两广总督的林则徐积极加强战备，构筑炮台，广东军民严阵以待。眼见广东无隙可乘，英军以部分舰只封锁珠江口，然后以主力舰队进犯厦门，攻陷定海，还一度到达白河口，威胁北京。道光帝的禁烟决心在炮舰的威胁下大为动摇，他派出直隶总督琦善作为钦差大臣前往广州与英国人交涉，并将林则徐撤职查办。琦善到任后，撤除了珠江口的防御工事，解散水勇，大肆讨好英国侵略者，然而英国人并不“领情”，于道光二十一年（1841）正月悍然占领了中国香港岛。琦善的妥协活动很快传到了北京，道光帝迫于压力下诏对英国作战，任命宗室奕山为将军，还将琦善革职查办。奕山未到广东，英军就攻陷了虎门炮台，水师提督关天培和四百余名守军全部牺牲。奕山到任后，作战无能，卖国有术，他与懿律签订了《广州和约》，不但要带着清军退出广州城，还要赔款六百万元。忍无可忍的爱国群众自发进行了反抗侵略者的斗争，广州城外的三元里群众奋起抗英，这是近代中国人民最早的自发反抗侵略者的斗争。

道光二十一年（1841），英国军队再次侵略中国东南沿海各地，烧杀抢掠，厦门、定海、镇海、宁波等地相继失陷。次年五月，英军进攻长江口的吴淞，提督陈化成率军坚决抵抗，最后壮烈牺牲。此后，英军连续占领上海、镇江，当年六月，英军舰队到达南京江面，懦弱无能的清王朝最终选择了屈辱求和。七月二十四日，清廷的议和代表耆英、伊里布在南京江面的英国军舰上签订了丧权辱国的《南京条约》，第一次鸦片战争至此结束。《南京条约》是中国近代史上的第一个不平等条约，按照其规定：清政府要割让香港岛给英国，还要开放广州、厦门、福州、宁波、上海为通商口岸，赔款二千一百万元，等等。道光二十三年（1843），英国又强迫清政府签订《虎门条约》，规定在华英国人享有领事裁判权，英国在中国享有片面最惠国待遇，英国军舰可以在通商口岸任意停泊，等等。美国和法国也接踵而来，强迫清政府签订了《望厦条约》和《黄埔条约》，中国开始沦为半殖民地半封建社会。

v 《南京条约》签字仪式油画

此画由英国画家约翰·普拉特绘制，真实再现了清道光二十二年（1842）八月二十九日，中英代表在英舰“康华利”号上签署《南京条约》的情景。现藏于英国布朗大学图书馆。

关键词：永安建制 / 《天朝田亩制度》

各地反清运动

▪ 1851年~1864年

太平天国起义是中国历史上规模最大的一次农民战争。它建立了政权，颁布了《天朝田亩制度》，反映了农民要求废除封建土地所有制的强烈愿望；太平天国的个别领导人还主张向西方学习，发展资本主义，这在当时极为难能可贵。太平天国坚持斗争十四年，攻克六百余城，势力席卷大半个中国，给清朝封建统治者和外国资本主义侵略势力以沉重的打击，深刻地影响了晚清的政局和社会。

金田起义

鸦片战争后，外国资本主义的侵略，激化了清王朝内部的阶级矛盾，税收负担加重，天灾人祸频仍，广大人民群众无路可走，只有揭竿而起。鸦片战争后的九年间，全国各族人民起义或大规模的抗捐抗粮暴动，竟爆发了二百多起。其中最引人注目的就是洪秀全、冯云山等人，创立“拜上帝会”，组织起义力量，于道光三十年（1850）十二月初十日，在广西桂平县金田村发动反清大起义，建号“太平天国”。

金田起义后，太平天国起义军一路转战，冲破清军的围追堵截。咸丰元年（1851）二月，太平军转战至广西武宣县东乡，洪秀全称“天王”。八月太平军攻克永安州（今广西蒙山县），洪秀全在此封“拜上帝会”的几个骨干为王：杨秀清为东王，萧朝贵为西王，冯云山为南王，韦昌辉为北王，石达开为翼王。洪秀全规定诸王受东王节制，并订立了军事、政治方面的制度，颁行天历。随后太平军自永安突围北进，出广西，转战湖南，又入湖北，于咸丰二年（1852）十二月攻占武昌，声威大震。第二年正月，太平军水陆并举，连克九江、安庆、芜湖等地，兵临南京城下。二月十一日，太平军攻破南京。太平天国起义军遂建都南京，改称“天京”。随后，太平军展开北伐和西征，攻破清军的江南、江北大营，肃清天京外围之残敌，在军事上达到全盛时期。

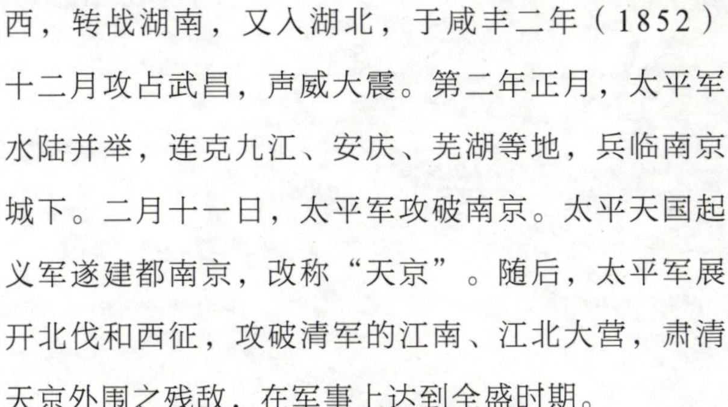

^ 太平军典金靴衙听使号衣

建都天京以后，太平天国政权颁布《天朝田亩制度》，作为施政纲领。提出“凡天下田，天下人同耕”的原则，均分土地；以二十五家为一“两”。地方基层政权则建立乡官制度。规定“人人不受私，物物归上主”，建立“圣库”，实行供给制。以此建立“有田同耕，有衣同穿，有钱同使，无处不均匀，无人不饱暖”的理想社会。这一制度反映了农民阶级要求土地和均匀贫富的愿望，

^ 克复金陵图・清

1864年7月19日，清军攻破南京太平门，历时三年之久的天京保卫战以天京陷落而结束，天京保卫战的失败标志着太平天国运动基本结束。

但是社会经济生活中的绝对平均主义则脱离了现实，违背了社会经济发展规律；而且在当时的战争环境中，也难以真正实施。所以在现实中，基本上还是“照旧交粮纳税”，仍然承认地主占有土地和农民照旧交租纳税。

走向败亡

太平天国政权建立后，领导集团很快蜕化变质，贪恋声色，竞逐奢华，内部展开争权夺利的斗争，最终酿成“天京事变”。事变的缘起是东王杨秀清权力欲恶性膨胀，以代天父传言的方式逼洪秀全封自己为“万岁”，使太平天国领导集团内部矛盾激化。洪秀全随即命北王韦昌辉等人杀害杨秀清及其家属部众。杨秀清的部属余众奋起反抗，双方展开历时两个月的血战。在混战中，双方战死者共达两三万人，金田起义以来的许多优秀将士死于这场自相残杀的内乱。后来石达开自武昌赶回天京，对韦昌辉的滥杀无辜表示不满。韦昌辉又起杀心，要杀石达开。石达开连夜逃出天京。韦昌辉将其留京家室全部杀害，并派兵追杀石达开。石达开逃至安庆，召集部众四万人起兵讨伐韦昌辉。这次事变以韦昌辉被洪秀全处死而告结束。但不久，石达开因不满洪秀全对他的猜忌和掣肘，于咸丰七年（1857）五月，率二十万精锐部队离开天京，单独作战。太平天国内部领导集团的分裂，极大地削弱了太平军的战斗力，也使太平军错失了歼敌良机。而清军趁势反扑，重建江南、江北大营，对天京形成合围之势。

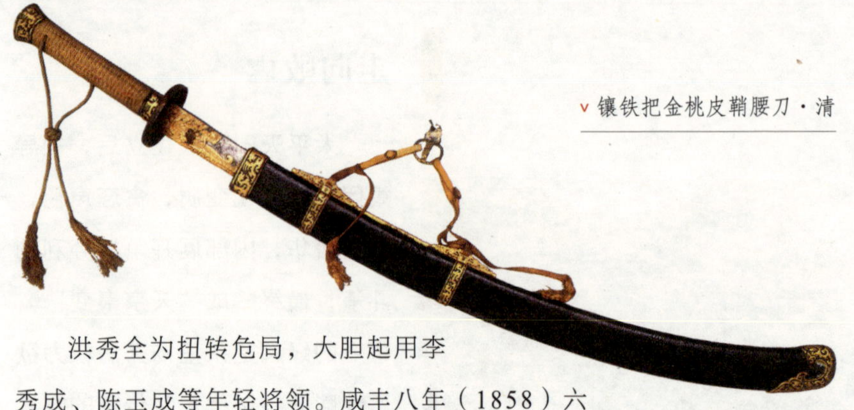
镶铁把金桃皮鞘腰刀·清

洪秀全为扭转危局，大胆起用李秀成、陈玉成等年轻将领。咸丰八年（1858）六月，李、陈会集各路将领，召开军事会议，决定联合作战，解除天京之围。八月，太平军攻破江北大营，十月，取得“三河镇（今属安徽肥西县）大捷”，歼灭湘军主力，接着乘胜进击，收复皖北，使天京上游局势得到稳定。咸丰九年（1859）三月，洪秀全的族弟洪仁玕自香港来到天京；四月，被封干王，总理朝政。不久洪仁玕提出《资政新篇》，主张效仿西方，发展资本主义。这是近代中国人首次提出的最系统、最完整地向西方学习、发展资本主义的方案。虽然这一方案符合社会发展的客观要求，但由于未能反映农民的迫切愿望和要求，加上在当时也缺乏必要的客观条件，所以《资政新篇》并没有得到实施。咸丰十年（1860）闰三月，李、陈又率太平军合力攻破江南大营，四月占领苏、浙许多州县，开辟苏南地区。至此太平天国暂时扭转了军事上的不利局面。

太平天国在军事上的优势只是暂时的。面对太平天国的熊熊烈火，咸丰十年（1860）四月十六日，咸丰帝任命曾国藩为两江总督，加钦差大臣，督办江南军务。慈禧太后上台后又授予曾国藩节制赣、皖、苏、浙四省巡抚以下官员和大江南北水陆各军的全权。曾国藩随即兵分三路，曾国荃率兵进安庆，左宗棠统兵入浙，李鸿章率淮军开赴上海。清政府还正式向英、法等国“借师助剿”，湘、淮军与外国洋枪队联合起来，从外围攻打太平天国。太平军在进行了英勇的抵抗后，仍节节败退。安庆及苏浙等战略要地相继失守，天京被围而成孤城。同治三年（1864），湘军攻破天京，太平天国起义失败，其余部又在大江南北坚持了四年的斗争。

捻军反清

捻军是由捻党发展起来的。“捻”是淮北方言，是从捻绳而来的，意即一股一伙，团结起来就是力量。早在嘉庆年间，中国北方就有捻军活动。咸丰二年（1852），淮北地区的亳县等地大旱，民不聊生，农民纷纷入捻。咸丰五年（1855），捻军的著名首领张乐行召集各地捻子在雉河集（今安徽涡阳县）会盟，揭竿而起。大家一致推举张乐行为盟主，建立黄、红、蓝、白、黑旗军制，人数一度达到十万人之众，从此捻军成为北方反清武装的主力。咸丰七年（1857），张乐行接受太平天国的印信，从此改用太平天国的旗帜，蓄长发，洪秀全封张乐行为沃王。捻军以雉河集为根据地，四处出击牵制清军。

第二次鸦片战争之后，清军加紧追剿捻军，派出了大将僧格林沁指挥剿捻。僧格林沁是蒙古亲王，他上任后全力进攻捻军的根据地。同治二年（1863），僧格林沁集中十多万人进攻雉河集，两万余捻军将士牺牲，张乐行由于叛徒出卖，在撤退途中被俘，惨遭杀害。张宗禹接替张乐行，继续高举反清大旗，转战于河南、湖北、山东各地，坚持斗争，捻军队伍不断壮大。同治四年（1865），捻军在山东菏泽西北的高楼寨，痛击僧格林沁部，当场击毙僧格林沁，歼灭蒙古马队七千余人，清廷震惊，同治皇帝因惊愤三日未上早朝。

之后，清军加大兵力追剿捻军，任命曾国藩为钦差大臣，督办剿捻事宜。曾国藩先采取重点设防，以静制动，后又采取“聚兵防河”的方针。捻军以灵活机动的战术，多次重创曾国藩的湘军，曾国藩的计划以失败告终。清廷不得不命李鸿章为剿捻统帅，接替曾国藩。李鸿章采取的剿捻方针是：扼地围剿，重点防守黄河运河。为了躲避清军的追剿，捻军不得不兵分两路分别作战：东捻军驰骋在山东、河南、湖北等地；西捻军在张宗禹的带领下，转战陕西各地。同治六年（1867），东捻军在山东寿光遭到了淮军的包围，受到了重创。东捻军残部在赖文光的带领下，虽然奋力突围，冲破了两道防线，但是李鸿章老奸巨猾，道道防线环环相扣，赖文光终究没有能够冲出李鸿章的包围圈，在扬州附近被俘。西捻军得知东捻军危急，张宗禹率部回师增援，渡过黄河后才得知东捻军已经失败，只得在冀中坚持反清。同治七年（1868），李鸿章十万大军追击西捻军，西捻军被堵在山东黄河、运河之间的狭隘地带，全军覆没。长达十六年的捻军起义以失败告终，但是他们沉重打击了清王朝的统治，清王朝经历了太平天国和捻军起义的冲击后，已经摇摇欲坠。

历史断面

第二次鸦片战争

咸丰六年（1856），英国以所谓“亚罗”号事件为借口，联合法国组成英法联军，发动了侵略中国的第二次鸦片战争。咸丰八年（1858）英法联军攻陷天津，清政府被迫签订《天津条约》。咸丰十年（1860），英法联军以两万多人，军舰二百多艘，攻占了大沽口炮台。接着，英法联军一路杀向北京，咸丰帝带着后妃慌忙逃出北京。咸丰十年（1860）八月二十二日，英法联军士兵在有“万园之园”之称的皇家园林圆明园大肆抢掠。之后，为了掩盖他们的强盗罪行，英国公使额尔金下令英军火烧圆明园，大火三日不灭，圆明园成为断壁残垣。之后，清政府又相继和英国、法国、俄国相继签订了《北京条约》《瑷珲条约》等一系列不平等条约，先后割让了包括九龙、巴尔喀什湖以东及以南地区在内的一百多万平方千米的土地，丧失了更多的国家主权。

关键词：辛酉政变 / 同治中兴

慈禧太后垂帘听政

■ 1861年～1908年

慈禧太后（1835—1908），姓叶赫那拉，咸丰二年（1852）被咸丰帝选入宫，封兰贵人，咸丰七年（1857）封为贵妃。咸丰十一年（1861）七月十七日，咸丰帝病死热河（今河北、辽宁和内蒙古交界地带，省会在今河北承德），皇子载淳继位，尊她为圣母皇太后，尊号为慈禧。九月三十日，慈禧太后发动政变，免除肃顺等八人赞襄政务王大臣职务。十月五日，改年号祺祥为同治，从此以垂帘听政、训政等手段，操纵朝政达四十七年之久。

发动政变，垂帘听政

咸丰十一年（1861）七月十七日，咸丰帝在热河病危，立六岁独子载淳为皇太子，遗命载垣、端华、肃顺等八人为“赞

> 慈禧太后照片

这张照片拍摄于光绪二十九年（1903），慈禧太后七十岁生日前后，由清廷驻日、法公使裕庚的次子勋龄拍摄。现藏于北京故宫博物院。

∧ 同治皇帝朝服像·清

襄政务王大臣”，辅佐年幼的载淳为帝（即同治帝），总摄朝政。载淳定第二年改年号祺祥，尊其生母为慈禧太后。咸丰帝生前，八大臣与恭亲王奕䜣及部分廷臣不和，因此不让奕䜣分享权柄，仅命他在京办理一切事宜。慈禧太后权势欲极强，她联合东宫慈安太后与八大臣争权，暗中联络在京的奕䜣为援。

奕䜣和英国侵略者密谋后，借“奔丧”之名于八月一日赶到热河，和慈禧太后密谋回京发动政变。当时御史董元醇出面奏请两太后“权听朝政”，在赞襄政务王大臣八人之外，更派亲王一二人参政。八月十一日，朝廷重臣审议董元醇的奏请，辩论激烈。八大臣认为清朝无此先例，令军机处拟旨斥驳。慈禧太后串通慈安太后拒绝盖印，将折旨留中不发。八大臣以“搁车”示威，迫使两宫太后让步，颁发驳斥董元醇奏折的谕旨。而奕䜣旋即返京布置，争取到朝中大学士贾祯、周祖培，户部尚书沈兆霖，刑部尚书赵光，以及握有兵权的僧格林沁、胜保等人的支持，做好了发动政变的准备。

在两宫太后催促下，八大臣同意回銮北京。慈禧、慈安两太后偕幼帝载淳先离热河回京。肃顺、奕䜣等护送咸丰帝灵柩后发。九月二十九日，两太后抵京，即召见先行返京的奕䜣，部署对策。九月三十日，慈禧太后发动政变，解除载垣、端华、肃顺等八大臣职务，史称“辛酉政变”。十月初一日，任命奕䜣为议政王，掌管军机处；桂良、沈兆霖、文祥为军机大臣。五日，下诏废祺祥年号，改元同治。次日，再下诏命载垣、端华自尽，肃顺“斩立决”。随后，又清除了八大臣的党羽。九日，载淳正式即位，是为同治皇帝。从此两太后垂帘听政，但实际上慈禧太后掌握最高权力。慈禧太后以垂帘听政掌握清朝大权达四十余年，她推行的对外“和好”，重用洋务集团和汉族军阀官僚的统治政策，深刻地影响了晚清政局。

重用汉官，借师助剿

慈禧太后夺取最高统治权，与外国人的支持是分不开的。因为外国人看到，维持一个与其合作的半殖民地政府的统治，扑灭中国人民的反抗，有利于保护其在华利益。《北京条约》一订立，法、俄两国首先提出帮助清政府镇压太平天国的建议。法国专使葛罗表示，“所有该国停泊各港口的船只、兵丁悉听调遣”。俄使伊格那提也夫面见奕䜣表示为镇压南方太平军，请清军从陆路进攻，“该国拨兵三四百名在水路会击，必可得手”。接着俄国把以前答应送给清政府的一万支枪、若干门炮运到中国。

针对是否借用外兵这一问题，清廷进行了几次讨论，少数人反对，奕䜣等多数官僚则表示欢迎“中外同心以灭贼为志”。与此同时，麇集在上海的买办官僚、大地主、大商人，则加紧活动，支持洋人组织洋枪队。慈禧太后遂决定，违反常例，授权汉族官僚曾国藩统辖江苏、安徽、江西、浙江四省军务，并颁发“借师助剿”上谕。

同治元年（1862）三月，英国派军舰把李鸿章淮军从安庆运到上海，与英、法组成“中外会防局”，商定上海由洋人防守，得到清政府的批准。英国人和法国人组建了数千人的“常胜军”，帮助清政府攻打太平军。俄国也给清廷送来五十门大炮和一万支枪，并直接派兵拦截进攻上海的太平军。各国“洋枪队”的鼎力相助，极大地增强了湘军、淮军的战斗力。而太平天国的处境则每况愈下，终至无法扭转败局。同治三年

（1864）六月十六日，曾国藩的九弟曾国荃率领湘军赶在“洋枪队”之前轰破天京，将其抢劫后化为焦土。太平天国干王洪仁玕临刑长叹说：“我朝祸害之源，即洋人助妖之事……如洋人不助敌军，则吾人断可长久支持。”之后，在各国“洋枪队”的积极参与下，清军很快剿杀了转战于四川大渡河畔的石达开部队和驰骋于北方的捻军。

总之，清王朝通过重用汉族官僚，组织以湘军和淮军为骨干的团练力量，利用《北京条约》向英法联军妥协，并“借师助剿”，侥幸摆脱内外交困的局面，从旦夕之危中挣扎过来，走上了“同治中兴”之路。

独揽大权，绞杀变法

同治十三年（1874）十二月，同治帝病死，生前无嗣，慈禧太后便选醇亲王奕譞的儿子载湉为嗣皇帝。奕譞是咸丰帝的亲兄弟，载湉生母是慈禧太后的胞妹，有此双重血缘关系，慈禧太后以为可把载湉当作“小阿斗”摆布。载湉四岁登基，由慈禧、慈安两宫太后垂帘听政。慈安太后是咸丰帝的皇后，名分高于慈禧太后，后又因言语不慎，得罪了慈禧太后。慈禧太后将其视为眼中钉，欲除之而后快。不久，慈安太后暴卒（据民间传说，慈安太后是被毒死的），慈禧太后开始独掌大权。

恭亲王奕䜣虽然是帮助慈禧太后夺权的元老重臣，但是他身为洋务派首领，位高权重，引起了慈禧的猜忌，他与慈禧太后有联合，也有冲突。光绪十年（1884），发生了“午门案”。慈禧太后派太监往娘家送东西，事先敬事房没有向守门护军传旨，护军阻拦，太监不服，双方发生殴打。太监报告慈禧太后，慈禧太后要对值班护军廷杖。奕䜣谏曰：“廷杖乃前朝虐政，不可效法。”慈禧说：“汝事事抗我，汝为谁乎？”奕䜣说：“臣是宣宗第六子！”慈禧说：“我革了你！”奕䜣说：“革了臣的王爵，革不了臣的皇子。”慈禧太后只得让步，但从此加深了对奕䜣的怨恨，后来奕䜣被解除所有职务。

光绪二年（1876）四月二十一日，光绪帝开始在毓庆宫读书。光绪帝读书很用功，慈禧太后曾夸赞他："实在好学，坐、立、卧皆诵书及诗。"但是光绪帝越是聪明好学，慈禧太后越对其严加控制和防范，她曾派太监寇连材前去监视光绪。不料寇连材为光绪的言行所感动，有一天竟然冒死进谏，极言皇上英明仁孝，请求慈禧太后宽容相待。慈禧太后震怒，将寇连材杖刑后斩首。寇连材生前记有笔记，其中一段话表明了慈禧太后和光绪帝相处的情景："西后待皇上无不疾声厉色，少年时每日呵斥之声不绝，稍不如意，常加鞭挞，或罚令长跪。故积威日久，皇上见西后如对狮虎，战战兢兢，胆为之破。"由此可见慈禧太后是如何处心积虑地控制和操纵光绪帝的。

光绪十三年（1887）正月十五日，光绪帝开始亲政，五十三岁的慈禧太后表面退居颐和园颐养天年，实际仍把持着国家政务。慈禧太后规定，每隔一日，光绪帝必须亲自向她奏报政务，听候训示；遇有重大事情，更得随时请旨。光绪帝名为皇帝，实则傀儡。慈禧太后一方面处处限制光绪帝的权力，国家大事都要秉承她的懿旨去办理；另一方面又通过自己的侄女隆裕皇

∨清德宗光绪皇帝朝服像·清

^ 花卉图·清·慈禧太后

慈禧太后有不少工笔画、白描画法的花卉作品传世，有说其为慈禧太后本人所绘，也有说为宫廷画家代笔，钤上慈禧专用的印章而已。

后及亲信太监李莲英等人，暗中监视光绪帝的行踪。

光绪帝亲政的十一年，是与慈禧太后进行政治和权力斗争的十一年。从中日甲午战争到戊戌变法，双方矛盾日益尖锐。在甲午战争中，以光绪帝为首的帝党势力主战，而以慈禧太后为首的后党势力主和。甲午战败，割地赔款。光绪帝在康有为、梁启超等人的影响下，试图维新政治、富国强兵，而列强也给予了某种程度上的支持。光绪二十四年（1898）四月二十三日，光绪帝颁布《定国是诏》，宣布变法，博采西学，推行新政。那些守旧大臣，因维新变法触动自己的权力与利益，纷纷投靠慈禧太后，慈禧太后深恐光绪帝改革的成功会影响到她的权力，因而竭力阻挠变法。八月六日，慈禧太后发动政变，将光绪帝囚禁于中南海瀛台，捕杀维新党人，将谭嗣同等六人斩于北京菜市口。慈禧太后重新出面训政，多方凌辱折磨光绪帝，并欲废掉光绪帝。光绪帝深知慈禧太后的险恶用心，日夜担惊害怕、提心吊胆，对天长叹道：“我连汉献帝都不如啊！”光绪帝被囚后，慈禧太后重新垂帘听政。

量中华之物力，结与国之欢心

光绪二十五年（1899）十二月二十四日，慈禧太后颁布懿旨，以端郡王载漪之子溥儁入继穆宗同治为嗣，号“大阿哥”，史称“己亥建储”。慈禧太后预定庚子年即光绪二十六年（1900）举行光绪帝禅位典礼，改年号为“保庆”。但京师内外，议论纷纷。各国公使纷纷提出异议，各种势力也纷纷反对，此事暂罢。

而就在此时，义和团运动打着“扶清灭洋”的旗帜，如火如荼地发展起来，迅速席卷北方大地，斗争锋芒直指西方列强侵略势力。四月下旬，义和团进入京津地区。五月四日，英、法、俄、美、日、意水兵三百人进入北京使馆区。为镇压义和团，英海军中将西摩也率八国联军近二千人从天津向北京进攻。

面对暴风骤雨般的义和团运动和气势汹汹的八国联军，清政府陷于两面受敌的困境。洋务派主张对义和团坚决镇压，而部分排外思想严重的顽固派则主张利用义和团团民抵抗八国联军。慈禧太后摇摆不定，摇摆的轴线是如何保住其最高统治权力。她固然明白义和团是肘腋之患，然而对列强也心存疑忌。从“戊戌变法”到“己亥建储”，列强的不满她是心知肚明的，尤其是在义和团问题上。慈禧太后联想到《字林西报》上的一篇文章，洋人竟然公开鼓吹“希望有可能把光绪帝寻出来，把他重新置于帝位之上”。慈禧太后深恐列强会剥夺或削弱她的权力，因而一方面连发上谕，对义和团剿抚并用，一方面通过总理衙门与列强交涉，乞求列强停止进兵北京，结果遭到拒绝。

不久，八国联军冲破义和团团民的堵截，攻陷天津，进逼北京。五月二十日，慈禧太后召开御前会议，讨论战和问题。主和派极力陈言不可开战，光绪帝质问搞了多年外交的许景澄可否开战，许跪奏曰：“无论是非得失，万无一国尽敌诸国之理。”主战派力陈可依赖民心和义和团团民刀枪不入的“神术”开战，为了敦促慈禧太后下定决心，竟伪造了一份列强要她归政于光绪帝的照会。这一“伪照会”，极大地伤害了慈禧太后的权力欲望和盲目的自尊。五月二十五日，慈禧太后以光绪帝名义颁布宣战诏书，表示“与其苟且图存，遗羞万古，孰若大张挞伐，一决雌雄”。

慈禧太后决定对列强开战，只是发泄心中对洋人的不满而已。所以，她发布进攻的命令，仅是做做样子。宣战诏书很是奇特，既未点明与何国作战，又未以任何形式照会列强，只是对内宣布。义和团蜂拥而起围攻北京使馆和天津租界时，清廷驻外机构和南方各省仍与列强维持正常关系。此外，慈禧太后让义和团和部分军队进攻使馆，却不发枪炮弹，还秘密向洋人送水果及食物“以示体恤”。

八国联军进北京

八国联军在英军司令西摩的率领下在天津大沽口登陆，向北京进发。

这些举动说明，慈禧太后毕竟不同于一时冲动的愚昧者，她预先留有后路，采取了两手并用的观望之策。五月二十九日，即宣战仅四天后，她就下令停止进攻东交民巷使馆，并派兵保护。另一方面，慈禧太后下令剿杀义和团，令步军统领“严拿滋事拳匪交刑部正法，并将城内坛棚尽行拆毁”，急调李鸿章进京议和，又调袁世凯带兵镇压义和团团民。七月二十日，八国联军攻占北京，慈禧太后挟光绪帝仓皇逃往西安。八月十四日，慈禧太后在逃亡途中以光绪帝的名义发布上谕，将战争的责任统统推给义和团，责令各省“严刑查办，务净根诛”。到了西安之后，慈禧太后日日拜佛，乞求和局早成。十一月初一日，八国联军向清政府提出《议和大纲十二条》，当慈禧太后得知并未把她列为祸首惩办，她仍可安享荣华富贵时，竟感激涕零，以至于以光绪帝名义发布“自责之诏”，无耻献媚曰“今兹和议，不侵我主权，不割我土地，念列邦之见谅，疾愚暴之无知，事后追思，惭愤交集”，保证要“量中华之物力，结与国之欢心”。光绪二十七年（1901）七月二十五日，清廷以李鸿章为代表，同各国列强签订了丧权辱国的《辛丑条约》。自条约签订后，清政府完全成为“洋人的朝廷”，中国完全沦为列强共管的半殖民地。慈禧太后对外妥协投降，对内严酷统治，致使民族危机更加严重，置中国人民于水深火热之中。

历史断面

京剧的诞生

京剧的前身是徽剧，乾隆年间，“四大徽班”进京，形成徽、秦两腔合作的局面。道光年间，湖北演员入京，使湖北的西皮调与安徽的二黄调交融。光绪、宣统年间，北京皮黄班到上海演出，人称“京戏”。京剧在皇室的提倡下得到迅速发展，并在历代名家的努力下更臻完美，成为中国影响最大、最有代表性的戏曲剧种，人称“国粹”。

光绪三十四年（1908）十月二十二日，慈禧太后病逝，时年七十四岁。

关键词：江南制造总局／福州船政局

洋务运动

■ 19世纪60年代

19世纪60年代，清政府为了挽救统治危机，自上而下推行了一场以引进西方的军事装备、机器生产和科学技术为主要内容的自救运动，史称“洋务运动”。洋务运动前后持续三十多年，大致分为两个阶段：同治末年以前，主要是在“求强”的口号下集中兴办军事工业；其后重心转向“求富”，着力于民用企业的兴建。

创办军工企业

洋务运动历经同治、光绪两朝，其代表人物在中央政府中有恭亲王奕䜣、军机大臣文祥等满族权贵，地方上则有曾国藩、左宗棠、李鸿章及后起的张之洞等汉人督抚。他们冲破封建顽固派的阻碍，以“中体西用”为指导思想，“借法自强”。“中体”指封建专制制度和以伦理纲

^ 江南制造总局制造的线膛铜炮

江南制造总局造炮厂内景图

常为核心的封建思想文化，“西用”一般指近代工艺技术和自然科学。洋务派认为，中国的社会制度远出西方之上，所不如人的，只是科学技术而已。因此，他们以维护传统体制为治国兴邦的根基，而将西学当成巩固封建统治的手段。这种“中体西用”的理论，决定了洋务运动的内容，也限制了洋务运动的发展。

洋务派所创办的军事工业中，最早的一家是曾国藩所办的安庆军械所。几个月后，李鸿章在上海创办洋炮局，但规模很小。同治二年（1863），李鸿章打下苏州后，成立苏州洋炮局，安装使用了近代机器。同治四年（1865），李鸿章部下丁日昌收购了美商的旗记铁厂，将苏州洋炮局的部分机器和上海洋炮局以及容闳从美国购买的机器并入铁厂，创办了江南制造总局。同治六年（1867），江南制造总局迁往上海城南高昌庙，在那里扩大规模，扩充设备，稳步发展。江南制造总局出产很多，以

^ 进行队列训练的北洋新军

1895年中日甲午战争后，清政府开始在天津小站练兵，袁世凯仿照德、日陆军建制和操典条令，训练出七千余名“新建陆军”，也就是后来的北洋新军。

枪支弹药为主，修造船舰为辅。江南制造总局的生产能力低下，产品质量也差，在仿造外国枪炮的同时，还要购买洋枪洋炮。

同治四年（1865），李鸿章把苏州洋炮局迁至南京创办金陵制造局，由李鸿章的英国幕僚马格里主持。该局以生产大炮和弹药为主，是淮军的军火供应基地。中法战争和中日战争期间，金陵制造局负责供应前方所需。同治九年（1870），李鸿章调任直隶总督，奉命接办天津机器局，他从江南制造总局调来沈葆靖总理局务，同时调来不少技术工人，经过十余年的苦心经营，天津机器局成为中国北方最大的军火工厂。李鸿章为求自强创办兵工厂，虽未实现自强之目的，但是为近代国防建设和机器制造、造船和钢铁生产等近代工业的发展奠定了基础。

同治七年（1868）夏，在左宗棠、沈葆桢的主持下，清政府开始在福州马尾筹备建厂和成立船政局事宜。船政局占地约六百亩，拥有各种车间数十处，以及四座船台和一座铁制浮船坞，员工多达三千多人，在当时被誉为亚洲第一船厂。同治八年（1869）五月一日，福州船政局自行制造的第一艘轮船“万年青”号完工下水。该船属于木壳蒸汽轮船，船身长238尺，宽27.8尺，吃水14.2尺，排水量1370吨，载重450吨，螺旋桨推进，备有风帆助力，航速10节。光绪十年（1884）中法战争爆发，8月23日的马江海战，大部分由福州船政局建造的军舰组成的福建水师几乎全军覆没。尽管造成被动挨打的根本原因是清政府避战求和，但舰船作战效能低下也是原因之一。但无论如何，福州船政局是中国历史上第一个近代海军船厂，标志着历经艰辛的中国近代海防工业开始起步。

洋务派的实业

洋务派在创办军事工业过程中，遇到资金来源、原材料供应及交通运输等诸多困难，转而兴办民用企业以“求富”。以同治十一年（1872），李鸿章在上海创立轮船招商局为发端，到甲午战前，洋务派创办开矿、冶炼、纺织、邮电、交通等各种企业共二十多个。其中重要的，除轮船招商局外，还有李鸿章于光绪四年（1878）、光绪五年（1879）相继开办的开平矿务局、上海机器织布局和天津电报总局，以及光绪十六年（1890）张之洞创办的汉阳铁厂等。

洋务运动期间，清政府为了发展近代军事工业，制枪炮，造战舰，大量从西方国家进口钢铁。1867年进口钢十一万担（约8250吨），到1891年已增加到一百七十三万担（约13万吨）。在这种情况下，为了摆脱列强对中国钢铁的封锁和控制，湖广总督张之洞开始主持兴建湖北汉阳铁厂和大冶铁矿等重型企业。光绪十六年（1890）年底，张之洞在武昌设立铁政局，选定在汉阳建厂。汉阳铁厂于光绪十六年十月（1890年11月）动工兴

^ 张之洞像

张之洞（1837—1909），字孝达，号香涛，晚清名臣、清代洋务派代表人物，出生于贵州兴义府，祖籍直隶南皮。

建。光绪十九年八月（1893年9月），炼铁厂、熟铁厂、贝色麻炉钢厂、马丁炉钢厂、钢轨厂、钢材厂等十个分厂建成，第二年6月投产，共有工人三千人，外国技师四十人。炼铁需要铁砂和煤等原料和燃料，张之洞又派德国技师在湖北大冶附近勘察，发现此处铁矿蕴藏丰富，从而兴建了中国第一个用近代技术开采的露天铁矿——大冶铁矿。接着，张之洞又开发了江西萍乡等煤矿。这样，以炼铁厂为中心，兼采铁、采煤和炼钢为一体的中国近代第一个，也是远东第一座钢铁联合企业建成，标志着中国近代钢铁工业的兴起，开中国重工业之先河。然而由于传统官办的各种弊端积重难返，汉阳铁厂从筹建开始就财政亏损，张之洞只得于光绪二十二年（1896）“招商承办”，委托“亦官亦商”的盛宣怀督办铁厂，走上“官督商办”道路。此后，汉阳铁厂又与大冶铁矿、萍乡煤矿形成系列，一度颇有生机。光绪三十四年（1908），盛宣怀奏准将汉阳铁厂、大冶铁矿、萍乡煤矿合并，改为商办汉冶萍煤铁厂矿股份有限公司，至辛亥革命前，年产生铁约八万吨、钢近四万吨、钢轨约二万吨。汉阳铁厂虽然并没有达到盈利的目的，但是随着它的兴建，在武汉及周边形成了一系列近代工业企业，为日后武汉及长江中游地区近代工业的发展奠定了一定的基础。此外，张之洞还创建了中国首家系统完备的军工厂——汉阳兵工厂，“汉阳造”步枪也从此闻名中国，在中国近代军事建设以及国防中起到了重要作用。

在创立工业的同时，洋务派还着手编练新式军队。最初，洋务派是用近代方法训练陆军，同治十三年（1874），日本侵略台湾，筹办海防和海军的建议随之兴起。次年四月，清廷任命直隶总督李鸿章和两江总督沈葆桢分别督办北洋和南洋海防事宜，开始筹建新式海军。清廷计划十年内建成北洋、南洋和福建三支水师。光绪十四年（1888），北洋舰队正式编成，在三支海军中实力最强。洋务派还兴办了一批新式学堂，并派人出国留学，设馆翻译外文书刊。这些举措，传播了西方自然科学和技术，造就了一批科技人才，如著名的铁路工程师詹天佑、启蒙思想家严复等人，就出自这一时期所派的留学生。

洋务运动以“求强”“求富”为目标，引进西方技术、设备，兴办了一批近代工业，加强了国防力量，促进了中国民族资本主义的产生和发展，开启了中国近代化的进程。然而洋务派试图在不触动腐朽的封建制度的前提下，利用西方资本主义的某些长处来维护封建专制统治，这是和历史发展的大趋势相违背的，注定其不可能达到预期效果，后来的中日甲午战争就是最好的证明。

历史断面

台湾设省

清康熙年间，清廷从郑氏手中收复台湾后，在台湾设立一府三县，隶属福建省。光绪十年（1884），中法战争爆发，法军派海军中将孤拔率领远东舰队企图侵占台湾，迫使清政府屈服。中法战争后，清政府下旨在台湾建省，任命淮军将领刘铭传为首任巡抚。刘铭传在任台湾巡抚期间，特别注意开发台湾资源，进行经济建设，改善了山区的交通条件。光绪二十一年（1895），中日甲午战争后，台湾被割让给日本。刘铭传悲愤至极，卧床不起，于光绪二十一年十一月二十八日（1896年1月12日）病逝。

关键词：《马关条约》/三国干涉还辽

甲午战争

■ 1894年～1895年

光绪二十年至二十一年（1894—1895），日本挑起了侵略中国的战争，因为1894年按中国干支纪年为甲午年，史称“甲午战争”。最终，腐朽无能的清政府输掉了战争，签署了丧权辱国的《马关条约》。甲午中日战争之后，英、俄、美、日、法、德等国竞相争夺在华权益，强占租借地，划分“势力范围”，掀起了瓜分中国的狂潮，中华民族出现空前的危机。

甲午战争

∨ 北洋水师装甲舰“镇远”号的主锚

1894年春，朝鲜爆发东学党农民起义，朝鲜政府请求清政府派兵协助镇压。日本一方面诱引中国出兵，一方面成立大本营，准备挑起战争。6月8日，直隶提督叶志超等率部抵朝。日本政府以保护侨民为借口，乘机出兵，占领了朝鲜皇宫，扶持了以大院君为首的傀儡政权，强迫朝鲜

^ 颐和园船坞

在日本倾全国之力扩军造舰备战的同时，清政府却放松了国防建设，从1888年就再也没有为北洋水师购置新军舰，从1891年起更是停拨了海军的弹药经费，其理由居然是为慈禧庆寿修建颐和园三海工程。

与之签订了《日韩同盟》，并以朝鲜政府的名义要求中国撤兵。清政府则要求日本同时撤兵，但日本决意挑起战争，继续向朝鲜增派军队。7月 25日，日本在丰岛（今韩国仁川市西部）附近海域对中国运兵船“高升”号及护航舰只发动突然袭击，同时向驻守忠清道牙山县的清军发起进攻。8

月1日，清政府被迫对日宣战，日本随即向中国正式宣战，甲午战争爆发。

8月上旬，总兵卫汝贵、左宝贵等率四部援朝清军万余人抵达平壤。9月15日，日军分三路进攻平壤，战斗在大同江南岸、玄武门外、城西南三处展开。日军主攻玄武门，总兵左宝贵登城指挥，中炮牺牲，玄武门失守。当晚，叶志超等弃城而逃，到26日，清军全部退至鸭绿江以北中国境内，日军占领朝鲜全境。在陆军争夺朝鲜半岛的同时，日本海军也出动至黄海西部。9月上旬，清廷由海路运援兵赴平壤，北洋舰队奉命护航。17日，北洋舰队在完成护航任务后正准备由大东沟口外返航，与日舰遭遇，黄海海战爆发。北洋舰队参加战斗的军舰为十艘，日本海军为十二艘。开战后，北洋舰队重创日本多艘军舰。但北洋舰队中“致远”号亦受重伤，管带邓世昌为保护旗舰，下令向敌先锋舰“吉野”号猛冲，以求同归于尽，不幸中敌鱼雷，二百余人牺牲。战斗共历时五个多小时，双

1904年，日俄战争期间的日军士兵

照片上手持指挥刀的是一名日军军官，两名黑色军装的日军军曹和其他日军士兵手持的是日本生产的明治三十年（1897）式“金钩”步枪。日俄双方为了各自的利益，于1904年在中国的土地上打了一场极不光彩的战争，通过这场战争日本攫取了中国东北大量的殖民利益。

方伤亡惨重，日舰撤离战场，北洋舰队也返回旅顺。这一战中，北洋舰队五艘军舰沉毁，日军五艘军舰受重创（后两舰沉没）。北洋舰队返回旅顺后，李鸿章下令水师避于威海港，实行“保舰制敌”的消极防御方针，等于把黄海制海权拱手让人。

清军溃退中国境内后，清政府任命四川提督宋庆为诸军总统，率清军共82营约3万人驻守鸭绿江北岸。但各部之间缺乏协同，不服宋庆调度，士气不振。10月24日，日军泅水过江，当夜又在虎山附近的江流中架设浮桥渡军。25日晨，日军向虎山（今属辽宁丹东）发起进攻。清军守将马金叙、聂士成率部奋勇还击，因势单力孤，伤亡重大，被迫撤退，日军占领虎山。清军其他各部得知虎山失陷，不战而逃。26日，日军占领了九连城和安东县（今属辽宁丹东），鸭绿江防线全线失守。

10月24日，另一路日军二万五千人在军舰的掩护下，在旅顺后路的花园口登陆。11月6日，日军攻占金州（今属大连）。17日，日军开始向旅顺口进逼。驻守于此的清军有一万余名，但早已军心涣散，毫无斗志。22日，日军攻陷旅顺口，对旅顺口的居民进行了一场骇人听闻、惨绝人寰的血腥大屠杀，全城数万居民最后幸免于难的只有三十六人。

旅顺失守后，北洋舰队尚有各种舰艇二十六艘，却根据李鸿章的防御方针龟缩于威海卫港内。1895年2月3日，日军占领威海卫城，水师提督丁汝昌坐镇指挥的刘公岛成为孤岛。5日凌晨，旗舰“定远”号中雷搁浅。10日，“定远”号弹药告罄，管带刘步蟾下令将舰炸沉，以免资敌，并自杀与舰共亡。11日，丁汝昌也自杀殉国。12日，洋员浩威伪托丁汝昌的名义，向日军投降。17日，日军在刘公岛登陆，威海卫海军基地陷落，北洋舰队全军覆没。日军突破清军鸭绿江防线之后，连占凤凰城（今属辽宁丹东）、海城（今属辽宁鞍山）等地。清政府调两江总督刘坤一为钦差大臣，以期挽回颓势。1895年1月17日起，清军先后数次大规模反攻海城，皆遭挫败。3月上旬，山海关外的牛庄、营口、田庄台相继失守。十天之内，清军六万余人便从辽东全线溃退。威海卫失陷后，清廷派李鸿章赴日议和。4月17日，中日《马关条约》签订，甲午战争结束。

瓜分中国的浪潮

光绪二十年二月（1895年3月），李鸿章等人乘坐德国轮船启程直奔日本马关。20日，李鸿章来到马关，在春帆楼和日本首相伊藤博文、外相陆奥宗光等人举行停战谈判。经过一个多月的谈判，李鸿章迫于日方的武力威胁，最终签订了丧权辱国的《马关条约》。《马关条约》的主要内容包括：中国承认朝鲜“独立”（实际上是允许日本控制朝鲜）；向日本赔款白银二亿两；将辽东半岛、台湾全岛及其附属岛屿以及澎湖列岛“永远让与日本”；允许日本在中国内地设厂；增开通商口岸，等等。台湾被割让的消息传到岛内，全台湾悲愤到了极点，人们涌入巡抚衙门，反对割让台湾。协理台湾军务的清军将领刘永福等率军民反抗日本侵占。他们坚持了近半年，历经大小百余次战斗，抗击了日军两个师团和一支海上舰队的进攻，打死击伤日军三万二千多人，最终因为力量悬殊，岛内人民的反抗终遭失败。从此，台湾沦为日本殖民地达五十年之久。

《马关条约》签订后，俄国认为日本割占辽东半岛，将阻碍它向中国东北的扩张，于是联合法、德两国照会日本政府，要求其退还辽东半岛。日本无力对抗三国的军事行动，被迫退还辽东半岛，但要求清政府付出三千万两的“赎辽费”。此后，西方列强掀起了一个瓜分中国的狂潮，俄国于光绪二十二年四月二十三日，迫使李鸿章签订《中俄御敌互相援助条约》，该条约使俄国取得了中东铁路的修筑权，加强了它在东北的垄断地位。德国强迫清政府订立《胶澳租界条约》，规定将胶州湾租借给德国，租期为九十九年，德国通过该条约把山东变为其势力范围。光绪二十三年（1897），法国迫使清廷声明，保证不将临近越南的云南、两广割让或租借给他国，并同意将广州湾租给法国。从此，云南、广西、广东三省成为法国的势力范围。为了分享列强在华攫取的权利，光绪二十五年（1899）八月至十月间，美国分别向英、俄、德、日、意、法等列强提出了“门户开放”政策，宣称：各国在华“势力范围”和任何既得利益，其他国家不得干涉；各国运往“势力范围”内各口岸的货物，由中国按中国现行约定税率征收税款等等。俄、德、英、法、日为了消除彼此在利益上的摩擦，基本同意美国的宣言，这样列强在事实上达成了共同侵略中国的协议。

^ 漫画《列强瓜分中国的野心》

19世纪末20世纪初，资本主义国家逐渐向帝国主义过渡，掀起了瓜分中国的狂潮。英国占据长江中下游，沙俄的势力在整个中国北部，法国侵入两广、云南，日本侵占台湾，美国要求“门户开放，利益均沾”。

帝国主义列强利用清政府甲午战争惨败之机，趁火打劫，一方面强租海港并划分势力范围，掀起瓜分中国的狂潮；同时又通过向清政府贷款、争夺中国的路矿权、在华开设工厂等方式大搞资本输出，攫取中国利权，控制了清政府的经济命脉。帝国主义在华的激烈争夺，使中国被瓜分的大祸迫在眉睫，亡国灭族成为日益迫近的现实。

关键词：公车上书 / 《定国是诏》

百日维新

▪ 1898年

甲午中日战争之后，以康有为、梁启超、谭嗣同为首的维新派，兴学堂、办报刊，呼吁变法图强，挽救民族危亡。光绪二十四年（1898）四月二十三日，受到维新派思想影响的光绪帝下“明定国是”诏，宣布变法维新。自此到八月初六日103天间，在维新派的主持建议下，光绪帝先后颁布了一百多道诏令，推行新政。但变法触及了以慈禧太后为首的封建守旧势力的权益，他们采取各种手段破坏和镇压维新运动。八月初六日，慈禧太后发动宫廷政变，囚禁光绪帝，罢黜帝党官员，捕杀维新人士，新政基本上被推翻，变法失败。

倡导变法

光绪二十年（1894），中日甲午战争中清政府惨败。第二年，清政府被迫签订中日《马关条约》，割让台湾和澎湖列岛给日本，并赔款二亿两白银及其他一系列丧权辱国的举措等。甲午战争之前，很多中国

> 康有为手迹

^ 光绪皇帝大婚图·清·庆宽等

光绪十四年（1888）十月，慈禧太后与光绪皇帝从复选的秀女中确定了皇后，举行了中国历史上最后一次真正意义上的皇帝婚礼。

人一直视日本为“蛮夷岛国”，不足挂齿，没想到这个蕞尔小国把自己打得落花流水，号称“亚洲第一”的北洋水师全军覆没，日本军队在旅顺烧杀抢掠，举国震撼。清政府软弱无能，居然向日本割地赔款，群情激愤。一些有为之士再也坐不住了，他们认为，日本之所以能由往日的邦国战胜中华大国，在于实行明治维新向西方学习，变法实行君主立宪，所以中国要想强大也要走日本的道路，学习西方变法维新。倡导变法的代表人物首推康有为。康有为（1858—1927），字广厦，号长素，广东南海人。他在广州开办“万木草堂”招收学生，宣传变法思想，梁启超慕名投奔其门下。康有为著有《新学伪经考》《孔子改制考》，前者破旧，后者立新，一方面动摇了占统治地位的封建意识形态，另一方面树立了一个“托古改制”的孔子形象，这两本书在士大夫中产生了比较大的影响。

^ 牙雕鹌鹑盒·清

这是一件写实的牙雕动物作品，为一只伏卧的鹌鹑，体态肥硕，羽毛纤细，神态生动。现藏于北京故宫博物院。

清政府签订《马关条约》时，正好是各省举人到北京考进士的日子。消息传来，帝党官员文廷式等和参加会试的举人们纷纷上书，请求拒签和约。梁启超首先联合广东举人一百九十多人上书朝廷，其他各省的举人也闻风而动。两天之后，康有为联络各省的举人在宣武门外达智桥松筠庵集会，讨论上书请愿。松筠庵集会完毕后，众举人推举康有为起草奏书。康有为热血沸腾，花了一天两夜的时间，写了一万多字的请愿书——《万言书》（即《上清帝第二书》），书中提出了拒签和约、迁都抗战、变法图强三项主张，还建议模仿西方的议会制度，每十万户推举一名“议郎”，为皇帝提供咨询，共同商议国家政事。康有为在书中公开建议学习日本变法，“日本一小岛夷耳，能变旧法，乃敢灭我琉球，侵我大国。前车之辙，可以为鉴”。梁启超等人抄写后，分送各省举人驻地，征集大家的签名。《万言书》征集到了一千三百名举人的签名。

光绪二十一年（1895）四月八日，康有为率领各省举人浩浩荡荡地向都察院前进，准备递交都察院代为禀奏。汉朝用公家车马送应试之人到京城，后世于是以“公车”作为举人赴京应试的代称，因此此举史称“公车上书”。当时力主和议的军机大臣知道此事后，立刻派人前去劝阻各省举人，甚至威胁，都察院也以和约已签为由拒绝接受《万言书》。《万言书》最终没有能够递交给都察院，当然更不可能到光绪皇帝手中了。

虽然“公车上书”没有实现，但是《万言书》已在社会上广为传抄，产生了极大的影响。康有为名声远扬，甚至引起了光绪帝的老师翁同龢的注意。他多次会见康有为，商讨变法事宜，可以说公车上书是百日维新的前奏。

维新变法

康有为在“公车上书”后的几年，一直在为变法做着准备，他在北京出版《中外纪闻》，组织强学会。同时，严复在天津主编《国闻报》，宣传维新变法；谭嗣同、唐才常等人在湖南成立了南学会，创办《湘报》。全国议论时政，宣扬变法的风气已经逐渐形成。

光绪二十三年（1897）十月，德国强占胶州湾，全国人心激愤。十二月，康有为看时机成熟，第五次上书光绪帝，陈述当时中国的形势，指出了列强瓜分中国的企图。光绪二十四年（1898）正月初八，康有为写了著名的《应诏统筹全局折》，吁请光绪帝进行变法，奏折中指出：“变则能全，不变则亡；全变则强，小变仍亡！”

光绪二十四年（1898）四月二十三日，光绪帝终于听从康有为的劝说，颁布上谕《定国是诏》，表示变法决心，一场短暂的改革开始了。虽然光绪帝所表现出来的是一个自上而下的改革态势，但这次维新其实并没有触及封建统治的根本。康有为的“设立国会”“制定宪法”等政治主张根本没有放在光绪皇帝的心中，皇帝关心的只是要通过这一次变法，摆脱慈禧太后对他的控制，压制朝中与其作对的大臣，改变多年来被列强欺负的局面。所以在这次变法中，所实施的只是“设立农工商、路矿总局，提倡开办实业，修筑铁路，开采矿藏，组织商会，改革财政；政治上广开言路，允许士民上书言事；裁汰绿营，编练新军；废八股，兴西学，创办京师大学堂，设译书局，派留学生，奖励科学著作和发明”这些文化、经济、军事上的措施。

可就连这些措施都不被守旧派所接受，清政府中的一些权贵、官僚对新政的措施阳奉阴违，仅从设立制度局一事就可以看出：康有为于1898年年初将这一奏议呈送光绪帝，皇帝交给总理衙门大臣商议；两个多月后，庆亲王奕劻否定了康有为的建议；光绪帝又命军机大臣会同总理衙门大臣重议，礼亲王世铎复奏又否定了康有为的建议；在此期间，反对变法的声音就一直没有停止过，只不过都是在暗暗进行着。从史料中可以看出来，在光绪帝宣布变法的第五天，慈禧太后连下了三道旨意，对京津地区的军政大权进行了人事变动，换上了自己的亲信，这一奇怪的举措，不难看出慈禧太后还是可以掌握皇帝的行动，并在那时就已经准备发动政变了。

变法实行后不久，就开始有奇怪的流言，说是慈禧太后准备废光绪帝，另立新君。9月中旬，光绪帝几次召集维新派商议对策，但是维新派都是一些年轻书生，既无资历，又无军队，只得向光绪帝建议重用袁世凯，用他的新军来维护变法的实施。9月16日、17日两天，光绪帝接连召见袁世凯，特赏候补侍郎；18日夜，谭嗣同密访袁世凯，劝说袁举兵救驾，但随即被袁世凯出卖。9月21日凌晨，慈禧太后突然从颐和园赶回紫禁城，直入皇帝寝宫，将光绪帝囚禁于中南海瀛台，然后发布训政诏书，再次临朝训政。接着，慈禧太后下令捕杀在逃的康有为、梁启超；逮捕谭嗣同、杨深秀、林旭、杨锐、刘光第、康广仁等人。9月28日，在北京菜市口谭嗣同等六人被杀害，同时康有为、梁启超等人被通缉。所有新政措施，除京师大学堂（今北京大学）外，全部都被废止。

从6月11日到9月21日，进行了103天的变法维新（俗称“百日维新”）宣告失败。百日维新对中国社会产生了深远影响，它不仅是一次爱国救亡的政治改革运动，也是近代中国一次大规模的思想解放运动和新文化运动。它的失败，促使更多的有识之士走上了革命的道路。

青岛福山支路康有为故居

青岛康有为故居位于福山支路5号。原为德国总督初来青岛时的宅邸，1923年康有为来青岛时购得此宅。因为清末代皇帝溥仪曾赠康有为堂名“天游堂”，故康有为将此宅取名为“天游园”。康有为虽然没有定居青岛，但是每年都来此小住一段时间，直至1927年病逝。

关键词：义和团 / 《辛丑条约》

八国联军入侵北京

▪ 1900年

随着帝国主义列强势力在中国的不断扩张，特别是一些西方传教士在中国的土地上胡作非为，19世纪末，山东、直隶的农民开始自发反抗，打着“扶清灭洋”旗号的义和团运动兴起。为了镇压议和团运动，英、法、德、奥、意、日、俄、美等八国联军于光绪二十六年（1900）七月，攻陷北京。此后列强经过长达九个月的争议，于光绪二十七年（1901）七月二十五日，强迫清政府签订《辛丑条约》，赔款白银四亿五千万两，分三十九年付清，年息四厘，本息折算共九亿八千万两，以中国海关税、常关税、盐税作抵押。这次赔款史称“庚子赔款”，是自鸦片战争以来最大的一笔赔款，它相当于当时清政府十二年的财政收入的总和。

义和团的兴起

义和团原称义和拳，是长期流行于山东、直隶（今河北）等地的一种民间秘密组织。清朝末年，政府腐败无能，西方列强对清政府步步进逼，想要在中国攫取更多的利益。在这种情况下，义和团改变策略，将“反清复明”的口号改为“扶清灭洋”，吸引了大量群众加入，声势不断壮大。

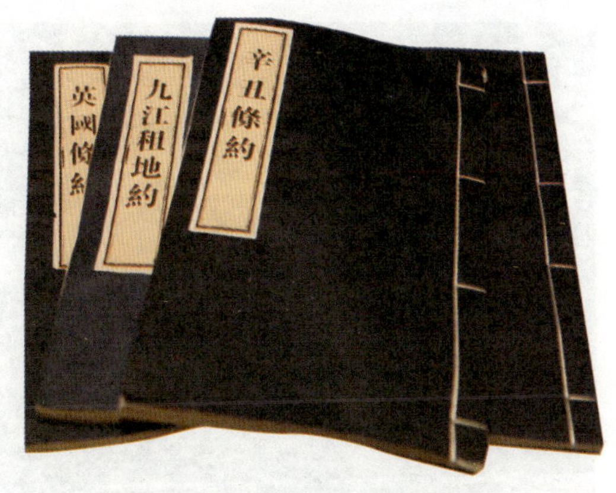

《辛丑条约》复印本

原件现藏于台北故宫博物院。

甲午战争后，德国占领胶州湾，强划山东全省为其势力范围。外国教会凭借西方的军事强势，在山东扩展势力。一些传教士和教民横行乡里，为非作歹，激起民愤。在教民与其他中国人的冲突中，西方教会或西方的政府代表往往出面干预。地方官对西方势力往往比较惧怕，在他们的干预下很难作出公正的判决。这样，普通群众对教会积恨成仇，各地反教会的斗争此起彼伏，而义和拳也成为反对外国侵略势力的重要组织形式。山东义和拳开展反教会斗争后，当地传教士要求清政府严加镇压。山东巡抚张汝梅则建议清政府改义和拳为团练，以便控制，并将“义和拳”改名为“义和团”，义和团势力在山东、直隶迅速发展。

百日维新后，慈禧有意废掉光绪帝另立新君，遭到了西方各国的反对。于是，她想利用义和团抗衡西方列强，义和团成员大批进入京师。1900年6月10日，俄、英、美、日、德、法、意、奥等西方列强，以“救援北京使馆”为名，组织了一支由英国海军中将西摩为司令的二千多人的联军，由天津向北京进犯。京津铁路沿线各村庄的义和团立即行动起来，拆毁路轨、桥梁，锯掉沿途电线杆，使京津间铁路和电讯完全断绝。联军边抢修铁路边小心翼翼地前进。6月11日晚，八国联军刚到落垡（今属河北廊坊），立即受到义和团和清军的攻击。敌人龟缩在车站和车厢里，凭借洋枪、洋炮进行抵抗。义和团拉来土炮，进行猛烈还击。从天津到北京，火车只需几小时，但西摩率领的联军在义和团的顽强阻击下，穷于应战，走了四天才到廊坊。6月14日清晨，联军刚到廊坊，喘息未定，就受

^八国联军军官在北京的合影

从照片中一眼可以看出侵略者的趾高气扬，这十二位穿着西式军服的军官分别来自德国、英国、法国、意大利、俄国、日本和美国，他们聚集在北京的一座四合院前拍下了这张炫耀武力的照片。就在他们离开后不久，这间四合院中所有价值不菲的摆设全部被他们的士兵抢劫一空，甚至连照片中的两个花盆和宫灯都没有放过。

到义和团的猛烈进攻。双方激战了两天多的时间，由于义和团的英勇作战，联军一步也走不动了。6月16日，联军司令西摩下令向天津撤退。6月18日，义和团在清军的协助下，向撤至杨村车站的敌军发动猛烈进攻。清军开枪射击，引住敌人的火力，义和团成员趁势冲杀，与联军士兵展开肉搏。联军凭借着先进的武器且战且退，最后在天津租界派来的援军的接应下，用了十天的时间才退回天津租界。此战中，联军方面损失惨重，死伤三百余名。

进犯京津

各国公使眼看清政府已无法控制形势，总理衙门也“无力说服朝廷采取严厉的镇压措施”，便策划直接出兵干涉。5月28日，英、法、德、奥、意、日、俄、美八国在各国驻华公使会议上正式决定以“保护使馆”的名义，调兵入北京。5月30日至6月2日，八国的海军陆战队四百多人陆续由天津乘火车来到北京，进驻东交民巷。随后，各国继续向中国增兵，各国军舰二十四艘集结大沽口外，聚集在天津租界的侵略军达两千余人。6月6日前后，侵略中国的战争爆发。

6月15日至20日，义和团和清军又向西什库的天主教教堂（俗称“西堂”）及东交民巷的外国使馆发起猛烈的攻击，狠狠地打击了外国侵略者。八国联军侵华期间，清政府向列强各国“宣战”。8月4日，八国联军一万八千多人从天津出发进攻北京。13日，八国联军开始进攻北京。16日，八国联军侵入北京，守卫北京的清军溃败。次日凌晨，八国联军进攻东华门。慈禧太后闻讯惊骇至极，急忙带着光绪皇帝等人分乘三辆马车，仓皇离开紫禁城，逃往西安。21日，抵达宣化的慈禧太后令庆亲王奕劻火速回京，会同李鸿章与各国交涉议和之事。9月，逃亡途中的慈禧太后多次颁布剿灭义和团的上谕。10月26日，慈禧太后到达西安，她一方面不断通过电报与在京的奕劻、李鸿章取得联系，以了解议和的进展情况；另一方面为了讨好列强，不断发布上谕，说此次中国变乱，得罪了友邦，但那不是朝廷的意愿，对于罪魁祸首（义和团）必定严加惩办，以绝祸根。

光绪二十六年十一月（1900年12月），列强各国（除了出兵的八国外，又加上比利时、荷兰、西班牙三国）向清政府提出《议和大纲》，后又订立详细条款，于1901年9月7日在北京正式签字，史称《辛丑条约》。《辛丑条约》的主要内容为：惩办“得罪”列强的官员；派亲王、大臣到德国、日本赔罪；清政府明令禁止中国人建立和参加抵抗侵略军的各种组织；赔款四亿五千万两白银，分三十九年付清，本息共计九亿八千万两白银；在北京东交民巷一带设使馆区，各国可在使馆区驻兵，中国人不准在区内居住；平毁大沽炮台以及北京至天津海口的炮台；各国可以在北京至山海关铁路沿线驻兵。《辛丑条约》签订后，中国完全沦为半殖民地半封建国家。

关键词：三民主义

孙中山创立同盟会

■ 1905年

光绪三十一年（1905）七月二十日，兴中会、华兴会及其他革命组织在日本东京联合组成中国同盟会（简称“同盟会”），确定“驱除鞑虏，恢复中华，建立民国，平均地权”的资产阶级革命政纲。同盟会的出现标志着中国资产阶级民主革命进入了一个新的阶段，全国性的革命高潮即将来临。

兴中会成立

光绪二十四年（1898）百日维新失败后，维新派受到重大挫折，维新救国之路基本上被堵死了，但暂时沉闷的表象之后孕育着一股更大的力量，一场革命风暴即将

> 民报

《民报》于1905年11月在东京创刊，作为同盟会机关刊物，宣传革命思想。孙中山在《民报》发刊词中正式提出民族、民权、民生三大主义。图为《民报》创刊号的封面。

^油画《蔡元培与光复会》

1904年11月，同为革命团体的光复会在上海成立，推选蔡元培为会长，陶成章为副会长。同盟会成立时，在日本东京的部分光复会员加入了同盟会。

到来。义和团运动之后，清政府推行所谓的“新政”，兴办学堂和鼓励留学是“新政”的主要内容。新式学堂出身或留学归来的学生接受了“西学”“新学”的熏陶，世界观发生了很大的改变，这些人成为新的革命力量。

早在光绪二十年（1894），孙中山就在美国檀香山（今美国夏威夷）成立了革命组织兴中会，以“驱除鞑虏，恢复中国，创立合众政府”为誓词。兴中会是中国第一个现代意义的政党组织，是中国“立党之始”。第二年，孙中山准备在广州举行起义，因事泄而失败，被迫逃亡海外，清政府将他作为重要国事犯到处悬重赏通缉。光绪二十二年（1896），孙中山在英国伦敦被清政府驻英公使馆诱捕，后经营救获释。此后两三年，孙中山在欧洲考察，并与欧美各国进步人士接触，思考中国的革命前途。光绪二十六年（1900），孙中山又组织、领导了惠州起义，不幸失败，孙中山再度逃亡国外。此后数年，孙中山来往于日本、越南、檀香山、美洲等地，宣传革命，发展兴中会组织。

除孙中山在国外较早创建的兴中会外，规模和影响较大的革命团体还有湖南的华兴会、湖北的科学补习所和浙江的光复会。光绪二十九年十二月三十日，华兴会在长沙正式成立，公推黄兴为会长，宋教仁、刘揆一为副会长。华兴会的创建者黄兴是当时最有威望的革命领导者之一，在他和其他成员的努力下，华兴会成员发展迅速，其会员绝大多数是从日本留学归来和在国内学堂毕业的知识分子。华兴会对湖北革命运动产生了积极的影响，宋教仁在华兴会成立后，来到武昌，与其他同人积极筹备成立科学补习所。7月3日，武汉军、学两界三十余人集会，科学补习所正式成立，吕大森任所长，胡瑛任总干事，宋教仁任文书。科学补习所是湖北最早的重要的革命团体，它活动的重点一开始就放在新军方面，并作为经验保留下来，形成20世纪初湖北地区革命运动的一个传统。这也是后来辛亥革命首先在湖北武昌爆发的原因之一。当两湖地区革命组织相继创建并积极开展活动时，江浙地区的革命党人也积极联络会党，策划革命活动，光绪三十年（1904）冬在上海成立了革命团体光复会。光复会成立后，势力迅速扩张到浙江等省。国内革命团体的大量涌现，预示着民主革命的高潮即将来临。

成立同盟会

各地涌现的革命小团体尽管数量众多，却难以采取足以推翻清朝政府的统一行动，形势的发展需要把各地分散的革命力量联合起来，建立一个全国性的统一的革命组织，将革命运动有力地向前推进。在这种情况下，孙中山由于首倡民主革命并积极实践，在国内外革命青年中享有极高的威望，自然成为众望所归的共同领袖，成为足以团结各方面革命力量的人。

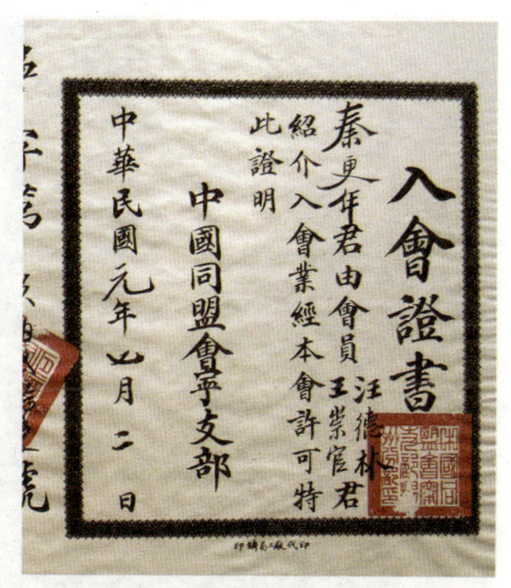
入會證書
秦更年君由會員汪德林王崇官君
紹介入會業經本會許可特
此證明
中國同盟會平支部
中華民國元年四月二日

^ 同盟会入会证书

光绪三十一年（1905）六月十七日，孙中山到达日本横滨，随后转往留学生集中的东京。在东京，孙中山找到了留学生中威望很高的黄兴，商量成立统一组织的问题。7月28日，孙中山又与华兴会的骨干宋教仁、陈天华等人会谈。次日，黄兴、宋教仁、陈天华、刘揆一等共同商议华兴会会员参加同盟会一事。7月30日，孙中山和黄兴派人分头邀请各省倾向革命的留学生，在东京举行建立同盟会的筹备会，到会的有来自十七省的七十多位留学生。会上，孙中山、黄兴等先后发表演讲，分析当时形势，阐明组建统一革命组织的必要性。经反复协商，大家最后确定组织名称为“中国同盟会”，简称“同盟会”，以“驱除鞑虏，恢复中华，创立民国，平均地权”为同盟会的政治纲领。8月13日，由黄兴、宋教仁等人发起，在东京麦町区的富士见楼，中国留学生和华侨举行欢迎孙中山的集会。孙中山向到会的一千三百多位中国留学生发表演讲，号召留学生为了中国的明天努力奋斗，不惜以流血为代价，建立人民的共和国，孙中山慷慨激昂的语言深深地感染了到会的听众。

8月20日，中国同盟会在东京举行正式成立大会，到会的有百余人。大会修改并通过了由黄兴、陈天华、宋教仁等负责起草的章程草案，确认了同盟会的政治纲领，规定凡其他革命团体宗旨相同而又愿意联合为一体的，概认为同盟会会员。章程规定，同盟会本部暂设东京，本部机构遵循

^ 孙中山先生与同盟会人员

1905年8月20日，中国革命同盟会在日本成立，孙中山被推举为总理，同盟会的机关刊物《民报》成为革命思想的重要阵地。

三权分立原则，在总理之下设执行、评议、司法三部。大会一致推举孙中山为总理，选出黄兴任执行部庶务科庶务，协助孙中山总理筹划一切，主持本部工作。同盟会的政治纲领最初就是十六字誓词："驱除鞑虏，恢复中华，创立民国，平均地权。"光绪三十一年（1905）十月三十日，孙中山在同盟会的机关报《民报》发刊词中，将其明确阐释为"民族、民权、民生"三大主义。

以孙中山为领袖的中国同盟会是近代中国第一个全国性的革命政党。它的诞生，预示着中国进入了一个新的历史时期，成为民主革命运动高涨的新起点。

关键词：预备立宪 /《临时约法》

清末新政与武昌起义

▪ 1901年~1911年

20世纪初，为了应对内忧外患，维护清王朝的统治，清政府先后打出了“新政”和“预备立宪”的旗号，着手实施社会变革，以应付日益严重的国内危机。然而这种为了维护封建统治而进行的所谓新政注定是一场骗局，根本无法改变尖锐的社会矛盾。于是，在1911年这个辛亥年，四川保路运动和辛亥革命相继爆发，中国最后一个封建王朝——清朝的统治最终被推翻。

夭折的新政

自光绪二十七年到光绪三十一年（1901~1905），清政府出台了多项“新政”措施，主要体现在四个方面。政治方面：改革政治机构，修订法

> 庆亲王奕劻

宣统三年（1911），清政府裁撤军机处，任命奕劻为“皇族内阁”总理大臣，组成庆亲王内阁。

十八星旗

十八星旗原是湖北革命团体共进会的会旗，武昌起义成功后，中华民国湖北军政府宣告成立，十八星旗成为其旗帜。

律；改总理衙门为外务部，“班列六部之前”；裁撤冗衙，裁汰书吏差役，废止捐纳制度，整饬吏治。光绪二十八年(1902)开始修改律例，取消凌迟、枭首等苛刑，轻犯或以工代罚，或收容习艺。军事方面：改革军制，编练新军和警察；裁减绿营、练勇，停止武科举；各省设武备学堂。经济方面：提倡商办实业；成立商部，着手制定一系列商务规章，鼓励私人资本自由发展；奖励发明创造者。文教方面：废科举、兴学堂；制定学堂章程，统一学制，通令各省选派留学生，奖励留学归国者；光绪三十一年（1905）成立学部，统管全国教育。尽管“新政”旨在维护和加强清王朝统治，但在客观上的确有利于民族资本主义的发展和新型知识分子队伍的形成。可是，清政府为解决“新政”经费而增加名目繁多的新捐税，各级官吏借机勒索敲诈，下层群众不堪其苦，反而激化了各种社会矛盾。在新政中，以袁世凯为首的北洋军阀集团趁势崛起，左右了晚清政局。

日俄战争以俄国战败而告结束，强烈地震撼了清统治集团部分开明官僚和资产阶级上层人士，他们纷纷呼吁“立宪”；此时国内革命风潮日益高涨，清政府也想以“预备立宪”来应对社会舆论和革命风潮。光绪三十一年（1905）九月，清政府派出载泽、端方等五大臣出洋“考察政治”。五大臣考察归国后，奏报清廷称立宪可使“皇位永固”“外患渐轻”“内乱可弭”。清政府于光绪三十二年（1906）七月正式宣布“预备仿行宪政”。各地资产阶级上层人士联合开明官绅，纷纷成立社会团体，其中著名的代表人物及其团体有：张謇在上海组织的第一个立宪团体“预备立宪公会”，梁启超在日本建立的“政闻社”，等等。这些社团大造立宪声势，国内外遥相呼应，掀起了立宪运动。但是清王朝借“预备立宪”之名而行满洲皇族集权之实，在官制改革中，满足亲贵而极力打击汉族官僚，尤其是地方汉族封疆大吏的权势。例如袁世凯就被革去八项兼差，被迫交出四镇新军。清政府又用明升暗降的办法，将另一位地方实权派总督张之洞调到中央。清政府的这些举措加剧了汉族官僚集团的离心倾向，使自己愈加孤立。

因此立宪派发动舆论，批评清政府拖延，没有立宪诚意；一些地方督抚和大臣也奏请清政府加紧立宪。迫于内外压力，清政府于光绪三十四年（1908）八月一日颁布《钦定宪法大纲》，宣布以九年为立宪的预备期。十一月光绪帝和慈禧太后相继去世，溥仪即位，改元宣统，其父载沣监国。载沣罢黜袁世凯，令其回籍，并陆续将军政大权收归于满族权贵手中。立宪派利用各省咨议局这一合法机构，联合敦促清政府加快立宪，并发起收回铁路和矿山利权的运动。从宣统元年（1909）十二月到宣统二年（1910）九月，立宪派接连发起三次大请愿运动，要求速开国会，成立责任内阁。宣统三年（1911）四月，清政府成立责任内阁，阁员十三人，汉族官员仅得四席，满、蒙占九席，其中七人属于皇室，因此被戏称为“皇族内阁”，名为立宪，实则为专制。至此立宪派的幻想彻底破灭，很多立宪派人士和地方大员转而倒向革命阵营。在辛亥革命的暴风骤雨前夕，清政府彻底成为孤家寡人。

武昌起义

光绪三十一年（1905），第一个全国性的资产阶级革命政党“中国同盟会”在日本东京成立后，积极联络海外爱国华侨及国内其他会党，以武装起义为方式，积极地开展了旨在推翻腐朽反动的清政府的活动。同盟会会员多数都是接受新式教育的精英，他们在许多新式学校、会社都安插了自己的成员，并发展更多的人入会。甚至在清政府的新军军官训练学校——云南陆军讲武堂，全部四十七名教职员中，同盟会会员就达十七人之多，这就直接为后来的革命培养了大批的骨干力量。同盟会还联络在湖北的科学补习所、日知会、共进会等革命社团，深入新军宣传革命。到武昌起义前夕，湖北新军中已有三分之一的士兵参加了革命组织，成为起义的主力军。宣统三年（1911），广州黄花岗起义失败以后，宋教仁提议“组织中部同盟会以谋长江革命”，主张在长江中下游各省同时并举，建立革命政权，然后北伐。7月31日，同盟会中部总会在上海正式成立。在同盟会中部总会的努力下，湖北地区的革命组织实现了大联合。

宣统三年（1911）五月二十一日，四川保路运动爆发，武汉新军的大部分被调入川，同盟会认为在武昌起义的条件已经成熟。9月24日，革命团体文学社、共进会在武昌召开联席会议，决定于10月9日发动起义，并推举文学社社长蒋翊武为临时总司令，共进会领导人孙武为参谋长，制订了相应的起义计划。10月9日上午，孙武在汉口俄租界赶制炸弹时不慎发生爆炸，引起巡捕房的注意，沙俄巡捕闻声赶来，起义相关的文件全部被抄获。湖广总督瑞澂接到租界传来的消息后，下令搜捕革命党人，武昌机关遭到破坏，形势十分严峻。在这紧急关头，新军中的革命党人自发地行动起来。10月10日晚七时许，工程第八营革命党的总代表、班长熊秉坤领导该营首先行动，他率领十多名士兵直奔楚望台军械库，守库的本营左队士兵鸣枪配合，很快他们就顺利地占领了楚望台，工程营连长吴兆麟被推为临时总指挥。当天夜里十一时左右，革命军以工程营为主力，分三路向督署发起猛攻，湖广总督瑞澂弃城逃跑。11日凌晨二时，革命军攻下总督府，武昌起义胜利。接着，革命军又先后占领汉阳、汉口、武汉三镇，迅速成立湖北军政府。不过，由于原来的起义领袖或被捕或被杀，革命军群

^油画《辛亥三杰》（黄兴、孙中山、宋教仁）

武昌起义爆发，作为资产阶级革命派的领袖，孙中山正在美洲为革命运动筹款，未能亲自领导这次具有重大历史意义的武装起义。武昌起义成功后，孙中山奔走于美、法、英各国，开展广泛活动，希望得到列强支援。1911年11月24日，在国内致电催促的情况下，孙中山从法国马赛乘船回国，12月25日抵达上海。1912年1月1日，孙中山正式就任中华民国临时大总统。

龙无首，便拥戴在新军中有一定声望的第二十一混成协统领黎元洪为军政府都督，推举湖北咨议局议长、立宪派首领汤化龙为总参议。黎元洪宣誓就职后立即改组军政府，造成了由旧官僚、立宪党人控制湖北军政府的局面。

10月12日，清政府派陆军大臣荫昌率北洋新军两镇南下进攻革命军。11月1日，汉口失陷。3日，由上海赶来武昌不久的同盟会领袖黄兴临危受命，就任战时总司令。16日，黄兴率部偷渡汉水，反攻汉口失败，次日退守汉阳。21日，清军进攻汉阳，黄兴率革命军奋勇抵抗，终因寡不敌众，27日汉阳又告陷落，革命军维持住与清军隔江对峙的局面。虽然军事上遭到败绩，但是在政治上革命军却取得了辉煌的成绩。湖北军政府成立后，立即宣布废除清朝“宣统”年号，改国号为中华民国，又公布了《中华民国鄂州约法》，全国各地相继响应，不到两个月，全国有十四省宣布独立，清政府统治土崩瓦解。12月29日，十七省代表在南京举行会议，选举孙中山为临时大总统，并于1912年元旦在南京成立中华民国临时政府，成立了临时参议院，通过了《中华民国临时约法》。2月12日，清帝宣布退位。这次革命推翻了封建王朝，结束了统治中国两千多年的封建君主制度，但中国人民反对帝国主义和封建主义的民主革命还远未完成。

看得见的世界史

一部好读、好看、好听的历史，一幅全息立体的历史图卷

地球村的时空故事

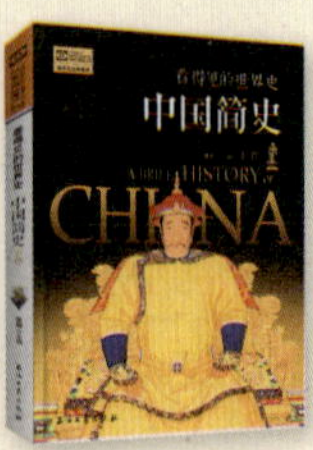

华夏文明的壮美图卷

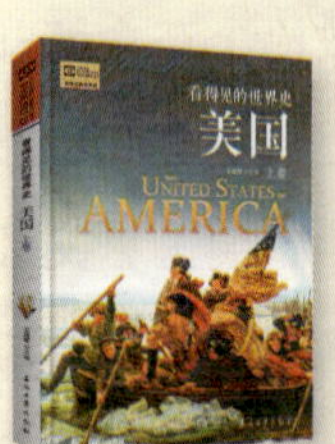

超级大国的心路历程

欧洲社会的悲欢离合

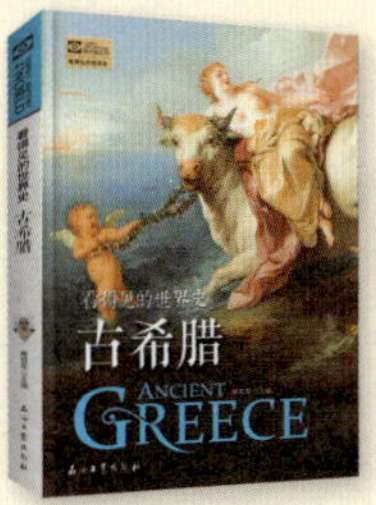

爱琴海的文明

法老的世界

法治与征服

南亚次大陆的文明之光

人类教育的起点

丛林中的神秘文明

日不落帝国的崛起与衰落

高卢雄鸡的鸣唱

血与火的统一

欧亚上空的双头鹰

“全球帝国”的兴衰往事

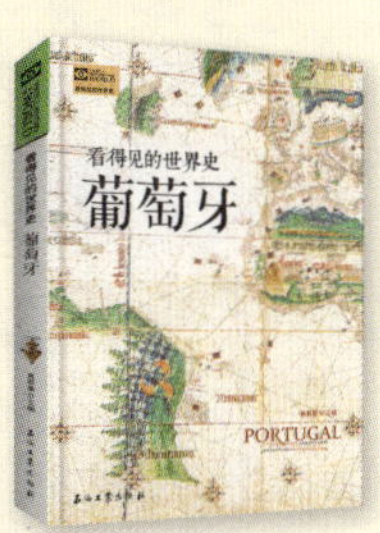

冒险家打造的海洋强国

“海上马车夫”的盛衰

亚平宁半岛上的历史风云

“菊与刀”的国度

中国简史 下卷

装帧设计：罗　雷　蒋碧君
文稿撰写：陈　栩　崔晓军　王　歆
文图编辑：卢雅凝
美术编辑：张鹤飞　刘晓东　苟雪梅
音频制作：龙杰传媒
图片提供：王　露
郝勤建
美国纽约大都会艺术博物馆
英国不列颠博物馆